생산관리

현장을 중심으로

임 명 준

북 넷

머 리 말

인생은 순간에 있는 것이 아니라, 생애에 그 의미가 있다는 정신으로 멀리 바라보며 출발의 의미를 스스로 정립해야 한다. 현장 생산관리는 관리기술의 과학화와 생산기술의 발전으로 근대화에 커다란 변화를 초래하였으며, 이는 21세기의 오늘날과 같은 기술혁신 시대를 맞이하는 데 중요한 역할을 담당하여 왔다. 기업이 경제적 생산을 통하여 경쟁력을 강화하려면 반드시 관리가 필요하다. 즉, 생산자원의 변환과정을 통하여 좋은 품질과 성능, 디자인 등의 경쟁력 있는 제품을 필요한 만큼의 수량으로 납기에 맞추어 적정원가 내에서 생산해야 하는 과정을 관리해야만 한다. 작업자의 능력에 넘치는 부하를 증가시켜 생산량만 증가시키면 된다는 사고방식에서 벗어나 지식이나 기능을 몸에 익혀 기업 내의 work system이나 Control system을 쇄신하는 Level system 방식으로 변화되고 있다. 기업의 사회적 책임을 달성하기 위한 기업 활성화의 기술로 과학적이고 합리적인 관리기법에 의하여 운영되어야만 보다 효율적인 경영 관리를 할 수 있게 된다.

본서는 이상과 같은 문제를 해결하는 데 필요한 생산관리 기법을 현장라인에서 다루고 있는 실무 중심과 사례 중심으로 집필하여 생산관리를 전공하는 학생은 물론, 각 기업체에서 경영층과 생산 공장의 실무에 종사하는 관리자 및 기술자에게도 실무적인 사고방식으로 접근하는 데 도움이 되도록 하였다.

부족하나마 이 책을 대하는 모든 이들에게 보탬이 되었으면 하는 마음이다.

2008년 연구실에서 저자 씀

차 례

1 생산관리의 개념

1.1 생산관리의 정의

생산관리(Production planning and control)란, 생산목표를 달성할 수 있도록 생산의 활동이나 생산의 과정을 관리하는 것이다.

즉, 적질의 제품 및 서비스를 적기에 적가로써 생산 및 공급할 수 있도록 이에 관련되는 생산과정이나 생산활동 전체를 가장 경제적으로 조정하는 관리활동을 말한다.

1) 생산계획

생산계획(production planning)은 생산활동을 함에 있어 목적 완수를 위하여 조직적이고 합리적인 예정을 수립하기 위한 사고 활동으로서, 생산되는 제품의 종류, 수량, 가격 및 생산 방법, 장소, 일정 등에 관하여 가장 경제적이고 합리적인 예정(계획)을 세우는 것이다. 생산 계획을 보다 세분하면 생산 수량 계획, 품종 계획 및 생산의 절차 계획과 일정 계획 등이 있다.

① 장기 계획 : 예상 수요에 입각한 설비 대책, 장래 생산 능력의 조정

② 중기 계획 : 생산 시기, 소요 재료 및 부품의 결정

③ 단기 계획 : 시간 계획의 수립, 재고 수준의 결정, 생산 요소의 소요량 확보책, 제조 방법의 결정, 생산량과 일정 계획의 편성

생산 계획은 ① 전반 계획 수립은 총괄 경영층에서, ② 상세한 실행 계획 수립은 부문 관리층에서, ③ 구체적인 집행 계획은 감독 관리층에서 이루어진다. 경영 활동에 있어서 부문 계획의 순서는 다음과 같다.

표 1-1 부문 계획의 순서

기본	경영 의사 →	판매 활동 →	생산 활동 →	조달 활동 →	자본 준비 활동
계획에 반영될 내용	목표 이익을 실현하고자 한다.	목표 이익의 달성을 위하여 1. 어떤 품종, 품질의 것을 2. 어떤 시기에 얼마의 수량을 3. 어느 정도의 가격으로 판매하면 좋은가?	판매 활동을 위해서 1. 수요에 알맞은 제품은 어떤 것이며 2. 그 제품은 언제 어떻게 만들 것인가? 3. 목표 이익을 실현하기 위해서 제조원가는 어느 정도로 할 것인가?	생산 활동을 위해서 1. 공장 설비의 변경 및 증설이 필요한가? 2. 원자재의 필요량은? 3. 노동력의 소요량은? 4. 운반 및 재고량은? 5. 필요한 생산 기술은?	앞의 여러 활동을 수행하는 데 1. 어느 정도의 자금(고정 자금과 유동 자금)이 필요한가?
계획의 전후 관계	장기계획 이익계획 →	수요예측 시장조사 판매계획 → 제품 재고 계획	제품계획 생산 능력 관리 생산계획 → 원가계획 일정계획 공정품 재고 계획	공장계획 설비계획 조달계획 → 자재 구매 계획 자재 재고 계획 외주계획 인원계획 수송 운반 계획 기술계획	자금계획

2) 생산 통제

① 생산 통제는 생산 활동에 대하여 지휘・감독하는 기능이다. 즉, 계획에 의해서 설정된 기준에 따라 실제로 행동하는 기능으로서, 생산 활동의 예정 및 실행 계획에 의한 지도 및 감독이다.

② ㉠ 작업 분배 : 공정표 및 일정 계획표에 지시되어 있는 납기와 순서에 따라 생산 활동을 개시하도록 한다.

표 1-2 생산의 계획 기능과 통제 기능의 대응 관계

계획기능	통제기능
절차(순서)계획	절차(순서)관리(작업 지도)
공수계획	여력 관리(공수 관리)
일정계획	진도 관리(일정 관리)

㉡ 진도 관리 : 작업 분배에 의해 제조 명령된 작업에 대한 시작에서 완성까지의 진도 상황 관리
㉢ 여력 관리 : 부하와 능력을 조정해서 작업을 할당 및 통제
㉣ 현품 관리 : 작업 전후에 발생하는 운반이나 정체, 보관에 대한 관리

3) 생산시스템의 발전 및 유형

생산시스템은 원자재, 노동력, 에너지, 설비 등의 자원을 경제적으로 활용하여 목적하는 제품이나 서비스를 산출하는 시스템이다.

제품을 산출하는 공장에서는 원자재, 노동력, 에너지가 설비에 투입되고, 서비스를 산출하는 곳에서는 시설, 서비스 기술, 노동력이 활용된다.

(1) 생산과 시스템

생산(production)이란 재화나 서비스의 산출 과정을 말한다. 다시 말하면 산출 과정이란 기업이 이용 가능한 생산 자원인 인간(man), 원자재(material), 기계 설비(machine)를 유용하게 활용하여 제품이나 서비스로 바꾸는 과정, 즉 변환 과정(transformation process)을 말한다. 즉, 생산이란 IO 시스템(input output system)이라고 할 수 있다.

〔투입물〕 ⟶ 변환과정 ⟶ 〔산출물〕

(2) 생산시스템의 발전 과정

1776	Adam Smith	분업
1800	Eli Whiteny	표준화(교환 가능한 부품)
		품질관리 개념 시도
1801	Joseph Marie	천공카드(Punched cards)
	Jacquard	특히, 방직공장에 천공카드 이용
1881	F. W. Taylor	과학적 관리법
1905	A. K. Elang	대기 이론(Queueing Theory)
1908	C. E. Knoappel	손익분기점 분석
1914	F. W. Hanis EOQ	모델

1916	H. L. Gantt	Gantt chart
1924	W. Schewhart	SQC(Statistical Quality Control)
1947	Georgy Dantzig	LP(Linear Program)
1951	H. Ford Dickey	ABC 재고관리 방식
1957	Dupont 회사	CPM(Critical Path Method)
1960	Joseph Orlicky	MRP(Material Requirement Planning)

(3) 생산 시스템의 유형

① 생산 시스템의 분류

제품을 생산할 때 생산 제품의 종류・크기・수량・품질 등에 따라서 생산 시스템이라든가 관리 시스템은 크게 달라지는데, 생산 시스템을 분류해 보면 <표 1－3>과 같다.

② 단속 생산 시스템(intermittent production)

생산의 흐름이 단속적이라는 데서 나온 말이다. 이 경우에 설비와 기계는 범용의 것이 사용되며, 투입물(inputs)은 대개 표준화되어 있지 않을뿐더러 다품종 소량의 제품을 제조하는 건축 청부업, 주문 가구 제조업, 조선업, 산업용 기계 제조업 등에서 볼 수 있는 생산 형태이다.

③ 연속 생산 시스템(continuous production)

생산의 흐름이 연속되어 있다는 데서 비롯된 말로서, 소품종 다량 생산 업종인 석유 정제업, 화학 공업, 자동차 제조업 등에서 볼 수 있는 생산 형태이다.

④ 모듈러 생산(modular production)

소품종 다량 생산 시스템에서 다양한 수요와 수요 변동에 신축성 있게 대응하기 위해서 보다 적은 부분품으로 보다 많은 종류의 제품을 생산하려는 것이다. 즉, 표준화 자재 내지 구성 부분품으로 다양한 제품을 만드는 것으로, 많은 종류의 제품에 의해서 다양한 수요를 흡수하고, 부분품의 표준화에 의해서는 표준화의 이익, 즉 경제적 생산을 달성하려는 것이다.

표 1-3 생산 형태의 분류

생산시기	생산의 반복성	품종과 생산량	생산의 흐름
주문생산	개별생산	다품종 소량 생산	단속생산
주문생산	소로트생산	다품종 소량 생산	단속생산
주문생산, 예측생산	중・대로트 생산	중품종 중량 생산	단속생산
예측생산	연속생산	소품종 다량 생산	연속생산

표 1-4 연속 생산과 단속 생산의 특질 비교

특 질	단속생산	연속생산
생산시기	주문생산	예측 생산
품종과 생산량	다품종 소량 생산	소품종 다량 생산
생산속도	느리다	빠르다
단위당생산원가	높다	낮다
단위당운반비용	높다	낮다
운반설비	자유 경로형	고정 경로형
기계설비	(일반 목적용) 범용 설비	(특수 목적용) 전용 설비
설비투자액	적다	많다
마케팅활동	주문 위주의 단기적이고 불규칙적인 판매 활동 전개	수요 예측과 시장 조사에 따른 장기적인 마케팅 활동 전개

⑤ 그룹 테크놀로지(Group Technology : GT)

다품종 소량 생산에서 유사한 가공물들을 집약・가공할 수 있도록 부품 설계・작업 준비・가공 등을 계통적으로 행하여 생산 효율을 높이는 기법으로서 집단 가공법 또는 유사 부품 가공법이라 한다.

(4) 생산시스템의 분류

생산시스템의 종류는 다양하다. 비록 똑같은 생산시스템은 없지만, 효과적인 분석을 위해서 비슷한 성질을 갖는 것끼리 묶어서 생각해 보자.

생산시스템의 유형을 다음 4가지로 나누어 본다.

① 주문공장(job shop)

② 묶음생산(batch flow)

③ 조립라인생산(assembly line)

④ 흐름생산(continuous flow)

이 분류에 따라, 다음 6가지의 관점에서 각 유형별 특징을 살펴보자. <표 1-5>는 각 생산시스템의 능률적인 운영과 관리를 위하여 관심을 두어야 할 분야를 시사해 주고 있다.

① 제품

② 공정

③ 자재

④ 정보
⑤ 작업자
⑥ 경영

표 1-5 생산시스템 유형별 특성

특징 \ 유형	주문공장	묶음생산	조립라인생산	흐름생산
제품				
종류	주문자 설계 제품	대부분 생산자 설계 제품	대부분 표준제품, 선택사양 추가	표준제품(생산량은 무게, 부피)
경쟁 내용	납기, 소비자 취향 만족, 신제품 개발	성능, 신뢰성, 납기 신용, 신제품 개발, 물량 조절 능력	성능, 가격, 신뢰성, 납기신용	가격
비경쟁 내용	가격			신제품 개발, 소비자취향 만족
신제품 개발	항상, 쉬움	자주, 틀이 있음		거의 없음, 많은 비용
공정				
흐름형태	고정된 것 없음	여러 가지	뚜렷함	뚜렷하게 고정
설비	범용	대부분 범용	전용	전용
설비간 균형	장기적 균형, 단기적 불균형	불균형이 덜함	균형	균형 예비능력 확보
배치형태	공정별 배치 (같은 기계끼리)	공정별 배치 (같은 작업끼리)	제품별 배치	제품별 배치
자본사용	노동력	노동력	노동력/설비	설비
규모의 경제성	없음	거의 없음	약간 있음	있음
收率결정 요인	교체시간, 제품구조	작업자	작업자/설비	원료
능력파악	애매함	애매함(금액표시)	단위 사용 가능	단위 사용
애로공정	변함	가끔 예측가능	가끔 변하나 예측가능	고정적
교체	많음, 경우에 따라 비용 차이가 있음	가끔 필요하나 쉬움	경우에 따라 다름	거의 없으나 교체시 비용 많음
생산 지속시간	짧음	중간	여러 가지	매우 김
자재				
소요량	불확정	통계자료에 의해 추정	통계자료로 근사치 추정	생산계획에 의해 계산됨
재고				

특징 \ 유형	주문공장	묶음생산	조립라인생산	흐름생산
원자재	적음 (주문에 맞춰 구매)	보통 (일부는 계획구매)	변함	많은 편
재공품	많음	보통	거의 없음	매우 적음
완제품	적음	변동	변동	변동
통제				
고객	거의 없음	거의 없음	거의 없음	거의 없음
공급자	적음	보통	매우 큼	매우 큼
유대관계				
고객	약함	가끔 계약판매	계약 판매가 많음	공식적 판매망
공급자	약함	가끔 장기 계약	장기 계약 선호	장기 계약
정보				
판매	주문 판매	주문/계획 혼합	주문/계획 혼합	계획
외부 정부교환	입찰정보, 납입통보, 납품통보	판매상황, 납품통보	판매상황, 납입지시	생산일정계획, 자재추적, 수요예측
내부 정보교환	중앙집중식 양이 매우 많음	피드백이 덜 필요함, 양이 상당함	하향식(생산지시) 양이 매우 적음	하향식(제품변경) 양이 매우 적음
일정계획	항상 변동	유연함	일정계획에 맞춰 공정설계	유사작업을 묶음
품질관리	작업자가 임의로	가끔 공식적	온라인 체크	공정관리자
月末현상	어쩔 수 없음	가끔 발생	거의 없음	없음
노동력				
노무비 비율	매우 높음	높음	보통/낮음	매우 낮음
노동량	많음	보통	적음	단추누르기 정도, 그러나 그것이 기술임
표준시간	매우 중요 (사업계획, 임금)	중요 (임금, 제품배합)	공정설계에 쓰임	작업자 기계할당에 쓰임
경영				
스탭/라인	스탭 : 적음 라인 : 많은 감독 필요	스탭 : 적음 라인 : 감독이 중요	스탭 : 많음 라인 : 감독과 문제 해결이 중요	스탭 : 많음 라인 : 감독보다는 보수 유지
통제 수단	수익 중심	수익 또는 비용 중심	수익 또는 비용 중심	비용 중심
경영 포인트	일정계획, 입찰, 정보 흐름, 독촉, 제품 개선, 애로공정 해결	주문 처리 과정, 노동/임금 문제, 수요 변동 대처	문제점의 조정 (공정/제품의 설계, 인력관리, 기술습득, 설비투자, 자재관리)	자본 투자, 보수유지, 입지, 기술 변화 수직적 계열화 원자재 구매

자료 : Schmenner, R. W., Production/operation management, Macmillan Publishing Co., p.242－250, 1990

1.2 테일러 시스템과 포드 시스템

1) 과학적 관리

(1) 테일러 시스템의 이념

테일러는 작업방법을 포함한 생산조업(production operation)에 관하여 신체적 · 생리적인 연구를 시행하였다. 그 결과 얻게 된 결론은 과학적 관리운동의 이념을 대표한다고 할 수 있으나, 테일러주의(Taylorism)는 인간성이나 인간의 행동에 대한 이해를 완전히 결했다는 비판을 받고 있다. 그러나 테일러는 관리의 제도화된 단계에 있어서 작업의 경험적인 통제 위주의 관리기능을 과학적인 계획 위주로 대체시킴으로써 과학적 기초를 확립시켰다는 공적을 높이 평가할 수 있다.

① 과업관리

과학적 관리법이 실시되기 이전에는 인습적이고 방임적인 관리가 성행하였는데, 이러한 비능률적인 관리를 개선하기 위해서 능률증진운동의 일환으로 과업이라는 새로운 아이디어를 창안하게 되었다. 과업(task)이란 정상적 능력을 가진 작업자가 건강을 해치지 않을 정도로 온종일 할 수 있는 일(a large daily work)로 정의할 수 있다. 과업을 책정하기 위하여 시간 및 동작 연구가 요구되는 것이다. 높은 임금과 낮은 노무비의 원리(high wage and low labour cost)로서 표준관리의 4대원리는 다음과 같다.

㉠ 주된 일일과업
㉡ 표준화된 제 조건
㉢ 성공에 대한 고임금 지급
㉣ 실패한 경우의 근로자의 손실

② 기능적 관리

이것은 일반 작업자보다는 직장(職長, foreman)의 태업을 방지하는 데 목적을 둔 것이다. 직장의 직무성격상 그를 과업이라는 수단으로 묶어 태업을 방지할 수 없으므로 테일러는 조직의 재편성을 통해 기능적 직장제도를 마련하였다. 이는 종래에 일반작업자가 수행하던 계획기능 및 과업관리 중에서 계획기능을 분리시켜 직장이 맡도록 하고, 일반작업자는 과업관리만을 맡도록 함으로써 분업에 의한 전문화의 이점을 얻으려고 했던 것이다.

(2) 포드시스템의 개념

21세기에 들어와서 생산의 기계화가 실현되고 노동조합이 출현하고 기업규모가 거대화됨에 따라 과업 및 차별적 성과급을 중심으로 하는 테일러시스템만으로는 작업자의 작업의욕이나 의사를 통제할 수 없게 되었다. 즉, 작업자인 인간만을 대상으로 하여 능률을 최고도로 향상시키는 데에는 한계가 있음이 나타나게 되었다. 이와 같은 상황하에서 생산능률의 향상을 작업조직의 철저한 합리화로 달성하려고 하여 개발된 작업체계가 포드의 포드시스템(Ford system)이다. 이 시스템의 특성은 다음과 같다.

㉠ 제품의 표준화, 부분품의 규격화, 공장의 전문화, 기계 및 공구의 전문화, 작업의 표준화 등을 포함한 생산의 표준화

㉡ 컨베이어 시스템을 활용한 이동조립방법

컨베이어 시스템(conveyor system)에 의한 이동조립방식(moving assembly method)은 만일 한 부분에서 작업을 중단하게 되면 전체 작업이 중단되기 때문에 이와 같이 작업을 종합화함으로써 태업을 방지하면서 능률 향상을 기할 수 있게 되어 제조산업의 발전에 커다란 기여를 하였

표 1-6

비교사항	테일러 시스템	포드 시스템
제창자	F. W. Taylor	H. Ford
일반통칭	과업 관리 (task management)	동시 관리 (management by synchronization)
적용 · 목적	주로 개별 생산의 공장, 특히 기계제작 공장에 있어서의 관리 기술의 합리화가 목적	연속 생산의 능률 향상 및 관리의 합리화가 목적 (테일러 시스템의 결점을 보완)
일관된 근본정신	고임금, 저노무비의 원칙(high wage, low labour cost principle)	저가격, 고임금의 원칙 (low price, high wage principle)
원리 (기본이념)	① 최적 과업 결정 ② 제조건의 표준화 ③ 성공에 대한 우대 ④ 실패시 노동자 손실	최저 생산비로 사회에 봉사한다는 경영이념
수단방법 (구체적 전제)	〈과업 관리 합리화를 위한 수단〉 ① 기초적 시간 연구 ② 직능적 조직 ③ 차별적 성과급제 ④ 지도표 제도의 채용	〈동시 관리 합리화를 위한 전제〉 ① 생산의 표준화(제품의 단순화, 부분품의 규격화, 기계 공구의 전문화, 작업의 단순화) ② 이동 조립법(conveyor system) ③ 일급제 급여 ④ 대량 소비 시장의 존재

다. 포드 자동차 회사에서는 이 방법을 사용하여 자동차의 생산원가를 크게 절감하고 판매가격을 인하하면서도 종업원에게 고임금을 지급할 수 있었다. 이동조립생산의 방법은 단일 제품의 대량생산이 그 전제조건이어야 하고, 공장 전체의 표준화가 선행되어야 한다.

① 테일러 시스템과 포드 시스템의 비교

과학적 관리법은 테일러 시스템에서 구체화되기는 했으나, 테일러 시스템은 ㉠ 개별 생산의 공장, 특히 기계 제작 공장에서의 관리 기술의 합리화만을 목적으로 하였고, ㉡ 과업을 설정하여 차별적 성과급 제도를 실시하였다 할지라도 거기에는 여전히 작업자의 자기 의사에 의하여 능률이 좌우되는 여지가 남아 있었다는 결점이 있다.

테일러 시스템과 포드 시스템의 차이점을 비교해 보면 〈표 1-6〉과 같다.

1.3 생산의 형태와 설비배치

1) system별 생산

① 주문생산 system ② 흐름생산 system
③ 특수생산 system ④ 블록생산 system
⑤ 뱃치생산 system ⑥ 부하생산 system 등으로 구분된다.

표 1-7 생산의 형태

생산의 형태	생산의 반복성	품종과 생산량	생산의 흐름
주문생산	개별생산 소 Lot 생산 중 · 대 Lot 생산	다품종 소량생산 중품종 소량생산	단속생산
예측생산 (시장, 예정, 계획)	연속생산	소품종 다량생산	연속생산

2) 공장 입지와 설비 배치

(1) 공장 입지의 요인

① 원자재 공급
② 시장의 접근성
③ 수송의 편리성
④ 노동력과 임금수준
⑤ 기후조건의 적합성
⑥ 공업용수의 양과 질
⑦ 토지가격

(2) 공장 배치와 설비 배치

공장 배치(plant layout)란 공장 내의 건물, 시설, 기계 설비, 통로, 창고, 사무실 등의 위치를 적절히 배열하는 것을 말한다. 그런데 생산 시스템의 결정에 따라 공장 내의 배열이 결정되어야 한다. 아울러 설비 배치를 하고자 할 때 아래의 제 목표를 생각하면서 배치하여야 한다.

① 운반의 최적화
② 생산 공정의 균형을 유지할 것
③ 기계 설비의 효과적 이용
④ 배치 변경에 대한 융통성을 가질 것
⑤ 공장 공간의 경제적 이용
⑥ 인력의 효과적 이용
⑦ 작업의 안전을 고려한 배치

(3) 설비 배치의 유형

설비 배치는 제품의 생산 방법을 중심으로 하여 다음과 같이 분류된다.

㉠ 공정별 배치(process or functional layout)
㉡ 제품별 배치(product of line layout)
㉢ 제품 고정형 배치(fixed-position layout)

위의 설비 배치를 비교하여 장・단점을 나열하여 보면 <표 1－8>과 같다.

표 1-8 설비 배치 유형별 장 · 단점

공 정 별 배 치

장 점	단 점
① 변화(수요 변동, 제품의 변경, 작업 순서의 변경 등)에 대한 신축성이 크다. ② 범용 기계를 이용하므로 설비 투자액이 적을뿐더러 진부화의 위험도 적다. ③ 기계 고장, 재료 부족, 작업자의 결근 등일 때도 생산 유지가 용이하다. ④ 적은 수량을 제조할 때에는 제품별 배치에 비하여 생산 코스트 면에서 유리하다. ⑤ 작업자별로 능률급을 적용할 수 있다.	① 대량생산의 경우, 제품별 배치보다 단위당 생산 코스트가 높다. ② 운반 거리가 길고 운반 능률이 낮다. ③ 물자의 흐름이 느리므로 결국 그만큼 재고나 재공품이 늘게 되며, 이들에 대한 투자액이 높다. ④ 재고와 재공품이 차지하는 면적이 커진다. ⑤ 주문별로 절차 계획, 일정 계획 등이 다르므로 공정 관리가 번잡하다. ⑥ 대량 생산이 곤란하다.

제 품 별 배 치

장 점	단 점
① 표준품을 양산할 경우 단위당 생산 코스트가 공정별 배치보다 훨씬 낮다. ② 운반 거리가 단축되고 가공되는 제품이 보다 빠르게 흐른다. ③ 재고와 재공품 수량이 적어진다. ④ 재고와 재공품이 차지하는 면적이 적어진다. ⑤ 절차 계획과 일정 계획이 단순하므로 공정 관리가 용이하다. ⑥ 작업 내용이 단순하므로 작업자의 훈련이 용이하다. ⑦ 작업자의 감독이 용이하다.	① 다양한 수요에 적응하기 어렵다. ② 변화에 대한 신축성이 적으므로 제품의 설계 변경이 있을 때는 많은 비용이 소요된다. ③ 보다 많은 설비 투자액이 소요된다. ④ 기계의 고장이나 재료 부족 등으로 전체 공정에 영향을 줄 수 있다. ⑤ 적은 수량을 제조할 때는 공정별 배치에 비하여 생산 코스트가 높다. ⑥ 개인별로 능률급을 적용하기 힘들다.

제 품 고 정 형 배 치

장 점	단 점
① 생산량의 이동을 최소한으로 줄일 수 있다. ② 다양한 제품을 신축성 있게 제조할 수 있다. ③ 크고 복잡한 제품 생산에 적합하다. ④ 일단의 작업자에 의해서 작업이 수행되므로 작업의 연속성과 책임이 확립된다.	① 제조 현장까지 자재와 기계 설비를 옮기려면 많은 시간과 비용이 소요된다. ② 기계 설비의 이용도가 낮다. ③ 고도의 숙련을 필요로 한다.

1.4 IE적 생산관리

Industrial Engineer(IE 담당자)는 기업의 이익을 최대로 하고 리스크를 최초로 하는 각층 관리자의 목적을 달성하기 위해 IE적인 입장에서 공헌한다. 즉 인간 및 제자원의 이용효율을 증대시키도록 업무상의 계획과 매니지먼트 시스템, 또는 워크 시스템을 개발함에 따라 모든 계층 관리자를 원조한다.(즉 부가가치를 높이기 위한 활동)

기초 IE에서는, 인간의 작업 객관화
인간의 작업 중 과학적 기술 개발
인간의 업무 개선을 위한 기능 육성이다.

근대 IE에서는, 매니지먼트 활용의 객관화
매니지먼트 시스템의 과학적 원칙 개발
시스템 설계 기술 개발에 있다.

1) IE의 기능

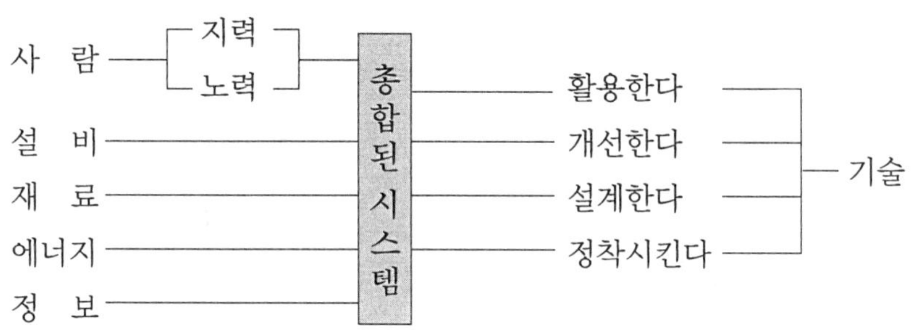

표 1-9 IE의 구분

기초 IE	근대 IE
개선기술 측정기술	시스템 설계기술 설정기술

2) IE의 목표

IE의 목표는 완전 목표의 실현을 추구한다.

① 주어지는 최고의 이상 상태를 목표로 한다.

② 이에 어디까지라도 접근 가능한 목표로 한다.

3) IE의 목적

IE의 목적은 인간의 생산성을 높이는 것을 통해서 조직의 경제성이 향상되는 것을 목적으로 하는 기술이다.

4) 매니지먼트와 시스템의 구조

(1) 전략적 계획 시스템

① 소수의 톱팀과 톱스탭(기획, 인사, 경리)으로 구성

② 일반임무는, 현재의 자원효율을 최고도로 유지하고 장래의 기업이미지나 진로 포괄목표를 명시, 철저히 하고, 그를 유도하는 데 있다.

업무내용의 예

① 제품/시장전략　② 장기계획이나 사업계획
③ 자금과 예산　④ 일상적 혹은 전략적인 의사결정
⑤ 매니지먼트 시스템 개발과 정착화　⑥ 사람의 육성과 그 조직화
⑦ 그 외의 제방침

(2) 계획과 컨트롤 시스템

① 각층의 기능별 중간간부와 그를 지칭하는 스탭을 구성

② 중간간부의 중심적인 역할은 톱팀의 경영전략이나 기업목표를 구체화해서 부하의 실시라인인 WC(워크센터)에 대해 활동목표를 할당하고 그 능력과 부하를 유지하며, 횡단적인 조정계획을 세워 장해를 배제하고 활성화를 높여서, 목표의 전체진행을 컨트롤하는 데 있다. 그 중심적인 지표는 S.Q.C이다.

그림 1-1 계획과 컨트롤 시스템(Macro-Control)

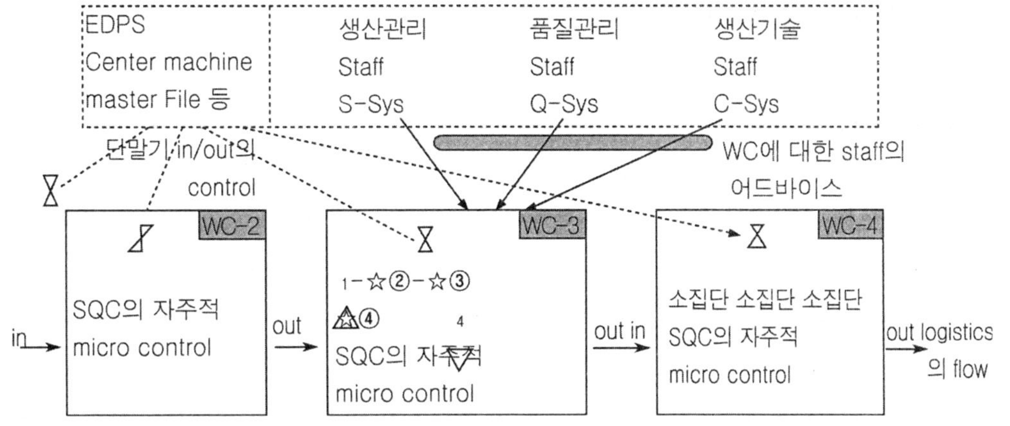

③ 스탭은 제조기업의 경우 주로 Logistics에 대한 스케줄링을 담당하는 생산관리부문, 품질을 담당하는 품질부문, 코스트를 담당하는 생산기술부문에 전문화된다.

ㄱ. 스케줄링을 컨트롤하는 기능을 S. 그 시스템을 S－시스템

ㄴ. 품질을 컨트롤하는 기능을 Q. 그 시스템을 Q－시스템

ㄷ. 코스트를 컨트롤하는 기능을 C. 그 시스템을 C－시스템

(3) 워크 시스템

① 낮은 레벨의 워크 시스템은 관리단위로써 WC의 내부활동의 자기컨트롤 시스템이다. 그 시스템 종사자는 WC의 전구성원이다.

② 일반적 임무는, ㄱ. 컨트롤 시스템에 의해 주어진 거시적 S.Q.C의 지시를 미시적으로 달성할 것, ㄴ. 이를 보다 효율적으로 달성하기 위해 중간간부나 S.Q.C 스탭의 원조를 얻어 자신의 워크 시스템을 항상 쇄신하는 것이다.

WC나 소집단의 재조직화 : WC = Work Control

① WC나 소집단은 영업, 기술설계, 조달, 외주, 가공, 조립테스트, 상품의 물적유통, 보전 서비스 등의 업무특성에 따라 인간이 갖는 다양한 능력을 발휘시켜 자기 해결능력을 갖게 한다.

② WC나 소집단으로써 자기완결성을 높이기 위해 분업화, 분산하고 있다. 관련이 밀접한 사람이나 일이나 능력예산 등을 WC/소집단에 집중시킨다.

1.5 TPS의 기본적인 사고 방식

1) 평준화 생산의 개념(TPS=Total production System)

TPS을 손쉽게 이해하는 데 도움이 되도록 도표를 보면 [그림 1－2]와 같다. 물건을 만드는 경우 이상적인 상태는 기계·설비·사람 등이 전혀 불필요한 일을 하지 않고 이익을 만들어 내거나 부가가치를 위해 일하는 것이며, 이 이상에 어디까지 접근시킬 수 있는가가 가장 중요한 일이다. 그래서 각 작업간, 라인간, 공정간 공장의 전부분에 걸쳐 물건의 흐름을 이상 상태로 접근시키려고 생각해낸 사상이 필요한 것을 필요한 때에 필요한 만큼 만드는 저스트·인·타임(JIT)이다.

한편, 이 이상 상태로 접근시키기 위해 기계·설비를 비롯하여 라인작업 등에 이상이 있으면 즉시 스스로 판단하여 스톱하고, 이상의 원인을 근본부터 제거해 버리려는 것이 자동화이다. 따라서 TPS의 두 개의 기둥이라고 볼 수 있는 것이 JIT System과 자동화의 토대라고 할 수 있는 것은 건을 평균하여 만드는 것이 제일 좋다라고 하는 평준화 생산이다.

2) 원가주의는 받아들일 수가 없다

싸게 구입하든가 싸게 만든 것을 비싸게 팔면, 그 차가 이익이며,

이익＝평가－원가

로 나타낸다. 한편, 이 가격으로 구입한 것이므로 또는 물건을 만드는 데 이 정도로 돈이 들었으므로, 그것에 이익을 더하여,

판가＝원가＋이익

이라는 식도 성립한다.

원가주의라는 말은 제품을 만드는 데 이만큼 원가가 들었으니 그것에 적정한 이윤을 얹어서 판가는 얼마 얼마다라고 하는 것이며, 판가＝원가＋이익이라는 것이 된다. 이 원가주의를 채택하면 이것 저것 들어간 것은 어쩔 도리가 없고, 나아가서는 그만큼은 이익이 저절로 나오는 식으로, 그야말로 모두가 소비자의 부담이 된다. 이래서는 경쟁이 심한 시대에서는 이길 수가 없는 것이다. 그러므로 이 방식은 하고 싶어도 할 수가 없는 것이다.

한편, 이익이란 판가에서 원가를 뺀 것(이익＝평가－원가)이란 생각은 어떤가. 앞에서 말한 바와 같이 차의 판가는 시장시세로 거의 결정되어 있는 것이며, 그렇다면 이익을 내기 위해서는 원가를

그림 1-2

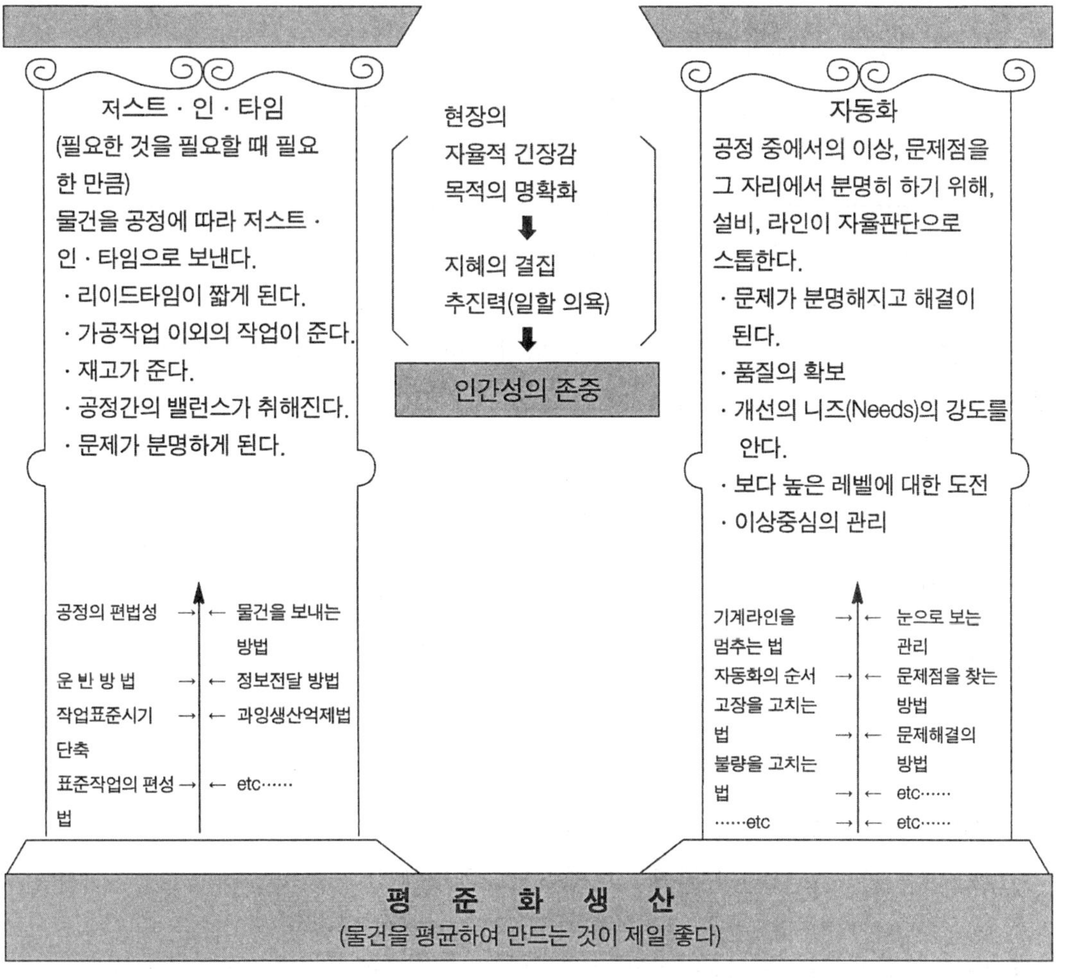

될 수 있는 대로 낮춘다라고 하는 이것이 이익의 원천이 되며, 또한 바로 그 점이 중요하다.

가치(Value)와 가격(Price)을 혼동해서는 안 된다.

제품이 그 가격으로 팔리는 것은 고객으로서 가치가 있기 때문이다. 제조원가가 올라가 가격이 올라도 하는 수가 없다는 안이한 생각을 가져서는 안 된다. 가격만 오르고 그 값어치가 달라지지 않으면, 고객은 마침내는 그 물건을 사지 않게 될 것이다.

3) TPS 특징

(1) 경영에 직결된 전사적 활동일 것

어떠한 제품의 어떠한 공정에도 적합한 물건을 만드는 방법의 공식은 없다. 따라서 어떤 회사는 한 제품을 한 사람이 만들지만 다른 회사는 두 사람이 만든다. 만드는 방법에 전혀 무관심한 회사는 세 사람이 만들지도 모른다. 이 경우 분명히 세 사람이 만들고 있는 회사는 창고, 운반구, 팔레트, 컨베이어 등의 수도 많고 나아가서는 설비도 많을 것이다. 그리고 이와 동시에 간접 인건비가 많아져 원가는 배 정도가 되어 이익에 대단한 차가 생긴다.

이와 같이 생각해 보면, 기업경영을 하는 데 있어서 IE(인더스트리얼 엔지니어링)은 참으로 중대한 영향력을 갖고 있다. IE를 충분히 해 가지 못하는 기업은, 마치 사상누각과 같은 것이다. 도요다 방식에서는, 돈을 버는 IE를 슬로건으로 업적에 기여하는 IE로서, 즉 생산활동의 개선활동으로 기업경영 속에 튼튼히 위치를 굳히게 하고 있다. 그러기 위해서는 생산에 관계가 있는 전부문이 하나로 가장 효율적인 운용을 할 수가 있도록, 생산방식에 대해서는 다음과 같은 사고방식을 위하고 있다.

① 생산계획은 평준화한다

최종 조립공정만을 생각하면, 같은 종류의 제품만을 모아 생산하는 것이 효율적으로 보이지만, 전공정의 불필요가 많이 발생한다.

② 롯트는 가급적 작게 한다

프레스 등 롯트로 생산하는 공정에 대해서도 가급적 작게 한다. 이것은 재고가 늘어 운반공수가 늘어날 뿐만 아니라 때로는 우선순위를 잘못하여 결격품을 만들어 내고 이것이 프레스 능력부족이라 오판되어, 라인증설에까지 연결되는 우려가 있기 때문이다. 작은 롯트로 생산하여도 능력이 떨어지지 않도록 기종 교체시간 단축에 주력하지 않으면 안 된다.

ex) · 롯트수 : 1회의 제조수 (문제)

· 롯트의 크기 $= \dfrac{\text{생산목표량}}{\text{롯트수}}$

③ 필요한 것을 필요한 때에, 필요한 만큼 만드는 일에 철저히 하여야 한다

이것이 과잉생산의 불필요를 억제하고, 현재 갖고 있는 여력을 분명히 현재화시키는 것이 목적이다.

(2) 사실을 가장 중시하는 과학적 태도를 가질 것

현장에서는 실제의 현상을 출발점으로 하여 그곳에서 원인을 거슬러 올라가 이것을 해결하는 방법을 철저히 실행하고 있다. 즉 현장에서는 사실을 가장 중시하고 있다. 예를 들면 아무리 많은 데이터를 보아도, 데이터로는 현장의 실제 모습을 파악하기 어렵다. 또 불량이 나와도 데이터를 보고 알아서는 그 대책의 타이밍이 늦어지게 된다. 그 때문에 불량의 참된 원인이 파악되지 않고 재발방지대책이 효과를 올리지 못하는 일도 있다. 그러므로 현장의 참된 모습을 정확히 파악하는 것은 현장 바로 그 장소다. 불량이 나와도 곧 그 장소에서 억제할 수가 있고 참된 원인도 파악하기 쉬우며 대책도 즉각 취할 수가 있다. 따라서 도요다 방식에서는, 현장에 관해서는 데이터도 중요하지만 사실을 제일 중시하고 있는 것이다.

문제가 일어났을 경우, 원인의 파악이 충분치 않으면 대책도 어긋나는 것이다. 그래서 도요다에서는, 5W1H의 5W를, 모두 "왜(Why)"로 바꾸어, 왜 왜 왜를 5회나 되풀이 한다. 그리하여 6회째에는 비로소 "어떻게 하면(How)을 내놓는다. 이리하여 원인의 이면에 숨어 있는 참된 원인, 실제의 원인까지로 좁히고 있는 것이다. 이 방법을 철저하게 하기 위해 다음과 같은 사고 방법을 취하고 있다.

① 문제의 소재를 누구에게도 알기 쉽도록 해둔다

문제를 알면 대책을 세우는 데는 비교적 쉽다. 차라리 어려운 것은 무엇이 문제인가를 보고 알 수 있도록 하는 데 있다. 이 때문에 「간판」이나 「표시등」을 구사하고 있다.

② 문제해결의 목적을 분명하게 한다

참된 원인을 파악하여 이것을 해결하는 일이다. 참된 원인의 추구가 불충분한 채로 대책을 세우는 일은 잠정대책에 지나지 않으며, 재발방지와 연결이 되지 않는다.

③ 하나의 불량이라도 대책을 세운다

설사 천 회에 일 회 정도 일어난다 하더라도 그것에 원인이 있으면, 참된 원인을 추구함으로써 불량을 제거할 수 있다. 이것은 빈도가 높은 불량보다도 눈에 띄기 어려운 작은 일이므로, 놓치지 않도록 주의하는 일이 중요하다.

(3) 실천적인 공수절감활동일 것

우선, 그 수법이 단계적이어야 하는 점이다. 목표는 높은 데 두어도 실시는 단계적으로 한다. 또 다른 하나는 결과를 대단히 중시하는 일이다. 이제부터 다음과 같은 사고방법을 생각할 수가 있다.

① 작업개선에서 설비개선으로 전환할 것

개선을 하는 경우, 우선 작업개선을 철저히 하고, 그 후에 설비개선으로 이행하는 것을 도요다에서는 강조하고 있다.

작업개선으로도 많은 효과가 오르는데, 작업개선을 충분히 하지 않은 채 고가인 자동기계 등을 투입하여 작업개선을 철저히 한 경우와 비교할 때 같은 정도의 효과라면 설비투자로 소비한 돈은 모두 낭비가 된다.

② 공수아 사람수, 성력화와 성인화로 한다

계산성의 공수에서는 0.1이나 0.5인분(Man-Hour)이라고 말할 수는 있다. 그러나 현실에는 설비 0.1인분의 작업이라도 한 명을 필요로 한다. 따라서 한 명분의 작업을 0.9인분 줄여도, 결과로서 원가절감은 되지 않는다. 참된 원가절감은 사람수를 줄여서 비로소 달성할 수가 있다. 그러므로 공수의 개선은 어디까지나 사람수를 줄이는 데에 초점을 두지 않으면 안 된다.

특히 자동화장치를 도입할 때, 0.9인분이 성력화된다고 하여도 나머지의 0.1인분이 남아 있으면, 결과로서는 돈은 들었으나 사람은 줄였다고 하기가 어렵다. 이것을 성력화했다고 할 때가 많으므로 도요다 방식에 있어서는 참된 원가절감으로 연결되는 사람수의 절감을 성인화라 부르며 성력화와 구별하고 있다.

③ 체크란 반성하는 일이다

손을 봐서 개선이 끝나는 것은 목적대로의 결과가 얻어졌을 때이다. 결과가 얻어지지 않은 것은 역시 한번 손대고 방치된 작업인 경우가 많다. 실시한 결과를 현장에서 확인하고 부족한 곳을 개량하고, 또 확인하는 것을 반복하여 비로소 개선은 좋은 결과로 이어진다. 이러한 의미에서 체크란 단지 훑어보는 것이 아니라 자기의 작업을 반성하는 일이 되지 않으면 안 된다.

(4) 「경제성」이 판단기준의 전부이다

공수절감활동의 목적은 원가의 절감이다. 따라서 모든 사고방법의 기본에는 「어떤 것이 경제적으로 유리한가」라는 것이 척도가 되지 않으면 안된다.

실제의 사고방법으로서 다음과 같은 것이 있다.

① 설비의 가동률은 생산필요수로 정하여진다. 가동률이 높은 것이 이상적이라 하여 필요도없는데 제품을 매일 만들어 내면, 과잉생산으로 발생하는 손실 쪽이 훨씬 크게 된다. 그러므로 가동률을 올리는 점에만 기준을 두는 일은 위험하다. 어디까지나 설비 · 기계의 가동률은 생산필요수를 기준으로 하는 점을 무시해서는 안 된다.

② 여력이 있으면 기종변경시간 단축의 연습을 정해진 시간 내에 일을 끝내고 할 일이 없는 작

업자가 놀고 있으면서 준비시간 단축을 위한 훈련을 하여도 급료는 마찬가지이다. 그래서 시간 내에 여력이 생긴 경우에는 공수가 비교적 많이 걸리는 준비시간 단축의 사전연습이라든가 그 사람의 작업상의 약점에 대한 훈련을 시켜 표준작업에 숙련이 되도록 연습을 시킨다.

(5) 주인공은 현장일 것

현장을 하나의 유기체로 간주하고 있다. 현장은 두뇌를 관리부문에 맡겨둔 수족이 아니다. 어디까지나 주인공은 현장이다. 따라서 공무부가 현장의 지휘관이어서는 안 된다. 현장의 자율작용을 중시하는 것이야말로 중요하다. 그 때문에 책임 분산되든가, 정보가 부족하든가, 과다하게 되지 않도록 공무부는 현장의 부족부분을 뒷받침하는 역할을 다하지 않으면 안 된다.

(6) 목적은 원가절감에 있다

도요다 방식이 목표로 하는 것은 불필요한 일을 철저하게 배제함으로써 원가절감을 실시하고, 생산성을 높이는 일련의 활동이며, 전사적으로 권장되고 있는 개선활동은 모두 원가절감에 도움이 되는 일이 아니면 안 된다. 따라서 여러 가지의 사고방법이나 개선의 대책도 궁극적으로 말하면 모두 원가절감과 관련이 되어 있지 않으면 안 된다.

4) 평준화 생산의 사례(Ⅰ)

(1) 평준화 생산이란

부하의 편차는 생산현장에서 모든 악의 근본이다. 모든 것을 최대로 갖추어서 설비나 인원에 이유를 가지는 것이나 관리에 있어서 융통성을 가져서는 안 된다. 부하를 고르게 하는 방법의 하나로써 평준화가 있다. 평준화에는 양만이 아니고 품종을 고르게 하는 방법도 포함하고 있다.

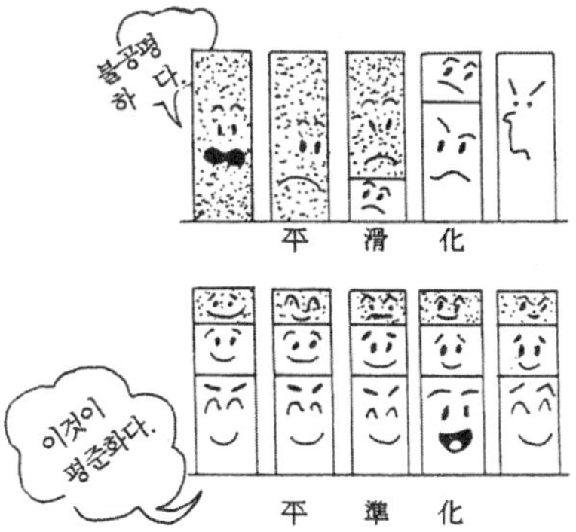

부하의 평준화에는 다음과 같은 3가지 방법이 있다.

① 小로트(LOT) 생산에 의해 작업량을 고르게 하는 것
② 부품, 중간재공, 제품재고의 예상을 하는 것
③ 생산시기를 바꾸는 것

(2) 생산의 흐름을 안정화시키는 대책

생산의 흐름을 안정화시키고 요구하는 납기를 만족시키기 위해서는 다음과 같은 대책을 강구하여 가는 것이 중요하다.

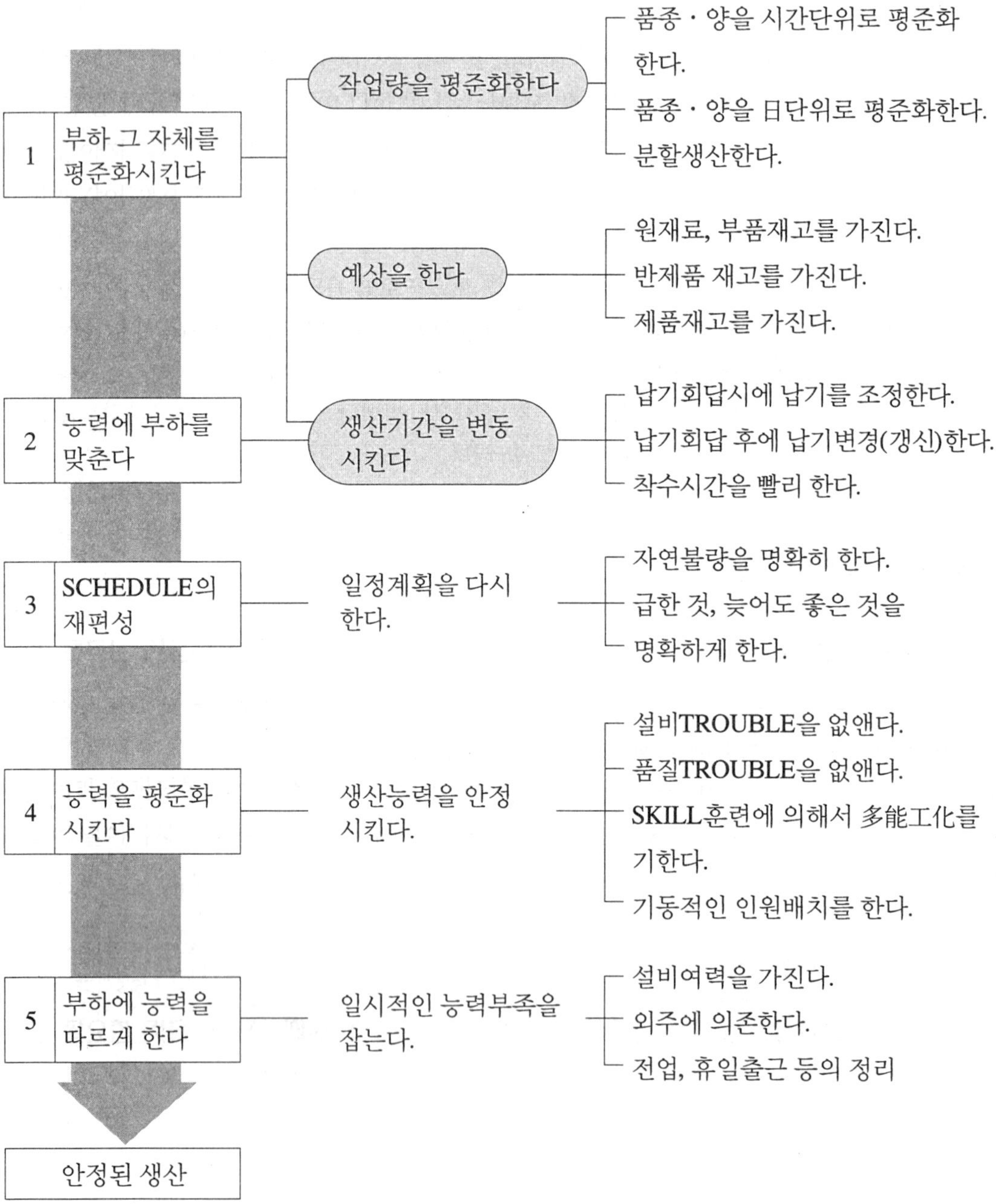

(3) 로트생산과 평준화 생산의 비교

항목 \ 방식	로 트 생 산	평 준 화 생 산
생산이념	생산자 중심	시장(소비자)중심
생산방식	품종별 로트생산 계획 후 로트생산	품종을 가리지 않고 사이타임 생산
능 률	개개의 능률을 중시	전체의 능률을 중시
설 비	크고 빠른 고가설비 중심	생산능력 및 기능을 중시한 소형, 저가설비 중심
재고운반	산더미 같은 재고를 쌓아 놓고 멀리 운반	재고 제로, 정체 제로, 운반 제로, 낭비 제로 목표

〈일간 로트생산〉
(작업일수 : 20일)

품종	1 개 월			
X	50	50	50	매일 50개
Y	30	30	30	매일 30개
Z	20	20	20	매일 20개

X의 재고량

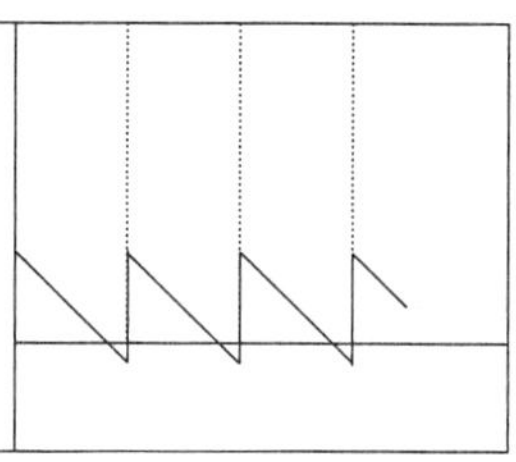

X 의 재고및 납 기	일최대재고 : 50 평균재고 : 25 최단납기일 : 1일
재 공 재 고	많다

〈월간 로트생산〉

품종	1 개 월		
X	1000		
Y		600	
Z			100

X의 재고량

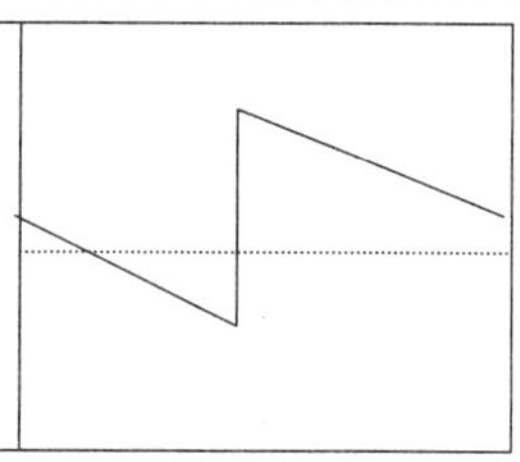

X 의 재고및 납 기	일최대재고 : 1,000 평균재고 : 500 최단납기일 : 1주
재 공 재 고	매우 많다

〈평준화 생산〉
(1일가동시간 : 480분)

품종	1 개 월
X	①①①①①
Y	① ① ①
Z	① ①

X의 재고량

X 의 재고및 납 기	
재 공 재 고	적다

항목	로 트 생 산	평 준 화 생 산
결 론	로트는 로트를 부르고 더 많은 낭비를 파급적으로 발생시킨다.	흐름은 흐름을 부르고 재고절감과 능률향상으로 수요에 탄력적인 생산라인이 된다.

5) 평준화 생산의 도입(사례 II)

(1) 도입전

앞으로의 기업에는 고품질 · 저원가는 물론 다양화 · 다노하우화 · 융합화가 큰 비중으로 요구되고 있다. 제조에 강하다는 일원적인 능력의 우위만으로는 결코 사용자의 요구에 부응할 수 없다. 정보에서 시작되어 납기 · 타이밍 · 소프트 · 하드 · 서비스에 이르기까지 다원적인 능력 · 종합능력을 사용자에게 제공하지 않는다면 기업은 이익을 증진시킬 수 없다는 사실을 명심해야 한다.

즉, 동기생산 시스템은, 모든 것 = 종합력의 시스템구축이 아니면 이익을 올릴 수 없다. 공장 내부에서도 이와 똑같은 말을 할 수 있다.

영업 · 경리에서 총무에 이르기까지 일체가 되어 도입 전개해 나가지 않으면 진척되지 않는다.

(2) 도입순서

구분	도입순서의 단계
물품	1. 6S(모든 것의 원점)
	6. 로케이션 · 물품적치장(위치)(용기)(창고)
사람	3. 1개(SET) 흘리기 (표준공정재고)(눈으로 보는 관리)
	7. 택트타임생산(페이스메이커)(소인화)
	8. 생산량관리(원가관리)(이상관리)
	9. 표준작업관리(개선의 도구)(낭비)
	10. (품)질(풀푸르트)(자동화)
	11. 설비(가동)(설비배치)
시스템	2. 생산의 평균화 / 생산의 평준화(다사이클화)
	4. 흐름라인(리드타임)(U자라인)(다능공)
	5. 소로트화(준비교에)(운반)
	12. 간판(정보 · 관리 · 지시 · 개선)

주) 반드시 도입순서의 단계대로 실시해야 한다는 것은 결코 아니다.(각 항목간에 밀접한 관련이 있다) 다만, 모두 일제히 실시 · 추진해 나갈 수는 없으므로 순서를 제시한다.

(3) 생산의 평균화

① 포인트

제품 하나하나 종류 ⒶⒷⒸ의 생산수량을 하루평균 동일수량 (Ⓐ 매일 100, Ⓑ 80, Ⓒ 20)으로 할당하는 것을 생산의 평균화(파-분할생산)라고 한다. 실제의 라인에서는 2~3종류의 제품이 흐르는 라인은 드물고, 품번베이스로 10~20종의 제품이 흐르는 것이 많다. 그러나 라인의 파워가 매우 약하다.

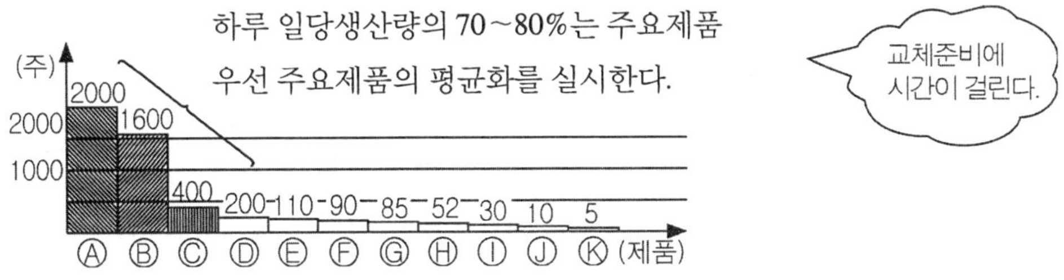

ⒶⒷⒸ는 매일 동일수를 인수한다-지정석을 정한다.(레귤러품목)

Ⓓ~Ⓚ는 인수일을 정해 지시한다-자유석을 설정하여 계획생산(이레귤러품목)

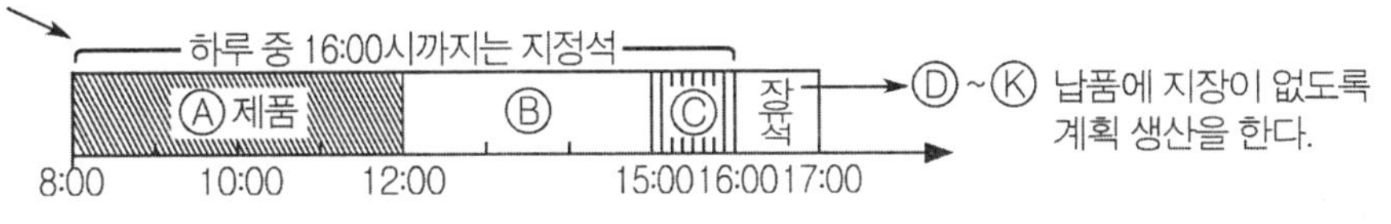

② 착안점 : 제품 출하장소는 라인에서 보이지 않는 곳에 설치하라!

제품창고가 보이면, 아직 제품이 저렇게 많이 있으므로 조금 늦어도 괜찮다는 느슨한 생각을 하게 된다. 생산관리부문이 정시(시간마다)정량을 제품스토아에서 인수한다. 정시(10:00)에서 정량(Ⓐ 25개)이 완성되지 아니한 경우, 제조부문(라인)이 생산관리부문(창고)에 완성된 시점에 넘길 의무가 있다.

③ 순서

㉠ 우선 최종공정을 평균화(주요제품(부품)은 지정석, 소량품은 자유석)

㉡ 앞공정에서는 매일 사용하는 부품의 수(수준)를 제시(생산계획표는 발행하지 않음. 그러나 소모품 (Ⓓ~Ⓚ)은 발행한다.)

Ⓐ 매일 100개 Ⓑ 매일 80개 인수하겠다!

표 1-10 눈으로는 관리

항목	일정	1日	2日	3日	4日	5日	6日	7日	8日	9日	10日
①	납품시기	0	0	200	0	400	200	0	200	0	100
	조건 납품일 전일에 완료 Ⓐ 누계필요수		200		600	800		1000		1000	
	Ⓑ Ⓐ에 대하여 하루필요수	100	100								
		150	150	150	150						
	Ⓒ로서 최대 생산하지 않으면 6일 납품이 늦어짐	160	160	160	160	160					
		143	143	143	143	143	143	143			
		123	123	123	123	123	123	123	123	123	
	Ⓒ의 최대수	160	160	160	160	143	143	123	123		
2	Ⓓ평균화제시	160									
	Ⓔ생산수의누계	160	320	480	640	800	960	1120	1280	1440	
3	납입후재고		160	320	280	440	200	160	320	280	440
4	최대재고					440					4440

ⓒ 제품선취는 정시 정량을 확실히 실시한다. 진척상황을 눈으로 확인할 수 있는 상태를 만든다.

실시순서1로서 최종공정에서 하루평균 할당된 동일종류·수량을 매일 생산한다. 최종공정의 거래처는 생산계획을 담당하고 있는 생산관리부문이다. 거래처가 되는 생산관리부문은 최종공정에서 정확히 인수하는 일이 무엇보다도 중요하다. 이것은 모든 근원의 원천이다.

실시해 보면 알게 될 일이나, 모든 제품(품번단위)을 평균화하는 일은 그저 용이하지는 않다. 수량이 가동일보다 적거나, 월 전반기에 완료되거나 하기 때문이다. 이와 같은 제품은 레귤러제품에 대해서 이레귤러품이라 부르고, 하루의 작업 속에 자유석을 설정하여 그 속에서 생산토록 한다. 단, 이레귤러품은 품번 베이스에서는 많으나, 수량 베이스에는 전체의 2~3할 정도이다.

(4) 생산의 평준화

① 포인트 1

평균화(파－분할)생산이 확실히 실시되면, 다음에는 하루의 작업을 세분화한다.

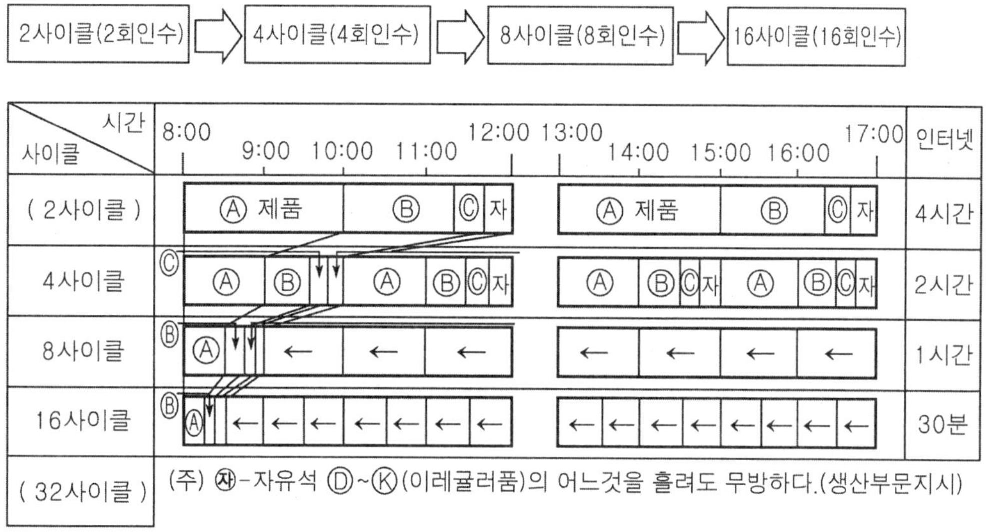

② 키워드

사이클은 동일제품(품번베이스)을 하루에 몇 회로 나누어 창고에 인수하는가의 회수표시

통상 4사이클(2시간마다) · 8사이클(1시간마다) · 16사이클(30분마다)이 보통

③ 포인트2

이 사이클이 각 공정간을 연결체인으로 연결하여 생산을 동기화한다.(전공정은 여분의 생산은 하지 않고 필요한 최소재고로 대응한다)

이레귤러품이란 매일 흘리지 않은 것. 4사이클에서는 4대 이하/1일. 운반형 태상 납입단위로 생산할 필요가 있고, 이에 벗어나는 것 등을 말한다. 자유석의 위치는 위 그림이 기본이나, 최초에는 전사이클 완료 후에 일괄생산하는 경우도 있다.

평준화생산의 대표적인 것으로, 4사이클(4회 인수)과 8사이클(8회 인수)이 있다. 동일 품번의 제품이 각기 2시간 및 1시간마다 창고에 인수된다. 이것이 가능하다는 것은, 앞공정에 대하여 평균화 생산때에 비해 앞공정 스토어의 재고가 1/4, 1/8로 대응할 수 있다는 뜻이다. 그러나 이 때도 역시 준비교체의 증가라는 벽에 부딪친다. 재고 줄이기란 그리 쉬운 일은 아니다.

이리하여 생산단위 1이 될 때까지 낮추고 다사이클화를 지향한다. 각 공정간을 마치 체인으로 연결하듯이 엔드레스 생산체제를 갖춘다. 각 공정과 운반의 신뢰관계와 준비교체를 동반하면서 체인을 유지해야만 한다. 왜냐하면 체인은 본시 앞에 누르는 것이 아니라, 뒤에서 당겨야 움직이

기 때문이다.(후공정인수)

(5) 多사이클化

① 포인트 1

어떤 날, 어떤 시간이나 생산하는 제품이 항시 동일하게 한다. 사이클을 단축시키고 회수를 많게 한다.

◎ 다사이클 대상품 중에서 가장 생산량이 적은 제품을 1의 단위로 삼는다.

품 번		하루할당수	다사이클생산
			20사이클
Ⓐ	123456	100	매일 5를「사이클」
Ⓑ	123457	80	4로 삼아
Ⓒ	123458	20	1종일 반복한다.

동기생산에서는 1의 단위가 최종목적 Ⓒ는 그 이상으로 정할 수 없다.

② 개선포인트

다사이클화를 위한 필요불가결사항

㉠ 준비교체시간단축－원터치화(준비교체의 실력에 맞게 평준화・다사이클화)

➡ 오히려 다사이클화로 준비교체 개선의 니즈를 도출한다.(개선의 point임)

㉡ 불량/고장의 박멸(라인의 합리화・안정화)

㉢ 앞공정에서의 인위단위 1(앞공정과 운반의 신뢰관계)

③ 착안점

사이클을 단축하고, 회수를 늘리면 앞공정의 재공재고(완성스토어)는 신뢰 관계하여 1/2, 1/4, 1/8, 1/16로 반감된다.

앞공정은 스토어를 보고 후공정에 인계된 순서대로 인계된 양만큼만 생산한다.(생산계획표는 주어지지 않으나, 각 품번의 생산수준은 알려진다)

생산형태 : 1 사이클

ⒶⒶⒶⒶⒶⒷⒷⒷⒷⒸ 1 사이클 속에서 3회 준비교체를 실시

↑ ↑ ↑

준비교체 준비교체

(6) 생산평준화의 바람직한 상태

① 포인트1

어떠한 제품에도 그 물건을 만드는 타이밍이 있다. (각 제품이 각기 팔리는 타이밍에 맞추어 생산되고 있는 상태) 산발적으로 팔릴 때는 산발적으로 만든다.

생산대응은 1

타이밍은

품	번	하루할당수	가동시간	타이밍
Ⓐ	123456	100	480분	4.8분/개/480/100
Ⓑ	123457	80	(60분×8)	6.0분/개
Ⓒ	123458	20		24.0분/개

Ⓐ제품을 4.8분에 1개씩만 만들면 된다.

이것을 택트타임이라 부른다(자세한 설명은 도입순서7). ⒶⒷⒸ의 타이밍(택트타임)을 도시하면

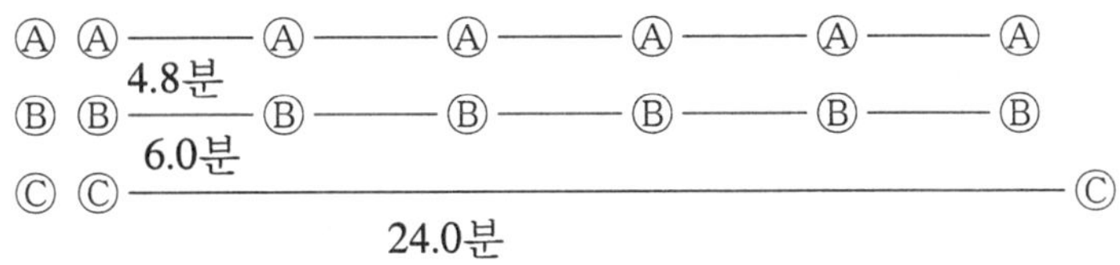

준비교체는 원터치로 매회 실시

⇩

반복작업 내에서 실시한다. (작업요소)

동일제품을 2개 이상 계속하지 않고 반복생산

A Ⓐ→Ⓑ→Ⓐ→Ⓑ→Ⓐ→Ⓒ→Ⓐ→Ⓑ→Ⓐ→Ⓑ
2.4분 2.4분 2.4분

라인의 팩트타임 $\frac{480분}{200개}$ =2.4분/개

이 생산이 가능하면 무작위(고객의 요망대로)로 발췌한 생산지시카드로 즉시 대응할 수 있다.(다양화대응)

↓

다음에는 앞공정을 위 그림처럼 반복 생산할 수 있는(재공재고의 삭감) 체계로 개선…개혁에 착수한다.

② 생산량의 평균화와 작업량의 평준화

생산의 평준화에 있어 여하히 적은 인원으로 대응하는가?

원가절감 → 소인화

Ⓐ 제품 5 공정(5명)
Ⓑ 제품 7 공정(7명) 의 작업량이 있다.
Ⓒ 제품 10 공정(10명)

제품은 질 · 양 · 타이밍으로 코스트가 결정된다. '타이밍이 돈'이며, 가동시간을 필요갯수로 나누어 산출한다. 이것을 택트타임이라 부른다(상세는 도입수순 7단계에서 설명한다.)

모든 제품 · 부품 · 구입품은 이 택트타임으로 만들거나 구입해야 원가절감을 기대할 수 있다. 택트타임으로 제품 · 부품을 만들고, 나아가 동일제품을 2개 이상 계속하지 않고, 반복생산하면, 적은 재고 · 설비 · 인원으로 리드타임을 단축할 수 있어, 고객의 다양화 · 다원화에 능히 대응할 수 있게 된다.

(7) 1개(SET)흐름

1개(SET)흐름은 동기생산의 기본이다. 1이라는 숫자의 중요성을 구체적으로 제시하는 큰 항목이다. 다음 단계에서 설명하는「흐름」은 만드는 조건의 하나로서 모든 물건을 각공정에서 규칙대로 타이밍에 맞게 생산하기 위해 1개(SET)씩 흘리는 것이다. 이렇게 간단한 것이 실제로 이해는 되어 있으나, 실시되고 있지 않은 경우가 대단히 많다. 그것은「로트 생산」이며 각 공정

사이클 ⒶⒷⒶⒷⒶⒸⒶⒷⒶⒷ

생산순위		1공정	2	3	4	5	6	7	8	9	10	필요 공정수
사이클↓	A	○	○			○				○	○	5
	B	○	○	○		○	○			○	○	7
	A	○	○			○				○	○	5
	B	○	○	○		○	○			○	○	7
	A	○	○			○				○	○	5
	C	○	○	○		○	●	●	●	○	○	10
	A	○	○			○				○	○	5
	B	○	○	○		○	○			○	○	7
	A	○	○			○				○	○	4
	B	○	○	○		○	○			○	○	7
배치				(3공정+6공정)							◉	

C제품이 흐르면 3 · 4공정을 담당한다.

6명으로 작업

◉ C 제품 6 · 7 · 8공정은 감독자가 대응한다. 개선의 니즈가 있는 곳이다.

간에 재고를 안고 있는 경우가 많다. 알고 있는 것과 할 수 있는 것과는 크게 다르다. 특히 큰 흐름으로 할 경우, 팀 워크의 좋고 나쁨이 결정적으로 결과로서 나타난다. 한 사람 한 사람이 1개(SET)씩 흘리는 것에 의해 팀워크가 이루어지며 효율 좋은 작업이 이루어진다. 또한 품질불량도 곧 액션을 취할 수 있게 된다. 이 팀워크는 연습에 연습을 거듭하고 훈련에 훈련을 거듭하여 이루어진다. 몸에 익힐 때까지 몇 번이고 실시하지 않으면 본래의 1개(SET)흐름이 될 수 있는 상태까지 가지 못한다. 이 정도로 간단한 것 같으나 어려운 것이다. 이 1개(SET)흐름에는 1개(SET)씩 만들고 운반하고 전달하는 것과, 같은 제품(상품)을 계속해서 만들지 않고 운반하지 않는 것도 포함되어 있다.

재료로부터 제품까지 일관해서 「1개(SET)흐름」으로 만드는 것이 바람직한 상태이다. 그러나 한번에는 되지 않으므로 후공정 또는 중간공정(라인단위)의 흐름단위로 1개(SET)흐름을 실시해서 순차로 연결해가며 최종적으로 공장기업 전체가 1개(SET)흐름 라인으로 되어야 한다.

한 가지 제품에는, 수백수천 개의 부품이 사용되는데 그들 중 단 한 개만 빠져도 상품이 될 수가 없다.

완벽한 통제를 철저히 실시하기 전에는 이 부품이 산적해 있어도 단1개의 상품도 만들 수 없을 것이다. 그 복잡한 체계를 최소한 간소화시켜 기업의 통제가 가능하다.

미래를 향하여 스스로 변혁하는 용기와 기본을 충실히 쌓아 가는 노력이 있는 곳에 (SET)흐름은 가능하게 된다.

모든 공정에서 '필요한 만큼 만들기'를 철저히 하려면, 부품의 가공・조립공정 순서대로 설비를 (물류를 형성)하고 1개(SET)단위로 전체공정 정체 없이 리드미컬하게 흘러야만 한다. 그것은 오케스트라가 지휘자를 따라서 연주되는 상태, 경기에서의 에이트와 동일한 상황이라고 생각할 필요가 있다.

① 1개(SET)흐름

최종 공정인 고객은, 고객 각자가 1개(SET) 단위로 매입하기 때문에 생산공정에서도 1개 단위로 만들 필요가 있다. 부품을 만들고 운반하는 곳에서도 1개씩 만들고 운반한다.

즉 「1개(SET)흐름의 동기생산」이라는 사고방식을 철저히 익혀야 한다. 불요불급품을 만들지 않고 즉시 팔리는 물건을 만들기 위해서는, 1개(SET)흐름으로 만드는 방법이 「생산의 리드타임(가공 조립시간+정체시간)」을 단축시키고, 나아가서 원가절감을 기할 수 있다. 여기서 특히 중요한 것은 정보, 개선도 1개흐름으로 실시하는 것이다.

② 1개(SET)흐름

동기생산에서는 평균화/평준화 속에서 완성부터 원자재에 이르기까지 원칙적으로 최종조립공정에서 나오는 1제품에 대해서 부품 1개(SET)만 운반 · 조립 · 가공 · 재료를 인수하는 것으로 한다.

생산은 1개흐름으로, 운영은 후공정이 1개씩 맡는다.(필요한 물품을 필요한 때, 필요한 만큼 제조 · 담당하기 위하여)

리드타임 단축
(물품의 흐름은 좁고 빠르게)
공정 재공품의 최소화
눈으로 보는 관리상황(표준화)
라인 활성화

㉠ 키워드

- 1개씩이면 공정흐름은 연결된다.(지금 필요한 것은 오직 1개뿐!)
- 하나 나오면 하나 넣어라(U라인으로 출구와 입구를 나란히 하라)1대 1대응
- 정보개선도 1개흐름으로

㉡ 포인트

- 1개 흐름으로 '일손 멈추는 대기의 낭비'로 바꾼다.(과잉생산 낭비, 가공낭 운반낭비, 동작낭비를 대체하라)
- 작업의 흐름을 만들어 →흐름과 흐름을 연결한다.
- 1개흐름이야말로 층류(層流)이다.

㉢ 정보의 1개흐름

생산공정－지나치게 많은 정보는 과잉생산의 낭비를 유발하고, 순서의 혼동을 일으켜 필요한 것을 필요할 때 완성하지 못하여 결품발생의 원인이 된다. 그 결과 다양한 대응이 불가능한 경직된, 생산변경이 어려운 체질을 만든다.

영업－최근, 정보는 넘칠 정도로 범람하고 있다. 그 중에서 필요한 것 하나를 선택해야 하는데, ①정보 → ②감성 → ③결단 → ④실행을 일련의 1개흐름으로 만들어야 한다.

반드시 필요한 정보는 오직 하나뿐이다.

㉣ 개선의 1개흐름

여러 가지 개선을 일관적으로 실시할 때 중요한 것은 무엇보다도 낭비를 낭비로 확실히 인식하는 일이다. 이상을 이상으로 보지 못하는 현상이 너무나 많다. 이런 이상부터 하나하나 개선하고 착실하게 바로잡아야 하나, 이 일련의 작업을 일시에 몰아서 실시하면, 완벽한 개선을 실현할

수 없고, 다음에 무엇을 할 것인가 모르는 상태에서 끝난다.

이상과 같이 매사에 이 1개흐름으로 임하는 것이 리드타임을 단축하고, 다양화 대응, 원가절감, 고품질에도 직결된다.

(8) 눈으로 보는 관리

필요한 것을, 필요한 때, 필요한 만큼 만들고 운반하려면 사람과 물품, 설비 등이 낭비 없는 조합을 이루어 얼마나 저렴하고 신속하게 만드느냐가 문제이며, 이상을 눈으로 보아 누구나 알 수 있는 상태로 만드는 것이 관리된 현장이다.

① 눈으로 보는 관리

매사에 정해진 대로 움직이는 것은 아니다. 따라서 될수록 모든 일을 간소화 · 단순화시키고 이상발생시에는 이상벨을 울릴 필요가 있다. 이때, 현재의 관리수준과 바람직한 관리수준간의 차이인식과 강한 실행력이 개선이라는 OUT PUT을 좌우한다.

목적은 원가를 인상시키는 각종 낭비요소를 제거하는 데 있다. 결코 눈으로 보는 관리가 목적은 아니며 수단일 뿐이라는 사실을 잊어서는 안 된다.

반드시 개선의욕과 행동이 따르지 않으면 무의미하다.

눈으로 보는 관리 는 이상관리 이다.

눈으로 보는 관리도구

- ① 로케이션, 물품비치장 표시 (물품 가지러 가는 장소)
- ② 택트타임 표시
- ③ 시간당 생산량 관리표 (생산상황과 그 실적공수)
- ④ 표준작업표 게시 (작업순서, 표준재공량)
- ⑤ 간판 (불요 · 불급품을 생산하지 않는다. 생산할 수 없다)
- ⑥ 안돈 (호출, 라인스톱－이상을 알린다.)
- ⑦ 페이스메이커
- ⑧ 색별표시

도입순서 단계별로 설명한다.

눈으로 보는 관리의 구조

- ① 1개흐름
- ② 대기의 낭비
  - 과잉생산의 낭비
  - 운반의 낭비
  - 가공의 낭비
  - 동작의 낭비

  를 대기의 낭비로 바꾸어 놓는다.
- ③ U자라인
- ④ 감독자가 라인 전체를 바라볼 수 있는 관리포인트 설치
- ⑤ 현장의 정보는 오직 1개소에만

② 호출등과 안돈

이상발생을 알리는 도구를 말하며, 작업이 순탄하게 진행되도록 고장발생이나 공구교환, 준비교체 등을 호출등이나 안돈으로 알리는 것이다.

중요한 것은 등을 켜 주는 타이밍이다. 제때 켜지지 않으면 아무 소용없다. 작업자는 우선 호출등으로 부를 의무가 있다.

라인스톱은 감독자가 직접 해야만 할 일이다.(안전, 품질상의 경우는 제외하고) 전원참가로 낭비를 철저히 추방해야 한다. 눈으로 보는 관리란 전원이 정보를 고르게 공유하며 자율적인 지적 활동을 통해서 실시해야 할 이노베이션인 것이다.

눈으로 보는 관리를 도입할 때는 종래의 일체의 관리방법을 과감히 폐지할 필요가 있다.

6) 생산전체에 대한 사고방식

(1) 고정관념

오랫동안 공장을 가동하면, 모르는 사이에 제조방법에 대한 고정관념이 생긴다.

「1,000개 단위의 로트가 아니면, 경제적으로 채산이 맞지 않아서~」

「검사 중에서도 샘플링 검사가 가장 합리적이다.」

「서서 작업을 하다니? 이 작업은 정밀도가 요구되기 때문에 앉아서 하지 않으면 안 돼~」

「지금까지 20년간 해 왔어, 내가 하는 방법이 가장 좋은 거야」

생산자의 주장으로 만들기만 하면 팔리던 시대는 옛날에 사라졌다는 것을 안 되는 이유만 늘어놓는 사람은 모른다. 하물며, 소비자의 사정에 귀를 기울인다는 것은 생각해 보지도 못한다.

"안 된다는 ~공장"에서는 TPS생산방식을 말해 봤자 소귀에 경읽기이며 로트생산공장에 TPS, 현장개선 등이 추진될 리가 없다. 그러므로 우선 의식개혁이 필요해진다. 조회 때 한마디씩

의식을 바꾸어 가는 것도 방법이며, QC분임조나 소집단활동에서 꾸준히 TPS생산방식을 강조하는 것도 묘안이다. 또 외부의 전문가를 초빙해서 사내 세미나를 여는 것도 효과가 있다. 5S 활동이 현장개선의 기초라면, 의식개혁은 TPS생산의 전제이다. 사람의 생각을 바꾸면 나머지는 어떻게든 되는 것이다. 첫째로 꾸준히, 둘째로 끈기만 있으면 된다.

TPS생산방식의 사상은 종래의 사고방식을 조금씩 수정해서는 따라갈 수가 없다. 이제까지 공부한 것, 경험한 것, 오랜 세월에 걸쳐 축적된 노하우를 모조리 버리는 것부터 시작한다. 이에는 현재의 제조방법이 최저라고 생각하지 않으면 안 된다.

(2) 저스트 인 타임(JIT : Just In Time)

저스트 인 타임을 한마디로 하면「필요한 것을, 필요할 때에, 필요한 만큼」만들거나 조달하는 것을 말한다. 즉 공장 내의 제조방법은 물론 외주나 구매, 또는 물류까지 포함해서 저스트 인 타임으로 하는 것이 중요하다.

저스트 인 타임을 흔히 "시간 내에"와 같은 의미로 해석하는 사람이 있는데 이것은 큰 잘못이다. 구매업자나 외주공장, 그리고 공장 내의 각 공정에는 "납기"가 있다. 물론, 공장에서 판매, 판매에서 고객에 이르기까지 납기는 항상 있다. 이 납기를 단순히「시간내에」라고 해석하는 사람에게는 저스트 인 타임은 도저히 이해되지 않는다. 저스트 인 타임은 단순히「시간 내에」가 아니다.「시간 내에」라는 의미라면「인 타임」으로 충분하다. 예를 들어, 내주 금요일이 납기라면 금요일까지 물품이 납품되면 되는 것이다. 내주 목요일에 납품해도 된다. 오늘 물품이 생산되면 오늘 납품해도 된다는 뜻이다.

또한 공장 내에서도 같다고 볼 수 있다. 예로, 프레스할 때는 전공정으로부터의 부품이 산더미처럼 프레스 옆에 쌓여 있는 것은 단순히 기간 내에 대면 된다는 발상이다. 이래서는 "과잉 시간 내"가 되는 셈이다.「1개 프레스하자!」고 생각했을 때, 전공정에서 부품이 1개 온다. 이것을 쾅하고 프레스한다.

「또, 1개 프레스하자!」하고 생각하면, 또 전공정에서 부품이 1개 온다. 이것이 저스트 인 타임이다.

단순히 "시간 내"라고 하는 인 타임에 "제때에"라는 의미의 저스트가 없으면 아무 의미가 없다. 왜냐하면 TPS 생산방식은 단순히 납기를 지키기 위함이라든가, 재빨리 조정을 할 수 있는 "새로운 생산방법 : 신생산방식"이라는 것만이 아니다. 공장 현장이나 기업에 찔어 붙은 모든 악의 근원이라고 할 수 있는 낭비를 모조리 드러내어, 이것을 개선해 가는 "철저한 낭비배제의 기술"이기 때문이다.

(3) 후공정은 고객

"후공정은 고객"이라는 의미는 대개의 경우 품질에 대해서 하는 말이다. 즉 「후공정을 고객으로 생각하고, 양품만을 넘기도록 해야 한다」는 것을 의미한다. 그런데 제조방법을 잘 보면 완전히 밀어내는 생산방법으로는 진정한 의미의 "후공정은 고객"이 아니다. 생산방법을 부품의 이동면에서 보면 2가지 형태가 있다.

첫째는, 전공정에서 완성한 것을 즉시 후공정에 이동하는 방법이다. 이것을 "밀어내기 생산"이라고 한다. 이 방법에서는 부품과 함께 이동표가 따르고 부품이 이동한 것이 기입된다. 생산계획에 의해 각 공정에서 해야 할 작업이 정해지고 이런 식으로 작업을 한 다음 물건을 이동한다. 전공정은 마치 밀어내는 식으로 후공정에 부품을 넘긴다. 후공정에서는 부품적치장이 생긴다.

이에 비해서 후공정이 자기가 "필요한 것을, 필요할 때, 필요한 만큼" 간판을 갖고 전공정에 사러 가는 방식을 "끌어당기기 생산"이라 한다. 현금을 갖고 사러 가므로 당연히 전공정은 상점(스토어), 후공정은 고객이 되는 것이다. 고객에게 결함이 있는 것은 팔지 않는다. 품질면에서도 양품만을 인도하는 것이 당연하다.

이 2가지 생산방법의 차이는 생산계획의 작성방법과 매우 밀접한 관계를 갖는다. 즉 정보와 물류의 관련이다. "밀어내기 생산"형에서는 최종조립계획(생산계획)을 기본으로 해서 서브조립, 가공, 소재 가공의 각 공정의 조달계획을 작성한다.

이와 마찬가지로, 구입품이나 외주품에 대해서도 계획을 작성하고 배포한다. 이 계획작업은 일반적으로 소요량계획 또는 MRP(Material Requirements Planning)라고도 불린다.

그림 1-5

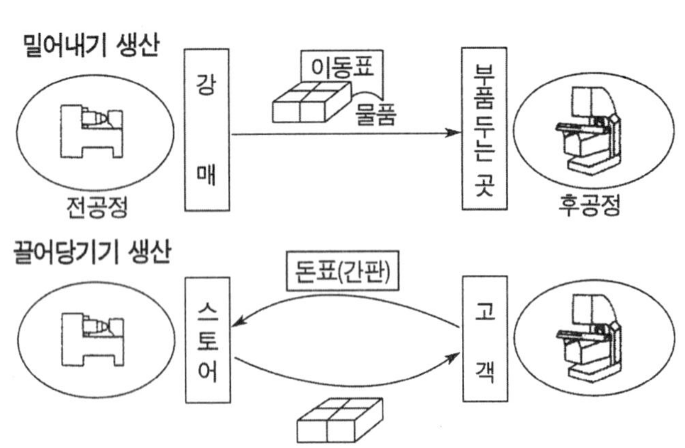

그림 1-6

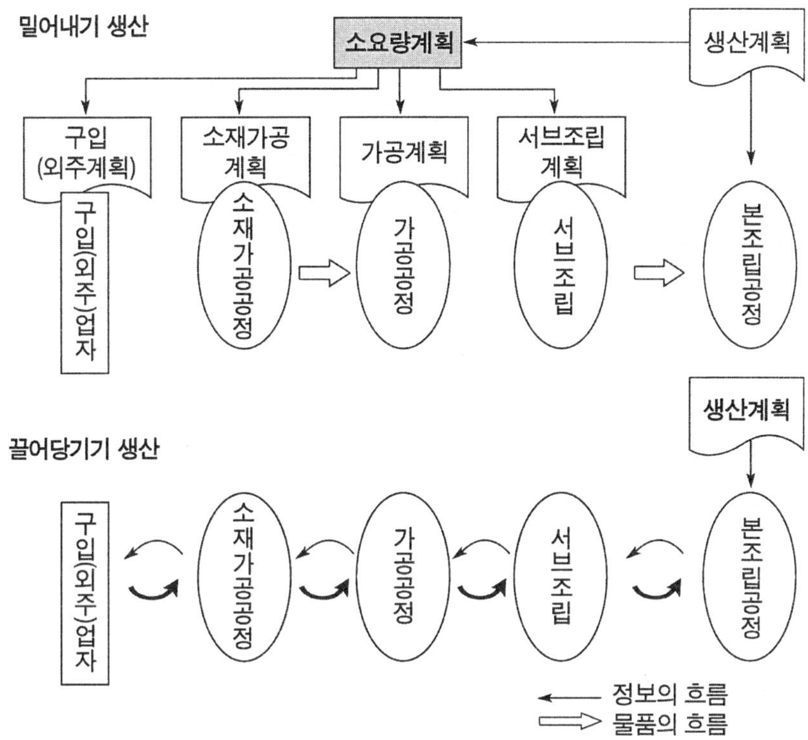

보통, 이 계획작업은 수백, 수천, 수만의 일차 부품에 대해서 실시하므로 데이터가 매우 많고, 번잡하여 자동화하는 공장이 많다. 이 방법의 최대의 결점은 정보와 물품이 일치하지 않는 점이다.

정보는 물품보다 3일 전 또는 1주일 전 등 선행한다. 현장에서 제품을 만들기 수일 전에 소요량계획을 수립하고 현장에 배포되어 작업지시된다. 그리고 각 공정은 다른 공정에 관계없이 독립해서 생산을 한다. 각 공정이 독립해서 생산하기 때문에 "공정독립생산"형이라고 할 수 있다.

약점은 계획변경 등에 대응하기 위한 유연성이 없는 점이다. 계획이 수시로 변경된다면, 각 공정의 조달계획에 반영될 수 없다. 그래서 생산계획에 "확정기간"을 설정하고 「여기는 변경하지 말라」고 하는 식이다.

이에 비해서 "끌어당기기 생산"형에서는 최종 조립계획(생산계획) 이외의 조달 수배계획은 원칙적으로 일체 갖지 않는다. 본조립공정이 서브조립부품을 끌어당기면 서브조립공정에서는 가져간 분만큼 생산한다. 이 때 서브조립공정에서는 가공부품을 사용하고 가공공정에서는 가져간 분만큼 생산한다.

즉 후공정이 만들지 않는 한 전공정이 만들 수 없는 체제이다. 전공정은 후공정에 종속해서 만들므로 "전공정종속생산"형이라 할 수 있다. 이것은 후공정이 "고객"임을 나타내고 있다.

이 2가지 생산유형을 고려할 때, 일반공장에서 볼 수 있는 "후공정은 고객"이라는 캐치프레이즈는 「간판에 거짓이 있다.」는 셈이다. 끌어당기기 생산을 하지 않으면 이런 간판은 "서류만의 개선" 또는 "형식상의 개선"이다.

7) 능률에 관한 사고 방식

(1) 움직임과 일하기

「아– 오늘도 열심히 일했다.」 퇴근시간이 되면, 흔히 듣는 말이다. 이 "일하다"라는 의미는 각자가 갖고 있는 작업관에 따라서도 상당히 개인차가 있는 것 같다.

어떤 사람은 하루의 8시간을 회사에서 보낸 것만으로도 「일했다」고 느낀다. 이런 사람일수록 일한다는 척도는 "시간"이며 어쨌든 1분이나 1초라도 오랜 시간 회사에 있으면 일한 걸로 생각한다. 또, 어떤 사람은 "땀"의 양으로 「일했다」는 충실감을 맛본다. 땀을 별로 흘리지 않고 버는 사람을 떳떳하지 못하다고 본다.

이에 반해서 "부가가치"라는 몫의 크기로 충족감을 얻는 사람도 있다.

그림 1–7

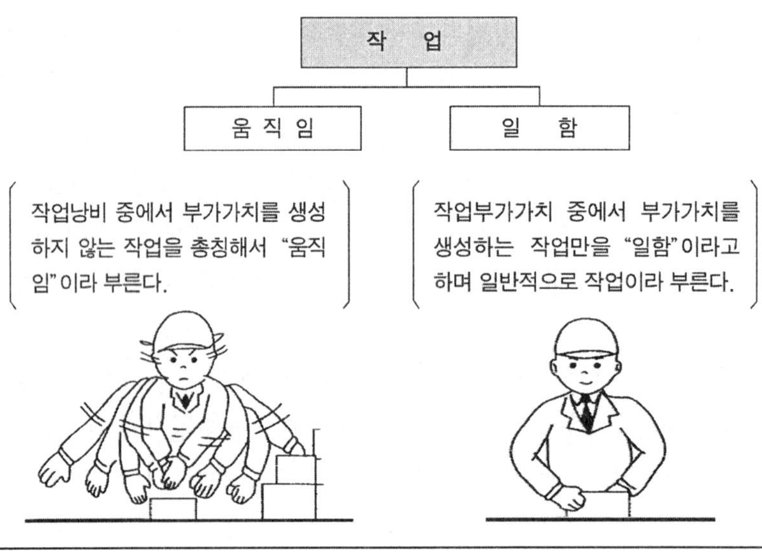

이것들은 사람의 "일한다"에 대한 의식의 차이를 설명한 것이다. 이 "움직인다"와 "일한다"는 생각은 작업자의 하루의 작업시간 내에서 그 차이를 볼 수 있다.

작업자는 하루 8시간 작업한다. 이 8시간 중의 대부분은 "움직임"이다.

"일함"이란 작업 중에서 부가가치를 생성하는 작업만을 말하며, "움직임"이란 일함 이외의 작업을 총칭하여 낭비라 한다. 보통사람은 좀처럼 구분하기 어렵다. 이익이 나지 않는 공장은「무엇이 움직임인가?」,「무엇이 낭비인가?」하는 개선의 원점을 알지 못한다. 우선, 이를 알지 못하고서는 공장이 잘 될 수 없다. 이래서, 우선「낭비란 무엇인가?」를 알아야 한다.

"낭비를 낭비로 생각하지 않는 낭비" 이것이 가장 나쁘며 낭비의 근원이다.

낭비를 분명히 낭비라고 인식할 수 있으면 합격이다.

≪움직임 : 낭비의 10가지 예≫

① 무거운 부품을 영차영차하며 운반한다.
② 작업을 끝낸 후 부품을 세고 있다.
③ 바닥에 쌓여 있는 부품을 세고 있다.
④ 후공정에 넘기기 위해 부품을 비닐봉지에 넣고 있다.
⑤ 전공정에서 받은 부품을 비닐봉지에서 꺼내고 있다.
⑥ 오늘의 작업이 끝났기 때문에 내일의 분을 만들고 있다.
⑦ 가공하고 있는 부품을 움직이지 않게 누르고 있다.
⑧ 부품을 집고, 가공하고, 놓는 작업을 되풀이하고 있다.
⑨ 기계가 움직이고 있는 동안 불량이 나오지 않도록 감시하고 있다.
⑩ 부품이나 치구를 찾고 있다.

"움직임"과 "일함"은 전혀 다른 것이다. "움직임"이란 원가를 높이는 역할밖에 하지 않는다. 그리고 이익을 잠식하는 중요한 역할도 한다. 즉 "낭비"이다. 이에 대해서, "일함"이란 그 제품의 기능을 높이는 역할을 한다. 즉 "부가가치"를 가리킨다.

열심히 움직인다고 해서 일하는 것은 아니다. 일한다는 것은 공정이 진행되고, 일을 완성하는 것이며, 불필요한 일이 적고 효율이 높은 것을 말한다.

작업자의 작업 중에는 이 2가지가 공존하며, 낭비쪽이 압도적으로 많다. 부가가치는 극히 일부분이다.

프레스 작업의 예를 들어본다.

① 미가공품을 집어 이동하고 프레스에 놓는다. 이것은 가공물에 부가가치를 전혀 생성하지 않는 동작이며 낭비의 하나이다. 이동거리는 짧으면 짧을수록 좋다. 이동이 없는 것이 최고이다.

그림 1-8

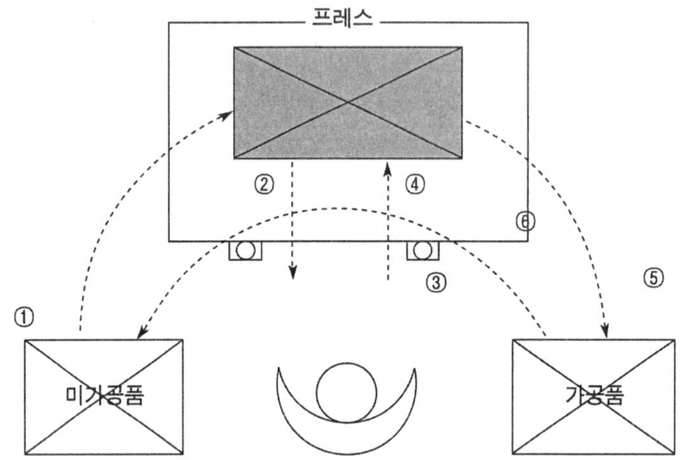

② 스위치를 누르러 간다. 완전한 낭비이다. 손은 아무것도 갖지 않고, 공중을 이동할 뿐이다.

③ 스위치를 누른다. 이 순간에 부가가치가 붙는다. 100톤 정도의 비교적 작은 파레스에서는 이 순간이 약 1초이다. 엄밀하게 보면 이 1초 중에도 낭비는 있다. 형형이 가공물에 밀착될 때까지는 공기를 누르는 낭비이다. 부가가치가 생성되는 순간은 1초 중의 극히 일부이다. 그것도 부가가치는 사람이 붙이는 것이 아니라, 기계가 붙이는 것이다.

④ 가공물을 가지러 간다. 아무것도 하지 않는 손이 이동한다. 이것도 낭비이다.

⑤ 가공완료품을 집어 이동하여 옆에 놓는다.

물품의 이동은 낭비이다. 핸드링타임이 된다.

⑥ 다음 미가공품을 가지러 간다. 프레스 작업 최대의 낭비이다. 미가공품과 가공품을 되도록 가깝게 하면 이 낭비는 좀더 적어진다.

이 예에서 알 수 있는 것과 같이 작업의 대부분이 낭비인 것이다. 하물며 창고에서 가공물을 불출해서 놓고, 운반하고 있는 작업은 전부 낭비인 것이다.

최근의 경향으로서 운반의 합리화라든가 머테리얼 핸드링 개선이라 하여 자동운송차를 도입하는 일이 많다. 물론, 사람이 물건을 운반하지 않으므로 편하긴 하다.

그러나 이런 생각은 잘못이다. 특히, 운반은 자동화한다든가, 고속화 또는 거리단축과 같은 개념으로는 안 된다.

"운반은 근본적으로 없앤다"라는 자세가 중요하다. 정리 · 정돈을 하여 설비배치를 개선함으로써 운반 자체를 없애는 것이 선결과제이다.

(2) 노동강화와 노동밀도의 향상

일반적으로 개선이나 합리화를 도모하고 낭비를 제거하는 것이 노동강화라고 생각되기 쉽다. 「우리들은 열심히 하고 있으니 그 이상 합리화의 여지가 없다!」 등과 같은 사람도 나오게 된다. 대부분의 경우 이러한 회사는 적자 본질기업이다. 작업 속에 어느 정도 낭비가 있는가를 이해하지 못한 증거이다.

TPS개선이란 작업 속에 방대한 낭비를 철저하게 제거하는 일이다. 그림에서 보는 "낭비제거"가 그 기본이다. 작업자의 근무시간은 8시간이면 이 중에 가장 우수한 작업자가 부가가치를 생성하는 시간은 아무리 후하게 보아 준다 해도 1시간이며 작업시간의 8분의 1이 부가가치시간이고 나머지 8분의 7시간은 낭비동작이다.

공장 내에 만연되어 있는 낭비를 제거하지 않고 작업만 밀어 부치는 것은 노동강화란 작업자의 낭비를 제거하지 않고 「생산량만 올려라」고 하는 식이다. 이래서는 작업자가 빨리 움직여 생산량을 늘릴 뿐이다.

단순히 "노동"을 "강화"하는 데 지나지 않는다.

이에 반하여, 노동밀도의 향상이란 우선 작업 속에 배어 있는 낭비제거부터 한다. 이것을 "낭비제거"라 하며 우선 현장에 가서,

그림 1-9

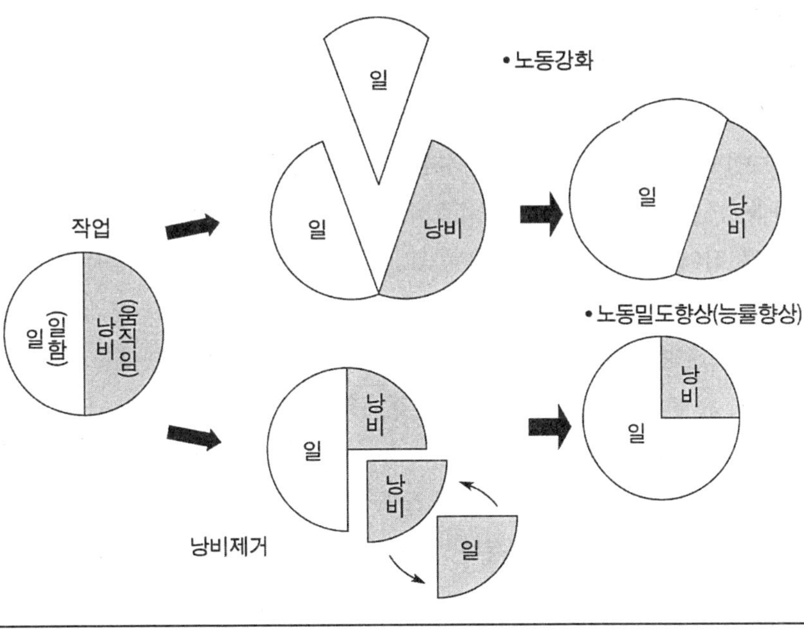

① 작업의 전체를 보고
② 작업기능의 본질을 파악하고
③ 움직임과 일함의 관점에서 작업을 주시하고
④ 낭비적인 움직임과 부가가치를 수반하는 일함으로 구분해서
⑤ 움직임의 낭비를 철저하게 그 자리에서 제거하는 것을 말한다.

예로, 2~3m나 떨어진 곳에서 1장씩 가공물을 가져와서 프레스한다. 이때는 걷지 않고 가공물을 집을 수 있도록 개선한다. 이것으로 왕복 6m의 낭비가 제거된다. 공장 내의 보행은 1보 1초이므로 6초의 낭비가 제거된다. 작업자는 6초분만큼 편해진다. 그 편해진 만큼 부가가치를 생성하는 일에 돌릴 수 있다.

즉 작업 속에서 "일함"의 비율이 증가한 것이다. 노동밀도가 향상된 것을 나타낸다. 이것은 부가가치율이 향상되었음을 의미한다.

(3) 개인의 능률 · 전체의 능률

TV나 VTR 등 가전품 조립라인에는 20인 내지 30인의 여자 작업자가 컨베이어에 따라 나란히 작업을 한다. 대부분의 작업자는 나사조임이나 결선 등 간단한 작업을 5개와 6개 담당하여 이를 되풀이하는 데 지나지 않는다.

일단 30초라든가 40초로 피치타임은 설정되어 있고 각 작업자는 이에 꼭 맞추어 작업을 한다. 마치 작업자 전원이 피치타임에 꼭 맞추어 작업하는 것 같이 보인다. 그러나 낭비에 예리한 눈을 갖고 있는 사람이 보면, "대기낭비"의 원흉이 있다.

사실, 30명이 있으면 30명 모두 피치는 다르다. 10초에 끝내는 사람이 있는가 하면 겨우 마치는 자도 있다. 10초에 끝냈다고 해서 그 작업자는 다음 작업을 할 수 있는 것도 아니다. 당연히 작업자는 대기한다. 피치타임에서 나머지 시간을 쉬고 있어서는 주위사람에게 미안하다. 그래서 「나는 피치타임에 꼭 맞게 작업을 하고 있다!」고 보이기 위해 하나하나의 작업을 지연시킨다. 이것이 대기의 원흉으로 알려진 "맞춤작업"이다.

컨베이어는 대기낭비를 감추는 점도 있으나 피치타임 내에 1개씩 만든다는 장점도 있다. 따라서 1인의 작업자의 능률을 아무리 올려도 라인 전체의 능률은 오르지 않는다. 1명만의 능률향상보다 라인 전체의 능률향상이 중요한 것이다. 이것이 개인의 능률과 전체의 능률의 차이이다.

같은 조립이라도 전동 컨베이어를 쓰지 않고 작업대를 써서 작업하면 각 작업자의 양쪽에는 차례로 부품이 쌓인다. 각 작업자의 피치의 차이가 재공재고 같은 것으로 변화하여 표면화된다. 당연히 능률향상이라 하면 전후의 공정과는 전혀 관계없이 그 공정만의 개개의 능률향상이 되는

그림 1-10

것이다.

그러나 개개의 능률향상이 결코 기업 전체의 능률향상에 기여한다고는 볼 수 없다. 개개인의 작업자, 1대 1대의 기계의 능률, 그리고 그것이 하나의 흐름을 형성하는 라인, 또한 이 라인을 복합한 공장, 최종적으로는 판매, 물류까지 포함한 기업 전체로서의 관점에서 각각의 능률이 향상되고, 기업 전체로서 능률이 향상될 수 있는 종합적인 관점이 중요한 것이다.

어느 공정만의 능률향상을 위해 놀랄 정도로 비싼 최신의 기계를 도입하여 제조를 시작한다. 고액인 기계이므로 상각이 마음에 걸린다. 당연히 가동률을 중시하여 관리를 철저히 한다. 고객의 요구와는 다른 시점에서 생산이 이루어진다. 이런 관점에서 볼 때 가동률 일변도의 관리는 잘못이다.

또, 개개의 능률중시의 대표로서는 프레스와 단조공정이 있다. 여기서는 금형의 교체작업에 시간이 걸린다. 교체회수를 줄이기 위해 동일품종을 대량으로 생산하고자 한다. 그러면 현장은 대로트 지향으로 나간다. 그들은「교체회수가 줄면 줄수록, 능률이 향상된다」고 말한다. 생산은 프레스나 단조공정만이 아니다. 생산 전체의 원활한 흐름이 흐트러져서는 안 된다. 결국은 손해이다. TPS 생산방식이란 철저한 낭비제거의 기술임과 동시에 원활한 물건의 흐름을 만들고 유지하는 기술이다.

8) JIT 시스템(사례)

JIT 시스템은 기업의 생산 및 유통활동에서 모든 구조적인 낭비를 배제하는 하나의 새로운 기업경영철학이다.

낭비가 없는 생산 및 유통체제의 기업활동을 함으로써 인간의 존엄성을 추구하는 경영방식이며 또한 JIT 시스템은 단순히 하나의 생산관리 시스템으로서만이 아니라 전체 생산 및 유통 활동에 관한 모든 기업경영 방식을 총괄적으로 포괄한다.

(1) JIT의 목표

① 철저한 낭비의 배제를 목표로 함

② 부수적인 목표

㉠ Quantity Control : 수요변동에의 재빠른 대응

㉡ Quality control : 양품의 품질을 보증

③ 낭비의 종류

㉠ 불량품의 낭비

㉡ 초과 및 조기달성의 낭비

㉢ 재고의 낭비

㉣ 운반의 낭비

㉤ 가공의 낭비

㉥ 동작의 낭비

㉦ 대기의 낭비

(2) 3.5P

JIT 시스템의 제조 및 판매분야에서의 응용을 생각하기 위해서 제조업의 기본요소인 5P를 고려하여 J는 이 모든 5P의 성공적인 실현을 목표로 함.

① Product : 소비자가 만족할 만한 제품을 구비

② Production : 제품을 기술시방에 따라 생산, 제조할 수 있어야 함

③ Promotion : 제품을 판매

④ Profit : 판매에 따른 이익을 수반

⑤ People : 인간의 존엄성을 추구해야 함

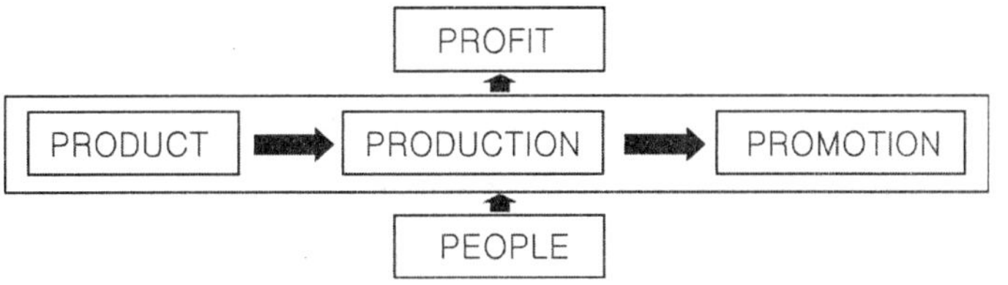

(3) JIT의 구성요소

①Kanban System : 모든 공정에서의 생산량을 적절하게 조절하는 일종의 정보 시스템으로서 JIT를 관리하는 방법

② 미세조정생산(Fine-tuning Production) : 변화하는 수요상태에 탄력적으로 적응할 수 있는 조절능력

③ 평활생산(Smoothing og Production) : 필요한 부품을 일정한 양으로 생산하도록 하는 작업

④ Setup Time의 감소

⑤ ProcesstjfrP : 한 작업자가 여러 대의 기계를 동시에 조작할 수 있도록 기계의 배치를 설계

⑥ 작업의 표준화(Standardization of Job) : 작업자가 여러 개의 기계를 다루기 위해서 작업표준화가 이루어져야 함

⑦ Automation : 기계나 생산라인에서 불량품이 생기는 것을 방지해 주는 것을 의미

⑧ 개선활동(Improvement Activities)

(4) Kanban 시스템

간판 System이란 모든 공정에서 필요한 때에 필요한 양만큼의 제품을 생산하도록 조화롭게 통제 관리하는 정보시스템이다. 이러한 간판은 도요다 생산시스템의 이론적 지주인 JIT를 실현시키기 위한 관리도구이다.

① Kanban 시스템을 유지하기 위한 요소

㉠ 생산표준화	㉡ 작업의 표준화
㉢ Setup Time의 감소	㉣ 활동의 개선
㉤ 기계배치의 설계	㉥ Autonomation

② Kanban의 양식

㉠ 모양 : 관제엽서 정도의 크기이며 플라스틱 주머니에 싸여진 경우가 많음. 사각형 또는 삼각

형의 모양이 있으며 색깔도 다르게 표시될 수 있음

㉡ 정보 : 간판의 구실을 하기 위해 여러 가지 정보가 적합

- 제품의 표시 : 제품의 이름, 모델번호, 부품번호가 기록
- 운반정보 : 물자를 보내는 곳과 받는 곳의 위치가 명시되어야 함. 파이프 라인에서 물자흐름의 전・후단계를 정확하게 명기함으로써 물자흐름의 과정을 일목요연하게 알 수 있어야 함
- 간판 운영정보 : 간판관리를 용이하게 하기 위한 정보를 기입할 수 있음

③ 간판의 종류

실용방법에 따라 두가지로 구분

㉠ 인수간판(withdrawal kanba) : 후공정에서 전공정으로부터 물자를 인수할 때 사용

㉡ 생산간판(production kanban) : 가공이나 조립과 같은 생산부서에서 제품을 생산할 때 사용

－인수간판(withdrawan kanban) : 파이프라인의 후공정과 전공정 사이를 왕복하며 후공정에서 전공정으로부터 물자를 끌어내는 데 사용

〈기계가공라인과 조립라인사이에서 쓰일 수 있는 인수간판의 예〉

<table>
<tr><td colspan="3">Item Back No
창고선반번호 : 5E215 A2－15
물품번호 : 35670S07
물품명 : DRIVE PINION
차 종 : SX50BC</td><td rowspan="3">전 공 정
FOR61N6
B－2
후 공 정
MACHINING
m－6</td></tr>
<tr><td>포장용량</td><td>포장형태</td><td>발주번호</td></tr>
<tr><td>20</td><td>B</td><td>418</td></tr>
</table>

- 입구보관소 : 라인의 입구쪽에 위치하여 원료나 생산라인에서 사용될 원자재를 받아 보관하는 곳
- 출구보관소 : 라인의 출구쪽에 만들어진 제품을 다음 단계로 가지고 가기 전까지 보관해 두는 곳
- 인수간판의 순환 : 초기 재고량은 입・출구 보관소나 생산라인에서 가공되고 있는 제품을 합쳐서 이야기함. 전공정의 출구보관소와 후공정의 입구보관소에는 동일한 물자가 보관됨

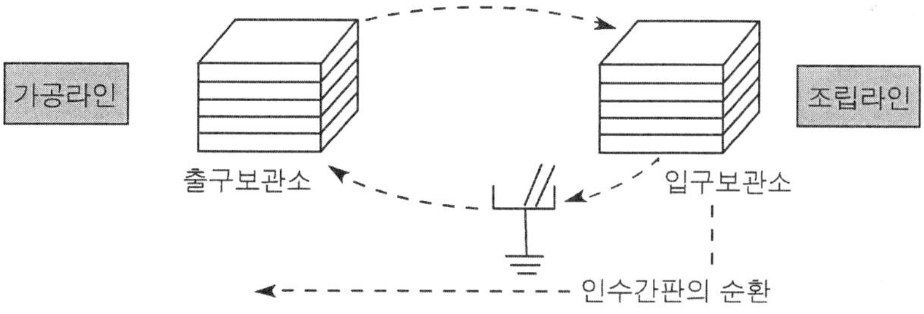

–생산간판(Production Kanban)

- 실제 제품을 생산라인에서 만드는 일종의 작업개시 명령서와 같음
- 생산라인에서만 사용됨
- 생산 작업지시판에 모여진 생산간판이 미리 결정된 생산 로트수에 달하면 제품을 생산
- 생산량은 생산 간판의 수와 같아야 함

㉢ 신호간판(signal kanban)

㉣ 자재간판(material-reguisition kanban)

㉤ 외주간판(supplier kanban) : 외주를 받는 공급업자가 조달해야 할 부품에 관한 정보를 담은 간판

㉥ 비상간판(Emergency kanban) : 공장의 비상사태 발생이나 태풍 또는 예기치 않은 사태의 돌발시에 사용. 1회 사용으로 끝나며 사용 즉시 회수된다.

(5) Set-up Time의 단축

생산성 향상을 위한 일본식 접근방법은 소규모 로트로 생산할 것을 요구한다.

기계의 가동 준비기간이 오래 걸리면 소규모로 생산하는 것이 불가능하다. 따라서 준비시간을 단축시키는 작업을 통하여 소규모 로트 생산이 가능해지고 소규모 로트 생산에 따라 생산이 평준화되고 다양한 수요변동에 신속히 대응할 수 있는 JIT의 목표를 실현할 수 있다.

① Set up time의 단축으로 인한 기대효과

㉠ 생산 평준화의 달성

㉡ 설비 capacity의 증가

㉢ 소규모 로트생산으로 인한 재고의 절감

㉣ 다양한 수요변동에 신속한 대처

② 작업전환 준비활동의 분류

대개의 모든 설비기계의 작업전환 준비활동은 다음과 같이 구분

㉠ 작업순서에 의한 분류방법

- 작업전환 준비의 사전활동 : 전환작업에 필요한 공구나 기계장치품 여러 가지 모든 도구들을 미리 준비하고 확인
- 현 기계에 붙어있는 공구들을 분배하고 떼어내는 작업과 부착하는 작업
- 부착된 공구들의 시방서 규격에 의거한 조정작업
- 시작품을 만들어 품질검사와 치수의 재조정 반복작업

㉡ 내 · 외부 Set up으로의 분류방법

- 내부 준비작업(Interal Set up) : 기계 가동의 물리적 중단을 필요로 하는 준비작업

  ex) 기계의 여러 가지 지그, 공구들을 떼어내는 일 등
- 외부 준비작업(External Set up) : 기계 가동 중에도 수행할 수 있는 Set up

  ex) 사전준비작업 등

③ 작업전환 준비활동의 개선

㉠ 작업전환 준비에 행해지는 모든 작업을 형태별로 분류

작업전환 준비대장, 비디오테이프 촬영 등으로 분석

㉡ 각 세목의 작업을 한 개의 과제로 취급

- 내부 Set up과 외부 Set up으로의 구분을 결정
- 외부 Set up은 기계가 가동 중에 Set up을 완료

㉢ 내부 Set up의 외부 Set up화

기계의 모듈화(Module)를 통해 가능

1.6 기업의 체질

1) 강한 체질 조건을 갖추어야 한다

산업계의 경기변동에 좌우되지 않고 항상 이익이 확보되는 체질을 위해서는 손익분기점 수준을 유지한다. 종업원, 관리자, 경영자 모두에게 이하의 능력을 습관화한다.

① 문제가 무엇인가를 파악하는 체질일 것 ② 계획을 중시하는 체질일 것
③ 프로세스를 중시하는 체질일 것 ④ 중점을 지향하는 체질일 것
⑤ 전원이 시스템을 지향하는 체질일 것

2) 기업의 과제 및 책임

기업의 과제는 경영 효율화와 기업에서 근무하는 사람들의 업무에 대한 충실감의 동시 달성에 있다. 사람은 누구나 풍요로이 살고 싶어한다.

기업은 제품을 판매한다. ——— 고객은 제품을 사용해서 풍요로운
기업은 서비스를 제공한다. 생활을 한다.
기업은 재생산을 지속한다. ——— 고객은 대금을 지불한다.

우리들은 영원히 생활의 풍요로움, 즉 물질적으로도 정신적으로도 그 풍요로움을 지속한다. 그 풍요로움을 보증해 주는 기업도 영원히 발전할 필요가 있다.

3) 기업의 목적과 사명

① 기업은 이익을 추구한다

이익＝매상수익－원가

그림 1-11 기업의 목적과 사명

사용자의 요구조건을 만족시키는 제품, 서비스에 필요한 기능을 겸비한 제품, 고품질의 제품 서비스, 적정한 가격의 제품 서비스를 필요한 시기에 품질상 요구조건을 명확히 하고 엄수한다.

② 납기 엄수할 것

납기를 엄수하는 것은 다음 공정에 있어, 그리고 고객에게 불편을 주지 않기 위해 중요하다. 또한 기업의 신뢰성 유지에 해당된다.

③ 원가유지와 절감(원가)을 할 것

기업이 이익을 높이고, 재생산 활동을 수행하기 위해서도 원가절감이 필요하다.

④ 사기양양(종업원=구성원)을 할 것

현장에서 근무하는 멤버가 의욕적이고 적극적일수록 고품질 능률이 기대된다.

4) 기업의 조건

(1) 우수 기업의 조건

① Speed가 있다.
- 연구개발의 speed가 있어야 한다.
- 문제해결의 speed가 있어야 한다.
- 수주에서 완성까지의 speed가 있어야 한다.
- 합리화의 speed가 있어야 한다.
- 작업의 speed 등을 들 수 있다.

② 예사로운 일을 확실히 한다.
③ 관리자가 문제의식을 갖는다.
④ 전종업원의 개선의식을 높인다.
⑤ 활력이 있는 사람을 많이 육성한다.
⑥ 중점주의를 철저히 한다.

(2) 최우수 기업의 조건

① 행동에 중복성이 있어야 한다.
② 고객에게 밀착성이 있어야 한다.
③ 자주성과 기업가 정신이 있어야 한다.
④ 사람을 통한 생산성 향상을 가져야 한다.

⑤ 가치관에 기초를 두는 실천성이 있어야 한다.
⑥ 기축에서 벗어나지 않는다.(기본적인 틀)
⑦ 단순한 조직, 작은 본사이어야 한다.
⑧ 엄숙함과 온화함의 양면을 동시에 갖는다.
예로써(현대자동차), 품질은 나의 자존심이며, 생산은 나의 사명이고, 안전은 나의 생명이다.

(3) 성(省)에너지형 상품 : 합리적으로 줄이는 것

① 소형(Compact)화할 것
② 경량화시킬 것
③ 저소음화할 것
④ 무공해시킬 것
⑤ 메카트로닉스화할 것
⑥ 고성능화시킬 것
⑦ Maintenance Free(사용하기 편리하게) 할 것

(4) 제품 구성의 재검토를 할 것

① Variety Reduction(다양한 가치분석)
② 제품구성의 재검토
③ 부품구성의 재검토
④ 부품점수의 반감
⑤ Value Engineering(VE)

(5) 기업환경을 조성할 것

① 제품의 성숙화
② 고객의 니즈(needs) 다양화
③ 고령화와 인건비 점증
④ 에너지 비용 상승
⑤ 재료비 상승

(6) 제품개발상의 과제일 것

① 고부가가치제품의 개발

표 1-11 일본에 있어 경영환경과 경영과제의 역사

	'55～'84 (산업발전기)	'65～'74 (규모확대기)	'75～'84 (안정성장기)
경영환경	중화학공업화 대형설비투자 고도성장 경영학 붐	자본자유화 만국전람회 소비자 파워 대두 공해대책기본법	성장화 둔화 석유가 상승 첨단기술 메카트로닉스 시대
경영과제	증산규모확대 기술도입혁신	급속규모확대 노동력부족 공해문제	성자원, 성에너지 FA, OA 체질 개선

※부가가치 : 기업 스스로의 노력에 의하여 창조(개발)한 가치

② 기종의 증가(다양화)

③ Life Cycle 단축화

④ 코스트 경쟁력 강화

⑤ 개발기간의 단축(타이밍 조절)

(7) Ability와 Competence의 분석방법

① Ability란

정상적 사무처리능력으로 기초적 직무능력(걷기, 읽고 쓰기, 계산, 자동차 운전)을 매주, 매월 반복되는 계획을 세운다. 작업을 매일 되풀이 한다.

② Competence란

① 결과에 대한 책임을 지는 능력(Competence 능력)은 통찰력, 뛰어난 지혜라고 해석된다.

② 달성목표와 직무상의 최종적 책임을 지기 위해 필요한 능력, 문제의식을 갖는 것

③ 문제의 본질(원인) 추구, 파악할 것

④ 곤란한 제관계의 조정을 꾀할 것

⑤ 결과를 예측하여 사전에 처치, 해결 가능하도록 한다.

⑥ 전통과 습관에 구애받지 않고 사태를 쇄신한다.

⑦ 창조적, 총합적으로 문제를 해결한다.

(8) 개선기술지도자에게 기대되는 능력

① 결과에 대한 책임을 지는 능력이 있어야 한다.

② 달성목표와 직무상의 최종적 책임을 지기 위해 필요한 능력을 갖는다.
③ 문제의식을 갖는 것
④ 문제의 본질(원인) 추구, 파악할 것
⑤ 곤란한 제관계의 조정을 꾀할 것
⑥ 결과를 예측하여 사전에 처치, 해결 가능한 능력(선행관리능력)을 갖출 것
⑥ 전통과 습관에 구애받지 않고 사태를 쇄신하는 능력을 갖출 것
⑦ 창조적, 총합적으로 문제를 해결하는 능력을 갖출 것

현재의 시스템으로는 많은 트러블과 로스, 불만족, 업적의 저조를 초래하고 있다. 그러나 이러한 여러 제문제를 초래하는 본질적인 과제는 무엇인가. 이러한 현상의 깊은 곳에 잠재하는 본질적인 문제는 무엇인가. 이런 문제들은 어떤 구조로 되어 있는가(Waht?). 또 이유는 무엇인가(Why?) 등을 깊이 파헤친다.

What?…문제는 무엇인가, 특히 주요한 문제는 무엇인가
　　　　문제점이 서로 뒤얽혀 있는 것은 어떤 것인가
Why?……왜 그것이 문제인가, 왜 중요한가, 어떤 사실이 있는가, 그 원인은 왜 발생했는가
How?……어떻게 해결해야 하는가, 혁신해야 하는가

1.7 생산활동에 있어 기대되는 것

(1) 안전 확보

재해는 기업에게도 개인에게도 결정적인 손해를 준다. 그러므로 안전에 관련되는 기준, 규칙을 주지, 철저히 한다.

(2) 생산량 달성

생산계획대로 생산을 한다.
1日 단위, 1주 단위, 1개월 단위, 분기별 단위, 년차 단위 별로 목표량을 달성한다.
※단기생산일정 : 1일~1주일
　중기생산일정 : 1주 이상~1개월, 분기별
　장기생산일정 : 1개월 이상, 분기별, 년차별

(3) 품질 유지와 향상

고품질은 고객의 신용을 높이고, 기업발전의 원동력이 된다.
따라서, 전체 생산에 따른 원가를 절감하는 효과를 가져온다.

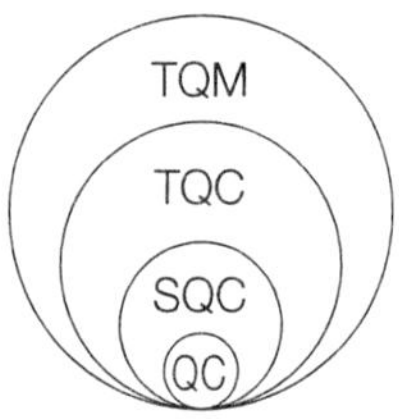

* QC(Quality Control) : 설계품질
* SQC(Statistical QC) : 생산품질
* TQC(Total Quality Control) = SQC + QC : 종합적품질
* TQM = Total Quality Management : 종합적품질경영
  = QC + SQC + TQC + QM

1.8 현장관리 및 유지관리와 개선관리

1) 현장관리

관리란 생산의 4가지 요소의 로스를 감소시키는 활동이다.
4M의 로스란 사람(Man), 설비(Machine), 재료(Material), 방법(Method)을 말한다.

(1) 2가지 로스

① 표준대로 업무가 추진되지 않아 발생하는 로스

로스 = 실적 − 표준

이 로스는 정해진 표준, 정해진 룰을 지키지 않아서 발생한다.

그림 1-12 관리 사이클 PDCA

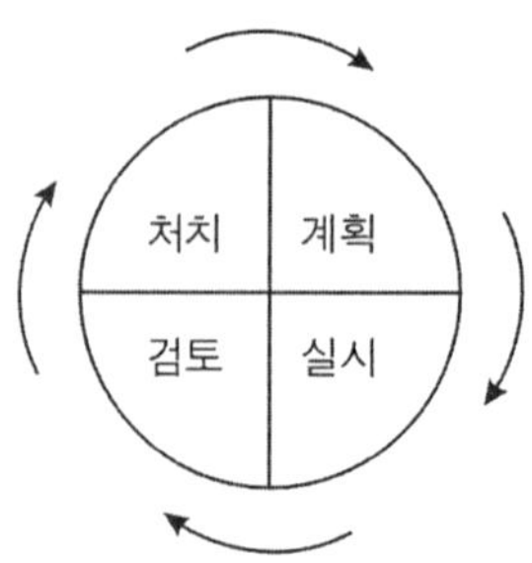

P : 계획(Plan)
D : 실시(Do)
C : 검토(Check)
A : 처치(Action)

<관리 사이클>

② **목표와 표준과의 차**

로스 = 목표 − 표준

"항상 현상에 만족하지 않고 보다 나은 목표에 도전한다."

(2) 관리의 사이클 P.D.C.A

① P 계획(Plan)

② D 실시(Do)

③ C 검토(Check)

④ A 처치(Action)

P 계획(Plan)이란, 활동을 시작하기 전에 그 목적을 명확히 하고, 그 목적을 달성하기 위한 구체적 방법 · 순서를 명확히 나타낸다. 또 활동을 시작하기 전에 장해가 되는 문제를 가능하면 예측하고 그에 대해 조치를 취한다든가 장해를 제거하는 것이다.

D 실시(Do)란, 계획을 전원에게 철저히 주지시키고, 또 필요하면 지도를 실시하는 것이다. 이 단계에서 가장 중요한 것은 「계획을 확실히 지킨다 · 지키게 한다」라는 것이다.

C 검토(Check)란, 실시결과를 조사해 실태를 파악함으로써 계획대로 추진되고 있나 어떤가를 판단하고, 만일 계획대로 진행이 되지 않은 경우에는 저해하는 요인을 찾아 검토하는 일이다.

A 처치(Action)란, 계획달성을 저해하는 요인을 확인해서, 그 결과에 근거하여 필요한 개선을 추진하는 것이다. 처치에서 가장 중요한 것은, 같은 문제(로스)가 재차 발생하지 않도록 작업의 평준화를 추진한다든가 표준서 등을 작성해서 재발방지를 위한 정지장치를 하는 것이다.

2) 유지관리와 개선관리

(1) 유지관리의 정의

유지관리란 표준과 실적의 차로써 포착할 수 있는 로스를 감소시키는 활동이다.

생산에서의 로스의 대부분은 「정해진 표준, 정해진 룰을 지키지 않기 때문에 발생한다」라는 것이고, 표준 또는 룰을 지키는 것이 유지관리의 기본이다.

(2) 개선관리의 정의

개선관리란 목표와 표준의 차로써 포착할 수 있는 로스를 감소시키는 활동이다. 개선관리를 추진함에 있어 가장 중요한 것은, 항상 현상에 만족하지 않고, 보다 높은 목표에 도전하는 것이다.

3) 현장개선의 순서

(1) 현장개선의 9계단

표 1-12 현장개선의 9계단

원가관리 : 원가절감유지(인건비, 제조경비, 재료비)
품질관리 : 품질향상유지(Q-Cost 관리)
작업관리 : 표준작업조건 준수
공정관리 : 결정된 납기를 지킴
자재관리 : 납기, 품질안정유지
치공구관리 : 정밀도 유지
설비관리 : 순간정지를 제거
환경관리 : 5S(정리 · 정돈 · 청소 · 청결 · 습관)
노무관리 : 작업자의 skill 향상(인재육성) → 숙련도 향상

① 노무관리의 실시

㉠ 인재의 육성 · 능력향상 · 상사와 부하와의 상호이해와 신뢰관계 · 인간관계를 형성한다.

㉡ 능력 있는 인재의 육성과 확보를 한다.

② 환경관리의 철저실시

환경관리란, 현장의 5S를 철저하게 하는 것이다.

㉠ 정리(seiri), ㉡ 정돈(seiton), ㉢ 청소(seiso),

㉣ 청결(seiketsu), ㉤ 습관(shitsuke) = 생활화

이 5S의 목적은 「결정한 것, 결정된 것을 확실히 지킨다」라는 습관형성이다.

※5S를 소홀히 하면 주변 환경이 어지러워 제품이나, 부품을 찾기 힘들 뿐 아니라 불량품이 되어버린다.

③ 설비관리의 실시

㉠ 설비의 부실에 의한 고장, 순간 정지에 의한 설비의 불가동에 의한 로스를 없앤다.

㉡ 설비와 성능 · 정밀도를 유지한다.

④ 치공구나 검사구의 관리

㉠ 치공구나 검사구의 정밀도에 결함이 있으면 불량발생의 원인이 된다.

㉡ 품질은 치공구나 검사구의 양부에 따라 좌우된다.

⑤ 자재관리의 실시

보다 좋은 품질의 재료나 부품을 필요한 시기에 필요한 양을 되도록 싸게 구입한다.

⑥ 공정관리의 실시

상대가 희망하는 납기까지 제품을 만들어 제공한다.

⑦ 작업관리의 실시

㉠ 고품질 · 고능률은 작업자가 정한 표준작업대로 작업을 함으로써 보증되는 것이다.

㉡ 작업관리는 다음 순서에 따라 추진한다.

- 표준작업방법을 결정한다 – PLAN
- 표준작업방법대로 일이 이루어지도록 지도한다. – DO
- 표준작업방법대로 작업을 실시한다. – DO
- 표준작업방법대로 작업을 실시하고 있는가 어떤가를 체크한다. – CHECK
- 체크 결과, 표준작업방법대로 실시되고 있지 않다면, 왜 시행되고 있지 않은가, 그 원인을 분석하고 대책을 세운다. – ACTION
- 표준 작업방법을 보다 좋은 방법으로 개선한다.

현장개선의 9단계 요약

- ○ 노무관리 – 작업자 스킬의 향상
- ○ 환경관리 – 결정된 것은 확실히 지킨다.
- ○ 설비관리 – 설비의 정밀도 유지 고장 · 순간 정지의 방지
- ○ 치공구관리 – 치공구의 정밀도의 유지
- ○ 자재관리 – 구입재료, 부품납기의 유지, 품질의 유지
- ○ 공정관리 – 결정된 납기를 지킨다.
- ○ 작업관리 – 표준작업방법대로 작업을 실시한다.
- ○ 품질관리 – 품질의 유지, 향상, 불량, 클레임의 박멸
- ○ 원가관리 – 원가의 절감, 원가의 유지

⑧ 품질관리의 실시

작업자가 표준작업대로 작업을 추진함으로써, 좋은 품질의 제품이 만들어진다.

⑨ 원가관리의 실시

제품의 원가는 지금까지 설명한 8개의 스텝이, 완전히 실시된 결과에 의해 자연히 절감되는 것이다.

4) 정리, 정돈 실시 순서를 정한다.

순서 1 관리책임 단위그룹 편성
순서 2 추진책임자 선임
순서 3 관리책임의 범위, 영역 결정
순서 4 정리, 정돈, 청소에 관련되는 기준서 작성
순서 5 정리, 정돈에 관련되는 평가기준, 평가시스템, 표창제도의 입안
순서 6 교육, 홍보전단의 실시(기준을 지키는 습관)
순서 7 실시, 지도
순서 8 정기적으로 순회 심사, 평가기준에 기초를 두고 그룹별로 평가, 문제점의 지적, 개선 권고
순서 9 평가결과를 공표하고 그 노력을 인정한다.

5) 정리, 정돈, 청소, 청결

① 정리란 불필요한 것을 제거하는 것이며 불필요한 것이란 지금 이 장소에 적당한 양인가, 정말 필요한가에 의해서 판단한다.

② 정돈이란 필요한 것을 안전하게 물품에 손상을 입히지 않도록 언제든지 꺼낼 수 있도록 하는 것이다.

③ 청소란 현장 내를 항상 먼지나 때가 없도록 유지하는 것이다.

정리, 정돈, 청소, 청결을 통해서 결정한 일, 결정된 일을 확실히 습관화하는 것이 중요하다.

(1) 청소를 하지 않으면 어떻게 되는가

① 제품의 품질 정밀도, 내구성을 손실한다.

② 설비, 치공구의 정밀도 노화를 촉진한다.

③ 설비, 치공구의 불비점(不備點)을 감춘다.

① 대외적 측면

㉠ 고객에게 신뢰를 손실한다.

㉡ 공해 등으로 지역사람들에게 불편을 준다.

② 행동 혁신으로의 발전

㉠ 여유부활

㉡ 바람직한 변화를 창출해 내는 자신과 의욕이 생긴다.

결정한 룰, 결정된 룰을 엄수하는 습관의 행동 혁신을 가져올 수 있다.

(2) 정리를 하지 않으면 어떻게 되는가

① Space가 없다.

② 위험하다.

③ 사람들에게 압박감을 준다.

④ 노력이 더 필요해진다.

⑤ 자금이 쓸데없이 낭비된다.

⑥ 비능률(문제)을 감춘다.

⑦ 정리, 정돈이 어려워진다.

(3) 정돈을 하지 않으면 어떻게 되는가

① 위험하다.

② 수고가 더 든다.

③ 설비, 치공구를 손상시킨다.

④ 물품을 혼동한다.

(4) 정리, 정돈 청소 기준서

분류	No.	항 목
통로	1	통로는 항상 백선으로 명시한다.
	2	통로에는 물건을 놓아서는 안 된다.
	3	통로에는 돌출물이 있어서는 안 된다.
	4	통로는 항상 청결하여야 한다.
	5	통로에서 작업을 해서는 안 된다.(소속장의 허가는 제외)
	6	작업대 밑에 물건을 놓아서는 안 된다.
작업중	7	작업대 위에 필요한 물건 이외에는 놓아서는 안 된다.
	8	작업대로부터 물건이 돌출되어서는 안 된다.
	9	작업대의 서랍에 사물을 넣어서는 안 된다.
	10	작업대는 망가진 채로 사용해서는 안 된다.
포크리포트	11	취급 책임자는 명시되어 있을 것.
	12	사용하지 않는 경우에는 소정의 장소에 놓을 것
	13	충전용 코드는 통행, 주행에 방해가 되지 않도록 할 것.

(5) 정리, 정돈 기준서

분류	No.	기 준	급 소

(6) 정리체크 sheet

회사명 :　　　　　　　　　실시일 :　　　　　　　　　작업자 :

장소	있는 것	수	사용빈도	정리 포인트

(7) 정리, 정돈 평가표

실시회사 : 과 계 발

실시일자 : 시 분 ~ 시 분

평가자 :

분 류	No.	평 가 항 목	평 점

(8) 정리, 정돈 평가총괄표

실시회사 : 과 계 발

실시일자 : 시 분 ~ 시 분

평가자 :

No.	평 가 항 목	평가자	평			점	계
1							
2							
3							
4							
		합 계					

개선점, 소견

1.9 현장개선의 효과적인 추진방법

1) 현장개선 토털 어프로치

(1) 관리자, 스텝을 중심으로 한 개선활동이어야 할 것

① 톱 다운을 중심으로 한 조직적 활동일 것(Top-Town)

② 최고의 이상상태를 목표로 해서 이에 근접하는 것을 목표로 한 개혁 활동일 것

③ 목표에 의한 관리에 근거하여 각층 관리자의 특정 프로젝트로써 추진된다.

(2) 소집단활동을 중심으로 한 개선활동(Small Group Activity = SGA)일 것

① 보텀 업을 중심으로 한 활동, 생생하고 활기찬 현장 만들기, 자주성의 존중, 전원 참가의 개선활동

② 작은 개선의 축적, 룰을 지키는 습관, 전원 참가의식, 의욕의 양상을 갖출 것

그림 1-13 현장개선 토털 어프로치 체계도

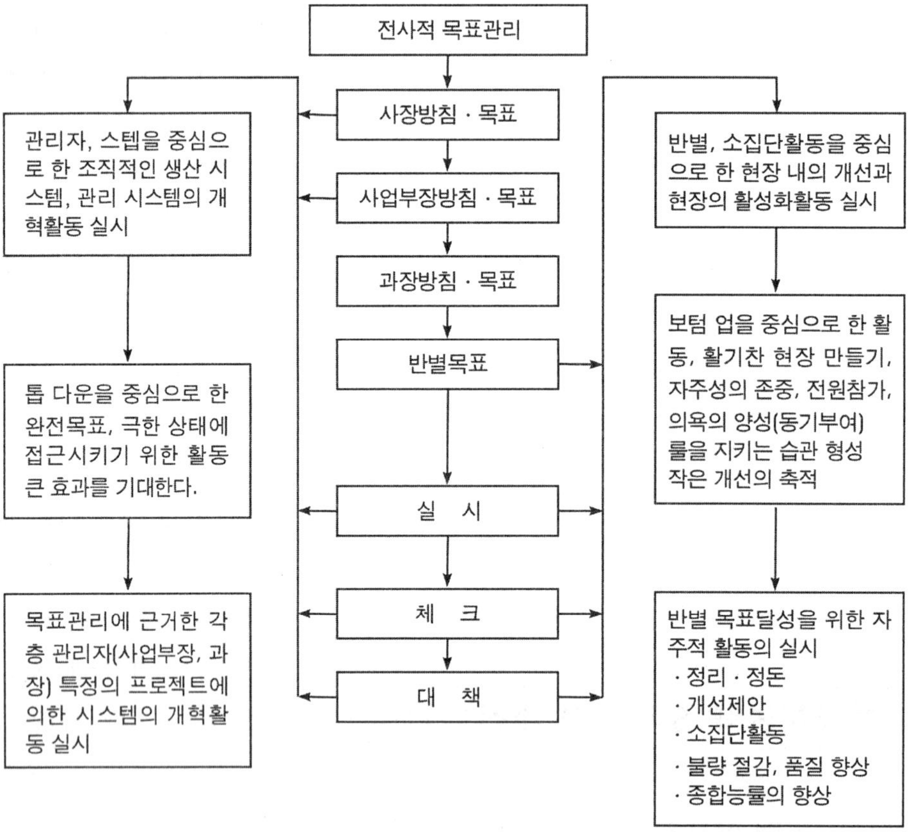

2) 현장개선 토털 어프로치의 요점

① 목표에 의한 관리의 철저를 기할 것
② 관리자, 스텝에 의한 극한추구지향의 개혁을 가져올 것
③ 소집단활동에 의한 자주적 개선활동일 것

1.10 목표에 의한 관리의 추진방법

1) 목표의 설정과 목표의 전개

현장개선의 목표는 회사목표의 달성에 연결되어야 한다. 그를 위한 목표설정은

부장 → 과장 → 각 그룹장

과 같이 위에서부터 아래로 실시한다. 그 결과 각 계층을 따라서 전사적인 목표달성을 위한 연쇄체계가 된다.

(1) 목표설정의 조건

① 이익증대, 매상신장, 원가절감 등 회사의 업적향상에 직접, 간접으로 연결되어 있을 것
② 종업원의 의욕과 능력을 높여야 할 것

(2) 목표설정의 2가지 측면

① 기술면의 가능성에서 기계기술이나 전기기술, IE 등과 같은 관리기술면에서의 가능성 타진에 의한 효과 예측에 의해서 목표를 구체화한다.

② 경영상의 요청에서 경제성이나 가능성을 도외시하고 개선을 요구하는 케이스가 있다. 현수준을 어떻게든 타개하지 않으면 곤란한 경우이다.

(3) 목표의 구체화

① 증량으로 나타난다

㉠ 현방법으로는 1일생산 500개인데 그것을 600개로 한다.
㉡ 현방법에 대한 1일생산 100개 증산가능으로 한다.

㉢ 현방법으로 20% 생산성 향상을 시킨다.

② 감량을 나타낸다

㉠ 1일의 발생불량 150미터를 50미터로 한다.

㉡ 1일의 발생불량을 100개 감소시킨다.

㉢ 불량률을 3분의 1로 인하한다.

③ 구성비율로 나타낸다

㉠ 재료 코스트 60%를 50%로 한다.

㉡ 편성효율 85%를 95%로 한다.

2) 개선가능성의 검토

(1) 어떤 변화가 주어질 것인가

① 사람의 동작을 중심으로 한 개선일 것

㉠ 사람의 동작을 직접 좌우하는 요소의 개선으로, 주로 다음 사항이 대상이 된다.

㉡ 그 작업에 사용하는 신체부위의 개선

㉢ 동작의 종류와 순서 및 거리의 개선

㉣ 재료, 공구 등의 놓은 방식과 동작경로의 개선

㉤ 치구나 장치 등의 조작성 등의 개선

② 작업자와 설비계열의 개선

㉠ 단독, 또는 연합작업의 작업계열을 좌우하는 제인자의 개선이 주대상이 된다.

㉡ 요소작업단위의 작업순서의 개선

㉢ 사용하는 설비와 그 운전조건의 개선

㉣ 작업역 내의 재료나 설비 등의 배치 개선

㉤ 작업자 상호 또는 작업자와 설비의 상호관계에 따른 개선 작업일 것

㉥ 각종 작업조건 및 작업환경의 개선 활동일 것

③ 공정계열의 개선

㉠ 공정상호의 개선, 또는 공정계열전반의 개선

㉡ 공정계열순서의 개선

㉢ 저축 또는 정체와 운반의 개선
㉣ 작업조 편성의 개선
㉤ 레이아웃 등의 개선(배치, 설치)

④ 재료와 제품의 규격 등 설계변경에 미치는 개선

㉠ 재료의 변화 : 재료의 형상, 치수, 재질, 표면의 상태, 가공정도 등의 개선
㉡ 제품의 변화 : 제품의 형상, 치수, 성능, 표면완성, 포장사양 등의 개선

⑤ 작업관리의 조직이나 제도의 개선

㉠ 작업을 추진하는 데 필요한 제제도의 개선
㉡ 작업관리나 생산관리의 방법의 개선
㉢ 품질, 운반, 공정관리, 치공구관리, 계측류의 관리, 설비보전 등 간접적, 관리적 업무의 방법의 개선
㉣ 기타 공장전체를 운영하는 조직이나 제도의 개선
개선목표와 현상의 총괄적인 파악을 기초로 하여 어떤 변화를 줄 것인가, 또는 가능성을 검토한다.

(2) 어느 정도의 변화를 줄 것인가

다음의 제조건에서 금후 활동의 범위와 규모를 결정한다.
① 생산량(현상 및 장래의 전망)에 소요되는 작업의 발생빈도를 체크한다.
② 작업의 계속시간의 변화
③ 작업에 소요되는 시간의 변화
④ 개선에 허용될 기간 또는 시간의 변화
⑤ 기존설비의 현상의 변화
⑥ 분석에 필요한 시간의 견적
⑦ 변경 사이에 있을 생산장해량의 예측
⑧ 작업자의 재교육이 어느 정도 필요한가
⑨ 개선에 의해 어느 정도의 절약이 예견되는가
⑩ 조직 속에서 분석자의 지위
⑪ 관계자의 인품은 어떠한가
⑫ 문제에 관계가 있는 공장방침은 어떠한가
⑬ 제품은 사내용인가 판매용인가
⑭ 개선에 대한 톱의 결의와 후원의 정도
⑮ 개선에 대한 관계자의 이해와 협력의 정도
⑯ 제안의 실시에 필요한 매출과 승인의 상대

(3) 변화대상과 관련

그림 1-14 변화대상과 관련

변화대상 \ 항목	변화의 경향도 ◎인에 변화를 주면 사선 부분도 변화한다.	개선안 실시까지의 기간	효과의 대소	개선비용의 다소	개선에 관계하는 부서	
① 사람의 동작을 중심으로 한 개선	◎	단기간 ↑	효과小 ↑	小 ↑	小 ↑	자기의 부서에 한해서 가능한 것이 많다.
② 작업자와 설비계열의 개선	◎					자기의 부서와 생산기술부서에서 가능하다.
③ 공정계열의 개선	◎					생산기술, 생산관리의 부서에 관련한다.
④ 재료와 제품의 규격변경에 미치는 개선	◎	장기간	효과大	多	多	설계부서, 영업까지 관련해서 실험을 필요로 한다.
⑤ 작업관리 조직이나 제도의 개선	채택한 테마에 따라 다르다.	채택한 테마 및 범위에 따라 다르다.				관련부서는 많다.

① 변화의 영향도

지금, 예를 들면 「④ 재료와 제품의 규격변경에 미치는 개선」으로써 제품 또는 설계변경을 했다고 하면, 「③의 가공공정이 변하며」「②의 설비치공구가 변하고」 그러면 당연히, 「①의 사람의 동작도 변한다」라는 큰 변화를 수반하는 것을 알 수 있다.

이와 같이 ◎인에 변화를 주면, 대체로 화살표 방향에 영향을 준다고 할 수 있다.

② 개선안 실시까지의 기간

앞의 예와 같이 「설계변경을 한다」와 「타관련부품과의 관련」「보용품으로써 지금까지의 부품과의 관련」 또는 「기능 테스트」, 「내구 테스트」 등을 해야 한다. 이에 따라 「새로운 공정계획」, 「레이아웃」, 「치공구」의 계획, 준비, 실시와 장기간이 필요하다.

「①의 사람의 동작중심 개선」이라면 곧 실시할 수 있다.

③ 효과의 대소

영향도가 큰 쪽이 효과는 크나, 여기에서 말하고 있는 것은 예를 들면, 컨베이어 · 라인의 라인밸런스 개선을 한다면 그것만으로 생산성이 30%쯤의 효과가 있을 것이다 또는 없을 것이다 라고 말하고 있는 것이 아니라, 그 컨베이어 · 라인의 라인밸런스 개선시, 설계변경을 한다면 효과는 크다라고 말하고 있는 것이다.

④ 개선비용의 다소

영향도가 큰 것일수록 비용이 든다라는 의미이다.

⑤ 개선에 관계하는 부서

영향도가 큰 것일수록 관계하는 부서는 많아진다.

여기에서 개선의 목표와 정도 또는 개선하지 않으면 안 되는 기일과의 관계에서 변화를 주는 대상을 결정하여야 한다.

예를 들면,

① 코스트를 50% 인하한다(재료비도 포함)라는 것은 설계부터 검토해야 한다는 것이다.

② 공수를 30% 절감한다라는 것은 ③의 공정계열의 개선부터 할 것인가, 주로 ②의 개선부터 해야 하는 것인가, 예비적으로 워크 샘플링 조사를 할 것인가. 어디서부터 개선할 것인가. 얼만큼 지속될 것인가를 예측하는 것이 필요하다.

③ 경영상의 요청에서 기간이 결정될 수 있다. 그 기간 중에서 가능한 범위, 대상을 선택하여 어디까지 개선효과가 나올 것인가를 예측해서 품의하는 것이 필요하다.

1.11 관리자 스텝에 의한 극한 추구 지향의 개혁

1) 리서치 어프로치에서 디자인 어프로치

① 리서치 어프로치는 현상작업의 결함(로스)를 찾아내서 그를 개선하여 보다 바람직한 작업방법으로 변경해 가는 방법이다.

② 디자인 어프로치는 기계나 제품의 설계와 같이 작업방법을 설계(디자인)해 가는 방법이다. 구체적으로는 모델화한 현상의 작업방법의 구성요소를 기능분석하고 이상적인 작업방법을 설정한다. 이것을 실행가능한 형태로 수정하는 방법이다.

그림 1-15 리서치 어프로치와 디자인 어프로치

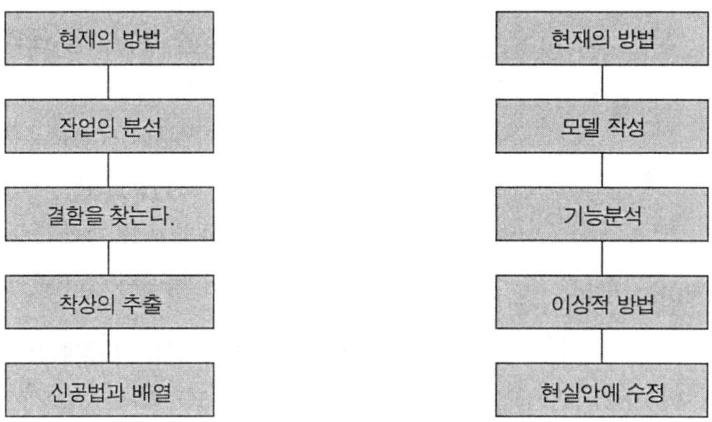

2) 디자인 어프로치의 추진방법

(1) 현상작업의 모델작성

현상작업내용 및 작업시간치에 대한 표준화를 하고 신작업방법을 디자인하는 데 바람직한 소재를 설정한다.

(2) 기능분석

디자인면에서 작업방법을 볼 때는 그 작업내용이 아니라 작업이 달성하고 있는 현재의 기능을 명확히 정의내려야 한다.

기능이란 목적, 사명, 목표에 직접 관계해서 이를 성취하는 것이라야 한다.

(3) 이상적 방법의 설계

이는 전부 이상적으로 말할 때에 실현할 수 있는 단순, 간단한 시스템의 설계이다.

(4) 현실안과 수정

(3)으로 설계된 것이 이상이고 그대로 실현되지 않는 것이 보통이다. 여기에서 일어나는 예외사항도 넣어 설계를 상세히 하고, 실현가능한 것으로 수정한다. 이 때 예외사항을 최소한으로 해서 되도록 이상에 가까운 것으로 한다.

1.12 제조부문에 있어서 혁신 소집단활동(SGA)

1) 소집단활동개설

(1) 소집단활동의 흐름

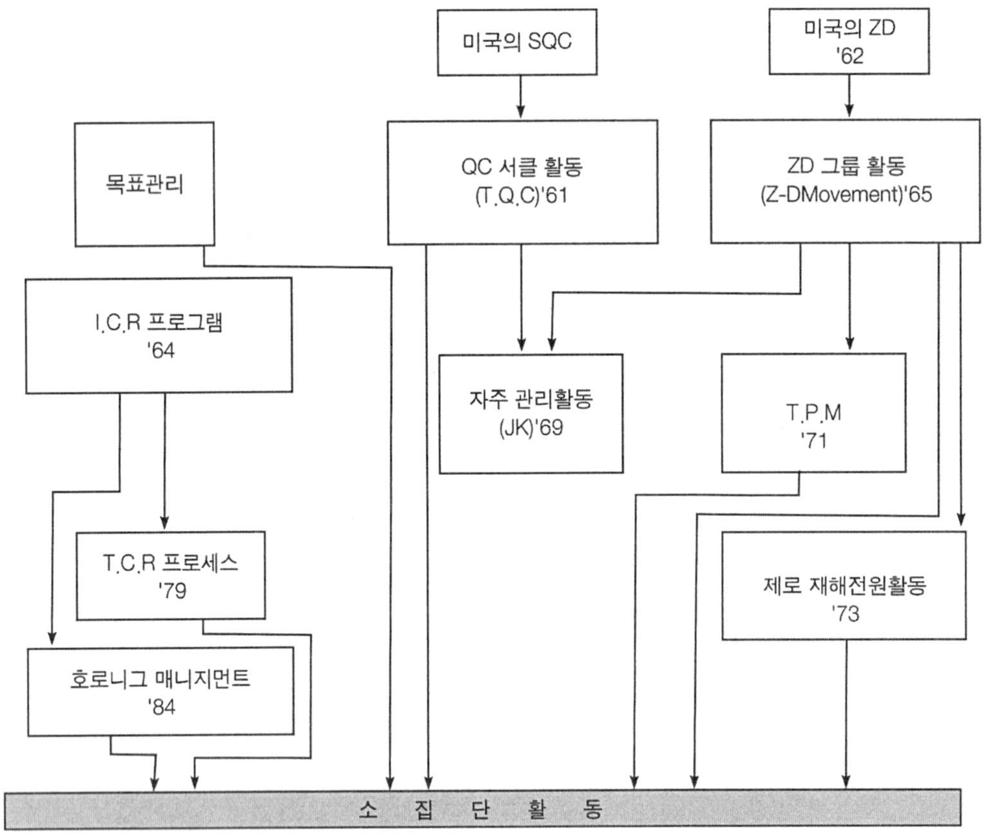

註 : ZD=Zero Defects
TPM=Total Productive Maintenance
S.Q.C=Statistical Quality Control
T.Q.C=Total Quality Control
J.K=Jishu Kanri
I.C.R=Integrated Cost Reduction Program
T.C.R=Total Cost Reduction Process
SGA=Small Group Activity

(2) 시대의 변천과 기대되는 전원의 지혜

주변환경의 변화(시대의 변천)

	종 래	(현 재)
특성	고도성장시대 ‖ 양적확대중심	안정성장시대 ‖ 질적향상중심
기술스탭	• 즉각 팔리는 현재 제품에 대한 개선이 기대된다. (특히 신속히 만들기 위한 방법개선 중심) • 기술스탭의 힘도 부족하고 현장에 있어서 제조개선이 벅차다.	• 신제품에 대한 생산준비나 제조에 있어 효과적 설계가 기대된다. (특히 장래에 대비하여 유연성이 있는 생산 시스템 설계 중심) • 기술스탭의 힘도 키워져 FA화를 지향한다. 그리하여 플렉시블한 생산시스템 설계라는 복잡하고 다양한 테마를 소화할 수 있게 되었다.
제조현장	• 표준허용범위 내에서 작업을 한다. (표준대로 작업을 하는 것이 어렵다.) • 결정된 품질의 제품을 만든다. (불량품이 많아 특히 양품 만들기에 급급하다)는 것이 기대된다.	• 지혜를 내서(종래 기술스탭이 하고 있는 일을 담당하게 되었다.) • 물건을 만드는 것을 기대하고 있다.

(3) 소집단활동의 높은 기대

사회적 환경의 변화

- 고학력화 진행
- 고령화사회 진행
- 생활수준 향상
- 일렉트로닉스
- 정보의 발달
- 메카트로의 기기

경제환경의 변화

- 안정성장의 정착화(만들면 이익이 되는 시대→이익이 있도록 만드는 시대)

⇩

- 코스트
- 납기경쟁의 변화
- 품질

〈기업에서 요구하는 자세의 변화〉

- 사회성의 확대
  편안하게, 깨끗하게 } 높은 급료를 받을 수 있는 곳
  동료를 만드는 곳
  (작업의 연장에 생활이 있는 것이 아니고, 생활장소의 연장에 작업장이 있다.)
  새로운 일이 기억되는 곳
- 인간성의 확대
  기계중심 직장에서 인간의 스트레스 해소 → 가치가 있는 작업

〈기업방위를 위한 체질의 변화〉

- 손실이 없는 철저한 코스트 및 납기품질대응의 체제
  (전원 참가에 의한 노미스 관리)
- 미숙한 사람 · 임시직 · 노령고용자를 전제로 한 물품제조 체제
- 기계화 · 설비화 · 로보트화 등
  (FA화)
- 노스토크화 · 단납기강화 등

변화를 위한 여러 가지 시스템 개발

코스트 · 납기 · 품질로의 공헌도가
높은 전원참가활동의 체계화, 혁신
소집단활동에로

- 자동화시스템의 개발
- 자동화공장개발
- 유통효율화설계 등

그림 1-16 변화대상과 관련

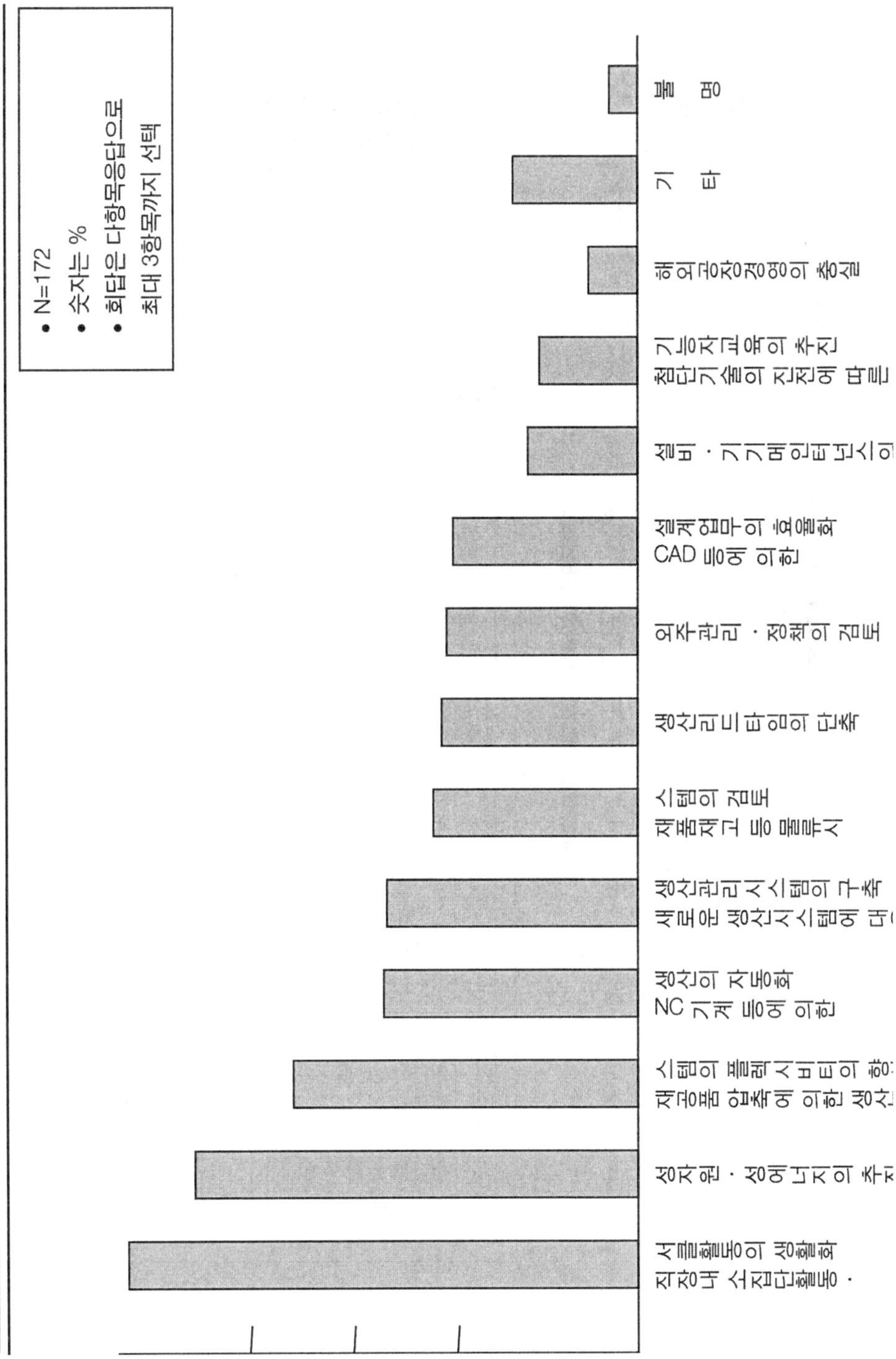

(4) 혁신소집단활동의 필요성 - 현상의 문제점

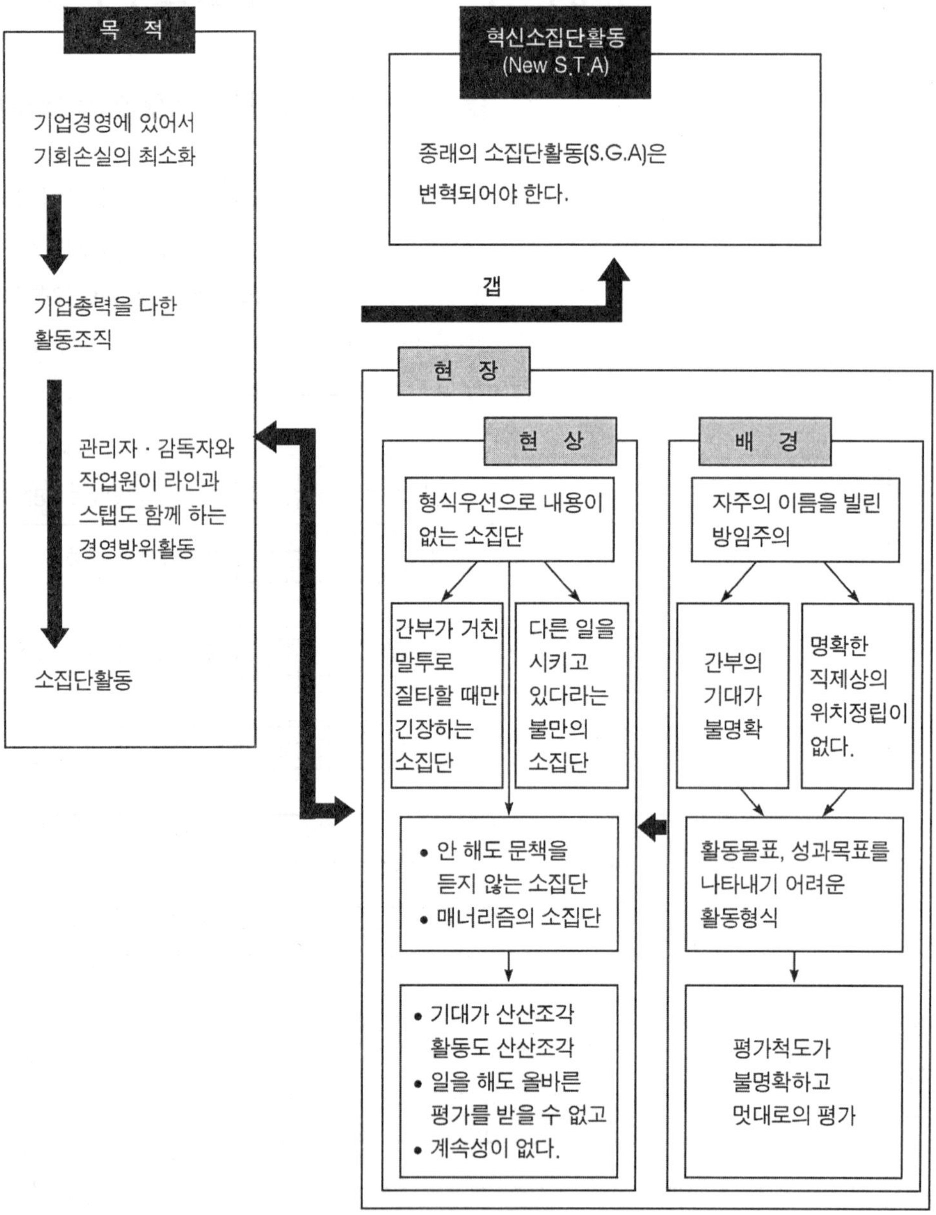

註 : 소집단활동은 통상 Small Group Activity(약칭 S.G.A)라고 말하고 있는데 이 혁신소집단은 New Small Team Activity(약칭 New S.T.A)라고 한다.

2) 소집단활동에 의한 자주적 개선활동

(1) 소집단활동의 추진방법

① 공통의 목표가 명확히 되어 있다

자기 서클 공통의 목표(테마)가 명확하고, 멤버의 한 사람 한 사람까지 「무엇을 어떻게 하고 싶은가」가 철저히 되어 있지 않으면, 의욕은 생기지 않는다.

② 개선하기 위한 순서가 확실하다

전원의 토의에 의해, 「무엇을」 「언제」 「어떻게」 「왜」 조사할 것인가의 계획을 수립한다.

③ 역할분담을 정한다

서클의 리더나 서브리더라는 역할분담은 결정되어 있으나, 개선을 위한 현상 데이터의 수집 등 「누가 할 것인가」라는 역할분담을 정한다. 역할분담은 멤버 전원을 대상으로 하는 것이 상호간 협력을 얻는 근본이 된다.

④ 회의에서는 전원이 발언해서 지혜를 모은다

㉠ 토의할 때에는 각자가 금일 회의의 목적이나 테마에서 탈선하지 않도록 의식하고, 그 문제를 풀어가는 방향으로 진행한다.

㉡ 이야기를 듣고 또 다른 사람에게 질문을 하여 전원이 사고하고, 토론을 해서 중지를 모으도록 멤버가 마음을 써야 한다.

⑤ 개선안을 실시하기 위한 준비를 한다

개선안이 결정되면, 그것을 자기들의 서클만이 아니라, 그 실시에 관계하는 부서에 설명을 해서 납득하도록 하고 실시에 옮긴다.

⑥ 실시한 결과를 종합한다

실시한 결과를 종합해서 결과를 확인함과 동시에 추진해 온 과정에서의 반성점 등도 확실히 밝혀서, 한걸음씩 성장해 가는 것이 중요하다.

(2) 소집단활동에 의한 개선순서

		Plan	Do	Check	Action(Follow)
		테마목표 설정	분석~개선	(실시)~평가	통제 · 정착화
P	테마 목표 설정	• 목표 B/D의 내용 확인 • 보텀업한 문제정리 • 대상 · 테마의 목표 부여 • 목표의 정확성과 목표달성 가능성의 검사 및 정량화방법의 결정	• 개선추진계획, 분당, 추진방법, 일정 • 관련부문으로 설명, 의뢰 • 도구류의 수배(스톱워치, 종이 가위 등)	• 실시를 위한 준비 · 형 치구 · 공구의 수배계획 • 실시계획, 직제설명 • 실시준비 사전 교육위 필요성	• 정착화 체크를 위한 어프로치 계획작성 일정계획 • 체크에 필요한 도구의 리스트 업 작성 ┌ 표준작업자, 기술표준 ├ 설비운동 전사양서 등 └ 측정구
D	분석 개선	• 검사, 정량화항목의 확인 • 정량화, 가능성검사, 조사 • 개선가능항목(대상테마)과 목표식의 명확화	• 개선원칙, 체크리스의 적용, 개선착상 파악 • 개선착상 평가, 구체안 작성 • 개선효과, 비용견적 • 시뮬레이션, 시행 • 시뮬레이션, 시행 확인	• 입회 실시	• 플로업 계획에 의한 개선확인서, 표준서, 체크를 위한 치공구, 측정구에 의한 실시 상황 체크
C	(실시) 평가	• 당초의 목표와 체크, 개선대상, 테마 결정 • 레포트 작성, 관련 부문보고	• 안의 종합, 레포트 작성, 관련부문 설명	• 시뮬레이션, 시행과의 차이 분석 • 성과측정, 목표와의 차이, 평가 • 평가결과 실시상황 레포츠 작성	• 개선안대로의 실시체크 • 체크결과기록, 직제보고
A	통제 · 정착화	• 목표달성불가의 경우, Plan 단계로 계획의 검토 Do-Check	• 안의 실현불가의 경우 Plan 단계 계획의 검사 상위점의 명확화 Do-Check	• 시뮬레이션, 시행과 실시결과에 차가 나는 경우 Plan 단계로 계획의 검토 대책의 명확화 Do-Check	• 당초계획과 차가 있는 경우 Plan 단계로 대책을 세우고 Do-Check • 필요 있으면, 폴로 계획, 체크의 빈도증감, 교육의 변경실시 표준류의 멘테

(3) 혁신소집단활동(New S.T.A)이 가져야 할 다섯 가지의 특징

① 기업조직에 위치가 정립한 소집단

사주의 이름을 빌린「맡겨버린 소집단 활동」이 아니라 기업조직으로써, 또 업무로써 인정되어,「기대되는 소집단활동」이다.

② 목적 · 목표추구의 소집단

「이것이라도 할까 하는 소집단활동」이 아니라 목적이나 목표를 명확히 하는「전투적인 소집단 활동」이다.

③ 행동 · 성과 추구의 소집단

발표회나 대회의 이벤트 중심의「보기 위한 소집단활동」이다.

④ 단계적 성장 추구의 소집단

잠깐 나왔다 어느새 사라지는「용두사미적인 소집단활동」이 아니라 점점 활동의 내용이 충실해 가는「Step up형 소집단활동」이다.

⑤ 그룹특성에 대응한 소집단

무엇이든 통일의 목표나 테마를 뚫고 나가는「일률형 소집단활동」이 아니라, 각각의 특성에 맞는 목표추출이나 추진력이 있는「그룹 특성별 소집단활동」이다.

예를 들면 숙련과 미숙련, 수작업과 기계작업, 맨머신작업과 프로세스작업 등의 특성구분에 의한 목표추출을 한다.

3) 혁신소집단활동(S.T.A)의 이념과 체계

(1) S.T.A의 기본이념

S.T.A는,

기업이라는 이름을 빌려
"자기실현에 스스로를 계발하는
활동이다."

왜 「기업이라는 장소」 인가?

혼자서는 약하다.
항상 모여서 생활하고 있는 집단으로서 상호
계발해서 협조한다는 것이 중요하다.
(실무적이고 효율적)

왜 「자기실현」 인가?

인간의 성장은 끝이 없다.
지금 손에 잡히는 성과가 목적에서는 활동의
영속성이 없고, 곧 끝나버린다. 성장의 일과정마다
결과로써 물리적 성과는 나온다.

註 : 그룹은 동호인 모임이라든가 마음에 맞는 동료집단의 의미이며, 팀은 처음부터 정해진 목적을 달성하기 위한 행동집단으로 액티브한 의미가 강하다.

(2) S.T.A의 이론구조

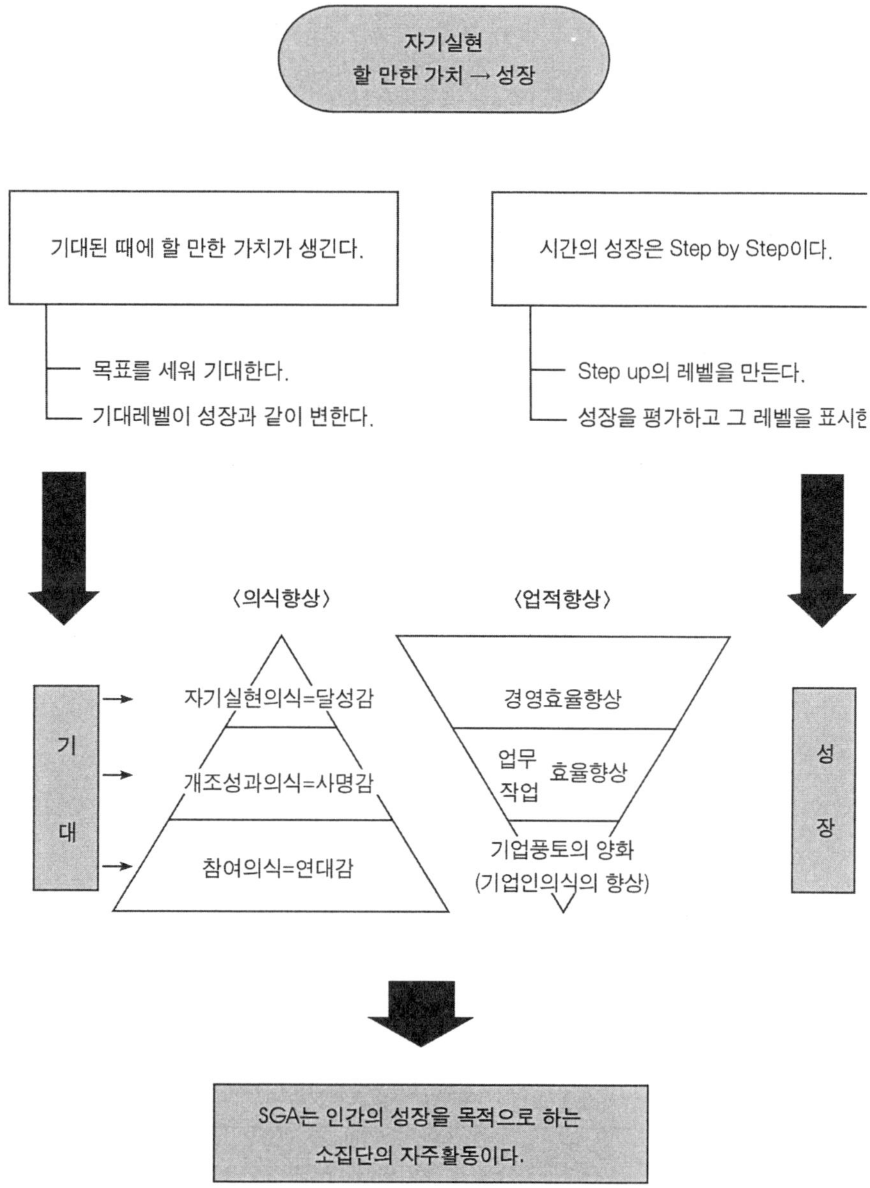
자기실현
할 만한 가치 → 성장
기대된 때에 할 만한 가치가 생긴다.
목표를 세워 기대한다.
기대레벨이 성장과 같이 변한다.
시간의 성장은 Step by Step이다.
Step up의 레벨을 만든다.
성장을 평가하고 그 레벨을 표시한
〈의식향상〉
〈업적향상〉
기대
자기실현의식=달성감
개조성과의식=사명감
참여의식=연대감
경영효율향상
업무
작업
효율향상
기업풍토의 양화
(기업인의식의 향상)
성장
SGA는 인간의 성장을 목적으로 하는
소집단의 자주활동이다.

S.T.A에서는,

> 그 성장에 맞추어
> 무엇을 어떻게 기대할 것인가
> 그 기대의 방법이 성공의 열쇠(key factor success)이다.

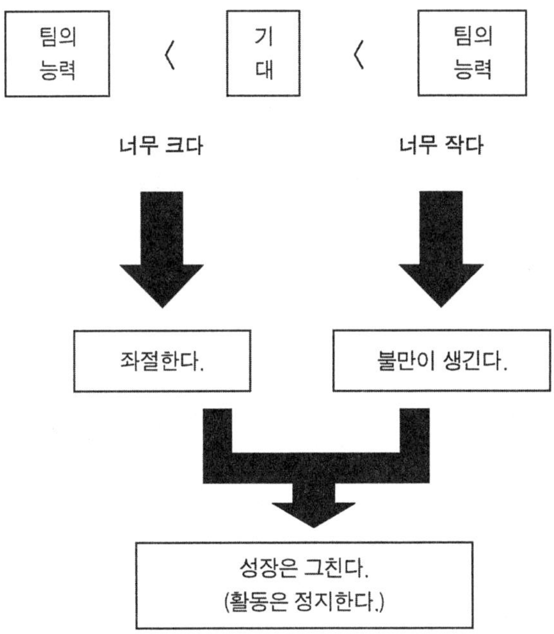

따라서

> 기대는 서클의 성장에 응해서 허리를 펴면 달성되는 레벨로 서서히 Step Up한다.

그래서

> 자기개발을 하여 달성될 때에 기쁨이 있다.

(3) S.T.A와 경영관리

〈Top-Down과 Bottom-Up의 조사〉

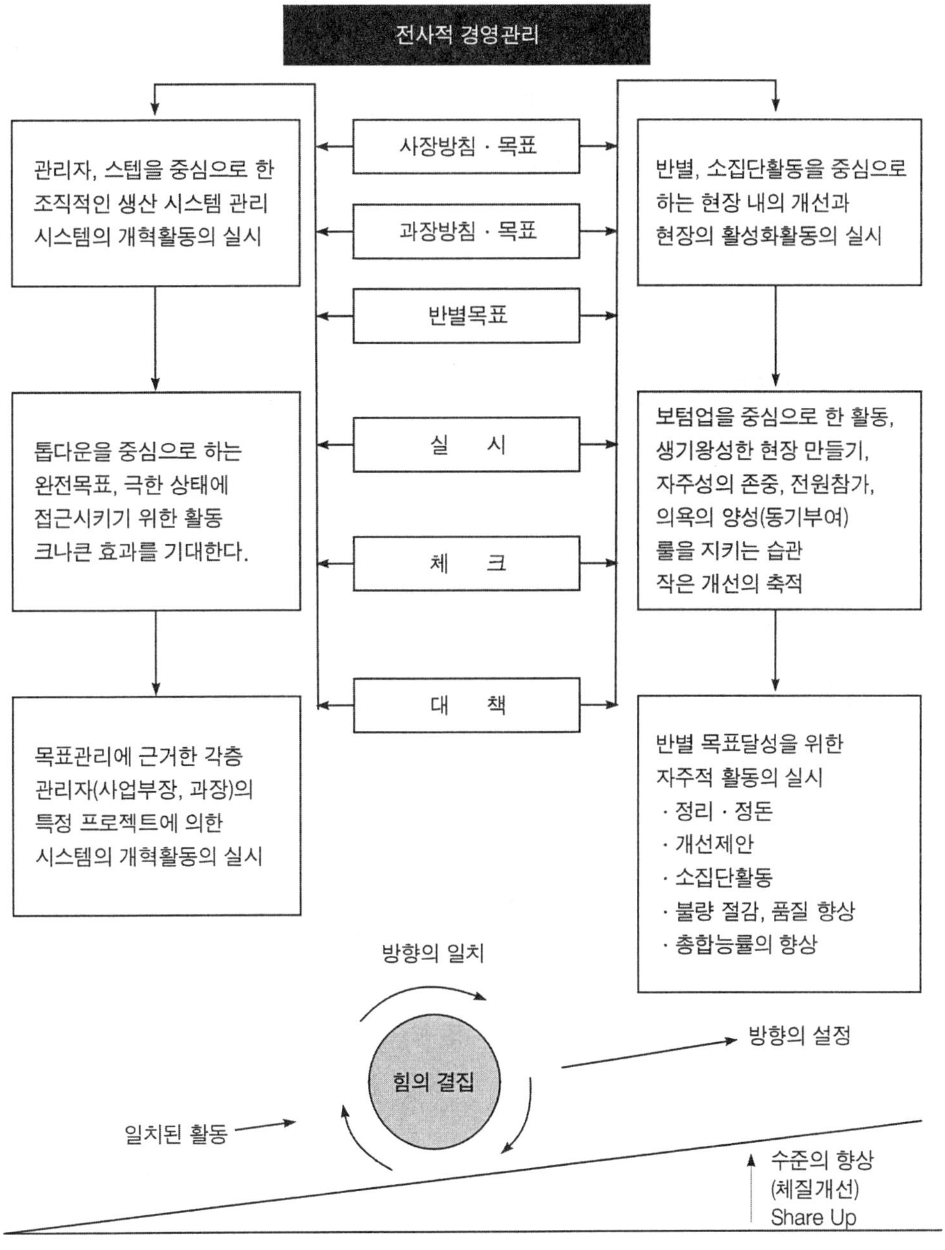

(4) S.T.A의 정의(New S.T.A의 5T)

조직목표 중에서 기대되는 역할
책임을 인식하고

↓

- 현장의 제일선 리더를 중심으로 팀을 편성하고 → Team
- 목표달성을 위한 개선 테마를 결정 → Theme
- 달성할 목표를 결정 → Target
- 스스로 나아가서 개선을 위한 기술, 순서, 사고방식을 자학자습하고
- 스스로 교육훈련을 받고
- 소집단활동의 효과적인 추진방법의 지도를 받고
- 자진해서 상사, 스탭, 타부문의 어드바이스를 요청하고
- 노력의 결과는 개선시안으로써 제출실시하여, 그 성과를 파악 평가하고

(위 다섯 항목 → Technique & Training)

- 공평하게 정량적으로 상사로부터 평가되고, 인정되어

↓

- 일상의 일 중에서, 조직목표달성에 공헌하고 있는 총합적, 연속적, 자주적 소집단활동이다.

(5) S.T.A의 요점(종래의 S.G.A의 반성)

문제점		대책
〈S.T.A 개념이 없다〉 • 간부의 소집단활동에 대한 사고방법이 가지가지이다. • 전부 사무국에 일임 • 활동주체(소집단 자체)도 과정에 맡긴다.	➡	〈개념 만들기〉 • 기업총력을 다한 관리의 조직 활동 내에 명확히 위치를 설정한다. • 소집단에 기대하는 범위를 명확히 한다.
〈프로그램체제의 부정비〉 • 추진프로그램 부정비 • 교육프로그램 부정비 (스텝별, 계층별 교육)	➡	〈프로그램 만들기〉 • 장기적 시야에서 정착화를 추진하는 프로그램 작성 • 단순한 생각이 아니라, 사람만들기 계획까지도 포함한 리더 · 관리교육 프로그램 작성
〈사무국의 지원체제 부족〉 • 소집단으로의 실무 원조가 안 된다. • 원조시간, 요령을 알 수 없다.	➡	〈사무국, 체제의 입안과〉 그 업무내용의 설계
〈운용 Know how 부족〉 • 각종 체크리스트 부족 • 이벤트기획 불요설(不要說) (평가, 표창) • 게시판의 이용법이 나쁘다. • 각종 그래프 등 표시형식 연구부족	➡	〈모두(소집단)가 흥미를 표시〉 운용 Know How 만들기

4) S.T.A의 전개

(1) S.T.A와 종래 S.G.A의 차이

① 경영관리의 시스템에 명확히 위치를 설정하고 있다

구체적으로 T.C.R(Total Cost Reduction) 하나가 기둥으로 New S.T.A는 위치가 설정되어 조직적으로도 플렉시블하며 직장의 하부구조를 이루어서 업무목적을 수행하는 기능을 갖는다.

② 경영목표와 수직적으로 연결되어 있다

경영의 이익관리에서 출발한 목표이익을 달성하기 위한 하나의 활동이며, 목표이익을 달성하기 위한 목표원가에서의 브레이크 다운으로써 New S.T.A의 목표가 정해진다.

따라서 활동결과의 집계도 최종적으로는 목표원가의 New S.T.A 분담분과 대조되어 달성도가 평가된다.

③ 목적은 원가절감이다

간접부문은 반드시 그렇지 않지만 간접부문은 원가절감을 중심 목적으로 활동한다.

④ 활동테마 방향·목표는 Top Down적이며, 활동추진은 자주관리(Bottom Up)이다

물론 Top Down이라 하지만 억지가 아니고, T.C.R에서 설명한 것과 같이 각 계층마다에 사전 의견조정이 있고, 합의로 결정된 테마 목표이다.

그것을 소화시켜 가는 활동의 추진법·분담·안작성은 팀의 자주관리가 원칙이나 계획을 팀마다 작성해서 직제와 절충을 한다는 것이 전제가 된다. 이는 팀에 대해 직제가 언제, 어떤 원조가 필요한가를 알기 위해서이다.(교육의 시기도 포함)

⑤ 추진에 필요한 지식의 교육은 권리이며, 의무이다

활동추진의 원활화를 위해, Step Up의 교육체계를 준비하고 그것을 받는다는 것은 팀의 권리이며 의무이다.

⑥ 계획은 달성을 원칙으로 해서, back-up 멤버의 조직화를 한다

계획을 세워도 그대로 잘 안 되는 경우도 있으므로 추진위원회 밑에 수시임명의 back-up 멤버를 두고 필요팀의 원조를 한다.

(2) S.T.A의 도달 레벨

그림 1-14 소집단의 레벨구조

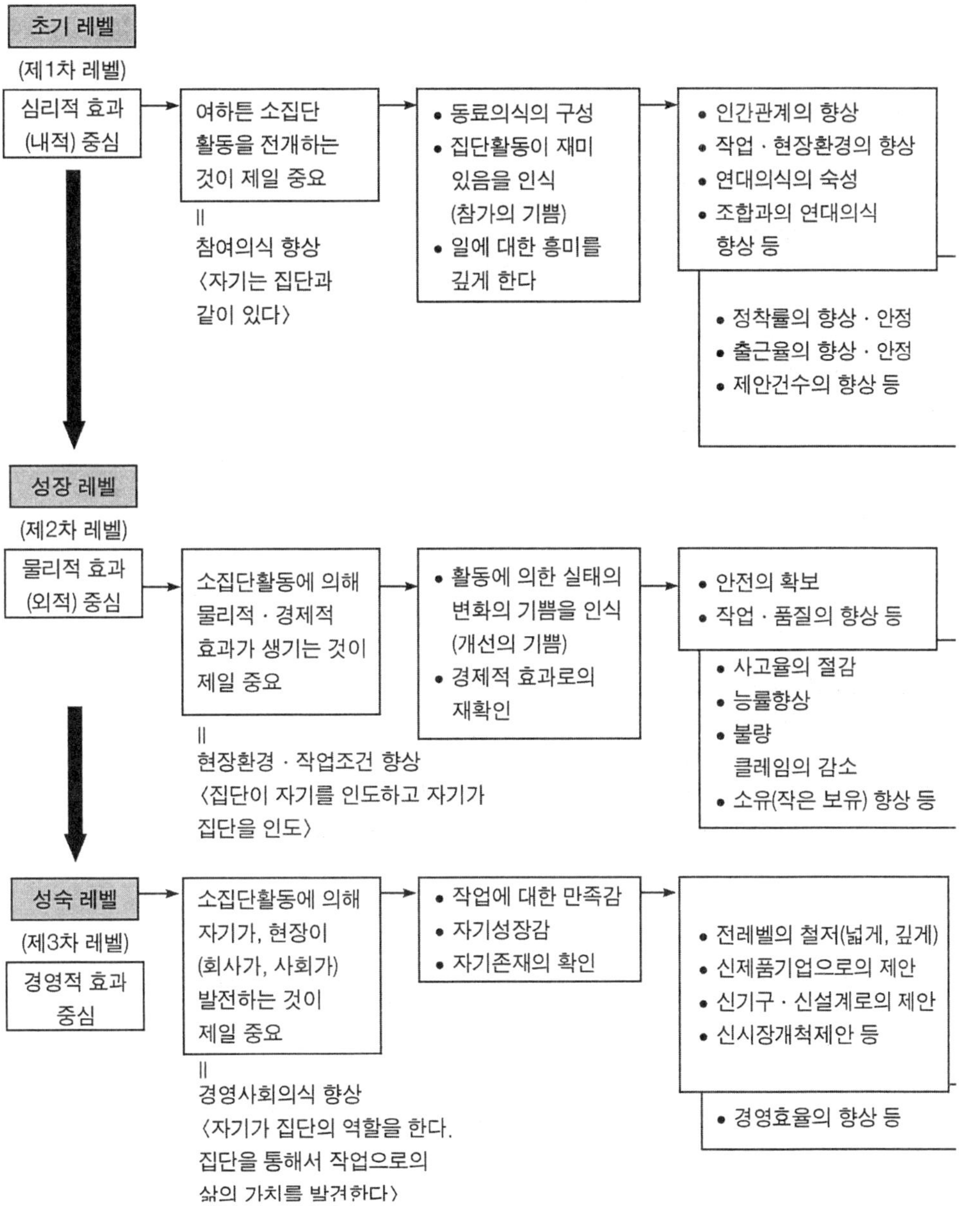

① 초기레벨에서의 발전스텝

한 사람에서 집단으로 – 제안은 한 사람의 사고가 중심이나 점차 옆으로 확대시킨다.

STEP 1. <참가중심>

집단 내에서 누구든지 어떤 활동을 한다.

……제안은 안 했어도, 제안의 집계라든가 용지의 회수 등 어떠한 역할을 개인이 달성한다.

STEP 2. <제안제출건 중심>

전원이 제안을 한다.

……효과의 대소나, 내용의 양부에 관계없이 전원이 제안을 한다.

STEP 3. <실시가능한 구체적 제안제출건 중심>

실시에 직결된 제안을 한다.

……효과의 대소에 불구하고 실제에 알맞는 것을 끊임없이 제안한다.

또, 결정되어 있는 것의 철저한 실시도 제안에 첨가한다.

STEP 4. <효과가 추정되는 제안건>

실시하여, 효과가 숫자로 산정되도록 제안을 한다.

……제안내용은 안전, 위생, 현장환경 등의 향상을 중심으로 효과가 정성적(定性的)인 것에서 정량적(定量的)으로 추정되는 제안을 한다.

② 성장레벨에서의 발전스텝

그룹사고의 정착에로 발전시킨다. 제안은 수평적으로 확대시켜 전원보다 나은 안을 창출한다.

STEP 1. <신체의 주위 개선중심 – 작업·동작 개선>

……초기레벨의 제안중심에 대해 성장레벨에서는 체계적 추진에 의한 개선안 중심으로, 우선 작업·동작레벨의 개선을 한다.

STEP 2. <작업조건 개선중심>

……작업, 동작순서의 개선에서 일보 전진, 단순한 설비개선, 치공구 설계~제작, 기능부품이 아닌 부품이나 구조물의 설계변경 등의 물리적 조건의 개선을 한다.

STEP 3. <설비고장대책, 가공조건의 개선중심>

……전 스텝이 더욱 깊게 전개되고 스탭의 응원 등을 의뢰해서 고유기술분야의 개선을 한다.

STEP 4. <전후공정과의 연계나, 타그룹과의 총합적 견지에 입각한 개선중심>

……하나는 가공순서나 작업편성 등의 계열전체의 개선을 한다.

또 하나는 전공정으로의 피드백에 의한 공동테마로써의 개선을 한다.

③ 성숙레벨에서의 발전스텝

그룹 사고를 심부에 내려 발전시킨다. 성장레벨에서는 체계적 횡전개중심(Job Enlargement적)이었지만, 성숙레벨에서는 수평적으로 그 내용을 더욱 깊이 추구한다.(Job Enrichment적)

STEP 1. <전공정전개중심－타그룹과의 공동개선>

…… • 외주공정으로의 전개 － 납기 · 품질개선
- 재료조달로의 전개 － 납기 · 재공개선
- 품질관리로의 전개
- 생산관리로의 전개
- 설계로의 전개 등

STEP 2. <타부문전개중심 － 타그룹 테마를 처리하고 그 그룹에 제안한다.>

- 영업
- 품질보증
- 연구개발 등

의 타부문의 테마를 다른 입장에서 검토해서 해당부문에 제안한다.

(3) 레벨진단

우선 S.T.A로 변혁하려면, 현재의 상태를 명확히 파악하고

- 개념에서부터 만들어 낼 필요가 있는가
- 조직이나 활동의 운용전개를 고치면 되는 것인가
- 필요한 교육을 하면 좋을 것인가

등을 생각해야 한다. 그를 위해서는 현재의 활동레벨을 진단 · 평가할 필요가 있다.

① 진단전제조건의 파악

㉠ 소집단활동 도입경험의 유 · 무

㉡ 소집단활동을 도입한 시기

㉢ 소집단활동의 이념 또는 방침

㉣ 소집단활동의 발전레벨

- 초기 레벨
- 성장기 레벨

- 성숙기 레벨

ⓜ 소집단활동 대상현장

ⓑ 소집단 그룹수

ⓢ 1그룹 평균구성원

ⓞ 목표설정의 방법

- 정해져 있지 않다.
- 정해져 있다
  - 소집단목표와 회사목표의 연결이 없다.
  - 소집단목표와 회사목표의 연결이 있다.

그림 1-15 레벨진단의 방법

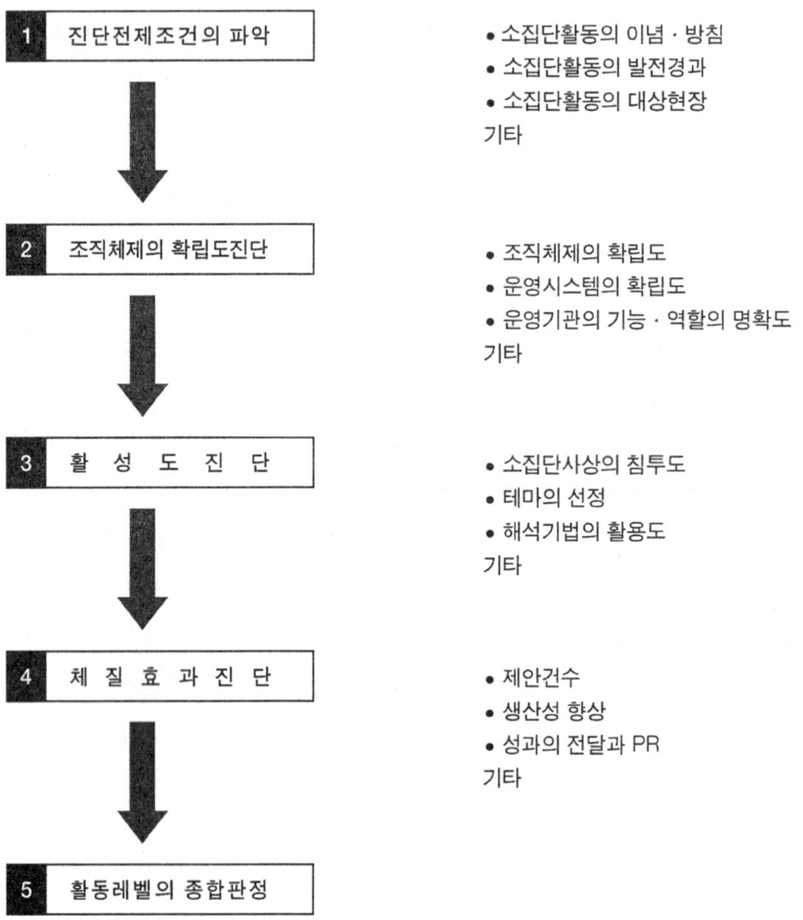

ⓩ 평가의 방법과 사이클(기간)
ⓧ 회합의 시간대
ⓚ 1회당 평균회합시간(허용과 실적)
ⓣ 소집단활동 매뉴얼의 유무
ⓟ 활동경과내용의 표시판의 유무
ⓗ 제안제도의 유무

② 조직체제의 확립도진단

항 목	내 용	평가기준			평점
		5	3	1	
1. 추진기관의 역할 · 분담의 명확도	소집단활동을 추진하는 각 기관의 역할, 분담이 명확히 되어 있는가				
2. 운영시스템의 확립도	소집단활동의 그룹편성 및 백업체제는 명확히 되어 있는가				
3. 지도, 교육체제	지도 · 교육체제는 명확히 되어 있는가				
4. 전개스텝의 적절도	Plan-Do-Check-Action의 사이클에서의 기본스텝이 되어 있고 그것이 적절한가				
5. 평가시스템의 확립도	활동의 평가는 명확히 나타나 있는가				
6. 활동결과의 유지 체제의 확립도	개선안은 보고, 체크 실시결과는 정착할 때까지 Follow되는 체제로 되어 있는가				
		합 계			점

5) 조직체제의 확립도 진단에 대한 요점

① 경영관리시스템의 위치설정

ㅇ톱방침을 소집단까지 명확히 브레이크 다운하고 있는가?
ㅇ소집단활동과 다른 활동의 추진조직간의 조정은 되어 있는가?
ㅇ소집단과 직제(상위계층 및 횡조직)의 조정은 되어 있는가?

② 운영시스템의 확립도

ㅇ추진조직 및 소집단의 편성 · 조직화가 명확히 되어 있는가?
ㅇ추진조직의 역할분담이 명확히 되어 있는가?
ㅇ소집단의 현장에 있어서 역할분담이 명확히 되어 있는가?

③ 교육지도체제의 확립도

○ 소집단능력 up을 위한 교육제도(OJT.OFFJT 사내, 사외)는 명확히 되어 있는가?
○ 소집단의 활동실적에 응한 지원활동 추진조직은 되어 있는가?
○ 소집단의 활동실적에 응한 지원활동 직제는 되어 있는가?

④ 활동스탭의 확립도

○ 각 소집단은 운영 매뉴얼에 근거해서 행동하고 있는가?
○ 각 소집단은 적절한 목표설정을 하고 있는가?
○ 각 소집단은 성과측정을 하고, 신속한 액션을 취하고 있는가?

⑤ 평가시스템의 확립도

○ 소집단으로서의 활동기대항목 및 수치가 명확히 되어 있는가?
○ 추진조직은 소집단의 활동성과를 신속히 집계하고 있는가?
○ 표창 · 광보제도를 원활히 하고 있는가?

⑥ 활동결과의 유지체제의 확립도

○ 각 소집단은 개선안을 정착하는 Follow를 하고 있는가?
○ 추진조직은 소집단의 활동성과를 전사적으로 전개하고 있는가?
○ 직제는, 각 소집단(자타현장)의 성과의 표준화에 노력하고 있는가?

(1) 활성도진단

항 목	내 용	평가기준			평점
		5	3	1	
1. 소집단사상의 침투도	① TOP에서의 활동이념, 방침이 세워져 있는가 ② 그룹멤버가 활동이념을 충분히 이해하고 있는가 ③ 관리자, 리더는 적극적으로 자기계발을 하고 있는가				
2. 테마의 선정	① TOP의 경영목표, 방침에 연쇄되어 있는가 ② 해석방법을 활용하여 선정을 하고 있는가 ③ 당사의 그룹레벨에 알맞는 테마인가				
3. 활동계획과 실적 차이의 정도	① 활동계획을 작성하고 있는가 ② 진도상황을 파악하고 있는가 ③ 계획과 실적의 차이는 없는가				

항 목	내 용	평가기준			평점
		5	3	1	
4. 해석방법의 활용도	① 해석방법의 활동방법 교육이 되어 있는가 ② 그룹멤버에게 해석방법이 이해되어 있는가 ③ 해석방법이 유효하게 활용되고 있는가				
5. 회합개최의 빈도와 출석률	① 그룹회합을 정기적으로 개최하고 있는가 ② 출석률은 좋은가 ③ 각 멤버에게 역할을 주어 추진하고 있는가				
6. 대책안의 실행도	① 개선안은 실시에 옮겨져 있는가 ② 개선안 실시 후의 Follow는 되어 있는가 ③ 표준액, 도면 등의 개정은 되어 있는가				
7. 성과의 전달과 PR	① 그룹간의 회합은 적극적으로 되어 있는가 ② 사내발표회를 정기적으로 개최하고 있는가 ③ 사내의 대회에 적극적으로 참가하고 있는가				
		합 계			점

6) 활성도 진단에 대한 요점

① 소집단사상의 침투도

ㅇ멤버는 소집단의 활동이념을 충분히 이해하고 있는가?
ㅇ멤버는 소집단활동과 다른 활동과의 조정을 적절히 하고 있는가?
ㅇ멤버는 자기계발을 하면서, 소집단으로의 참여의식을 높이고 있는가

② 테마 및 목표의 설정

ㅇ현장의 니즈에 맞는(밸런스 감각) 테마 선정을 하고 있는가?
ㅇ톱 방침보다 브레이크 다운된 테마와 일치성은 이루어져 있는가?
ㅇ목표는 정량적이며, 실현의 가능성은 적절한가?

③ 관리방법의 활용도

ㅇPDCA 사이클을 돌리면서, 활동이 되고 있는가?
ㅇ현상파악이나 문제발견을 위해 해석방법이 적절히 이용되고 있는가?
ㅇ문제해결을 위해, 개선방법이 적절히 이용되고 있는가?

④ 소집단의 활동상황

○ 멤버간의 역할분담이 명확하고, 팀 워크는 잘 되어 있는가?
○ 회합개최는 은밀히 계획적으로 진행되고, 멤버의 출석률은 좋은가?
○ 의사의 진행은 순조롭게 활발히 진행되고 있는가?

⑤ 개선안의 실행도

○ 개선안은 실시에 옮겨져 있는가?
○ 개선안 실시 후의 Follow는 행해지고 있는가?
○ 표준류, 도면 등 개정은 하고 있는가?

⑥ 활동의 PR 실시

○ 타집단과의 교류를 활발히 하고 있는가?
○ 현장에 활동상황을 제시하여 내외에 PR하고 있는가?
○ 사내외의 발표회에 활발히 참가하고 있는가?

(1) 실질 성과 진단[1)]

① 제안제도(실시하고 있는 경우)

종업원수	
연간제안건수	
1인당 연간제안건수	
채용건수	
실시건수	
성과 (연간 코스트다운 금액)	

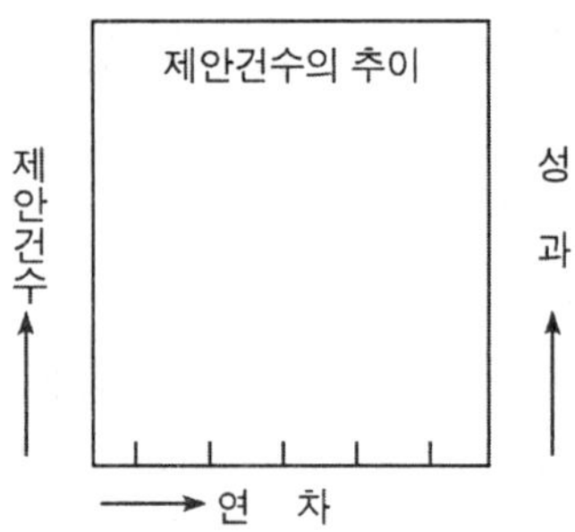

② 소집단활동

그룹수		
성과 (연간 코스트다운 금액)	전체	
	1그룹당	
목표달성률	전체	
	1그룹당	

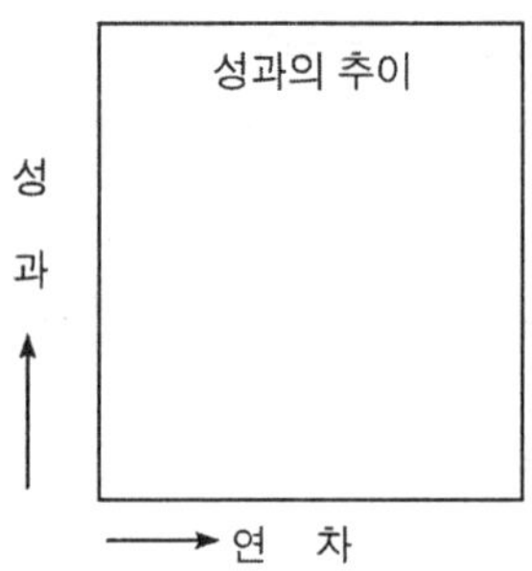

1) 성과항목별 데이터를 수집할 수 있는 경우는 상세히 진단한다.
○ 정착률 ○ 출동률 ○ 작업능률 ○ 불량률 ○ 매상고 ○ 이익 ○ 기타

7) 실시성과진단에 대한 요점

○ 소집단의 기대항목 → 현장의 전 활동(PQCDSM)

○ 정보수집 및 측정가능항목 → 정성적 항목 포함

<활동상황>

회합 : 1. 개최회수 : /단위

2. 개최율 : 계획일에 대해

3. 준수율 : 계획시각에 대해

4. 출석률 : 등록 멤버에 대해

의제 : 1. 테마수 : 의론의 대상이 된 테마 / 일

2. 결정률 : 테마수에 대해

3. 실시율 : 결정률에 대해

4. 표준화율 : 실시율에 대해

<활동성과>

	간접평가	직접평가
전체	1. 절감금액	1. 목표달성률
Q	1. 불량금액	2. 클레임건수
	2. 반품금액	불량발견건수
		불량률
		매공수
C	1. 주재료비	1. 능률
	2. 보조재료비	2. 효율
	3. 외주가공비	
	4. 공구, 소모품비	1. 지연건수
D	1. 재공회전율	
	2. 제품회전율	1. 재해건수
S		1. 제안건수
M		2. 출근율

(1) 전개순서

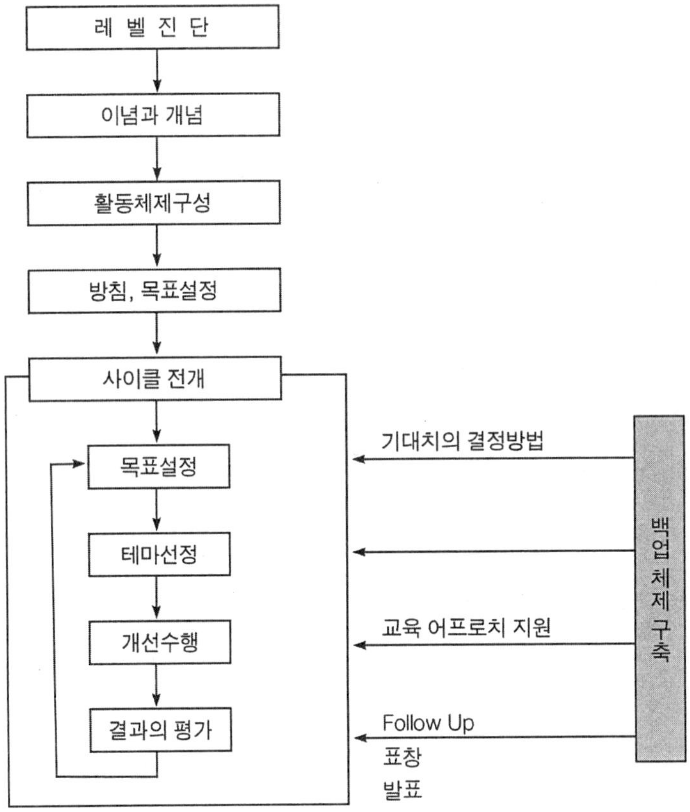
레 벨 진 단
이념과 개념
활동체제구성
방침, 목표설정
사이클 전개
목표설정
테마선정
개선수행
결과의 평가
기대치의 결정방법
교육 어프로치 지원
Follow Up
표창
발표
백업체제구축

(2) 활동체제구성

① 체제구성 프로세스

② 활동추진조직

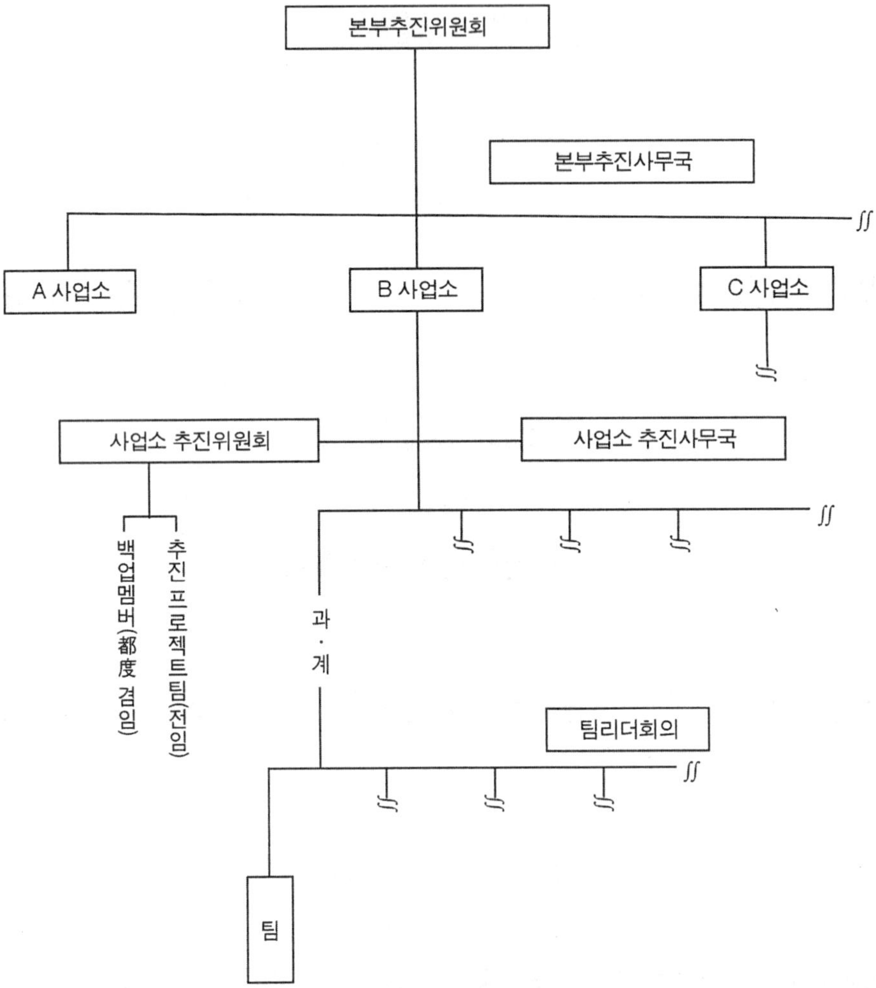

註: • 추진 프로젝트팀은 S.T.A. 테마가 아니고, 원시적으로 T.C.R.의 테마를 담당한다.
• 백업 멤버는 S.T.A.의 테마 원조를 위하여 수시 위원회에서 임명되어 직제업무와 겸임한다.

③ 팀 편성

그림 1-16 팀

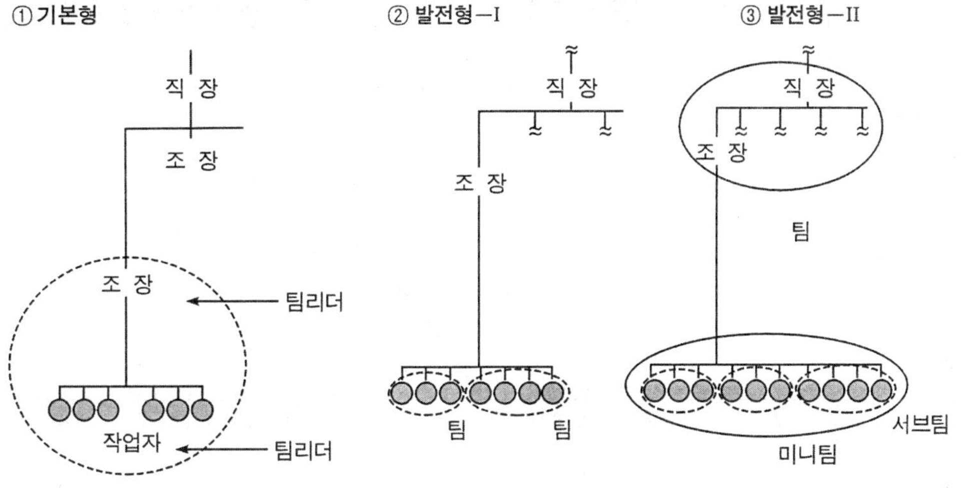

표 1-5 소집단 형태의 비교

	A 타입	B 타입	C 타입	D 타입	E 타입
형	팀형	팀형	그룹형	그룹형	그룹형
목표	특명으로써 주어진다	정해진 프로젝트가 있다.	최종목표만 정함 (생산성 향상, 코스트다운 등)	최종목표는 정해 있으나 활동목표는 자유	목표는 자유 (자연발생적)
리더	임명성	임명제	경선	윤번제	자유
멤버	임명성	같은 현장 내 또는 관련부서에서 선출 (임명, 모집)	전문, 관련부서를 중심으로 모은다 (모집이 중심)	부문, 전문을 불문하고 모은다.	자유
운영	일정 형태가 있다.	일임된 것이나 일정 형태가 있다.	그룹에 일임된다.	그룹에 일임된다.	자유
기타	공식조직에 가깝다.	비공식조직	성과발표회 등은 강제된다. 상설형		집단으로써 회사 등록 활동자금 등의 원조
예	위원회	프로젝트팀	ZD사이클 QC사이클 YA그룹		연구회 친목회 근강회

④ 추진기능과 그 관련

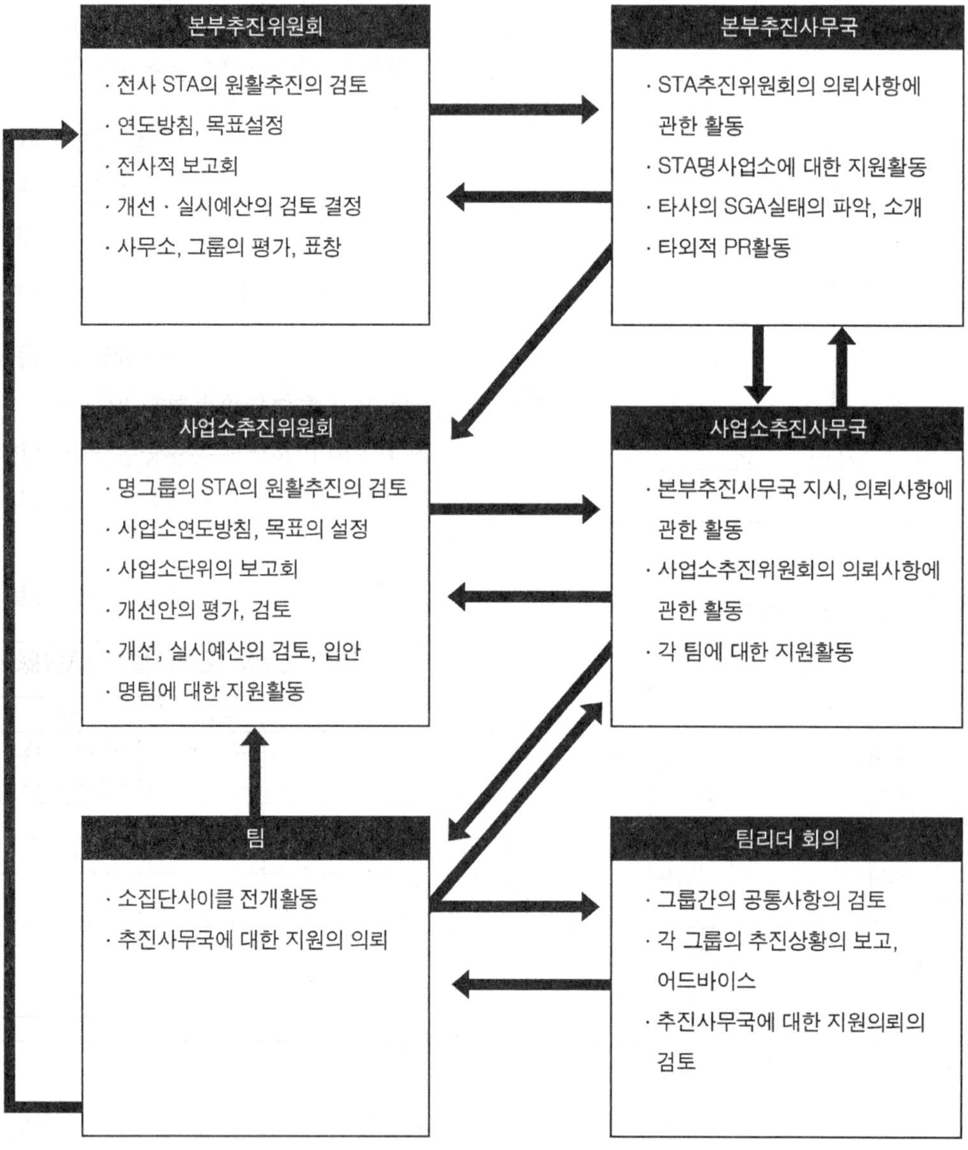
본부추진위원회
· 전사 STA의 원활추진의 검토
· 연도방침, 목표설정
· 전사적 보고회
· 개선 · 실시예산의 검토 결정
· 사무소, 그룹의 평가, 표창
본부추진사무국
· STA추진위원회의 의뢰사항에 관한 활동
· STA명사업소에 대한 지원활동
· 타사의 SGA실태의 파악, 소개
· 타외적 PR활동
사업소추진위원회
· 명그룹의 STA의 원활추진의 검토
· 사업소연도방침, 목표의 설정
· 사업소단위의 보고회
· 개선안의 평가, 검토
· 개선, 실시예산의 검토, 입안
· 명팀에 대한 지원활동
사업소추진사무국
· 본부추진사무국 지시, 의뢰사항에 관한 활동
· 사업소추진위원회의 의뢰사항에 관한 활동
· 각 팀에 대한 지원활동
팀
· 소집단사이클 전개활동
· 추진사무국에 대한 지원의 의뢰
팀리더 회의
· 그룹간의 공통사항의 검토
· 각 그룹의 추진상황의 보고, 어드바이스
· 추진사무국에 대한 지원의뢰의 검토

8) 톱 매니지먼트의 역할

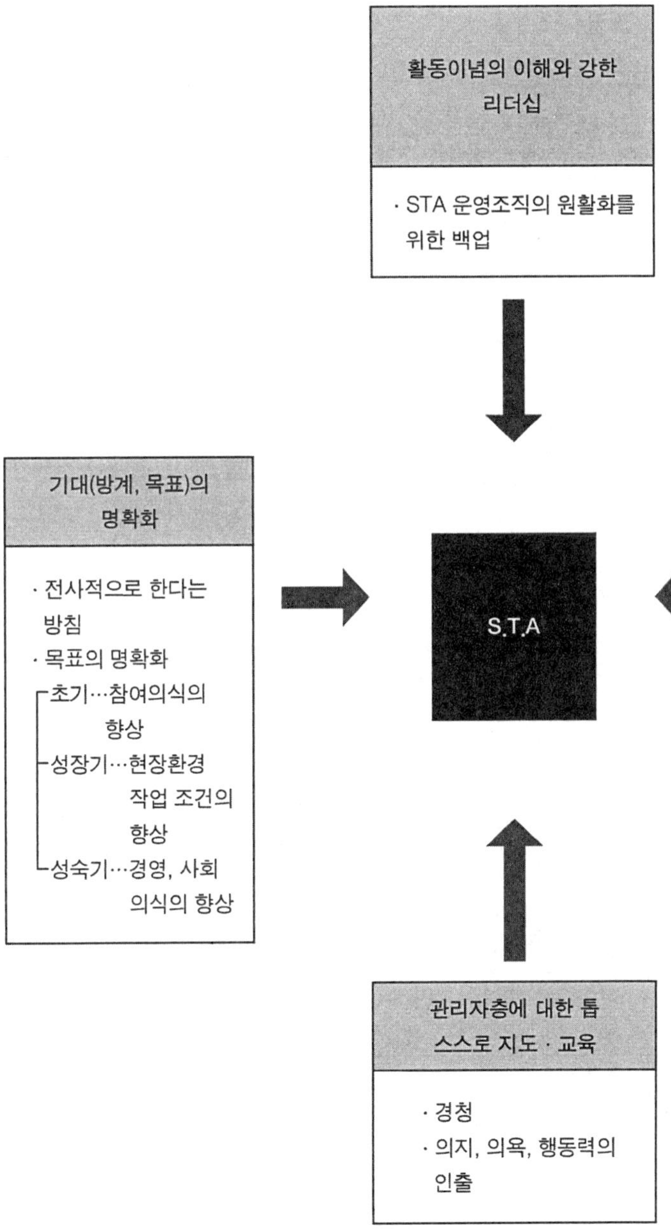
활동이념의 이해와 강한 리더십
· STA 운영조직의 원활화를 위한 백업
기대(방계, 목표)의 명확화
· 전사적으로 한다는 방침
· 목표의 명확화
초기…참여의식의 향상
성장기…현장환경 작업 조건의 향상
성숙기…경영, 사회 의식의 향상
S.T.A
기대한 결과의 평가, 확인
· 사내발표회의 적극적 출석
· 평가, 표창
· 타사의 동향의 관심
관리자층에 대한 톱 스스로 지도 · 교육
· 경청
· 의지, 의욕, 행동력의 인출

(1) 목표설정을 위한 브레이크 다운

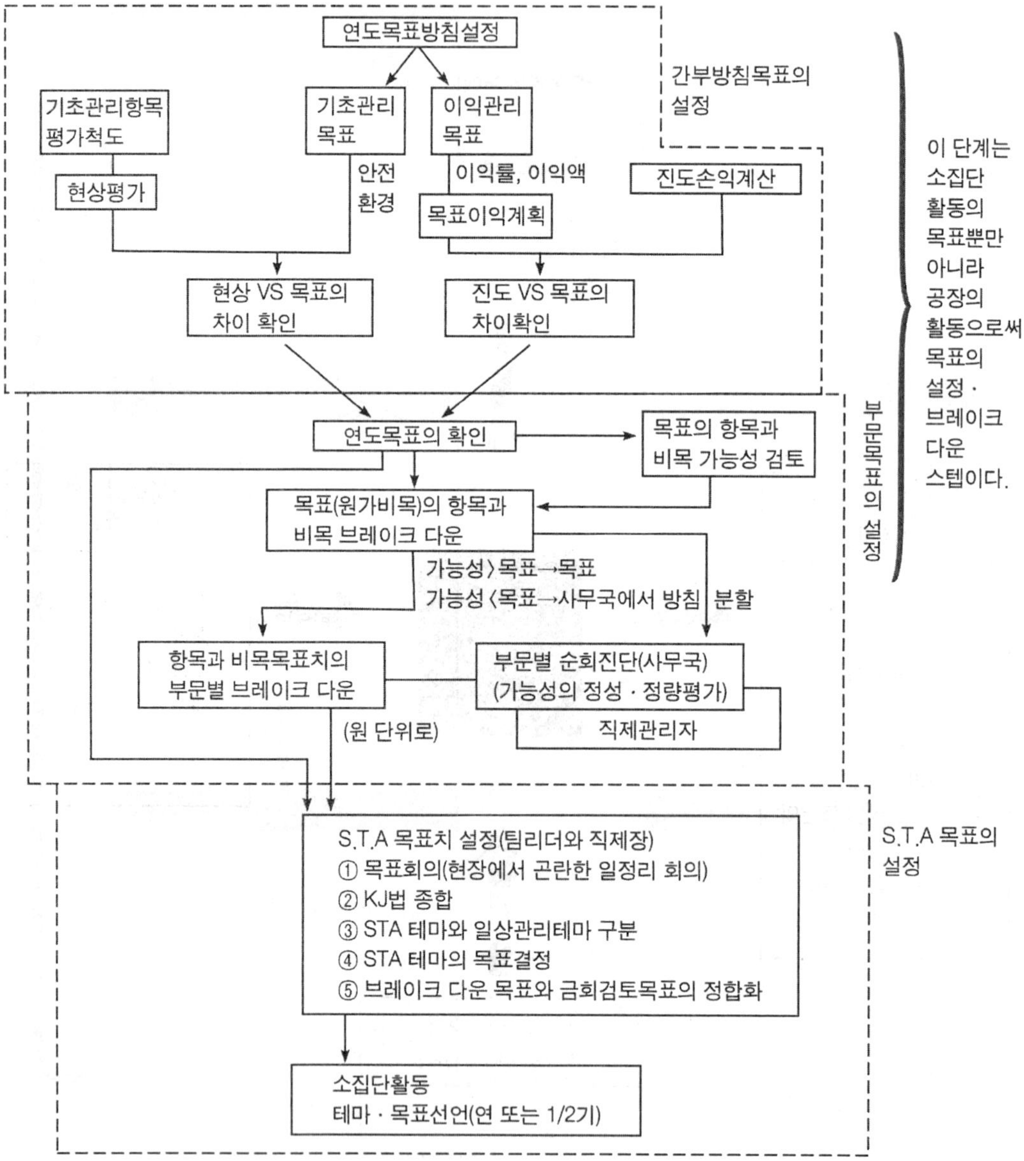

註: 각 계층마다에 테마·목표의 의견조정은 필요하나 그림이 복잡하므로 생략한다.

(2) 사이클 전개

	Plan 테마, 목표 설정	Do 분석~개선	check (실시)~평가	Action(Follow) 유지 · 정착화
P	• 목표 B/D의 내용을 확인한다. • 보텀업으로 나온 문제를 정리한다. • 확인 및 정리한 내용으로 ×대상 ×테마 의 목표를 정한다. • 목표가 바른가 어떤가 목표달성의 가능성은 어떠한가~를 검토, 정량화하는 방법을 정한다.	• 개선을 어떻게 추진해갈 것인가, 계획을 세운다. ×분담×추진방법×목표 • 계획추진상 필요한 관련부문에 ×필요사항의 설명 · 의뢰를 한다. • 개선에 필요한 도구류를 수배한다. ×개선교육 ×스톱워치 등	• 실시를 위한 준비업무를 정리해서 종합한다. ×형 · 치구 · 공구의 수배 ×사전교육의 필요성 • 실시계획을 세워서, 직제에 설명한다. • 실시준비를 한다.	• 정착화로 체크하기 위하여 폴로업 계획을 작성한다. ×언제 현장체크를 할 것인가의 목표계획 • 체크에 필요한 도구를 리스트 업해서, 작성한다. ×표준작업착 ×측정구 ×기술표준 ×기록용지 ×설비운전사양서 등
D	• 검토, 정량화하는 항목을 확인한다. • 정량화 및 기능성검토 조사를 한다. • 개선가능항목 ×대상 ×테마 목표치를 명확히 한다.	• 개선원칙이나 착안 체크리스트를 적용하고 개선착상을 한다. • 개선착상을 평가해서 좋은 착상을 구체안으로 만든다. • 개선 · 효과를 검토하고, ×비용 ×성과를 명확히 한다. • 안의 Simulation 또는 시행을 한다.	• 실시준비상황을 확인한다. • 입회해서, 실시한다.	• 플로업 계획에 따라 필요한 ×개선확인서 ×각종표준서 ×체크를 위한 치공구 · 측정구를 사용해서 실시상황을 체크한다.
C	• 명확히 한 ×대상 ×테마 ×목표치와 당초의 목표를 대조시켜 개선대상과 테마를 정한다. 보고서를 작성해서, 관련부문에 보고한다.	• 안이 예상대로 실현될 것인가 아닌가 ×Simulation×실행에 의해 확인한다. • 안을 일시보고서로 해서, 관련부문에 설명한다.	• Simulation 또는 시행대로 되었는가 아닌가를 검토한다. • 성과를 측정해서, 당초 목표와 대조하고 평가한다. • 평가결과와 실시상황을 보고한다.	• 항상 당초 개선안대로의 실시여하를 체크한다. • 체크결과를 기록에 남겨 직제에 보고한다.
A(F)	• 목표달성이 안 되는 경우는, ×신테마발굴, ×직제장과 상담해서 백업멤버와 협의로 신테마 발굴을 할 것인가, 목표변경을 한다.	• 안이 실현되기 어려우면, 그 사위점을 명백히 해서 재검토한다.	• Simulation 또는 시행결과와 실시결과와의 차이가 없으면 대응을 검토하고 그 원인을 명확히 한다. • 그 상황과 결과를 기록에 남긴다.	• 필요가 있으면 폴로업 계획을 검토하고 체크빈도의 증감을 한다. • 표준류의 수정을 항상 해 둔다.

(3) 사이클전개에서 사용하는 주요한 기법(또는 자료)

	Plan		Do	Check	Action
	대상테마를 결정한다	목표치를 설정했다	개선한다	자기평가한다	개선의 정착화를 한다
P	○브레인 · 스토밍 ○KJ법 ○7×7법 ○문제요인관련도 ○KT법 ◎일정표	○브레인 · 스토밍 ○KJ법 ○7×7법 ○문제요인관련도 ○KT법 ◎일정표	○R－f분석 ○개선착상시트 (E · C · R · S) ○설계 · 개선의 원칙집 ○S.L.P ○모델 실험 ◎일정표	○벤치 · 마크와의 대화자료 수집 방법 ○브레인 · 스토밍 ◎일정표	○브레인 · 스토밍 (모두 지켜야 할 방법) ○표준서작성방법 ┌ 표준작업서 ├ 매뉴얼 └ 표준시간자료
D	○실질자료의 정리 ○Stop Watch ○행동조사 ○W/S ○PTS법 ○VTR	○공정분석 ○작업분석 ○동작분석	○일정표 · 내용 대로 추진하는 진도관리표 ○개선경과기록 용지	○실질자료의 정리 ○Stop Watch ○행동조사 ○W/S ○PTS법 ○VTR ○공정분석 ○작업분석 ○동작분석	○표준서 ○게시판
C	○체크시트	○체크시트 (※벤치 · 마크 자료의 결정)	○체크시트 ○개선 · 실시소감 기록용지	○체크시트	○체크시트 ○개선활동총괄표
A	○보고서 ○대상테마등록표	○보고서 ○목표치 등록표	○보고서 ○실시개선등록표 ○개선안등록표 (┌ 가능 └ 불가능)	○보고서	○보고서 ○개선실시의 정착화방법 등록표

(4) 사이클전개의 주요기법 일람

No.	목적	No.	방법	종합적 분석 방법	목적 분석 방법	인	재료	설비	비고
1	문제대상확인 원인소급	1	KJ법	○		○	○	○	
		2	7×7법	○		○	○	○	
		3	브레인 · 스토밍	○		○	○	○	
		4	문제요인관련도	○		○	○	○	
		5	R−f 분석	○		○	○	○	
		6	특성요인도	○		○	○	○	
2	가동로스의 파악	1	W/S	○		○		○	· 설비인의가동률파악
		2	작업일지	○		○		○	· ST설비
		3	각종 실적보고서						· 지연여유설정
									· 프로세스분석의 예비분석
3	퍼포먼스 로스의 파악	1	실적평가법	○		○			
		2	레벨링법	○		○			
		3	레이팅	○		○			
4	편성로스의 파악	1	타임 · 스터디	○		○			
5	공헌도 분석	1	ABC분석 (파레트도)	○		○	○	○	
		2	R−f 그룹화	○		○	○	○	
6	현재의 시스템 분석	1	부품공정분석	○		○		○	· 공정개선
		2	조립공정분석	○		○		○	
		3	제품분석		○		○	○	
		4	부품분석		○		○	○	
		5	기능분석		○		○	○	
		6	정밀도분석		○		○	○	
		7	품질분석		○		○	○	
		8	운반분석		○	○	○	○	
		9	정체분석		○	○	○	○	
		10	흐름분석		○	○	○	○	
		11	경로분석	○	○	○	○	○	
		12	일정분석	○	○	○	○	○	
		13	여력분석		○	○	○	○	
		14	설비분석		○			○	
		15	치공구분석		○			○	
		16	작업분석		○	○		○	

No.	목적	No.	방법	총합적 분석 방법	목적 분석 방법	인	재료	설비	비고
		17	동작분석		○	○			· 인의 공수감
		18	요소작업분석	○	○	○			· 작업개선
		19	연합분석		○	○			
		20	메모 · 모션 분석	○	○	○		○	
		21	From－To분석		○	○	○		
		22	상호관련분석		○	○		○	
		23	사무플로차트	○	○	○			
		24	블록 · 차트	○	○	○		○	
		25	가동분석	○	○	○		○	
7	개선착상평가	1	브레인 · 스토밍		○	○	○	○	
		2	특성열거법		○	○	○	○	
		3	희망점열거법		○	○	○	○	
		4	결점열거법		○	○	○	○	
		5	설문법		○	○	○	○	
		6	체크리스트법		○	○	○	○	
		7	개선 · 사원칙		○	○	○	○	
		8	5W · 1H		○	○	○	○	
8	이행계획실시	1	기본구성			○	○	○	
		2	파트도						
		3	간트 · 차트						
9	정착화를 위한 대책	1	작업표준서작업			○	○	○	
		2	표준작업서작성			○	○	○	
		3	작업요령서작성			○	○	○	
		4	각종 표준화			○	○	○	

(5) 추진을 위한 계층별교육

레벨 \ 계층	톱 매니지먼트	중간관리자, 스탭	팀 리더
초 기	○ New S.T.A ○ 톱 매니지먼트의 역할	○ New S.T.A ○ 중간관리자의 역할과 스탭 ○ 목표의 브레이크 다운 방법 ○ 추진방법, 평가방법	○ New S.T.A ○ 리더십, 활동의 추진방법 ○ 회합운영방법, 계획의 수립방법 ○ 종합방법, 발표의 방법 ○ 멤버교육의 방법 ○ 자기평가하는 방법
성 장	○ 톱 매니지먼트의 역할	○ 목표의 브레이크다운 방법 ○ 분석, 개선기술 ○ 타부문과의 조정방법 ○ 그룹리더의 육성 ○ 평가의 방법	○ 분석, 개선기술 ○ 스탭의 활용방법 ○ 자기평가의 방법
성 숙	○ 톱 매니지먼트의 역할	○ 목표의 브레이크 다운 방법 ○ 타부문과의 조정방법 ○ 매너리즘 타파의 방법 ○ 표준화의 추진방법 ○ 평가의 방법	○ 매너리즘 타파의 방법 ○ 스탭의 활용방법 ○ 표준화의 추진방법 ○ 자기평가의 방법

6) 정착화를 위한 체크리스트

① 조직체제

○ 추진조직과 활발히 기능하고 있는가

○ 소집단은 추진조직을 이용하고 있는가

○ 직제는 추진조직을 이용하고, 소집단의 활성화를 도모하고 있는가

② 운영체제

○ 소집단의 운영은 순조롭게 행하고 있는가
○ 소집단의 편성은 필요에 의해 활발히 기능하고 있는가(미니서클 등)
○ 소집단의 활동은 조직목표, 기대와 밀착해 있는가
○ 소집단의 활동은 스탭대로 기능하고 있는가
○ 소집단의 역할분담은 명확히 전원이 기능하고 있는가
○ 소집단활동의 실질적 효과가 나타나 있는가

③ 평가표창체제

○ 소집단활동은 항상 평가되어 있는가
○ 발표회는 계획적으로 기능하고 있는가
○ 표창제도는 순조로이 운영되고 있는가

④ 교육체제

○ 리더교육 외의 타교육제도가 확립되어, 순조로이 운용되고 있는가
○ 소집단은 교육제도를 이용하고 있는가
○ 소집단은 적극적으로 학습할 수 있도록 행동하고 있는가

⑤ 지도백업체제

○ 상사는 소집단활동에 관심을 가지고 있는가
○ 소집단은 상사 혹은 스탭으로부터 원조를 재촉받고 있는가
○ 소집단은 상사 혹은 스탭에 원조를 신청하는가
○ 소집단활동에 순조로운 백업이 되어 있는가

2 생산 시스템의 개념과 레이아웃 계획

2.1 생산 시스템

1) 생산 시스템의 개념

생산 시스템이란 협의의 생산 시스템(개념적인 제조 시스템)과 이 시스템의 운용을 계획하고 컨트롤하는 시스템이 1인의 의사결정자 중심으로 통합되어 있는 상태를 말한다.

2) 생산 시스템의 성분

① 의사결정자
② 시스템의 목적 → 유효도의 척도(효율과 유효도의 개념)
③ OUTPUT → 그 기능 → 시스템의 목적을 위한 수단(물품 또는 서비스, 성능, 기능, 성과)
④ INPUT(원재료, 기계설비, 자본, 노동력, 기술, energy, 정보)
⑤ IN PUT OUT PUT에 변화되는 과정
⑥ 제자원(물품, 사람, 설비)
⑦ 환경조건

그림 2-1 생산시스템 개념도

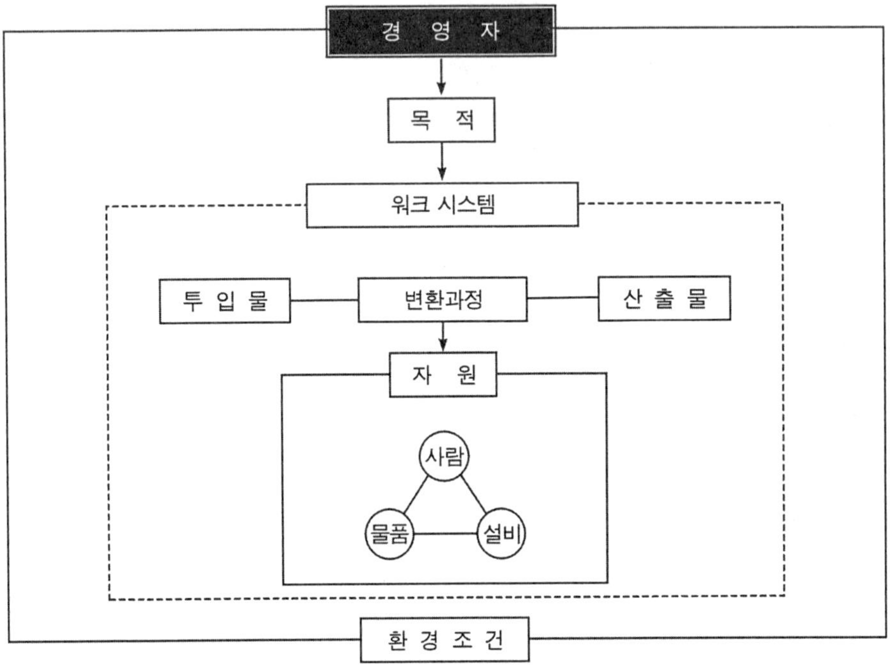

3) 생산 시스템의 계층구조

① 개개의 변환과정에 대응하는 「작업」→맨～머신－시스템(작업자, 설비, 공구, 방법)……생산 시스템의 기본 요소

② 변환과정은 전체의 작업을 1단계의 시스템으로 1인의 관리자를 중심으로 종합하는데 너무나도 스텝이 많고 복잡하게 나누어져 있다.

거기에서 작업 → 그룹 또는 현장 → 부문 → 공장과 많은 단계를 통해서 최종적으로는 한 사람의 관리자를 중심으로 통합된다. Hierarchic(계급조직)한 시스템 구조가 생긴다.

③ 각각의 레벨 워크 시스템에 대해 그 구성과 운용을 계획하고 컨트롤하기 위한 「관리시스템」을 중심으로 각종 지원활동을 위한 시스템을 대응시켜 하나의 생산 시스템에 통합된다.

4) 생산 시스템의 혁신

① 자동화, 무인화 공장으로 혁신할 것
② 다품종으로의 대응(Flexible화)할 것
③ 신공법의 압입(押入)과 성에너지화할 것
④ 내외작업의 재검토와 공장 일관화 등을 시키는 데 있다.

5) 생산 시스템의 제약조건

① 사람 문제(전문가, 엔지니어, 경험자, 디자이너, 기술자, 숙련공, 작업자)
② 스페이스(토지, 공장, 설비, 장치, 배치, 입지공간)
③ 투자금액(자본, 안전성, 경제성, 성장성 고려)

2.2 레이아웃

1) 레이아웃의 계획

레이아웃(Lay-Out)이란 생산 시스템을 구성하는 제자원활동을 현장에 배치함을 말한다. 레이아웃을 계획할 때는 생산 시스템 설계의 일국면으로써 위치를 잡는 것이 중요하다. 워크시스템을 중핵으로 하여 재료의 흐름 및 정체를 포함한 로지스틱 시스템에 각종 지원기능의 시스템을 통합해서 관리 시스템과의 관련을 생각하여 설계한다. 레이아웃 계획의 기본적인 내용은 다음과 같다.

① 어디에
② 무엇을
③ 얼마만큼의 스페이스를 주어서
④ 어떠한 관례위치에서 계획을 세워서 확립한다.

2) 레아아웃의 계층구조

(1) 구성요소에서 본 계층구조

① 공장입지 조건
② 부문(또는 건물)의 배치 조건
③ 현장의 배치 조건
④ 작업역(또는 설비)의 배치 조건
⑤ 작업역 내의 배치를 고려한다.

(2) 상하 각각의 레벨의 레이아웃의 상호관계

①「어디에」와「무엇을」의 관계
② 상위 레벨의 레이아웃이 하위에 대해 미치는 입지적인 제약관계
③ 상위 레이아웃의 데이터로 인하여 하위 레벨의 레이아웃에 미치는 영향에 의한 관계

3) 레이아웃에 대한 평가요소

(1) 스페이스의 효율

① 작업역의 크기, 설비간의 거리
② 통로폭, 통로의 이용효율거리
③ 입체적인 이용거리

(2) 거리의 코스트

① 재료·반성품·제품의 운반비용
② 사람의 왕래비용
③ 동력의 공급, 급배수비용

(3) 장래의 변화에 대한 융통성

① 생산량의 증감에 대한 융통성 조직
② 제품의 변화(품종 · 사양)에 대한 융통성
③ 제조공정의 변화에 대한 융통성

(4) 인간적 요소

① 안전성 · 쾌적성
② 상호의 오염이나 방해의 배제
③ 외관성
④ 작업분담의 방법 등이 있다.

(5) 작업방식이나 현장구분방식을 통해 간접적으로 나타내는 효과

① 설비이용효율 효과
② 노동력의 효율적 활용 효과
③ 제공량 또는 생산기간 효과
④ 관리의 용이 효과를 나타낼 수 있다.

4) 레이아웃 계획의 순서

(1) 4가지 측면

① 예비분석측면

- 계획의 목적
- 전제가 되는 생산계획
- 계획해야 할 레이아웃의 레벨과 범위
- 고려해야 할 관리방침과 제약조건

② 생산 시스템 구상 측면

- 제조공정
- 설비 · 인원
- 작업방식, 현장 또는 부문구분
- 관리 · 서비스 기능
- 운반과 재고 시스템

③ 기본계획측면

- 계획하려고 하는 레이아웃의 상위 레벨의 것에 대해
- 구성요소의 결정
- 스페이스 계획
- 요소간에 필요한 근접성의 평가
- 물 또는 인의 동선, 스페이스의 사용구분 등에 대한 기본계획
- 각각의 구성요소에 대한 구획의 할당

④ 상세계획 측면

- 계획하려는 최종 레벨의 레이아웃의 계획
- 통상의 작업역 또는 설비의 레이아웃에 대한 것이 많다.
- 최종 레벨의 배치가 결정되고 순차적으로 상위로 올라가며 수정 확정한다.

(2) 기본적인 순서

그림 2-2 레이아웃 계획의 기본적 순서

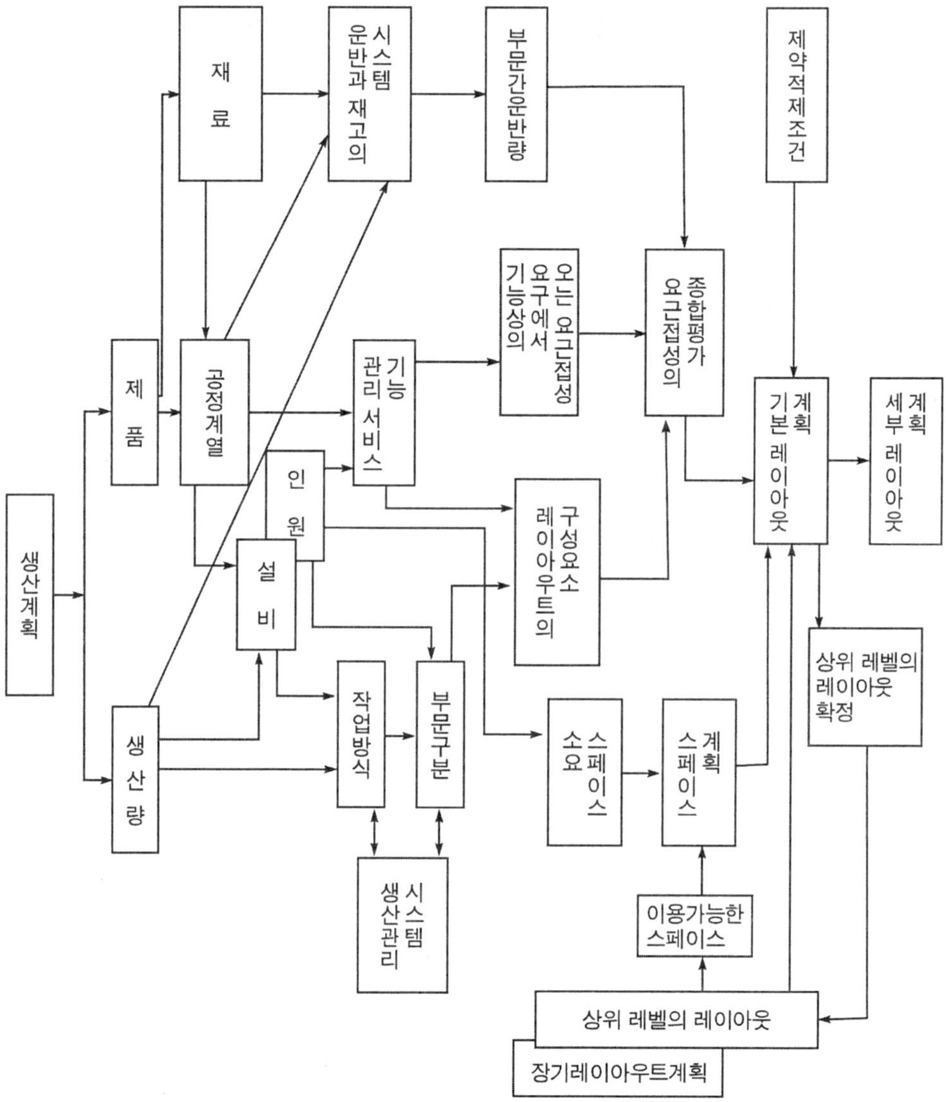

그림 2-3 **체계적인 레이아웃 · 계획의 순서체계**(공장레이아웃의 기술(R Muther 저)에서)

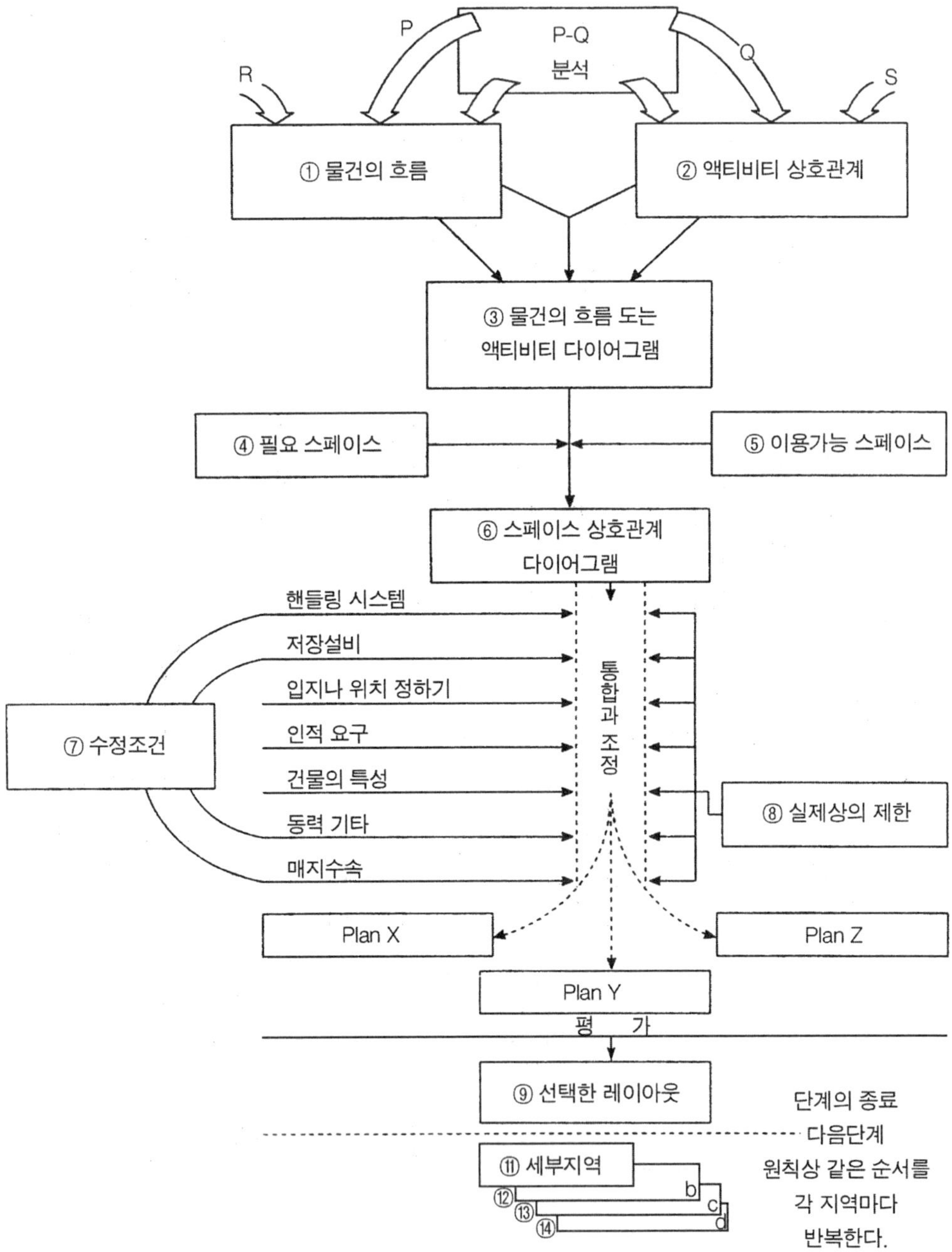

2.3 예비분석

예비분석을 하는 목적은 다음과 같다.

① 문제의 정의

② 전제조건의 제약조건 확인

③ 프로젝트 계획

또한, 예비분석의 내용에는 다음과 같은 것이 해당한다.

(1) 레이아웃을 계획하는 목적

① 증설・확장에 있다.

② 신공장건설에 있다.

③ 다음과 같은 개선을 목표로(표 2-3, 2-4 참조) 한다.

㉠ 작업방식 또는 현장구분의 변경에 있다.

㉡ 설비 또는 노동력의 효율화를 위해 흐름을 단순화하고 생산관리를 용이하게 하기 위하여 관리조직의 변경에 따라 운반 또는 수송코스트 절감

㉢ 작업환경의 개선

㉣ 기타

(2) 전제로 하는 생산계획

① 대표제품과 각각의 생산량

② 위 사항에 대한 장래예측

③ 생산의 일정을 수립

(3) 계획할 레이아웃의 범위

① 어떤 범위의 현장 또는 부문・부대시설이 포함되는가를 파악하는 데 있다.

② 어떤 레벨의 레이아웃인가를 파악하는 데 있다.

(4) 환경조건

① 입지조건, 또는 상위 레벨의 레이아웃 조건
㉠ 스페이스의 조건(면적 · 형 · 지반 또는 기초)
㉡ 주변에 무엇이 있는가(그 환경적 특성) 파악
㉢ 이용되는 통로 · 출입구의 파악
㉣ 동력급배수 조건
㉤ 전체로써의 물건과 사람의 흐름을 파악
② 조직 · 관리 시스템 파악
③ 관리자가 가지고 있는 방침이나 계획을 파악
④ 레이아웃에 대한 장기계획의 조건

(5) 제약조건

① 계획에 허락되는 기간, 실시시기
② 사용가능한 자금
③ 이동이 안 되는 설비
④ 법령 또는 회사의 규칙

(6) 계획입안의 스케줄

① 계획작업의 내용과 분담
② 스케줄

그림 2-4 예비분석의 일반적 수단의 체계

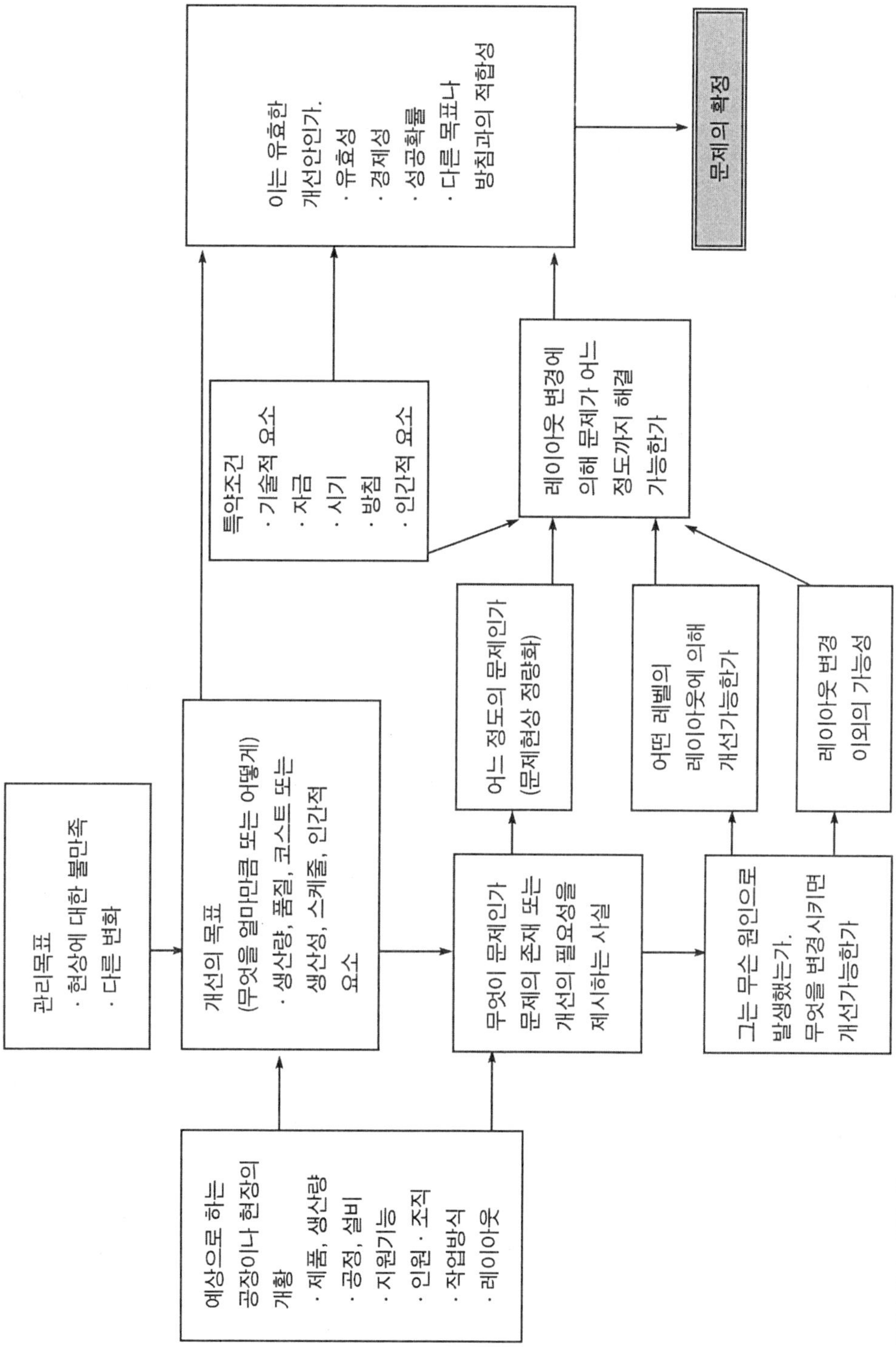

그림 2-5 레이아웃 개선을 위한 예비분석

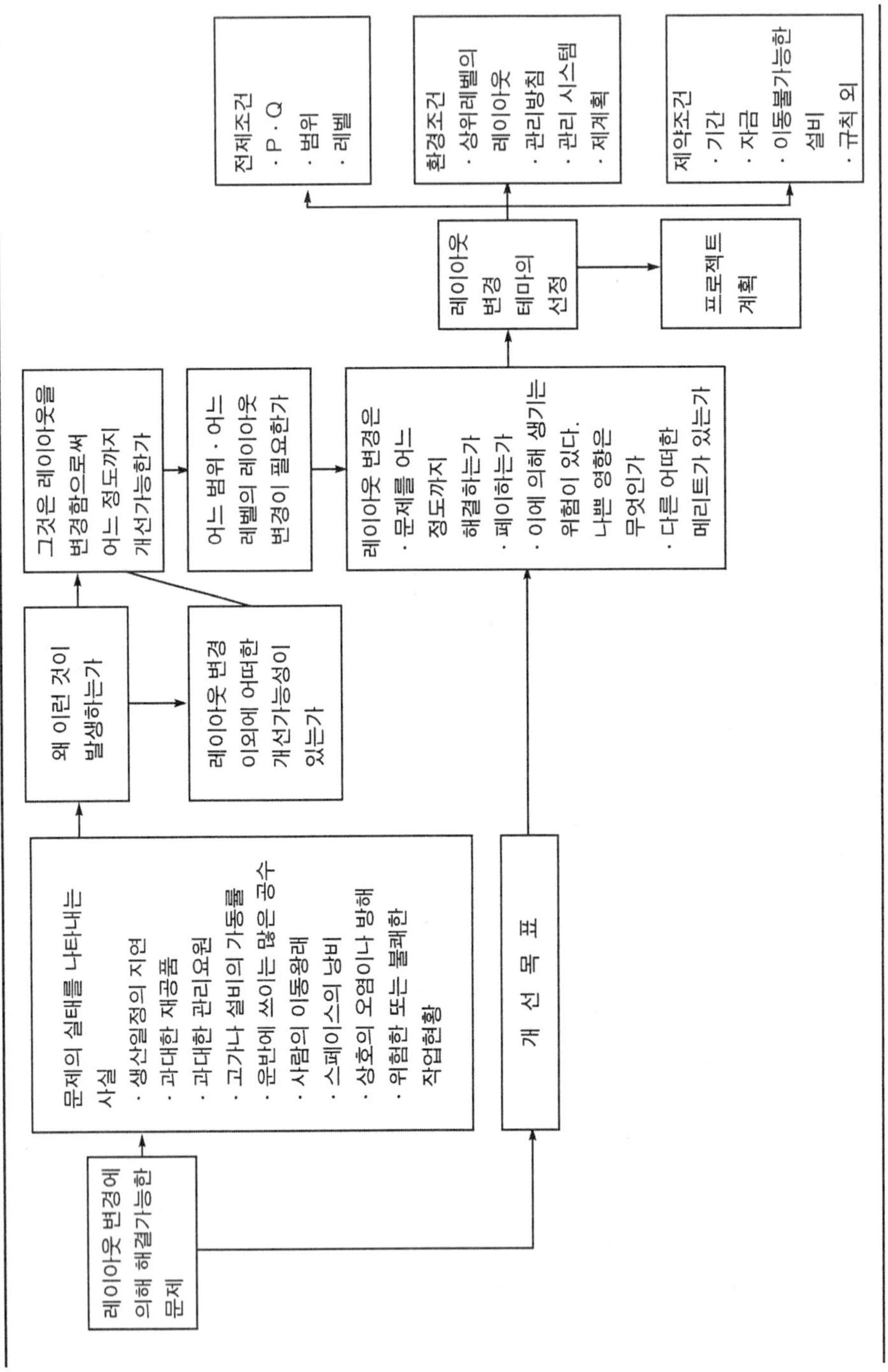

2.4 생산방식과 현장구분

1) 작업조직편성의 기본적인 순서

① 제조공정을 작업에 분해한다.

대상제품의 제조공정을 분석해서 그 중에 포함되는 작업을 명백히 한다.

② 분업 디자인(작업을 사람에 연결한다.)

적용하는 분업의 원칙을 선택해서 분업의 폭을 정하고 개개의 작업자에게 할당할 분업을 설계한다.

③ 작업그룹 편성

일정 원칙을 근거로 몇 개의 분업을 모아 하나의 작업그룹을 편성해서 작업역의 배치와 재료의 흐름을 통합한 워크 시스템을 설계한다.

④ 현장 및 부문의 조직으로의 통합

상기 작업그룹을 현장 및 부문조직 중에 통합한다.

2) 분업 디자인

(1) 분업의 기본형식

① 양의 분업(제품별 분업)

다수 제품을 생산하고 있는 부문, 또는 현장 중에서 개개의 작업자가 하나의 제품에 대해 발생하는 전체의 작업을 담당한다.

② 질의 분업(기능별 분업)

작업은 그 내용의 유사성에 따라 구분해서 작업자에게 할당한다.

(2) 분업(질의 분업)의 효과와 그에 부수해서 발생하는 제문제

① 분업의 필요성

② Adam Smith의 *The Wealth of the Nations*(1776)과 Charles Babbage의 *On the Economy of Machinery and Manufactures*(1832)에 의한 분업론

③ 작업을 분할해서 전문화하는 이점
㉠ 작업범위가 좁아지고 반복의 빈도가 증가하므로 용이하게 고도의 숙련도에 도달한다.
㉡ 전문화, 단기능화의 이점(고도의 전용설비, 단기능화한 값싼 설비, 전용 치구・공구・작업역의 배치 등)
㉢ 준비・단취시간이 적게 된다.
㉣ 작업 그 자체가 요구하는 육체적, 정신적 자질이나 기능수준에 따른 인원 배치(부인이나 비숙련노동력의 유효이용)
㉤ 작업성취도나 품질이 안정된다.
④ 작업을 세분화해서 각각의 사람에게 할당함으로 해서 생기는 문제점
㉠ 근육이나 신체기관의 편중된 사용에서 오는 피로
㉡ 단조감, 권태감, 달성감의 결여에서 오는 사기의 저하
㉢ 운반이나 핸들링의 회수가 증가한다.
㉣ 작업의 사전계획이나 진행과정에서의 통제활동이 증가한다(역으로 말하면 제품의 사양이 각 공정작업의 요령에 명확히 분해되지 않는 작업에 대해서는 분업이 곤란하게 된다).
㉤ 극도로 전문화된 작업에 사람을 고정배치함으로써 다른 작업으로의 적응능력이 저하한다(다른 작업으로의 전환이 유연하게 되지 않는다).

(3) 분업의 폭을 결정하는 세 가지 요소

① 전체를 생산하는 데 필요한 작업자의 수
② 작업을 잘 구분할 수 있는 최소한의 폭. 작업을 세분화함으로써 생기는 핸들링의 노고도 고려할 필요가 있다.
③ 인간적 요소(부분적 피로, 단조감, 달성감의 결여, 습숙도의 결여에서 오는 흥미의 감퇴 등)

3) 여러 가지 작업방식

(1) 작업대방식

분업이 이루어지지 않는 경우이다. 한 사람 한 사람의 작업자가 수공구 또는 간단한 기계를 사용해서 일정장소 또는 극히 좁은 범위에서 회전하는 하나의 제품에 대해 전공정을 완료한다.
① 작업원을 고능률의 기계로 장비시키려고 해도 가동률이 낮아 경제성이 없는 경우가 많으므로 싼 값의 범용적인 기계나 수공구 밖에 이용되지 않는다.

② 전공정을 통해 숙련자를 필요로 하여 분업에 의한 전문화, 단순화의 이점이나 기계화에 따른 합리화를 기대할 수 없다.

③ 제품이나 작업방법에 대하여 융통성이 있어 생산관리, 운반작업 등에 간접비가 적게 든다.

④ 숙련자의 일관작업에 따른 고도의 품질이 기대된다.

⑤ 작업자에 있어서는 부분적인 공정뿐만 아니라 제품 전체에 관여하게 되므로 흥미나 달성감이 강하게 된다.

(2) 기능별 분업방식

한 가지 제품의 작업공정이 몇 명의 작업자에 의해 분담되어 생산된다. 고정된 각각의 작업역을 재료가 순회되면서 가공이 진행되는 경우와 일정의 장소에 놓고 어떤 재료에 각각의 공정을 담당하는 작업자가 차례로 가공을 진행하는 경우의 2가지가 있다.

(3) 흐름작업방식

공정순서에 배열한 작업역을 재료가 이동하여, 이동 중에 모든 가공이 완료된다(실제로는 가공 중에 재료의 흐름이 정지되는 닥트 작업방식도 이에 포함된다).

각 공정의 작업시간은 모두 같도록 계획되어 있다.

작업자는 특정제품의 특정공정만을 담당하도록 분업의 폭은 보통 이하로 극히 좁게 되어 있다.

① 분업의 폭은 좁게 작업은 극도로 전문화시켜 분업의 효과는 가장 크다.

② 시간적 규제 효과는 크다.

③ 운반비용이 적다.

④ 면적효율이 높게 된다.

⑤ 반면에 단순작업의 반복에서 오는 정신력 저하를 초래하기 쉽다.

4) 현장구분의 결정방법

(1) 현장구분방법

① 기능별 현장방식

기능별 분업방식으로 작업이 이루어지는 경우에는 같은 종류의 작업을 종합해서 현장을 편성하는 방식이다. 재료는 각각의 소요 현장을 순회하여 가공되며 최종제품으로 완성된다.

② 제품별 현장방식

몇 개의 제품제조에 필요한 모든 작업을 하나의 현장에 종합한 것인데 그 중에서는 다음과 같은 작업방식이 행해진다.

㉠ 작업대방식

㉡ 기능별 분업방식

㉢ 흐름작업방식

(2) 기능별 현장의 특징

① 설비가 적어도 된다(작품별 현장에서는 동일종류의 설비를 분석하므로 단수가 생겨 총수는 통상 많게 된다).

② 집중에 의해 고도의 설비나 기능을 유효하게 이용할 수 있다.

③ 변화에 대해서 용이하게 적응할 수 있다(동종의 것을 집중시켰으므로 변화에 대한 적응이 용이하다).

㉠ 제품의 종류나 생산량의 변화에 대해

㉡ 설비 고장 등의 사고에 대해

㉢ 재료의 공급이 끊기거나 작업자가 쉰다든지 할 때

④ 작업자 기능의 수준에 맞게 작업이 할당된다.

㉠ 기능의 유효이용

㉡ 기능의 육성에 좋은 형편

⑤ 그 일에 경험이 많은 현장장에 의한 효과적인 감독이 가능하다.

⑥ 공정마다의 품질이나 생산고의 확인, 투입공수실적 등의 파악이 용이하다.

(3) 제품별 현장의 특징

① 현장간의 문제가 없어져서 책임구분이 명확하게 되고 관리하기 쉽게 된다.

② 자주성을 갖는 팀 만들기가 용이하다.

③ 재공품이 감소해서 생산기간이 단축된다.

④ 면적효율이 높게 된다.

⑤ 운반비용이 적어도 된다.

5) 작업방식과 현장구분결정의 착안점

(1) 생산량에 의해 결정한다

P－Q도표를 만들어 보고 생산량이 많은 것과 다품종 소량생산의 것을 나눈다.

① 생산량이 비교적 크므로 일관작업방식에서 기능별 현장방식으로

② 생산량이 충분히 크므로 작업능률 향상을 목적으로 닥트방식 또는 흐름작업방식을 채용한다.

③ P－Q의 변동이 크므로 융통성을 중시해서 기능별 현장으로

(2) 재료나 제품의 특성에 주목해서 결정한다

① 대물과 소물로 나눈다.

② 고급품과 보통급, 정밀도의 요구 등에 의해 나눈다.

③ 재질에 따라 나눈다.

④ 고객에 따라 나눈다.

⑤ 제조공정의 공통성이 없는 것은 별도로 한다.

그림 2-6 신 P－Q도표

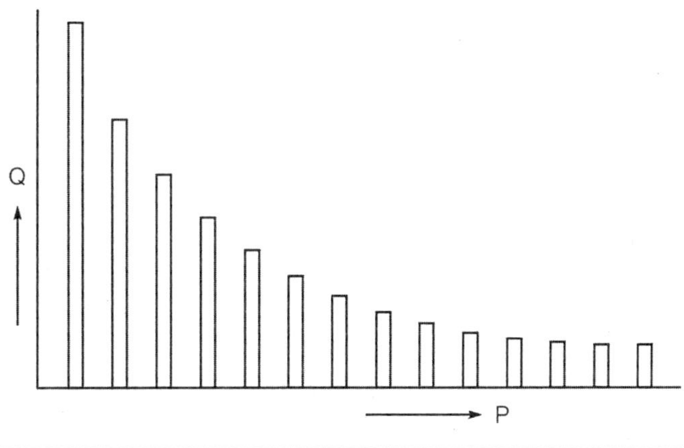

(3) 작업환경의 상위에 의해서 결정한다

전공정을 통한 특수한 작업환경 하에 있는 것은 제품별 현장으로 해서 종합하고, 특정의 공정에 그와 같은 것이 있으면 역으로 기능별 현장으로 집중한다.

① 인화성인 것, 휘발물 그외의 위험물을 취급한다.

② 귀중품

③ 분진, 소음, 진동, 유독물 등 다른 공정, 또는 외부환경에 악영향을 미칠 염려가 있어 특별 방호조치를 필요로 하는 것

(4) 설비와 사람 면에서 배려해서 결정한다

① 대형설비와 소형설비로 나눈다.

② 효과 있는 설비의 가동률을 중시해서 기능별 현장으로 한다.

③ 특히 고도의 기능을 필요로 하는 것, 또는 그 역의 것을 모은다.

④ 집중함으로써 고도의 설비를 이용할 수 있도록 모은다.

(5) 관리면에서 고려하여 결정한다

① 생산준비나 공정관리 수고를 생략하는 것을 목표로 하는 작업대방식으로 편성한다.

② 일상의 통제업무를 편히 하는 것을 목표로 제품별 현장으로 한다(일방에서는 생산준비나 주변의 관리기능에 충실하는 것이 필요).

③ 재공품을 줄이고 제조기간을 단축하기 위하여 제품별로 편성한다.

④ 공정마다 품질이나 일정관리를 편안하게 하기 위하여 제품별로 편성한다(관리기능의 집중강화를 목표로).

⑤ 종합적인 관리책임을 명백하고 쉽게라는 점에서는 기능별 편성 쪽이 훨씬 좋다(관리의 분권화를 목표로).

(6) 기타

① 위생관리 · 위험물취급 등 특수한 법률에 규제된다.

② 방위생산 등 특수한 업체에 대한 제품에서의 고려

③ 부가가치 생산성과 급여배분율에서의 고려

㉠ 매출액(장기계획에서)의 고려

㉡ 부가가치율(종래의 경향을 연장해서 추정), 부가가치총액의 고려
㉢ 임금배분율(동상), 지불임금총액의 고려
㉣ 예상되는 평균임금(동상)의 고려
㉤ 예상되는 인원의 고려
④ 매출액, 생산수량, 설비대수, 직접부문의 인원 등에 대한 비율에서의 고려

6) 설비 및 인원수의 산정

(1) 설비가동시간 산정

① 일, 주 또는 월간 조업시간의 산정
② 가동률의 산정
③ 능력 고려

* 능력
· 인적능력＝작업자수×1일 작업시간×1개월 작업일수×출근률(1－결근률)
· 기계능력＝기계대수×1일 가동시간×1개월 가동시간×가동률(1－고장률)

(2) 종업원에 대한 산정

① 취업시간에 대한 규정
② 잔업을 포함한 실제 노동시간, 주간노동일수
③ 2교대 또는 3교대제의 유무
④ 출근율
⑤ 1일 취업시간 중에서 휴식이나 작업시간의 실적

(3) 설비와 인원산정의 기초가 되는 공수에 대한 산정

① 실적자료에서 공정별 공수, 또는 설비부하를 추정한다.
② 표준시간을 써서 기준 생산계획에서 직접 산출한다.
③ 이제까지의 실적에 공수절감을 고려하여 산출한다.
㉠ TN＝T×N
TN……N 대목의 공수
N……공수절감률
㉡ [TN]＝T×N
[TN]……N 대목까지의 평균공수

㉢ TN=(K+A)×N

K+A……1대목의 공수

K……N → ∞일 때의 공수

㉣ 경쟁가격에서 역산한다.

- 가격
- 재료비율, 재료비
- 가공비총액, 예상부담비율, 총공수
- 공정별 공수는 실적 비율로 배분

2.5 운반량 분석

1) 운반대상물의 분류

(1) 대표제품의 선택

① 제품종류가 많은 경우에는 그 중에서 대표적인 것을 선정한다.

② 기준생산량을 대표제품의 생산량으로 환산한다.

(2) 형상분류

① 대표제품에 대해 모든 재료·부품을 망라한 리스트를 만든다.

② 그것을 형상, 크기, 취급상 상위, 관리상 상위 등에 주목해서 분류한다.

③ 각각의 분류에 대해 대표품목을 몇 가지 들어 그 운반하자, 개수, 형상, 크기를 나타내는 리스트를 작성한다.

그림 2-7 운반량 분석 순서체계

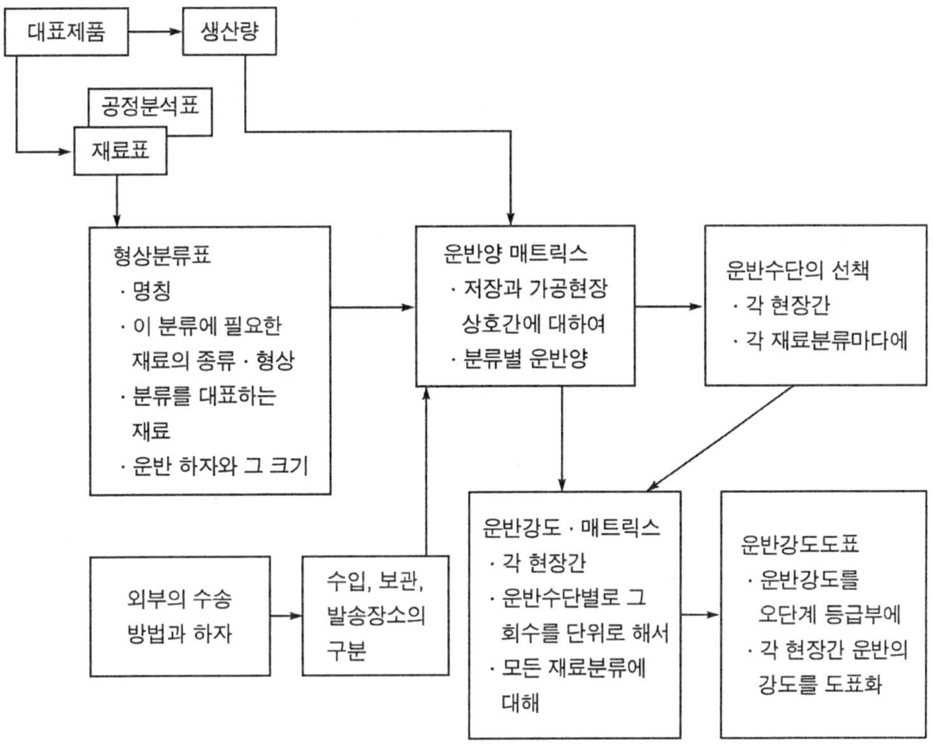

2) 하수, 보관 및 발송장소의 구분

(1) 재료 · 반제품 · 제품의 종류마다 외부의 수송방법을 조사한다

① 재료 등의 종류와 양

② 분류 · 하자

③ 수송방법

(2) 하수 · 보관 및 발송장소를 구분한다

① 기본적으로는 제조현장의 구분과 같은 집중의 이점

② 수입발송의 일정을 포함해서 재료나 제품의 흐름을 집중적으로 효율 좋게 관리할 수 있다.

③ 창고 및 수입발송 시설의 효율적인 이용

④ 스페이스의 효율과 융통성 분류의 이점

⑤ 되도록 사용장소에 가까운 곳에서 수입 보관하여 공장 내의 운반을 경감한다.

⑥ 재료나 제품의 관리를 제조에 가까운 곳(조직적 · 장소적으로도)에서 함으로써 정확한 정보를 신속히 입수할 수 있어 관리효율이 높아진다.

위의 사항을 고려하면서 다음의 점에 주목해서 구분한다.

① 관리구분의 상위에 따라서 분류한다.

② 위험물 · 취급에 주의를 요하는 것을 분류한다.

③ 형상, 크기, 종량, 하자의 상위에서 운반이나 보관에서 이질 설비를 필요로 하는 것을 분류한다.

④ 사용하는 장소의 상위에 의해서 분류한다.

⑤ 외부의 수송방법의 상위에 의해서 분류한다.

3) 현장 내의 운반량을 종합한다

① 재고장소 및 작업현장 전체의 상호간에 대해서 종합한다.

② 앞서 작성한 운반대상물 분류표의 운반하자를 단위로 해서 종합한다.

③ 여러 가지 분류를 하나의 표 중에 그대로 병기한다.

4) 공장 내의 운반방법을 선택한다

(1) 운반방법의 선택에 있어서 고려해야 할 제인자

① 운반대상
- 형태 · 형상
- 용적 · 중량
- 취급상 주의의 여부

② 운반전후의 장소의 특성

③ 경로와 거리

이것은 레이아웃이 결정되지 않으면 확정적인 것을 알 수는 없으나 사전에도 대체적으로 나타나는 것이 많다.

경로에 대해서는 수직운반의 유무, 경로의 곡선, 동간, 또는 건물간 운반의 유무 등이 문제가 된다.

④ 운반량

⑤ 빈도 · 연속성 · 정기성

⑥ 융통성의 필요도

(2) 각종 운반방법과 그 특징

① 인 력

인력운반의 특징은 기동력(어디에서고 사용한다)과 융통성이 풍부해서 판단력을 구사하기가 쉬운 점에서 다음과 같은 경우에 유리하다.

① 취급이나 운반에 의하여 찾고, 선택하고, 나누고, 조합하고, 수를 세는 등의 판단력을 행사할 필요가 있는 경우

② 경량물로 품종이 많고 각각이 소량인 경우

③ 집배적인 기능을 갖는 운반

④ 대상물이나 경로가 자주 변화해서 이에 즉응하여 소회할 수 있는 활동이 요구되는 경우

인력운반의 결점은 그 능력적 한계가 적다는 것과 운반이라는 작업이 물의 실체를 변화시키지 않는 단순노동으로 매력이 없는 작업이라는 점이다.

다음과 같은 경우에는 다른 수단을 생각해야 할 것이다.

① 여러 사람이 항상 일정구간의 운반에 종사하고 있다.

② 상면에서 두상까지 든다.

③ 상면에서 어깨까지 25 이상, 허리 높이까지 50 이상, 그 이하의 높이에서도 20 이상 취급하는 경우

④ 수 m 이상을 빈번하게 운반하는 경우

② 손수레 · 소형동력운반차

이것들은 면상호 중간의 이동공정을 고능률화한 것이라고 생각해도 좋다. 전후 핸들링은 인력으로 행해지는 것인데 취급할 수 있는 중량에 한계가 있으나 앞에서 말한 인력운반의 경우와 같은 특징을 가지고 있다.

③ 컨베이어

① 연속, 또는 간결적으로 대량 운반을 할 수 있다. "이동"의 효율이 높다.

② 공간을 입체적으로 사용해서 굴곡, 상하이동, 동선교착 등의 경로상 피해를 복하기 쉽다.

③ 작업에 직접으로 결합해서 핸들링 수고를 덜기 쉬운 반면 다음과 같은 결점을 가지고 있다.

㉠ 운반장소의 어딘가에 「면」이 포함되어 있으면 거기서 이차적인 운반이 발생한다.

㉡ 유니트 로트를 분해하여 콘베이어로 직접 운반하는 사용법을 쓰면 핸들링의 수고가 증가한다.

㉢ 고가로 융통성이 부족하다.

④ 포크리프트

① 주행 전후 핸들링의 수고가 다른 운반수단에 비해 대단히 적다.

② 대상물 및 장소에 대해서의 융통성이 극히 크다.

③ 보관장소에서 높이 쌓을 수 있으므로 그 면적효율이 높게 된다.

결점으로서는

① 팔레트를 포함한 초기투자, 유지보전의 비용 등이 크다.

② 운전자의 숙련이 필요

③ 넓은 통로폭이 필요

④ 주행속도가 늦다.

⑤ 계층간의 운반에 특별한 설비가 필요

⑥ 일회당 운반량이 비교적 적고 간헐적인 운반으로 된다.

⑦ 운반전후물을 놓을 장소가 통로에서 떨어져 있으면 리프트 트럭 등에 의한 이차적인 핸들링이 발생한다(대차나 롤로 컨베이어로 보충하는 것은 가능).

이상과 같은 특징에서 포크리프트는 비교적 단거리(200m 이내 정도)로 팔래트 단위로 종합된다. 다종류의 하중을 넓은 범위의 장소 구간에서 운반한다든가 창고의 입출고용으로 가장 적합하다.

⑤ 트레일러 트레인

트레일러를 다수연결해서 열차를 편성하고 트랙터로 삭인하는 것인데

① 한 번에 대량의 물이 운반 가능하고 「이동」효율이 높다.

② 사용하는 장소에서의 이차적인 핸들링이 용이하다.

③ 포크리프트 등과 결합해서 하역할 때 핸들링이 경감된다.

④ 트레일러대차는 보관에는 부적당하다.

등의 특징을 갖추고 있고 소위 유동창고에서 재료나 부품을 원거리 작업현장에 대량으로 공급하는 데 적합하다.

⑥ 오버헤드 크레인

오버헤드 크레인은 취급할 수 있는 중량이나 형상에 대부분 제한이 없어 수평 · 수직의 모든 방향에 자유로 운반할 수 있고 필요에 따라 고정밀도의 조작이 가능하다는 장점이 있으나 건물을 포함해서 초기투자가 크고 동간 운반에 수고가 든다. 스쳐 지나가거나 추월이 안 되기 때문에 간섭에 의한 로스가 발생한다.

보관장소가 입체적으로 되지 않는다 등의 단점을 가지고 있으므로 그 사용은 대물부품이나 제품을 취급하는 경우에 한정된다.

(3) 운반수단의 선택과 운반시스템 디자인

이상을 종합해서 공장 전체의 운반 기기를 선정하고 MH시스템의 골격을 디자인 한다.

① 종합적(초기투자와 조업경비)인 코스트로 비교할 것

㉠ 핸들링과 트랜스포테이션

㉡ 인, 스페이스, 건물, 설비, 부속적인 기기의 코스트를 종합한다.

③ 운반단독이 아니고 재공이나 재고, 작업능률을 포함해서 생각한다.

② 국부적인 이동이 아니고 항상 재료의 수입에서 제품의 발송까지의 작업이나 물의 흐름에 대해 포착할 것

③ 핸들링의 횟수를 최저한으로 해서 주된 작업의 그늘에 있는 이차적인 핸들링을 빠뜨리지 않을 것

④ 운반타이밍이나 융통성에 대한 요청도 중요한 요소인 것을 잊지 않도록 할 것

⑤ 단순중작업의 배제나 안전면에 대한 고려도 중요

5) 운반강도의 분석

(1) 운반강도 매트릭스

앞에서 작성한 현장간의 운반량 매트릭스를 운반의 강도. 통상은 운반횟수를 척도로 한 운반강도의 매트릭스에 전환한다.

이 경우도 여러 가지 운전수단마다의 횟수를 병기한다.

(2) 운반강도도표

각 현장간 운반의 강도를 5단계로 정리하여 도표화한다.

그림 2-8 운반강도도표

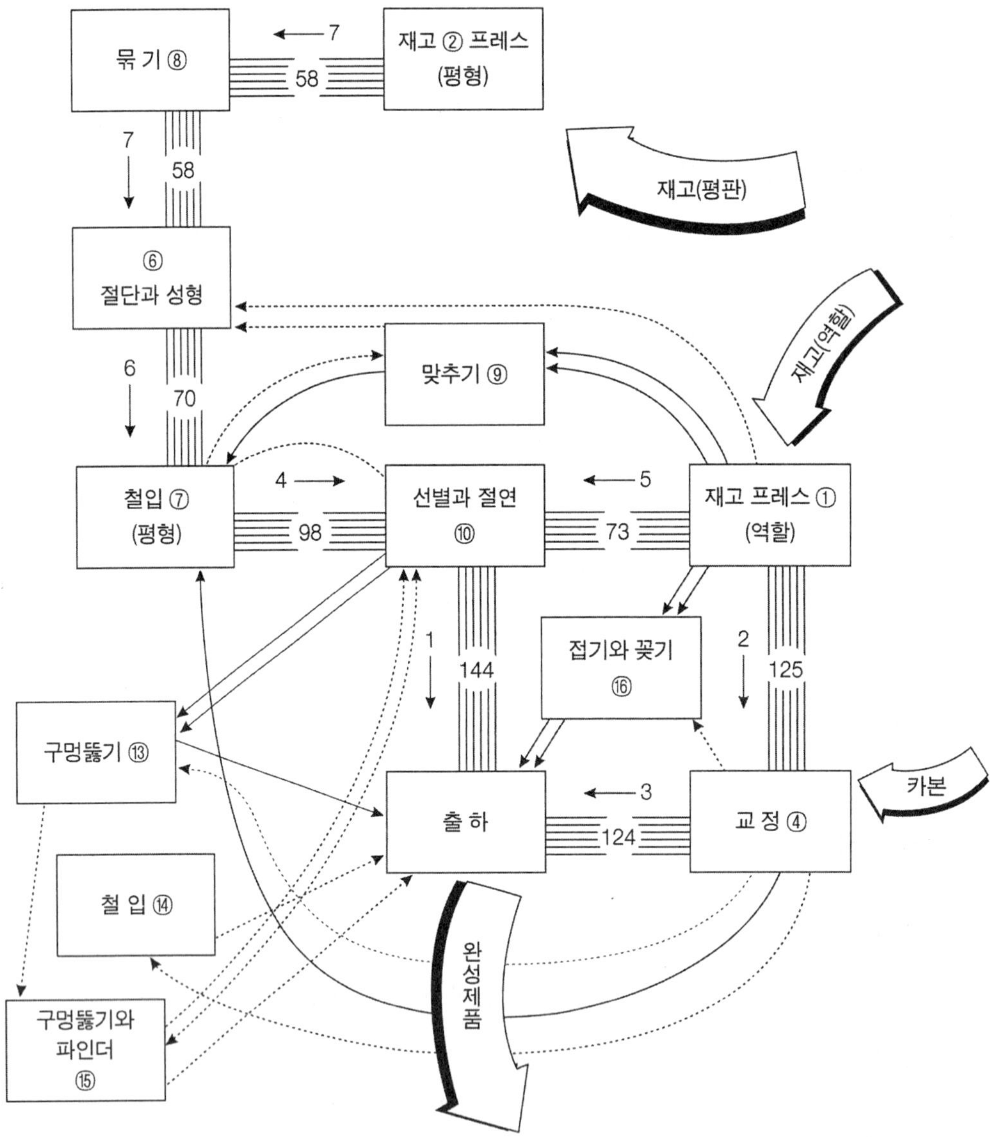

2.6 스페이스 계획

1) 스페이스 계획의 내용

① 소요면적견적
② 필요한 면적과 이용가능한 면적과의 조정
③ 각각의 스페이스가 구비해야 할 제조건을 종합

2) 소요면적산정의 일반적인 방법

(1) 계산법

설비, 작업역, 재료치장 등 레이아웃의 모든 구성요소에 대한 각각의 소요면적을 개별로 산출한 것을 집계해서 전체의 면적을 구한다.

(2) 환산법

① 액티비티마다 현재의 사용상황을 조사해서 기록한다.

② 각각에 대해 현재 면적이 적은 것인가 아닌가를 조사해서 현재 사용하고 있는 면적에 얼마만큼 할증, 또는 할인하면 적정한 면적이 되는가를 조사해서 현재 참으로 필요로 하는 면적을 산출한다.

③ 계획하고 있는 공장이 현재의 공장에 대해 얼만큼의 내용이 증감되어 있는가를 조사해서 현재의 적정한 스페이스가 다음에는 얼마만큼 증감할 것인가를 조사한다.

④ 양자를 합계해서 소요면적을 산출한다.

(3) 개략 레이아웃법

설비나 작업역의 모양과 크기를 나타내는 모형을 실제로 작성해서 세부레이아웃을 해보고 결정한다.

(4) 비율경향법

설비, 인원, 제품 등의 1단위당 면적을 매년의 경향에 의해 수정하면서 전체의 면적을 산출한다.

(예 제)

X사의 생산고나 공장, 사무소의 면적에 대한 과거의 실적은 다음과 같다.

2년 후의 생산계획에 대해 공장과 사무소의 면적을 산출하여라.

	−4년	−2년	본 년	계 획
매출액(K원)	3,850	8,550	13,000	
생산고(대)	805	1,720	2,660	
공원수	15	35	51	18,000
사무원수	8	11	160	3,800
공장면적(㎡)	525	1,100	1,700	
사무소면적(㎡)	75	160	210	

(5) 표준자료법

과거 레이아웃계획 때의 데이터를 정리한다든지 외부의 신뢰할 수 있는 도서 중 데이터를 활용하든지 해서 기계, 인원, 제품 등의 1단위당 표준면적을 미리 정해 두고 이를 기초로 해서 소요면적을 산출한다.

3) 제조현장의 면적

(1) 현장의 구성요소가 확실히 되어 있는 경우

① 구성요소를 리스트업한다.

㉠ 흐름작업라인

㉡ 기계그룹(동종의 것의 경우도 있고, 이종의 것도 조합이 가능한 경우도 있다.)

㉢ 단독의 설비 · 작업역(조합, 또는 가공)

㉣ 재료치장 · 검사장

㉤ 사무소

㉥ 통로

ⓐ 부대시설 외 기타

② 각각의 요소마다의 소요스페이스를 구한다.

㉠ 적당한 작업스페이스를 예상한 레이아웃을 실제로 만들어 보고 그 위에 1단위당 스페이스를 산출한다.

㉡ 표준자료를 사용한다.

㉢ 현재의 레이아웃 중에서 전형적인 곳을 골라 관측한다.

㉣ 통로는 별항에서 서술한 방법으로 폭을 정하고 그 반분씩을 설비나 작업역에 부담시킨다.

㉤ 사각으로 되어 쓸 수 없는 스페이스가 생기므로 10% 정도의 여유를 잡아둔다.

③ 현장의 구성요소의 수를 곱해서 집계한다.

(2) 현장의 구성요소가 확실하지 않은 경우

① 환산법에 의함

㉠ 현재의 레이아웃을 조사해서 스페이스의 과부족분을 수정하고 현장에서의 적정한 면적을 구한다.

㉡ 현재의 내용량과 계획 중인 현장의 내용량의 관계에서 현재의 적정 스페이스를 계획에 따른 적정 스페이스로 환산한다.

② 비율경향법에 의함

㉠ 계획의 기초가 되는 Out Put, 또는 In Put 요소의 주된 것을 몇 가지 선정한다.

- 작업인원
- 생산량
- 주된 설비의 대수 등

㉡ 현재의 레이아웃을 실측한 현상에서의 과부족을 수정하기 위해서 1단위당의 스페이스를 구한다. 과거 몇년간의 실적을 알고 있다면 그것도 이용한다. 외부의 자료도 입수되면 참고로 한다.

㉢ 계획의 대상으로 되어 있는 현장에 대해 산정기준의 수가를 위해서 산출된 1단위당의 스페이스를 곱해서 소요면적을 낸다.

㉣ 몇 가지의 산정기초에서 나온 값을 총합해서 결정한다.

4) 통로

① 각종차량의 주요지수(표2－1)

표 2-1

종 류	전 장	전 폭	고	도어폭	상 고	중 량	회 전
	m	m	m	m		t	m
승용차(보)	4.5~5.6	1.8~2.0	1.4~1.6	0.8~11		1.5~2.5	5.5~7.2
(소)	3.8~4.4	1.4~1.7	1.4~1.6	0.7~0.9		0.8~2.5	4.2~5.5
(경)	3.0	1.3	1.3~1.4	0.9~1.0			
대형버스	8.3~10.5	2.2~2.5	2.9~3.0			7~12.5	7.8~10.5
트럭(10t)	8.8~9.8	2.5	2.5~2.6		1.3~13.5	7.3~9.0	9.3~10.1
트럭(8t)	8.2	2.5	2.5		1.3	5.6	8.8~9.5
트럭(5~6t)	7.1~7.5	2.3~2.4	2.3~2.4		1.3	3.6~4.4	7.8~8.7
트럭(1~2t)	4.0~5.0	1.6~1.8	1.8~2.0		0.7~1.0	1.1~1.5	3.5~5.4
소방차(대)	7.6	2.4	2.5			7.3	8.3
소방차(소)	4.5	1.7	1.7			1.8	3.8
포크리프트	①		②				
(0.5t)	1.3~1.6	0.8	3.15			1.25~1.75	1.5
(1t)	1.6~1.7	0.8~0.9	3.15			1.8~2	1.6~1.7
(1.5t)	1.8	0.8~0.96	3.15			1.8~2.8	1.72
(2.5t)	2.0	0.96	30.5			3.4~3.5	2.0
(3.5t)	2.5~2.6	1.1~1.2	2.85			4.8~5.5	2.3~2.5
	① 포크를 제한 표준팔레트치수 800×1000 800×1200 1000×1200 1100×1100			② 장정 1000×1000 1200×1800		1000×100	
손수레		0.6~0.9					
동력운반차		0.6~1.1					

② 통로의 최소지수

㉠ 한 사람이 자유로이 통행 가능하다. 0.8

㉡ 한 사람이 옆으로 피해 다른 한 사람이 그 앞을 통과한다. 1.0

㉢ 2인이 자유로이 통과한다. 0.3

㉣ 손수레와 사람이 통과한다. 1.5

㉤ 동력운반차나 포크리프트와 사람이 통과한다. 2.0

㉥ 동력운반차나 포크리프트가 통과한다.	3.0
㉦ 소형트럭과 사람이 통과한다. 하역을 한다.	2.5
㉧ 소령트럭이 통과한다.	3.5
㉨ 대형트럭과 사람이 통과한다.	3.5
㉩ 대형트럭이 통과하거나 또는 평행해서 달린다.	6.0
㉪ 사람통행이 많은 보도	1.5이상
㉫ 포크리프트(직각적)와 통로	
3륜차 또는 리치식	2.5
0.5t	3.0
1t	3.2
2t	3.7
3t	4.4

5) 창 고

① 보관장소의 면적

보관용 스페이스는

① 대상품목(단독 또는 그룹)마다의 보관량

② 하자

③ 1단위의 하자마다의 용적, 또는 전유면적

④ 운반방법(즉 통로의 소요폭)

에 의해 결정되므로 우선, 이 4가지에 대하여 명백히 한다.

㉠ 팔레트나 선반 등 보관시 하자별로 그 양을 정연하게 견적할 수 있는 경우

- 선반이나 팔레트 1개당의 보관량을 정한다.
- 선반이나 팔레트의 배치도를 구분적으로 작성한다.
- 운반방법에 응해서 적당한 통로폭을 취한다.
- 선반이나 팔레트 1개당의 스페이스를 구하고, 전체의 소요면적을 산출한다.
- 팔레트의 정미상면 고유면적과 보관장소 전체의 면적의 비는 포크리프트가 임의의 팔레트에 접근되도록 배치를 하면 1 또는 그 뒤에 또한 1열이 감추어져 있는 배치의 경우로 1/2 정도가 된다.

㉡ 보관하자가 무질서할 경우

이 경우 적상계산은 시간이 걸리므로, 오히려 부정확하게 된다든지 해서 실질적으로는 불가능하므로 환산법, 또는 비율법을 적용한다.

② 수입・발송장

㉠ 짐 풀기, 검수 또는 적재, 발송의 시스템을 명백히 한다.

㉡ 접수, 검수, 검사, 인도, 짐 풀기, 적재 등의 작업 중. 사내에서 담당하는 것에 대해 그 작업조수를 정한다(과거의 실적 또는 타임서트디나 워크 샘플링 등에서).

㉢ 납품이나 출하를 위한 트럭의 출입문실적을 조사해서 체유의 대수나 시간의 추이를 파악한다.

㉣ 짐 풀기의 적재장소를 몇 개 설치할 것인가를 정한다.

㉤ 다음 기준으로 그 크기를 정한다.(7～8t트럭의 경우)

- ○ 플랫폼에 직각으로 붙이는 경우 18m × 3.7m
- ○ 평행의 경우(차의 전장 ＋ 2～5m) × (폭3.7m)
- ○ 45°의 경우 13m × 3.7m

㉥ 물품의 일시적인 정체장소나 검사장소는 창고나 작업장과 같은 방식으로 면적을 산출한다.

6) 간접부문의 스페이스

① 사무소

사무소의 면적계획은 실질적으로는 생산현장의 경우와 마찬가지이다.

구성요소마다의 적상계산을 하는 경우는 다음 숫자를 사용한다.

○ 일반사무소(책상・통로・서류선반)	3～40m^2/책상
○ 개실(큰 책상과 서류선반 및 둘레의 공간뿐)	15～8m^2
○ 개실(큰 책상・책장・5～6인용 응접세트)	30m^2
○ 응접실(5～6명)	15～20m^2
○ 설계실	6～8m^2

② 주차장

㉠ 승용차(5m×1.8m로써)

직각　　　24～27㎡

60° 27～30

45° 30～32

평행 32～

㉡ 자전거

수평배열(45°) 0.45(1.35＋1.5)＝1.3㎡/대

수평대향 0.30(3.2＋2.)/2＝0.8㎡/대

사치(편면) 0.3(1.7＋1.9)/2＝1.1㎡/대

사치(편면) 0.3(2.6＋1.9)/2＝0.7㎡/대

㉢ 오토바이

오토바이 2.5×0.7㎡

모펫트 2.35×0.65

③ 식당

㉠ 테이블수	이용자수의 1/2정도
㉡ 긴의자의 경우 식탁 1개당의 스페이스	$1m^2$/석 이상

④ 탈의식

㉠ 로커의 간격	135～200cm(중앙에 긴의자를 놓는다)
㉡ 로커의 폭×높이	(30～40)cm(175～200)cm
㉢ 로커의 깊이	30～50cm
㉣ 1개당의 소요면적	$0.4 \sim 0.7m^2$

⑤ 세면장 · 욕실

㉠ 설치개수	2～5인에 1개
㉡ 소요면적	(0.9 ＋ 통로) × 0.65
㉢ 도형의 세면대인 경우	10인용 Ø1.4M
	6인용 0.9M
㉣ 샤워(1개당)	90cm × 120cm(통로는 제외)

㉤ 욕장

국철직원의, 공동욕장으로써 다음과 같은 표준자료가 있다(1일 이용인원을 N이라 한다).

탈의장, 의복상자	0.1N개
욕조면적	$0.015N + 0.35m^2$
세면장면적	0.08N ＋ 0.7

단 욕조와 세면장의 면적은 3m^2 이상
(욕조 내의 인체의 치수는 87×47 또는 98×47이다).

⑥ 화장실

㉠ 개소수	남자 25～30인에 1개
	여자 15～20인에 1개
㉡ 대소의 비교	1:2
㉢ 화장실의 치수	대 90 × 110(동양)
	90 × 120(서양)
	소 65 × 60

7) 필요한 면적과 이용가능한 면적의 조정

일반적으로 필요한 면적과 이용가능한 면적과는 일치하지 않는다. 경우에 따라서는 다음과 같은 처치도 필요하다.

① 작업, 2교대 등에 의해 조업시간을 여유있게 한다.
② 작업방법이나 설비를 개선한다.
③ 제품을 간소화한다.
④ 재고나 정체를 줄일 것을 생각한다.
⑤ 장소를 가로막는 불필요자대를 정리해서 장소의 유효한 활용을 도모하는 운동을 일으킨다.
⑥ 기존설비의 레이아웃을 장소의 활용도가 높도록 개선한다.
(다른 면에서 다소의성이 된다 해도)
⑦ 장소의 입체적인 활용을 생각한다.
⑧ 창고나 사무소를 빌린다.
⑨ 외주를 이용한다.

8) 각각의 레이아웃 요소에 대한 환경조건의 정리

① 페이사이즈

㉠ 융통성을 목표로 대형화
㉡ 기초・주・대들보 등이 총합된 코스트와 마음대로 쓸 수 있는 융통성의 균형으로 결

정한다.

ⓒ 오버 헤드 크레인이 실을 수 있는 경우는 그 비용도 고려할 필요가 있다.

② 높이

㉠ 설비(가동시 · 반입조립시), 재료(가동중 · 가공중), 인(작업중 · 보행중)의 높이 분석

㉡ 통풍 · 채광 · 냉난방의 효율 등에 크게 관계되므로 작업면에서의 요구를 건축설계자에게 잘 전하고 검토를 요구한다.

③ 기초

㉠ 설비가 요구하는 지지력

㉡ 방진대책의 요부

④ 상면의 마무리

㉠ 일반적으로 무관심하게 오는 조난으로(재료 · 강도 · 마무리)

⑤ 천정에 달아맨 하중

⑥ 작업역에 요구되는 조도

㉠ 작업에 적당한 조도로써 전부터 생각해 오고 있는 기준은

카메라, 시계, 인쇄, 재봉 등의 세밀한 작업	500～1000(lux)
보통의 기계가공, 조립작업	300
철공, 판금, 금속용해주조 등의 조잡한 작업	100
창고 등	50
일반사무소	300

정도의 것인데, 요즈음 미국의 공장조명은 가장 어두운 창고가 200럭스, 일반제조현장에서는 500～750럭스, 사무소에서는 750～1,000럭스로 하고 있는 것과 같이 벽음이 없어져서, 전체가 대단히 밝아지고 있다.

㉡ 자연광인가 인공조명인가

⑦ 온도 · 환기

㉠ 자연통풍인가 인공환기인가

㉡ 동기호외기온, 작업역의 기대온도

ⓒ 하기호외기온, 작업역기대온도

㉣ 난방 · 공기 또는 냉방의 요부 · 양식

⑧ 특수한 시설(온도 · 습도 · 보안 등)

⑨ 급배수 · 전기 · 공기 등

㉠ 사용량

㉡ 배합방식

9) 스페이스 계획시트

이상에서 각각의 현장에 대한 면적과 그 스페이스가 구비해야 할 조건이 종합되었으므로, 이를 일견표에 종합하기 위해 스페이스계획시트를 작성한다.

표 2-2

스페이스 계획시트 | 공장 | 프로젝트No. | 자료No.

작성자 | 년 월 일

명칭	면적	건물에 대한 요구					유효성 관계					기타요구
		천정고	조하중	상하중	주간격	기초	급배수	증기	공기	전력	조명	
1												
2												
3												
4												
5												
6												
7												
8												
9												
10												
11												
12												
13												
14												
15												
16												

2.7 상호관계의 분석

1) 구성요소의 관계위치를 결정하는 요인

① 재료나 제품의 운반코스트
② 사람의 이동왕래코스트
③ 시설의 이용효율
④ 작업환경의 쾌적성
⑤ 필요한 때에 쉽게 접근할 수 있는 편리함
⑥ 관리상의 편의
⑦ 방해, 간섭의 격리(소음, 분진, 오염, 취기, 고온, 위험물 등)
⑧ 외관, 기타

상호관계의 평가에는 물의 흐름의 강도분석과 정성적인 요소에 대한 객관적인 격부평가의 양자를 병용한다.

상호관계의 평가는 최종적으로 하나로 되어야 하므로 운반코스트의 웨이트가 특히 높은 경우는 전자만, 그렇지 않는 경우는 후자에 총합해서 하나로 종합한다.

2) 상호관계의 격부평가

(1) 5단계법에 의한 상호관계의 격부(格付)

정성적 요소에 대한 평가를 위해 쓰이는 것이 5단계 격부평가법에 의한 상호관계분석표이다.

A……상호관계가 긴밀하게 인접(隣接)되어서 배치하는 것이 절대로 필요(절대적으로)
E……근접해서 배치하는 것이 A 다음으로 특히 중요하다(어떻게 해서든지).
I……상호간 중요한 관계가 있으므로 접근해서 배치할 필요가 있다(되도록).
O……상호간 관계가 있으므로 접근해서 배치할 수 있으면 좋은 형편이다(된다면).
U……상호간 관계가 적으므로 접근시켜서 배치할 필요가 없다(필요없다).
X……접근시키면 상호의 활동에 방해가 되므로 격리할 필요가 있다.
XX……절대로 격리시킨다.

실제로 5단계 격부를 실시하는 경우 위의 설명만으로는 분류기준이 되기 어려우므로, 전체 관계 중에서의 각 단계 비율을 중요도의 순서에 따라 구분하면 다음과 같다.

A……5%

E……5～10

I……10～20

O……10～20

U……나머지

(2) 상호관계분석표의 작성방법

① 용지<그림 2－9>

② 상호관계의 평가에 대해 고려해야 할 제안자

㉠ 물의 흐름, 운반코스트

㉡ 사랍의 접촉, 왕래의 빈도

③ 전화나 서류 등에 의한 통신・연락의 필요성의 정도

㉣ 같은 시설의 공동이용

㉤ 기록, 장부, 자료 등의 공동이용

㉥ 공통의 관리자 또는 스탭

㉦ 양호한 작업환경의 유지, 또는 불쾌한 조건의 방지, 상호의 활동에 대한 방해

㉧ 그 외의 기타 또는, 종업원 관리상의 편의

③ 평가의 방법

㉠ 접근성의 필요도를 객관적으로 나타내는 데이터(예를 들면 운반량 등)에서

㉡ 분석자 자신의 판단에 의해

㉢ 각각의 관계자의 토의에 근거해서

㉣ 각각의 관계자 또는 특히 중요한 관계자에게 문서 또는 면접으로 질문한다.

㉤ 이들의 조합

㉥ 배치계획의 대상이 되는 요소를 대상으로 한다.

㉦ 전체의 상호관계를 통합한다.

그림 2-9 상호관계분석표

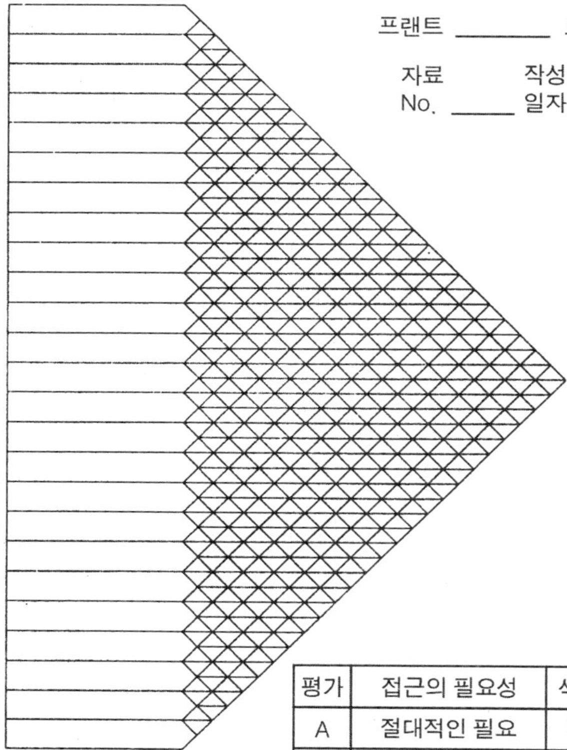

프랜트 ________ 프로젝트________

자료 No. _____ 작성 일자_____ 작성 자명_____

기 호	이 유
1	
2	
3	
4	
5	
6	

평가	접근의 필요성	색별
A	절대적인 필요	적
E	특히 필요	등
I	필요	녹
O	가능하다	청
U	불필요	U
X	격리를 요함	갈
XX	절대적인 격리	흑

승인란

b

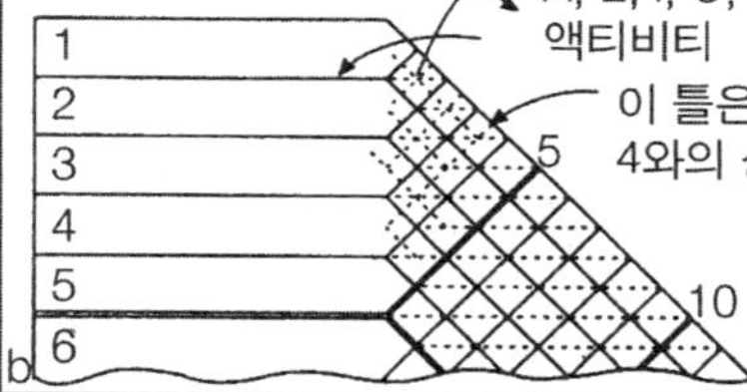

c

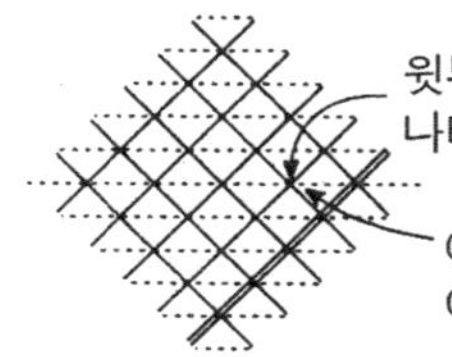

a

평가	접근의 필요성	색별
A	절대적인 필요	적
E	특히 필요	등
I	필요	녹
O	될수있으면	청
U	불필요	U
X	격리를 필요	갈

액티비티 상호 요구되는 (또한 바람직한) 근접성의 중요도 설정에 사용하는 음문자스케줄

d

기 호	이 유
1	사람의 이동
2	물의 흐름
3	환경상
4	부품공급
5	
6	

근접성설정은 이유가 있다. 각 이유는 선상에 써서, 색인번호를 해당하는 상자의 해반분에 기입한다.

ⓞ 중요한 관계에 따라 순차적으로 상호관계를 기호와 같이 평가한 이유를 기입한다.

ⓩ 평가의 식별을 용이하게 하기 위해 각 난의 평가기호를 용지에 지정한 색을 사용하여 구별한다.

ⓒ 관계자의 승인을 얻는다.

④ 평가에 있어서의 주의

㉠ A나 E가 너무 많지 않은가

㉡ 구성요소의 세분이 지나치지 않은가

㉢ 계획담당자의 독단으로 평가가 이루어지지 않는가

3) 상호관계의 도표화

(1) 레이아웃 요소와 상호관계의 기호

레이아웃 요소와 상호관계를 다음과 같이 표로 한다.(R.Muther SLP에 따라)

① 레이아웃 요소의 기호표시(표 2-3)

② 상호관계의 기호(표 2-4)

표 2-3

기 호	색	내 용
○	녹	작업 또는 생산관계(단체가공)
○	적	작업 또는 생산관계(조립)
⇨	등	수송관계(통로, 출입구, 주입, 발송)
▽	등	창고(저장, 정체)
□	청	검사, 시험, 조사
⌓	청	보조기능(보전, 동력, 후생시설)
⇧	다	사무소, 건물

표 2-4

기 호	색표시	희도표시
A	녹	≣
E	적	≡
I	등	=
O	등	—
U	없음	없음
X	다	∼
XX	흑	≈

(2) 상호관계도표

① 레이아웃 요소와 상호관계를 앞에서 서술한 기호로 표시한다.

② 각각의 요소마다에 A, E, I, O, X의 수를 일견표로 만든다. 도표를 만든 후에 기입이 완전한가 어떤가를 체크하는 데 사용한다.<표 2−5>

③ 많은 요소와 밀접한 관계를 가지고 있는, 레이아웃에서 중심적인 역할을 하는 것에 주목하고, 이를 중심으로 다이어그램화해 간다.<그림 2−10>

④ 상호관계분석표를 잘 관찰하면 중심적인 요소의 둘레에 몇 개의 그룹이 형성되어 있는 경우도 있으므로 주의깊게 관찰하면서 추진한다. 중요한 관계에서 가능한 한 단순한 다이어그램이 되도록 몇 회라도 수정하면서 중요한 관계를 나타내는 선일수록 짧게 한다.

⑤ 최후에 이상이 있는가 없는가를 전의 일견표와 다이어그램상의 선의 수를 대조해서 확인한다.

표 2-5

평 가	A	E	I	O	X	XX
상관관계가 있는 액 티 비 티	1−4 1−11 2−3 44−11 5−9	2−11 8−9 3−7 3−11 4−5 4−6	1−5 4−8 1−10 4−9 2−4 4−10 2−6 3−6	1−2 3−10 1−6 5−7 2−5 6−7 2−7 6−10 2−10	1−8	
상관관계의 수	5	6	8	9	1	0

* 평가 "U"에 대해서는 기입하지 않는다.

그림 2-10 흐름에 따라(또는) 액티비티 상호관계 다이어그램

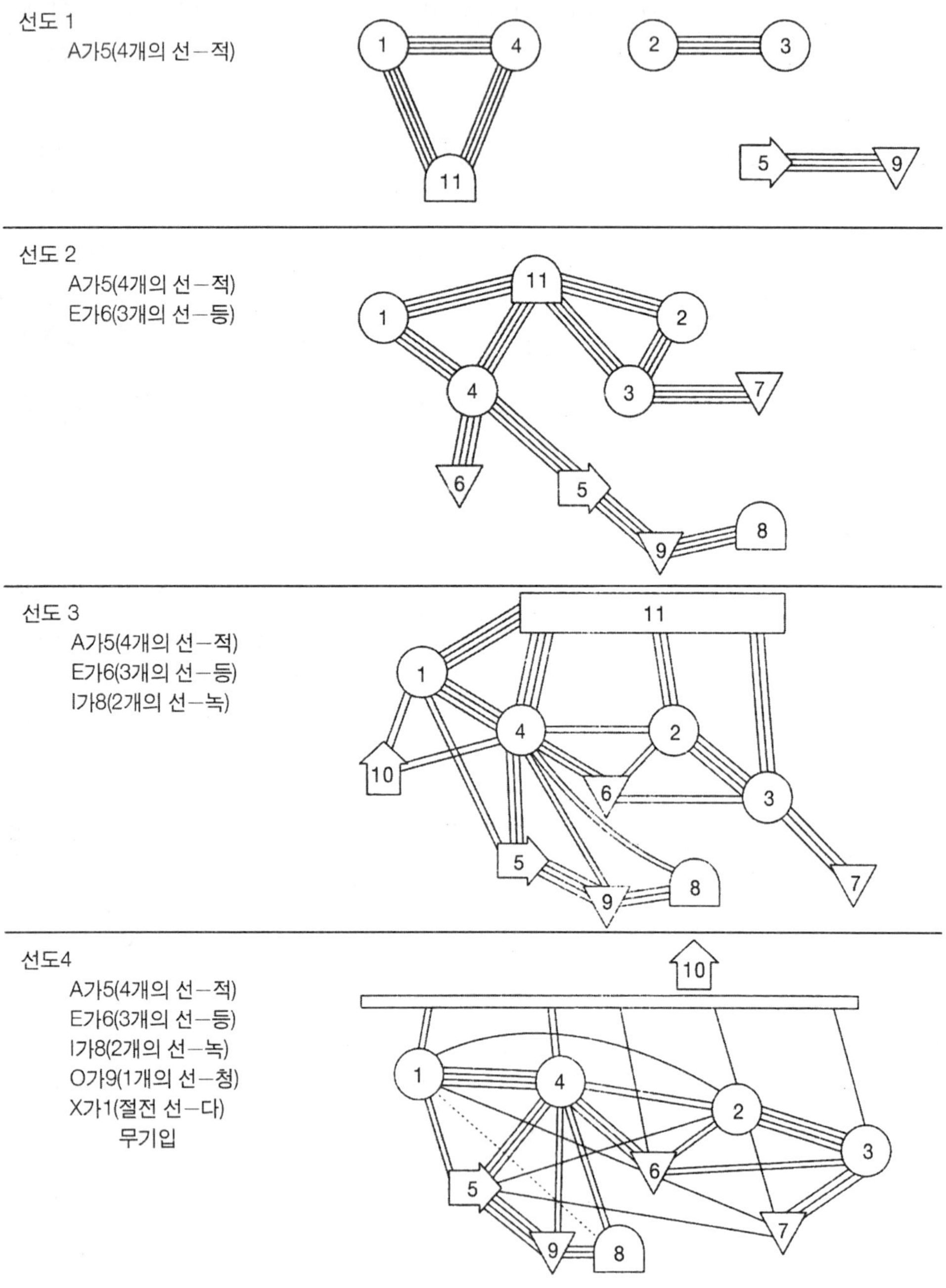

(3) 면적상호관계도표

① 각각의 요소를 면적으로 일정의 스케줄을 축소한 템프래트를 만든다. 스페이스 계획의 단계에서 스페이스의 길이나 폭을 정하는 것은 그에 따른다.

② 템프래트 요소의 기호 · 명칭 · 면적을 기입한다.

③ 템프래트를 몇 회라도 바꾸어가면서 관계의 밀접성을 접근시켜 배치하고 이들이 잘 종합된 곳에서는 이를 고정하여 상호관계를 나타내는 선으로 연결한다.

그림 2-11 액티비티상호관계도표에 근거한 면적상호관계다이어그램

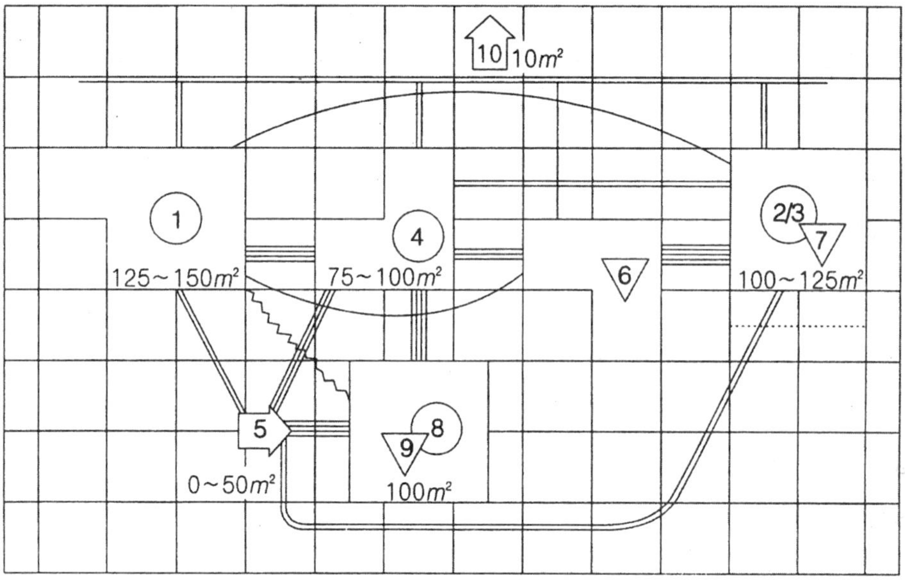

2.8 기본 레이아웃

1) 부지사용에 대해서의 기본 구상

(1) 입지조건

① 외부와의 관계

㉠ 철도역, 공도, 항만 등의 수송기관, 공장내 기타 건물이나 직장, 제품, 재료, 통근자, 외래자 등의 출입구 등에 설치하든지.
㉡ 공장이 피해를 입을 염려가 있는 외부의 나쁜 환경(매연, 취기, 분진, 소음, 유독가스, 위험물)
㉢ 자공장의 배출물로 피해를 입을 위험이 있는 외부환경(주택, 학교, 농지, 어장, 공장 등)

② 부지자체의 조건

㉠ 면적, 방위, 형상
㉡ 지질, 고저차, 지하수
㉢ 풍수해 피해에 대한 배려의 요부
기존건물 내의 레이아웃 경우는
㉠ 면적, 형상, 방위, 높이 계간폭, 기초
㉡ 출입구 현재의 레이아웃

③ 기존의 설비

㉠ 크레인, 콘베이어 또는 이들을 설비하는 능력(건물의 구조)
㉡ 전기, 공기, 증기, 급배수의 능력과 공급계통
㉢ 통풍, 채광, 공조관계

(2) 부지의 전체적인 사용구분

① 사람(종업원.외래자)과 물(제품 및 재료)의 출입구
② 사람과 물의 기본적 동선
③ 레이아웃 요소의 종류에 의한 사용구분
④ 간선도로의 위치

(3) 부지 전체에 사용하는 모듈 시스템을 정한다

① 건물의 크기를 정할 경우는 장래의 일을 생각해서 경제성을 맞추어 둔다.

② 건물과 건물의 관계위치도 앞으로 두 개가 연장되어 연결되는 것 등을 고려해 일정한 모듈을 정해서 부지 전체를 이 치수로 종횡으로 구분하고 이에 맞추어 건물의 위치나 크기를 정한다.

(4) 대상공장 내의 물의 흐름형을 정한다

① 물의 흐름의 기본형

C형 : 재료가 일점에서 들어와 공정 일주하고 같은 곳에서 나온다.

U형 : 일방에서 들어와서 같은 방향에서 나온다.

I형 : 일방에서 들어와서 직진하고 다른 곳에서 나온다.

L형 : 일방에서 들어와서 재료가 도중에 직각으로 방향을 바꾸어 측면에서 출하된다.

Z형 : 제조의 과정에서 몇 번이고 꺾이어 되돌아오는 것

② 흐름의 기본형을 결정하는 요인

㉠ 장래의 확장에 대한 융통성(I형이 가장 편하고 C형은 일반적으로 곤란) 원활한 흐름

㉡ 시설의 유효한 이용

㉢ 건물이나 부지의 형상

2)블록 레이아웃

면적상호관계도표와 재료의 흐름 기본패턴을 기초로 해서 항상 장래의 발전방향 또는 부지의 장기적인 이용계획을 염두에 둔다. 특히 대형의 신설이 곤란한 설비를 항상 가지고 있는 부문의 증설을 용이하게 하도록 배려를 한다.

이 단계에서는 너무 지엽말절에 들어가지 않고 철저하게 이상안을 추구해 최대한으로 다수의 대체안을 만들어 내도록 노력한다.

그림 2-12 블록 레이아웃

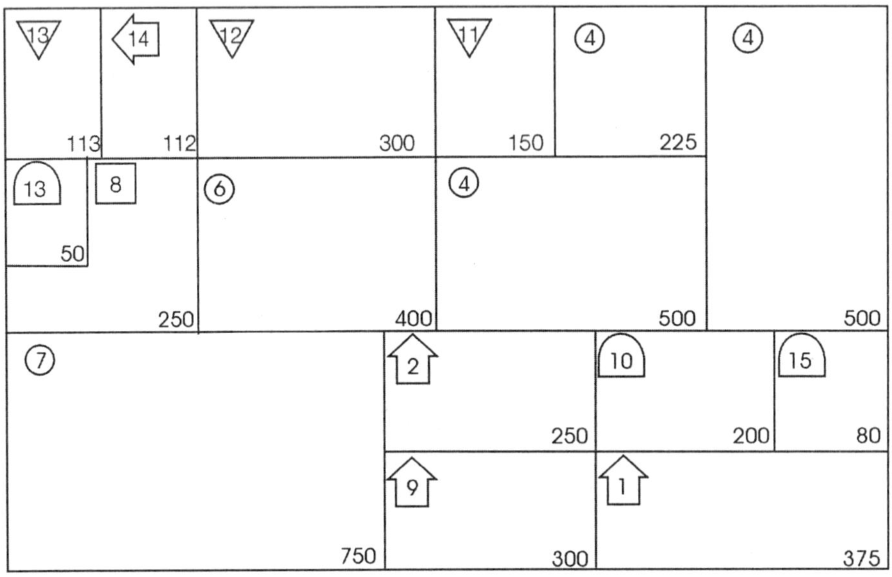

3) 여러 가지 제약조건에 대한 고려

(1) 부지나 건물

주어진 부지나 건물의 조건, 외부의 수송관계 시설이나 일반적인 환경 등에 의해 레이아웃을 대조해서 검토한다.

(2) 운반관계

① 최근의 운반수단의 진보는 놀랄 만한 상태이어서 이에 의해 레이아웃 문제는 크게 경감되고 있다.

고속대량운반 시스템에 의한 운반거리의 극복, 오버 헤드 콘베이어에 의한 동선 교착문제의 해결, 계층간의 운반을 용이하게 하는 설비 등이 그 예이다.

② 그러나 운반이 레이아웃의 방식을 근본적으로 규제하고 있는 것도 아직 많다.

예를 들면, 오버 헤드 크레인, 컨베이어, 궤도 등이 그 대표적인 것이다.

(3) 유틸리티 관계

전력, 증기, 공기 등의 공급이 레이아웃을 구속하는 경우도 있다. 특히 기설 건물 중 재배치할 경우 이를 무시하고 레이아웃을 정하기 때문에 이들의 배관, 배선에 따른 비용이 예상 외로 중복되는 경우가 있다.

(4) 작업환경

① 남쪽 또는 동쪽이 일반적으로 작업환경이 좋은 장소로 가능하면 많은 사람들이 이용할 수 있도록 한다.

② 특정 현장의 나쁜 작업환경이 다른 현장에 영향을 미치지 않도록 한다.

(5) 조직이나 제도

① 관리조직

② 생산관리 시스템

(6) 법규 등에 의한 규제

① 공장입지의 조사 등에 관한 법률

② 국토종합개발법

③ 북해도개발법, 동북개발촉진법, 동북개발주식회가, 북해도동북개발공고법, 구주지방개발촉진법, 4국지방개발촉진법, 중국지방개발촉진법, 북육지방개발촉진법

④ 수도권정비법, 수도권시위지개발구역정비법, 수도권의 기성시위지에 있어서 공업 등의 제한에 관한 법률

⑤ 이도진흥법안, 저개발지역공업개발촉진법, 후진지역의 개발에 관한 공공사업에 관한 정부부담 비율의 특례에 관한 법률, 산탄지역진흥임시조치법

⑥ 농지법, 산림법, 공유수면리입법

⑦ 도시계획법, 건축기준법

㉠ 건축물의 건축 등에 관한 신청 및 확인

㉡ 건축물에 관한 검사 및 사용승인

㉢ 유지보전

㉣ 건축 · 제거의 계출

㉤ 대규모 건축물의 주요 구조부

㉥ 대규모 목조건축물의 외벽

㉦ 위험물의 저축 또는 처리장

㉧ 채광 및 환기

○ 도시계획 구역 내의 건축물에 대해

- 부지와 도로의 관계
- 계획도로 내의 건축제한
- 용도지역 내의 건축제한
- 건축면적의 부지면적에 대한 비율
- 높이의 한도
- 도로의 폭원과 건축물 높이의 한계
- 방화지역, 준방화지역, 미관구역 내의 건축물

○ 천정의 높이

○ 계단의 치수

○ 화장실

○ 방화구획

○ 피난도로(낭하의 폭 · 직통계단 · 피난계단)

○ 부지 내의 피난상 및 소화상 필요한 통로

⑧ 소방법

⑨ 항공법, 자연공원법, 도시공원법, 해탄법, 하천법, 사방법, 문화재보호법, 국유재산법, 국유재산특별조치법, 구군항시전환법, 수도권시위지개발구역정비법, 지방자치휴법, 국유임야법, 중소기업진흥자금조성법, 조세특별조치법

⑩ 공업용수법, 공업용수도사업법, 하천법, 온천법, 수도법

⑪ 기업합리화촉진법, 도로법, 도로정비특별조치법, 도로정비긴급조치법, 항만법

⑫ 일본국유철도전용규제

⑬ 공공용수역의 본질의 보전에 관한 법률, 공장배수 등 기성에 관한 법률, 하수도법, 하천법, 수산자원보호법, 매연 배출의 규제 등에 관한 법률

⑭ 신산업도시건설촉진법

⑮ 노동안전위생규칙

㉠ 동력전달장치

㉡ 기계의 안전장치
㉢ 통로, 계단
㉣ 족장
㉤ 유독물(가스, 증기, 粉塵(분진)의 제거, 소음방지)
㉥ 기적, 환기
㉦ 채광, 조도
㉧ 기온, 온도
⑯ 특수법규 : 화학취급관계법규 등
⑰ 화재보험료율의 규정

4) 기본 레이아웃안의 평가와 완공

(1) 레이아웃안의 양부를 판정하는 기준

① 계획을 실시하기 위한 투자금액
㉠ 토지, 건물의 가격
㉡ 설비를 위한 금액(레이아웃에 의한 설비 그 자체 또는 설비의 이용도가 다르다)
㉢ 거치, 배치변경을 위한 비용 기초, 이동, 거치, 배관, 배선, 기타
㉣ 배치변경을 위한 휴지손실
② 조업경비
㉠ 운반비용
㉡ 재료비, 저축품이나 재공품에 대한 비용
㉢ 임금
③ 관리의 용이
④ 편리도 : 관련된 제기능의 통합의 우수성
⑤ 작업환경
㉠ 안전
㉡ 쾌적(온도, 채광, 통풍 등)
㉢ 방재
⑥ 장래의 변화에 대한 적응성
⑦ 회사의 조직이나 제도에 대한 적응성

⑧ 외관, 선전효과
⑨ 외부환경과의 조화
⑩ 부지와 건물의 이용도
⑪ 기타

(2) 평가방법

① 장점 단점 열거법
대항안에 대해 장점・단점을 열거해서 비교검토의 자료로 한다.
② 금액으로 평가한다.
투자금액과 연간경비의 차액에 관한 엔지니어링 이코노미 기법을 사용하여 비교한다.
③ 요소별 격부비교법
㉠ 각 안을 당초의 상호관계분석표에 비추어 보고 평가한다.
㉡ 기타 요소를 포함한 평가항목을 한다.
③ 5단계법에 의한 격부평가를 한다.

(3) 레이아웃안의 마무리

① 평가결과에 따라 명백한 단점을 수정해서
② 각안의 장점을 조합해서

표 2-6 요소별 격부평가표

평 가 항 목	비중	A안	B안	C안
종 합 평 가				

2.9 작업역과 설비의 배치

1) 설비배치작성의 순서

설비의 배치에서는 작업자와 작업자의 일의 흐름을 어떻게 원활하게 만들 수 있는가라는 점에 중점을 두고 작업연구적인 관점이 강조된다.

(1) 생산방식을 재확인한다

① 전에 결정한 생산방식을 여기에서도 다시 한 번 재확인한다. 왜냐하면 기능별 현장에서도 그 내부에는 제품별 편성으로 되어 있다든지 또는 그 역의 경우가 있기 때문이다.

② 현장 설비의 인원을 확인하고 서브그룹마다 정리한다.

(2) 템프리트를 준비한다

① 재료

② 축적

③ 원지에 제도한다.

㉠ 투영면적과 기계의 가동부분을 최대한으로 나타내는 선을 넣는다.

㉡ 기계의 번호, 명칭, 형식, 필요에 대응하는 작업자의 위치(화살표 또는 작업자의 템프리트로)나 전기, 공기의 접속부분을 도시한다.

㉢ 복사, 절단한다.

(3) 레이아웃용의 원지를 준비한다

① 그리드시트

② 원지(투명 호일 또는 트레싱 페이퍼)

㉢ 건물이나 통로를 기입한다.

(4) 작업역의 배치를 정한다

① 현장 내의 재료의 흐름과 형의 운반방법을 정한다. 흐름의 형으로써는 I형, L형, U형, Z형이 있으나 「직선」에 구애받지 않고 재료의 흐름과 스페이스의 이용효율에 중점을 두고 최대한으로 기능본위로 생각한다.

② 별항에 게시한 작업용 스페이스의 기준을 참고로 해서 기계의 간격, 기계와 통로간의 스페이스 등의 표준을 미리 만들어 두면 실제의 배치시에 편리하다.

③ 기계나 작업역의 위치를 정하고, 특히 다음 점에 관하여 동작경제적인 음미를 더하면서 진행한다.

㉠ 1인의 작업자가 몇 대의 기계를 다망할 때는 가능하면 보행이 적게 만든다.

㉡ 재료구입, 제품인출

㉢ 공정간의 연결

㉣ 기계의 점검·수리 등의 작업을 할 때의 일을 생각한다.

⑤ 1년에 몇 회 발생하지 않는 경우를 생각해서 일상작업에 불편이 있다든가 스페이스 효율을 떨어지게 하는 일이 없도록 주의한다.

⑥ 기계의 간격은 최소한으로, 예비 스페이스는 종합해서 비워 둔다.

⑦ 필요불가결의 것 이외에는 기초를 고정시키지 않고 동력배선 등은 위에서 취한다.

⑧ 기계작업면의 높이에 대해 충분히 검토한다. 라인으로 된 기계가 凸凹이 있으면 MH에 불편하고 대형기계는 상면에 묻히게 되므로 작업이 매우 편안하게 된다.

(5) 체크리스트에 의해 최종적인 검토를 한다

2) 사람의 작업자세와 소요 스페이스

① 인체의 치수(착복 등)

㉠ 직위시의 치수		165×50×30×(153×45×34)cm
㉡ 팔을 직각으로 굽힐 때의 높이		100(96)
㉢ 손바닥의 높이	전상방(60)	175(159)
	전하방(60)	83(80)
	하	75(73)
㉣ 체전도시(전후 거리)		62(61)

㉤ 체전굴시(전후 거리) 83(79)

② 보행

㉠ 보폭 70～75(65～70)
㉡ 안저한 통로폭 80
㉢ 그 사람이 통과하는 것이 가능 115
㉣ 한 사람이 선채로 퇴피 100

③ 의자에 앉아서 하는 작업

㉠ 의자의 높이 42(38)
㉡ 작업대의 높이 66～70(65～68)
㉢ 작업대의 끝에서 의자 뒤끝까지 40
㉣ 의자의 후단에서 발끝까지 70－75
㉤ 작업대 하면의 높이 55 이상
㉥ 의자를 끌어서 섰을 때의 스페이스 75
㉦ 손을 앞으로 펼 때의 도달한도 80(75)
㉧ 팔을 굽혀서 수평으로 올릴 때의 폭 86(80)
㉨ 팔을 굽혀서 사면으로 올릴 때의 폭 65(63)

④ 서서 하는 작업

㉠ 작업대의 높이 83～98(90～95)cm
㉡ 손을 전상방으로 뻗었을 때의 도달한도 175(159)
㉢ 손을 전방에 뻗었을 때의 도달한도 100(90)
㉣ 직립한 자세로 손끝으로 하는 작업 스페이스 46(50)
㉤ 몸을 가볍게 굽혀서 하는 경우 70(70)
㉥ 몸을 굽힌다든지 돌리는 경우 85(80)
㉦ 물체에 손을 대고 몸을 많이 구부릴 경우 55
몸의 후단에서 손까지의 거리
㉧ 작업대 위에 몸을 붙이고 하는 작업 30(34)

⑤ 그 외의 자세

쭈그린 자세로 하는 작업 70

3) 체크리스트에 의한 검토

① 기계의 둘레에 작업자를 위한 장소가 잘 되어 있는가
② 기계의 둘레에 보전을 위한 장소가 잘 되어 있는가
③ 기계가 다른 기계에 묻혀 있어서 다른 것을 옮기지 않으면 이동이 불가능하게 되어 있지는 않은가
④ 공구, 기구, 보조설비 등의 장소는 충분한가
⑤ 작업자는 안전하게 기계가 있는 장소로 출입하는가
⑥ 미가공품 및 가공이 끝난 물건을 위한 장소는 충분한가
⑦ 기계가 통로나 컨베이어에서 너무 가까워서 위험은 없는가
⑧ 장소가 너무 넓어서 작업이 오히려 비능률적인 점은 없는가
⑨ 기계의 정돈은 재료의 입출, 상면적의 이용면에서 보아 최적인가
⑩ 채광은 어떤가(인공・자연광)
⑪ 작업자가 그 공정 또는 타공정에서 흥분상태로 되어 있지는 않은가
⑫ 작업에 대해 타공정에서의 소음은 없는가
⑬ 기계배치는 불, 폭발물, 날아온 물건, 운반차나 크레인 오버 헤드 컨베이어 등에 대해 안전한가
⑭ 기계는 공정계열 중에서 배치하기 좋은가
⑮ 기계위치는 증기, 동력, 압축공기, 가스 등의 공급을 받는 데 불편한 곳은 없는가
⑯ 작업자에 대한 차단물, 절연물 등의 보호장치는 충분한가
⑰ 통로가 너무 넓지는 않은가
⑱ 통로에 굴곡이 너무 많지는 않은가
⑲ 통로는 기계에서 최대한으로 이용 가능하도록 되어 있는가
⑳ 통로가 너무 넓지는 않은가
㉑ 통로표시는 확실한가
㉒ 예상되는 운반량에 대해 통로는 충분한 폭을 가지고 있는가
㉓ 예상되는 제품에 대한 통로의 폭은 충분한가
㉔ 공구고의 단위는 편리한 곳에 있는가
㉕ 자재고가 너무 멀지는 않은가
㉖ 도료, 유, 산소, 가솔린, 화학약품, 가증물이나 폭발성 물질 등의 저장실은 있는가
㉗ 창고단위가 수입에 불편하지 않은가

㉘ 창고단위가 나쁘기 때문에 대량의 자재를 멀리 운반하는 경우가 생기지는 않는가
㉙ 창고단위는 운반 기계화에 적당한가
㉚ 수입재료의 검사장은 있는가
㉛ 화장실, 로커, 세면장은 충분한가
㉜ 화장실, 로커, 세면장은 작업자의 위치에서 50m 이내에 있는가
㉝ 출입구는 작업장소에서 너무 멀지 않은가
㉞ 급수시설은 충분한가
㉟ 구급설비는 가까이 있는가

2.10 생산성의 측정과 향상

1) 생산성(Productivity)이란

어제보다는 오늘, 오늘보다는 내일, 더 나아지려고 노력하는 것이다. 즉 생산성은 일반적으로 산출량에 대한 투입량의 비로 나타낸다.

생산량(고)를 자본으로 나누면 자본생산성이 되며, 설비로 나누면 설비생산성이 되고, 노동으로 나누면 노동생산성이 된다.

$$\text{생산성} = \frac{\text{생산량(고)}}{\text{생산요소의 투입량}} = \frac{\text{out}-\text{put}}{\text{in}-\text{put}} > 1$$

$$\text{노동생산성} = \frac{\text{생산량(고)}}{\text{노동량(시간)}} = \frac{\text{생산량} \times \text{표준시간}}{\text{작업시간} \times \text{작업지수}}$$

(In-put : 원재료, 노동, 기술, 기계설비, 비용
out-put : 성과, 제품, 목표량)

최근에는 생산성을 말할 때, 부가가치생산성이라는 말이 잘 사용된다. 생산고에서 원재료비 · 외주비를 감하고, 그 기업에서 만들어낼 가치(부가가치)가 어떠했는가를 주목하는 것이 기업 내의 손익활동에 직접 연결되어 편리하다고 해서 잘 사용된다.

$$\text{부가가치(노동)생산성} = \frac{\text{부가가치액}}{\text{노동량(시간)}}$$

(부가 가치 : 기업 스스로의 노력에 의해서 창출해 낸 가치)

2) 생산성의 저해요인(LOSS)

*소요공수에 포함된 로스[1)]

- ① 제품설계에 따른 로스(가치효율)…… 제조가 곤란할 정도의 제품설계의 미숙에 의한 무효작업(공수)의 발생
- ② 제조방식에 따른 로스(방법 효율)…… 제조가 곤란할 정도의 방법설계의 미숙에 의한 무효작업(공수)의 발생
- ③ 제조수행에 따른 로스(실시 효율)
  - 관리로스……작업계획・통제불편에 의한 지연, 대기의 발생(가동률)
  - 퍼포먼스 로스……작업능력・노력부족에 의한 미스, 페이스다운, 미묘한 Idle의 발생(작업능률)

① 제품설계에 따른 공수로스

목적에 대한 필요기능에서 보아, 불필요 또는 부적절한 내용을 제품설계에 삽입시킴으로 해서 생기는 공수로스이다.

예를 들면,

㉠ 가공이나 조립이 어려운 형상・치수・구조나 재질에 따른 로스

㉡ 필요이상으로 엄격한 공차나 완성 정도에 따른 로스

㉢ 그외 가공공정이 많이 걸리는 제조방법을 전제로 한 설계 등에 의한 여분의 수고(무효작업)가 이 로스이다.

V.E(Value Engineering)나 V. A(Value Analysis)는 이 로스를 줄이기 위한 것이다.

② 제조방식에 의한 로스

공정・설비・작업방법의 설계가 불충분한 까닭으로 생기는 공수로스이다.

예를 들면,

㉠ 기술적 측면으로서는 제조조건의 부적정한 설정 등의 로스

㉡ 물리적 측면으로서는 공정순서의 설계 미숙, 작업순서의 계획의 미숙, 요원・조작업 편성의 미숙 등에 의한 여분의 수고(무효작업)가 이 로스이다.

설비나 레이아웃의 합리화 편성이나 작업방법의 개선 등은 이 로스를 줄이기 위한 것이다.

③ 제조수행에 의한 공수로스

이는 설정된 방법(표준작업・표준시간)을 실시한다는 동태적・일상적 면에서의 로스, 통상관

---

* (1)과 (2)는 분리하지 않고「제품제조방식에 의한 로스」(유효율)로써 종합하는 경우도 있다.

리 로스와 퍼포먼스 로스의 두 가지로 나눈다.

「관리로스」는 부칙 사태에 의해 생산의 중단에 의한 로스로서 때에 따라 계획적인 생산중단에 의한 로스도 있는데, 일반적으로는 작업자의「지연」「대기」라는 형태로 나타난다.

예를 들면,

㉠ 기계고장에 의한 작업자의 대기에 따른 로스

㉡ 재료 품절에 의한 작업자의 대기이다.

「퍼포먼스 로스」는 작업자의 능력·의욕의 부족에 의한 로스로서, 일반적으로는「미스」나「페이스다운(작업속도저하)」,「미소 Idle 발생(작업자의 순간정지)」이라는 형태로 나타난다.

예를 들면,

○ 작업미스에 의하여 가공불량 조립불량이나 그 수정·수리

○ 재료, 부품의 조립망각이나 그 후의 조립

○ 의욕부족에 의한 작업 페이스의 감퇴

○ 작업 도중 순간순간 휴식 등이다.

3) 생산성의 관리와 표준시간

(1) 생산성의 측정과 관리

제조관리를 위한 측정에는 총합노동효율이라는 지표를 사용한다.

관리를 위한 생산성 측정의 2가지 방법

총합노동효율=유효율×실시효율(S/T(표준시간) 단축률×작업공수효율)

(1) 유효율(=가치효율×방법효율)

=개선(표준시간의 절감)에 의한 공수절감률 추이에 의한 관리

(2) 실시효율(=작업공수효율)=총합효율

=가동률×실동공수효율(능률)

=관리효율×작업자효율=가동률×작업자효율

=각각의 측정치를 사용하는 관리

가동률은 관리자의 계획이나 불측 사고에 대한 즉응성으로 향상되며 작업능률은 관리·감독자의 작업자에 대한 교육·훈련이나 동기부여로 향상된다.

$$\text{S/T단축률(공정개선율)} = \frac{\text{단축후S/T} - 1}{\text{단축전S/T}} - 1$$

(2) 생산성의 측정과 표준시간

그림 2-13 취업공수에 관한 로스의 분류

① 가동률의 측정

$$
\text{가동률} = \frac{\text{실가공수}}{\text{취업공수}} \times 100\% = \frac{\text{취업공수} - \text{가동로스}}{\text{취업공수}}
$$

실제의 측정은 작업일지나 타임・스탬프를 이용하여 취업공수와 가동로스를 실적수집한다.

② 작업능률의 측정

$$
\text{작업능률} = \frac{\text{표준생산량공수}}{\text{실동공수}} \times 100\% = \frac{\text{표준시간} \times \text{양품수}}{\text{취업공수} - \text{가동로스}}
$$

실제의 측정은, 가동률의 측정을 사용한 실적수지 데이터에 양품수를 더한 표준시간이 필요하다.

즉, 퍼포먼스 로스는 실적시간과 바르게 설정된 표준시간과의 비교에 의해서만 측정가능하다. 표준시간은 이를 위해 있다고 해도 과언이 아니다

그림 2-14 생산로스분석의 실시순서

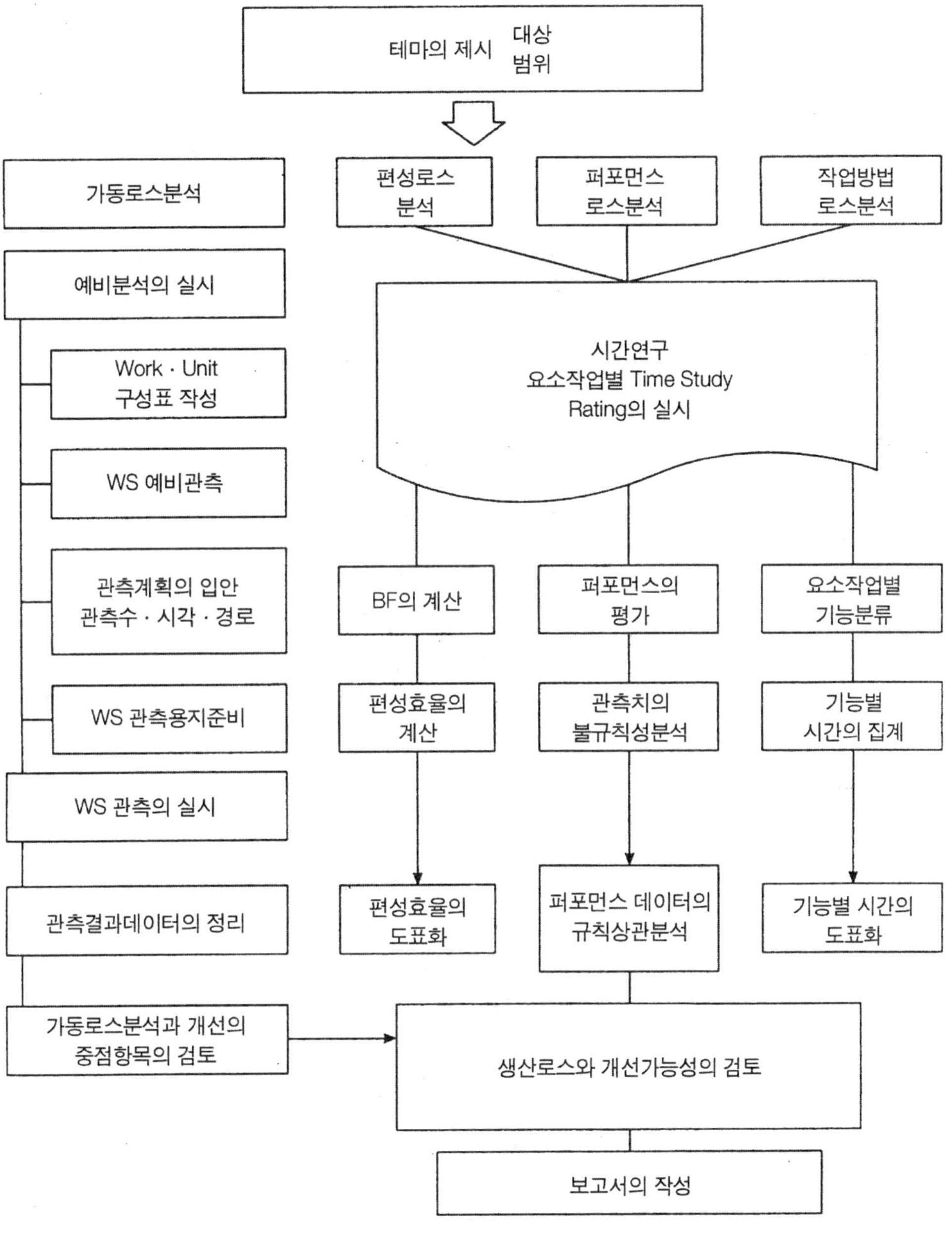

4) 효율화의 단계

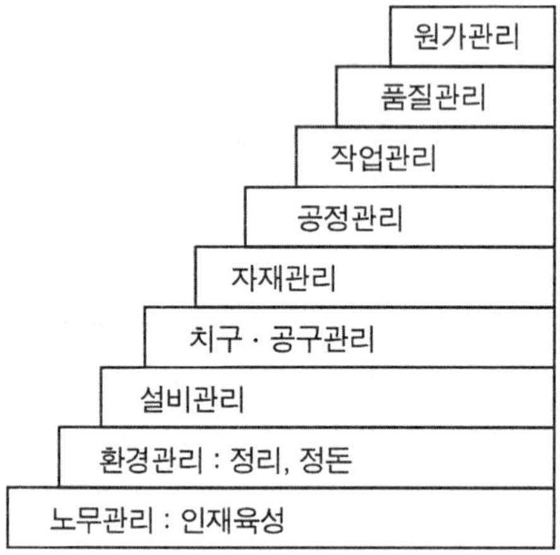

5) 세탁기 시스템

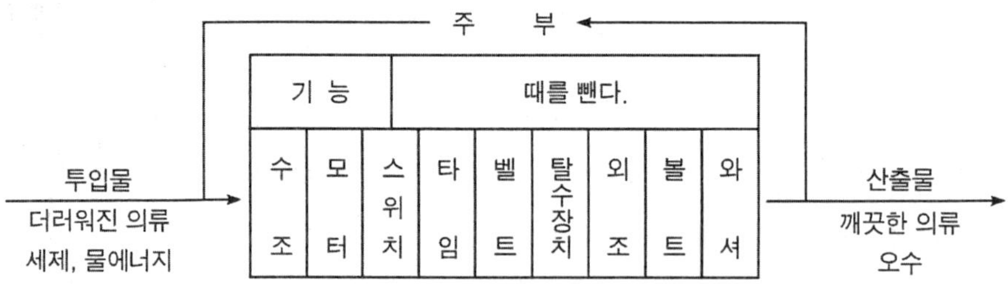

$$효율 = \frac{생산물}{투입물}$$

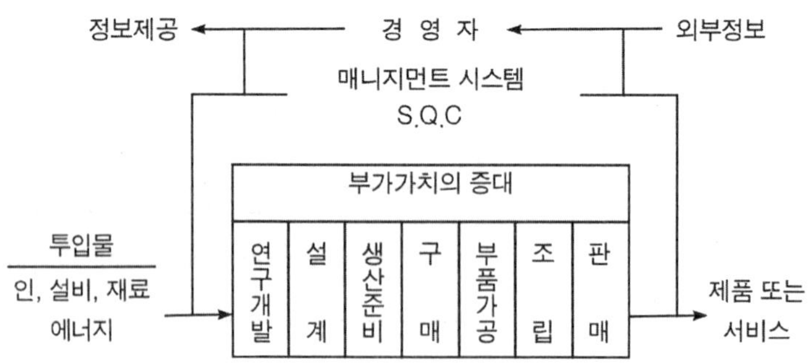

$$경영효율 = \frac{산출물}{투입물} = \frac{제품\ 또는\ 서비스}{사람,\ 설비,\ 재료,\ 에너지} \qquad 효율 = \frac{산출물}{투입물}$$

그림 2-15 이익도표

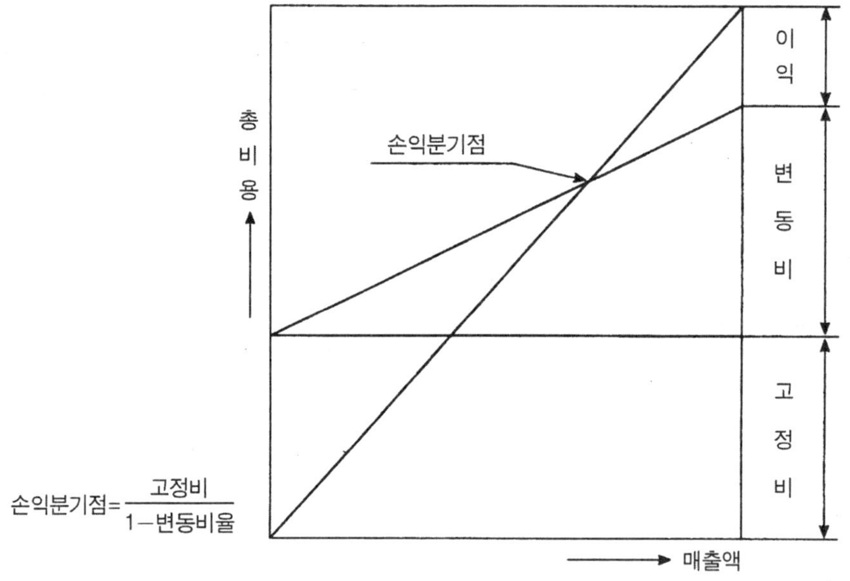

6) 부가가치란 무엇인가

부가가치란 기업 스스로의 노력에 의해 산출해낸 가치이다.

부가가치는 어떻게 계산되는가

매상고 기준 가산 방식

매상고 기준 공제 방식(부가가치가 없는 것은 다 공제한 것)

생산고 기준 가산 방식

생산고 기준 공제 방식

가장 일반적인 계산방식은,

부가가치＝시장가치－조달가치

조달가치는,

① 다른 기업에서 구입하는 것

② 생산을 위해 소비한 것

③ 새로운 생산물 가운데 가치를 이전하여 새로운 산물의 일부가 되는 것

7) 표준시간의 정의

(1) 표준시간이란(표준시간설정의 물리적 조건)

표준시간이란 정해진 1단위의 작업을 정상의 속도로 수행하는 데 필요한 시간이며, 이 시간에는 필요한 각종의 여유가 포함되어 있다.

구체적으로 말한다면, 일반적으로 다음과 같은 정의를 내릴 수 있다.

표준시간이란,

① 정해진 환경조건 하에서
② 정해진 설비・치공구를 사용하여 ─ 표준작업조건
③ 정해진 작업방법에 따라 ─ 표준작업방법
④ 작업에 대한 적정을 유지
⑤ 작업에 대해 기대되는 보통정도의 훈련을 갖춘 작업자가 ─ 표준작업능력
⑥ 정신적으로도 육체적으로도 무리가 없는 양호한 노력으로 ─ 표준작업속도

1단위의 작업을 완수하는 데 필요한 시간(공수)이며,

⑦ 이 시간에는 필요한 여유가 포함되어 있다.

따라서 표준시간을 정하는 것은,

① 작업조건을 설정
② 작업방법을 설정

하는 것이 제1단계이며, 이를 어떻게 설정할 것인가는 각사의 관리레벨에 따라 결정해야 한다. 중요한 것은, 표준시간은 어떤 설정기법을 구사해서 결정하는 시간이 아니고, 스탭이 그 관리목적(표준시간을 어디에 쓸 것인가)을 충분히 이해하고, 자기가 관리자의 대리인이 되어 결정하는 시간이라는 것이다.

(2) 목적과 기능

① 어떤 계획에 필요한「시간」의「예측치」의 기초자료이다.

② 표준에 대응하는 일을 완수할 때, 그 일의「실적(성과)확인」을 위한「지표」의 기초자료가 된다.

그림 2-16 표준시간의 목적과 기능

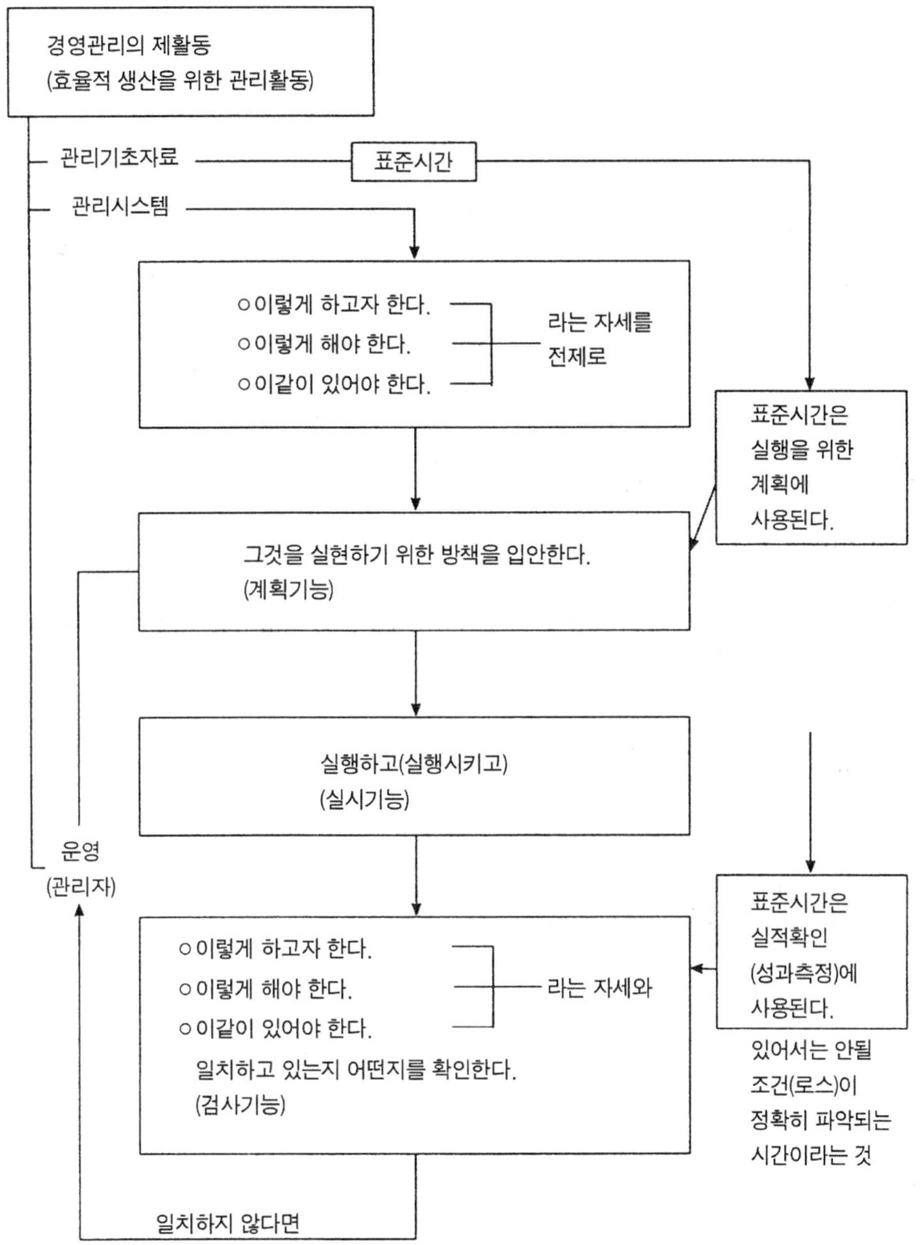

그림 2-17 표준시간의 구성

(3) 표준시간의 구성과 용어

① 표준시간의 구성

표준시간은 정미시간과 여유시간으로 이루어진다.

여유시간은 정미시간에 대한 비율로 산정되어, 여유율로 취급하는 경우가 많다.

$$\text{표준작업} = \text{정미시간} + \text{여유시간}$$
$$= \text{정미시간}(1 + \text{여유율})$$

$$\text{여유율} = \frac{\sum(\text{일정기간의 여유시간})}{\sum(\text{동기간의 정미시간})} \times 100\%$$

표준시간의 구성을 연구하면 다음과 같이 된다.

특수여유에 대해서 최근에는 표준시간에 포함되는 여유시간으로 취급하기보다는 시스템 운용상의 관리계수로 취급되어 표준시간에는 포함되지 않는다는 생각이 지배적이다.

② 구성요소의 정의

표준시간의 구성에 대한 작업명칭은 다음과 같은 내용으로 되어 있다.

표 2-7 표준시간구성용어의 설명

명 칭	설 명	예
준비 · 후시미작업	1로트에 대해 1회 발생하는 준비, 후시미 작업	준비시간 교체, 단치중 도물교환 연마, 도면을 읽음, 계수 정리 그외의 준비후시미
주체작업	작업목적 그 자체가 진행 중인 작업	가공, 조립, 변형, 변질, 절삭, 기타
부수작업	주체작업과 같은 사이클에서 생기며 이에 부수하는 작업	부품부착 제거 등의 핸들링 기계조작 중심설정, 계측, 검사
용달여유	작업에 나타나는 생리적 요구에 의한 행위의 보상	화장실, 물마시기, 땀닦기, 기타
피로여유	작업에 따라 생기는 신체적 정신적 피로를 회복하기 위해 나타나는 휴식 · 페이스 다운 등에 의한 지연의 보상	회복을 위한 휴식 회복을 위한 페이스 다운
작업여유	작업을 하는 데에 불규칙적 또는 우발적으로 발생하는 작업으로서 발생빈도가 일정치 않기 때문에 정규작업에 포함시키기 어려운 작업의 보상	바이트에 엉겨붙은 절분의 제거 작업 중 급한 연락, 사전협의, 기타
현장여유	관리목적에 의해 결정한 현장특유의 간접적 작업의 보상	시간 내의 조회, 종례, 분조 조석으로 정리, 정돈, 청소, 기타
특수여유 (관리계수)	습련여유, 기계간섭여유, 조작업여유 등 (계수) (계수) (계수)	

8) 표준시간의 조건

(1) 표준시간의 기본적 조건

표준시간을 활용하려면, 그 설정에 있어 다음의 3가지 특성을 고려해야 한다.

① 정당성에 대한 조건

관리목적에 있는 표준시간이란 과학적인 기법에 근거해서 앞의 각종 요건이 검토되고, 명확화되어서 관리자에게도 작업자에게도 충분히 납득되고 신뢰를 얻지 않으면 안 된다.

② 일관성에 대한 조건

표준시간은 부문간이나 공정간에 있어 凸凹이 있어서는 안 된다.

예를 들면, 표준시간으로 실적의 평균치를 사용하는 용이한 방법은 종래 게을리 관리한 부문에는 여유 있는 표준을 적용하고, 노력을 해 온 부문에는 엄격한 표준을 적용하는 불합리가 시인되면, 표준시간에 의한 관리체계는 무너지며 이에 의해 표준시간에 불신감을 갖게 하는 최대의 요인이 되는 수가 많다.

③ 보편성에 대한 조건

산업계에 있어서 일반적으로 표준작업속도라는 것은 통일되어 왔다. 이 표준작업속도의 개념은 세계공통이다. 말하자면, 미터법에 있어서 미터원기와 같은 것이다. 이와 같은 것이 있는 이상, 한 기업내부에서 판단을 잘하지 못하여 외부의 권위 있는 척도와 연결된 표준을 설정하는 것은 대단히 많은 메리트를 가지고 있다. 예를 들면 관리자측에서는 타사나 외국기업과의 비교가 용이하고, 작업자측에서는 안심하고 자기의 힘을 발휘할 수 있게끔 된다는 것이다.

이와 같이, 일반적으로 통용되는 어떤 절대적이라 할 수 있는 척도에 의해 표준시간을 결정한다는 것은, 경영관리를 보다 고수준으로 끌어올리는 결과가 된다.

9) 표준시간의 레벨과 정밀도

① 성과측정에 사용되는 표준시간의 구성내용은 주작업부분과 거기에 부대되는 부분으로 구분해서, 여유시간도 명확화하며 가장 높은 정밀도를 필요로 한다.

② 제계획에 사용되는 표준시간은, 세부구성은 필요하지 않고 정밀도는 성과측정용보다 낮아도 괜찮다.

③ 장시간 단속하며 반복성이 높은 작업에 대해서는, 상대오차 ±5%의 고정도가 요구된다.

④ 다품종소량 생산과 같이, 어떤 종류의 작업을 단시간에 바꾸어서 수행한다는 것은

$$\frac{1}{\sqrt{1\text{일에 흐르는 제품의 종류}}}$$ 정도의 정밀도면 된다.

10) 표준시간과 관리를 위한 계수

표준으로서 지시할 수 있는 시간(지정시간)＝계수×표준시간

① 로트계수

소로트 생산으로 일정작업에 대한 숙련도가 완전하게 회복되기 전에, 그 작업이 완료되는 경

우에는 표준시간보다 많은 시간이 걸린다.

② 습숙계수

단속생산으로 동일작업에 대한 습련도나 중단기간 등에 의해 작업에 소요되는 시간은 작업개시와 중도에서는 다르다.

③ 조작업계수

복수인으로 작업을 분담하는 경우에 작업부하의 완전한 평등화는 곤란하며, 일부 대기시간이 발생하여 전체작업은 표준시간보다 많은 시간이 걸린다.

④ 기계간섭계수

1인의 작업자가 복수대의 기계를 담당하면, 기계가 동시에 정지할 경우 어떤 기계는 작업자를 기다리게 되어, 작업시간은 많이 걸린다.

또한 표준시간의 구성에서 서술한 현장여유에 대해서는 실무적으로는 표준시간에 포함시키지 않는 것이 좋다. 현장여유에 해당하는 것은 관리계수로써 취급한다.

11) 표준시간의 활용법

(1) 표준시간의 활용분야

① 경영활동의 제계획의 기초로써 활용한다.
② 성과측정과 평가의 척도로써 활용한다.
③ 업무의 교육이나 훈련용의 지침으로서 활용한다.
④ 개선활동의 기초자료로서 활용한다.

특히 ①, ②는 중요한 활용분야이고 최종적으로는 이 2가지로 요약할 수가 있다.

(2) 제계획의 기초로서의 활용

- ① 생산계획
  - 작업량의 예측
  - 소요설비대수(가동계획도 포함)의 예측
  - 소요인원수(잔업계획도 포함)의 견적
- ② 원가견적
  - 공장내 · 외원가견적
  - 외주단가 설정

- ③ 작업계획
  - 일정계획
  - 작업편성
    - 컨베이어 라인편성
    - 작업조편성
    - 대기대수 설정
- ④ 개선계획
  - 설비 · 치공구 설정
  - 작업역의 설정
  - 작업방법의 비교
  - 개선결과의 예측

(3) 성과측정을 위한 활용

① 관리 감독자의 성과측정(퍼포먼스 측정)

② 작업자의 성과측정(퍼포먼스 측정)

③ 개선결과의 평가

④ 임금계산(능률급제도)의 기초

표 2-8 공장에 있어서의 표준시간의 활용분야

표준시간의 용도	회 답 수	구 성 비	
		184 (대상사업소수)	1,236 (회답건수)
1. 생산계획을 위해서	120	65.2	9.8
2. 일정계획을 위해서	104	56.5	8.6
3. 잔업계획을 위해서	62	33.7	5.0
4. 장기인원계획을 위해서	77	41.8	6.2
5. 현장정원의 산정을 위해서	116	62.9	9.3
6. 설비스페이스 계획의 기초로서	64	34.8	5.1
7. 라인 밸런스의 자료로서	68	36.9	5.4
8. 대기대수의 결정을 위해서	44	23.6	3.5
9. 표준원가의 설정을 위해서	113	61.4	9.0
10. 원가견적을 하기 위해서	107	58.1	8.8
11. 외주단가산정을 하기 위해서	80	43.4	6.4
12. 장려급의 산정 (개인 인센티브 / 그룹 인센티브를 위해서	25	13.6	2.0
13. 감독자 성과측정의 척도로서	55	29.9	4.4
14. 작업자 성과측정의 척도로서	66	35.8	5.3
15. 방법의 비교나 개선효과의 예측을 위해서	101	54.8	8.4
16. 작업훈련을 위해서	17	9.2	1.4
17. 기 타	17	9.2	1.4
합 계	1,236	–	100.0

〈기타 내용〉

- ㅇ수주량의 결정을 위해
- ㅇ작업관리 전반
- ㅇ능률계산
- ㅇ코스트 테이블의 자료로서
- ㅇ개선연구제도의 효과측정 척도
- ㅇ수주여력계획을 위해

- ○ 원가관리를 위해
- ○ 직무급 직급 결정
- ○ 능률관리를 위해
- ○ 설계상의 작전으로서의 활용
- ○ 제안제도
- ○ 능력과부족의 제대책 기초로서
- ○ 예산통제의 기준으로서
- ○ 작업능률의 측정을 위해
- ○ 부문마다의 성과측정의 척도로서
- ○ 특별주문품의 견적에
- ○ 설비가동률 파악 생산성 향상
- ○ 컨베이어 작업편성을 위해

그림 2-18 공장생산성의 삼각구조

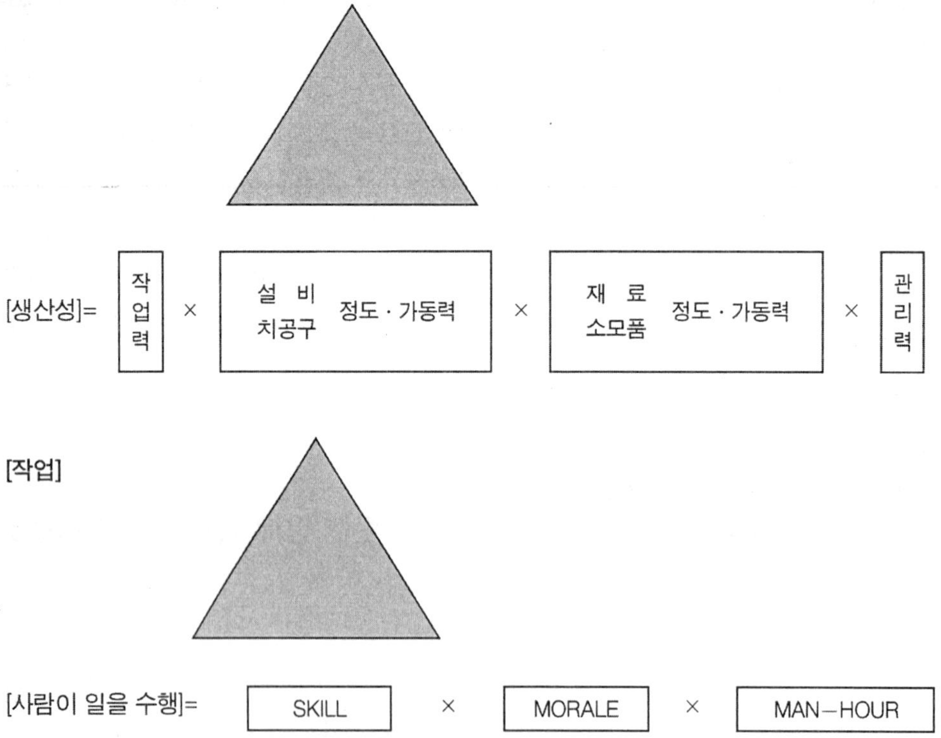

2.11 생산계획

생산계획은 생산의 일정과 생산의 수량을 결정짓는 일이다.

생산계획의 수립방법은 다음과 같다.

재 고 → 판매예측 → 재고계획 → 생산계획

* 생산계획 ┌ 생산일정결정 : 대일정계획, 중일정계획, 소일정계획 등
└ 생산수량결정 : 1일단위, 1주단위, 1개월단위 등

1) 판매예측

(1) 지수평활법

① 지수평활법의 개요

지수평활법은 일종의 가중이동평균법이며, 최근의 실적에 웨이트를 갖게 해서, 예측하는 방법이다.

지금, 4월실적이 나온 시점에서 5월의 예측을 한다고 하면,

$$(5월의\ 예측치) = \alpha \times (4월의\ 실적치) + (1-\alpha) \times (4월의\ 예측치)$$

$$신추정치 = \alpha \times (신수요량) + (1-\alpha) \times 구추정치$$

로 계산된다

α를 평활화정수라 하고, $0 < \alpha < 1$의 값을 취 한다.

α를 어떻게 정할 것인가는, 이동평균을 몇 개월로 할 것인가와 같은 의미를 갖는다. α를 크게 잡으면 비교적 최근의 실적에 비중을 둠으로써, 모평균과의 오차는 크게 되고, 역으로, α를 작다고 하면, 긴 기간의 과거 실적에 비중을 둠으로써, 모평균과의 오차는 작아진다.

α를 작게 잡으면, 수요변동에 대한 응답이 늦게 되고, α를 너무 크게 하면, 우연적인 변동도 평활화되어, 민감한 응답을 얻을 수 없는 결점이 있다.

평활화정수(α)	0.5	0.44	0.333	0.286	0.200	0.154	0.1
이동평균의 월수	3	4	5	6	9	12	19

② 수요애 경향이 있는 경우

전항의 식에서 신추정치를 채용하면 예측치는 실적에 대해, $\frac{1-\alpha}{\alpha}$만 지연이 생긴다는 것을 알고 있다.

③ α의 결정

α를 어떻게 결정할 것인가는 중요한 문제이다. 제일 좋은 방법은, α의 여러 가지 가치에 대해 예측치를 얻고, 실적과 예측치와의 차 : 예측오차가 최소가 되도록 하는 α를 채용한다.

예측오차는, 예측이 적절하다면 ⊕, ⊖의 부호(자료에서는 ⊖은 △로 표시)가, 약등분에 나타날 것이다.

문제 1) 지수평활법계산연습(정수형모델)

계산용지 ②란은 어떤 상품의 매출실적이다. 3개월간의 총수요의 예측을 하지 않은 실적과 비교하여라.

[해답] ○ 예측기간 : L=3개월

○ 평활화계수 : $\alpha = 0.1$, $1-\alpha = 0.9$

문제 2) 1995년 7월의 판매예측치가 12,000개이고, 7월의 판매실적치가 15,000개라고 할 때, 지수평활화계수 α=0.2이면 8월의 판매예측량은 얼마인가?

D_1=당기의 판매실적치

L=지수형활화계수($0 < \alpha < 1$) : 0.01～0.3 사이의 값

F_1=차기의 판매예측치

F_{1-1}=당기의 판매예측치

$\therefore F_1 = \alpha \cdot D_1 + (1-\alpha) \cdot F_{1-1}$

$= 0.2 \times 15{,}000 + (1-0.2) \times 12{,}000$

문제 3) 최소 자승법

〈표 1〉

연도	판매액(Y)
91	18천만 원
92	20천만 원
93	34천만 원
94	36천만 원
95	44천만 원

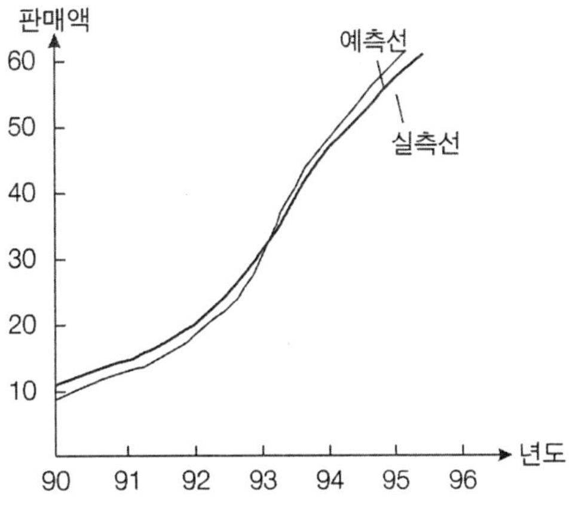

상기표는 S회사의 연도별 판매실적이다. 이를 가지고 최소자승법을 이용하여 설명하여라.

[풀이] 최소자승법은 상승 혹은 하강 경향이 있는 수요계열에 쓰이며 회귀직선을 실적치와 예측치와의 편차 자승의 총합계가 최소가 되도록 구하고, 회귀직선을 연장해서 예측하는 방법이다.

즉, $\sum(Yi-yi)^2=$최소

① 회귀직선 $y=a+b\cdot t$

② $a=\dfrac{(\sum y.\sum x^2)-(\sum x\sum xy)}{(N.\sum x^2)-(\sum x)^2}$

③ $b=\dfrac{(N.\sum xy)-(\sum x.\sum y)}{(N.\sum x^2)-(\sum x)^2}$

$\therefore a=\dfrac{(152\times30)-(10\times372)}{(5\times30)-(10)^2}=16.8\fallingdotseq7$

$b=\dfrac{(5\times372)-(10\times152)}{(5\times30)-(10)^2}=6.8\fallingdotseq7$

④

연도	x(지점)	y(판매액)	x^2	x · y	y=a+b · t
91	0	18	0	0	17+7×0=17
92	1	20	1	20	17+7×1=24
93	2	34	4	68	17+7×2=31
94	3	36	9	108	17+7×3=38
95	4	44	16	176	17+7×4=45
계	Σx=	Σy=	Σx^2 =	Σx · y=	

⑤ 따라서 96년도의 예측치 y=17+7×5=52

(2) 이동평균법에 의한 예측

계열에 대하여 어떤 교정된 항수의 평균치를 차례로 구하여 가는 방법이다.

① 단순이동평균법에 의한 예측

이 방법은 차기 예측치를 현시점에서 가까운 N개의 자료(항의 수)를 평균하여 차례로 구하여 가는 방법이다.

$$M_{t+1} = M_t + \frac{X_t - X_{t-N}}{N}$$

문제) 다음은 H회사의 판매실적을 나타낸 것이다. 5개월 이동평균법에 의하여 6월, 7월, 8월의 수요를 예측하여라.

월	1월	2월	3월	4월	5월	6월	7월	8월
판매실적 (단위 : 만 원)	100	90	110	100	115	105	110	

$$M_6 = \frac{100+90+110+100+115}{5} = 103$$

$$M_7 = M_6 + \frac{X_6 - X_1}{5} = 103 + \frac{105-100}{5} = 104$$

$$M_8 = M_7 + \frac{X_7 - X_2}{5} = 104 + \frac{110-90}{5} = 108$$

② 가중이동평균법에 의한 예측

수요가 직선적인 증가를 하거나 감소 경향을 가지고 있으면 단순이동평균법으로는 잘 나타내지 못하므로 시계열의 중앙으로부터 멀어질수록 양(+) 또는 음(−)으로 가중치를 두어 계산하는 방법이다.

문제) K회사의 월별 판매량이다. 이 자료를 가지고 다음 달을 예측하여라.

월	판 매 량
1	20
2	24
3	30
4	34
5	45
6	52
7	61
계	266

월	판매치(x)	가중치(w)	가중판매량	(가중치)^2
1	20	−3	−60	9
2	24	−2	−48	4
3	30	−1	−30	1
4	34	0	0	0
5	45	1	45	1
6	52	2	104	4
7	61	3	183	9
계	$\Sigma X=266$		$\Sigma W_i \cdot X_i=194$	$\Sigma W_i^2=28$

① $S(\text{추세치}) = \dfrac{\Sigma W_i \cdot \chi_i}{\Sigma W_i^2} = \dfrac{194}{28} = 6.9$

② $\text{수요예측}(E \cdot D) = \dfrac{\Sigma W_i(\text{총수요})}{N(\text{개월수})} + S \cdot t^i(\text{가중치가 0 다음부터 개월수})$

그러므로 8월의 예측치는

$$\bar{x} = \frac{\Sigma \xi}{N} = \frac{266}{7} = 38$$

$\therefore E \cdot D(8\text{월}) = 38 + 6.9 \times = 65.6$

③ 예측오자의 추정

추세선 주위에 상존하는 변화를 측정하려면 다음 식에 의하여 표준오차를 산정할 수 있다.

$$S_{xt} = \sqrt{\frac{\Sigma(x - x_i)^2}{N-2}}$$

S_{xt} = 표준오차　　　　x_t = 예상수요

X = 특정기간의 실제수요　　　　N = 기간

$$S_{xt} = \sqrt{\frac{(20-17.3)^2+(24-24.2)^2+(30-31.1)^2+\cdots\cdots+(61-58.7)^2}{7-2}}$$

$$= \sqrt{\frac{29.88}{5}} = 2.44$$

(3) 시계열 분석

시계열을 따라서 과거의 자료로부터 그 추세나 경향을 알아서 장래를 예측하는 방법이다. 시계열 변동에는 경향변동, 계절변동, 불규칙변동 등이 있다.

① 경향변동

장기의 시계열에 있어서 수요가 어떤 일정 방향으로 상승 혹은 하강을 지속하는 변화를 말한다. 설비투자계획이나 신제품개발계획에 주로 사용한다.

그림 2-19 공장생산성의 삼각구조

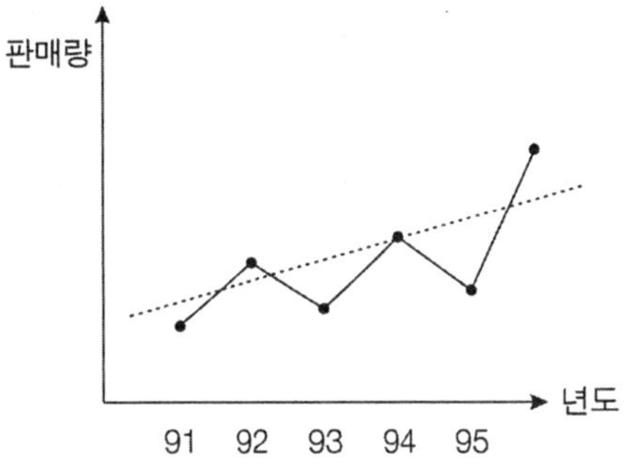

○ 상승경향이 지속될 경우
: 설비의 신규투자 혹은 신규 확장
○ 하강경향이 예측되는 경우
: 조업 단축이나 신제품개발 필요

② 경기변동

수년에 걸친 주기의 불확정적인 파동으로 설비계획과의 관련에서 예측이 이루어진다.

③ 계절변동

1년을 주기로 되풀이되는 변동으로 피크타임의 수요를 만족시킬 수 있을 생산재고계획과의 관련에서 예측할 수 있다.

그림 2-20

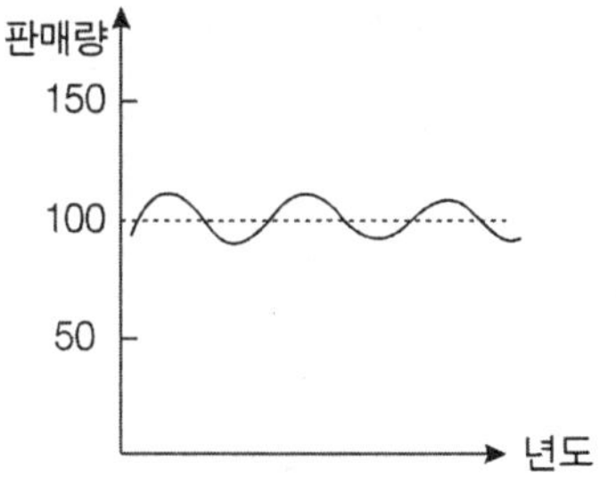

④ 불규칙 변동

㉠ 돌발변동 : 전쟁이나 천재지변같이 특수상황으로 예측이 되지 않는 변동

㉡ 우연변동 : 단기적으로 불규칙적인 변동으로 확률론적 방법에서 예측이 된다.

2) 안전재고설정법

예측오차를 안전재고로 해서 설정해 두면 좋다. 표준편차는 이하와 같은 간이법으로 계산하고 안전재고는 식을 적용해서 산출한다.

$$\text{평균편차} = \sqrt{\frac{2}{\pi}} \times \text{표준편차} = 0.7979\sigma = 0.8\sigma$$

$$\therefore \sigma = \text{평균편차}/0.8$$

여기에, 평균편차는 예측오차의 절대식이다.

$$\frac{\mathrm{S}|\Xi - E|}{\mathrm{n}} \left(\begin{array}{l} \mathrm{n} : \text{데이터의 수} \\ \mathrm{Xi} : \text{실적} \\ \mathrm{E} : \text{예측치} \end{array} \right)$$

"수요예측은 애매하다"든가 "수요예측에 해당하지 않는다"라고 흔히 이야기한다.

수요가 불규칙변동에 지배되는 이상, 예측오차는 부수적인 것이다. 수요예측이 애매하다는 것이 아니라 예측오차의 취급이 서툴다는 것이 진상이다.

수요예측은 당연한 것이라고 생각하는 것이 이미 틀린 것이다. 적중한다기보다는 적중하지 않는 것이 당연하다.

3) 재고계획

판매－생산－재고관리 시스템에서는 이 3자가 유기적으로 결합해서, 경영에 유효하게 기능하는 것이 경영목적수행에 필수적 조건이다.

이 3자 중에서 판매만이 외부여건에 좌우되고 컨트롤의 자유를 빼앗기고 있다. 이에 반해, 생산·재고 컨트롤은 사내 관리수준의 고저에 의해, 효과적인 억제가 가능하기도 하고 불가능하기도 하다.

재고관리는, 생산관리와 동의어이다.

① 생산수량을 결정하는 것은, 대차대조표나 월차재고보고서에서 계상되는 재고의 잔고가 아니라 기수역은 월초에 결정할 재고투자이다.

재고관리란 재고투자관리이고 재고잔고는 만들어 판매한 결과 팔고 남은 수불잔고에 불과하다.

② 재고를 증가시키는 것을 정의(+) 재고투자, 재고를 줄이는 것을 부의(−) 재고투자라 하고, 판매와 독립으로 생각하면, 정의 재고투자를 할 때에는 생산량을 증가하고, 부의 재고투자를 하면, 생산을 줄인다라는 서로 비례적인 관계가 있다.

따라서 재고를 결정하는 것과 생산계획을 수립한다는 것은 같은 일이다.

4) 재고 · 재공의 발생장소와 발생원인

(1) 재공품의 발생장소

① 재고포인트

(1) D=0(납기), 제품을 재고로 보유

(2) D≥T 재고 Zero도 좋다.

(3) D<T (T : 생산기간, D : 납기)

그림 2-21

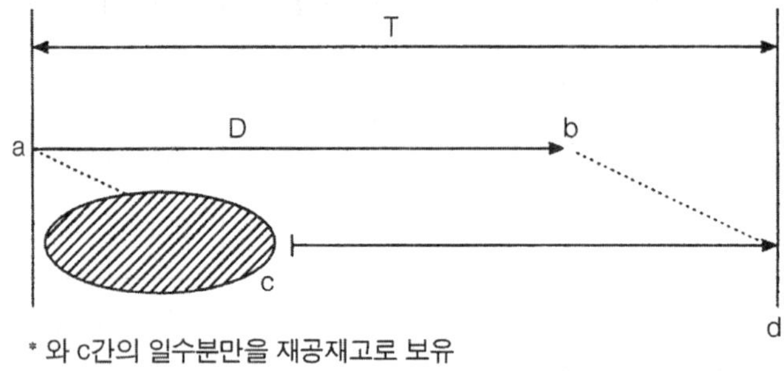

② station, stage간

자료가 출고되어서부터 완성품이 되기까지, 그 도중에 있는 것은 모두 재공품이다.

상술한 바와 같이 납기와 생산기간과의 관계에서 재고포인트나 가공부문, Sub-asy, Final-asy의 각 station간, 부품공장과 조립공장, 가공부문과 열처리, 도금, 도장부문간(stage및 공장간)에 산재하고 있다.

③ 제공품은 필요악인가

이상과 같은, 재공품의 존재이유를 묻는다면, 「재공이 없으면 생산이 안 오른다」, 「대기방지에 절대필요」, 「가공기간이 길기 때문에, 납기에 맞게 할 수 없다」 등등, 재공품 존재는 나빠지면 어쩔 수가 없다라는 필요악론이라면 몰라도, 재공이 있어 왜 나쁜가라는 긍정론까지, 여러 가지의 답이 나온다.

필요악이라는 것은 소극적 긍정론인데, 재공품은 명백히 말해서 「악」이므로, 그 존재의 부여의 이유는 아무것도 없다.

5) 재공이 증가하는 원인

(1) 재공품이 증가하는 원인

① 관리・감독자의 착각
② 코스트 제일주의 : 사람・설비의 가동률을 올려라.
③ 종합해서 가공, 종합해서 운반
④ 전후공정의 언밸런스
⑤ 비입공사
⑥ 작업시간의 불규칙성
⑦ 작업자 기질 : 재공이 없으면 생산이 안오른다. 다량의 재공을 오히려 장점으로 생각한다.
⑧ 불량발생에 의한 부품의 결여
⑨ 설계변경이 많다.
⑩ 재료불량의 발행
⑪ 대체로스의 다발
등을 들 수 있다.

(2) 재공품의 정의

① 공정 S_i를 고찰한다. S_{k_1}와 S_k와의 사이에 있는 품물은,
㉠ S_{k_1}공정의 작업이 완료되고, S_k로의 운반대기상태에 있는 것
㉡ 운반 중인 것
㉢ S_k공정에서 가공대기로 되어 있는 것
㉣ S_k공정에서 가공 중(보통은 1주)인 것

이상 네 가지의 상태에 놓여 있다. 이들 총수를, S_k공정의 재공이라 한다.

② 재공품의 단위는, 개수, 대수, 길이, 면적, 중량, 시간 등 무엇이든 좋다.

지금 S_k공정의 1일기준능력으로 이들의 재고량을 나누면 개, 대수, m, m^2, T, H, …… 으로 표현된 재공량이 몇일분이라는 것과 같이 일수로 변환된다.

$$재공량 = \frac{재공량(a, b, c, d의\ 합계)}{그\ 공정의\ 기준생산능력} = X\ 일분$$

(3) 재공품의 성질

재공품의 대소는, 생산량의 대소와는 관계가 없으며 재공량은 생산기간을 정한다. 제공절감의 효과는 다음과 같다.

① 단납기의 실현, 신용과 단납기의 실현

② 출도기한, 자재조달기간을 벌 수 있다.

③ 자재재고에 요하는 자금이 절약된다.

④ 금리(재고, 재공품)의 절약이 된다.

⑤ 현품취급상의 이점이 있다.

⑥ 재공량을 감소하고 생산기간을 단축함으로써 현장을 흐르는 ORDER의 수로 감소할 수 있으므로 일정관리의 밀도를 높이는 효과가 있다.

6) 재고 · 재공절감과 생산기간의 단축

일정계획을 수립하는 데 기준일정, 재공량, 생산기간의 단축, 리드타임의 단축은 다 같은 의미를 갖는다.

기준일정을 정하면 공정간의 재공량이 결정되고, 역으로 재공량을 정하면 기준일정이 결정된다.

납기를 단축하고 싶으면 재공량을 감축하는 것 이외에 달리 방법이 없다. 감축한 공량에 의해 기준일정은 자연스럽게 결정된다.

(1) 기준일정

기준일정이란, 제품을 1대, 부품이라면 1개 조립하거나 가공하는 데 소요되는 일수를 말한다. 다만 컨베이어 시스템이나 택트 시스템으로 생산이 이루어지는 경우, 기준일정은 쓸모가 없다.

① 기준일정의 결정방법

㉠ 공정마다 수립한다.

㉡ 공정마다의 기준일정을 결정한다.

② 기준일정의 기능

㉠ 기준일정은(생산) 기간을 정한다. 역일은 주지 않는다.

㉡ 기준일정은 일정계획에 있어 가공 혹은 조립의 착수일을 정한다.

㉢ 기준일정은 일정계획에 의해서 재료 혹은 조립에 대한 부품의 투입량을 정한다.

㉣ 기준일정은 작업에 대한 기준시간과 같이 엄격하지 않은 점에 주의해야 한다.

너무 엄격하게 생각하지 않도록 한다.

(2) 가공로트사이즈와 운반피치

가공시간	제1공정	1개당	1분 기호①
	제2공정	1개당	1분 기호②

그림 2-22 재공품의 발생

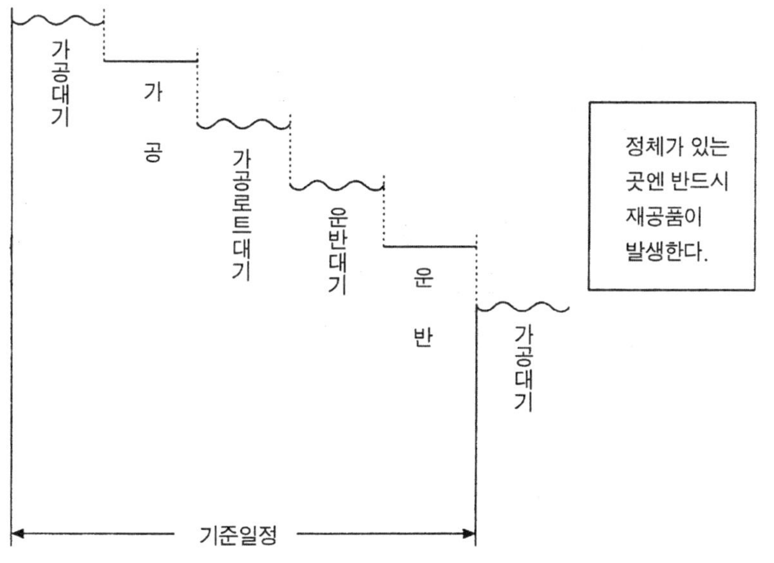

운반시간 몇 개 운반하더라도 1분 기호ⓐ

① 10개씩 묶어서 가공, 10개씩 묶어서 운반

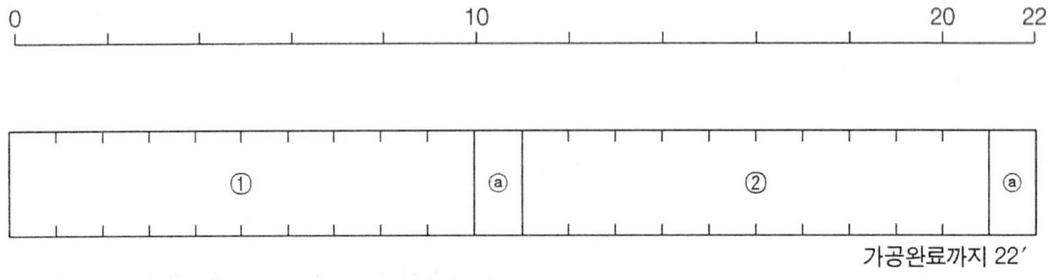

② 5개씩 묶어서 가공, 5개씩 묶어서 운반

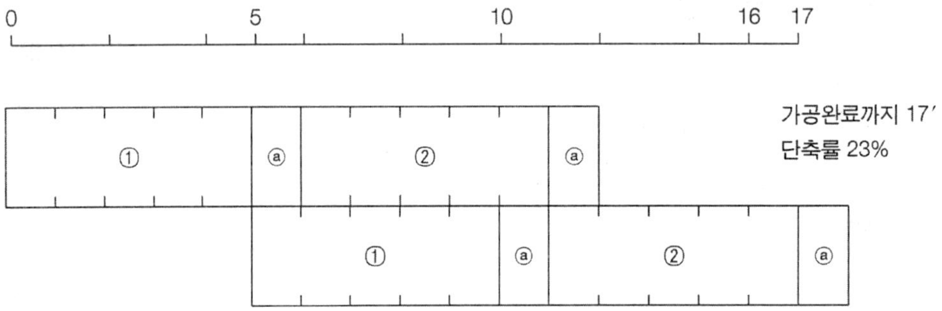

③ 1개가공 1개운반

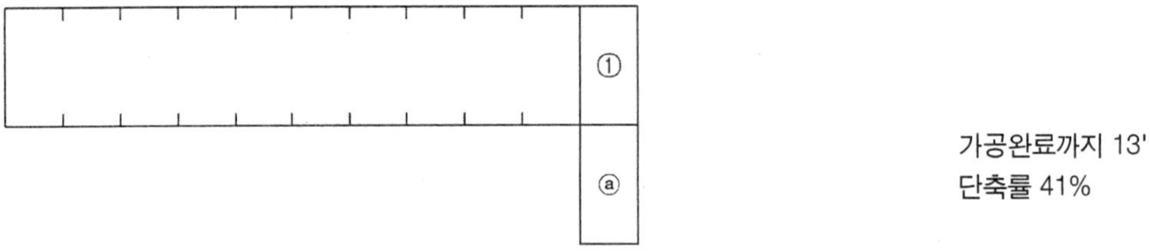

④ 로트수 : 제품의 1회의 제조수

$$로트의크기 = \frac{회사년간\ 생산\ 목표량}{로트수}$$

(3) 일정계획의 수립방법

① 일정계획의 종류

㉠ 대일정계획 : 조업도계획으로 생산능력과 부하의 관계를 작성한 후에 모델별로 입안된다. 장치별 대체적인 부문별, 직장별의 일정을 정한다. 대물의 경우, 유니트로 나눈 총합 중 일정(보통 1개월 이상으로 분기별, 연차별 계획)

㉡ 중일정계획 : 대일정계획에 의해 예정된 shop마다의 구체적인 일정계획 개개의 착수실행일이다.(보통 1주일 이상 월별 계획)

㉢ 소일정계획 : 중일정에 근거한 일별의 실행계획(하루하루를 중심으로 1주일 단위 계획)

㉣ 계획사이클과 계획기간

② 소일정표의 작성상의 유의점

㉠ 계획정밀도 : 계획이 하루의 정밀도이면 1일 단위의 통제가 가능하고, 3일 단위의 일정표이면 3일 단위의 통제로밖에 될 수 없다.

㉡ 가공순서와 착수화를 정한다.

㉢ 가공착수일을 결정하는 것은 자재의 출고순서, 시기 및 양과 장소를 정하는 것이다.

③ 순서

납기에서 역으로 기준일정을 병행한다.

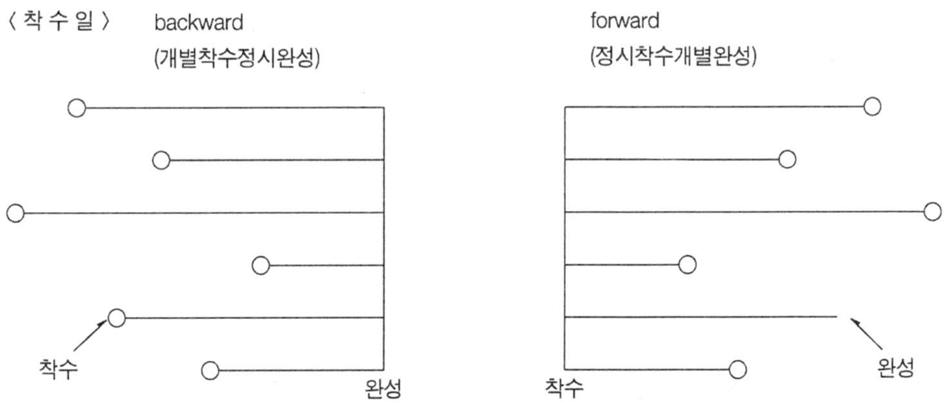

④ 부하조정을 한다.←착수의 우선순위

7) 재고 · 재공의 절감이나 생산기간단축의 추진방법

(1) 생산능력의 F화

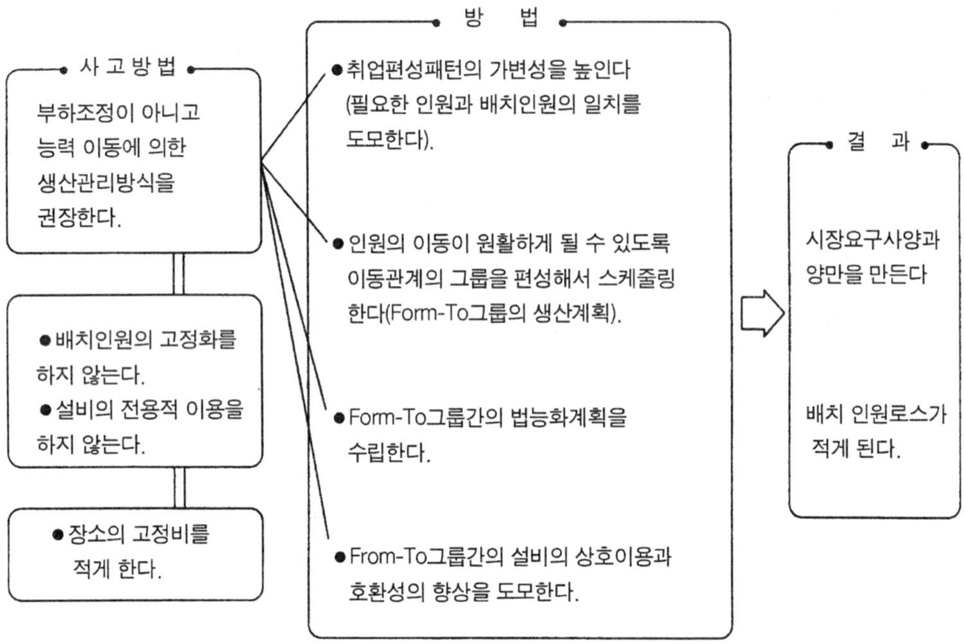

《F화의 스텝》

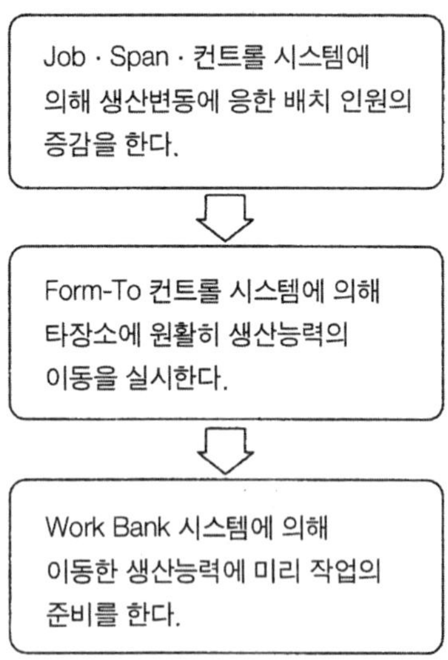

《제품프로세스의 기본배치도》

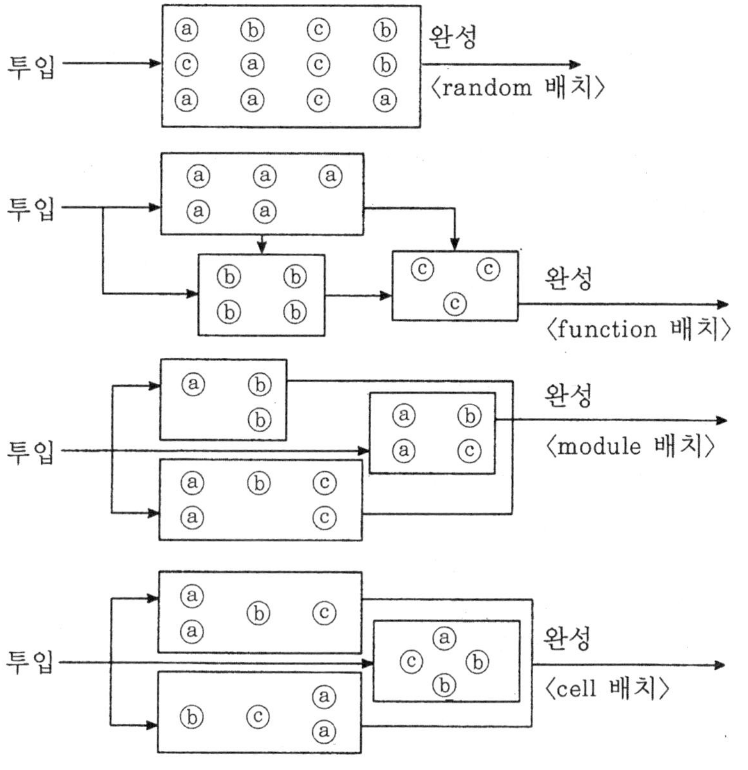

《cell내의 배치》

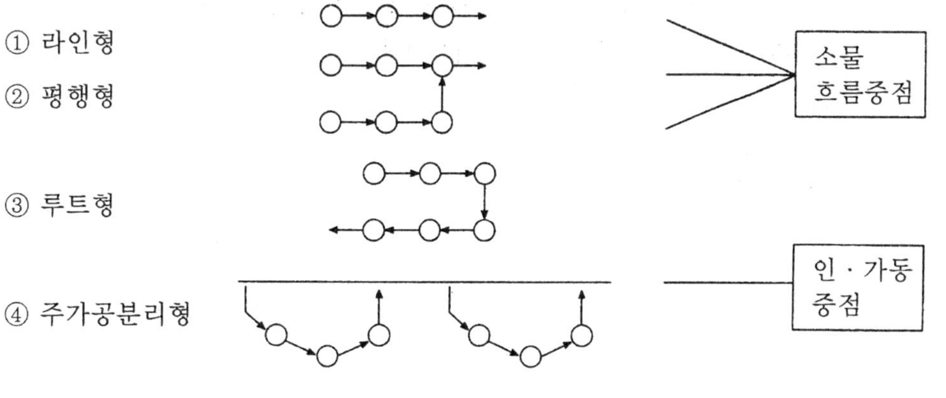

(2) 공정능력의 안정

① Fool-Miss의 배제

㉠ 미스의 발생패턴

- 부품가공시의 가공 중 돌연망각
- 부품가공시의 가공 중 돌연망각에 의한 치수 불규칙성의 발생
- 부품부착 망각, 좌우반대가 되는 역부착
- 오품부착, 부품부착 망각
- 소물부품 부착망각
- 이종혼입에 의한 이품, 이종부착
- 출하시의 명찰 등의 부착망각, 잘못부착

㉡ 개선착안

- 미스가 발생하면 부품이 치구에 안 붙는다.
- 기계스위치를 넣어도 스타트하지 않는다.
- 미스의 검출에 의해 자동정지
- 미스의 검출로 신호를 발한다.
- 미스의 검출과 보정, 양품만의 가공

㉢ 불량방지사례

- 작업미스가 있으면 품물이 치구에 안붙는다.
- 불합리가 있으면 기계가 가공을 시작하지 않는다.
- 미스를 자연스럽게 수정해서 가공을 추진한다.
- 전공정의 불비를 후공정에서 조사해서 불량을 막는다.
- 작업망각이 있으면 다음 공정이 시작되지 않는다.

㉣ 불량방지의 방법

- 표식방법
- 치구방식
- 자동화방식

(3) 로트흐름생산개선0

그림 2-23 J · I · T 생산방식의 체계

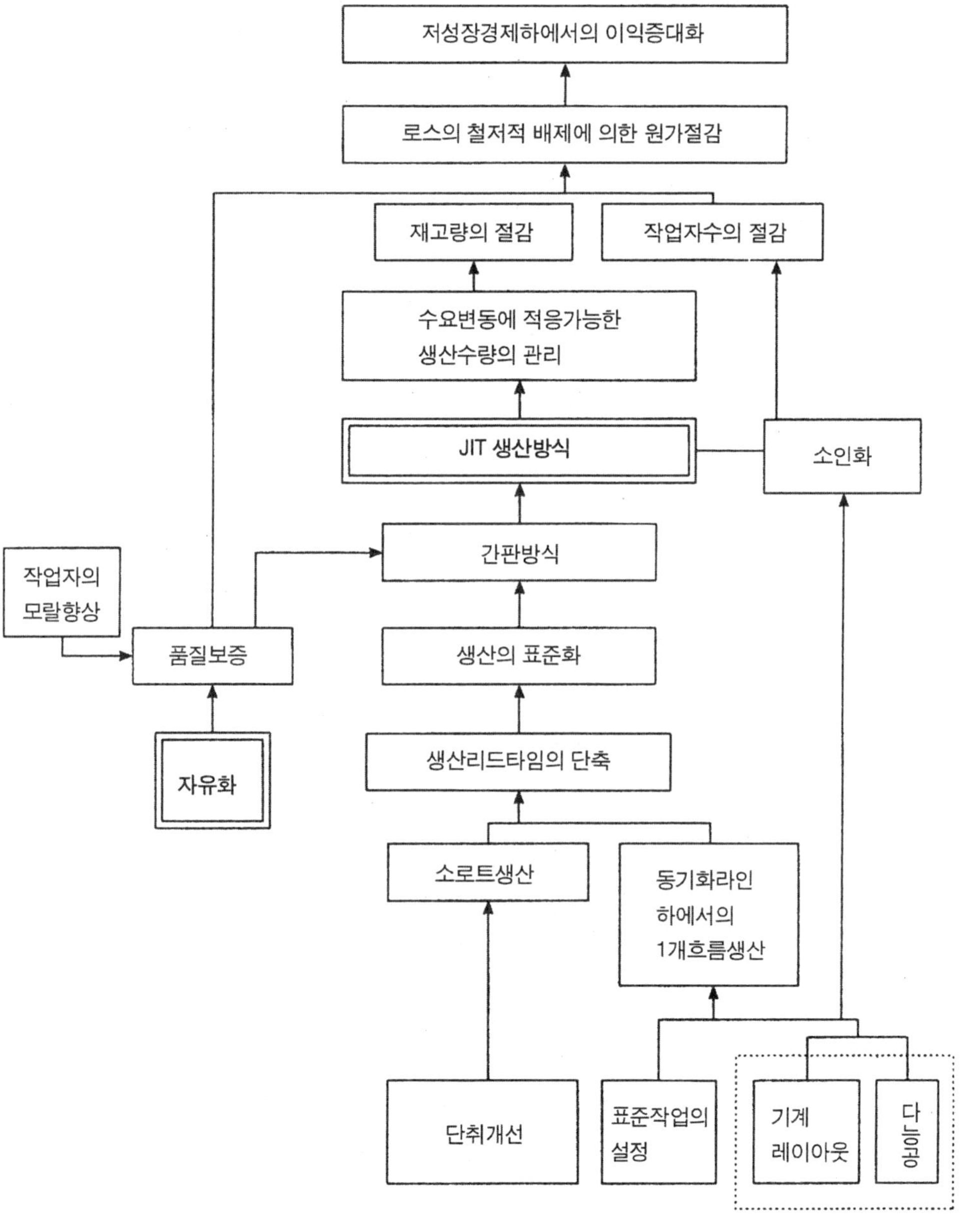

(4) 싱글단취개선의 사고방식

〈레벨 1〉 **내단취와 외단취의 분화**

- 단취대체작업을 내단취(기계 또는 라인을 정지하고, 주체작업을 정지해서 하는 단취)와 외단취(기계를 가동시킨 그대로 주체작업을 하면서 외측에서 하는 단취)로 분할한다.(예상효과 30~50%)

〈레벨 2〉 **내단취의 외단취화**

- 현재의 내단취작업을 연구개선해서 외단취작업으로 한다.
- 가장 효과가 크다.

〈레벨 3〉 **기구의 고정화 표준화 · 간이화 개선**

3-1-1 **조정작업의 배제**

- 조정작업에 대해 기능내용을 분석하고, 작업조건을 미리 정해서 고정화 · 브로크게이지 등을 사용하여 조정작업을 배제한다.

3-1-2 **기능적표준의 고정화**

- 형상 · 치수의 필요부분을 표준화하고, 고정화한다.

3-2-1 **부착 · 제거의 간이화**

- 부착구의 기능을 추구하고, 개선해서 고정화한다.

3-2-2 **기계의 개선**

- 부착구의 유압, 공압에의 개선을 촉진한다.

3-3 **중심설정의 간이화**

- 형, 인구 등의 부착 · 중심설정용 맞춤치구를 기계의 형, 인구 등 쌍방에 부착 · 중심설정조정을 간이화한다.

3-4 **병행작업으로의 전환**

- 조작업에 의한 단취작업은 내용을 분석하고 연구해서 작업분담을 바꾸어 병행작업으로 전환한다.

(5) 단취개선의 스텝

실제의 개선순서를 나타내면 아래 그림과 같이 된다.

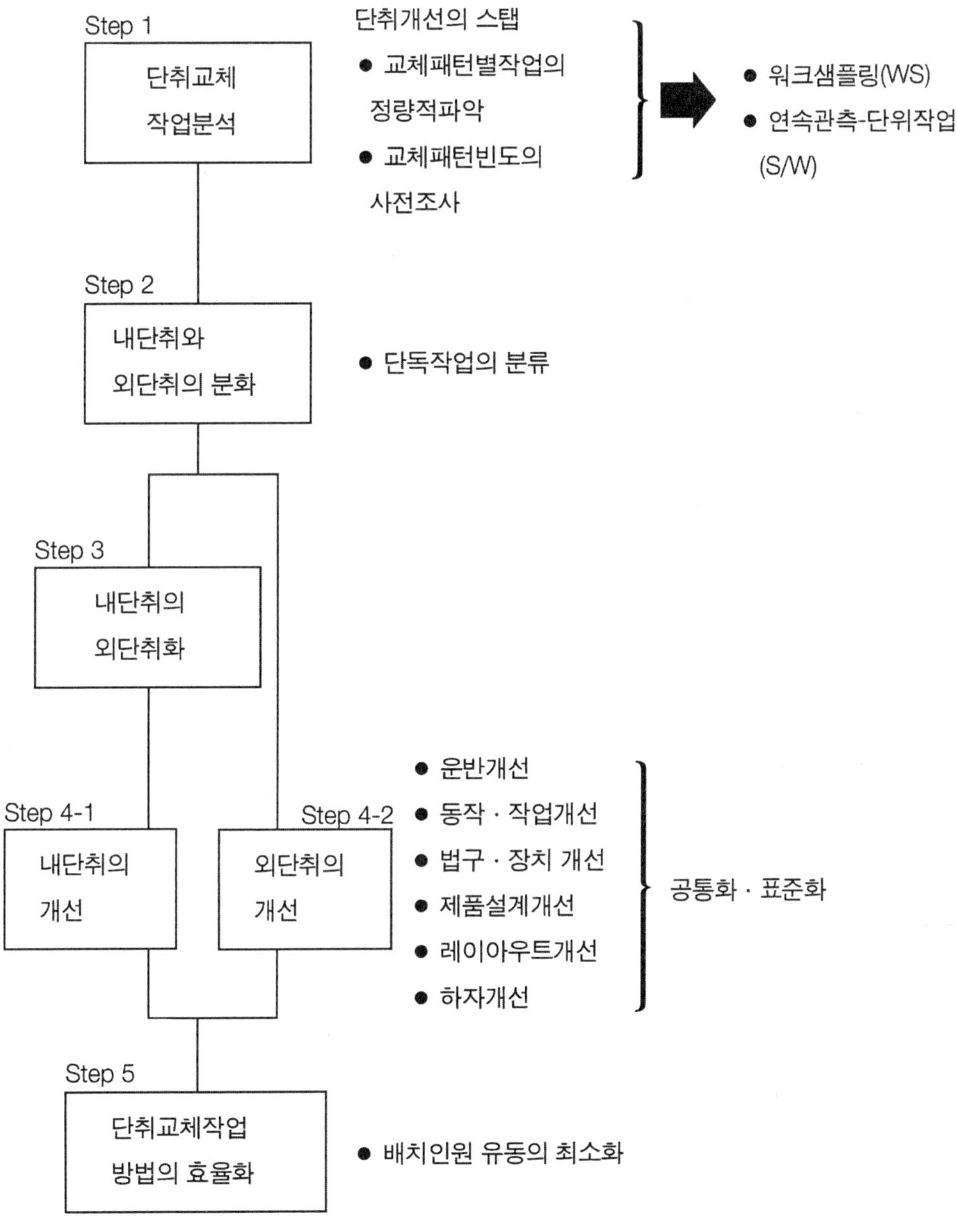

(6) 개선사례

① 사례 1

《납기단축의 개선시스템 flow》

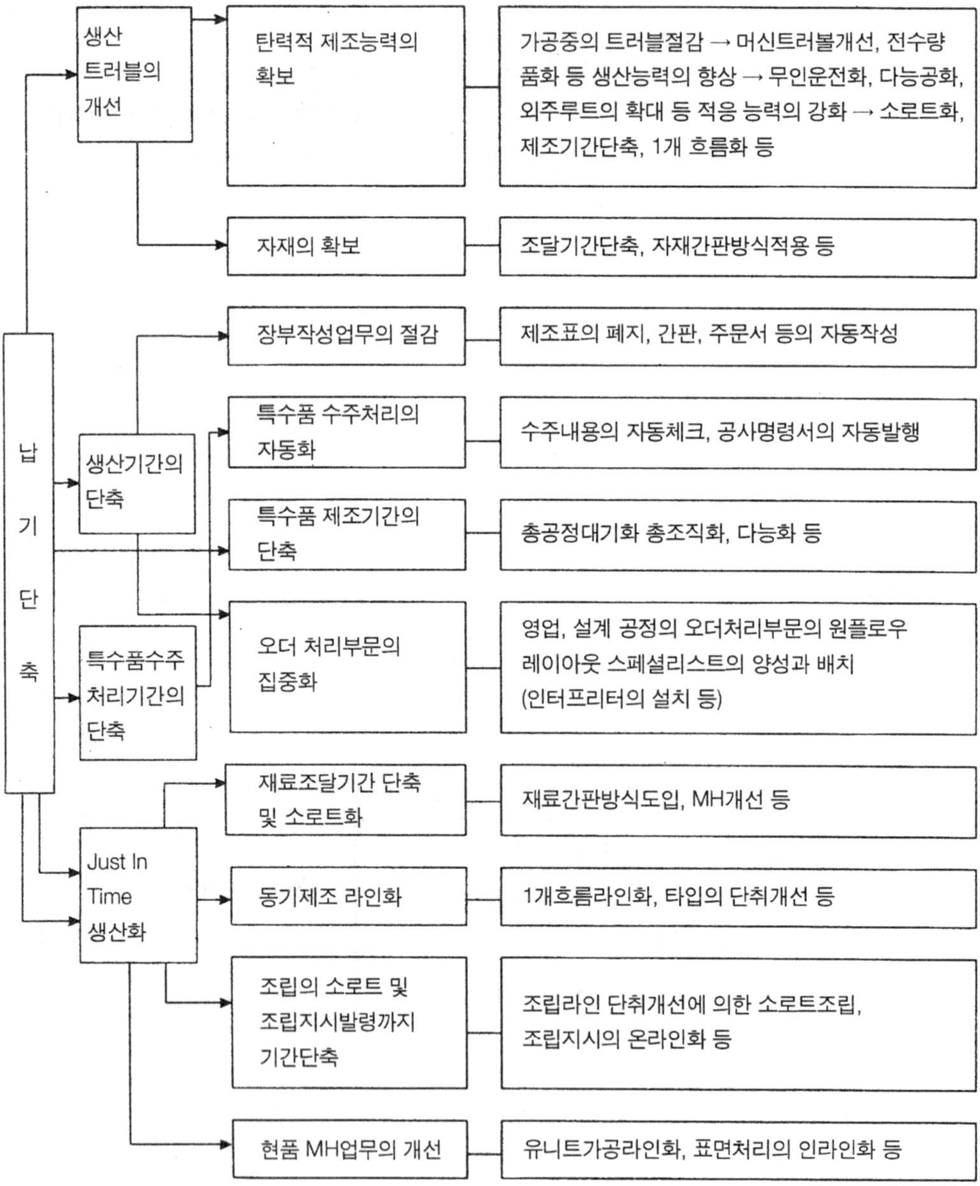

② 사례 2

《Just In Time의 장해와 대책》

Just · In · Time 이 지켜지기 어려운 이유

- 작업량의 변동이 심하다. — 친기업 또는 하류의 공정의 평준화를 도모한다.
- 즉시 제조에 착수되지 않는다.
  - 설비의 보수가 나빠 고장이 나기 쉽다. — 설비의 보전을 한다.
  - 단취교체에 시간이 걸린다
    - 작업이 복잡하다. — 설비의 개선.
    - 크레인대기등 — 내단취에 크레인을 쓰지 않는다.
  - 사람의 배치가 되지 않는다
    - 변경의 계획능력이 부족하다. — 계획방법보다 다능공화에 의해 처리
    - 전문화가 지나쳐 전용이 안 된다. — 다능공화
    - 현상파악이 안 되고 다른 부문으로의 파급을 두려워한다. — 누르는 방식의 관리를 도요다식 방식으로 바꾼다.
- 제조에 시간이 걸린다.
  - 동작이 나쁘다.
    - 레이팅이 낮다. — 의욕, 현장모랄, 소집단활동 등
    - 현장의 사기가 낮다. — 의욕, 현장모랄 소집단활동 등
  - 작업계획 · 방법이 나쁘다
    - 공정간의 정체 시간이 길다. — 흐름작업(사람도 물품도 움직이게 함)
    - 작업대기가많다. — 다공정대기, 다능공화
    - 불완전작업이다. — 작업방법, 설비의 개선
  - 설비능력이 낮다
    - 설비능력이 나쁘다. — 설비의 개선
    - 품질공정능력이 낮고 수리가 많다. — 불량회피, 품질공정능력의 개선
  - 로트가 커서 각공정의 시간이 걸린다. — 소로트생산의 추진(도요다 방식), 단취교체시간의 단축
- 요구되는 제품이 곧 나오지 않는다.
  - 제고품의 정리가 나쁘다. — 정리, 정돈, 청소, 청결
  - 제고품의 관리가 나쁘다. — 정리, 정돈, 청소, 청결
  - 생산과잉으로 재고가 많다. — 재공의 감소
- 출하업무 수송이 까다롭다.
  - 수송계획이 어렵다.
    - 수송횟수가 증가한다. — 수송방법과 기업간의 협업화 체제
    - 돌발적인 수송에 대응
  - 출하수속의 사무량의 증가 — 사무의 개선

③ 사례 3

《재공이 줄지 않는 원인과 대책》

재공이 줄지 않는 것은

- 정체가 있어도 당연하다고 생각한다.
  - 정체가 있어도 당연하다고 생각한다. ---- 정체에 대한 생각을 바꾼다.
  - 정체를 계획에 넣어 계획의 불비를 커버한다.
- 결품을 만들어서는 곤란하다고 생각한다.
  - 저축품을 갖지 않아 곤란한 점이 있다. ---- 기준재고량을 다시 본다.
  - 요구량이 변동한다. ---- 변동분포를 해서 대책을 세운다.
  - 설비가 있어도 고장이 생겨 그 때의 준비로써 ---- 가동률을 중시하고 설비보전을 전하게 한다.
  - 요구가 있어도 바로 착수되지 않는다.
- 로트생산이므로 생산과잉이 되어도 할 수 없다.
  - 로트가 너무 크다. ---- 순서변경을 단시간에 할 수 있도록 개선한다.
  - 진행교환에 시간이 걸린다.
  - 로트생산쪽이 코스트가 싸다고 생각한다. ---- 고집을 버리고 소로트생산으로 바꾼다.
  - 로트생산쪽이 발전된 생산방법이라고 믿고 있다.
  - 불량을 예상해서 ---- 품질관리를 철저히 한다.
- 공정간의 균형이 잡히지 않는다. 계획대로 공정이 진행되지 않는다.
  - 완전한 라인 균형은 불가능하다.
  - 너무 빨랐다. ---- 다능공화에 의해 다공정을 기다린다.
  - 후공정이 늦었다.
- 공정이 독립되어 도움이 되지 않는다.
  - 공정간의 거리가 열려 있다. ---- 공정의 라인화를 도모한다.
  - ---- 다능공화를 추진한다.
  - 직종이 틀려서 서로 협조할 수 없다.
  - 전문화가 합리적이라 생각하고 있다.

8) 재고를 좌우하는 인자

(1) 재고와 재고투자

① 재고란 "만들었다" "팔렸다"의 결과에 불과하다. 입·출의 잔고를 보고 재고가 많다, 적다고 하지만 이는 전부는 아니다.

② 재고는 매월, 판매, 제조에 의해 변동하고 있다. 이 재고증분을 재고투자라 한다.

재고증분이 +일때, 즉 재고가 증가일 때, 정의 재고투자가 이루어지며, 역으로 부일 때, 즉 재고가 감소될 때에는 부의 재고투자가 행해지고 있다.

③ 이런 재고투자를 생산·판매와 어떻게 관련시킬 것인가는 검토할 만한 문제이다

판매의 변화에 대응하는 생산 변화는 다음 표와 같다.

㉠ 간격이 1개월일 때 판매 1회한의 상승은 그에 연속되는 달의 생산을 상, 하로 크게 변화시킨다.

㉡ 간격이 2개월일 때 간격이 길게 될수록 생산의 변경이 일층 커진다.

㉢ 재고의 증감은, 반드시 재고투자의 증감과 일치하지 않는다.

표 2-9 판매의 변화에 대한 생산의 대응이 1개월 진정되는 경우

	1월	2월	3월	4월	5월	6월
생 산	100	100	100			
판 매	100	100	110	110	110	110
재 고	100	100	90	110	110	110
재고율	1	1	0.82	1	1	1

표 2-10 판매의 변화에 대한 생산의 대응이 2개월 늦어질 때

	3월	4월	5월	6월	7월
생 산	100	100			
판 매	110	110	110	110	110
재 고	90	80	110	110	110
재고율	0.82	0.73	1	1	1

표 2-11 재고증가

	1월	2월	3월	4월
재 고	100	100	120	130
재교투자증감			+20	△10

표 2-12 재고감소

	1월	2월	3월	4월
재　　고	100	100	80	70
재고투자증감			△20	+10

표 2-13

	1월	2월	3월	4월	1월	2월	3월	4월
생　　산	100	120	110	100	100	80	90	100
판　　매	100	100	100	100	100	100	100	100
재　　고	100	120	130	130	100	80	70	70
재 고 투 자		+20	+10	0		△20	△10	0
재고투자증감		+20	△10	△10		△20	+10	+10

④ 장부잔고로서의 재고가 아니고, 재고투자가 판매와 공히 일종의 수요로써 생산을 변화시킨다. 그래서 판매와 독립으로 재고투자를 고찰하면, 재고투자의 증감은 생산의 증감과 일치한다. 이와 같은 의미에서, 재고계획을 수립하는 것은, 재고투자의 계획을 수립하는 것과 같은 의미이다. 동시에 그것은 생산계획을 수립한다는 것과 동의어가 된다.

(2) 생산기간과 생산사이클

생산기간과 생산사이클을 어떻게 설정할 것인가에 의해 재고의 증감에 크게 영향을 받는다.

① 생산기관을 변화시켜 본다.(생산사이클이 2개월인 경우)

㉠ 생산기간 1개월

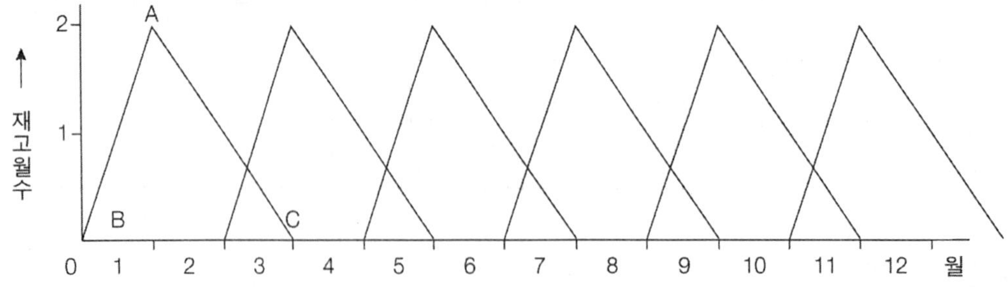

○ 생산속도 2D=AB

○ 생산하는 달　　1월, 3, 5, 7, 9, 11의 연6회

　각 월생산량　　1월 $2D_1$(2, 3월 수요분)

3　　$2D_3$

·　　·

·　　·

·　　·

11　　$2D_{11}$

$D_1, D_3 \cdots D_{11}$은 같지 않아도 좋다.

○ 재고량(월수)

△AOC의 면적=1월 생산량 D_1의 재고량= $\frac{1}{2}\times3\times2D_1 = 3D_1$

3월　　$= 3D_3$

·　　·

·　　·

·　　·

11월　　$= 3D_{11}$

연간총재고량$=3(D_1+D_1+\cdots D_{11})=3\times6\overline{D}$

월평균재고량$=\frac{1}{2}\times3\times6\overline{D}=1.5\overline{D}$

ⓛ 생산기간 2개월

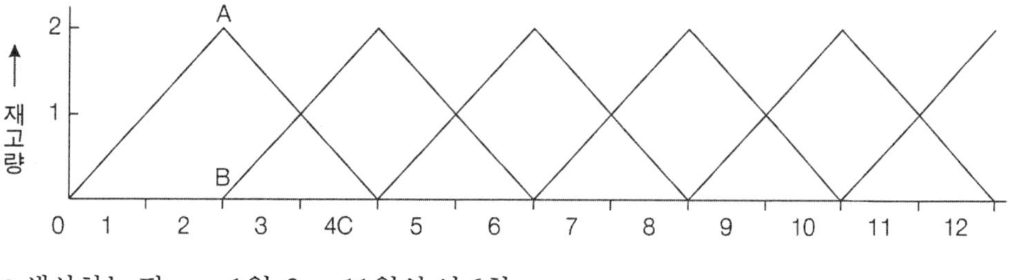

○ 생산하는 달　　1월, 3 ⋯ 11월의 연 6회

　각 월생산량　　1과 2월 $2D_1$(3, 4월의 수요량)

3

5

·

·

·

11　　$2D_{11}$

○ 재고량(월수)

△AOC의 면적＝1과 2월의 생산량 Dt의 재고량$=\frac{1}{2}\times4\times2D_1=4D_1$

3 $=4D_3$

5

·
·
·

11 $=4D_{11}$

연간총재고량$=4(D_1+D_3\cdots+D_{11})=4\times6\times\overline{D}$

월간평균재고량$=\frac{1}{12}\times4\times6\times D=2\overline{D}$

○ 생산기간 1개월의 경우보다도 증가하는 재고량(월수)은

$2D-1.5D=0.5D$

㉢ 생산기간 3개월

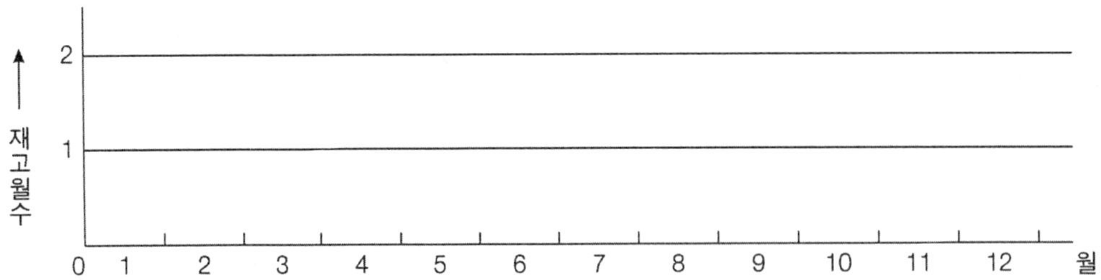

② 생산사이클을 변화시켜 본다(생산기간이 1개월인 경우)

㉠ 생산사이클 1개월

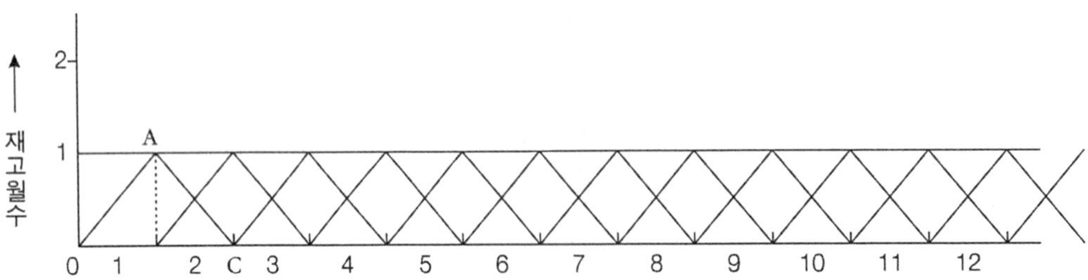

생산하는 달 1월, 2, 3, 4…11, 12의 연 12회

각 월생산량 1월 D_1(2월분의 수요량)

2월 D_2

·
·
·

12월의 D_{12}

○ 재고량(월수)

△AOC의 면적=1월 생산 D_1의 재고량$=\frac{1}{2}\times 2\times D_1 = D_1$

2월 〃 $= D_2$

·
·
·

12월 $= D_{12}$

연간 총재고량$=(D_1+D_2+\cdots\cdots+\overline{D}_{12})12\overline{D}$

월간평균재고량$=\frac{1}{12}\times 12\overline{D}=\overline{D}$

㉡ 생산사이클 3개월

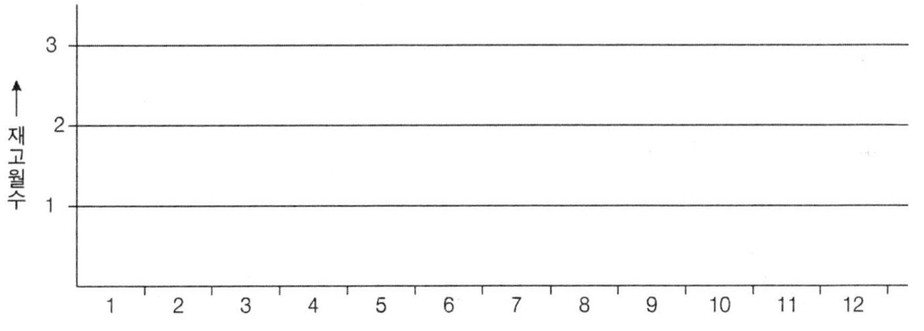

③ 유동성곡선

재고 · 재공과 생산기간을 관리하기 위해 유동성곡선을 쓰는 것이 일반적이다. 종축에 양, 횡축에 날짜로 해서 Input Output의 누계를 기입한다.

그림 2-24 유동성곡선

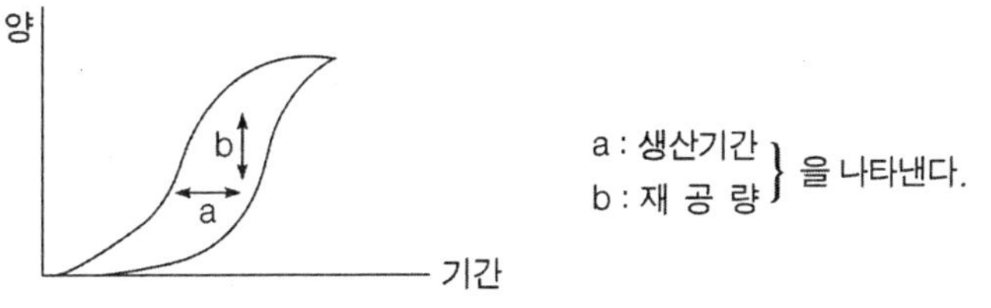

[예2] 유동수곡선의 작성

월·일	수 입		불 출		월·일	수 입		불 출	
	수입수량	동누계	불출수량	동누계		수입수량	동누계	불출수량	동누계
1	10		0		15	8		9	
2	15		0		16	10		11	
3	8		0		17	9		14	
4	6		0		18	10		15	
5	9	48	9		19	13		13	
6	10		10		20	15	200	12	
7	7		8		21			10	
8	11		6		22			9	
9	10		5		23			10	
10	9		8		24			9	200
11	11		10						
12	7		11						
13	12		8						
14	10		13	88					

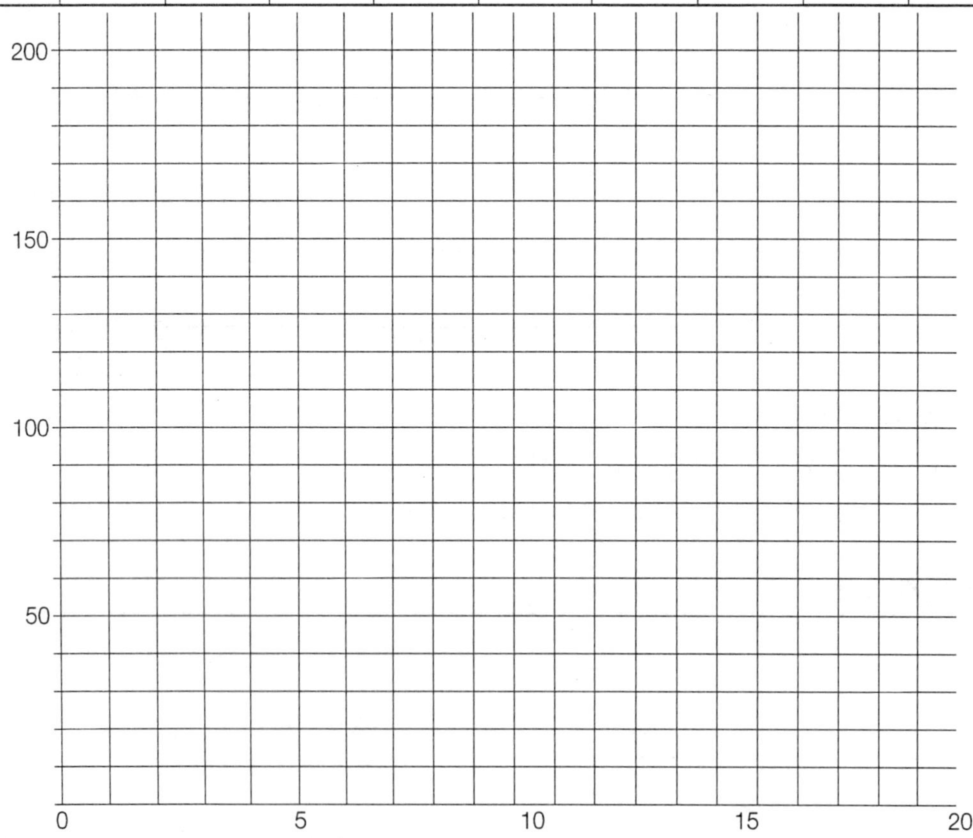

9) 재고 · 재공보유의 역할과 보유방법

(1) 재고 · 재공보유의 5가지 역할

① 수요변동을 흡수하는 역할

제품의 수요는 변동하는 경우가 많다. 그 변동에 대응해서 그대로 생산하면, 월이나 시즌에 의해 생산량이 크게 변동해 버린다. 생산효율을 유지해서 향상시키기 위해서는 안전생산을 하고 싶다. 수요가 적을 때에 생산을 해 두고, 생산능력이 부족할 시기에 재고로 커버하려는 것이다. [그림 2－25]는 수요량을 전도해서 생산하는 예이다.

그림 2-25 생산량 조달의 예

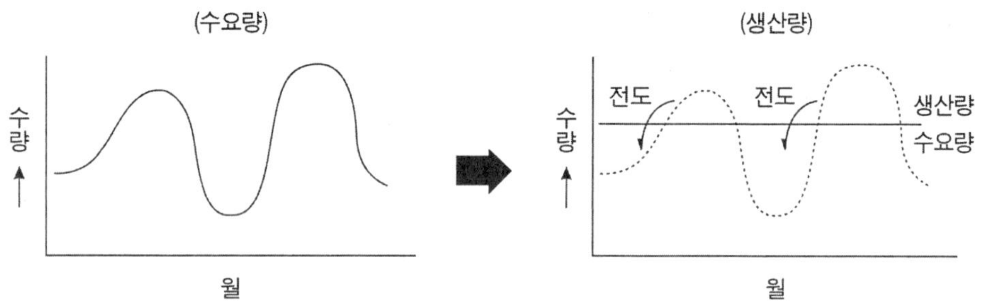

② 제조나 조달기간의 불확실성을 커버하는 역할

제조기간이나 구입 · 조달기간은 외부나 내부의 여러 가지 요인으로 변동한다. 이 변동으로 고객이나 후공정에 피해를 끼칠 경우에는 재고로 커버된다.

③ 대량생산·대량구입으로 효과를 살리는 역할

수요량에 응해 그 양만 생산하는 경우는, 소로트 생산이 되어 품종의 대체 로스가 발생한다. 이 로스를 막기 위해 대량으로 연속해서 생산하고 생산효율을 향상시키려 한다. 이렇게 하면 재고를 갖게 된다.

또, 물품구입의 경우에도 그 때마다 근소한 양만을 수배하면, 단가는 올라가게 되고 구입의 수고도 된다. 어떤 양을 종합해서 구입하면 재고가 된다는 것인데, 결국 싸게 되는 경우가 많다.

④ 공정간의 생산능력의 언밸런스를 흡수하는 역할

각 공정의 생산능력을 모두 같이한다는 것은 어렵다. 또, 무리해서 생산량을 합쳐 버리면 효율이 저하될 수도 있다. 생산능력이 적은 공정은 선행생산한다든가, 가동시간을 길게 해서 재공품을 만들고, 후공정의 능력이 큰 공정에 대처한다.

⑤ 납기나 생산기관을 단축시키는 역할

고객으로부터 주문을 받고, 초공정부터 생산을 시작하면 생산기간이 길게 되어, 고객의 납기를 만족시킬 수 없는 경우가 많다.

그래서 원재료나 부품, 중간제품 등에서 재고를 갖고, 생산기간을 단축한다. 시장생산의 경우에는 제품으로써 재고해 두고, 고객으로의 양납에 대응하도록 한다.

이와 같은 재고 · 재공이 할 수 있는 역할을 충분히 재고관리를 해 가야 한다.

(2) 재고의 3가지 성격

재고의 대상이 되는 물품은 제품, 반제품, 부품, 구입품, 원재료, 기타 간접재료, 보수부품 등으로 그 범위가 넓다. 그러나 재고의 대상이 달라도 재고관리의 기본적인 생각에는 변함이 없다.

재고의 성격을 기능으로 분류하면 사이클재고, 안전재고, 계획선행재고의 3가지로 나뉜다.

① **사이클재고**(유동재고)

사이클재고는 평균적인 수요량에 대비해서 保持하는 재고이다. 발주의 간격을 작게 하면, 사이클재고는 감소한다. 생산한다든지, 구입한다든지 하는 로트사이즈가 사이클재고이다.

② 안전재고

사이클재고만으로는 수요량에 변동이 생기는 경우 품절이 발생한다. 또, 생산이나 조달기간이 예정 이상으로 길게 되면 동시에 품절이 발생한다.

이 품절을 방지하기 위한 것이 안전재고이다. 안전재고는 품절을 어느 정도로 할 것인가에 의해 그 양이 결정된다.

그림 2-26 사이클재고량

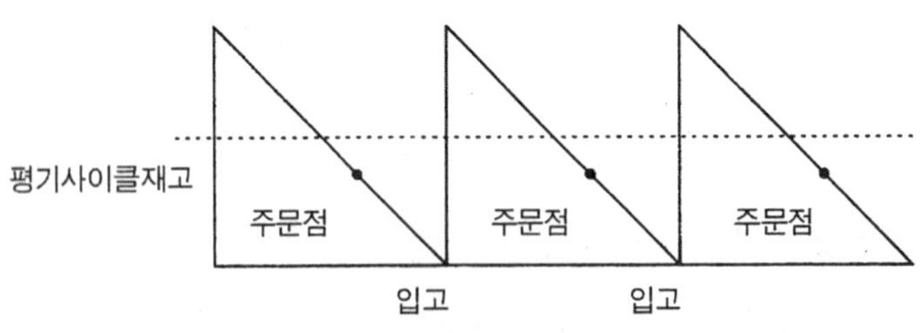

그림 2-27 안전재고와 사이클재고

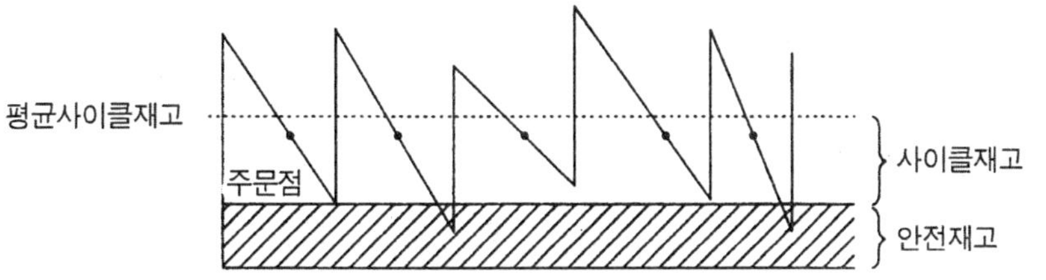

③ 계획적 선행재고

수요량의 변동에 대해 사전에 생산능력에 여력이 있는 시기에 선행해서 준비하는 재고이다. 생산량을 수요량에 확실히 대응해 나간다는 것은 불가능한 까닭에 전도해서 제조 비치해 두는 것이다.

(3) 재고보유공정(포인트)

재고관리의 기법을 배우기 전에, 우리들이 잊어서는 안 될 점은, 재고를 어떻게 보유할 것인가 이다.

① 재고를 어떤 공정으로 보유할 것인가

② 어떤 종류의 재고를 보유할 것인가

이 두 가지를 바르고 명확히 포착해야 한다. 그렇지 않으면 재고관리의 방법론만을 알고 있다 해도 관리를 하고 있다고는 할 수 없다.

재고를 원류공정에서 보유한다든가 최종공정 가까운 데서 보유하면 좋다든가는 단순하게 단언할 수 없다.

① 생산기간과 고객이 요구하는 납기

② 생산공정과 품종증대방법

③ 생산공정에 있어서의 질적, 물리적 제약

④ 각 공정의 생산능력의 밸런스 상태

⑤ 각 공정에 있어서의 품종대체 로스의 크기

등을 종합적으로 고려해서, 재고를 어디에 보유할 것인가를 결정하여야 한다.

(4) 재고보유품목

재고보유결정은 그 품목이 갖는 특성을 충분히 고려해서 보유해야 한다. 제품재고는 또한, 영업정책도 고려할 필요가 있다.

① 제품재고의 경우

㉠ 수요의 특성을 조사하고, 안정된 수요, 단속되는 매출품목은 재고로 두어도 위험은 적다.
㉡ 다수의 고객에 대해서 판매를 한다면 안심하고 재고해도 좋다.
㉢ 제품 라이프 사이클에서 보아 양산이나 종말시의 불안정한 시기의 품목은, 재고를 두지 않아야 한다. 시장에 있어서 강력한 타사 유사품이 있을 경우도 재고를 눌러 두어야 위험이 없다.
㉣ 영업정책상 적극적으로 시장점유율을 확대하려고 제품재고를 비축해서 한꺼번에 시장에 제공하는 경우도 있다.
㉤ 몇 가지의 품목을 세트로 해서 시장에 내려고 재고할 수도 있다.

② 부품·반제품의 경우

㉠ 우선 계속성이 있는 것을 재고품목으로 한다. 또한 공통성이 있으면 재고를 보유할 메리트(장점)가 커진다.
㉡ 완성품으로써는 전혀 다른 제품이라 해도 많은 부품으로 조립되고 있는 제품에는 수많은 공통부품이 사용되어 있다. 더욱, 그 양은 계속적으로 상당한 양으로 증가되는 경우가 많다.
㉢ 부품이나 반제품은 일정한 품질의 것을 확보하기 위해 재고를 보유하는 경우도 있다. 또, 생산기간이 긴 품목을 미리 수배해서 재고를 보유하는 경우도 있다.
㉣ 재고품목은 한번 정했어도, 정기적으로 검토할 필요가 있다. 환경이나 조건이 변할 경우나 제품의 사양이 변해가는 경우, 항상 주의를 해서 품목의 메인터넌스를 해야 한다.

표 2-14 재고관리의 방법

기 \ 양	정 량	불 정 량
정 기		
부 정 기		

10) 재고관리의 제방법

(1) 발주점법(주문점법…Ordering-Point법)

OP법이란, 재고가 일정수준 P까지 내려가면, 자동적으로 일정량의 보충주문을 하고 재고량을 항상 계획적으로 일정한 최고·최저량의 사이에 유지해 가려고 하는 것이다. 이 방법은 연간을 통해, 발주점 K와 발주량 Q(1회당)를 정해서 하면 좋다.

① 발주점 K의 계산

어떤 부품의 재고량이 a라 하자. 생산에 의해 현장에 불출되면 a－b의 방향으로 재고가 감소해 간다. 소비의 스피드는 a－b가 표준이라 하면 c－d는 완만하고, e－f는 급격하다. 즉,

(*) 소비에는 완·급의 불규칙성이 있다.

그림 2-28 발주점법

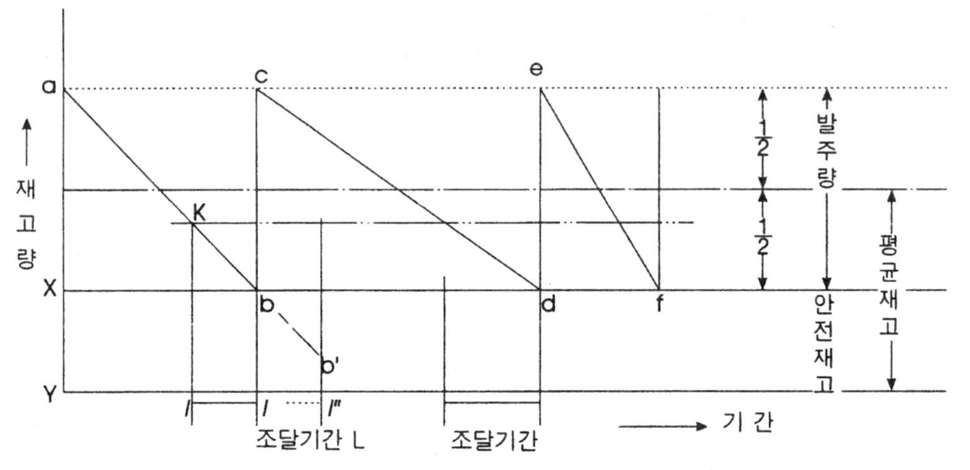

조달기간 L이, 만일 길어서 l'이 l''까지 연장되면 재고레벨은, b－b′가 되어 안전재고가 없으면 품절손실이 발생하므로 안전재고는 많이 두어야 한다.

반대로, L＜l－l′라 하면 안전재고는 적어도 좋다.

(* *) 조달기간에도 장 · 단점의 불규칙성이 있다.

따라서, (*)과 (* *)를 보증한다.

안전재고량을 정해서 해야 한다.

K＝(평균수요량)×(평균조달기간)

＋[(*),(* *)에 대한 안전여유]

이다.

조달기간이란, 발주해서부터 입고 · 검수를 마쳐서, 언제든지 출고할 수 있는 상태에 이르기까지의 기간을 말한다. 여기에서,

[목표조달기간＋허용기간＝최대조달기간]

이라고 하면,

K＝최대조달기간주의 평균수요량＋안전재고

＝최대조달기간(월단위)×월당 평균수요량

$\underbrace{+\text{안전계수}\times\sqrt{\text{최대조달기간}}\times\text{수요의 불규칙성}}_{\text{안전재고량}}$

(T : 최대조달기간, D : 월평균수요량, α : 안전계수, K : 발주점)

$$K = T \times D + \alpha\sqrt{T} \times \sigma_0$$

② 안전계수(*)

③ 수요의 불규칙성(σ_0)

표준편차를 계산하는 것이 정확하나 간이적인 방법으로써 R(＝D_{max} · D_{min})과 $1/d_2$를 사용하여 산출한다.

㉠ 조사대상기간의 수요의 MAX, MIN를 구한다.

㉡ R＝D_{max}－D_{min}

㉢ 계수($1/d_2$)

(*)

품절율 부족확률	1%	2%	2.5%	3%	4%	5%	10%
α치	2.33	2.05	1.95	1.88	1.75	1.65	1.28

자료의 크기	계수	자료의 크기	계수
2	0.8865	7	0.3698
3	0.5907	8	0.3512
4	0.4857	9	0.3367
5	0.4299	10	0.3249
6	0.3946	11	0.3152
		12	0.3069

㉣ $\sigma^0 = R \times (\frac{1}{d_2})$

[예3] 발주점의 계산

월	수요량	월	수요량	월	수요량
1	145	5	165	9	142
2	123	6	150	10	138
3	135	7	145	11	155
4	160	8	133	12	160

ㅇ 리드 타임 2개월

ㅇ 부족 확률 5%

④ 발주량의 계산

그림 2-29 발주량의 계산

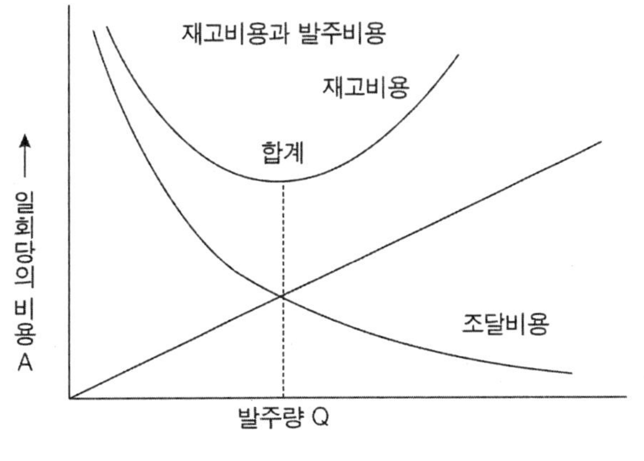

$$조달비용 = S \cdot \frac{A}{Q}$$

$$재고비용 = C \cdot \frac{i}{2} \cdot Q$$

$$합계 = S \cdot \frac{A}{Q} + C \cdot \frac{i}{2} \cdot Q$$

$$합계의\ 최소치\ Q = \sqrt{\frac{2A \cdot S}{i \cdot C}}$$

(Y : 발주량에 의해 변동하는 연간비용
Q : 경제적 발주량
S : 연간소비량
A : 주문 1회당 발주비용
i : 그 부품 1개당 연간보관비율(%)
c : 부품구입 단가)

(2) 정기발주방식

아래 그림과 같이, 발주시기를 1개월에 1회라든가 2개월에 1회로 정해서 사용실적이나 소비예정량의 변화에 대응해서 그때마다 발주량을 바꾸는 방식이다.

그림 2-30 정기발주방식

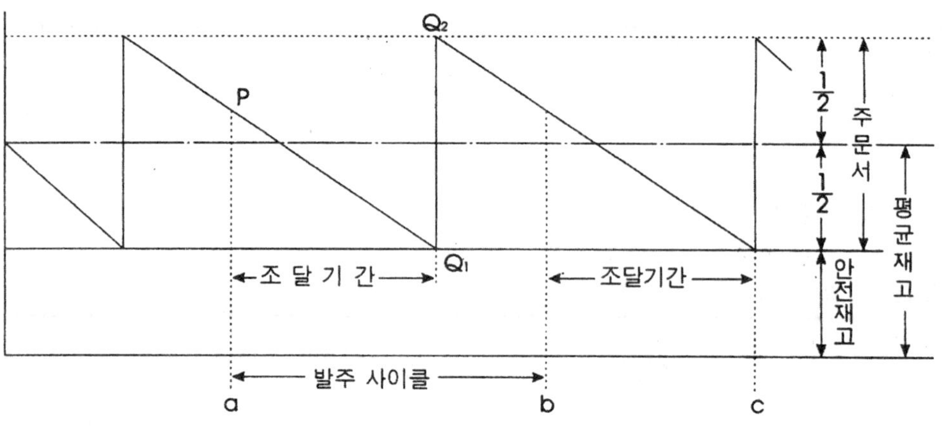

① 발주량의 계산

발주량 Q= (조달기간+발주사이클기간)의 수요추정량

　　　　　 − (발주시의 발주잔)−발주시의 재고량+안전여유

발주량계산식의 제1항의 의미는, P점에 발주된 물품을 $Q_1 Q_2$에 입고한다. 이 $Q_1 Q_2$에 안전재고를 더한 재고로써 a−b−c간, 즉 조달기간과 발주사이클 기간의 수요를 관리해야 한다.

② **안전재고의 계산**

(σ_E: 예측오차의 불규칙성)

$$S = \alpha\sqrt{T + M}\,\sigma_E$$

$$\text{평균재고량} = \frac{Q}{2} + \alpha\sqrt{C+T}\,\sigma_E$$

(S : 안전재고
T : 조달기간
M : 발주사이클
α : 안전계수)

(3) 정량유지법

보수품이라든가 비품과 같이 드물게 사용되는, 즉 변동은 높으나 없어서는 안 될 품목에는 좋은 방법이다. 우선 발주점법과 같이 발주점을 계산한다. 다만, 보수품이라는 것은 품절에 의한 손실이 큰 것이 보통이므로, 서비스율을 97~99%로 크게 잡는다.

[그림 2−31]에서 발주점 P는 20개로 한다. 7월 10일에 5개 출고해서, 곧 출고수와 같은 5개를 발주한다.

그림 2-31

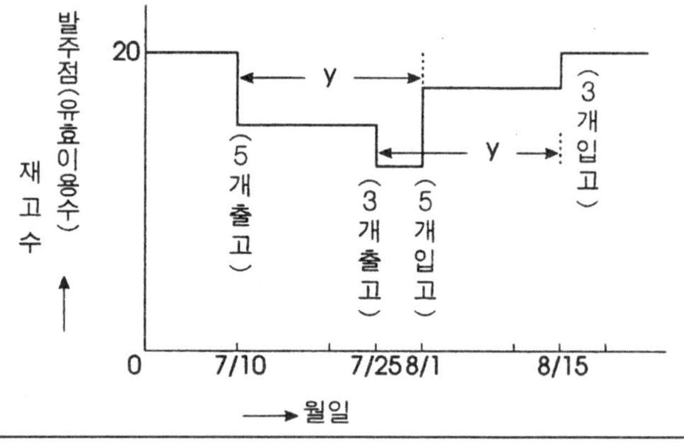

리드타임 y를 0.67개월(20일간)로 하면, 8월 1일에 5개 입고예정으로 되고, 유효이용수는 언제나 발주점과 같은 수로 되어 있다. 또, 7월25일에 3개 출고하고 곧 3개 발주하면. 8월 15일에 입고예정이 되고, 발주시점의 재고수에 입고예정수를 더한 것이 유효이용수가 된다. 단순한 방법이므로 창고수불대장(관리카드)을 사용할 필요도 없다. 2분법의 의뢰왕복 카드를 사용하든지, 출고표에 재고보충의뢰표, 주문서, 납품서, 청구서를 원 라이팅으로 한 전표를 사용해도 관리할 수 있다. 정량유지법의 이용방법은 보수품만이 아니라 예산으로 정해진 재고의 상한을 뛰어넘을 위험이 없는 법으로써 지점, 출장소, 영업소의 재고관리에도 사용한다. 유효이용수가 언제나 정량이라는 의미에서 정량유지법이라 한다.

(4) 더블 병법

이 발주방식에 적절한 상품은 C분류에 속하는 상품이다. 연간 매출금액이 적고, 또 단가도 싼 상품은 이 발주방식에 의해 관리비용의 저하를 도모하는 것이 상책이다.

이 방식을 채용하기 위해서는 우선 상품의 진열을 정형화해서 예를 들면 [그림 2－32]와 같이 1과 2의 같은 용량의 두 케이스로 진열한다. 우선 1과 2의 두 케이스로 특히 상품을 진열해서, 제1의 케이스에서 판매한다.

그림 2-32 2-병법

제1케이스의 재고가 매진되면 제2의 케이스에서 판매를 시작함과 동시에 제1케이스분의 수량을 집배송 센터에 배송하든지 납입업자에게 발주한다. 그래서 그 배송의뢰분 또는 발주분이 입하되면, 제1의 케이스에 진열한다.

다음에 제2의 케이스의 상품이 매진되면, 제1의 케이스에서 판매함과 동시에 제1케이스분의 수량을 배송의뢰, 혹은 발주한다. 이와 같은 순서를 반복한다.

이 발주법에 있어 주의할 것은, 이 발주법을 적용하는 상품에 대해서는 재고대장을 만들지 않아야 한다. 매출전표에 근거해서 보유재고량을 재고대장상에서 감한다. 또는 상품이 입하되면 입고전표에 의해 재고대장상의 보유재고량을 증가한다. 이와 같은 기장은 전혀 하지 않는다.

현품관리는 매장에 일임한다. 상품의 입출고시에 입출고카드(또는 테이프)에 의해 재고마스터를 갱신한다는 것은 그만한 경비가 들지만, 이 발주법에 속하는 것은 단가도 싸고 매출액도 적으므로 이와 같은 관리비용을 소비한다는 것은 적절치 않다. 오히려 매장에 관리를 일임하는 것이 상책이다라는 판단에 근거를 두고 있다.

물론, 일정시, 즉 주말이라든가 실제 매고조사를 해서 보유재고량의 조사를 한다. 또 입고량, 매출수량은 파악되어 있으므로 재고는 조사시에 기중 로스량이 파악된다.

(5) 보충점 · 발주점법

이 발주법은 <S－S>정책으로 알려져 있는 방식이다. 또 IMPACT에서는 OUTL방식

(Order-up-to-Level)이라 말하고 있다. S는 보충점을, s는 발주점을 의미한다. 이 방식은 재고관리 방식으로서, 이론적으로는 가장 훌륭한 방식으로 수많은 저서 · 논문이 발표되어 있다.

① 보충점－발주점법의 요점

① 재고조사는 정해진 일정조사간격 RT 마다 한다. 따라서 정량발주법이나 보충점법과 같이 리얼타임 처리와 같은 조사간격을 무시할 수 있는 준연계조사방식이 아니라, 불연속 조사방식이라는 것

② 유효재고고 X에 의해 관리한다.

③ 보충점 S와 발주점 s를 설정한다.

④ 각 조사시점에 있어서 유효재고고 X_t를 갱신하고, X_t와 발주점 s를 비교한다.

$X_t > s$ 라면 발주하지 않는다.

$X_t \leqq s$ 라면 $S - Xt$만 발주한다.

으로 계산하고, 안전재고는 20항의 식을 적용해서 산출한다.

② S와 s의 결정방법

조사간격 T는 재고관리 시스템 내에서의 문제라는 것보다도 오히려 외적조건에 의해 주어진 경우가 많다. 거기에서 이 방식으로 결정해야 할 것은 보충점 S와 발주점 s의 크기이다.

어떤 상품에 대해 다음을 알고 있다고 하자.

그림 2-33 보충점－발주점법

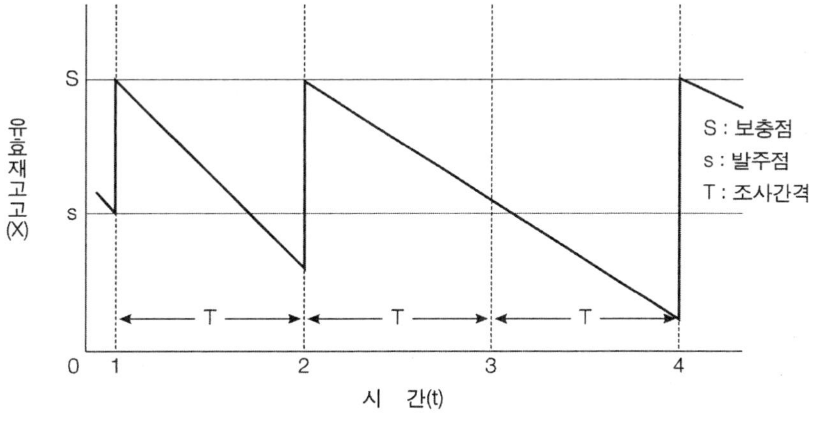

납입리드타임은 LT, 단위기간당 매출에 관한 정보는 매출실적의 시계열로써 주어지고 있다. 즉 지수평활법에 의한 예측치가 d이고 예측오차의 평균절대편차가 mad라고 한다.

이제까지 정량발주법이나 다종정량발주법에서는 발주량으로써 경제적 발주량을 사용했다.

EOQ는 재고관리의 기초이론을 구성하는 것이고, 그 응용범위는 극히 넓으나 이를 팽대한 점수의 단품관리에 적용하려 하면, 다음과 같은 곤란이 따른다.

EOQ의 계산에는, 발주비와 연간보관비율의 지식이 필요하다. 팽대한 점수의 단품의 전부에 대해 발주비와 연간보관비율을 정확히 조사할 때는 극히 곤란한 일이다.

여기 본절에서는, 이미 「시뮬레이션」의 절에서 검토한 「n주간분매입량」을 사용한다.

지금 보충점 S와 발주점 s와의 차를 D라 하면

$$D = S - s$$

이미 시뮬레이션에 의해 구하고 있는 「n주간분매입량」을 D에 채용한다.

다음에 s는 다음 식에 의해 구한다.

$$\text{발주점 s} = \left\{\begin{matrix}(LT+\dfrac{RT}{2})\text{기간} \\ \text{중수요의 평균치}\end{matrix}\right\} + \text{안전재고량}$$

$$= \left\{\begin{matrix}(LT+\dfrac{RT}{2})\text{기간} \\ \text{중수요의 평균치}\end{matrix}\right\} + (\text{안전계수}) \left\{\begin{matrix}(LT+\dfrac{RT}{2})\text{기간 중} \\ \text{수요변동의 표준편차}\end{matrix}\right\}$$

$$\text{좌변 제1항} = (LT+\frac{RT}{2})(d)$$

$$\text{우변 제2항} = k\sigma(D_{LT}+\frac{T}{2})$$

$$= \text{k}(1.25)\text{MAD}(D_{LT}+\frac{T}{2})$$

$$= \text{k}(1.25)(LT+\frac{RT}{2})^{r}\,\text{mad}$$

k 안전계수 : 4의 확률분포와 판매정책에 의해 주어진 서비스율에 의해 결정된다.

r : 평균절대편차의 변환을 위한 제곱

11) 재고와 리드타임에 관한 사고방식

(1) 왜, 재고는 나쁜가?

「왜, 재고는 나쁜가?」하는 질문에는 일반적으로 다음과 같이 말할 수 있다.

① 금리부담이 증대된다.

자본조달에는 자본코스트가 발생한다. 일반적으로 이것을 금리라 한다. 재고로서 정체시키는 것은 본질운용을 포기하는 일이며 기업에 금리부담만이 짓누르게 된다.

② 장소를 차지한다.

재고가 있으면 당연히 그것을 둘 공간이 필요해진다. 공장의 바닥은 점점 좁아지고, 선반이나 창고를 증설하게 된다.

③ 낭비적인 운반이나 집고 놓는 일이 발생한다.

물건을 저장한다는 것은 반드시 이동이 따른다. 나르지 않아도 되는 운반이나 그때 물건을 집거나 놓는 "집고 놓는" 낭비가 발생한다.

④ 불량이 발생하기 쉬워진다.

물건이 오랫동안 정체하면 진부화나 녹이 발생한다. 또, 빈번한 운반이나 집고 놓으면 상처 · 흠 등 불량의 주요인이 발생한다.

⑤ 여분의 관리비용이 발생한다.

물건이 쌓이면 보관관리가 발생하고, 운반하면 운반관리가 따른다. 또, 불량이 증가하면 품질관리를 충실히 하지 않으면 안 된다. 점점 관리비용이 증가한다.

⑥ 재료나 부품을 미리 사용한다.

제품을 만들면 필연적으로 거기에 사용하는 재료나 부품이 있다. 모처럼 만들어 재고로 된 제품이 팔리지 않고 재고가 없는 제품이 요구되어도 재료나 부품을 미리 써 버렸기 때문에, 또 다시 만들 수는 없다.

⑦ 에너지 비를 미리 쓴다.

전기나 에어, 기름 등 에너지 비용도 미리 써 버림으로써 낭비로 되고 만다.

이와 같이 재고를 가짐으로써 여러 가지 나쁜 일이 발생한다. 그러나 재고가 나쁜 진짜 이유는 다른 데 있다. 그것은 "재고"가 공장의 여러 가지 문제를 모두 덮어버리기 때문이다. 문제가 없는 공장은 없다.

아무리 우수한 공장이라도 문제는 얼마든지 있는 것이다. 재고는 이 문제를 가려버려 그 문제의 진정한 해결을 방해한다.

예로, 불량품이 많이 나오는 공정에서는 후공정에 폐를 끼치지 않기 위해 재고를 갖는다. 이것으로 "후공정에 폐를 끼치는" 것은 방지되지만 문제의 근본원인인 "불량이 자주 나오는" 것은 전혀 해결하지 않는다. 이래서는 "폐를 끼친다"는 표면적인 문제를 회피한 것뿐 근본문제가 해결되지 않았다. 재고로 표면적인 문제에서 도피하면 할수록 근본문제는 증가하고 기업에 깊이 뿌리박혀 체질은 점점 약체화되어 간다. 따라서 재고는 "공장의 마약"이라고도 한다. 절대로 소홀히 해서는 안 된다.

그림 2-34 보충점 – 발주점법

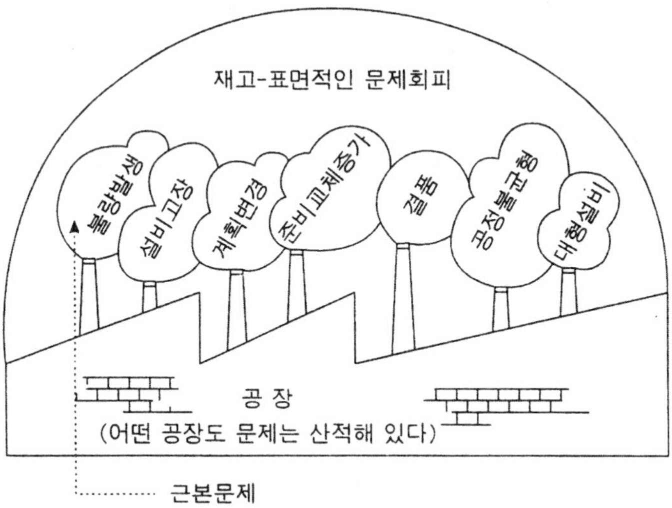

(2) 적정재고는 ZERO

재고는 적으면 적을수록 좋은 것이다. 다품종화가 한층 추진되므로 재고를 아무리 가져도 인기 상품은 결품을 없애기 위해 재고를 늘린다. 그리고 어느 시기에 가보니 과잉재고로 되어 있는 것이다. 이러한 과잉재고는 경영에 악영향을 미친다. 그래서 아주 좋은 말이 생긴다. 그것이 곧 "적정재고"이다.

"적정재고"라고 물으면 곧바로 「그것은 0이다」라고 대답할 자세가 필요하다. 그리고 그것과 현장과의 차이를 문제로 삼아 조달, 생산, 판매하는 기업전체의 개혁으로 연결하는 것이 중요한 것이다.

(3) 겉보기 리드타임 · 실제 리드타임

「당사는 이것만 생산하는데-」라든가 「납기는 최소한 3주일 걸린다.」하면서 운영할 수 있는 공장은 몇 개에 지나지 않으며 대부분의 고객은 「필요한 것을 필요할 때에, 필요한 만큼」요구하게 된다. 고객은 「상품을 곧 갖고자 한다.」 그러나 공장으로서는 「제조하는 데 시간이 걸린다.」고 이유를 말한다. 그래서 고객과 공장에 갭이 생긴다. 이 갭을 메꾸기 위해 재고가 생겼다.

고객이 주문하고서 상품을 손에 넣을 때까지를 고객의 리드타임이라 한다. 가령 주문된 제품의 제조에 곧 착수한다고 할 때 우선 제조하기 위한 시간이 필요하다. 이것이 제조 리드타임이다. 그리고 생산된 제품은 고객에게 운반된다. 이것을 수송 리드타임이라 한다.

판매라든가 사무처리에 걸리는 시간을 제외하면,

고객리드타임=제조 리드타임+수송 리드타임이다. 그러나 이 리드타임에서는 고객의 납기에 맞지 않는다. 그래서 공장과 고객 사이에 창고를 두고 제조 리드타임은 방해가 된다고 고려하지 않고 "형식상의 고객 리드타임"을 만든다. 즉

고객 리드타임=수송 리드타임으로 해서 제품재고를 가짐으로써 제조의 약점을 보완하자고 생각한다. 공장은 재고라는 두터운 벽으로 지켜져 여유 있게 생산해 간다.

그림 2-35

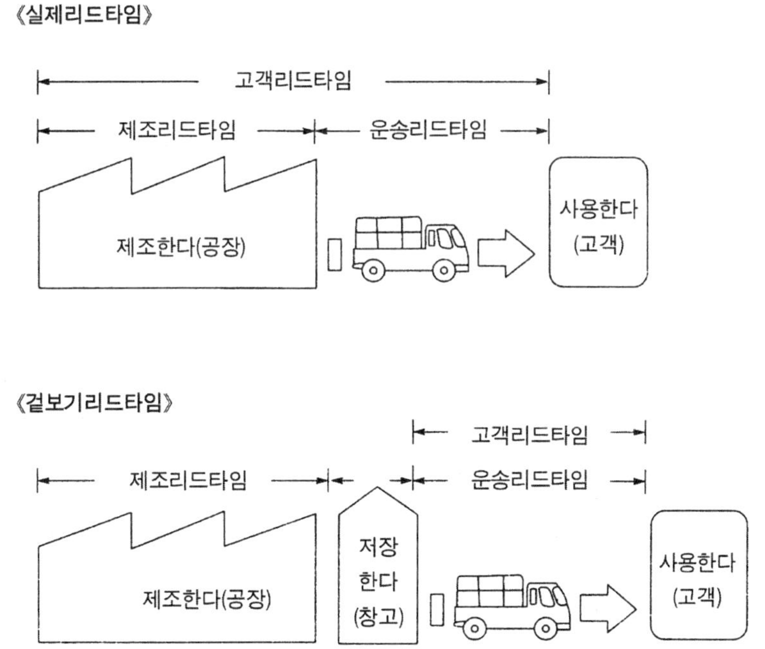

그러나 그 반면 시장의 변화에 뒤져 체질은 급속하게 약체화되어 간다.

공장에 산재된 재고는 제품재고만이 아니다. 가공이나 조립 도중에서 나오는 재공재고, 그리고 재료나 외주부품을 비축하기 위한 재료재고도 있다.

이들 재고를 철저하게 없애고, 또한 고객이 요구하는 납기대응이 되게끔 하지 않으면 앞으로 격심한 경쟁 속에서 살아남을 수는 없다. 언제까지나 "겉보기 리드타임"으로 처리된다고 생각하면 큰 잘못이다. "실제 리드타임"으로 당당하게 고객의 단납기요구에 응하는 것이 본질이다.

(4) 리드타임(Lead-Time) : 작업준비시간

작업 리드타임은 찾고, 고치고, 준비하는 데 걸리는 불필요한 시간을 말한다. 그 외에도, 제조·운송·고객리드타임 등이 있다.

※재고(Inventory) : 생산이나 판매를 위하여 기다리고 있는 자재, 원재료, 부품 또는 고객을 기다리고 있는 판매 제품(상품)을 말한다.

3 작 업 관 리

3.1 작업관리

1) 작업관리의 개념

작업관리(work study=time and motion study=design and measurement of work)는 현장에서의 여러 작업방법이나 작업조건 등을 조사 연구하여 무리와 낭비가 없이 작업을 원활히 할 수 있도록 최선의 작업방법을 추구하고, 작업에 나쁜 영향을 미치는 조건들을 개선해서 최적의 작업조건을 이루도록 하는 활동이다.

또는, 설비의 성능유지를 위한 정기수리나 예방수리 및 신・증설・개조・갱신 등의 작업을 계획적이고 경제적으로 행하기 위한 기능이다.

(1) 작업관리의 목표

작업의 능률화, 작업시간의 단축, 생산량의 증대, 품질개선, 원가절감을 통하여 기업측에는 생산성 및 경제성 향상, 작업자에게는 만족감을 주는 데 있다.

(2) 작업관리의 범위

그림 3-1 작업관리의 범위

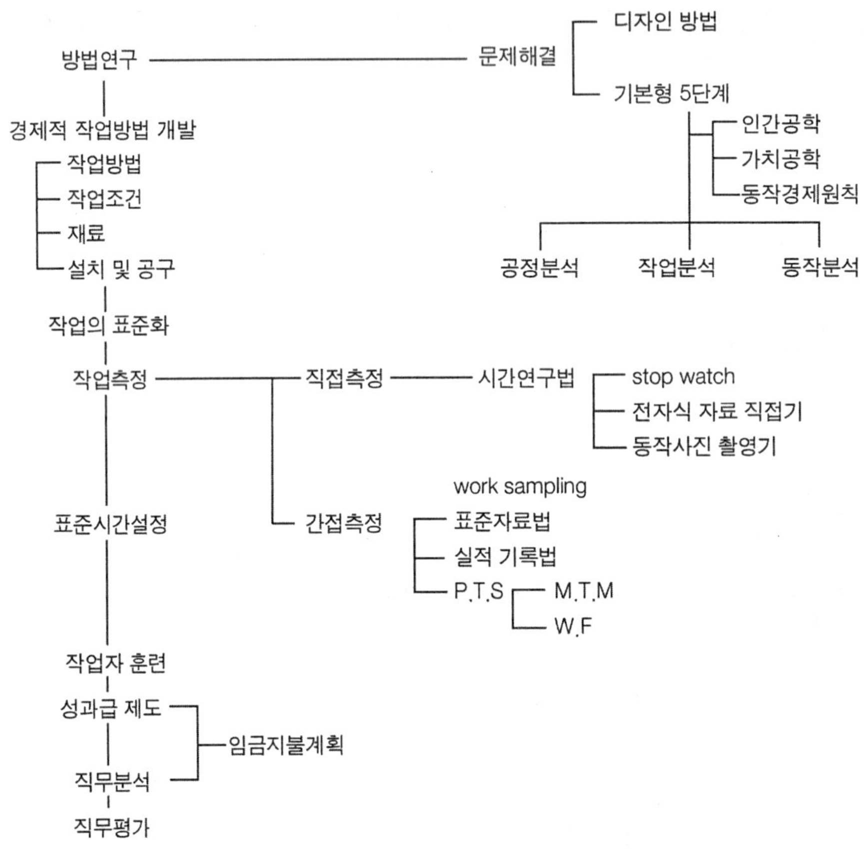

(3) 기본형 5단계(the five step pattern)

① 연구대상선정

경제적 · 기술적 · 인간적인 측면을 고려하여 연구대상을 선정한다.

예를 들면, 제조원가가 큰 제품, 생산량이 많은 제품, Scrap(흠) 발생이 큰 제품, 재작업 발생이 자주 일어나거나 애로공정이 있는 작업을 선택한다.

② 현작업 방법의 분석

연구대상으로 선정된 작업을 Diagram, Process chart를 이용하여 분석한다.

③ 분석자료검토

수집된 자료 5W1H의 설문방식과 개선 ECRS를 이용하여 검토한다.

5W1H	ECRS
What(purpose)(생산의대상) Where(place)(생산의장소) When(Secne)(생산의시기) Who(person)(생산의주체) Why(Method)(생산의목적) How(생산의방법)	Eliminate(제거) Combine(결합) Rearrange(재조정) Simplify(단순화)

④ 개선안 수립

⑤ 개선안 도입

(4) 디자인 개념

① 문제형성
② 문제분석
③ 대안탐색
④ 대안평가
⑤ 선정안 명시

2) 방법연구

작업 중에 포함된 불필요한 동작을 제거하여 효과적이고 합리적인 작업방법을 모색한다.

- 방법연구
  - 공정분석
    - 제품공정분석
      - 단순공정분석
      - 세밀공정분석
    - 사무공정분석
    - 작업자공정분석
    - 부대분석 : 기능분석, 제품분석, 부품분석, 수율분석, 공수체감분석, 경로분석, LOB분석
  - 작업분석
  - 동작분석
    - 목시동작분석
    - 필름동작분석
    - 마이크로 필름동작분석

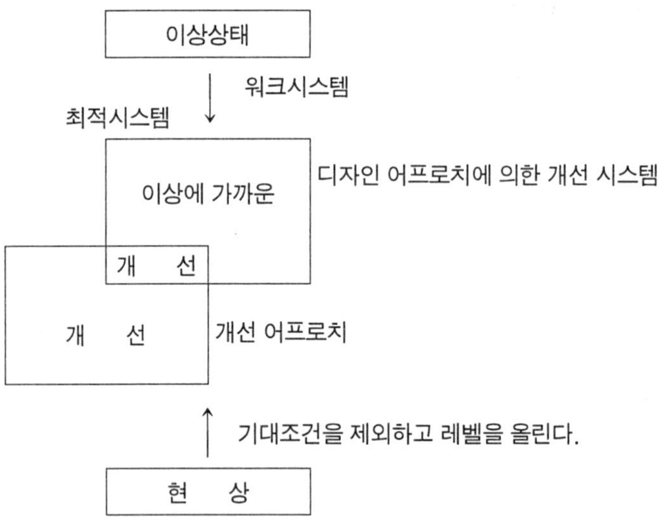

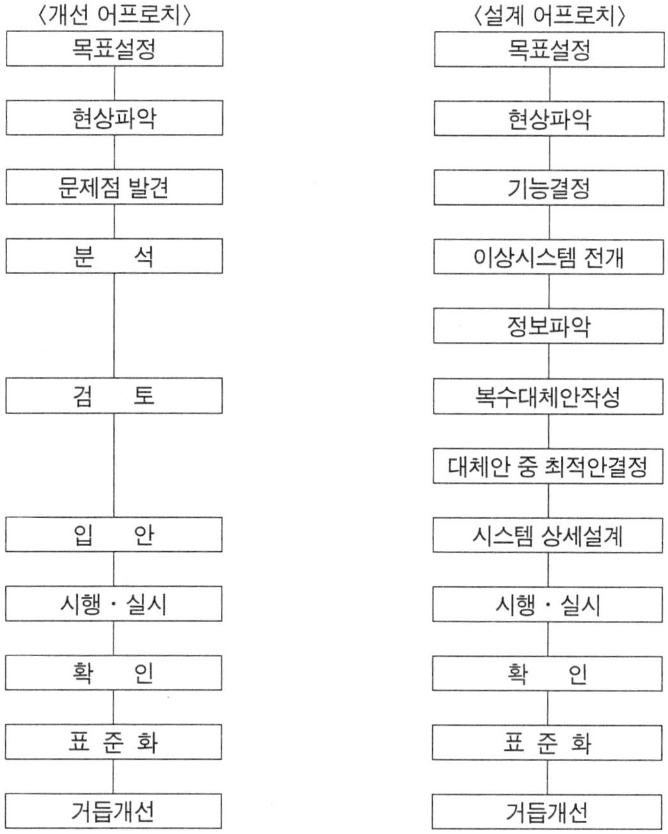

3.2 공정분석

공정이라는 분석단위로 대상물(재료, 반제품, 제품, 부자재) 등이 어떠한 경로로 처리되는 순서에 따라 가공, 운반, 검사, 정체 저장의 5가지로 분류하고 각 공정의 조건(가공조건 · 경과시간 · 이동거리 등)과 함께 분석하는 현상분석기법의 하나이다.

1) 공정분석의 목적 및 체계

공정분석의 목적은 다음과 같다

① 생산기간의 단축

② 재공품의 단축
③ 생산공정의 개선
④ 레이아웃의 개선
⑤ 공정관리 시스템의 개선
등에 목적이 있다.

그림 3-2 공정분석의 체계

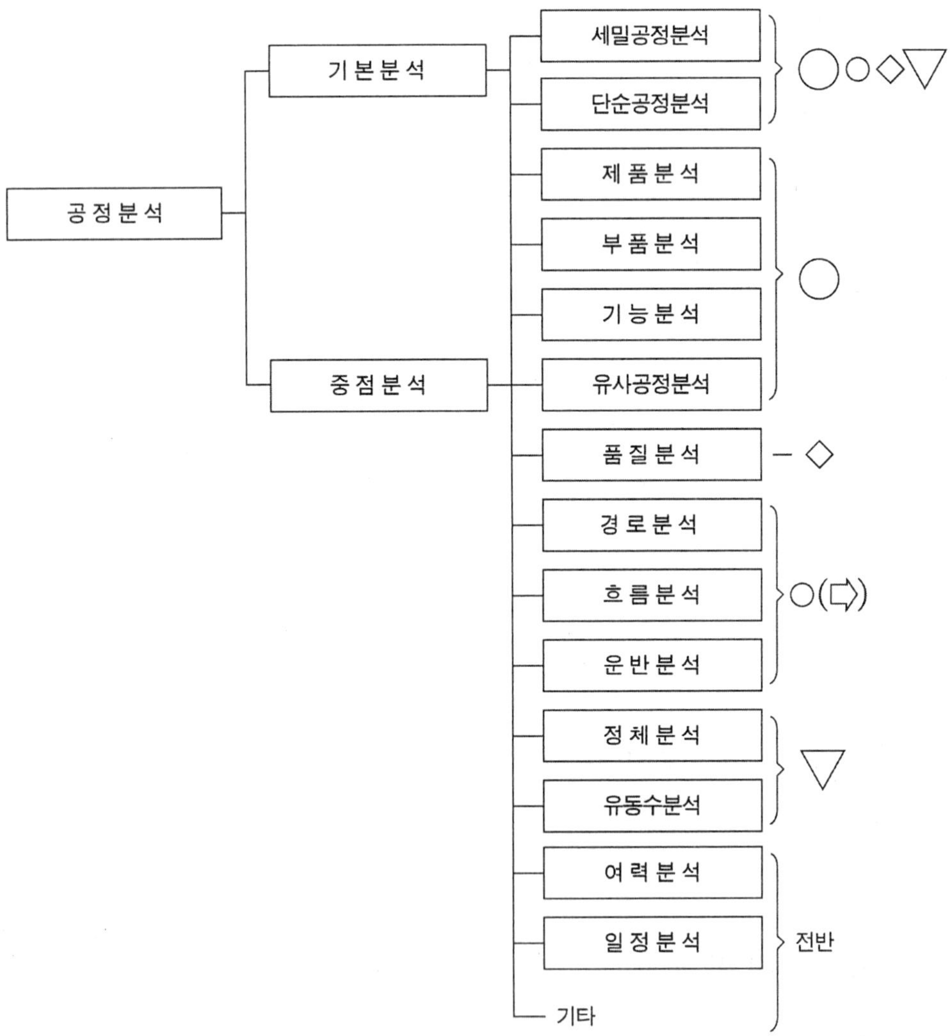

2) 기본분석

공정분석에 있어서 공정의 순서, 물건흐름 등 전체를 파악하는 분석을 공정기본분석이라 한다.

(1) 체 계

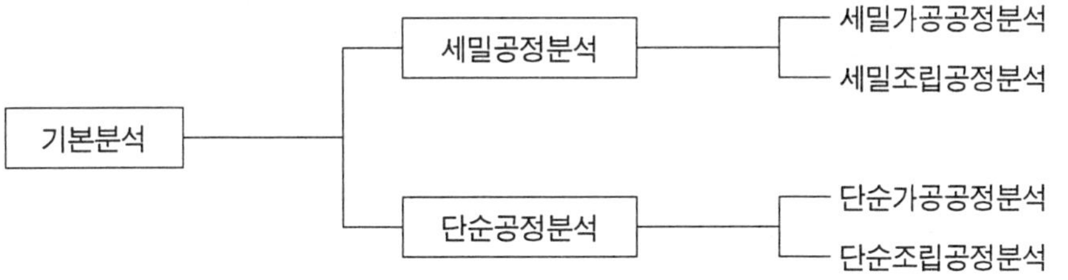

(2) 특 징

기본분석에 있어서

① 생산방법(공정 · 공순)의 개선이나 흐름 작업편성의 자료를 만드는 경우 등에 있어 세밀한 조사항목까지 조사하는 분석이 세밀공정분석이다.

② 이에 대하여 제품 전체의 공정계열이나 상호관계를 표시하고 총체적인 생산방법(공순 중심)을 파악하기 위한 분석이 단순공정분석이다.

3) 공정분할

(1) 공정의 정의

1인의 작업자, 하나의 설비, 또는 하나의 작업역에서, 어떤 작업(목적)을 달성하기 위하여 분담하고 있는 작업범위를 말한다.

표 3-1 워크 유니트의 구성개념

차원	워크 유니트	설 명	비 고
1	동 작	작업의 가장 작은 단위의 구분으로서, 기본동작, 또는 단위동작이라고 한다.	· 재료에 손을 뻗친다. · 재료를 붙잡는다. · 재료를 운반한다. 등이 이에 해당한다.
2	작 업	몇 개의 동작이 조합되어 구성된 하나의 작업으로 구분되며 스톱 워치에 의한 시간연구는 일반적으로 이 단위를 측정 단위로 한다.	· 재료를 기계에 넣는다. · 재료를 깎는다. · 재료를 떼어 낸다. 등이 전형적인 예이다.
3	공 정	정해진 작업역에서의 하나의 종합된 작업으로 일반적으로 공정이라 하고 측정평가용 표준시간은 이 단위로 설정한다.	· 선반의 경가공을 한다. · 치절반으로 치절가공을 한다. · 열처리를 한다. 등

* 1. 상기 워크 유니트 구성개념은 M.E. 멘델에 의한다.
2. 멘델의 워크 유니트 구성개념은 제8차원 레벨까지인데 여기서는 생략하고 제3차원 레벨까지를 나타낸다.

① 공정분석상 작업을 어떻게 포착해서 하나의 공정이라고 판단할 것인가가 문제가 된다.

② 여기에서 공정파악방법은 워크 유니트 구성개념의 3차원 레벨에 따라 생각하면 된다.

③ 작업공정단위에서의 분할은, 분석의 목적이나 개선의 목표 등에 따라 다르다. 그 대체적인 분할의 사고방식을 표시한다.

(2) 공정의 분류

① 가공공정

제조의 목적을 직접적으로 달성하는 공정으로, 그 내용은 변질, 변형, 변색, 조립, 분해로 되어 있고 대상물을 「목적」에 접근시키는 유일한 상태이다.

② 운반공정

㉠ 제품이나 부품이 하나의 작업역에서 타작업역으로 이동하기 위해 발생하는 적입 · 이동 · 하역을 하고 있는 상태이다.

㉡ 가공을 위해 가까운 작업대에서 재료를 가져온다든지, 제품을 쌓아둔다든지 하는 경우는 가공의 일부를 하고 있는 것으로 생각하며, 독립된 운반으로 볼 수 없다.

표 3-2 공정분할의 크기

구분 No.	분할크기정도	분할내용	구체적 예
①	보통(일반적)의 분할	한 사람의 작업자가 정해진 작업장소에서 어떤 일(목적)을 달성하기 위해 분담하고 있는 작업범위 • 연합작업일 때에는 작업자가 2인 이상 있는 경우가 있다. • 정해진 작업장소 내에서의 운반이나 보행을 포함한다.	작업자(1인)이 1대의 설비를 사용해서 외경 선삭을 로트작업으로 한다. • 재료 붙이기 • 외경 깎기 • 재료 떼기를 반복하는 것 전체를 한 공정으로 분석한다.
②	대체적인 분할	상기 구분 No. ①의 2개 이상의 공정을 한 공정으로 종합해서 하는 분석 • 일반적인 공정개선의 경우 이 분할은 쓰지 않는다. • 기본 레이아웃 검사시, 커다란 부분으로의 배치를 생각할 때 사용한다.	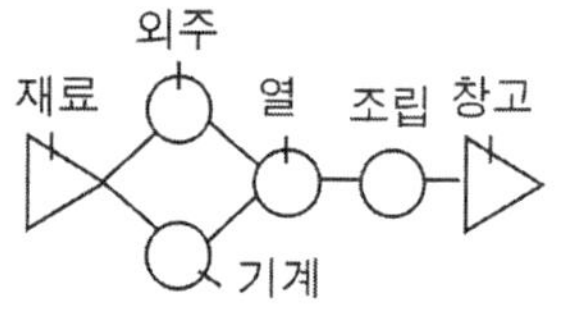 그림과 같이 큰 분할을 한다. • 기계가공 · 열처리 등의 중간, No. ①에 해당하는 공정의 프로세스를 포함하고 있다.
③	세밀한 분할	상기 구분 No ①의 한 공정을 몇 개로 구분하여 각각을 한 공정으로 나누어 분석한다. • 조립작업의 공정분석 등에 때때로 적용된다.	본체 a에 b.c.d 부품을 1인의 작업자가 1작업장소에서 조립하는데 • a에 b를 조립하고, • a와 d를 조립하며, • a에 c와 d의 조립부분을 조립한다. 의 3공정으로 구분해서 분석한다. *)이 경우의 분석단위는 요소작업의 경우 대개 일치한다고도 할 수 있다.

③ 검사공정

㉠ 양의 검사는 수량, 종량의 측정 등이다.

㉡ 질적검사는 설정된 품질표준에 대해서, 가공부품의 가공정도를 확인하는 것, 또는 가공부품을 품질, 등급별로 분류하는 공정이다.

④ 정체공정

㉠ 체유는 제품이나 부품이 다음의 가공 · 조립을 하기 위해 일시 기다리는 상태이다.

㉡ 저장은 계획적인 보관이며 다음의 가공조립으로 허가 없이 이동하는 것이 금지되어 있는 상태이다.

(3) 기본분석기호

표 3-3 기본분석기호

요소 공정	기호의 명칭	기 호	의 미
가공	가공	○	원료, 재료, 부품 또는 제품의 형상, 품질에 변화를 주는 과정을 나타낸다.
운반	운반	○ 또는 (⇨)	원료, 재료, 부품 또는 제품의 위치에 변화를 주는 과정을 나타낸다. (운반기호의 직경은, 가공기호의 직경의 $\frac{1}{2}$~$\frac{1}{3}$로 한다.)
검사	수량검사	□	원료, 재료, 부품 또는 제품의 양이나 개수를 세어 그 결과를 기준과 비교하여 차이를 파악하는 과정을 나타낸다.
	품질검사	◇	원료, 재료, 부품 또는 제품의 품질특성을 시험하교 그 결과를 기준과 비교해서 로트의 합격, 불합격 또는 제품의 량, 불량을 판정하는 과정을 나타낸다.
정체	저장	▽	원료, 재료, 부품 또는 제품을 계획에 의해 쌓아 두는 과정을 나타낸다.
	체유	D	원료, 재료, 부품 또는 제품이 계획의 차질로 체유되어 있는 상태를 나타낸다.
보조 기호	관리구분	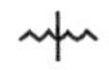	관리부문 또는 책임구분을 나타낸다.
	담당구분	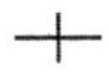	담당자 또는 작업자의 책임구분을 나타낸다.
	생략	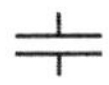	공정계열의 일부 생략을 나타낸다.
	발기		원재료, 부품, 또는 제품의 일부를 폐기하는 경우

상기는 기본이 되는 기호이며, 그 외에

① 가공○의 가운데에 공정내용을 약기호로 넣을 수가 있다.

예) Ⓜ프라이스 공정, ① 제1공정의 터릿

② 운반○의 가운데에 운반수단의 약기호를 넣을 수가 있다.

표 3-4 복합기호예

	의 미
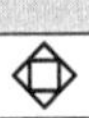	품질검사를 주로 하면서 수량검사도 한다.
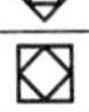	수량검사를 주로 하면서 품질검사도 한다.
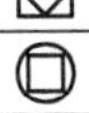	가공을 주로 하면서 수량검사도 한다.
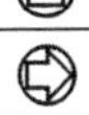	가공을 주로 하면서 운반도 한다.

예) ㊄ 손운반 ① 트럭, ⓒ 컨베이어

③ 그 외에 각종 복합기호를 작성하는 경우가 있다.<표 3－4 참조>

4) 기본분석순서체계

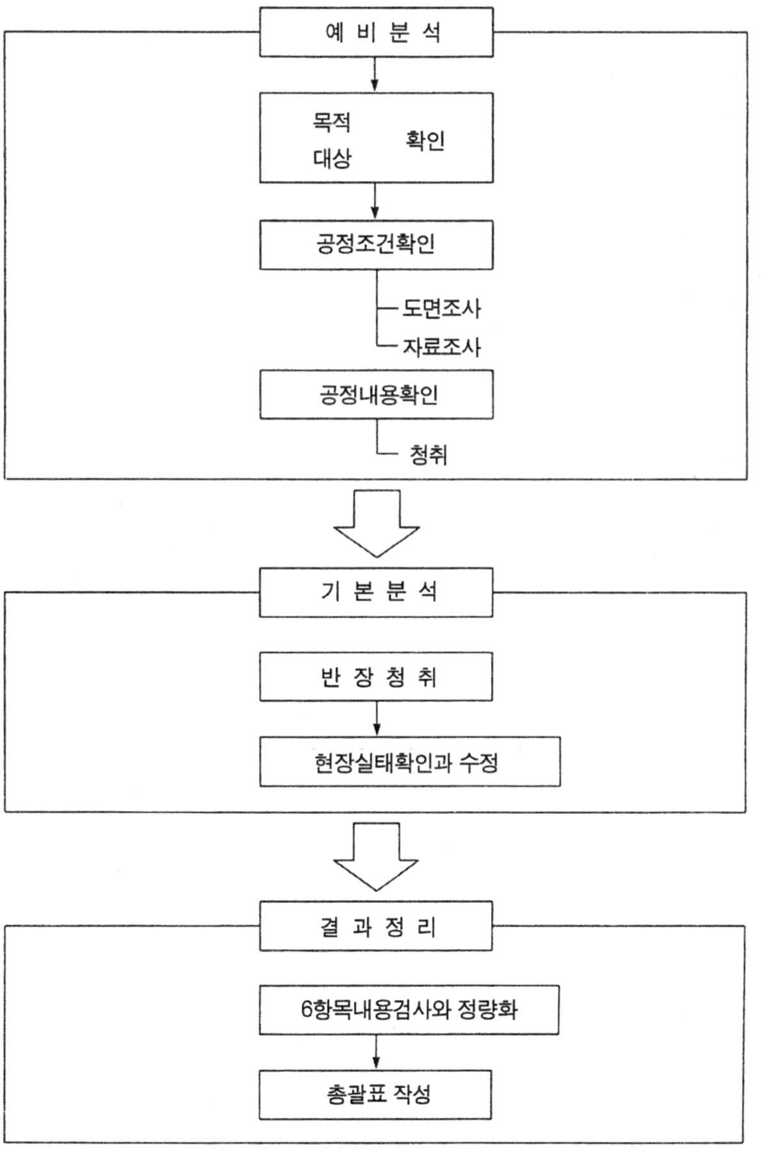

(1) 분석의 순서

① 예비분석

(생산형태, 제품특징의 파악, 조사방법의 재확인)

㉠ 공정분석의 목적, 대상의 확인

㉡ 현물견본, 설계도, 부품표, 취급설명서, 순서표 등으로 대상제품에 대한 이론적 연구

㉢ 공장배치도를 보면서 직장 · 공정관리담당자의 설명을 듣고, 공정의 개요를 파악한다.

② 기본분석

㉠ 공정의 순서에 따라 물품의 움직임을 보며, 1공정마다 작업상황을 관찰한다.

㉡ 담당작업자나 직장으로부터 직접 작업방법의 설명을 듣고, 작업내용을 이해해서, 분석표에 6가지 구분결과와 작업내용, 가공조건을 조사해서 기록한다.

③ 조사결과의 검토

㉠ 분석표를 정리하면서 현품이나 설계도에 따라 가공방법을 재검토한다.

㉡ 생산실적의 자료로서 생산량, 작업시간, 불량률을 조사한다.

④ 총괄표의 작성

㉠ 분석표를 종합하여 각 공정별로 공정표, 시간, 거리를 부가하고 개선안과 비교검토를 한다.

표 3-5 공정분석총괄표

<table>
<tr><th colspan="2">공정구분</th><th colspan="2">공정수</th><th colspan="2">시간</th><th>거리</th></tr>
<tr><td colspan="2">○</td><td colspan="2">8</td><td>23h</td><td></td><td></td></tr>
<tr><td rowspan="2">○</td><td>手</td><td>7</td><td>18회</td><td></td><td></td><td>183m</td></tr>
<tr><td>C</td><td>5</td><td>6</td><td></td><td></td><td>462</td></tr>
<tr><td rowspan="2">◇</td><td>□</td><td colspan="2">2</td><td>1</td><td></td><td></td></tr>
<tr><td>◇</td><td colspan="2">4</td><td>2</td><td></td><td></td></tr>
<tr><td rowspan="2">▽</td><td>▽</td><td colspan="2">2</td><td></td><td></td><td></td></tr>
<tr><td>▽(이중)</td><td colspan="2">18</td><td></td><td>76</td><td></td></tr>
<tr><td>계</td><td></td><td colspan="2">46</td><td>26h</td><td>76h</td><td>645m</td></tr>
</table>

(2) 분석의 내용

① 제품, 재료, 패키지에 대해

㉠ 기능

㉡ 구조, 치수, 정도, 열처리나 표면처리

㉢ 재질, 재료치수, 정도

㉣ 위의 점들에 관한 변동의 유무나 그 정도

㉤ 생산량의 실적과 계획

㉥ 그 외에 제품이나 재료면의 특성

② 공정계열과 내용에 대해

제조 프로세스를 가공, 운반, 정체, 검사의 각 공정으로 분류, 분할해서 다음과 같은 사항을 수집한다.

㉠ 공정의 순서, 분류, 명칭, 작업자의 분담구분

㉡ 가공공정에 대해

내용, 사용기계, 치공구, 부재료, 시간, 장소

가공로트의 크기

가공조건(회전수 · 스피드 · 가공순서……등)

표 3-6 공정별 조사항목

공정	주체 (누가)	객체 (무엇을)	시간 (언제)	공간 (어디에)	방법 (어떻게)
가공 ○	작업자(부서 · 기량 · 인수) 기계설비(명칭 · 기계번호 · 성능 · 대수)	작업로트크기 재료	가공시간	가공장소	가공장소 치 공 구 가공조건 내 용
운반 ○	운반작업자(부서명 · 인수) 운반설비(명칭 · 대수)	1회 운반량	운반시간 타이밍	운반장소 운반거리	운반방법 운반용구 용 기
검사 ◇	작업자(부서명 · 수량 · 인수)	검사수(전수인가, 샘플링인가)	검사시간	검사장소	검사방법 검사용구
정체 ▽	보관책임자	정체수량	정체시간	정체장소	놓는 방법 용 기

㉢ 운반

어디에서부터 · 어디까지 · 누가 · 어떤 방법으로, 거리 · 소요시간 · 운반로트의 크기, 용기운반의 시기, 타이밍

㉣ 저장 · 정체

어디에 · 얼만큼, 어떤 형태로, 정체시간, 관리자

㉤ 검사

누가, 어디서, 무엇을, 내용, 중복사항, 사용장치, 소요시간

(3) 분석의 요점

① 현상을 반드시 관찰할 것
② 공정마다 작업조건을 빠짐없이 조사할 것
③ 공정의 목적의 맞는 기호로 분석할 것
④ 로트의 크기를 조사할 것

5) 세밀공정분석

(1) 가공공정분석

표 3-7 가공공정분석표

가공분정분석표 ☑ 현 ☐ 개 1/3

부품약도

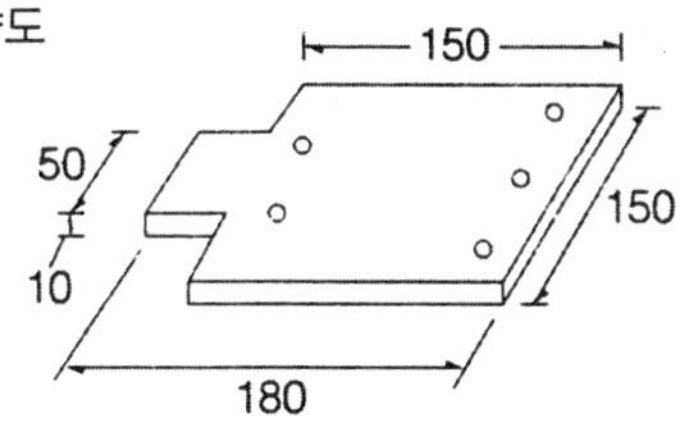

부품명	판자	정리기호	현상	
재료명	Al, AC	○	11	
품번	11-245	□	3	
		⇨	15	
분석월일	87. 4. 1	D	18	
분석자		▽	2	

상 태	수량	거리	시간	공정기호	공정내용설명	비고 작업자	비고 참고
상자·책장	개 $\frac{600}{150\times4}$	–	3일	▽1	1계공무		
상자	600	20m	–	⇨1	리프트 사용 2계으로	공무(W)	리프트 5m
대상	$\frac{600}{150\times4}$	–	5분	D1	2계공무		작업전표작성
상자	600	30m	–	⇨2	제1부품태핑머신으로	공무(W)	
대상	$\frac{600}{150\times4}$	–	0.5일	D2	제1부품		
		–	$\frac{250분}{0.42\times600}$	○1	탭지지구,태핑머신 (1, ø ,1,7 ø ,2,3 ø)	제1(W)	
상자	600	3m	–	⇨3	볼반으로	〃	
대상	$\frac{600}{150\times4}$	–	0.5일	D3			
		–	$\frac{360분}{0.6\times600}$	○2	면취 · 볼반	제1(W)	
상자	600	10m	–	⇨4		〃	
		–	$\frac{720분}{0.12\times600}$	○3	브러싱머신	〃	
대상	$\frac{600}{150\times4}$	–	5분	D4	제1부품		전표작성
상자	600	30m	–	⇨5	검사로	제1(W)	
대상	$\frac{600}{150\times4}$	–	1.0일	D5	검사장		
		–	12분	□1	나사검사 · 발취 (2회/600회)	검사원	
대상	$\frac{600}{150\times4}$	–	1.0일	D6	(1,4,1,7,2,3 ø 18개소)		

표 3-7 가공공정분석표

가공분정분석표 ☑ 현 ☐ 개 1/3

형식	A형	생산로트	480개		
제품명	향상	일산수	–	분석월일	87–01–30
성능	EX-10	피치타임	–	분석자	

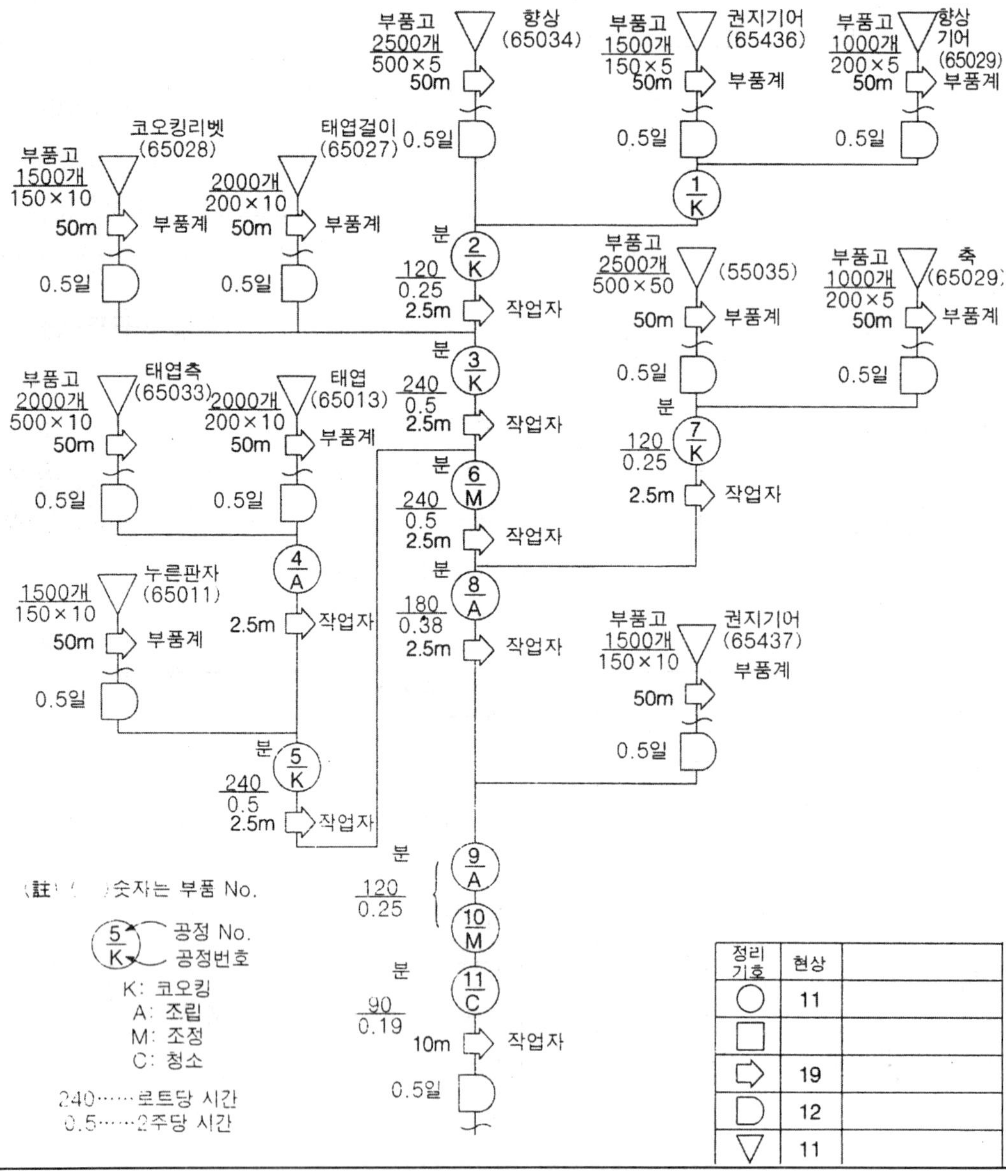

정리 기호	현상	
○	11	
□		
⇨	19	
D	12	
▽	11	

가공공정분석은 단일제품의 제작공정을 가장 세밀하게 분석할 때에 쓰이는 기본적인 분석이다.

여기서 중요한 것은 제품의 가공공정에 대해 가공조건이 추구되는가에 있다.

(2) 조립공정분석

조립공정분석은 제품을 조립하는 전 프로세스를 분석한다. 부품의 구성이라는 성격뿐만 아니라, 과자나 화장품 혹은 약품 등의 화학제품, 또는 직물과 같이 어떤 실을 이용해 직조한 것 등, 단순히 조립이라는 개념으로는 파악하기 어려운 것이 있으나, 이들도 다 조립공정분석의 범주로 취급된다.

그림 3-3 단순공정분석표

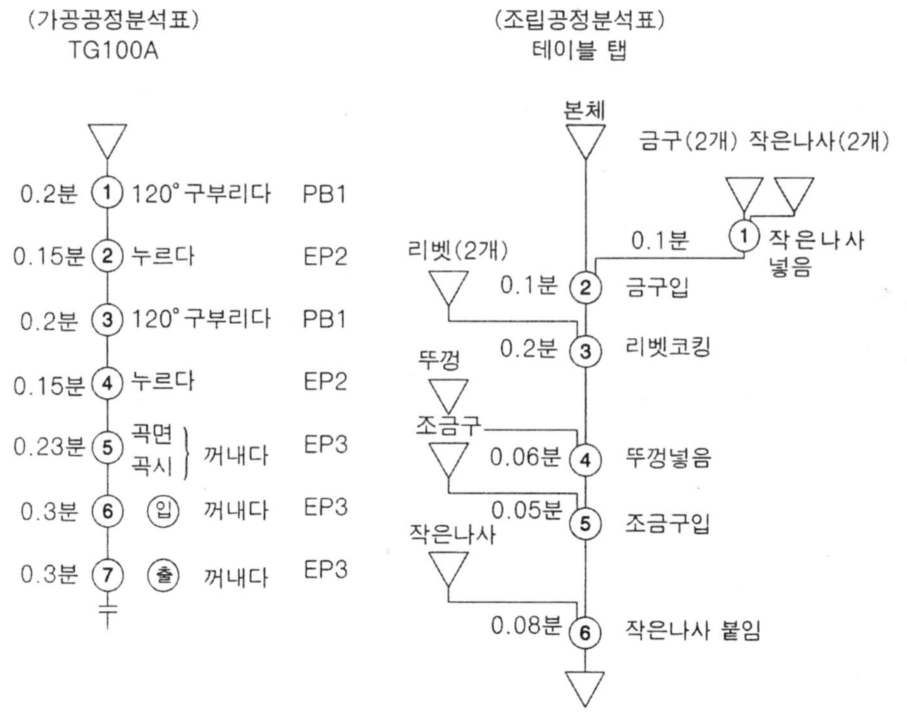

6) 단순공정분석의 이용목적

① 물건 흐름의 개념을 파악한다.
③ 문제공정을 탐색한다.
③ 개설할 수 있는 공정을 탐색한다.

3.3 공정개선

1) 공정개선의 목적

(1) 코스트 절감

① 자재비의 절감 …… 자재변경, 보유향상, 불량절감 등
② 공수의 절감 …… 라인밸런스, 편성인원, 능력부하대책, 내외작업구분, 운반개선 등
③ 기타 제조경비 …… 공정관리나 기타 관리시스템 개선에 의한 관리비의 절감, 설비나 치공구의 적정화 등

(2) 생산성 향상

① 네크공정에 대한 인원증원이나 설비증설에 의한 능력향상을 도모한다.
② 시프트제(고체제)에 의한 가동시간 증대
③ 가동률(사람 및 설비) 향상이나 불량품 감소대책
④ 신라인 편성과 최근 라인수의 산정 등

(3) 재료손상감소와 품질유지

① 운반공정에서의 진동, 위격, 낙하, 압축에 의한 변질, 변형, 파손 방지대책
② 재료손상이나 품질저하를 방지하기 위한 포장, 곤포형식이나 용기 유니트 로트 등을 검토
③ 보관할 때 취급불량으로 생기는 손상 · 보관, 또는 저장방식 불비에 의한 열화나 변질 방지
④ 설비의 선택이나 개선이 제품품질에 미치는 영향
⑤ 품질체크, 품질검사 공정방식, 공정계열 내에서의 검사위치 검토

(4) 재공품의 감소(일정, 납기)

① 공정계열 전체에 걸친 공정관리방식 검토
② 각 공정간의 동기화 검토
③ 생산공정과 운반설비 조화
④ Batch방식 설비에서 운반식 설비로의 교체 등에서 나타나는 설비형식의 선택
⑤ 설비 레이아웃 변경이나 운반횟수 증대 등의 대책
⑥ 현장작업조직의 검토, 특히 검사공정과 그 조직의 방식

(5) 공간 유효이용

① 보관, 저장효율향상
② 설비 등의 레이아웃 변경에 의한 낭비나 공간 배제
③ 공간의 입체활용에 의한 레이아웃 실현
④ 유효한 운반설비와 운반작업방식을 선택하여 생산설비증강을 위한 유효공간 증가 등

(6) 안전과 아울러 환경조건의 향상

① 안전
② 소음 · 진동 · 분진 · 가스

2) 공정개선의 원칙

(1) 공정수의 감소

① 최종공정에 가치를 갖고 있지 않는 공정을 줄인다.
② 「그 작업은 무엇을 위해 하고 있는가」의 목적 추구
③ 제품설계(형상, 정도, 공차, 표면처리, 도장, 표준화)의 변경
④ 재료사양(재질, 형상, 치구, 재료절단, 전공정이 가공도, 내외작업 구분)의 변경
⑤ 포장사양(패킹 케이스의 표준화, 치수, 형상)의 변경

(2) 공정조합의 변경

① 결합 : 분리된 것을 하나로 합치는 것
② 분리 : 결합의 역으로 분해하고 분업화한다.
③ 교체 : 전후공정의 순서교체
④ 평행 : 동시(평행)작업으로 변경

(3) 제품 · 설비 · 작업내용의 최적화

① 각 공정에서 최적의 가공조건의 선정
② 각 공정에서 최적(저렴하게 · 고기능 · 자동화…)의 설비
③ 각 공정 작업내용의 간소화(여자, 미숙련자)

(4) 운반량 · 횟수감소

① 운반량 감소 …… 깎는 비용 감소, 설철프레스 등
② 운반횟수 감소 …… 1회량의 증가, 적재횟수 감소, 가설치, 중계폐지
③ 하자개량 …… 취급용이한 하자, 포장법 변경, 용기, 대차개선
④ 운반거리 · 경영의 합리화 …… 직선화, 원활화, 공정조합변경, 레이아웃 변경, 수도화
⑤ 운반방식의 시스템화 …… 다이야운반, 진자운반, 풀운반, 순회운반방식 검토
⑥ 운반시간, 적재시간 단축, 타이밍화
⑦ 운반설비 대형화, 고속화, 다능화, 조합의 검토

(5) 경사공정위치의 최적화에 의한 품질향상과 검사공정 감소

검사공정을 많이 두어도 제품품질은 향상되지 않는다.
① 작업 방법
② 도구불비
③ 작업자의 숙련지식 부족
④ 작업자의 부주의
검사공정을 어디에, 어떤 방식으로, 어떻게, 피드백을 할 것인가

(6) 정체량 · 횟수 · 시간감소

① 여력분석을 하고 공정능력을 밸런스화
② 기준일정을 만들고, 일정관리의 정도향상
③ 재고관리정도향상
④ 운반시스템 개선
⑤ 흐름 작업으로의 변경

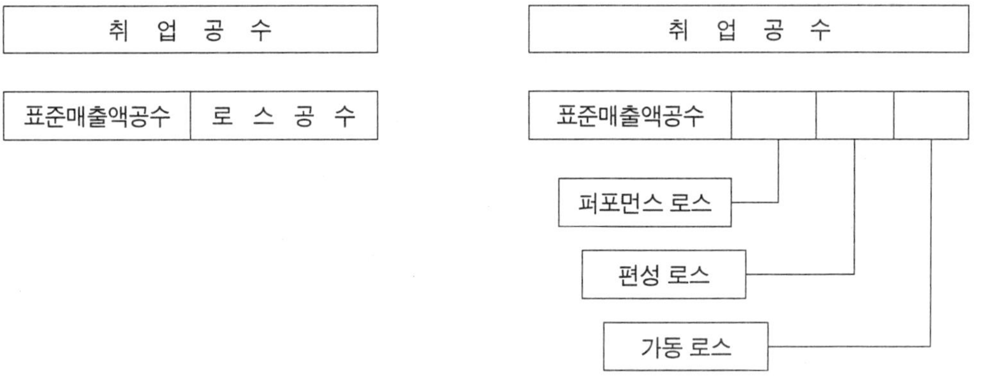

3) 공정개선 체크리스트

이 체크리스트는 기본분석을 시작하기 전에 조사정도를 파악하기 위해 또는 분석 후 개선검토에 부족이 없는가 확인하기 위해 이용하면 좋다.

(1) 생산에 대해

① 공정 내의 업무분담, 책임구분의 범위는 좋은가를 고려한다.
② 생산전반 횟수를 더욱 적게 하면, 또는 단취시간을 더욱 단축하면 좋은가를 고려한다.
③ 생산방식 변경, 흐름 상태를 바꾸면 어떤가를 검토한다.

(2) 제품(설계)에 대해

① 형상을 바꾸면 어떨까 : 면취, 여유 만들기, 잡기 쉽게 설계토록 한다.

② 정도를 바꾸면 어떨까 : 완성공차, 결합비율, 완성면 등

③ 표면처리나 도장사양을 바꾸면 어떨까를 고려한다.

④ 재료, 부품, 제품을 표준화하면 어떨까를 고려한다.

(3) 곤포, 포장사양에 대해

① 포장을 생략하면 어떨까를 고려한다.

② 이중 포장을 1회 포장으로 변경하면 더 넓은가를 고려 검토한다.

③ 포장재료, 포장적자 등을 표준화하면 어떨까를 고려한다.

(4) 재료에 대해

① 재질을 변화시키면 어떨까 : 보통강으로, 단조로, 플라스틱 등

② 재료의 형상이나 치수(길이나 두께 등)를 바꾸면 어떨까

③ 재료절단 방법을 바꾸어 보유를 향상시킬 수 없을까

④ 원료배합을 바꾸면 어떨까

(5) 가공(○)에 대해

① 설계를 변경하면 배제할 수 있는 것은 아닌가

② 결합, 재배열, 단순화에 의해 타공정에는 영향이 없을 것인가

③ 설비선택을 변경하면 : 더욱 성능이 높은 설비로, 범용기로 하면 어떨까를 고려한다.

④ 설비능력을 100% 발휘시키고 있는가, 원인은 작업자인가 기타 조건인가 어떨까를 고려한다.

⑤ 도시가공수를 증가하면 : 2개로 하면, 2배로 하면 어떨까를 고려한다.

⑥ 가공로트수는 적정한가 : 단취시간과의 관계는, 로트용적, 로트중량은 어떨까를 고려한다.

⑦ 작업사이클 시간을 변경하면 어떨까 : 타공정과의 밸런스를 취하면 어떨까를 고려한다.

(6) 검사(□)에 대해

① 검사공정은 배제할 수 없는가 : 자주검사에 의해, QC방식을 바꾸어서

② 검사위치를 바꾸면 어떨까 : 불량발생공정 직후에 검사를 하면 어떨까를 고려한다.

③ 검사방식이나 검사설비 : 사용도구 등을 바꾸면 어떨까

④ 검사장소를 변경한다면 : 부문담당방식, 1개소 집중방식

⑤ 검사원을 바꾸면 어떨까를 고려한다.

(7) 운반(⇨)에 대해

① 운반공정을 배제할 수 없을까 : 타공정과 병합해서 자동운반으로 하면 어떨까를 고려한다.

② 레이아웃을 변경해서 운반경로의 단순화나 거리의 단축은 안되는가

③ 운반수단을 바꾸어서 : 손수레 · 포크리프트 · 모노레일을 사용하면 안되는가 고려한다.

④ 운반로트를 바꾸면 어떨까, 콘포재비 절감 · 포장시간 단축 · 파손방지 등

⑤ 팔레트 · 스킷트 · 상자 등의 사용을 변경하면 어떨까

⑥ 운반을 동력화 · 자동화 · 컨베이어화 등을 하면 어떨까

⑦ 중력이용으로 바꾸면 어떨까

⑧ 운반능력은 부족하지 않은가 : 계획운반, 운반로트 증가로 능력을 확대하면 어떨까를 고려한다.

(8) 정체(D) 및 저장(▽)에 대해

① 정체 · 저장의 상태 및 수량을 변경하면 어떨까 : 로트를 작게

② 정체 · 저장의 시간이나 기간을 단축하면 어떨까 : 로트대기를 적게

③ 저장 중 손실, 마모를 감소시킬 수 없을까 : 방장 · 저장방식 등을 변경하면

④ 정체나 저장을 배제하든가 매우 적게 하면 : 단축시간을 적게 하고, 흐름화를 철저히 하면, 혹은 수주방식을 변경하면, 동기화하면 어떨까를 고려한다.

3.4 중점분석

공정분석의 기본분석에 의해 공정계열 및 시간적, 공간적 제조건을 알 수 있는데. 이러한 분석 결과보다는 특정 중점주목을 선정하고, 그 중점에 대해 깊이 파고드는 분석을 공정중점분석이라 한다.

중요한 중점분석 기법은 <그림 3－4>와 같다.

그림 3-4 중점분석기법

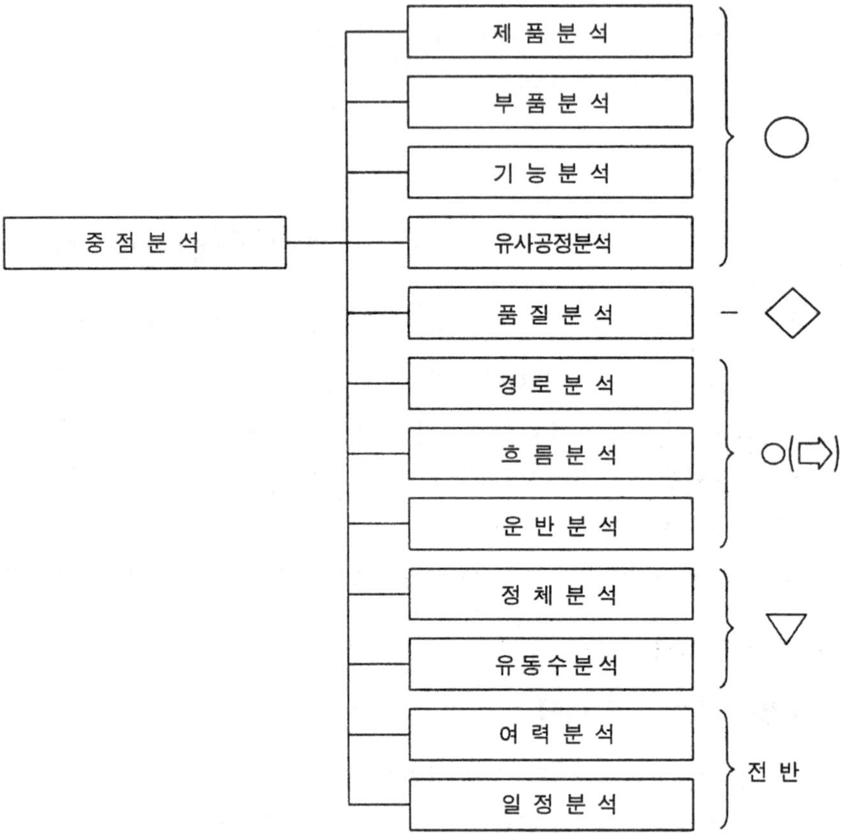
중 점 분 석
제 품 분 석
부 품 분 석
기 능 분 석
유사공정분석
품 질 분 석
경 로 분 석
흐 름 분 석
운 반 분 석
정 체 분 석
유동수분석
여 력 분 석
일 정 분 석
전 반

표 3-9 중점분석기법

중점분석기법	내용	주대상공정
능력분석, 여력분석, 부하분석, 밸런스 분석 등, 주작업분석, 치공구분석, 가공조건분석	• 가공, 생산 등의 능력이나 부하에 대한 분석	○
흐름분석, 경로분석, From-to차트, 활동 상호관계 분석 등	• 물의 흐름을 구체화하는 분석 • 공정간의 관련성을 분석한다.	○ (⇨)
운반분석(거리나 양 · 횟수 등), 하자분석, 운반수단분석, 활성분석 등	• 운반량을 구체화하는 분석 • 운반방법, 횟수, 거리 등 분석	
제품분석, 불량분석, 보유분석, 설비능력(성능)분석 등, 검사구분석, 부속기기분석, 정밀도분석	• 제품이나 부품에 대한 분석 • 품질이나 성능 등에 대한 분석	□
정체분석, 재고분석, 유동수분석, 재고회전분석 등, 배치분석, 작업자분석	• 물의 정체 및 저장량이나 기간, 장소 등에 대한 분석	D ▽
일정분석, 제조분석, 지연분석, 납기분석 등	• 제조기간에 대한 분석 • 제조진행에 대한 분석	전반
원가분석 등	• 제조코스트에 대한 분석	

이 외에도 여러 가지 분석이 있는데 그 내용을 종합해서 열거하면 <표 3−9> 와 같다.

1) 중점분석의 특징

(1) 제품 및 부품 분석

제품이나 부품의 요구기능을 만족시키는 것을 전제로 해서 구조간소화, 재료절감, 가공순서 등을 검토하는 것이다.

(2) 기능분석

상기 제품 및 부품분석에서 전개된 부품에 대해 그 목적기능과 실현기능을 명확히 하기 위해 기능전개 · 기능검토를 한다.

(3) 유사공정분석

다른 부품이면서 유사공정계열에서 제조된 부품을 그룹화하기 위해 공정계열을 분석한다.(→ 경영분석을 참조).

(4) 품질분석

불량절감을 도모할 목적으로 각 공정의 품질기준이나 품질을 만들기 위한 표준의 현재상태를 검토한다.

(5) 경로분석

물의 흐름이 다품종인 경우, 유사공정별로 구분해서 검토할 필요가 있는 경우에 분석한다. 일반적으로 ABC분석의 A클라스는 주체분석을, B, C클라스는 경로분석에 의해 공정개요를 파악한다.

(6) 흐름분석

물품의 수평, 수직이동상황을 표에 의해 시각화하고, 레이아웃 및 운반수단의 검토에 이용한다.

(7) 운반분석

운반량, 방법 등을 조사해 배치, 운반방법 등의 검토에 이용한다.

(8) 정체분석

정체량, 정체장소, 보관방법 등을 조사하고 재공요도를 나누기 위해 요도별 구분 · 정리를 한다.

(9) 유동수분석

재공량과 재공기간을 누계도표화하고, 그 실태를 검토한다.

(10) 여력분석

가공 · 검사 · 운반 · 정체 각 공정의 부하와 능력의 관계를 조사해서 공정별 여력상황을 알고, 각 공정간의 능력의 균형을 이루게끔 기계대수 · 작업인원 · 치공구 등의 필요수결정 등에 이용한다.

(11) 일정분석

가공, 검사, 운반, 정체의 시간적 경과를 문제로 할 경우에 분석한다. 일반적으로, 일정계획이나 재공품의 재고계획, 진도관리의 기초자료로 이용한다.

2) 제품분석

(1) 제품분석의 정의

제품이나 그 구성부품에 대해 재질, 기능(작용 · 재요), 성능, 형상, 외관, 완성 정도 등에 관해서 분석하는 기법이다.

(2) 제품분석의 목적

① 구조의 간소화, 부품점수의 감소, 재료의 절약, 재료 및 부품의 표준화 등에 대한 기본적인 정보를 얻는다.

② 최종목표는 제품 및 그 구성부품의 설계에 따른 불필요한 공정내용을 배제하려고 하는 것이다.

(3) 제품분석의 추진방법

① 부품표의 작성(Work Breakdown Structure-Horizontal Structure 방식)

㉠ 부품표는 전부품의 일견표로서 명칭, 약도, 도번, 재질, 형상, 작업구분(자제, 외주, 구입별), 재료치수, 주요가공공정 등을 기재하는 것이다.

㉡ 이 목적은 재료나 부품의 통일표준화, 재료나 작업구분의 적성화, 작업조직의 합리적인 편성(유사부품군을 집중적 · 전문적으로 가공) 등에 대해 연구하기 위한 것이다.

표 3-10 부품표

부품 번호	부품명	약도	재질	수량	재료준비		가공		완성품구입	비고
					사내	사외	사내	사외		
306	압판	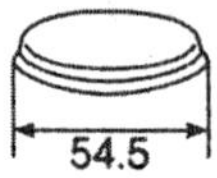	놋쇠	1				1	○	
307	수명	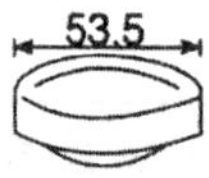	놋쇠	1					○	
326	4ø 너트	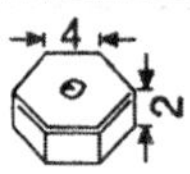	놋쇠	1					○	
101-A	좌판(A)	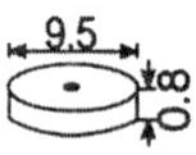	놋쇠	1	○			○		
102-A	좌판(B)	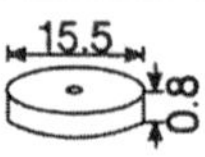	훼논래진	1	○			○		
350-B	막	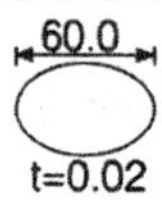	셀루로이드		1				○	
351-B	컵	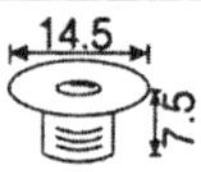	포(견)	1	○			○		
352-B	컵 누름	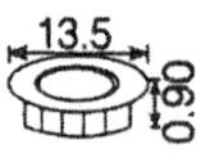								

② 조립표의 작성(W.B.S. Vertical Structure방식)

㉠ 부품기호를 성질별(재질별 · 작업구분별 · 가공공정별)로 구분해서 나타낸다. 또 주된 부품이나 부품조립품형상을 약도로 나타내고, 단위가 되는 중간조립품의 명칭도 넣어서 조립도 또는 시작견본에 의해 각 부품상호간 관계와 조립순서를 조사해서 작성한다.

㉡ 이 목적은 각 부품을 어떤 순서로 조립할 것인가, 조립작업상 요점은 무엇인가, 부품의 종류와 그것이 어떤 경로로 입수될 것인가 등을 명백히 하기 위한 것이다.

③ 부품기능분석

㉠ 제품을 구성하고 있는 부품의 여러 기능(사용목적이나 목표, 어떻게 쓰이는가에 대한 작용)을 명확히 한다.

㉡ 1부품의 다기능화, 부품절감의 가능성을 검토한다.

그림 3-5 조립표

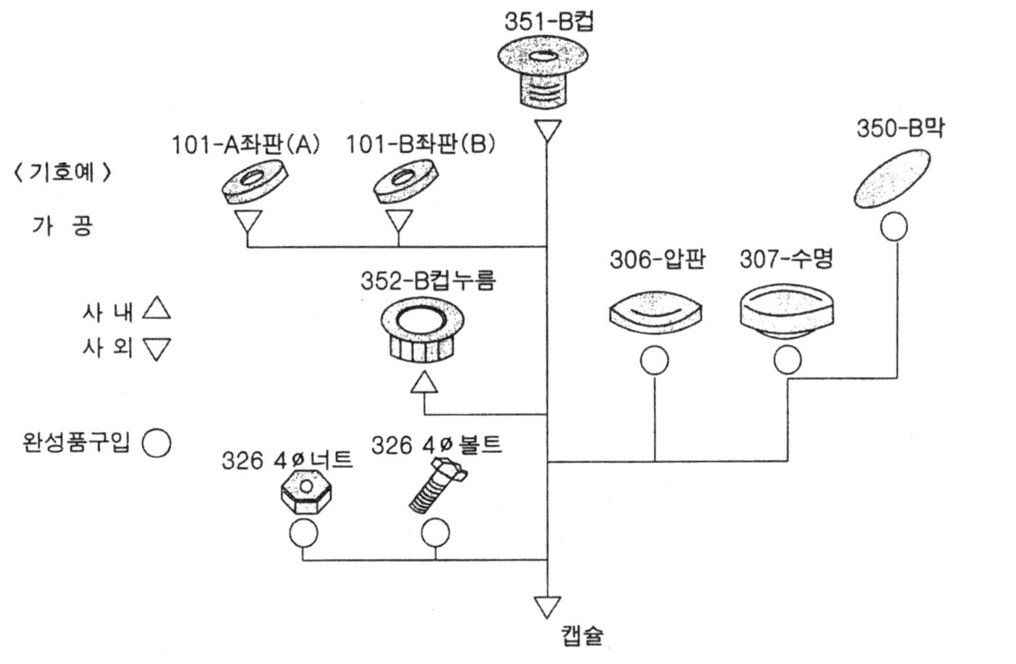

④ **부품형상분석**

부품을 그 형상에 의해 분류하고, 부품절감의 가능성·형상의 간소화·표준화 등을 검토한다.

⑤ **유사공정분석(경로분석)**

경로분석을 참조

(4) 제품분석에서의 개선 체크리스트

① **제품설계에 의해**(그 부품형상에 불필요한 점은 없는가가 관점)

㉠ 그 부품이나 재료에는 어떤 가치가 있는가

㉡ 제품은 점검·수입·보수·운반 등의 편의를 고려해서 설계되어 있는가

㉢ 타제품과 부품의 공통화·표준화 등이 어느 정도로 되어 있는가

표 3-11 부품기능분석표

구조(부품구성) \ 기능			호퍼에 원료를 저장 / 브래키트를 조작하다.				호퍼를 조작하다.		호퍼를 움직인다	구조·부품구성
			브래키트를 조정하다	브래키트의 위치를 정하다	브래키트의 방향전된다	브래키트를 집어올린다	너트를 강하게 조인다	호퍼를 지지한다	체결유지	핸들을 강하게 돌린다	검토사항 개선착안점
브래키트유니트	브래키트	너트	○								단부핀에 변경 폐지
		볼트		○	○	○	○				단부핀에 변경 폐지
		핸들 A						○			
	스윙장치	호오스							○		
		스윙 브래키트						○			
	호퍼장치	세트핀		○							폐지화
		핸들 B								○	
기능면	검토사항 개선착안점			세트핀 볼트 통합		배제					

㉣ 조립 또는 제품기능상 요구에서 보아 부품 치수상의 정밀도 및 표면상태는 적절한가
㉤ 조그마한 설계변경에 의해 가공을 필요로 하지 않는 가능성은 없는가
㉥ 형상의 간략화의 여지는 없는가(기능상 지장이 없는 범위에서)
㉦ 부품을 분할 또는 통합할 수는 없는가

② 재료의 절약(재료에 불필요한 점은 없는가가 관점)
㉠ 구성부품(부품·못·금구류) 수를 줄일 수 없는가
㉡ 구조강도상 필요 이상으로 큰 부품이 사용되고 있지는 않은가
㉢ 재료치수, 선택, 다듬질 여유, 재료채택의 방법은 적절한가
㉣ 재료는 가공비도 포함한 종합적인 견지에서 최적의 것이 선택되어 있는가
용접, 주단조·판금화·특수치수의 재료 등을 경제적으로 활용할 여지는 없는가
㉤ 변질, 녹, 변형 등의 대책은 충분히 이루어져 있는가
㉥ 재료관리는 충분히 이루어져(수수방법, 정확성, 로트의 크기, 현품관리) 있는가

③ 가공의 용이화(부품의 형상에서 가공하기 어려운 곳은 없는가가 관점)

㉠ 복잡한 형상의 부품은 2개 이상의 단순한 형태의 부품조합으로 바꿀 수는 없는가(부품의 분할)

㉡ 2개 이상의 부품을 1개로 합쳐서 가공을 용이하게 할 수는 없는가(부품의 합병)

㉢ 나사 또는 못을 사용한 결합을 용접으로 바꿀 수는 없는가

㉣ 도면과의 상위점이 발생하고 있지는 않은가

㉤ 가공구분의 검토는 적정한가

㉥ 가공공정은 적절한가(절삭가공을 프레스, 기타의 방법으로 변경하는 등)

④ 조립의 용이화(제품의 형상에 조립하기 어려운 점은 없는가가 관점)

㉠ 부품의 정밀도를 더욱 높여서, 현물맞춤을 줄일 수는 없는가

㉡ 배선・배관작업에 치구를 이용할 수는 없는가

㉢ 얻기 힘든 부품은 나중에 부착하도록 변경할 수는 없는가

㉣ 중심설정을 확실히 하는 개소는 일관되어 있는가

⑤ 재료·부품의 표준화(표준규격의 재료나 부품을 사용할 수 없는가가 관점)

㉠ 특수한 재료・재질・치수는 보다 값싼 재료 또는 보다 입수용이한 재료로 바꿀 수는 없는가

㉡ 볼트나 리벳트 직경은 정리 통일되어 있는가

㉢ 여유・사면취・각면취 등에는 표준치수가 정해져 있는가

⑥ 종합적인 코스트 절감(더욱 싸게 만들 방법은 없는가)

㉠ 더욱 싼 재료를 사용할 수는 없는가

㉡ 생산량에 적합한 방법으로 만들어졌는가(생산량의 현상과 장래를 통해서)

㉢ 취득가격은 자재비・노무비・간접비와 이익을 합해서 적절한 것인가(외주가공 대해)

㉣ 더욱 신뢰할 수 있는 발생처는 없는가

3) 품질분석

(1) 품질분석의 정의

품질을 규정대로 유지하려면, 각 제조공정에서 품질표준을 지킬 수 있도록 작업을 하여야 한다.

각 공정에서의「품질표준」 및 그 품질표준을 달성하기 위한「작업표준」을 명확히 하고, 현상과 그 표준과를 비교 검토해서 차이를 명백히 하는 것이 품질분석이다.

(2) 품질분석의 목적

규정품질을 얻을 수 없는 현상은 명백히 하고, 그 원안추구와 개선의 도모를 목적으로 한다. 원인은 ① 품질설계상의 문제, ②로 크게 나누는데 이 단위(공정분석과 개선)에서는
「제조상의 문제」해결에 중점을 두고 있다.

(3) 품질분석의 추진방법

① QC공정의 작성

㉠ QC공정이란 공정관리를 하기 위한 관리표준이다.

㉡ 품질설계시점에 있어서 품질표준을 확인하고 그 품질표준을 달성하기 위해 브레이크 다운시킨 공정품질표준을 확인한다.

㉢ 공정표준을 달성하기 위한 공정작업, 표준 및 표준작업서 내용을 확인하고 공정경로도를 포함해서 QC공정표를 작성한다.

② 품질이상의 해석

㉠ 표준(QC공정표)과 현상을 비교한 결과가 종래의 품질이상데이터 검토에 의해 품질이상을 해결한다.

㉡ 유사공정부품상을 모아 가공경로분석총괄표를 작성한다.

註 : a. 부품이나 공정의 종류가 많은 경우, 특정범위공정별로 작성하면 좋다.
b. 유사공정별 편성의 경우에는, 인 · 설비 특히 설비가동율이 저하할 위험이 있으므로, 부하와 능력의 밸런스를 충분히 검토해서 결정해야 한다.

표 3-12 QC 공정표

QC공정표(조립)		보호기능			
		번호	특성	규격	공정
작성 년 월 일	승인검사작성				
발행 년 월 일					
부번 101234-56789					
부품명 밸브유니트					
라인					
택트					
개	연월일 내 용				
	85. 4. 20 성능향상				
△ 86.10.11 토오크 변경					
△ 86.10.11 웨이브와셔 추가					
△ 86.10.11 토오크 변경					
△ 86.11.4 새는것 확인					

약도 주식회사

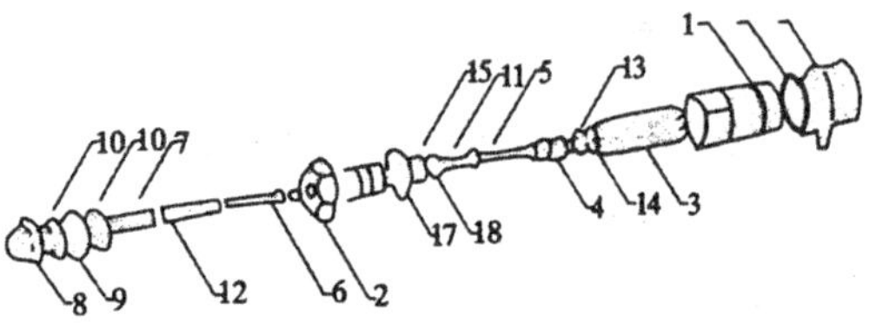

※부품을 전부 조립하기 전에 세척할 것.

공 정 계 로 도 △부품No. ○공정No.

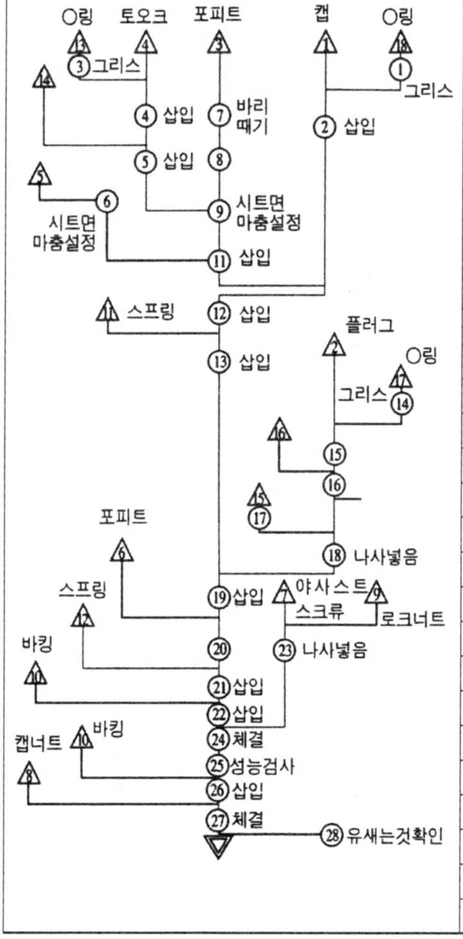

공정No.	관리 · 항목	규격	검사원	분담방식: 작업원	분담방식: 장	분담방식: 검사원	적요: 체크사이즈(설치)	적요: 작업 No.	적요: 주작업조건 기타
1	흠, 바리 현품과 다르다	없을것	목시	○			전수		그리스
2	흠주의	〃	〃	○			〃		
3	흠, 바리 현품과 다르다	〃	〃	○			〃		
4									
5									
6	정확한 맞춤설정		목시	○			전수		
7	시트면 흠주의	바리, 흠 없애기	〃	○			〃		
8									
9	정확한 맞춤설정		목시	○			전수		
10									
11									
12									
13									
14									
15	흠주의	없애기		○			전수		
16	웨이브와셔 4개	△나사 6.0 6.0kg/m	목시	○					
17	연결								
18	토오크			○			전수		
19	포피트 작동확인	스무드하게 작동할 것	수	○		○	〃		
20	정확한 맞춤설정		목시	○			〃		
21									
22									
23									
24									
25	지정압력에 셋트	사양에 의함	시험재			○	전수		압력셋트 현물견본사용
26									
27	체부토오크	△나사 3kg/㎠	토오크 랜치			○	전수		
28	기름새는 것 확인	10				○	전수		

② 유사공정부품상을 모아 가공경로분석총괄표를 작성 한다.

註 : a. 부품이나 공정의 종류가 많은 경우, 특정범위공정별로 작성하면 좋다.
b. 유사공정별편성의 경우에는, 인·설비 특히 설비가동율이 저하할 위험이 있으므로, 부하와 능력의 밸런스를 충분히 검토해서 결정해야 한다.

표 3-13 경로분석표(다품종공정분석표)

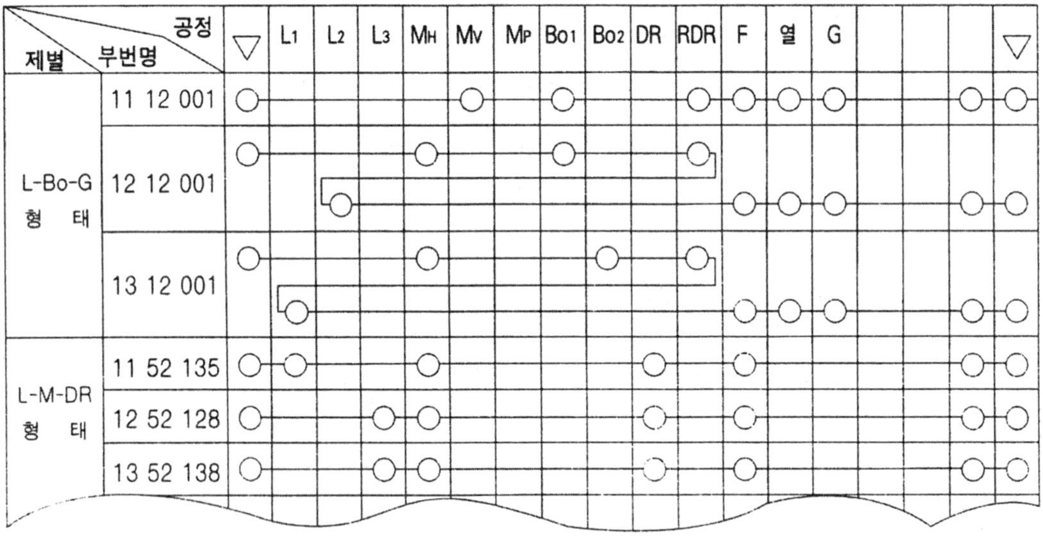

표 3-14 가공경로분석총괄표(유사공정별경로)

경로 \ 기계	L	M	Bo	Dr	F	G	부품점수
1	①	②	③		④	⑤	15
2	①	②		③	④		10
3	①	②	③		④		6
4	①		②		③	④	7
5	①	②		③		④	12
6	①			②	③	④	10
부품점수	60	42	25	48	20	51	60

4) 경로분석

(1) 경로분석의 정의

다종소량 혹은 수종계속생산에 있어서, 부품흐름이 잡다하게 혼합되어 있는 경우, 가공공정예의 유사성을 층별하는 것이 경로분석이다.

(2) 경로분석의 목적

① 공정순서의 공통성이나 유사성에 의해 부품을 분류하고, 유사공정작업조편성의 가능성을 검토한다.

② 가공공정경로와 기계설비의 공간배열관련을 파악하여, 레이아웃 개선을 도모한다.

③ 더욱 경제적인 공정경로를 탐색한다.

(3) 경로분석의 추진방법

① 가공경로도의 작성

㉠ 횡에는 공정명・설비명이나 작업명을 흐름의 크기에 따라 순서에 넣고, 종에는 부품그룹 구분이나 부품명을 넣는다.

㉡ 각 부품그룹이나 부품에 대해, 공정순서에 따라 경로선으로 연결시킨다.

㉢ 처음에는, 부품의 순서를 생각하지 말고 전부품의 경로도를 작성한다.

㉣ 다음에는 각 부품마다 자세히 나눈 경로도에서의 선정행(좌→우), 역행상태를 보고, 공정계열유사도가 높은 것 모두 종합한다.

㉤ 각 공정을 경과하는 부품점수와 작업시간을 넣는다,

② 총합경로도의 작성

가공경로분석총괄표를 기하학적으로 도시한다.

부품점수나 공정수가 극히 많은 경우의 경로분석은 다음과 같이 공정번호만으로 표시를 한다.

그림 3-6 총합경로도

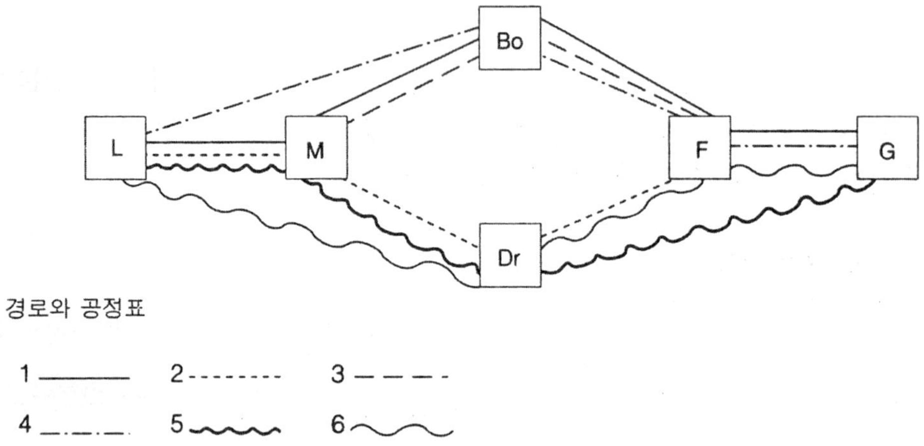

(4) 경로분석에서의 개선 체크리스트

① 부품공정계열에 대하여

㉠ 공정계열변화의 상황에서는 어떤 분류가 좋은가

㉡ 형상 또는 재료(재질 · 치수별)를 주체로 한 분류방식과 같은 경향으로 되는가

② 유사공정별 분류에 대하여

㉠ 현장마다 기계나 인원의 과부족은 없는가

㉡ 애로기계나 공정가동률을 올려서 능력을 증대시킬 수는 없는가

㉢ 애로공정이나 가공방법을 바꾸어서 타기계를 대용할 수는 없는가

㉣ 어떤 형식의 작업조직이 적당한가(기종별인가 품종별인가).

㉤ 공통경로 또는 유사경로의 부품상을 집약해서 이 작업조를 편성할 수는 없는가

㉥ 공통경로에서 비교적 생산수량이 많은 특정부품만의 흐름작업을 할 수 없는가

㉦ 공정계열에 따라 되도록 순행하도록 기계를 배열하면 어떤 순서가 되는가

㉧ 가중방법 또는 설계를 바꾸어서 공정의 공통화를 이룰 수는 없는가

㉨ 공정경로의 변경에 의해, 모스트 최소 또는 생산량 최대를 도모할 여지는 없는가

표 3-15 다품종인 경우의 경로분석표(주조공장의 예)

현장 / 품명		재고카드			기 기 현 장							
품명	공정 / 월산수	재료재고	부품창고	재료절단	No.1 대형선반	No.2 대형선반	No.3 대형선반	No.1 대형선반	No2 대형선반	No.1 대형후라이	No.2 대형후라이	No.1 대형래디얼
주축	120	1		2	5	6						3
캠치차	480	1	5	2	6		7					
크랭크"	480	1	2	5	5							3
"	240		1		△4	△4	5					2
슬리이브	180	1	3	2						4		
베어링	120		1				*2.3					
클러치하브	9,500	1		2				3	4			
하브세간드	12,000	1		2				7	6			
점	수	106	34	91	78	78	52	88	74	32	49	85

註 : 숫자는 경과순서(공정번호)를 표시. △인은 경로가 2개 있는 것을 표시
*는 같은 기계로 2공정을 행함.

(5) 경로분석에서의 공정편성개선

① 기능별편성

기능별공정배치(≒직종별공정배치)는 동일공작기계 · 동일작업(직종)을 모은 공정배치이다. 그 특징은 다음과 같다.

㉠ 감독자는 같은 작업에 대한 지도가 가능하다.

㉡ 고가인 기계설비에 대해 물의 흐름이 결정되어 있지 않은 것을 채용한다.

㉢ 부품은 서로 다른 조를 경유하기 때문에 조문의 연락이나 부품수수가 번잡하게 된다.

㉢ 운반거리가 길게 되므로 종합적인 운반만이 가능하게 되어 정체시간이 많게 된다.

㉤ 운반경비도 중복된다.

② 계열별편성(제품별편성)

㉠ 유사부품별공정배치 : 이것은 대물 · 소물 · 단조물 · 주물 등과 같은 부품의 형상이나 소재별로 나눈 공정배치로서 기종별공정배치의 결점을 어느 정도 피할 수 있다.

㉡ 유사공정별공정배치 : 유사한 공정순서를 갖는 부품을 모아 최대공약수적으로 가공체제를 집약한 공정배치로서 그 특징은 다음과 같다.

ㅇ몇 개의 그룹으로 분할되므로 계획을 수립하기 쉽다.
ㅇ운반경로가 단순화되므로 폭주가 제거되고 거리도 단축된다.
ㅇ제조기간이 단축되므로 중간재공량도 감소한다.
ㅇ이러한 점에서 전체적으로 공정관리가 용이하다.
ㅇ전후공정연결이 잘 되어 가공불량이나 분실 등의 사고도 적게 된다.
ㅇ그룹 내에는 동일기계대수가 적어지게 되어 고장이나 결근 등에 의한 진행상 지장이 생긴다거나 기계마다의 여력이 다소 균일하게 되므로 기계가동률이 저하하는 결점이 있다.

5) 흐름분석

(1) 흐름분석의 정의

대상물의 공간적 이동상황을 파악하기 위해 작업장, 기계, 치장 등의 배치와 운반방법을 분석하는 기법이다.

(2) 흐름분석의 목적

재료, 제품, 반제품의 이동과정을 도면에 화살표로 기입도시함으로써,
① 폭주를 폐지하기 위한 레이아웃 개선
② 레이아웃안의 신구비교
③ 운반방법의 개선
을 위한 자료로 한다.

(3) 흐름분석의 추진방법

① 흐름선도의 작성

㉠ 평면흐름선도
ㅇ현재의 설비배치도를 작성한다.(현장 내의 기계배치인 경우 1/20~1/50, 공장 전체인 경우 1/100~1/200 정도)
ㅇ기본분석공정순으로 물의 이동경로를 넣는다.
ㅇ이동방향이나 2부품 이상일 때에는 실선이나 점선 또는 색깔 등으로 구분한다.
ㅇ필요하면 운반횟수나 중량 등에서 흐름비중 등급을 붙인다(배치도가 큰 경우에는 판에

붙이도록 하든지, 경로가 대단히 복잡한 경우에는 선을 기입하는 대신에 색별로 된 실을 사용하는 것도 좋다).

㉡ 이하이동선도

○ 종축에는 상하이동거리를, 횡축에는 수평이동거리를 기입한다(종축의 눈금을 횡축의 10배 정도로 한다).

○ 공정경로의 순으로 수평, 수직이동거리의 선과 해당위치에 공정기호를 기입한다.

표 3-16 평면흐름선도

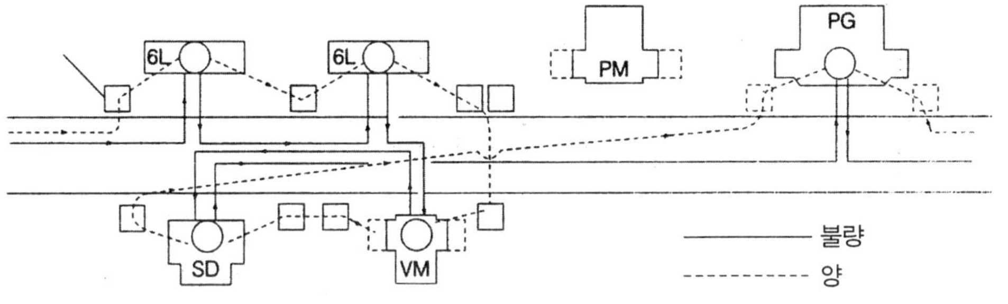

표 3-17 상하이동선도

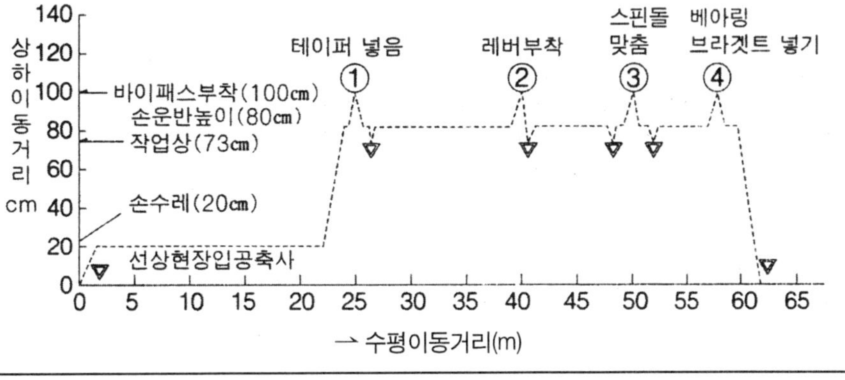

㉢ 입체흐름선도 : 작성방법은 평면흐름선도와 같다.

○ 투시도를 만드는 것은 복잡하다.

○ 개선의 착수에서부터 개선안의 PR · 교육용에 실감을 느낄 수 있다.

등의 특징이 있다. 필요에 따라 용도를 구별해야 한다.

그림 3-7 입체흐름선도표

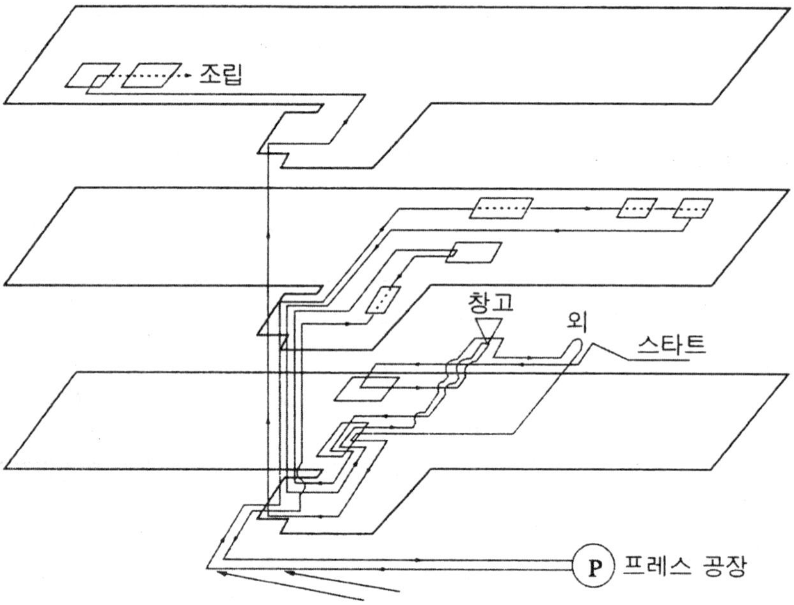

註 : a. 되도록 1매의 도면에 표현한다.
b. 부품수가 많으면 선의 종류(실선 · 점선 · 파선 등)이나 색별로 기입한다.
c. 동일경로를 통하는 선이 너무 많으면 선수를 기입하든가, 선의 두께로 나타낸다.
d. 운반량을 나타내고 싶은 경우는 중량×횟수를 기입하든가 선의 두께로 나타낸다.
e. 운반수단은 색별이나 경우에는 선의 종류별로 기입하면 좋다.
f. 선과 선이 되도록 교차하지 않도록 하고, 교차할 때에는 전기배선처럼 기입한다.
g. 중요한 것은 작도상 아름답게 쓰기보다 실제운반경로를 충실히 기입하는 것이다.
h. 배치도가 큰 경우에는 판에 붙이든지 경로가 지극히 복잡한 경우에는 선을 기입하지 말고 색별로 실을 사용하는 것이 좋다.
i. 개선의 경우에는 현상과 개선안에 대해 각 공정마다 공정수 · 시간 · 거리 · 인원에 대해 감소율을 비교하면 좋다.

㉣ 루트모델(모형) : 이는 개선검토나 연구에는 부적당하고 설명, 교육, 훈련, PR용에는 실감이 있어서 좋다.

(4) 흐름분석에서의 개선 체크리스트

① 평면이동에 대한 검토

㉠ 이동거리는 단축될 수 없는가
㉡ 이동거리는 직선 · 열쇠모양과 같은 단순한 형을 하고 있는가
㉢ 루푸(∞)형으로 되어 있는 점은 없는가
㉣ 다른 많은 부품의 흐름방향과 역행하고 있는 점은 없는가
㉤ 좁은 통로 또는 노면불량의 도로 통과로 운반이 곤란하게 되어 있는 점은 없는가
㉥ 운반횟수나 운반총중량이 많은 공정간 거리를 우선적으로 짧게 할 수는 없는가
㉦ 대상물의 취급횟수(하역)를 되도록 적게 하였는가
㉧ 공정순서를 바꾸어서 역행하지 않도록 할 수 없는가

② 입체이동에 대한 검토

㉠ 상하이동의 높이를 더욱 줄일 수 없는가(놓을 장소 개선)
㉡ 상하이동의 횟수를 더욱 줄일 수 없는가(작업방법 개선)
㉢ 상하이동에 크레인 기타 기구를 이용할 수 없는가
㉣ 공간을 이용한다,
㉤ 위치 에너지를 유효하게 사용하여 운반할 수 없는가(슈트 · 컨베이어 · 파이프 등)

③ 기계건물배치에 대한 검토

㉠ 건물배치 · 직장배치 · 재료부품 이동경로가 합리적으로 계획되어 있는가
㉡ 도로 · 트럭선 · 인입선 · 크레인 등의 배치는 적당한가
㉢ 중량물을 가공하는 작업은 운반이동의 편의를 고려해서 배치되어 있는가
㉣ 물의 흐름의 양과 운반설비능력과는 잘 합치되어 있는가
㉤ 통로폭은 적당한가, 백선으로 명시했는가
㉥ 기계배치의 개선
- ◦ 기계의 레이아웃은 어떤 방식(기종별 · 공통흐름별 · 흐름순)이 적당한가
- ◦ 기계의 소요면적은 얼만큼이 좋은가
- ◦ 기계의 방향은 적당한가(통로에 대한 방향 · 채광 등)

㉦ 조장석 · 직장사무소 위치 · 검사 위치 등은 적당한가
㉧ 기계는 작업 및 보전에 필요한 최소간격을 유지할 것
㉨ 기계가동률을 높이도록 했는가

㉧ 현재설비를 효과적으로 이용했는가
㉨ 운반의 자동화(인력운반을 피하고, 중력이나 기계력을 이용한다)를 도모하였는가

④ 기타

㉠ 현장간에 능력적 밸런스를 취했는가
㉡ 장래계획을 고려했는가
㉢ 작업면적의 호적화(각 작업에 적합한 상면적을 잡았는가)
㉣ 현장환경의 정비(운반통로, 재료나 공구의 보관장소 등의 정비)
㉤ 현장관리의 용이화(사람이나 물의 움직임이 용이하게 파악되도록 한다)

6) 운반분석

(1) 운반분석의 정의

공장 내의 운반현상을 운반량 · 운반자 · 운반수단 · 운반경로의 4가지 면에서 상세히 분석하는 기법이다.

(2) 운반분석의 목적

공장내의 운반현상을 파악한다
① 운반경로의 절감
② 운반기에 의한 정체의 감소
③ 운반방식 개선
④ 작업자의 생산성 향상과 안전
⑤ 운반관리의 합리화
를 도모하기 위한 자료로 한다.
이하 운반분석은 별도 단위에서 상술하기로 하고, 여기서는 생략한다.

7) 정체분석

(1) 정체분석의 정의

공장 내의 정체현상에 대해 발생이유, 정체기간, 상태 및 보관책임부서 등을 명확히 하는 분석이다.

(2) 정체분석의 목적

공정간이나 직장간의 재공상황을 파악한다.

① 저장용기 · 저장스페이스 절감

② 정체기간의 단축

③ 재공량의 감소

등을 도모하기 위한 검토자료로 한다.

(3) 정체분석의 추진방법

① 정체의 발생이유를 조사한다.

각 공정의 ▽ · D에 대해 왜 정체인가 그 이유를 명확히 한다.

② 정체기간을 조사한다.

각 공정의 ▽ · D에 대해 정체기간(입고에서 출고까지 혹은 거기에 놓여 있는 기간)을 조사해서 일수단위 혹은 시간단위로 기록한다. 또 기준일정도 비교해 본다.

③ 보관책임부서와 정체상태를 조사한다.

① · ②에서 조사한 각 ▽ · D에 대해, 그 보관책임부서를 명확히 하고, 또 재공품의 상태를 조사한다.

표 3-18 정체분석표

공정		정체기간	보관책임	상태	비고
기호	발생이유				
▽1	출고대기	3.0일	공무	책상 · 상자	출고시기조정
D1	전표작성대기	(5분)	〃	손수레 상	註 ▽:부품 기준일정은 3일 D : 공정간의 D는 통상 0.5일
D2	가공대기	0.5일	제1부품	작업대 상	
D3	〃	0.5일	〃	〃	D1에서는작업표
D4	전표작성대기	(5분)	〃	손수레 상	D4에서는검사의뢰표
D5	검사대기	1.0일	검사	검사대상 · 상자	· 완성부품의 출고시기 조정
D6	운반대기	1.0일	〃	〃	
▽2	출고대기	3.0일	공무	책상 · 상자	발생이유별기간
D7	가공대기	4.0일	S조립	〃	· 출고대기 6.0일
D8	〃	0.5일	〃	작업대 상	· 가공대기 11.0일
D9	〃	0.5일	〃	〃	· 검사대기 3.0일
D10	〃	0.5일	〃	〃	· 기 타 10분 계 23.5분
D11	검사대기	1.0일	검사	검사대상 · 상자	
D12	운반대기	1.5일	〃	〃	
D13	가공대기	3.0일	제1부품	작업대 상	
D14	검사대기	1.0일	검사	부품치대상	
D15	운반대기	1.0일	〃	〃	
D16	가공대기	0.5일	S조립	작업대 상	
D17	〃	0.5일	〃	책상 · 상자	
D18	〃 (하조립)	0.5일	〃		
계		계(10분) 23.5일			

(4) 정체분석에서의 개선 체크리스트

① 정체 · 저장상태 및 수량을 변경하면 어떤가 : 로트를 적게 한다.

② 정체 · 저장시간이나 기간을 단축하면 어떤가 : 로트대기를 적게 한다.

③ 저장 중 손실 · 마모를 감소시킬 수 없는가 : 녹 방지 · 저장방식 등을 바꾸면 등의 개선

④ 정체나 저장을 배제하든가 최소화하면 : 단축시간을 적게 해서 흐름화를 철저히 하거나 혹은 수주방식으로 변경하면, 동기화하면 등의 개선

⑤ 일정수준의 향상이 되지 않는가

⑥ 일시방치를 없앨 수 없는가 : 직접작업대에 놓는다면

⑦ 전표를 미리 발행해 두면 전표대기를 없앨 수 있지 않은가

8) 유동수분석

(1) 유동수분석의 정의

대상부품의 수입, 불출실적누계에 따라 정체기간을 명확히 하는 분석이다.

(2) 유동수분석의 목적

정체수 및 정체기간을 파악하고

① 기간 · 수량의 감소

② 재공자산의 감소

③ 스페이스의 절감을 도모하기 위한 검토자료로 한다.

(3) 유동수분석의 추진방법

① 대상부품의 수입 및 불출상황을 수불전표 등에 의해 조사한다.

② 유동수분석도표 작성

㉠ 종으로 개수, 횡에는 일을 기입한다.

㉡ 원점을 스타트로 해서 불출의 누계선을 기입한다.

그림 3-9 수입 · 불출실적

[불출]

3일	1,000개
6	1,000
10	2,000
14	1,000
18	2,000
24	2,000
26	1,000
28	1,000
합계	11,000

월초대기 3,000개

[수입]

2일	2,000개
8	3,000
13	2,000
17	1,000
25	5,000
합계	13,000

그림 3-10 유동수분석도표

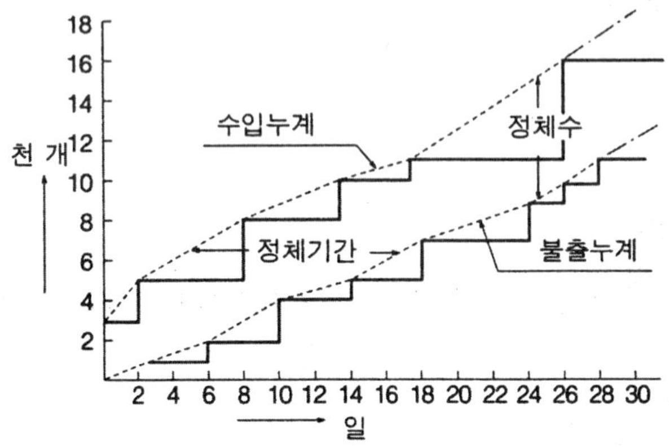

㉢ 수입 누계선은 월초 대기수를 시작으로 한다.

(4) 유동수분석에 의한 개선 체크리스트

정체분석에서의 개선 체크리스트 참조

9) 여력분석

(1) 여력분석의 정의

사람, 혹은 기계설비의 능력(해야 할 작업량)에서 부하(해야 할 작업량)을 뺀 여력을 분석하는 기법(산정기법은 월별 산정한다.)

여력＝능력－부하 $\qquad$ $여력=\frac{능력-부하}{능력}\times 100\%$

* 부하 : 한 작업장에서 작업자에게 일(task)이 할당되어 작업자가 해야 하는 일

(2) 여력분석의 목적

생산목표에 대해 작업자나 기계설비가 합리적으로 할당되어 있는가 어떤가를 검토하기 위한 것이다.

① 공정별 설비대수나 인원계획을 합리적으로 한다.

② 공정계열에 있어서 네크(휴지)공정을 발견한다.

③ 각 공정 · 각 작업자 · 각 현장의 부하와 능력의 균형을 도모하여 조업도를 향상시킨다.

(3) 여력분석의 추진방법

① 부하조사

어떤 현장(또는 특정작업자 · 특정기계)에 주어진 생산목표(부하라고도 한다)를 작업량으로 표시한다.

(작업량은 제품별 · 부품별 · 공정별로 표준시간을 조사하고, 거기에 생산수량(일산량 또는 월산량)을 곱해서 1일당 또는 1개월당의 소유시간을 계산한다)

작업량 = 각 작업의 표준시간×각 작업별 작업량

표준시간 = 기계시간+수작업시간+여유시간

② 능력조사

㉠ 인원능력 = (환산인원)×(실근시간)×(가동률)

환산인원 = 실인원을 표준능력의 인원으로 환산한 것

(예를 들면 경험 3개월 이내는 0.5, 반년 이내는 0.8로 해서 환산한다)

실동시간 : 근무시간에서 휴식시간을 뺀 시간

즉, 인적능력 = 작업자수×1일 실동시간×1개월 실동일수×출근율(인적능력환산계수)

(예를 들면 1개월의 취업일수 25일, 1일의 실동시간 8시간으로 한다면 1개월 200시간)

가동률 실동시간 중에서 직접 작업을 하는 시간의 비교

가동률 = (출근율)×(1－간접작업률)

간접작업률 : 직접작업 이외의 이용이나 대기가 발생하는 비율이다.

(표준시간에는 여유율이 포함되어 있으므로 작업상태가 안정되어 있는 현장에서 잡작업율은 대부분 0에 가깝다)[1)]

㉡ 기계능력 = 기계대수×1일 가동시간×1개월 가동일수×기계의 가동률

기계능력 = 환산대수×실동시간×가동률[2)]

---

1) 기계시간
이 경우 기계시간은 실제속도와 설계속도의 2가지 면이 있는데, 하나는 실제속도를 사용한다. 다만 실제속도를 계산해서 네크공정의 증설 등을 생각하는 경우는, 설계속도로 재계산하고 설계속도로 실제화할 수 없는 요인을 분석할 필요가 있다.

2) 기계종류별로 계산할 것 * 가동률=1－고장률

표 3-19 기계여력표

(일산수)능력	2,650	3,110	2,800	1,750	2,350	2,910
(일산수)부하	2,000	3,000	2,000	2,000	2,000	3,000

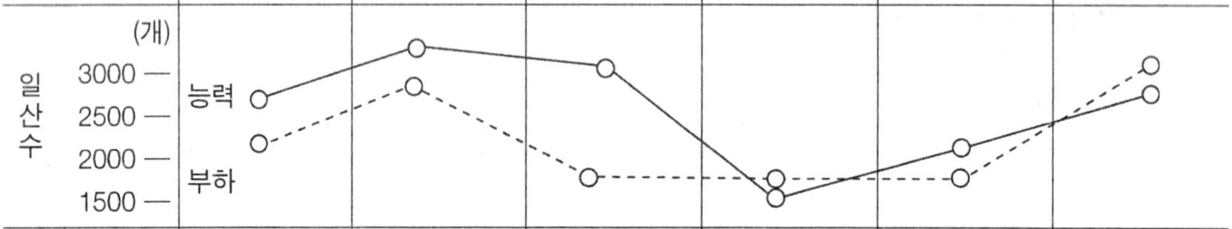

기계명	다축볼반	다출볼반	후라이스반	선반	양도후라이스	세정기
부하율(%)	75.5	96.5	71.4	114.3	85.1	103.1
전력(%)	24.5	3.5	28.6	(-14.3)	14.9	(-3.1)

③ 여력의 검토

① 부하율산정

부하율 = 부하/능력×100

따라서 부하율이 100%를 초과하면 여력이 없다는 것을 나타낸다.

(4) 여력분석에서의 개선 체크리스트

① 공정부하확인

㉠ 각 공정의 부하는 균일한가

㉡ 부하의 균일을 기하려면 어떤 방법이 적당한가
(공정의 분할 · 합병 · 치공구 · 기계의 이용, 병행작업 등)

㉢ 네크공정은 무엇인가, 네크의 타개에는 어떤 방법이 있는가

㉣ 준비공정과 주체공정과의 부하는 균형이 잡혀 있는가

② 일정별 부하확인

㉠ 일정별 부하의 불균형을 적게 할 수 없는가

㉡ 완급순위를 변경하고 특정공정을 더욱 빨리, 혹은 더욱 늦게 함으로써 부하의 불균형을 적게 할 수 없는가

㉢ 각 작업자(또는 기계)는 대기 없이 작업을 하고 있는가, 부하의 계절적 변동이나 월말생산을 해소할 수 없는가

③ 능력확인

㉠ 작업자의 수는 치공구수 또는 기계대수에 대응해 있는가
㉡ 작업자수 또는 기계대수는 부하와 균형이 잘 잡혀 있는가
㉢ 치공구수 또는 기계대수의 부족(작업자수에 대하여)은 분업전문화에 의해 보충할 수 없는가
㉣ 부하와 능력과의 불균형은 외주에 의해 적당히 조절되어 있는가
㉤ 더욱 외주작업을 사내에 전환할 수는 없는가
㉥ 현재의 능력은 앞으로 있을 부하의 증가(생산량의 증가)에 대해 준비되어 있는가.
㉦ 직접작업시간 중에 간접작업시간이 혼입되어 있지 않은가
㉧ 기계실동률을 특히 저하시키고 있는 원인은 무엇인가, 그것에 대해 어떤 대책을 세우고 있는가
㉨ 예방에 의해 고장을 미연에 발견하고, 조기수당 · 휴일수리 등에 의해 공할 전체의 조업도 저하를 방지하고 있는가
㉩ 애로공정은 불량률의 감소, 보유향상으로 해소할 수 없는가
㉪ 애로설비는 연속운전, 2교체, 3교체로 해소할 수 없는가
㉫ 작업자를 기동성 있게 관리하여 여력의 균형을 이룰 수는 없는가

④ 기량확인

㉠ 작업의 난이, 기계치공구의 정밀도, 작업자의 기량은 균형잡혀 있는가
㉡ 치공구, 기계의 정밀도 불량 때문에 작업이 곤란 복잡화되어 있지 않는가
㉢ 작업자 요령에 의해 기계의 정밀도를 커버하고 있지 않는가
㉣ 공정을 더욱 분할해서 어려운 작업시간을 줄일 수는 없는가
㉤ 고도의 기량을 어떻게 습득할 수 있겠는가 (오랜 경험인가, 적성지도훈련에 의한 것인가)
㉥ 작업이 고도의 기량을 요하는 것은 어떤 이유인가. 더욱 낮은 기량으로 충족시킬 수는 없는가
㉦ 숙련공에게 의뢰하지 않는 대신에 어떤 대책을 취하고 있는가
㉧ 기계 · 치공구 · 검측구의 정밀도 검사를 실시하고 있는가
㉨ 단순한 수리에 의해 이들의 정밀도를 더욱 높일 수는 없을까

⑤ 여력조사 실시방법에 대한 검토

㉠ 여력조사는 몇일마다 할 것인가, 그 일수는 여력계산, 대책결정, 처리의 시간에 대해 적당한가

㉡ 여력계산・처치까지 신속히 이루어져 있는가, 어떤 원인으로 처치가 늦어지고 있는가
㉢ 여력계산의 기준에 대한 검토는 충분한가(부하계산 기초데이터 <예를 들면 기준시간>은 신속성이 높은가)
㉣ 처치는 시간연장・작업배분 변경・인원이동의 어떤 점을 주안점으로 하고 있는가
㉤ 처치는 누가 하는가, 그는 작업자에게 충분히 승인되어 있는가
㉥ 공장 전체에 대해 여력은 밸런스가 잡혀 있는가, 생산예정에 무리는 없는가
㉦ 재료・외주부품의 입수불원활로 인해 관계현장에는 어느 정도의 여력이 보유되어 있는가, 그것은 과대하지 않는가

10) 설비능력분석

(1) 설비능력분석의 정의

대상생산물에 대해 공정계열 중의 각 설비생산량을 균형잡기 위해 각 설비의 생산능력을 분석하는 기법이다.

(2) 설비능력분석의 목적

① 생산목표에 대해, 사용설비능력을 명확히 한다.
② 공정계열 중의 네크설비를 발견한다.
③ 공정계열 중의 각 설비생산능력의 밸런스를 취한다.

(3) 설비능력분석방법

① 설비능력인식의 명확화

㉠ 공칭능력 … 제조시의 사양서에는 기재된 능력이지만, 대개의 경우 여러 가지 조건, 원료의 질, 양, 크기, 온도, 압력, 전선, 전류 등이 전제되어 있어 이들 조건이 만족되어야만 하므로 능력은 공칭능력보다 저하한다.
또 경과년수에 의한 기능의 열화도 고려해야 한다.
㉡ 설비능력(이론능력) … 이것도 전항과 같이 설계의 전제조건을 조사하고, 현재의 조건과 비교해서 과연 그 능력이 발휘될 것인가 어떤가를 검토해야 할 것이다.

㉢ 최대능력 … 설계에는 반드시 상당한 안전율을 생각하고 있으므로, 어느 정도까지 압축이 가능한가를 미리 조사해 둘 필요가 있다. 열화속도와의 관계는 특히 검토를 요한다.

㉣ 경제능력 … 생산량과 제비용(재료비 · 연료동력비 · 부자재비 · 노무비 · 수리비 등)과의 관계를 검토하고, 그 최경제점에 있어서의 능력이다.

㉤ 표준능력 … 각종 조건을 표준화시켰을 경우의 능력이다.

㉥ 실전능력 … 과거의 실적에서 구한 능력으로는 당연히 휴지시간이 들어 있다. 이 경우, 실동 중인 생산량은 단위시간당 얼마인가 및 휴지시간은 어느 정도인가를 조사해 둘 필요가 있다.

② 공정별(설비별)능력분석표의 작성

대상물 · 생산단위를 명확히 하고, 각 설비의 생산능력을 리스트업 한다.

③ 능력밸런스 검토

제품의 조합도 고려한 네크공정의 발견과 개선

④ 네크공정대책(휴지시간)

㉠ 표준능력의 유지

㉡ 최대능력의 검토 · 실시

㉢ 휴지시간의 단축, 휴지시간은 다음과 같이 분류가 되므로 각각에 대해 대책을 생각한다. 특히 수리대기에 대해서는 예방보전제도를 실시함으로써 경감을 도모해야 한다.

- 휴지시간
  - 유휴시간(공정능력의 언밸런스에 의한 유휴)
  - 정지시간
    - 재료대기
    - 작업자대기
    - 수리대기
      - 정기수리대기
      - 돌발수리대기
      - 단취대기(준비시간)
    - 정전 기타

㉣ 조업시간의 연장, 2교대 · 3교대 등

㉤ 설비 그 자체 및 작업방법의 개선

㉥ 보유향상

(4) 설비능력분석에서의 개선 체크리스트

① 전체적 설비양상(특히 애로설비를 중심으로)

㉠ 정지시간의 감소

그림 3-11 공정별(설비별) 능력분석표

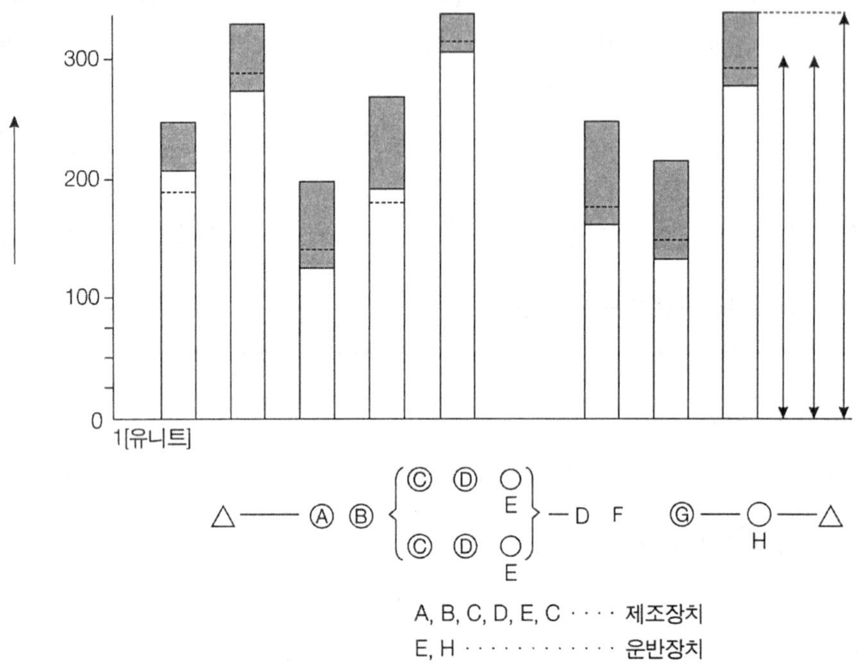

○ 정지시간(재료투입 · 제품 꺼냄 등)의 작업개선에 의해 가동률을 올릴 수 없을까

○ 타설비의 작업자 응원에 의해, 정지시간을 단축할 수 없을까

○ 설비운전 중에 재료투입 · 제품반출 외의 준비작업을 하며, 정지시간을 단축할 수 없는가

㉡ 조건변경에 의한 스피드 업

○ 작업조건의 재검토(회전수 · 온도 · 전력 등)를 했는가

○ 부분적 개조에 의해, 능력을 올릴(토임장치 등) 수 없을까

㉢ 기계에 작용하는 작업의 절감

○ 필요 이상의 점검 · 수리 · 기계조절을 하고 있지 않는가

○ 계장화를 추진하지 않았는가

○ 집중조작(리모트 · 컨트롤)은 불가능한가

② 설비개선 가능성 체크

㉠ 기계능력

- ○ 당초와 현상에 어떤 변화가 생겼는가
- ○ 그 원인은 어디에 있는가
- ○ 그 변화는 좋은 결과인가, 나쁜 결과인가
- ○ 그 대책으로서, 지금 무엇을 하려고 하는가

㉡ 기계조작

- ○ 결정한 대로 조작이 행해지고 있는가
- ○ 결정한 대로 행할 수 없는 원인은 어디에 있는가
- ○ 결정한 대로 해 본 결과는 좋은가, 나쁜가
- ○ 재검토해야 할 포인트는 어디에 있는가
- ○ 작업자를 대상으로 하는 훈련은 필요한가

㉢ 동종 설비간의 능력

- ○ 동종 설비간에 능력 등의 차이가 있는가
- ○ 능력 차이의 원인은 어디에 있는가
- ○ 표준화는 왜 추진하고 있는가

㉣ 공칭능력과 실제능력

- ○ 능력에 차가 있는가
- ○ 실제능력, 최고・최저치는 얼마인가
- ○ 최고치는 어디까지 가능한가

㉤ 가공품 부착장치

- ○ 부착・제거하기가 쉬운가
- ○ 요동이나 진동은 일어나지 않는가
- ○ 기타 불비점은 없는가
- ○ 원터치화는 추진시킬 수 없는가

㉥ 도구부착장치

- ○ 착탈은 간단히 할 수 있는가
- ○ 위치결정은 용이하게 되는가
- ○ 기타의 불비점은 없는가
- ○ 유니트화를 추진할 수 없는가

㉦ 치수결정장치

○ 정밀도에 불안한 요소는 없는가
○ 덜컥소리, 마모는 없는가
○ 불규칙성이 발생하는 일이 없는가

ⓞ 기계설비 관리
○ 운전상태에 이상이 없는가(클러치 끊김, 기어음, 브레이크의 여유)
○ 정기검사와 수리를 하고 있는가(고장소리의 실정을 기록하고 있는가)
○ 국부개조가 필요장소는 없는가
○ 안전면에 불안한 요소는 없는가

ⓙ 동력설비는 적정한가
○ 더러움 물 · 기름 등으로부터의 보호는 충분히 한다.
○ 냉각효과 · 발연부분에 이상은 없는가
○ 마모 · 파손 부분의 대책은 완전한가
○ 정기적 점검이 소홀히 되어 있지 않은가

ⓒ 배선설비는 적정한가
○ 전류의 부족은 없는가
○ 누전의 위험이 있는 부분은 완전히 처치되어 있는가
○ 피복의 파손 부분이 그대로 되어 있지 않은가
○ 운행상의 방해가 있지 않은가
○ 가연성 물질이 가깝게 방치되어 있지 않은가

ⓚ 제어장치는 적정한가
○ 도크 등의 마모가 발생하지 않았는가
○ 스위치 등의 수명이 다된 것은 없는가
○ 오작동이 발생할 위험은 없는가
○ 진동소리는 없는가
○ 결선 등에 풀림은 없는가
○ 발열, 결선미는 없는가

ⓣ 공압관계는 적정한가
○ 휠타 막힘은 발생하고 있지 않은가
○ 에어가 새고 있지 않은가
○ 실린더의 작동은 정상인가
○ 기기부착의 풀림이 있지 않은가

ㅇ호스류의 열화가 진행된 것은 없는가
ㅇ안전장치는 점검되어 있는가

㉲ 유압관계는 적정한가
ㅇ열화된 유류를 쓰고 있지 않은가
ㅇ기름이 새고 있지 않은가
ㅇ휠타의 막힘은 발생하지 않는가
ㅇ기기부착의 풀림은 발생하지 않는가
ㅇ호스류의 내압에 문제는 없는가
ㅇ기름탱크 속에 물 등의 유입방지책은 완전한가

㉻ 하수 관계는 적정한가
ㅇ누수가 방치되어 있지 않는가
ㅇ수량 · 수압에는 문제가 없는가
ㅇ하수의 정수상태에 이상은 없는가
ㅇ배수에 이상은 없는가
ㅇ코크류에 문제는 없는가

㉮ 가스관계는 적정한가
ㅇ가스 누설의 위험부분은 없는가
ㅇ가스 탱크를 놓을 장소에 문제는 없는가
ㅇ배관에 무리한 부분은 없는가
ㅇ압력, 개폐장치는 이상 없이 작동하고 있는가

㉯ 조명관계는 적정한가
ㅇ밝기는 적정한가
ㅇ위치가 나쁘지 않은가
ㅇ쓸데없는 무리한 조명은 없는가

㉰ 급유장치는 적정한가
ㅇ급유는 적정한 시기에 이루어지고 있는가
ㅇ급유담당자는 체크를 잊지 않고 있는가
ㅇ필요한 장소, 급유방법이 확실한가

③ 부속기기 개선의 가능성 체크

㉠ 재료, 부자재의 운반방법은 적정한가

○ 지금의 운반방법에 문제는 없는가
○ 타 운반방법으로 입수감소는 없는가
○ 슈트 · 컨베이어의 사용법에 틀림은 없는가
○ 하자나 크기 · 무게를 고려한 운반방법이라 할 수 있는가

㉡ 부품의 운반방법은 적정한가
○ 필요 이상의 용기가 사용되고 있지 않은가
○ 로트 운반방식으로 만족하며, 슈트 · 컨베이어 사용을 잊지 않고 있는가
○ 환적 · 타흔 등의 발생 염려가 없는 용기, 운반방법을 채용하고 있는가

㉢ 절분처리방법은 적정한가
○ 용기는 전용의 것을 채용하고 있는가
○ 집중처리를 하고 있는가
○ 부상의 발생이 없는 방법을 충분히 검토하고 있는가
○ 절삭제 · 기름 등의 분리는 완전한가
○ 긴 절분, 플레이트상의 것은 파단기를 써서 간단히 처리할 수 있도록 되어 있는가

㉣ 각종 치대는 적정한가
○ 재료 · 제품의 치대
○ 공구대
○ 검측구대
○ 도구대와 상자
- 왜 사용하는가 사용할 가치는 있는가
- 사용하고 있는 크기는 적정한 것인가
- 도구나 물품이 낙하될 위험은 없는가
- 잘 정리 · 정돈되어 있는가
- 덜컥소리 등은 없는가, 흠이 발생할 위험은 없는가

㉤ 작업자용 의자와 답대는 적정한가
○ 의자는 작업에 적당한 높이와 형상의 것인가
○ 답대는 너무 높거나, 너무 작지 않는가
○ 작업범위 내의 높이를 맞추어 답대로의 승강을 없앨 수 없는가
○ 의자는 작업대와 작업의 관계에 맞게 고려한 것인가

㉥ 그 외 용건은 적정한가
○ 도면 · 전표 · 지도표 등의 보관, 게시방법은 적정한가
○ 잘 정리된 상태에 있는가

○ 작업자가 잘 볼 수 있는 장소에 있는가
○ 더러워지기 쉬운 장소에 대해서 특별한 연구가 되어 있는가

11) 일정분석

(1) 일정분석의 정의

재료의 입고에서 완성품의 출고까지 각 공정, 혹은 전공정을 통해서 생산기간, 공정관리 시스템을 조사하고, 공정의 일정경과를 명확히 하는 분석기법이다(일정은 공정별 소요일수).

(2) 일정분석의 목적

① 각 공정의 소요일수 단축, 나아가서는 전공정의 생산기간 단축
② 공정별 재공수량의 감소
③ 기준일정 · 수배번수의 결정과 그 적부를 검토해서 공정관리 시스템의 원활화
(수배번수 : 기준일정을 세울 즈음에 정해진 최종완성일에서 수배일을 역산할 때의 역산기간 눈금을 말한다. 번수는 무명수이고 단위는 일 · 주 · 순 등이 쓰인다. 이로 인해 일정 계획을 기계적으로 계수처리하는 것이 가능하다. 간단히 "수번"이라 한다.)

(3) 일정분석의 추진방법

① 가공일정분석

㉠ 횡축에 시간경과, 종축에 공정을 기입한다.
㉡ 정체는 각 공정의 시간에 포함해서 공정순의 선을 연결시킨다(제품공정분석을 이용하면 좋다).
㉢ 유사공정 부품이 다종이 있는 경우 공정마다 가공대기, 운반대기 등의 정체시간을 샘플부품에 대해 조사하고, 이에 개개부품의 가공시간을 더한 해당공정일정으로 한다(공정순의 시간경과와 각 공정과 수지기계번호 등과의 관계를 한 눈으로 알 수 있게 한 것).

그림 3-12 일정분석

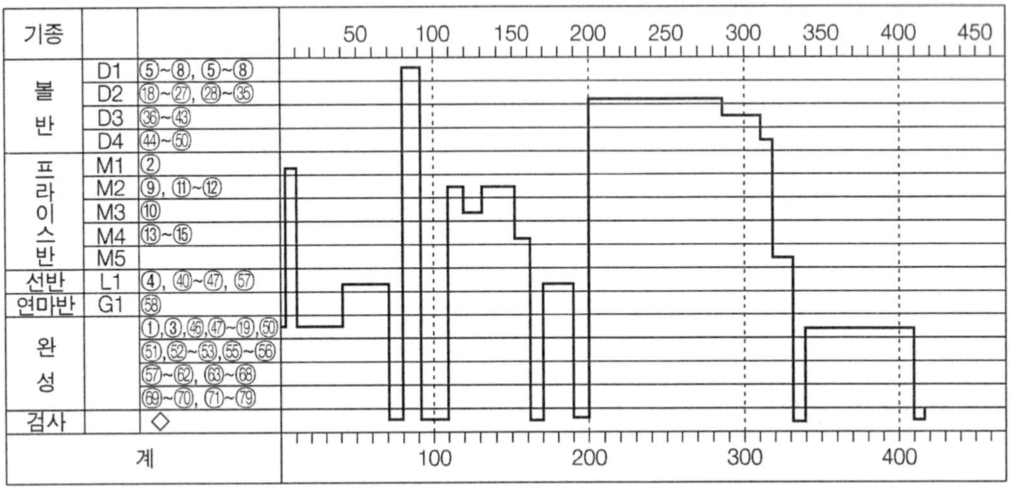

(공정순의 시간경과와 각 공정과 수지기계번호 등과의 관계를 한 눈으로 알 수 있게 한것)

<그림 3-13>은 칸트차트에 의한 표시로, 어느 공정이 길게 걸린다는 것은 도시되나 한 공정의 지연이 타공정에 어떻게 파급될 것인가 하는 각 공정간의 일정상 관련이 명확하지 않다.

② 조립일정분석

그림 3-13 칸트 차트 표시

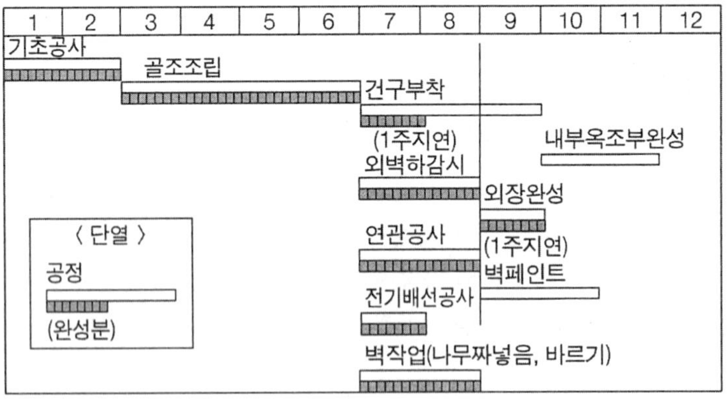

그림 3-14 네트워크 표시

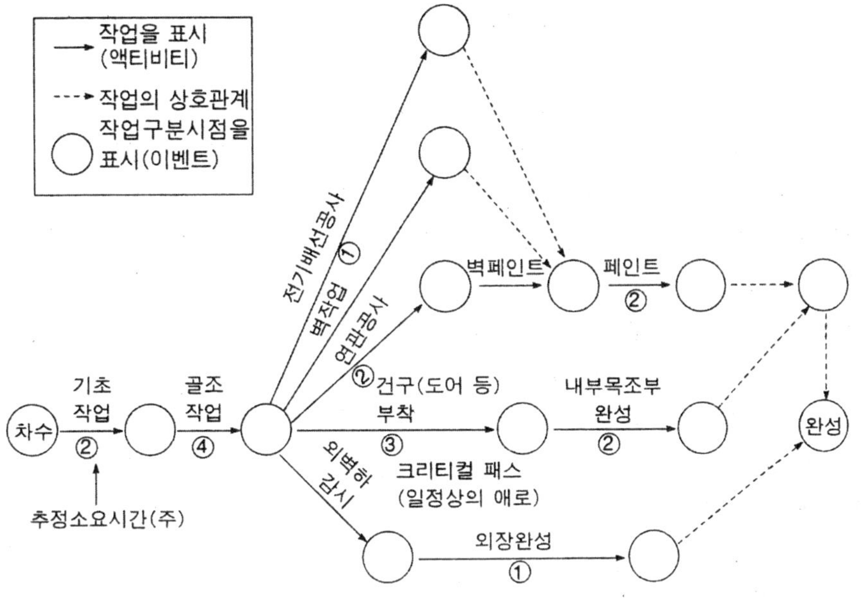

<그림 3－14>는 네트워크 표시의 한 표현방법이다. 일정상 애로는 크리티컬 패스라 해서 굵은 선으로 나타나 있다. 예를 들면, 건구부착이 일주간 늦어지면 짐의 완성도 일주간으로 영향을 주는 것으로 판단된다. 일정분석은 문제를 발견하기 위해 이와 같은 PERT기법이 편리하다.

(4) 일정분석에서의 개선 체크리스트

① 직감력이나 개인의 경험만에 의존하지 않고, 확실한 기준일정이 정해져 있는가

② 제품별 · 공정별 수배기일, 완료예정일이 계획적으로 정해져 있는가

③ 개별수주생산에서도 공정별로 타당한 일정을 정해서 계획적으로 공정관리를 행하고 있는가

④ 공정의 지연, 진행을 확실히 파악할 시스템이 되어 있는가

⑤ 재료, 부품의 재고량은 적정한가, 무엇을 근거로 해서 정하고 있는가

⑥ 타당한 설계일정을 정하고, 출도지연을 방지하고 있는가

⑦ 재료출고에서 제품입고까지의 생산기간은 너무 길지 않은가

⑧ 각 공정에 재공품이 너무 많지 않은가(장소방해 · 분실 · 파손 · 변질 등의 문제는 없는가)

⑨ 각 공정에 재공품이 너무 적지 않은가(대기의 증가, 불량발생이나 계획변경에 대한 융통성의 결여 등)

⑩ 로트 사이즈가 너무 커서 재공품이나 재고가 너무 증가되어 있지 않은가

⑪ 로트 사이즈가 너무 작아서 단취횟수가 늘어나 작업자가 싫어하지 않는가

⑫ 로트 사이즈는 무엇을 근거로 해서 정해져 있는가

⑬ 대부분의 부품은 오히려 생산과잉인데, 근소한 부품의 지연으로 조립이 곤란하지 않는가

⑭ 적절한 진도방식을 채용하고 있는가

⑮ 애로공정(공사)를 파악하고 있는가

⑯ 작업자에게 기동성을 갖게 하여 상호간 응원을 해서 지연을 방지하고 있는가

⑰ 일정계획의 불비 때문에 월말 상승추세의 생산(월말 상승생산「월말생산형」이라 한다.) 경향이 나타나 있지 않은가

⑱ 공정순서의 변경에 따라 전체공정 소요기간을 단축시키지 않는가

⑲ 유동수는 적당한가, 어떻게 조절되어 있는가

⑳ 공정간 영유일수는 어떤 기준으로 정해져 있는가, 그것은 가공의 분류, 검사나 운반방법에 의한 영향을 고려하고 있는가

㉑ 수배번수 단위는 적당한가

12) 공정분석의 순서

가공, 운반, 검사, 정체, 저장 각 공정에 대해 주요한 문제는 무엇인가, 또한 문제를 깊이 파고 들어가기 때문에 중점분석으로 어떠한 분석을 할 것인가 중점분석의 계획을 세운다.

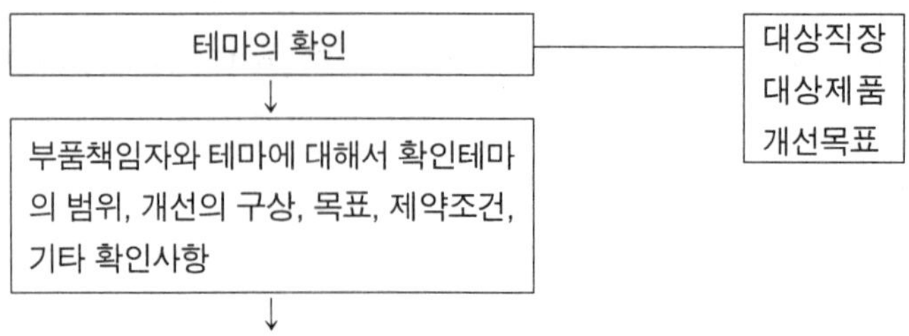

면접계획의 입안 : 누구에게 무엇을 들을 것인가
조사내용 : 제품의 기능, 생산량, 생산공정의 개요

↓

기본분석을 실시, 관계자와의 면접에 의한 공정분석표의 작성, 현장에서 확인

↓

〈공정분석용지〉

No.	공정내용	가공	수급	운반	검사	정체	저장	로트	부품 개수	작업 시간	운반 거리	설비	작업자

↓

〈공정분석결과의 총괄〉

	기호	횟수	시간	거리	중점분석
가 공					
수 운 반					
운 반					
검 사					
정 체					
저 장					
계					

《각 공정과 중점기법의 관계》

중점기법	가공	수급	운반	검사	정체	저장
제품분석	*			*		
부품분석	*			*		
기능분석	*			*		
품질분석	*			*		
운반분석		*	*			
경로분석			*			
흐름분석			*			
Form-to분석			*			
일정분석					*	*
여력분석					*	
정체분석					*	*
유동수분석					*	*
설비분석	*		*	*		*

↓

중점 분석의 실시
중점 분석 계획에 근거한 실시

↓

중점분석의 결과에 근거한
문제정리

↓

개선착상과 평가

1. 그 공정은 왜 필요한가 — 생략의 원칙
2. 타공정과 통합되지 않는가 — 통합의 원칙
3. 타공정과 순서를 바꿀 수는 없는가 — 변경의 원칙
4. 그 공정은 간소화되지 않는가 — 간소화의 원칙

↓

개선착상과 평가용지

110공정내용	체 크				개 선 착 상	평 가					
	생략	통합	변경	감소		품질	안전	원가	가능	총합	중점

개선착상의 평가실시

개선착상의 평가는
안전성, 품질, 코스트(경제성) 실현
가능성의 측면에서 평가한다,

평가는
1. 대단히 우수하다 — 3점
2. 좋다 — 2점
3. 보통 — 1점
4. 조금 열등 — −1점
5. 열등 — −2점

구체안의 입안

개선착상에서 평가가 높은 우수한 착상에 대해 구체안을 입안한다.

구체안의 평가

개선안에 대해 효과금액으로 평가한다.
이 안을 실시함으로써 얼마나 돈을 벌 수 있을까
이 안을 실시함으로써 얼마만큼 비용이 들 것인가
안전, 품질의 측면에서

현재의 공정과 개선 후의 공정과의 비교표

	기호	현재공정			개선 후 공정			효과		
		횟수	시간	거리	횟수	시간	거리	횟수	시간	거리
가 공										
수운반										
운 반										
검 사										
정 체										
저 장										
계										

관계자에게 개선안에 대한 제안

개선안의 실시, follow-up

3.5 Line 작업

라인이란 설비 · 사람 등의 생산공정의 구성요소를 공정순으로 연속적으로 배치하는 것이다. 즉 라인작업이란 일련작업을 공정으로 분할해서 작업순서에 맞추어 복수작업자가 작업을 분담하고, 균형 있게 작업을 하는 흐름작업형식을 말한다.

1) 이상적인 라인

① 전후 작업공정은 상호간 인접한다.
② 가공품은 균형 있는 일련의 작업공정을 일정 속도로 한다.
③ 합리적인 직선경로를 따라서 완성방향으로 이동한다.
④ 라인 전체가 동시작업을 한다.

2) 라인성립의 조건

(1) 기본조건

① 제품 등 대상물이 이동한다.
② 분업에 따라 공정이 몇 개로 분할될 수 있다.

(2) 경제조건

① 대상 라인의 생산량이 그 라인편성에 쓰이는 비용을 충분히 커버한다.
② 각 공정 소요시간이 대충 같도록 편성된다.

(3) 충분조건

자료부족에 따른 라인정지를 방지하기 위해 필요한 재료는 원활히 공급할 수 있다.

3) 가공형태에 의한 라인편성의 특징

(1) 조립라인 편성

조립작업의 특징은 다음과 같다.

① 1인의 작업자가 어떤 단위시간에 수행하는 작업량은 대개 일정하다.

② 작업의 분할 · 결합이 비교적 용이하다.

이와 같은 작업을 라인화에 의해 효율 있게 생산하기 위해서는 각 공정의 작업자의 작업량을 피치타임에 맞추어 분할해서 밸런스시키는 것, 즉 라인 밸런싱(Line Balancing)을 어떻게 잘할까가 중요하다.

(2) 가공라인 편성

가공작업의 라인편성에 있어서는 가공능력의 밸런싱보다도, 오히려 사람에 대한 적정한 수지대수를 설정하고 낭비가 없는 사람의 이용이 중요하다. 왜냐하면 작업은

① 동일기계가 동일시점에서 취급하는 대상은 1종류이다.

② 각 기계의 단위시간당 가공능력은 처음부터 불균형이 있다.

③ 기계가 주체적인 존재이고, 사람과 기계의 작업량은 일치하지 않는다.

등의 이유에 의해 라인 밸런싱은 중요하나 대단히 어렵다.

다음으로 중요한 것은 레이아웃이다. 레이아웃은 라인화의 레벨에 의해 다음 단계로 나눈다.

① 기계를 가공순서로 나누어서 컨베이어 · 슈트 등으로 결합해서 부하 밸런스나 동기화가 충분한 레이아웃(부품별 배치, 제품별 배치, 유사부품별 배치)

② 부품의 이동, 탈착 등이 자동화된 라인

이것은 트랜스퍼 라인(Transfer Line)이라 불리어, 기계가공 라인의 가장 이상적인 형태이다.

생산량이 어느 단계에 달하면 ①에서 ②로 개선향상될 것이다.

4) 라인화의 장점, 단점

(1) 라인화의 장점

작업이 분업화되기 위해 습열이 빠르고 고성능 전용기계나 치공구가 채용되어, 보다 높은 생산성이 얻어진다. 또, 파트타임 등 미숙련자 채용이 용이하게 된다.

① 생산능력의 파악이 용이하다.

② 운반거리가 짧다.

③ 각 공정 동기화에 의해 재공품이 적게 끝난다. 또, 이 때문에 생산기간이 단축된다.

④ 공정관리가 용이하다.

표 3-20 생산방식의 비교

	종할(라인) 생산방식	횡할(jop shop) 생산방식
생산의 연속성	물의 흐름 중심의 연속생산	설비중심의 계속반복 생산
품종 생산량	소품종 다량생산에 적응	다품종 소량생산에 적응
생산의 type	주로 시장생산	시장생산 또는 수주생산
제품재고	대	중
재고량/단위제품	소	대
생산기간	소	중
표준화	재료, 부품, 작업장식의 표준화가 전제	표준화의 추진이 필요
작업의 내용과질	단순화, 전문화	→
기계설비	단능기, 전용기	→
물의 이동경로	고정	→
탄력성 (생산량, 품질변경, 고장)	소	→
공정관리방식	추심관리	추심관리 또는 제번관리
관리포인트 용이성	편성시에 중점. 용이	→
공수절감	대	→
설비가동률	중	대
인가동률	대	중
단취시간/단위제품	소	중
검사방식과 횟수	샘플링 소	→
자동화의 가능성	대	→

(2) 라인화의 단점

① 라인마다 기계를 설치할 필요가 있으므로 설비비가 겹친다.
② 기계고장이나, 결근, 부품이나 제품 설계변경 등의 변화에 대한 융통성이 적다.
③ 감독자는 많은 공정을 관리할 능력이 필요하게 된다.
④ 작업이 단조롭게 되기 쉽고 작업의욕이 적어진다.

3.6 생산량과 피치타임

원재료가 INPUT되어 공정으로 흘러들어가 변형과정을 거쳐 완성품이 되어 나오기까지 걸리는 시간의 간격을 피치타임이라 하며, 피치타임(Pitch Time)은 션상 혹은 가까운 장래에 있어서 월간 생산량을 유지하기 위한 생산처리속도이며 다음 식에 의해 구해진다.

$$\text{피치타임} = \frac{\text{실동시간(분/일)}}{\text{생산량(개/일)}}$$

이 식은, 피치타임의 개념을 이해하기 위한 것인데 실제의 생산에 있어서는 불량품의 혼입이나 조립불량의 발생, 설비의 조정이나 고장에 의한 라인의 정지, 작업상의 트러블에 의한 컨베이어의 이빠진 현상 등이 때때로 발생한다.

따라서 생산계획량 달성을 확실히 하기 위해서는 위의 식을 다음과 같이 할 필요가 있다.

$$\text{피치타임} = \frac{\text{실동시간(분/일)} \times \text{라인가동률} \times \text{불량률}}{\text{생산량(개/일)}} = \frac{T}{N}\text{분/일}$$

$$= \frac{T(1-\alpha)(1-\beta)}{N} \quad (\alpha : \text{여유율}, \beta : \text{불량률})$$

피치타임의 한도에 대해 전술의 식을 바꾸면,

$$\text{생산량(개/일)} = \frac{\text{실동시간(분/일)}}{\text{피치타임}} = \frac{T}{P}\text{분/일}$$

으로 된다. 이 식에서 생산량을 올리려면 실동시간을 올리든가 피치타임을 적게 하면 좋다는 것을 안다. 단, 실동시간을 그렇게 늘릴 수가 없으므로 일반적으로 피치타임을 적게 하면 좋다. 그러나 무한정 적게 된다는 것이 아니고 실제로는 이하와 같은 제약에 따라 한도가 있다.

표 3-21 피치타임의 한계

작업방법 / 제품의 크기	컨베이어 위에	컨베이어로부터	비 고
대 형	1	–	자동화
중 형	0.4	1	텔레비전, 냉장고
소 형	0.2	0.4	소형기기
극소형	0.05~0.10	0.2	전기부품, 잡화

① 물품을 넣어 주는 작업만으로도 약 2초가 걸린다.

② 어떤 단순작업에서도 2~3초 걸린다.

그러므로 피치타임 한도는 3~6초 정도이다. 단, 작업동작효율은 극히 나쁘다.

피치타임이 이 한계에 접근하면 자동화하든가, 다시 1개 라인을 증설할 필요가 있다.

1) 편성효율을 구하는 방법 (LOB = Line of Balance)

(1) 각 공정시간을 구하는 방법

라인편성에 있어서는, 작업의 분할결합이 빈번히 수반되므로, 사용되는 시간을 정확하고 되도록 세분화된 것이 필요하고, WF나 MTM 등의 PTS법을 사용하는 것이 좋다.

(2) 편성효율을 구하는 방법

라인 밸런스란 생산라인을 구성하는 각 공정에 있어서 소요시간이 밸런스 상태이다.

라인 밸런스가 안 되면 재공품이 정체하는 공정이나 대기의 공정이 발생하고, 흐름작업방식의 강점인 설비, 노력의 충분한 활용이 되지 않는다. 이 라인 밸런스의 양부의 체크가 편성효율이며, 다음과 같이 산출한다.

$$\text{편성효율} = \frac{\sum(\text{각 공정의 작업})}{\text{피치타임} \times \text{인수}} \times 100\%$$

$$\text{즉, 라인밸런스 효율(LB)} = \frac{\text{각 공정시간의 합계}}{\text{작업자수} \times t\cdot\text{max}} \times 100\%$$

(t · max = 애로공정시간)

라인작업의 현재방법을 선택하려면 각 공정마다 단독작업의 분석요령으로 작업을 분석해서 각 공정시간과 인수를 구한다. 각 공정시간은 사이클 시간을 각 공정의 인수로 나눈 것이다. 단, 조작업은 별도이다.

그림 3-15 특성요인도의 예

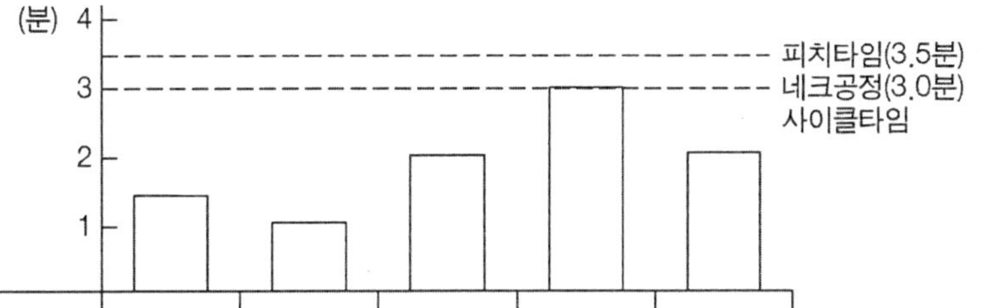

공 정 No.	1	2	3	4	5	
공 정 명	A	B	C	D	E	
공정시간	1.5분	1.0분	2.0분	3.0분	1.3분	
인 수	1인	1인	2인	1인	1인	6인

전기의 <그림 3－15> 공정은 사이클 시간이 4분이다. 2인의 사람이 각각 공정의 작업을 하고 있기 때문에 공정시간은 2분으로 한다. 이것이 만약 조작업이면, 4분이다.

일반적으로 편성비율은 96% 이상을 목표로 하고 있다.

2) 라인작업 개선의 착안점

① 선행순위를 고려해서 각 공정시간을 되도록 균일하게 한다.(편성효율 95% 이상)
② 네크공정의 사이클 타임은 되도록 피치타임에 가깝게 한다.
③ 분업화 · 동기화의 원칙에 따른다.
④ 흐름의 직선화 · 단순화를 행한다.
⑤ 피치타임이 극단으로 짧은 경우는 라인을 늘리든가 단독작업화한다.
⑥ 공구교환, 기계조정에 대하여 고려한다.(특히 자동화 라인이 중요)
⑦ 작업환경 및 휴식 흐름의 레이아웃과의 관계에 대해서 고려한다.
⑧ 수작업 라인의 경우 극단적인 분업화는 심리적으로 좋지 않은 경우가 있다.

3) 조립작업 라인의 편성방법

(1) 단일품종 라인과 복수품종 라인

단일품종 라인
복수품종 라인 ┌ 라인대체방식
　　　　　　　└ 혼합라인방식

① 단일품종 라인은 흐르는 품종의 한 종류로서 이상적인 배치를 하기 쉽고, 관리도 용이하다.

② 복합품종 라인에서도 라인대체방식은 흐르는 종류가 변할 때마다 편성을 바꿀 뿐으로, 물건이 흘러가고 있는 사이는 단일품종 라인과 같다. 그러나 흐르는 품종이 많아지면 대체를 위한 로스가 증가하는 것이 결점이다.

③ 혼합라인방식은 복수의 품종이 혼합해서 흐르는 것으로서 재고, 재공품이 비교적 적고, 대체에 의한 로스도 없다는 장점을 가지고 있다. 그러나 생산계획의 변경에 의해 품종의 혼합비율이 변하면 라인 밸런스가 무너지므로, 편성방법이 복잡하고 어려운 단점도 있다.

(2) 단일품종 라인의 편성

① 조립순서 결정

㉠ 보통은 시작할 때에 실제의 작업방법을 분석하는 것에 의해 결정된다.
㉡ 제품의 구성부품이 적고 단순한 때에, 작업순서는 도면만에서 정할 수도 있다.
㉢ 작업순서의 분석결과는 <그림 3－16>과 같은 조립공정분석표에 정리된다.

② 정미시간에 의한 시간견적

표준시간자료가 정비되어 있는 공정에 대해서는 그에 의한 시간을 견적하지만, 그 이외는 WF · MTM등의 PTS법을 사용해서 시간견적을 한다. 그 경우,
㉠ 작업을 표준작업방법으로 충실하게 한다.
㉡ 부품이나 공구를 이상적인 장소에 준비시킨다.

③ 메인라인, 서브라인의 구분

제품의 복잡성에 의해 메인라인만으로 조립하기가 곤란한 점이 있다. 이 경우, 주된 구성부분마다 별도의 라인으로 조립해서 메인라인에 흐르는 생산방법이 택해진다.

그림 3-16 편성순서의 체계

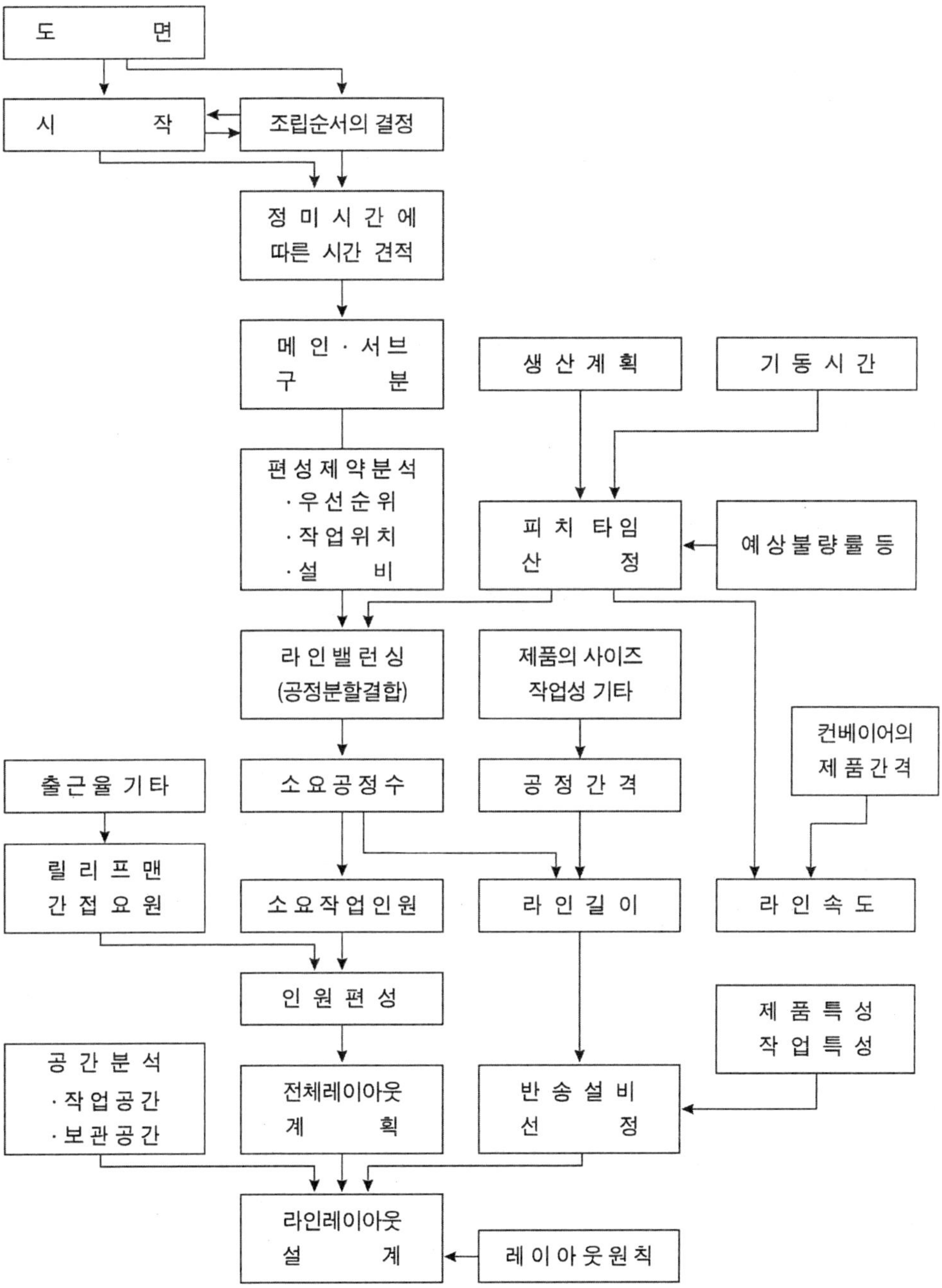

그림 3-17 조립공정분석 (예)

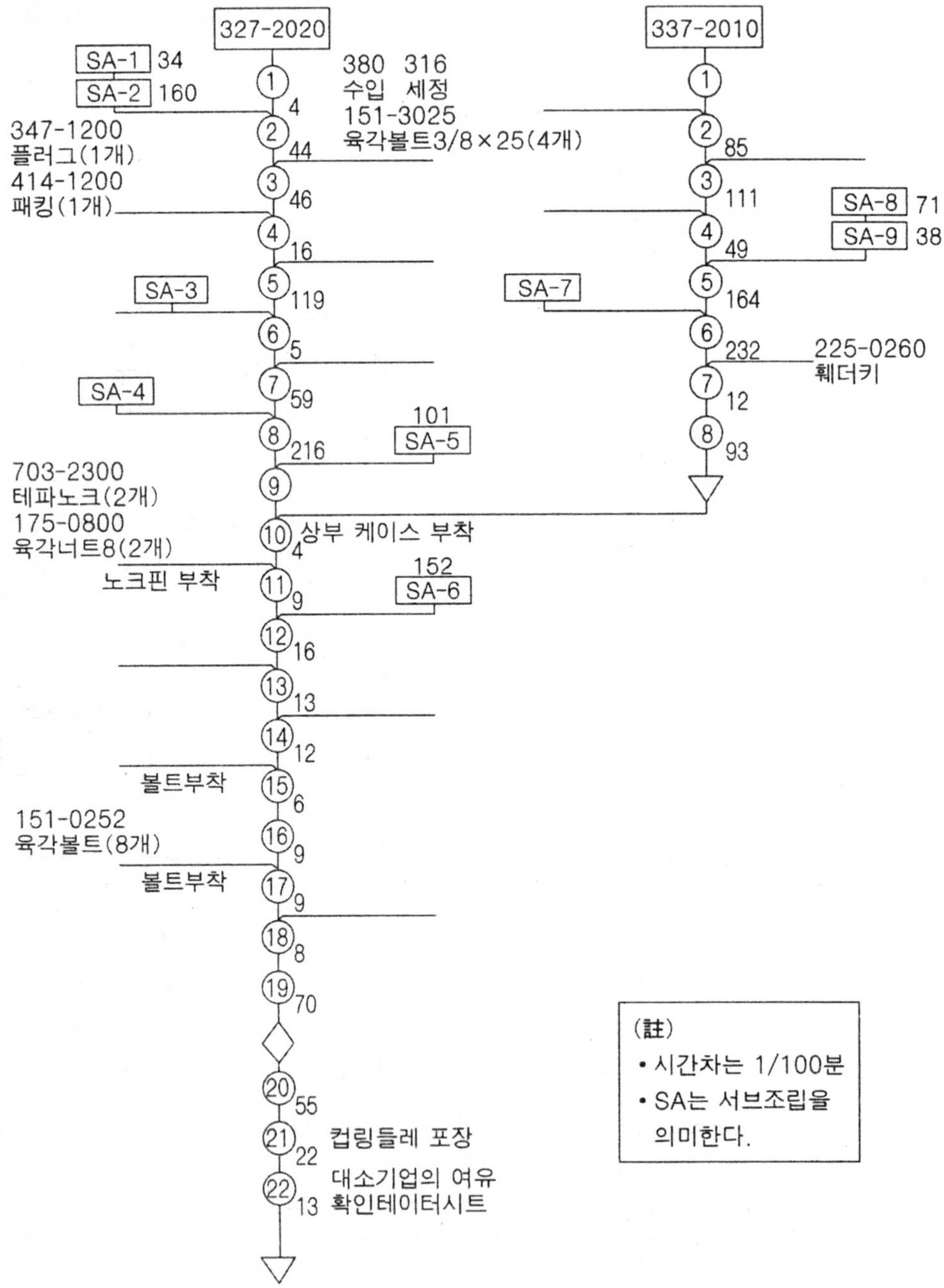

④ 제약조건의 분석

㉠ 조립순서의 우선순위 … 조립순서는 앞서의 공정분석 때 일단 정해지나, 이 단계에서는 라인 밸런싱을 의식해서 특히 조립순서가 몇 가지 있는 것을 충분히 조사해 둔다.

㉡ 작업역의 위치 … 조립제품이 어느 정도 커지면, 1인의 작업자가 행하는 작업역을 되도록 좁은 범위에 모으지 않으면 헛된 동작이 많게 된다.

㉢ 설비 … 크레인 등 대형장치나 고정된 설비 ・구축물을 사용하는 작업에 대해서는 이들의 설비도 라인 밸런싱의 제약이 되므로 조사해 둔다.

⑤ 라인 밸런싱

각 공정의 시간은 피치타임을 초과하지 않는 범위에서 되도록 피치타임에 가깝게 되도록 하는 것이 좋다.

⑥ 레이아웃

㉠ 소요 스페이스 검토 … 작업 스페이스는 재료의 보관방법, 준비작업방법, 재공품의 보유계획, 개선이나 조정작업의 예측빈도 등을 고려해서 결정한다. 또, 작업 스페이스 외에 재료의 운반통로, 보관 스페이스, 각 그 설비와 보전을 위한 스페이스도 검토해야 한다.

㉡ 반송기기의 선정 … 반송기기의 선정에는 작업 스페이스에 맞추어 제품의 중량이나 크기・형상・정밀도 등의 제품의 특성과 작업내용, 생산수량, 작업 안정도, 설치비용, 건물의 구조 등의 검토가 필요하다.

더욱 컨베이어의 발주에 필요한 기본항목에는 구조양식 외에 길이・폭・상면에서의 높이・반송속도 등이 있다. 속도는 다음과 같이 컨베이어상의 제품의 간격과 피치타임에서 정한다.

$$\text{컨베이어 스피드} = \frac{\text{컨베이어상의 제품의 간격}}{\text{피치타임}}$$

㉢ 레이아웃 설계 … 복수의 레이아웃안을 작성하고, 각각의 안에 대해 특징을 정리해서 최량의 안을 도면화한다.

㉣ 레이아웃 설계의 포인트

○ 서브라인 종점은 되도록 그 물건을 필요로 하는 메인라인의 공정에 인접시킨다.

○ 각 공정으로의 부품공급방법을 충분히 검토한다.

○ 빈 팔레트나 부품용기, 조립치구 등의 반각방법에 대해서도 잊지 않고 충분히 연구해 둔다.

표 3-22 반송기기의 형태와 적용작업

구분	형 태	설 명	특 징	적 용
	벨트 컨베이어	제품의 이동에 고무나 포, 금강 등의 벨트를 이용하는 것 	• 이동방향이 직선적 • 중량에 제약이 있다. • 조립치구의 부착이 되지 않음.	• 경량, 중소물제품 • 대량생산 • 제품을 고정할 필요가 없는 경우
	슬라트 컨베이어	고무나 포 등의 대신에 목재나 금속판을 체인으로 붙여서 벨트형으로 하는 것 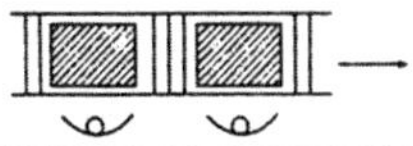	• 이동방향은 상동 • 큰 중량에 견딘다. • 치구부착 가능 • 설비비대	• 중량, 중대물제품 • 제품을 고정할 필요가 있는 경우 • 사람이 컨베이어를 타고 작업하는 경우 • 안정제품의 양산
	대차 컨베이어 (착탈형)	상에 묻힌 체인에 제품을 실은 대차를 착탈가능한 핀을 걸어서 견인한다. 대차는 필요에 따라 컨베이어로부터 떼어낸다. 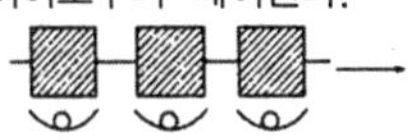	• 이동방향은 순환형으로 다소의 상하는 가능 • 치구부착 용이 • 비교적 큰 중량에 견딘다 • 작업의 불규칙성의 흡수는 용이 • 라인의 횡단용이 • 커브돌기가 용이 • 레이아웃 변경곤란	• 중량, 중대형제품 • 중량생산 • 작업이 비교적 불안정한 것
	대차 컨베이어 (고정 루트형)	가이드레일상의 대차를 체인으로 견인하는 것 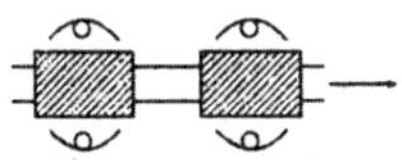	• 이동방향은 순환형으로, 커브돌기가 용이 • 큰 증량에 견딘다. • 설비비대 • 작업의 불규칙성 흡수는 곤란	• 중량, 중대형제품 • 다량생산 • 안정 제품
	트롤리 컨베이어	제품은 두상을 주행하는 체인으로부터 걸어 놓은 행거에 실어 운반하는 것 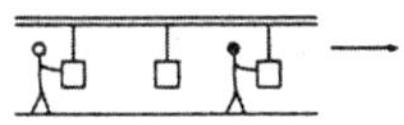	• 이동방향은 3차원 • 공간의 이용도가 크다. • 설비비대 • 레이아웃 변경은 곤란	• 중소제품 • 다량생산 • 복잡한 작업에는 부적당 • 도장, 도금 등에 적당하다.
	로울러 컨베이어, 호일 컨베이어	제품은 오울러 또는 호일상을 이동하는 것	• 이동방향은 직선적 • 설비비대 • 레이아웃 변경은 극히 용이 • 강제력이 약함 • 운반로스가 발생한다. • 제품의 저면이 평탄치 않을 때는 제품마다 판을 필요로 한다. • 라인상의 스토크가 용이	• 중소형제품 • 중소량생산 • 불안정작업
	대차 (고정 루트형)	제품을 실은 대차가 인력에 의해 레일 위를 이동하는 것 	• 순환형이 아닌 경우는 대차가 돌아올 루트 설치가 필요 • 강제력이 약함 • 운반로스가 발생하기 쉽다. • 작업시간이 불규칙성 흡수 용이	• 중량, 중대형제품 • 소량생산 • 불안정작업
	대차 (자재 루트형)	가이드나 레일을 사용한 대차에 제품을 싣는다.	• 이동경로가 자유롭다. • 레이아웃 변경이 극히 용이 • 강제력이 약함 • 불규칙성 흡수 용이	• 중량, 중대형제품 • 소량생산 • 불안정작업 • 상면의 평골이 필요 • 소물제품을 로트 운반하는 경우에 적합
	슈트	제품은 슈트상을 통해서 이동한다.	• 설비비 최소 • 설비 및 변경이 용이 • 단거리간에만 이용이 가능 • 강제력이 약함	• 국부적인 공정간의 이동 • 소물제품 • 파손하기 어려운 것

○ 검사공정이나 수정공정도 라인에 잊지 않고 설치한다.
○ 적절한 넓이의 부품보관장소를 라인에 따라 설치한다.
○ 설비의 보전이나 수리를 위한 스페이스를 확보한다.
○ 라인형상은 직선, 장원형 지그재그, U자형 등 제품이나 건물의 제약에서 여러 가지 것이 채택되나, 거치나 부품공급, 관리의 용이성에서 직선형이 제일 좋다. 그러나 너무 길어지는 경우에는 부품공급이나 감독면에서 지장이 생길 수 있고, 그와 같은 때에는 형이나 원형을 쓰는 일도 있다. 조립치구를 초공정에 반환할 필요가 있는 경우도 U형이나 원형의 형편이 좋을 수가 있다.

(3) 라인 대체방식의 복수품종 라인편성

이 라인방식에서는 로트에서 제품이 흐르기 때문에 동일기간 흐르는 품종은 항상 1종류 뿐이고, 편성의 순서는 기본적으로 단일품종 라인과 같다.

① 제품별 실제 생산량을 구한다.

$$\text{실제생산량} = \frac{\text{생산량}}{\text{양품률}}$$

② 제품별 소요공수를 구한다.

$$\text{소요공수} = \text{실제 생산량} \times \text{정미시간}$$

③ 제품별 정미실동시간을 구한다.

$$\text{제품별 정미실동시간} = (\text{일당실동시간} \times \text{월간가동일수}) \times \frac{\text{대상제품소요공수}}{\text{제품별소요공수합계}}$$

④ 제품별 피치타임을 구한다.

⑤ 단일품종 라인과 같이 편성한다.

(4) 혼합라인방식의 복수품종 라인편성

이 방식에 있어서 편성 순서도 기본적으로는 단일품종과 같다. 그러나 다품종이 연속적으로 흐름으로써, 전체로서 밸런스를 취해야 한다.

① 피치타임을 구하는 방법

$$\text{피치타임} = \frac{\text{정미실동시간(분/일)}}{\text{전제품의 일생산량의 합계}}$$

② 라인 밸런스의 결정방법

라인 밸런스는 품종마다의 공수에 의하나 일반적으로 5~10종 정도로 하는 것이 좋다.

이 경우, 제품에 따라서 작업시간이 피치타임을 초과하는 경우가 있다. 그때는 양자의 차는 중간재고, 몇 개의 품종을 정리한 로트 보내기, 작업자의 이동에 의해 흡수된다. 즉, 로트의 구성이나 흘리는 방식을 연구하고, 작업간섭을 되도록 적게 한다.

4) 기계라인의 편성방법

가공라인편성에 있어서는 수지대수의 적정화에 의해 작업자간 부하의 균등화와 작업자의 시간 유효이용이 중요한 의미를 갖고 있다.

그림 3-18

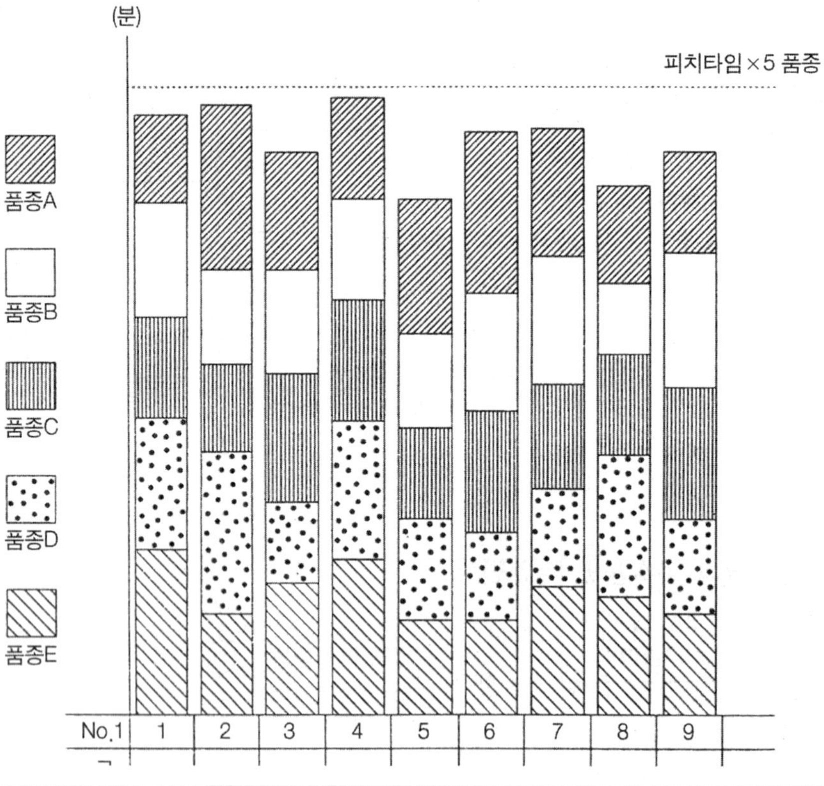

그림 3-19 편성순서의 체계

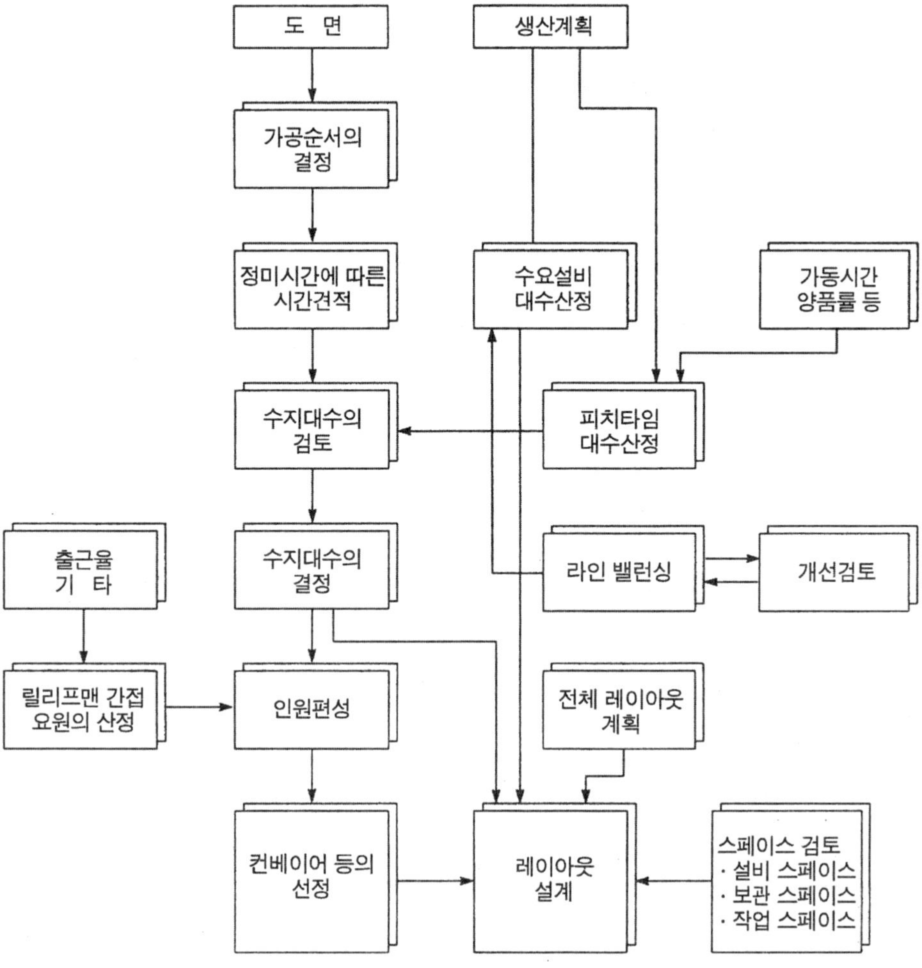

(1) 수지대수의 검토

이것은 작업자의 가동내용과 기계와의 관계에서 사이클 타임 내에 몇 대의 기계를 작업자가 담당할 수 있는가를 검토하는 것이다.

1인의 작업자의 담당대수는 담당하려는 공정의 작업시간이 피치타임을 넘지 않는 범위에서 설정하는 것이 좋다.

그림 3-20

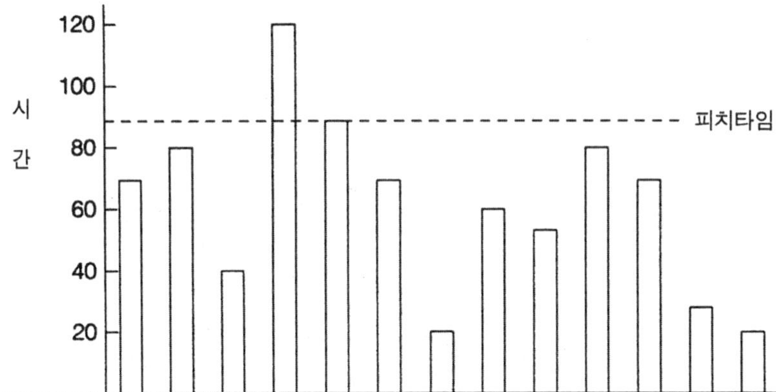

공정		1	2	3	4	5	6	7	8	9	10	11	12	13
시간	합계	70	80	40	120	90	70	20	60	55	80	65	30	25
	자동운반	35	60	10	75	50	45	10	20	30	40	40	10	10
	손운반	35	20	30	45	40	25	10	40	25	40	25	20	15
분담 1 안														
분담 2 안														

(2) 라인 밸런스의 개선, 검토

① 네크 공정의 개선

피치타임보다도 시간이 걸리는 공정은 치공구의 개선에 의한 부품의 탈착시간 단축, 수개동절삭, 다도화, 다두화에 의해 되도록 피치타임에 접근시킨 개선을 한다.

② 기계속도의 변경

피치타임에 접근함과 같은 각 기계의 가공속도를 조절한다.

③ 능력부족공정의 대책

능력이 아무리 해도 부족한 공정은 그 전후에도 재공품을 갖고 잔업으로 커버하든가, 다른 설비를 이용해서 가공한다. 그러나 이 경우 재공품을 두는 스페이스가 필요하게 된다.

(3) 레이아웃의 개선검토

가공라인의 레이아웃은 보기보다도 어디까지나 흐름 중심으로 설계되어야 한다.

이하는 그 유의점이다.

① 기계 간격은 되도록이면 가까이 하는 편이 좋다.

② 라인의 출입구는 재료나 가공완료품이 정체하기 쉬우므로 스페이스에 여유를 갖게 한다.

③ 치공구 교환이나 절분의 반출을 위한 통로나 보전을 위한 스페이스를 만든다.

④ 네크공정이 전후에 부족능력분의 재공품치장을 만든다.(잔업이나 야근을 필요로 하는 경우)

⑤ 생산량이 대단히 많은 경우에는 오토 로울러나 공업용 로보트의 이용, 트랜스퍼머신화의 검토도 필요하게 된다.

5) 라인작업의 작업개선 체크리스트

단독작업을 위한 작업개선 체크리스트에 다음의 여러 가지 사항을 추가해서 검토하는 것이 중요하다.

(1) 기본원칙으로서는, 다음 사항을 생각할 것.

예를 들면,

① 각 공정 및 멤버의 작업의 부하를 균등하게 할 것

② 기계설비를 사용하고 있는 경우, 그 활용도를 높일 것

③ 네크공정의 작업량을 균등하게 할 것

④ 공정수를 되도록 줄일 것

⑤ 공정을 되도록 합병할 것

⑥ 각 공정을 되도록 편하게 할 것
⑦ 이상의 편성효율 100%에 가잡도록, 즉 부품이나 재공품의 대기나 정체가 없도록 할 것

(2) 그 공정은 생략이 가능하지 않은가

예를 들면,
① 피치타임 내에 수용되는 타공정과 결합하면 어떤가
② 타설비를 사용해서 생략이 가능하지 않은가
③ 배치를 바꾸어 생략이 가능하지 않은가
④ 작업개선을 하여 생략이 가능하지 않은가
⑤ 컨베이어나 슈트 등을 사용해서 생략이 가능하지 않은가

(3) 이동동작을 없앨 수 없는가

예를 들면,
① 공정담당을 바꾸어 이동동작을 없앨 수 없는가
② 배치를 바꾸어 이동동작을 없앨 수 없는가
③ 컨베이어나 슈트 등을 사용해서 이동을 없앨 수 없는가

(4) 대기를 없앨 수 없는가

예를 들면,
① 타공정에서 작업이 옮겨 왔을 때 대기를 없앨 수 없는가
② 인원수를 줄여서 대기를 없앨 수 없는가
③ 작업순서를 바꾸어 대기를 없앨 수 없는가

(5) 검사를 중지할 수 없는가

예를 들면,
① 더블 체크가 불필요하게 행해지고 있지 않은가
② 공정계열의 최적위치에서 필요한 검사가 행해지고 있는가
③ 각 검사작업과 체크항목은 정말 필요한 것인가

(6) 체임을 없앨 수 없는가

예를 들면,

① 정해진 피치타임대로 흘리고 있는가

② 물건의 간격은 정해진 대로 되어 있는가

③ 네크공정의 작업량은 피치타임의 범위 내인가

④ 작업개선에 의한 체임해소 수단은 어떤 것이 있는가

표 3-23

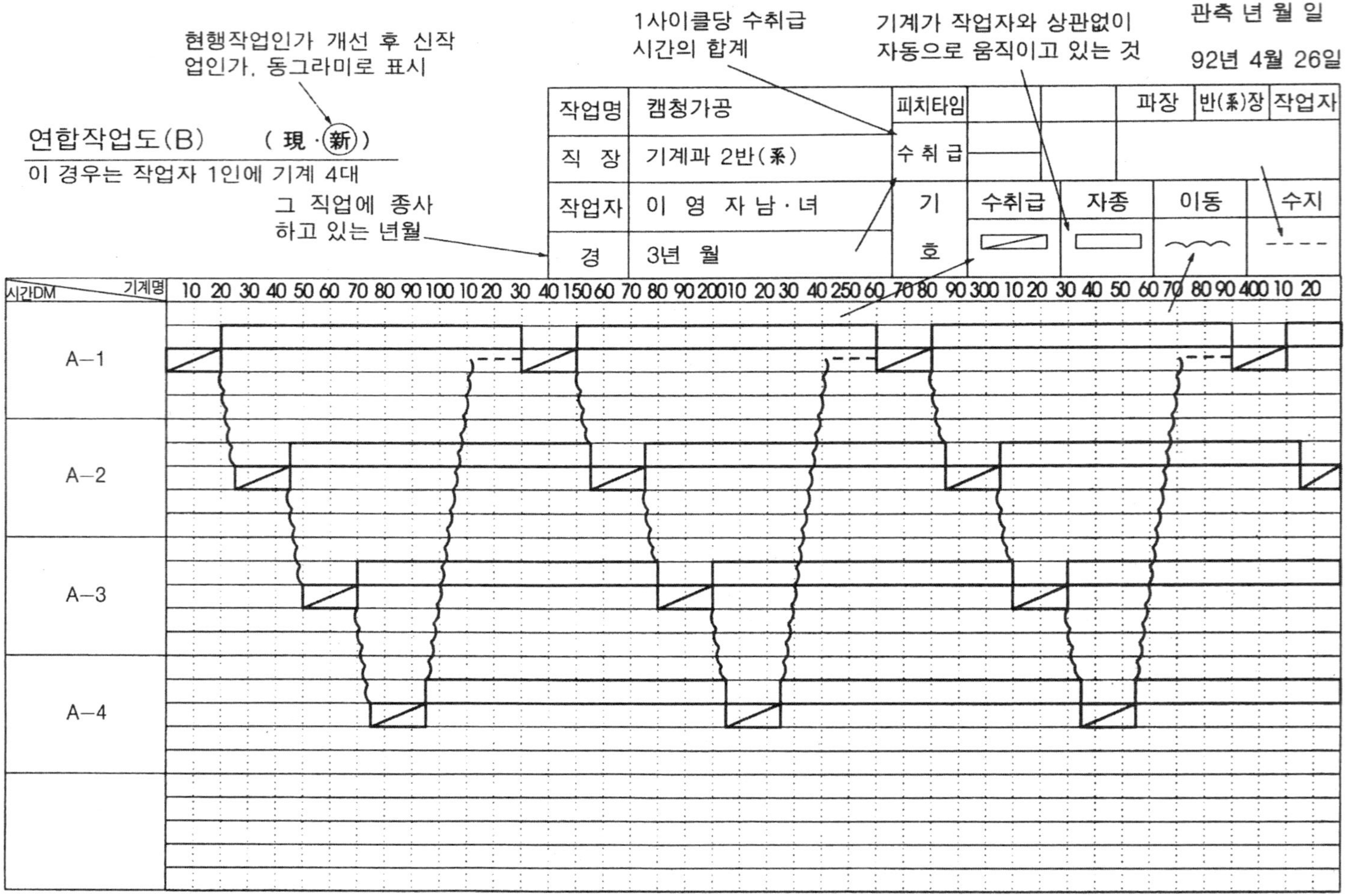
현행작업인가 개선 후 신작업인가, 동그라미로 표시
연합작업도(B) (現·新)
이 경우는 작업자 1인에 기계 4대
그 직업에 종사하고 있는 년월
1사이클당 수취급 시간의 합계
기계가 작업자와 상관없이 자동으로 움직이고 있는 것
관측 년 월 일
92년 4월 26일
작업명 캡청가공
직 장 기계과 2반(系)
작업자 이 영 자 남·녀
경 3년 월
피치타임
수 취 급
기 호
수취급
자종
이동
수지
파장
반(系)장
작업자
시간DM
기계명
A–1
A–2
A–3
A–4

표 3-24 기계가공라인의 레이아웃 예(U자형 라인)

품 명	소형A부품	표준작업조합표 (레이아웃도)	작성	신 ㉮ 82년 10월 1일						
현 장	소형부품가공라인		승인	과 장		계 장		반 장		No.1

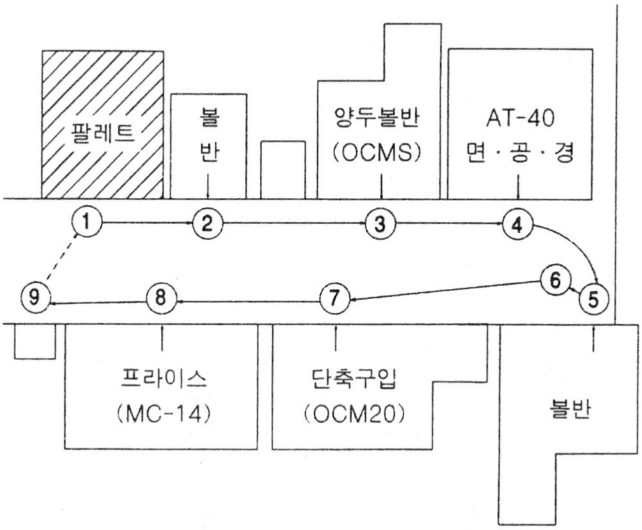

일생산수
개/일 580
피치타임
분 1.10
표준대수
개 6
수대시간
0

3.7 작업분석의 체계

- 작업분석
  - 기본분석
    - (단독)작업분석
    - 연합작업분석
      - 사람－사람 연합작업분석
      - 사람－기계 연합작업분석
  - 중점분석
    - 주작업기계분석
    - 치공구 및 검사원분석
    - 가공조건분석
    - 부속기기분석

1) 작업분석의 목적

① 작업의 세분화와 누락된 사실이 없는지 조사한다. 작업을 세분화하고, 보통이라고 주의가 가지 않는 작은 로스까지 발견한다.

② 사실의 정량적인 파악에 의해 바르게 현재의 방법을 파악한다.

로스의 추방과 보다 효율적인 작업을 하기 위해서는 현재의 작업을 보다 구체적인 형태에서 발견하고, 그것을 이해할 필요가 있다.

③ 작업 중 로스의 추방과 개선으로의 제일 스텝을 만들어낸다.

요소작업의 개선 및 그 주변(치공구, 설비, 가공조건, 부품정밀도 등)의 개선상 제일 스텝을 만들어낸다.

2) 작업분석의 정밀도

표 3-25 작업정밀도의 구분

<table>
<tr><th></th><th colspan="2">동작분석</th><th colspan="2">작업분석</th></tr>
<tr><th>정밀도</th><th>(미세동작)</th><th>동작</th><th>(요소작업)</th><th>단위작업</th></tr>
<tr><td rowspan="2">측정방법</td><td rowspan="2">고속도카메라</td><td rowspan="2">• 서블릭
• PTS방법
MTM
WF</td><td colspan="2">직접분석(타임 스터디)</td></tr>
<tr><td>PTS간이법
BWF
MTM－II
－III</td><td></td></tr>
</table>

작업개선과 로스추방을 추진하기 위해서는, 작업의 내용=요소 구성과 작업의 구분을 충분히 잘 이해하고, 그 조합에 로스가 있는가 없는가를 파악하는 것이 필요하다.

(1) 요소작업이란

작업분할시의 하나의 정밀도 단위이고, 보통 스톱워치로 관측되는 (5/100분 정도) 최소단위이다. 예를 들면, <그림 3−21>의 예의 경우, 「부품을 집는다」「A면을 도장한다」 등 어떤 목적을 갖는 최소 작업단위이다.

그림 3-21 작업정밀도의 예

〈단위작업〉	〈요소작업〉
볼반에 의한 절삭	부품을 집는다.
	부품을 볼반의 가이드에 따라 세트한다.
	스위치를 넣고 다음 공정으로 이동한다.
버니어 캘리퍼스에 의한 환봉검사	버니어 캘리퍼스를 환봉에 댄다.
	측정한다.
	버니어 캘리퍼스를 제자리로 가져간다.
재료 운반	재료를 대차에 싣는다.
	목적지로 운반한다.
	재료를 대차에서 내린다.
	대차를 반려한다.
제품 도장	도장건을 제품에 접근시킨다.
	A면을 도장한다.
	B면을 도장한다.
	도장건을 제자리에 놓는다.
부품부착	부품을 틀에 세트한다.
	에어 드라이버로 나사를 조인다.
	다음 공정으로 워크를 보낸다.

3) 작업의 구분방법

하나의 작업을 구성하고 있는 일련의 작업동작을 적당한 단위로 분할하는 것을 요소작업으로 구분한다고 한다.

일반적으로 요소작업은 「단위작업」보다 작게, 「동작」보다 1회 더 큰 작업의 종합이라고 말하고 있다. 실제의 분석단위는 되도록 작은 것이 좋다고 한다.

여기서 요소작업으로 구분하는 경우의 요점을 들어본다.

① 작업을 요소작업으로 분할하는 크기의 단위는 되도록 작은 것이 좋으나 관측가능한 크기여야 할 것 (3/100분~5/100분이 한계)

② 주목적 요소와 부수적 요소로 나눌 것

(주목적 요소) ……… 쓴다, 깎는다, 조립한다, 분해한다 등

(부수적인 요소) …… 부품을 잡는다. 재료를 놓는다. 기계의 옆까지 걷는다.
절분을 턴다, 품종교체를 위한 작업 등

③ 조작업, 연합작업에 있어서는, 작업자가 단독으로 하고 있는 요소작업으로 나눌 것.

④ 작업자요소와 기계요소를 나눌 것

예를 들면, 기계가공을 중심으로 한 작업에서는 사람이 작업하는 시간과 기계가 작업하는 시간으로 나눈다.

⑤ 되도록 요소작업의 목적이 다른 것으로 나눌 것

예를 들면. 가공, 이동, 검사, 대기 등은 구분한다.

⑥ 규칙적 요소와 불규칙적 요소로 나눌 것

규칙적 요소 ………… 1작업 또는 1공정 사이클마다 발생하는 요소이다.
· 부품을 기계에 부착한다.
· 부품을 기계에서 제거한다.

불규칙적 요소 ……… 1작업에 필요는 있으나, 규칙적 또는 기본적인 요소작업의 사이클 간격에 비해서, 규칙성이 없는 간격으로 발생하는 요소이다.
· 측정기로 치수를 측정한다.
· 바이트에 붙은 절분을 턴다.
· 바이트에 오일스톤을 건다.

4) 작업의 표현방법과 분석기호

우선 관측대상으로 하는 작업에 대해 충분한 예비조사를 한다.

① 대상작업이 정상대로, 규정된 대로 행해져 있는가를 조사한다.
② 재료가 정규의 것과 합치하고 있는가를 조사한다.
③ 기계설비나 공구류가 규정된 것이 사용되고 있는가를 조사한다.
④ 작업장 배치가 규정된 상태에 있는가를 조사한다.
⑤ 기타 조건이 규정된 상태에서 작업이 행해지고 있는가를 조사한다.

이와 같은 체크를 했다면 다음의 구체적인 요소에 대해 관찰한다.

① 작업을 분할하고 이를 관측용지 작업란에 작업순서에 따라 기입한다.
② 관측용지에 기입한 작업순서를 확인한다.
③ 작업대상인 부품이나 작업장 배치를 스케치해 둔다. 되도록 상세히 기입한다.

분석기호를 붙이는 목표는 분석내용을 눈으로 보고, 곧 작업의 진행과정과 작업의 내용이 누구에게든지 곧 이해되도록 하기 위해서이다.

(1) 가공은 큰 「○」으로 나타낸다

작업내용으로서는 가공, 조립, 분해, 변형, 변질이고 준비나 뒤처리 작업을 가공하기 위한 기계조작, 재료, 전공정, 완성품 취급작업 등도 가공으로 큰 「○」으로 나타낸다.

① 샤프트와 스프링을 잡아, 샤프트에 스프링을 낀다.
② 도장용 에어건을 잡아 외판을 도장하고, 에어건을 놓는다.
③ 치구에서 완성한 주물부품을 제거하여 팔레트에 놓는다.

표 3-26 분석기호

분석기호	명 칭	내 용
○	가 공	재료 · 부품을 작업목적에 따라서 물리적, 또는 화학적 변화를 준다. 또는 다음 공정 준비를 한다.
□, ◇	검 사	재료 · 부품을 어떤 방법으로 측정하고, 그 결과를 기준과 비교해서 합부를 측정한다. □는 수량검사, ◇는 품질검사.
○	이 동	재료 · 부품을 어느 위치에서 다른 위치로 이동시킨다. 공정 내의 주행운반
▽	수대기	재료 · 부품을 가공, 검사하지 않고 대기상태를 말한다.

④ 샤프트의 단면을 선반을 사용해서 손운반으로 깎는다.

⑤ 핸들을 돌려서, 인물대를 재료에 접근시킨다.

(2) 검사는 「□ ◇」로 나타낸다

검사내용에는 계수, 계량, 품질의 검사 등이 있으나, 실제로는 다음의 두 가지로 구분된다.

양의 검사는 …… 「□」로 표현한다.

질의 검사는 …… 「◇」로 표현한다.

① 샤프트 길이를 버어니어 캘리퍼스를 사용해서 측정한다.

② 1케이스 6개입의 상자의 제품 수를 확인한다.

③ 제품이 들어 있는 포장지의 제조년월의 인쇄문자를 확인한다.

④ 샤프트를 잡아 외관에 흠이 있는가 어떤가를 조사한다.

(3) 이동은 작은 「⇨ 또는 ○」으로 나타낸다

공정 내에서 2보 이상 보행하는 이동, 또는 대차 등에 의해 재료, 완성품, 공구 등을 운반하는 경우가 이동이다. 또 경우에 따라서는 손에 아무것도 갖지 않고 작업자만이 이동하는 수가 있다.

① 재공품을 다음 공정에 2.5m 운반한다.

② 볼트를 조이기 위해 기계의 겉표면측에 간다.

③ 치대에서 정반 위에 블록과 침을 운반한다.

④ 부품을 검사대에서 선반으로 운반한다.

(4) 대기는 (▽)로 나타낸다

① 기계에 의한 자동가공이 완료되기까지 대기

② 상대작업자의 작업이 완료되지 않으면 그 후의 공통작업 또는 단독작업을 개시하지 않는 경우의 대기

③ 기타 대기

④ 크레인 대기

5) 작업시간의 측정방법

작업분석에 있어서 현재의 작업방법을 구분하고, 작업마다 시간을 측정한다. 측정은 일반적으

로 시간분석방법 중 스톱워치 관측법을 쓴다.

(1) 스톱워치에 의한 작업관측

그림 3-22 관측판

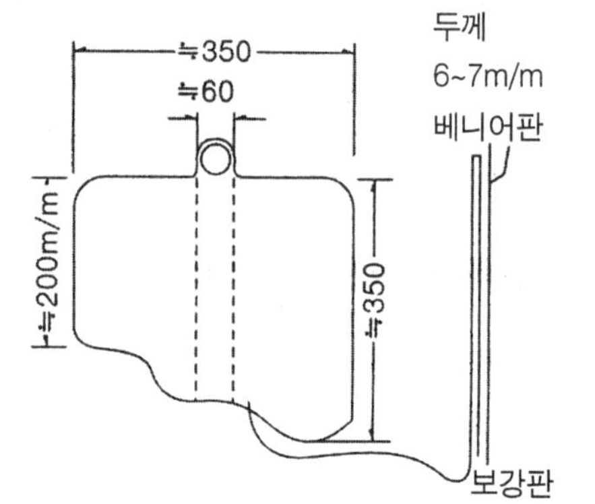

① 스톱워치 … 1/100분 혹은 1/60분 눈금(표준시간설정이 주된 목적이 아니므로 1/1,000분 눈금은 불필요)

② 관측판 …… <그림 3－23>을 참조

③ 관측횟수 … 5～10회 정도 연속관측

④ 용구 ……… 연필(B 또는 HB)

⑤ 기타 ……… 필요한 계산척, 버어니어 캘리퍼스, 마이크로미터, 권척, 전탁계산기, 회전계 등

<관측위치와 자세의 포인트>

㉠ 작업이 잘 보이는 위치에 서 있을 것

㉡ 작업에 방해가 되지 않는 위치에 서 있을 것

㉢ 작업동작부분과 시계와 눈이 직선이 되도록 서 있을 것

㉣ 스톱워치는 상 등에서 떨어지지 않도록 주의할 것

그림 3-23 관측방법

(2) 관측시의 요점

① 작업자에게 관측목적을 충분히 설명하고, 좋은 결과가 얻어지도록 협력을 한다.

② 작업상태 및 내용이 정상인가 확인을 할 것(불안정시는 피하는 것이 좋다)

③ 작업내용이 충분히 이해될 때까지 여러 차례 사이클을 관찰해서 관측을 할 것

④ 관측시에 측정하기 쉬운 작업구분으로 분할한다.

⑤ 관측시 작업단위에 따라 체크한 시간을 기록할 것

⑥ 작업시간마다 시간의 대표치를 결정할 것
(이상치를 제외한 평균치 … 개선검토에 이용한다.)

⑦ 협력적인 작업자와 숙련작업자를 선택할 것

시간관측에 있어서 고려할 것

시간관측은 측정방법의 여하에 의해 좋은 결과, 나쁜 결과 어느 쪽이든, 명백히 나타나므로 현장에 이상한 자극을 준다든가, 인간관계를 손상하지 않도록 신중하게 하는 것이 중요하다.

그를 위해서, 현장관계자와 충분히 협의해서 대상작업, 시기, 기간 등에 대해 설명하고, 양해를 얻어 놓는다. 즉흥적인 행동이나 관측 · 분석은 피해야 한다.

(3) 관측시에 사용하는 관측용지

관측시에 사용하는 관측용지에는 여러 가지 형태의 것이 각 기업에서 사용되고 있다. <표 3－27>은 반복 작업용, <표3－28>은 반복 작업 또는 긴 사이클용이다.

표 3–27 샤프트연삭작업의 계속법관측 예

	작업		1	2	3	4	5
1	샤프트를 잡아 양센터의 에어불기	개별 읽음	8 91	6 371	4 674	7 985	7 1,222
2	샤프트를 연삭반에 세트한다.	개별 읽음	3 94	4 75	4 78	4 89	4 26
3	스위치를 넣어 기계를 시동시킨다	개별 읽음	9 103	8 83	9 87	9 98	8 34
4	숫돌을 샤프트에 접근시킨다	개별 읽음	4 7	4 87	3 90	4 1,002	3 37
5	외경연삭(제1회)	개별 읽음	165 272	179 566	71 861	178 1,180	169 1,406
6	숫돌을 샤프트에서 떼고 스위치를 끊는다	개별 읽음	19 91	20 86	18 79	21 1,201	20 26
7	스냅게이지에 의한 측정	개별 읽음	8 99	7 93	9 88	10 11	8 34
8	스위치를 넣고, 숫돌을 접근시킨다	개별 읽음	4 303	4 97	4 92	↓	3 37
9	외경연삭(제2회)	개별 읽음	33 36	42 639	26 918	↓	51 88
10	숫돌을 샤프트에서 떼고 스위치를 끊는다	개별 읽음	18 54	M	19 37	↓	20 1,508
11	스냅게이지에 의한 측정	개별 읽음	7 61	666	9 △46	↓	8 16
12	샤프트를 기계에서 떼어서 대에 놓는다	개별 읽음	4 365	4 670	5 978	4 1,215	5 1,521
13	숫돌의 드레싱 수정	개별 읽음			27 △973		
	사이클 시간		282	305	308	237	306

표 3-23 「대차교체작업」의 비반복 작업관측 예

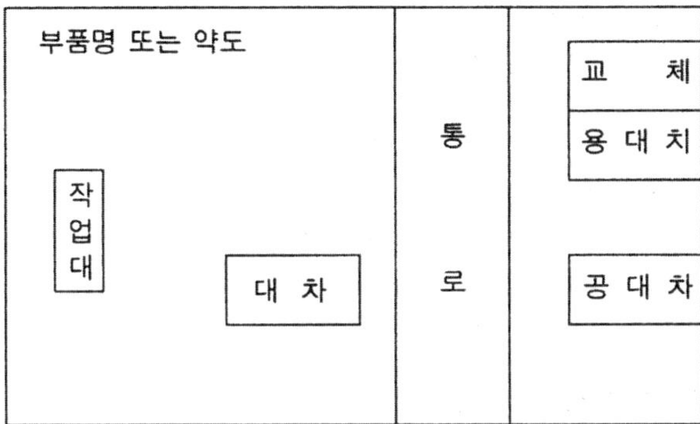

관 측 일 시	'84. 6. 20
관 측 자	
공 사 명	
작 업 명	부품용대차교체
작 업 자	
도 번	

No	작 업	읽음	개별	No	요 소 작 업	읽음	개별
1	대차로 간다.	7	7	16			
2	대차의 뚜껑을 닫는다.	21	14	17			
3	빈대차치장으로 운반한다.	54	33	18			
4	교체용대차의 장소로	64	10	19			
5	대차를 작업장으로 운반한다.	94	30	20			
6	뚜껑을 열고 세운다.	113	19	21			
7	작업대로 돌린다.	121	8	22			
8				23			
14				24			
15				30			
비 고					사이클 시간	–	121

(4) 관측기록과 정리 방법

① 관측은 미리 스톱워치를 작동시키고 시작한다.

② 작업의 반복을 연속해서 관측한다.

③ 읽은 시간은 관측용지의 "읽기시간"의 란에 기입한다.

④ 상단의 "개별시간"은 관측 후 정리단계에서 기입한다.

⑤ 관측시간 기록의 요령은 다음과 같이 한다.

㉠ 분자리가 앞의 작업과 같은 경우에는, 분자리를 생략해도 좋다.

예) 전작업 관측시간 … 272

부작업 관측시간 … 291→91이라 써도 좋다.

㉡ 관측중 사고가 있는 경우, 규칙적 작업의 기록과 작업의 1사이클의 최초와 최후에는 분의 자리를 붙인다.

불규칙적 작업이 발생하면, 작업명을 그때마다 여백의 예비란에 기록한다. 그럼으로써 대응하는 규칙적 작업의 읽기시간과 그 불규칙 작업의 읽기시간에 맞추어 기호를 붙여, 관련을 명백히 한다.

예) △46과 △973은 스냅게이지로 측정한 후, 불규칙적 작업, 숫돌 Dressing이 있어, 끝마친 시간이 973임을 나타낸다.

⑥ 관측시, 관측자의 부주의 등으로 기록할 시간을 잊었을 때 작업 읽기시간란에는 "M"(미스의 약)으로 기입한다.

⑦ 규칙적 작업이 생략되었을 때는 "↑"로 기입한다.

⑧ 작업이 상세한 동작의 반복으로, 또한 그 횟수를 알아둘 필요가 있는 경우에는 읽는 시간란을 이용해서, 그 횟수를 기록한다.

○ 어떤 형편에서 사이클 도중에 사고가 생기고, 기록상 혼란이 생긴 때에는, 잠깐 기다려 관측을 비롯해서 사이클 전부가 헛되게 되어도, 되도록이면 작업의 최후시간에서 기록을 개시하도록 한다. 그러면 사이클시간만은 붙잡을 수 있다.

관측기록 정리포인트는 "기억에 남아 있을 때 할 것"이다.

몇 가지 요점을 들면 다음과 같다.

① 관측중 개선착안사항은 되도록 상세히 기록해서 작업개선 때에 이용할 수 있도록 한다.

② 개별시간을 산출한다.

③ 개별시간평균치를 산출한다.

(특히 장시간과 단시간은, 이상치가 어떤가 확인을 하고, 이상치일 때면 제거하고 산출한다.)

그림 3-24 작업분석의 순서체계

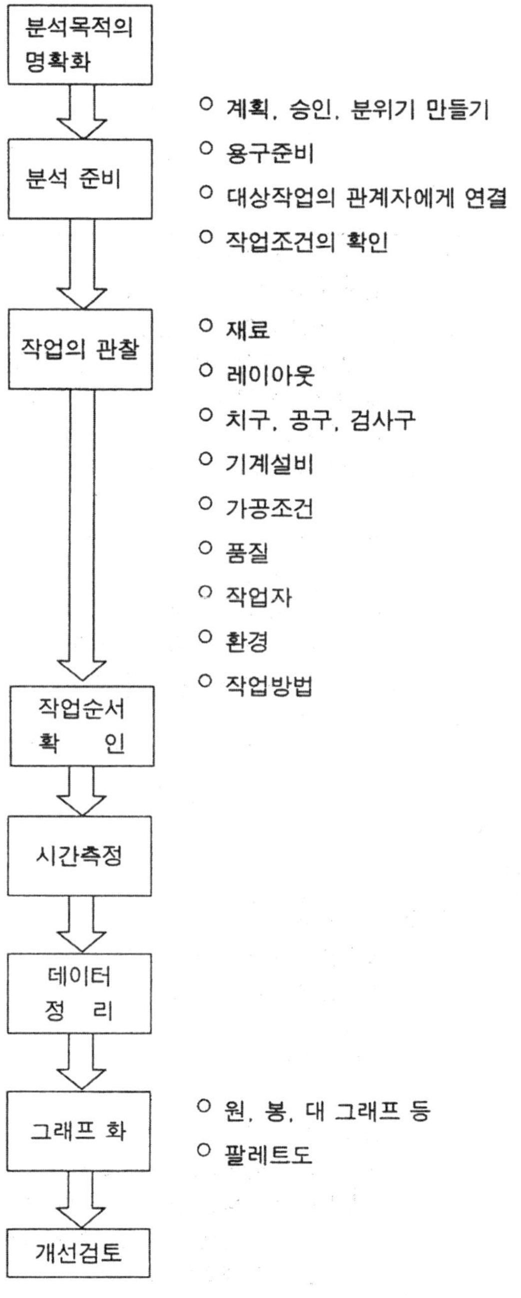

6) 여러 가지 중점분석

(1) 주작업기분석

표 3-29 주작업기분석

분석항목	체크포인트
1. 기계의 능력	1. 당초와 현상이 어떻게 변화하고 있는가 2. 그 원인은 어떤 곳에 있는가 3. 그 변화는 좋은 결과인가, 나쁜 결과인가 4. 그 대책으로, 지금 무엇을 할려고 하는가
2. 기계조작	1. 정해진 대로 조작하고 있는가 2. 정해진 대로 하지 않는 원인은 어디에 있는가 3. 정해진 대로 하면 결과는 좋은가. 나쁜가 4. 재검토해야 할 포인트는 어디에 있는가 5. 작업자의 훈련은 필요한가
3. 동종설비간 능력	1. 동종 설비간 능력 등의 차가 있는가 2. 능력차의 원인은 어디에 있는가 3 표준화는 어째서 추진되지 않는가
4. 공칭능력과 실제능력	1. 능력에 차가 있는가 2. 실제능력 중 최고 · 최저치는 어느 정도인가 3. 최고치는 어디까지 가능한가
5. 가공품 부착장치	1. 부착, 제거는 쉬운가 2. 마찰음이나 진동은 일어나지 않는가 3. 기타 불비는 없는가 4. 원터치화는 추진되지 않는가
6. 도구 부착장치	1. 착탈은 간단히 되는가 2. 위치를 정하는 것은 용이한가 3. 기타 불비는 없는가 4. 유니트화는 추진되지 않는가
7. 치수를 정하는 장치	1. 정밀도에 불안한 요소는 없는가 2. 덜컥소리, 마모는 없는가 3. 불규칙성이 발생하는 일은 없는가
8. 기계의 설비관리	1. 운전상태에 이상은 없는가(클러치 끊김, 기어음) 2. 정기검사와 수리를 하고 있는가(고장수리 실정을 기록하고 있는가) 3. 국부개선 필요개소는 없는가 4. 안전면에 불안한 요소는 없는가

작업의 주체가 되는 기계설비의 성능, 정밀도, 보전상황 등을 조사한다. 이 분석의 목표는 주작업기계가 항상 사양대로의 성능과 능력으로 움직이고 있는가, 어떤가를 조사하는 것이 목적이다.

(2) 치공구 · 검사구분석

치구 · 공구 · 부착공구, 측정구, 기타 도구 등에 대해, 그 실태와 성능, 정밀도, 수량 등을 조사한다. 또 여기에서는 보수, 관리면도 종합해서 검토한다. 여기에서의 분석목표는 그 작업에 적합한 것을 활용하고, 보다 효율이 좋은 작업을 실현시키는 데 있다.

(3) 가공조건분석

실제작업에 있어서 가공조건에 대해 분석하고, 최적의 것을 발견하는 것이 목표이다.

표 3-30 치공구 · 검사구분석

분석항목	체 크 포 인 트
1. 도구는 적정한가	1. 절단각 · 절단감은 적정한가 2. 수명 · 연마에 문제는 없는가 3. 카운터를 사용해서 잘 이용되고 있지 않은가
2. 치구, 부착공구는 적정한가	1. 강도는 충분한가 2. 정밀도에 문제는 없는가 3. 조작은 단순하게 되지 않는가 4. 병열 또는 멀티로 세트되지 않는가
3. 공구관리에 문제는 없는가	1. 수에 과부족이 생기는 일은 없는가 2. 개별관리인가. 집중관리인가 3. 사용 안되는 공구류 관리에 수고를 많이 겪고 있지 않는가
4. 검사구, 측정구는 적정한가	1. 정밀도에 문제가 있어 트러블을 일으키는 일은 없는가 2. 정기검사와 확인을 하고 있는가 3. 방청 · 방습관리가 잘 되고 있는가 4. 기계 혹은 공정 내의 자동화적 조직이 가능한가
5. 기타	1. 적정화를 위하여 데이터의 활용이 잘 되고 있지 않는가 2. 대체 · 유용 방법이 잘 생각나지 않는가 3. 적정한가를 판단하는 재료로서, 신기술의 활용이 잘 되고 있는가

표 3-31 가공조건분석

분 석 항 목	체 크 포 인 트
1. 절삭조건에는 문제가 없는가	1. 기계정도, 제품정도에 맞는 회전수, 송부, 절단이 절삭조건으로 선정되어 있는가 2. 절삭조건은 공구의 수명 등과의 관계에서 적정화되어 있는가
2. 도수와 송부방식에 문제는 없는가	1. 다도화 여지는 없는가 2. 조합해서 조정되지 않는가 3. 자동송부 방식이 채용되어 있는가 4. 탁송방식이 조합되지 않는가
3. 조절유무에 문제는 없는가	1. 조절개소를 되도록 적게 할 수 없는가 2. 조절개소와 품질의 관련은 없는가 3. 조절은 곧 할 수 있도록 되어 있는가
4. 공정내용에 문제는 없는가	1. 조삭과 마무리 절삭을 분할할 필요가 있는가 2. 조삭과 마무리 절삭조건을 적정히 변경할 수 있는가 3. 분업화함으로써, 가공이 용이하게 되는가
5. 가공 안정성에 문제는 없는가	1. 부착방법에 의해 가공안정도가 보증되는가 2. 마찰음, 진동 등의 문제가 발생하고 있는가 3. 강도의 적정화를 도모하고 있는가 4. 새로운 공구, 도구의 채용으로 문제를 해소하고 있는가
6. 기타 문제는 없는가	1. 재료 절삭성 등이 충분히 고려되고 있는가 2. 형상이 가공성을 고려한 것으로 되어 있는가 3. 새로운 기술이 타이밍에 맞게 도입되어 있는가

(4) 부속기기분석

부속기기분석에서는 주작업기 이외의 부속기기의 사용상황을 조사한다. 이 분석의 목표는 주작업기를 사용한 작업이 트러블 없이, 효율적으로 실시되도록 개선하는 데 있다.

표 3-32 부속기기의 분석

분 석 항 목	체 크 포 인 트
1. 재료, 부자재 운반 방법은 적정한가	1. 현재의 운반방법에 문제는 없는가 2. 다른 운반방법으로 작업감소는 불가능한가 3. 슈트, 컨베이어의 사용에는 무리가 없는가 4. 하역자세나 크고 무거운 것을 운반하는 방법에 대해서도 고려하고 있는가
2. 부품운반방법은 적정한가	1. 필요 이상의 용기가 사용되고 있지 않는가 2. 로트 운반방식으로 만족하고 있으며, 슈트, 컨베이어 사용을 잊지 않고 있는가 3. 하적변경, 바꾸어 넣기를 반복하고 있지 않는가 4. 파손, 타흔 등 발생의 염려가 없는 용기, 운반방법을 채용하고 있는가
3. 절분처리 방법은 적정한가	1. 용기는 전용의 것을 채용하고 있는가 2. 집중처리를 하고 있는가 3. 상처 등의 발생이 없는 방법을 충분히 검토하고 있는가 4. 절삭제 · 유 등의 분리는 완전히 하고 있는가 5. 긴절분, 플레이트상의 것은 파단기를 사용하여 간단히 처리할 수 있게 되어 있는가
4. 각종 치대는 적정한가 • 재료 · 제품의 치대 • 공구대 • 검측구대 • 도구대와 상자	1. 왜 사용하는가, 사용할 가치가 있는가 2. 사용하고 있는 크기는 적정한가 3. 도구나 품물이 낙하할 위험은 없는가 4. 잘 정리 · 정돈되어 있는가 5. 덜컥거리는 소리 등이 없는가, 상처가 발생할 위험은 없는가
5. 작업자용 의자와 답대는 적정한가	1. 의자는 작업에 적합한 높이와 형상의 것이 사용되고 있는가 2. 답대는 너무 높거나, 너무 작게 되어 있지는 않는가 3. 작업범위 내의 높이를 맞추어, 답대로의 승강을 없애지 않는가 4. 의자는 작업대와 그 작업관계에서 고려한 것인가
6. 기타 용건은 적정한가	1. 도면 · 전표 · 지도표 등의 보관, 게시방법은 적정한가 2. 잘 정리된 상태에 있는가 3. 작업자가 보기 쉬운 장소에 있는가 4. 더럽히기 쉬운 장소에는 특별한 연구가 되어 있는가

(5) 설비분석

설비분석은 주작업기 자체에 직접 혹은 간접적인 영향을 주는 제설비에 대해 조사분석해서, 본래의 사양상태로 복원하고, 이로 인해 보다 효율이 좋은 생산활동의 실현이 계속 이루어지도록 하는 것을 목표로 한다.

표 3-33

분 석 항 목	체 크 포 인 트
1. 동력설비는 적정한가	1. 오염, 물, 기름 등에서의 보호는 충분히 이루어지고 있는가 2. 냉각효과, 발열부분에 이상은 없는가 3. 마모・파손부분의 대책은 완전히 이루어져 있는가 4. 정기적 점검이 소홀히 되어 있지는 않는가
2. 배선설비는 적정한가	1. 전류의 부족은 없는가 2. 누전의 위험이 있는 부석은 완전히 처치되어 있는가 3. 피부파손 부분은 그대로 있지 않는가 4. 통행상 방해가 되어 있지 않는가 5. 가연성물질이 근방에 방치되어 있지 않는가
3. 제어장치는 적정한가	1. 도덕 등의 마모가 발생하고 있지 않는가 2. 스위치 등이 수명을 초과하고 있는 것은 있는가 3. 오작동이 발생할 위험은 없는가 4. 덜컥거리는 소리는 있는가 5. 결선 등에 이상이 있지 않은가 6. 배전반 내에 더러움은 없는가 7. 발열, 결선미스가 일어나지 않는가
4. 공압관계는 적정한가	1. 필터의 막힘은 발생하고 있지 않는가 2. 에어가 새고 있지 않는가 3. 실린더의 작동은 정상으로 이루어져 있는가 4. 기기부착의 풀림은 발생하고 인지 않는가 5. 호스류의 노화는 진행되지 않는가 6. 안전장치는 점검되어 있는가
5. 유압관계는 적정한가	1. 노화된 유류가 사용되고 있지는 않는가 2. 기름 누출은 발생하고 있지 않는가 3. 필터막힘은 발생하고 있지 않는가 4. 기기부착 풀림은 발생되고 있지 않은가 5. 호스류의 내압에 걱정은 없는가 6. 유류탱크 속에 물 등의 유입방지책은 만전을 기하고 있는가
6. 상하수도관계는 적정한가	1. 누수가 방치되어 있지 않는가 2. 수량・수압에 문제는 없는가 3. 하수의 정수상태에 이상은 있는가 4. 배수에 이상은 없는가 5. 수도꼭지류에 문제는 없는가
7. 가스관계는 적정한가	1. 가스가 새어도 위험부분은 없는가 2. 가스탱크 설치장소에 문제는 없는가

분 석 항 목	체 크 포 인 트
	3. 배관에 무리한 부분은 없는가 4. 압력, 기폐장치는 이상 없이 작동하고 있는가
8. 조명관계는 적정한가	1. 밝기는 적정한가 2. 위치가 나쁘지 않는가 3. 쓸데없는 조명, 무리한 조명은 없는가
9. 급유장치는 적정한가	1. 급유는 적정한 시기에 이루어지고 있는가 2. 급유 담당자와 체크는 잊지 않고 있는가 3. 필요한 장소, 급유방법은 확실히 되어 있는가

(6) 제품분석 · 부품분석

제품기능, 재료, 조립 및 가공순서, 조합정도, 재질, 형상, 공정 등을 분석·조사해서 재료의 절약, 구조의 간소화, 가공의 용이화, 부품의 완성정도 개선과 가공작업, 조립작업의 간이화 도모를 목표로 한다.

표 3-34 제품분석 · 부품분석

분 석 항 목	체 크 포 인 트
1. 도면과 제품은 적합한가	1. 제품구조기능을 도면과 실물에서 검토해 보았는가 2. 기능상 지장이 없는 범위에서 간략화되어 있지 않은가 3. 부품의 완성정도의 생략은 되지 않는가
2. 도면, 부품표는 적합한가	1. 도면과 명칭, 1대분개수, 재질, 치수에 착오는 없는가 2. 재료준비부문의 구분은 명확히 되어 있는가(사내가공 · 외주) 3. 가공부분은 명확히 되어 있는가 4. 사내가공은 담당현당, 주요공정, 특수처리 등 명확히 되어 있는가
3. 가공은 적절한가	1. 재료의 선택, 순서, 각종 처리 검토는 충분한가 2. 재료 · 가공 보유향상을 위한 형상 · 치수변경이 검토되어 있는가 3. 도면과의 상위점이 발생되고 있지 않는가 4. 변질 · 녹 · 변형 등에 대한 대책은 충분히 이루어져 있는가 5. 가공구분의 검토는 적정한가
4. 기타	1. 재료수도 방법, 정확성, 로트의 크기는 충분히 검토되어 있는가 2. 재료관리는 충분히 이루어져 있는가

(7) 정밀도분석

작업 또는 작업조건이 품질 정밀도에 미치는 영향을 조사・분석해서 그 결과를 가지고 개선하는 것을 목표로 한다. 대상은 작업기계, 부착구, 인구, 검사구 등의 정밀도와 그 부착 정밀도가 제품의 정밀도, 순도, 품질에 미치는 정도를 검토해서 개선한다.

표 3-35 정밀도분석

분 석 항 목	체 크 포 인 트
1. 부품정밀도는 적정한가	1. 소재에 문제는 없는가 2. 가공공정에 문제는 없는가 3. 도면상의 정밀도는 공정에서 보증 가능한 값인가 4. 불량률 · 수율조사는 활성화되어 있는가 5. 작업자 · 검산공에 의한 검사에 문제는 없는가
2. 부품정밀도와 조립정밀도는 적정한가	1. 부품정밀도와 조립정밀도에 언밸런스는 없는가 2. 부품정밀도가 조립정밀도에 미치는 영향을 검토하는가 3. 작업자의 숙련, 조력도와 정밀도의 영향을 검토하는가
3. 기타	1. 요구정밀도의 명시, 표준서 정비는 이루어져 있는가 2. 초품심사 결과를 유효하게 살리고 있는가 3. 요인분석 결과를 철저 설명하고 있는가 4. 요구정밀도와 기계정밀도, 작업자의 기량에 대해 충분히 검토가 이루어져 있는가

(8) 배치분석

배치분석목표는 사람, 기계, 재료, 부대설비, 치공구 기타 관계위치, 통로와의 관계를 구체적으로 조사·분석하고, 특히 거리나 높이 등이 최적의 배치인가, 어떤가를 개선하는 것을 목적으로 한다.

표 3-36 배치분석

분 석 항 목	체 크 포 인 트
1. 작업자와 물의 배치는 적정한가	1. 작업상 지장이 없도록 최단거리에 배치되어 있는가 2. 통로와의 관련(특히 사람, 재료, 또는 제품)에서 최적배치로 되어 있는가 3. 입체적 공간은 유효하게 이용되고 있는가 4. 높은 위치에서의 이동은 적게 할 수 없는가
2. 작업자운반은 적정한가	1. 왜 작업자운반이 일어나고 있는가 2. 작업자운반 중 기계는 정지하고 있지 않는가 3. 운반방법에는 개선의 여지가 없는가 4. 작업자운반의 폐지는 불가능한가 5. 작업자운반을 폐지하면 어떤 문제가 생기는가 6. 슈트나 컨베이어 이용은 고려되고 있는가
3. 운반의 폐해는 없는가	1. 운반에 따른 지연은 발생하고 있지 않는가 2. 운반에 따른 손상은 발생하고 있지 않는가 3. 운반에 따른 제약이 생기고 있지 않는가 4. 운반에 따른 설비의 가동률 저하는 생기지 않는가

(9) 작업자분석

작업자분석은 작업자의 경험, 기량, 체격, 재능, 시청각, 성격 등의 요건이 작업에 적합한가 어떤가 조사분석하고, 개선을 도모하고자 하는 것이다.

표 3-37 작업자분석

분 석 항 목	체 크 포 인 트
1. 작업자의 피로문제	1. 피로가 많은 신체부분이 어디인지 조사하고 있는가 2. 작업자세의 개선은 불가능한가 3. 지금까지의 대책에는 어떤 수단이 택해져 있는가 4. 지금 대책을 세워야 하는 피로의 문제는 무엇인가 5. 기계를 바꾸어서 해소하는 방법이 있는가
2. 피로와 휴식문제	1. 피로의 정도에 따라 휴식을 생각하고 있는가 2. 피로 여유는 작업실태를 조사해서 결정하고 있는가 3. 작업 도중에서의 휴식으로 피로를 제거하고 있는가 4. 피로를 해소할 수 있은 휴식시간에 피로를 제거하는 방법을 지시하고 있는가
3. 피로와 트러블 문제	1. 피로에 의한 병질자는 생기지 않는가 2. 피로에 의한 납기 트러블이 발생하지 않는가 3. 피로에 의한 품질 트러블이 발생하지 않는가 4. 피로에 의한 작업자의 작업의욕은 정체되어 있지 않은가
4. 기타	1. 고연령자 또는 여성화와 피로문제를 생각하고 있는가 2. 작업곤란도는 작업자가 감내할 수 있는 것인가 3. 감독자에 의한 지도, 훈련은 계속되고 있는가 4. 작업대, 의자사용에서 피로의 경감을 도모하고 있는가 5. 단취요원 등의 채용에서 필요기량의 경감, 피로의 경감을 도모하고 있는가 6. 교대요원 · 전문자의 채용에 의한 가동률 향상과 피로의 경감을 도모하고 있는가

(10) 작업환경조건분석

작업환경조건분석은 작업 중 작업자를 중심으로 해서 물리적, 정신적 환경이 인간의 활동, 제품, 기계의 상태에 영향을 미치는 주위의 조건을 조사 · 분석하고, 개선을 도모하려고 하는 것이다.

표 3-38 작업환경조건

분석항목	체크포인트
1. 재해방지는 적정한가	1. 필요한 보호커버가 붙어 있는가 2. 필요한 안전장치는 붙어 있는가 3. 필요한 표시류는 붙어 있는가 4. 정리, 정돈은 철저한가 5. 진로의 확보와 통행상의 주의가 되어 있는가
2. 조명・색채는 적정한가	1. 적정한 밝기와 위치가 확보되어 있는가 2. 피로감이 적은 색채조절이 이루어져 있는가 3. 더러워진 조명기구가 사용되고 있는가
3. 현장은 작업특성에 대해서 적정한가	1. 유해한 먼지는 없는가 2. 온도・습도의 조절은 가능한가 3. 통풍대책에는 문제가 없는가 4. 소음을 발생하는 작업은 없는가
4. 현장의 인간관계, 규율의 유지는 적정한가	1. 분위기 조성에 결함은 없는가 2. 해야 할 것은 꼭 하는 태도의 교육을 정기적으로 하고 있는가 3. 작업시작과 종료는 시간대로 행해지고 있는가 4. 후생시설(화장실, 물 마시는 곳, 탈의실, 휴식장소 등)은 유효하게 활용되고 있는가

3.8 작업개선

1) 작업의 목적과 수단의 발견

① 개선해야 할 테마나 훌륭한 아이디어를 로스 없이 잘 사용하기 위해서는, 개선추진방법의 기본을 충분히 마스터하는 것이 중요하다.

② 작업분석의 결과를 개선에 연결하는 경우, 각 작업별로 목적, 원인, 기능을 분석하면 개선착안이 쉽게 된다.

그러나 이런 것은 분석시에 머리속에는 있으나 기록까지는 하지 못하는 점이 많다. 사고내용의 정리, 발전, 타인에게의 설명을 위해 기록해 두는 것이 좋다

① 목적원인분석

㉠ 작업의 확인

○ 내용, 방법, 시간, 이동거리

㉡ 작업별로 생각해서 기록한다.

○ 무슨 목적으로 그 작업을 하고 있는가

○ 1차~3차목적으로가 좋다.

기입 예 : ~을 위하여

㉢ 작업별로 원인을 생각해 기록한다.

○ 왜 그 작업을 해야 하는가

○ 1차목적에 대해 검토하면 된다.

기입 예 : ~그러므로

㉣ 작업별로 기능을 생각해 기록한다.

○ 그 작업은 어떤 일을 할 것인가

기입 예 : ~ 의 활동

㉤ 개선착안을 기록한다.

○ 내용은 배제(E)에 관한 것을 많이 낸다.

기입 예 : ~되지 않는가

그림 3-23 관측방법

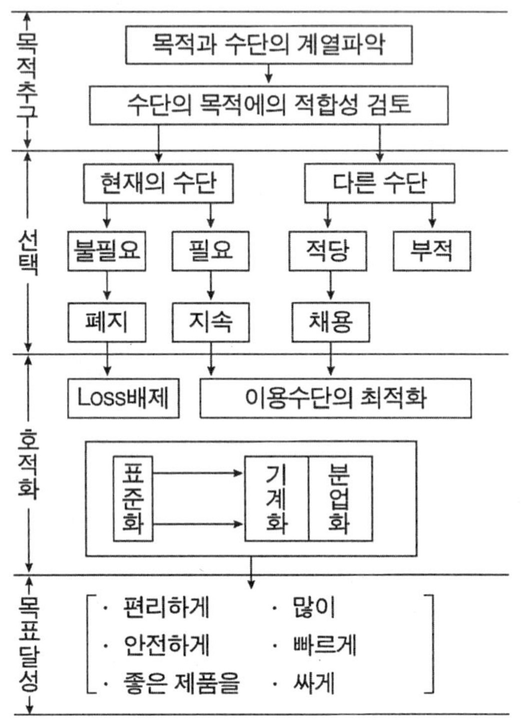

표 3-39 작업분석과 개선착안의 예

No	작업내용	소요 시간(1/100분)	이동 거리 (m)	목적(~을 위하여)	원인(~ 때문에)	기능(~의 활동)	개선착안
1	• 재료를 쥔다 • 걸레를 쥔다 • 절분을 닦는다	26	0.65	• 재료를 잡기 위하여 • 걸레를 잡기 위하여 • 절분을 닦기 위하여 • 척킹하기 위하여 • 척에 고정하기 위하여	• 재료가 용기에 들어 있기 때문에 • 걸레를 대상에 놓고 있기 때문에 • 재료에 절분이 묻어 있기 때문에	• 재료를 용기로부터 손에 옮기는 활동 • 걸레를 대상에서 손에 옮기는 활동 • 재료에서 절분을 잘 제거하는 활동	• 용기를 손 가까이에 • 걸레 대신 다른 방법. 예를 들면, 용기에 들어 있는 동안 절분유를 (자동적으로) 흘리는 것 • 부착제거를 자동적으로
2	• 3개집게척에 부착 • 핸들로 조인다 • 스위치를 넣는다 • 근접한다 • 송부한다	28	0.55	• 척킹하기 위하여 • 척에 고정하기 위하여 • 핸들을 조작해서 기동하기 위하여 • 완성가공하기 위하여	• 척에 고정하기 때문에 • 핸들로 조이는 구조이기 때문에 • 기동하지 않으면 안되기 때문에 • 완성가공을 하기 때문에	• 재료를 척에 이동하는 활동 • 재료를 고정하는 활동 • 기동하는 활동 • 재료를 이동시키는 활동	• 척킹의 기계화 (에어척)
3	• 완성가공 (자동송부)	44	–	• 완성가공하기 위하여 • 소정정밀도에 완성하기 위하여 • 완성하기 위하여 척에서 제거하기 위하여	• 소정정밀도에 따라 완성을 하게 되어 있기 때문에 • 척으로부터 제거하지 않으면 안되기 때문에	• 완성가공을 하는 활동	• 절삭조건을 잘 수행하기 위해서 • 타작업을 이 사이에 • 정밀도의 검토는
4	• 완성품을 척에서 제거 • 마이크로미터로 검사한다. • 용기에 넣는다	31	0.50	• 완성품을 척에서 제거하기 위하여 • 검사해서 소정품질로 되어 있는가를 확인하기 위하여 • 양품을 완성하기 위하여 • 조립현장에 운반하기 위하여	• 물건이 있기 때문에 • 200개 로트로 조립에 운반하기 때문에	• 척에서 이동시키는 활동 • 양품만을 선별하는 활동 • 완성품을 용기에 이동하는 활동	• 자동제거 • 정밀도의 검토는 • 한계게이지방식 • 자동검사방법의 채용은 • 조립에의 운반방법 (1케이스씩의 운반방법)의 채용은

2) 개선의 목표

개선의 목표는 "중점사고"에서 생각하는 것이 필요하다. 어떤 개선테마로써는 매력적인 것이어도, 개선효과로서 그다지 기대를 할 수 없는 경우에는, 별도의 개선테마를 우선적으로 생각하는 것이 필요하다. 이러한 판단을 그르치지 않도록 하는 것도 개선을 추진하는 중요한 요소 중 하나이다.

중점사고의 판단 포인트는 다음과 같다.

① 안전성 향상, 피로 경감

② 품질 향상

③ 생산성 향상

④ 경비 절감

효과적인 개선활동을 추진하기 위해서는, 현장이나 작업에 어떤 개선할 문제점을 정확히 파악하는 것과 개선의 목적이다.

① 안전하게 …… 작업자가 안정되어 일할 수 있도록

② 편안하게 …… 작업자의 피로 경감

③ 좋게 ………… 제품의 품질 향상

④ 빠르게 ……… 작업시간 단축

⑤ 싸게 ………… 되도록 적은 경비로

를 만족시키는 것이다.

3) 개선원칙의 적용

효과적인 개선활동을 하기 위한 착상

① 배제를 생각할 것　　② 정과 반을 생각할 것

③ 정수와 변수를 생각할 것　　④ 정상과 예외를 생각할 것

⑤ 결합과 분리를 생각할 것　　⑥ 집약과 분산을 생각할 것

⑦ 확대와 축소를 생각할 것　　⑧ 부가와 삭제를 생각할 것

⑨ 평행과 직열을 생각할 것　　⑩ 순서의 대체를 생각할 것

⑪ 공통과 차이를 생각할 것　　⑫ 대체와 충족을 생각할 것

이 12개 요점 중에서도 다음의 요점은 특히 중요하다.

① 배제를 생각할 것(제거 : Eliminate)

그 일, 그 작업은 없어도 좋은가라는 물음에 따라, 불필요한 것은 하지 않도록 한다. 이것이 실현되면 12개 요점 중에서 가장 개선효과가 명확하게 된다. 따라서 이 배제를 생각하는 것은 모든 개선에 선행해서 하는 것이 필요하다.

② "결합과 분리"를 생각할 것(결합 : Combine)

배제되지 않는 일이나 작업은, 어떤 방법으로 하면 좋은가를 생각한다. 또한 기성개념이나 편견에 사로잡히지 않고 검토하여 되도록이면 간단한 방법으로 재편성해 보면 이것이 결합이고, 분리이다.

③ 교체와 대체를 생각할 것(재조정, 재배치 : Rearrange)

이 교체와 대체에서 생각할 것은, 언제 행하면 좋은가, 어떤 순서로 하면 좋은가, 어떻게 하면 작업이 용이하게 될 것인가 등을 검토하는 것이며, 개선효과도 큰 경우가 있다.

④ 간소화를 생각할 것(단순화: Simplify)

간소화는 잊어서는 안 되는 중요한 요점이다. 작업별로 간단히, 편안히, 거리를 짧게, 무게를 가볍게 하는 등의 개선을 생각한다.

○ 5W1H의 적용에 의한 착상의 추출

무엇 때문에 (Why) …… (이유 · 목적 · 성과)를 확실하게 하기 위해서

(체크항목)	(대상항목)	→ (개선의 착안점)	
무엇을(What)	대상물 · 범위	→ 불필요한 움직임의 배제	…… E
누가(Who)	사람 · 기계설비	→ 사람의 결합 또는 변경	…CR
언제(When)	시간 · 시각 · 시기	→ 시간 또는 순서의 결합 또는 변경	…CR
어디서 (Where)	위치 · 경로 · 방향	→ 장소의 결합 또는 변경	…CR
어떻게 해서(How)	순서 · 방법	→ 방법의 단순화 또는 개선	… S

(누가, 언제, 어디서의 세 항목은 하나의 괄호로 묶여 …CR)

4) 작업개선의 체크리스트(단독작업)

(1) 개선의 목적은 무엇인가

확인을 잊고 매선을 추진하려고 하지 않는가

(2) 제품 · 재료에 대한 체크항목

① 계속생산인가, 반복생산인가, 개별수주생산인가

② 로트의 크기는 어느 검토인가

③ 이 공정의 완성사양이 완성품에 대해서, 어떤 의의를 가지고 있는가

④ 설계변경의 여지는 남겨놓고 있는가 … 건의를 하면 변경의 가능성이 있는가

예를 들면 ○ 형을 바꾸면
○ 치수를 바꾸면
○ 공차를 바꾸면
○ 표면의 정밀도를 바꾸면
○ 면취, 여유부분을 바꾸면
○ 부착위치를 바꾸면

⑤ 소재의 재질, 형상, 치수를 변경해서 그 작업을 없애든지, 용이하게 되지는 않는가

(3) 설비 · 치공구에 대한 체크항목

① 설비는 작업목적에 대해 최적인가

예를 들면 ○ 자동화하면
○ 전용화하면
○ 더욱 간이한 기계로 되지 않는가

② 설비능력은 완전히 이용되고 있는가

③ 설비가동률을 향상할 여지는 없는가

예를 들면 ○ 사람을 증원해서
○ 자동운전 중의 시간을 유효하게 이용해서

④ 치구는 개선되지 않는가

예를 들면 ○ 부착개수를 개선하지 않는가
○ 자동운전 중에 부착되지 않는가
○ 부착, 제거의 간이화는 불가능한가
○ 절분의 배제나 처리를 가장 용이하게 할 수 있지 않는가

⑤ 공구는 훌륭히 활용되고 있는가

예를 들면 ○ 지금의 사용법이 최적인가
○ 조합해서 활용되지 않는가

ㅇ형, 크기, 놓는 법을 바꾸어서

(4) 작업역의 배치에 대한 체크항목

① 작업배치를 바꾸어서, 작업자 이동이나 운반거리를 단축가능하지 않은가

② 작업스페이스를 유효하게 이용하고 있는가

예를 들면 ㅇ재료나 기계 등 상호 거리를 단축할 수 있지 않은가

ㅇ재공품을 줄일 수 없는가

ㅇ입체적으로 공간을 이용가능하지 않은가

ㅇ정연하게 작업순서에 합치한 배치가 되어 있는가

ㅇ서로 엇갈리게 배치가 가능하지 않은가

(5) 재료의 수불 체크항목

① 중력을 유효하게 이용해서 개선할 수 있지 않은가

예를 들면 ㅇ슈트를 이용할 수 있지 않은가

ㅇ중력 컨베이어를 이용할 수 있지 않은가

ㅇ떨어뜨리는 것을 생각할 수 있지 않은가

② 재료와 제품은 인출하기 쉬운 상태에 놓여 있는가

③ 운반은 누가 담당하고 있는가, 전문화하면 어떻게 되는가

④ 중단운반은 없는가, 적체는 없는가

⑤ 재료나 제품의 포장은 개선되지 않는가

⑥ 운반방법에는 개선의 여지가 없는가

예를 들면 ㅇ합쳐서 운반 가능하지 않은가

ㅇ팔레트나 스킷트를 이용할 수 있지 않은가

ㅇ컨베이어나 슈트를 이용할 수 있지 않은가

ㅇ동력운반차를 채용할 수 있지 않은가

(6) 작업과 작업순서에 대한 체크항목

① 이 작업이 작업 전체의 최종목적에 대한 의의는 무엇인가

② 이 작업이 발생하는 참 요인은 어디에 있는가

③ 전후 작업과의 관계는 어떻게 되어 있는가

④ 이 작업은 배제할 수 없는가

⑤ 이 작업은 동작개선이 불가능한가

예를 들면 ○ 동작의 내용에 대해
○ 작업역 내 배치에 대해
○ 치공구·검사·기타 용구에 대해
○ 기계설비의 자동정지장치에 대해

⑥ 이 작업은 기계화되지 않는가

⑦ 이 작업은 수작업으로 변경할 수 없는가

⑧ 이 작업은 타공정에서 무슨 영향을 받은 것인가

⑨ 이 작업의 발생빈도는 매회인가, 몇 회인가. 1회 혹은 불규칙인가

⑩ 이 작업에 시간의 불규칙성은 없는가, 그 원인은 어디에 있는가

⑪ 작업순서를 다시 짤 수는 없는가

예를 들면 ○ 결합해서 동시에 안 되는가
○ 분리해서 분업이 가능하지 않은가
○ 평행으로 해서 동시에 안 되는가
○ 순서를 바꾸어서 하기 쉽게 되지 않는가

(7) 작업자에 대한 체크항목

① 작업자는 누구인가, 연령, 성별, 경험년수는 어느 정도인가

② 이 작업자는 체력, 기량에서 보아 최적하다고 생각하는가

예를 들면 ○ 남자작업에서 여자작업으로 이동이 가능한가
○ 약연령작업자에서 고연령작업자로 이동이 가능한가
○ 미숙련작업자라도 간단히 할 수 있는 작업인가

③ 작업속도에 대해 개선의 여지는 없는가

예를 들면 ○ 표준작업속도보다 빨리 되지 않는가
○ 표준작업속도보다 늦은 원인은 어디에 있는가
○ 작업속도에 불규칙성이 빈번히 발생하고 있지 않은가
○ 작업자가 허둥대고 있지 않은가

④ 작업자의 책임으로. 대기를 발생시키고 있는 것은 아닌가

⑤ 동작순서는 안정되어 있는가

(8) 작업환경에 대한 체크항목

① 안전에 대해서는 문제를 남기고 있지 않는가

예를 들면 ○ 작업자에게 안전성에 대한 불안감을 주는 것은 없는가
○ 보호구 등의 점검을 정연하게 하고 있는가
○ 위험한 장소를 분명히 하고 있는가

② 통로는 필요한 폭만을 보호하고 있는가

예를 들면 ○ 통로는 운반구 등의 관계를 잘 고려해서 정하고 있는가
○ 통로가 물품의 적치장으로 되어 있는가
○ 통로의 폭은 취급하는 물품과의 관계를 잘 검토해서 결정했는가

③ 채광은 충분한가

예를 들면 ○ 현장의 밝기는 어떤가
○ 작업자의 손 밑의 밝기는 어떤가
○ 조명은 너무 밝다든가, 어둡다든가 하지는 않은가

④ 작업환경을 나쁘게 할 요인을 해소하는 수단은 취하고 있는가

예를 들면 ○ 소음을 발생시키고 있는 기계나 장치는 없는가
○ 먼지를 발생시키고 있는 작업에 대해 대책을 세우고 있는가
○ 눈부심, 온도, 습도의 조정에도 연구가 되어 있는가
○ 통로나 작업공간에 돌출한 장해물은 없는가
○ 곁을 동행하는 차나 재료 등으로부터의 위험은 없는가
○ 유해가스, 극약, 폭발물의 취급에는 문제가 없는가

⑤ 화재예방에 만전을 기하고 있는가

예를 들면 ○ 소화기구류는 곧 인출할 수 있는 장소에 있는가
○ 소화기구류의 주위에 물건이 쌓여져 있지 않은가.
○ 기계나 설비의 전기관계장치 근방에 가연성물질이 놓여 있지 않은가
○ 절분이 날리어서 전기기기의 손상이나 화재의 염려가 없도록 필요한 대책을 실시하고 있는가

3.9 동작분석과 개선

1) 동작분석의 시조 F.B. 길브레드

동작연구를 처음으로 실용화해서 빛나는 업적을 남긴 F.B. 길브레드는 1868년 아메리카·메인주 페어필드에서 태어났다. 길브레드의 전기에 대하여는 일본에서도 「내놓으면 사게 된다」는 도서에 소개되어 있다.

그의 아버지는 상당한 잡화상이었는데, 길브레드가 태어난 지 몇 해 안 되어 돌아가셨다. 그 후는 빈곤하면서도 엄격한 어머니 밑에서 자랐다.

그는 건축기사가 되고 싶었으나 집안이 가난해서 학업 도중 뜻을 바꾸어, 벽돌공의 제자가 되었다. 당시 17세였다. 1900년대 초반에 독립해서 건축업을 경영하게 되었다

그는 건축회사에 입사할 무렵부터 1인의 작업자가 독백의 작업방법대로 작업을 하고 있어, 같은 방법으로 작업을 하고 있는 사람은 한 사람도 없다는 것을 발견하였다. 또한 1인의 작업자에 한해 볼 때도 언제나 같은 동작으로 작업을 하고 있지 않다는 것을 알았다. 예를 들면, 작업을 빨리 할 때와 늦게 할 때로 달랐으며, 사람에게 가르치는 방법도 달랐다. 그래서 길브레드는 그 작업에 있어 최선의 방법을 발견하고자 조사를 시작했다. 그 결과는 대단하여 그 때까지 1개 벽돌을 쌓는 데 18개 동작이 필요하던 것이 겨우 5개의 동작으로 충분하게 되었다. 그는 동작연구에 열중해서 드디어 건축일을 제쳐두고 이에 전념하게 되었다.

길브레드는 분명한 동작분석의 요령을 얻었다. 그는 지금까지의 방법보다도 더욱 단시간에 그것도 편리하게 하는 방법을 쉽게 발견했다. 그는 작업 중인 사람에 대한 사진을 찍어, 이를 연구했다.

예를 들면, 높이의 조절을 간단히 할 수 있는 발판을 만들어서 작업면의 높이가 언제나 맞도록 하고, 또 벽돌과 모르타르를 올려놓을 선반을 알맞은 높이로 만들어서 작업자가 매번 몸을 굽혀서 발밑에서 벽돌을 잡아올릴 필요가 없어졌다.

전에는 벽돌이 발판 위에 난잡하게 쌓여 있어서 작업자는 벽돌의 제일 좋은 면이 겉으로 오게끔 하기 위하여 벽돌을 들어서 뒤집어 보았다. 길브레드는 벽돌을 화차에서 내릴 때 비숙련자에게 벽돌의 좋은 면을 선별시켜서 나무틀에 진열케 하고 발판 위에서는 작업자가 벽돌을 곧바로 가져가서 쌓도록 하였다.

또 전에는 발밑에서 벽돌을 집어 올릴 때에 한쪽 손이 쉬고 있는 것을 모르타르가 들어 있는 것

과 벽돌이 들어 있는 나무틀을 잘 배치해서 양쪽을 동시에 쓸 수 있도록 하였다. 이러한 개선에 의해 이제까지의 18가지 동작에서 5가지 동작으로 단축했다. 그래서 어떤 경우에는 이제까지 1시간에 120개의 벽돌을 쌓던 것을 350개를 쌓을 수 있게 되었다.

그의 부인 리리안 길브레드는 심리학을 공부하고 있었으나, 남편과의 공동연구로 대부분의 저서는 부처 공저로 되어 있다.

테일러의 연구는 그 발생의 동기가 공정한 과업의 설정에 중점을 두었으므로 작업방법이나 작업조건의 선정은 이를 위한 수단으로 생각했다(물론 가능한 한 최선의 방법을 탐구하려고 하였다.). 길브레드는 영화를 동작연구에 응용할 것을 1912년 ASME(American Society of Mechanical Engineering)에 발표했다.

동작연구는 필연적으로 세세한 요소작업의 연구로 발전했다. 드디어 1924년 17개 요소를 선정하고, 모든 동작은 이 17개 요소의 조합으로 설명할 수 있도록 하였다.

그 외에, 길브레드가 개발한 동작연구의 기법은 사이클 그래프(Cycle Graph)와 크로노 사이클 그래프(Chrono Cycle graph)가 있다.

사이클 그래프는 작은 전구를 손끝이나 손 기타 연구를 하려는 신체의 부분에 붙이고 작업을 하게 하고, 이를 보통사진으로 촬영하여, 그 신체부분의 경로가 광선으로 나타나게 한 것이다.

이에 의해 동작경로 현상을 확인할 수 있었다.

만약 전구를 일정시간 간격으로 점멸시키면, 사진상으로는 점선이 나타나게 되어, 그 점의 밀도로 동작속도의 대소도 볼 수 있으며, 동작속도나 가속상태를 알 수가 있다. 이것이 크로노 사이클 그래프이다. 최근 개발된 T.V. 영상에서 야구공이나 골프공의 움직임이 점으로 나타나게 되는 것과 매우 비슷하다는 점에서 흥미가 있다.

2) 동작분석의 목적

(1) 현재의 동작계열을 개선하기 위하여

(2) 새로운 동작계열을 디자인하기 위하여

(3) Motion Mind를 체득하기 위하여

① 동작계열의 개선

현재의 작업방법의 동작계열을 개선하는 경우, 보다 구체적으로 정량세분화해서 업을 형성하고 있는 동작을 포착해서 개선착상의 실마리로 한다.

② 동작계열의 설계

모델·체인지나 신제품의 개발 등에 의해 새로운 작업방법을 결정하지 않으면 안 되는 경우가 많다. 이 새로운 작업방법의 동작분석기법을 사용하여 신동작계열을 정하는 것이 좋은 경우가 있다. 수작업의 반복성이 높은 작업이 그 좋은 예이다.

③ Motion Mind의 체득

Motion Mind란,

① 사람의 작업방법의 로스가 한눈에 발견되어 그것이 마음에 걸려 못 견디는 감각

② 로스를 발생시키고 있는 방법을 어떻게 바꾸는 것이 좋은가를 곧 바로 생각해 내는 능력

③ 올바른 개선순서에 따라 사고 프로세스가 자동적으로 풀어지는 습관을 말하며, 이 기본적인 태도를 말한다. 분석적 관점, 능률적 관점을 동작분석을 통하여 키울 수가 있다.

그림 3-26 MOTION MIND의 체계

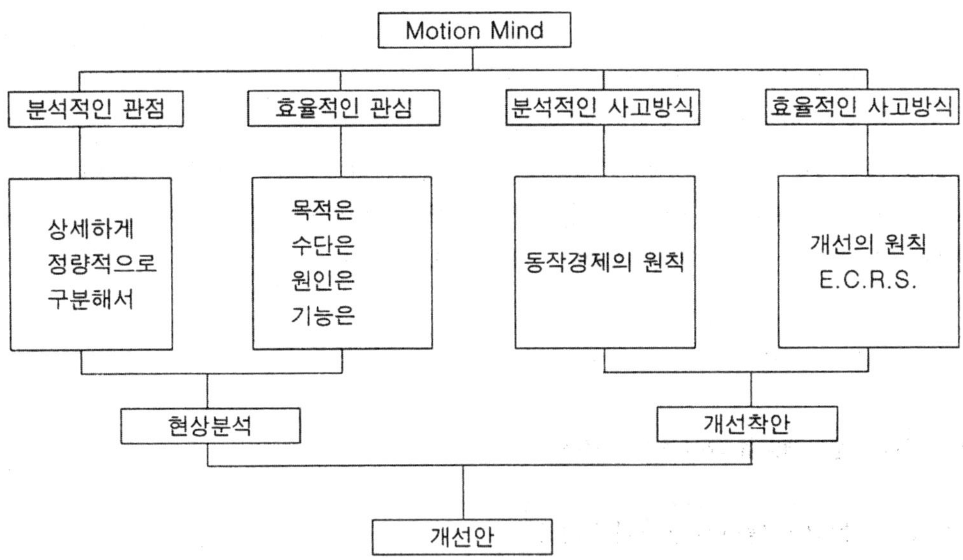

3) 동작의 대상과 정밀도

표 3-40 작업의 정밀도와 분석기법

	동작분석		작업분석	
정밀도	(미세동작)	동작	(요소작업)	단위작업
측정방법	고속도카메라	서블릭 PTS법 MTM WF	직접분석(타임스터디)	
			PTS간이법 B-WF MTM-2,3	

4) 동작분석기법

동작분석기법에는 길브레드가 제창한 서어블릭법과 WF(Work Factor)나 MTM(Methods Time Measurement) 등의 작업측정기법을 이용하는 소위 PTS법(Predetermined Motion Time Standards) 두 가시가 있다.

(1) 서블릭 분석법

서블릭 분석은 길브레드가 고안한 17가지 동작기호를 사용해서, 작업동작을 관측가능한 최소 단위로 분할하는 방법이다.

① 동작의 분할

동작구분은 동작목적에 따라 분할하는데 동작시간을 필요로 하는 경우에는, 동작의 성격구분을 해야 한다.

② 서블릭 분석법의 특징

〈장점〉

① 17가지 동작기호에 의해 작업동작을 세분화하고, 각각의 동작특성에 근거해서 철저한 개선을 하는 것이 가능하다.

② 또 이 개선태도는 motion mind의 체득에 유효하다

〈단점〉

① 서블릭 분석은 동작시간 정밀도가 낮다.

② 개선효과 견적을 위하여 측정정도는 가능하다. 그 후에 필요한 표준시간 결정에는 다른 방법을 채용해야 한다.

(2) PTS법

PTS법의 대표적인 것은 WF와 MTM으로 모든 동작시간 결정에 있어서는 이미 결정된 동작분석 룰에 따라서 세분화한다. 이 분석을 동작개선에 이용하려는 것이다.

① 동작의 분할

① WF나 MTM은, 길브레드의 동작연구에 기반을 두고 있다.

② 동작의 목적 및 성격별로 룰에 따라 분할한다.

③ 분할의 세세함은 서블릭과 대략 일치하고 있으나, 상세법 등에서는 세세히 분할을 하고 있는 경우가 많다.

표 3-41 분석의 크기

서블릭 분석	WF 분석	
조　립(#)	조　립(Asy)	Ain Up Ind Ins St

② PTS법의 특징

〈장점〉

① 동작을 미세한 단위로 분할한다.

② 동작의 미세한 변화를 시간의 변화에 따라 포착할 수 있다

③ 동작시간이 변동하는 요인을 명확히 파악할 수 있다.

④ 시간정밀도가 높으므로 표준시간 설정에 직결시킬 수 있다.

〈단점〉

① 상세한 분석틀을 마스터하지 않으면 안된다.

② 대단히 세밀하게 분할해야 하므로 분석에 긴 시간을 필요로 한다.

그림 3-27 필름분석 및 VTR분석의 순서

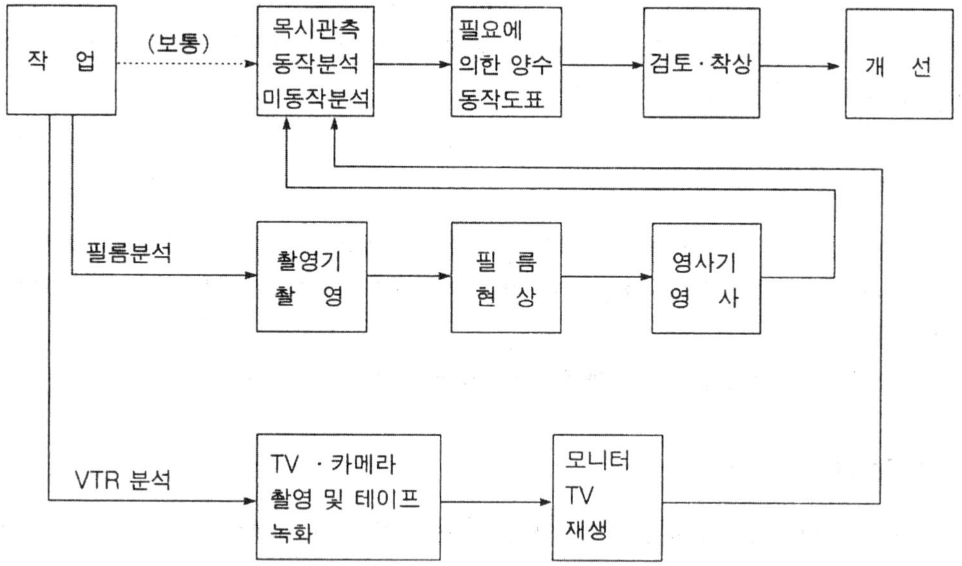

5) 그 외의 분석법

동작연구에서 주목을 해야 할 점은 필름분석과 VTR(Video Tape Recoder)이다.

6) 동작분석기법 선택상의 주의

어떤 작업의 경우에든 동작분석을 하는 것이 좋다는 것은 아니다. 그 판단을 다음의 사항에서 총합해서 결정한다.

(1) 사람의 동작을 주로한 작업

사람의 동작에 대한 분석기법이므로, 사람의 많은 작업을 개선하려는 경우 적용하는 것이 바람직하다.

(2) 반복성이 높은 작업

동작개선을 미세한 동작개선을 중심으로 하는 것이므로, 개선효과의 절대치는 작은 경우가 많다. 따라서 반복효과가 크지 않으면 분석 및 개선에 소요되는 비용에 대해서 경제가치가 없어질 수 있다.

(3) 사이클 · 타임이 짧은 작업

짧은 시간 내에 세세한 동작을 정확히 포착해서 개선하려면. 동작분석 이외에 달리 방법이 없다고 생각해도 좋다. 특히 동작시간을 측정하지 않으면 안 되는 경우에는 PTS법이 필요하다.

사이클·타임의 장단한계를 대체적인 수준으로 해서 <그림 3－28>에 나타낸다.

(4) 중요한 작업

중요한 설비의 보전작업이나 수리작업 등과 같이, 작업 그 자체를 단축도 시키면서, 조업정기의 손실이 대단히 큰 작업이다.

그림 3-28 사이클 · 타임과 분석기법

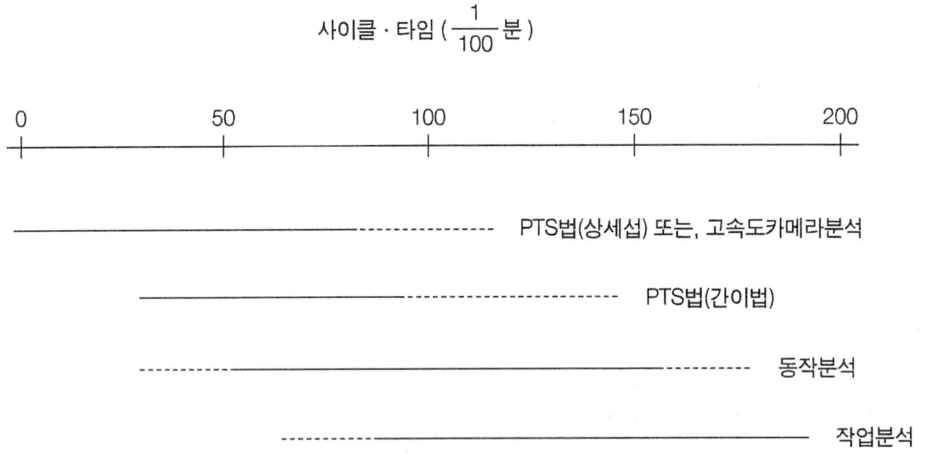

7) 서블릭 분석

서블릭 분석은 작업자의 동작을 철저히 세세하게 분석해서 개선을 검토하기 위한 것이다.

표 3-42 서블릭 기호

번호	명칭	문자기호	서블릭기호		구체적인 예	색분류
			기호	설명		
1	찾다 (Search)	Sh		물건을 찾는 눈의 모양	스패너가 어디에 있는가 찾는다	Black
2	선택하다 (Select)	St		선택물을 가리키는 모양	여러 개 스패너 중에서 1개 선택	Gray
3	공수 (Transport Empty)	TE		빈 접시 모양	스패너에 손을 뻗친다	Olive green
4	잡다(집다) (Grasp)	G		물건을 잡는 손의 모양	스패너를 잡는다	Lake red
5	운반 (Transport Loaded)	TL		접시에 물건을 놓는 모양	스패너를 볼트에 가져간다	Green
6	위치설정 (Position)	P		물건을 손가락 끝에 둔 모양	볼트 머리에 스패너를 끼운다	Blue
7	조합 (Assemble)	A		물건을 조합한 모양	스패너를 사용하여 볼트를 조인다	Violet
8	사용 (Use)	U		Use의 U	스패너를 볼트에서 뗀다	purple
9	분해 (Disassemble)	DA		조합에서 하나를 뺀 모양	스패너를 놓는다	Light violet
10	손을 떼다 (Release Load)	RL		접시를 거꾸로 한 모양	조인 상태를 놓는다	Carmine red
11	검사 (Inspect)	I		렌즈의 모양	조인 상태를 조사한다	Burnt ochre
12	전치 (Preposition)	PP		보링의 병 모양	쓰기 쉽게 스패너를 고쳐잡는다	Sky blue
13	保持 (Hold)	H		자석에 물건을 붙인 모양	오른손으로 볼트를 죄고 있는 사이 왼손으로 제품 保持	Gold ochre
14	피할 수 없는 지연 (Unavoidable Delay)	UD	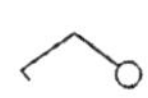	사람이 발에 걸려 넘어지는 모양	왼손이 미가공품을 옮기는 동안 오른손이 기다린다	Yellow ochre
15	휴식 (Rest)	R		사람이 의자에 앉아 있는 모양	피곤하므로 손을 쉰다	Orange
16	피할 수 있는 지연 (Avoidable Delay)	AD		사람이 잠자고 있는 모양	완성품을 만진다(개인적인 버릇으로)	Lemon Yellow
17	생각하다 (Plan)	Pn		머리에 손을 대고 생각하는 모양	도면을 보면서 다음 순서를 생각한다	Brown

(1) 찾는다(Search, ⊂⊃)

① 이종의 물건이 섞여 있는 중에서 특정의 목적물을 찾는 동작

② "찾는다"는 눈으로 찾든지, 손으로 찾든지 하며 방해가 되는 물건을 손으로 치우면서 눈으로 찾는 동작

③ "찾는다"를 눈으로만 하는 경우에는 손의 움직임을 분석하지 않아도 된다.

④ 목적물이 단독으로 놓여 있는데 보지 못하고 "찾는다"는 동작을 하고 있으면 그것은 "찾는다"가 아니고 피할 수 있는 지연이다.

⑤ "찾는다"는 대상물의 위치가 미리 정해져 있으면 적게 된다. 작업에 숙달되어서 손의 자연스러운 동작경로에 대상물이 있는 경우 "찾는다"는 불필요하게 되는 수가 많다.

- 볼트와 와셔가 난잡하게 들어 있는 부품상자 속에서 볼트를 찾는다. 이것은 다음과 같이 쓴다.

  볼트를 ⊂⊃

- 빨강이나 검정 볼펜이 들어 있는 필통 속에서 빨간 볼펜을 찾는다.

  빨간 볼펜을 ⊂⊃

(2) 선택한다(Select, →)

① 2개 이상 있는 동종의 목적물 속에서 1개 또는 수개를 선택하는 동작, 방해가 되는 것을 손으로 또는 몇 개를 집어서 여분의 것을 떨어뜨리는 경우가 보통이다.[3)]

② 이종의 물건 속에 몇 개의 목적물이 들어 있는 경우에는 "찾는다"와 "선택한다" 두 가지가 있을 수 있다. 이 구별이 명백하지 않을 경우에는 "선택한다"로 분석한다.

- ∅5mm×10mm의 볼트가 가득 들어 있는 부품적자속에서 볼트 1개를 선택한다.

註 : "찾는다" "선택한다"는 일반적으로 손동작과 동시에 발생하는 수가 많다. 예를 들면, 볼트가 난잡하게 가득 들어 있는 부품적자에서 볼트를 집기 위하여 손을 뻗어서 "공수"와 눈의 동작으로서의 "찾는다" "선택한다"가 동시에 발생하는 경우 보통 손을 뻗는 동작시간 쪽이 길어서 "찾는다" "선택한다"는 이 동작과 동시에 발생하므로 손을 볼트에 뻗어 "공수"의 시간 내에 완료하는 것으로서 이 경우에는 "찾는다" "선택한다" 분석상 생략해도 좋다.

볼트를 →

(3) 공수(Transport Empty, ⌣)

① 손을 목적물에 뻗는다. 또는 목표물에서 자연스러운 위치로 돌아오는 동작이다.

② 글자를 쓰고 있는 도중에 연필을 쥔 채로 지우개를 잡기 위한 손동작은 "운반"이 아니고 "공수"이다.

③ 핀셋, 젓가락 등 물건을 집기 위해 손의 일부와 같이 사용되는 도구로 목적물을 잡기 위한 이동은 "공수"이다. 그러나 다 쓴 핀셋을 놓기 위한 것은 "운반"이다.

ㅇ 책에 손을 뻗는다. 이것은 다음과 같이 쓴다.

책에 ⌣

ㅇ 브레이크 페달에 발을 옮긴다. 이것은 다음과 같이 쓴다.

페달에 ⌣

ㅇ 적자 내의 볼트에 손을 옮긴다.

볼트에 ⌣

(4) 잡다(Grasp, ∩)

① 손 또는 신체의 일부로 물건을 제어하는 상태의 동작이다. 손 또는 손가락이 목적물에 닿기 시작해서 제어가 완료할 때까지가 "잡다"의 동작범위이다.

② "잡다"는 손가락으로 집거나 공구 등을 손으로 쥔다가 주로이지만, 대상물을 미끄러지게 하기 위하여 손을 대는 경우도 포함된다.

③ 도구를 써서 "잡다"의 경우, 즉 핀셋이나 젓가락으로 잡는 동작이나 갈고리로 거는 것은, "잡다"가 아니고 "사용한다"이다. 단, 장갑을 처음에 "잡는" 경우에는 "잡다"로 분석한다.

ㅇ 책상 위의 칠판지우개를 집다.

지우개를 ∩

ㅇ 기계를 시동하기 전에 레바를 잡다.

레바를 ∩

ㅇ 상자 속의 볼트를 잡다.

볼트를 ∩

(5) 운반하다(Transport Loaded, ◡○)

① 물건의 장치를 변경하는 목적으로 하는 동작이다.

② "공수"와 "운반하다"의 기본적인 차이는 "공수"는 신체 부위의 위치를 변경하는 것을 목적으로 하는 동작이다.

③ 만일 "공수"의 경우에도 부하가 있으면 그것도 "운반한다" 로서 분석한다.

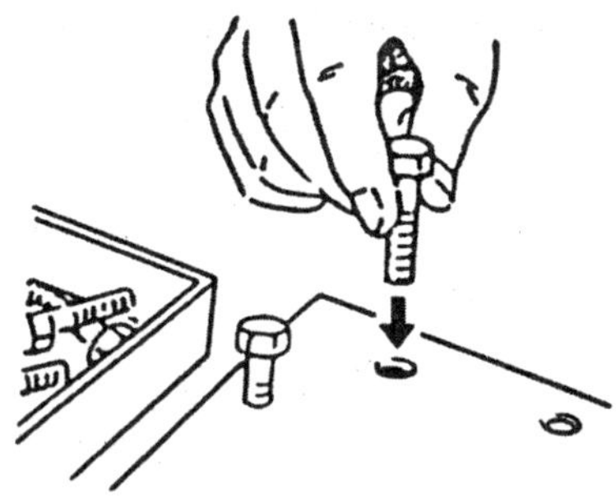

○ 책꽂이에서 책상 위로 책을 운반한다.

책상으로 책을 ◡○

○ 조립물에 볼트를 운반하다.

조립물에 볼트를 ◡○

(6) 위치설정(Position, 9)

"위치설정"이라는 동작은 물체를 이 동작 뒤에 연속하는 동작에 알맞은 자세를 취하기 위하여 물체를 돌린다든지 방향을 바꾼다든지 하는 것이다.

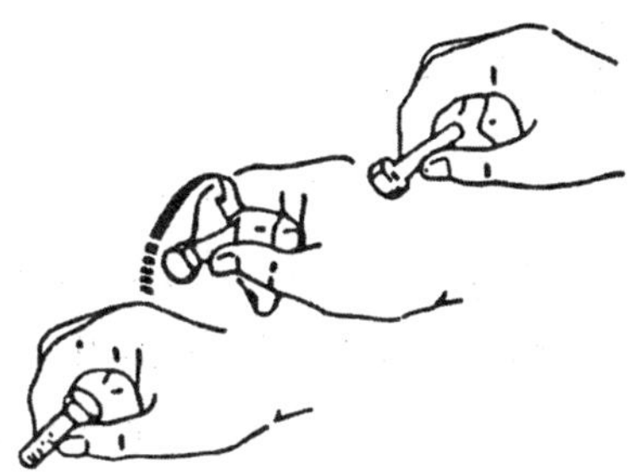

○ 열쇠구멍에 꽂기 전에 열쇠의 방향을 맞춘다.

열쇠를 9

○ 상자에서 볼트를 집어내어 나사의 끝부분이 조립하는 위치에 맞도록 방향을 바꾼다.

볼트를 9

○ 역방향으로 놓인 잡지를 읽기 위해 방향을 바꾼다.

잡지를 9

(7) 조합하다(Assemble, #)

① 조합해야 할 것을 소정의 조합상태로 하는 것이다. 즉 위치가 정하여진 목적물을 목표물 속에 삽입. 또는 위에 두는 것이다.

② "위치설정"과 구별이 안 될 때에는 간단한 조합의 경우 합쳐서 "위치설정"으로 한다.

③ "조합"에는 전구를 소켓에 끼우고, 돌려서 고정시키는 것과 같이 2 이상의 동작으로 이루어지는 경우도 있다.

○ 병에 코르크를 끼운다.

병에 코르크를 #
○ 볼트에 와셔를 조합하다.
볼트에 와셔를 #

(8) 사용(Use, U)

① 의도한 목적을 위하여 공구, 기구 또는 장치를 사용하는 것이다.

② 손이나 손가락을 공구와 같이 사용할 경우, 예를 들면 손으로 종이를 찢는다. 손가락으로 풀칠을 한다 등도 "사용"으로 취급한다.

○ 만년필로 용지에 이름을 쓴다.
이름을 쓴다. U
○ 드릴로 금속판에 구멍을 뚫는다.
드릴로 구멍을 뚫는다. U

(9) 분해(Disassemble, ++)

분해란 조립의 반대동작으로 조합한 것을 분해하는 동작이다.

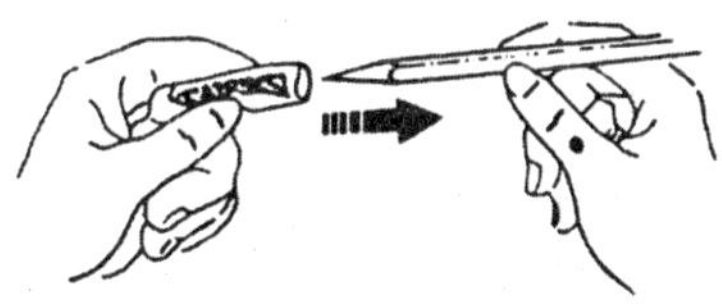

(10) 손을 뗀다(Release load) ⌒

① 물건을 놓는 동작이다. 예를 들면 부품이 손가락에서 분리되는 순간부터 모든 부분이 분리될 때까지의 범위이다.

② "손을 뗀다"에는 물건을 두는 방법, 물건을 떨어뜨리는 방법, 물건을 던지는 방법이 있다.

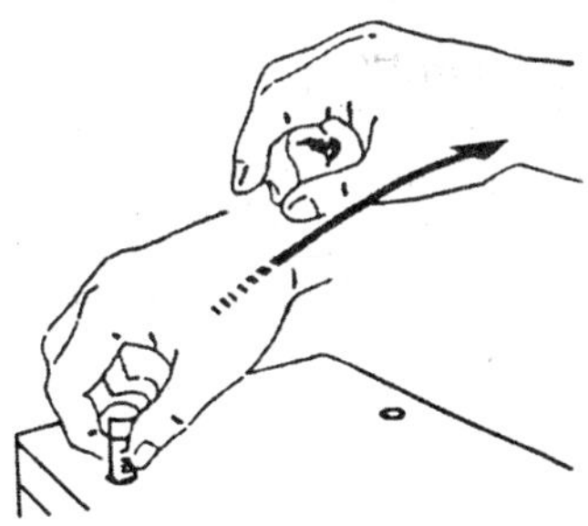

○ 책상위에 지우개를 놓는다.
지우개를 ⌒
○ 재료의 구멍에 볼트를 넣은 뒤 손을 뗀다.
볼트를 ⌒
○ 로울러 컨베이어에 상자를 올려놓은 다음 손을 뗀다.
상자를 ⌒

(11) 검사(Inspect, 0)

① 대상물을 기준과 비교해서 검사하는 것으로 눈, 신경, 뇌 등의 움직임이 동작의 대부분을 차지한다.

② "검사"는 기타 동작과는 별도로 또는 손동작이 계속해서 단독으로 독립 발생하는 경우에만 "검사"동작으로 분석한다.

③ 손으로 물건을 옮겨가면서 검사하든지, 손접촉으로 검사하는 경우에는 손의 동작으로 분석한다.

(12) 전치(Pre-Position, 8)[1]

전치란 다음 작업에 대비하여 미리 위치(豫置)시켜 놓는다(Pre-Position for the next operation)이라는 말이다. 예를 들면, 책상 펜꽂이에는 다음에 사용할 것을 대비하여 똑바로 펜을 꽂아 놓는다.

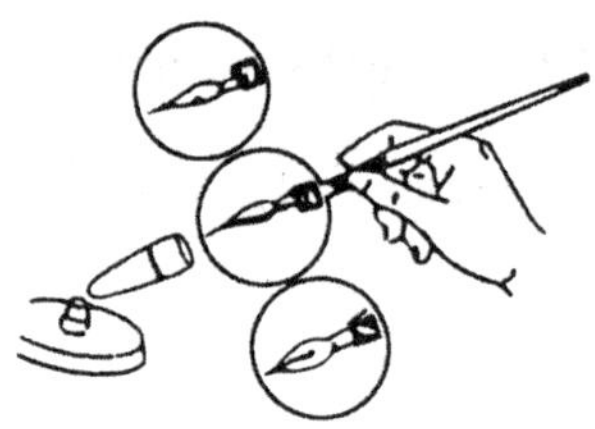

○ 드라이버를 다음에 잡기 쉽도록 걸어 둘 것.

드라이버를 8

○ 전공정의 작업자는 다음 작업자가 작업하기 쉽도록 부품을 반전해서 컨베이어 위에 둔다.

부품을 8

(13) 保持(Hold, ∩)

① 한쪽 손이 어떤 더블리그를 행하고 있는 동안 목적물을 특정자세에 保持할 필요가 있는 경우, 그와 같은 保持를 하는 동작이다.

② 양손이 동시에 하나의 목적물에 대해 동작하지 않고 있으면 "保持"는 아니다. 보기에는 "保持"이지만 실은 피할 수 없는 지연인 경우가 많다.

---

1) Work Factor를 알고 있는 사람은 특히 WF의 표준요소 PP(Pre-Position)와 더블리그의 "전치" Pre-Position과는 내용이 다르다는 것에 주의할 것.
Work Factor의 PP(Pre-Position)와 더블리그의 "위치설정" Position과는 대개 동의어라고 생각하는 것이 좋다.

(14) 피할 수 없는 지연(Unavoidable Delay,)

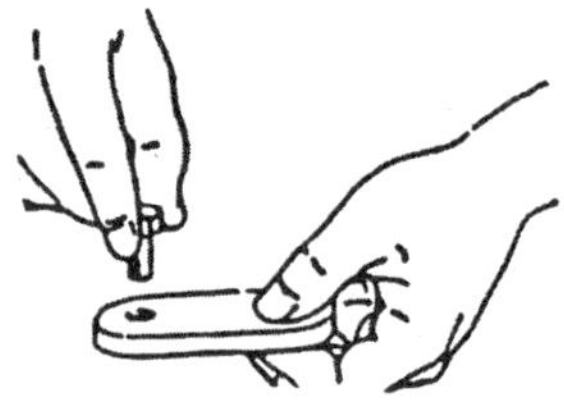

작업은 중단인데, 다른 신체부위 또는 기계가 어떤 더블리그를 행하고 있기 때문에 그 종료를 기다리고 있는 한쪽 손 또는 양손의 휴식이다.

(15) 휴식(Rest)(For overcoming fatigue,)

작업의 피곤을 회복하기 위한 휴식이다. 실제분석에는 대부분 나타나지 않고 사이클과 사이클 중간에 나타나는 경우가 많다.

(16) 피할 수 있는 지연(Avoidable Delay,)

작업방법의 일부는 아닌 작업중단이며, 작업자 자신의 의지에 의해 억제되는 지연이다. 이것은 작업의 중도에서 생기며, 생략해도 지장이 없는 대기이다.

① 의미없이 손이 쉬는 경우

② 무엇인가 동작은 계속하고 있으나 무엇으로도 해석할 수 없는 동작인 경우

(17) 생각한다(Plan,)

다음 동작을 생각하기 위한 작업의 중단이다. 실제분석에는 별로 나타나지 않는다.

8) 서블릭 분석 순서의 체계

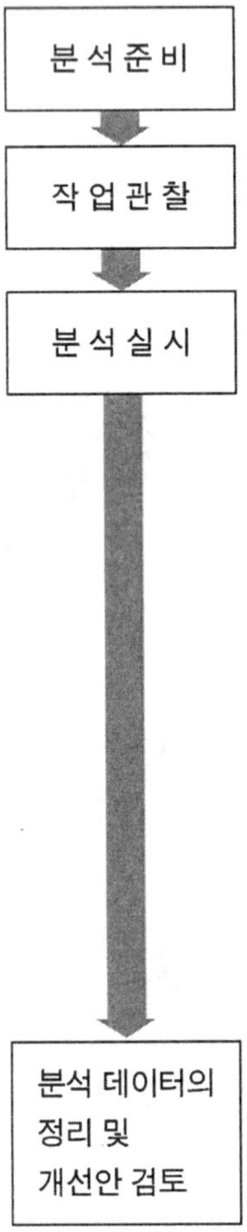

○ 미리 정해진 분석용지를 사용한다. <표3－43>

○ 분석에 들어가기 전에 몇 사이클을 관찰해서 개략적인 상태를 생각한다.

○ 왼손의 분석은 용지의 좌측, 오른손의 분석은 용지의 우측에 쓴다.

○ 기호와 설명을 쓴다.

○ 분석은 손이 새로운 재료를 집으려고 움직이는 때를 시점으로 한다.

○ 전사이클을 우선 요소작업으로 분할한다. 왼손과 오른손의 요소작업을 따로 기술한다.

○ 오른손(잘 쓰는 손)에서 분석을 시작한다. 작업을 관측해서 최초 몇 개의 요소작업에 대해 그를 구성하고 있는 서블릭을 머리에 넣고. 기억한 기호를 써서 설명을 기록한다. 다음 사이클도 계속 같은 요령으로 분석한다. 이를 반복한다. 서블릭을 속기하는 것은 아니다.

○ 왼손을 같은 방법으로 분석한다. 오른손의 서블릭과의 시간적 관계를 잘 알아야 한다. 한쪽 손에 대한 하나의 서블릭간에 다른 손이 2개 이상 서블릭을 행하는 경우도 있다.

○ 시간은 스톱워치로 측정한다. 각 요소작업의 시간을 측정하는 것만으로 족하다.

○ 눈의 동작도 분석한다. 눈동작에 대한 분석의 필요 여부는 주관적이 되기 쉬우므로 확실하다고 인정되는 것에 한하여 분석하면 된다.

○ 서블릭수의 일견표를 작성한다.(서블릭의 종류별로 정리해서, 개선 후와 대비할 수 있는 양식으로 만들면 편리하다).

○ 동작경제의 원칙을 적용하여 보고, 개선검토를 한다.

○ 개선안은 가능하면 대안을 몇 가지 생각해 둔다.

표 3-43 동작분석표

동작분석표	정리번호	
	도 번	
	품 명	
	작업명	
	기계번호	
	작업자	
	연 령	세
	경 험	년
	분석자	

개선착안	왼손		오른손				요소작업	개선착안
	작업요소	동소	서블릭			동소		

9) 동작개선

(1) 동작경제의 제원칙

동작경제 및 피로절감을 위한 점검표

신체의 사용	작업장소의 배치	공구 및 설비의 설계
1. 양손의 동작은 동시에 시작하고 동시에 종료해야 한다. 2. 휴식시간 이외는 동시에 양손을 쉬도록 해서는 안 된다. 3. 양팔의 동작은 반대의 방향으로, 대칭으로 동시에 행한다. 4. 손동작은 일을 만족하게 할 수 있는 최저의 분류에 한한다. 5. 되도록 물력 (운동량)을 이용한다. 그러나 근육의 힘을 사용해서 이를 극복할 필요가 있을 경우에는 운동량을 최소한으로 한다. 6. 지그재그 동작이나 돌연 또는 샤프하게 방향변환을 하는 직선운동보다 부드럽고 계속하는 손동작이 바람직하다. 7. 탄도운동은 제한된 운동(고정)이나 컨트롤된 운동보다 대단히 빠르고 용이하며 정확하다. 8. 리듬은 작업을 부드럽게 또한 자동으로 하는 데 불가결한 것이며 되도록 편안하게 자연스러운 리듬을 갖고 일을 하도록 한다.	9. 공구 및 재료는 모두 정위치에 놓아둔다 10. 공구, 재료, 제어는 작업에 근접하게 또는 전면에 둔다. 11. 재료를 사용점 가까이 운반하는 데 중력이용의 용기를 사용한다. 12. 되도록 떨어뜨려 운반하는 것을 이용한다. 13. 재료, 공구는 동작을 최양의 순서로 할 수 있도록 배치한다. 14. 시각을 위하여 적정한 컨디션을 갖춘다. 만족한 시각이 될 수 없는 제일조건은 좋은 조명이다. 15. 작업장소 및 의자 높이를 서서 하는 작업이나 앉은 작업 모두 용이하게 할 수 있도록 배치하여야 한다. 16. 작업원이 바른 자세를 취할 수 있는 모양 및 높이의 의자를 각 작업자에게 준비시켜 준다.	17. 치구나 부착구, 또는 발조작 장치를 사용하는 것이 한층 유효하게 할 수 있는 일에서는 손을 쓰지 않도록 한다. 18. 공구는 될 수 있는 대로 조합한다. 19. 공구나 재료는 되도록 예치하여야 한다. 20. 타이프라이터를 칠 때와 같이 각각의 손가락이 특정활동을 할 경우 각각의 손가락의 고유능력에 따라 작업량을 나눈다. 21. 크랭크나 대형나사를 돌리는 핸들은 되도록 손바닥에 넓게 접할 수 있도록 디자인한다. 이것은 핸들사용에 큰 힘을 필요로 하는 경우 특히 그렇다. 경도조립 작업에서는 나사를 돌리는 핸들은 끝 부분을 말단 보다 가늘게 한다. 22. 몸의 위치를 변경하지 않고 기계효율을 최대한으로 올려서 조작할 수 있도록 레바, 크로스바, 핸드호일의 위치를 정한다.

(2) 서블릭의 개선착안점

① 이동동작(TE TL)

이동동작의 곤란도를 좌우하는 것은

○ 사용하는 신체부위
○ 이동거리의 장점
○ 이동에 따른 중량 또는 저항
○ 동작의 곤란성
○ 종말점에 있어서 정지의 유무
○ 동작의 정확성을 요하는 상태
○ 동작 중 주의의 유무와 정도
○ 급격한 방향변경의 유무와 정도

등이다. 따라서 동작을 느리게 하는 요인을 되도록 배제하는 것이 이동동작개선의 힌트이다

㉠ 거리를 짧게 한다.
㉡ 도중의 장해물을 제거해서 이동경로를 매끄럽게 한다.
㉢ 부품이나 도구의 놓는 장소를 작업질서에 따라 손의 이동경로에 병행토록 배치한다.
㉣ 이동회수를 줄이도록 노력한다. 예를 들면, 1회의 운반량을 많이 한다.
㉤ 컨베이어나 슈트를 이용해서 이동에 따른 중량이나 저항을 줄인다.
㉥ 카운터나 웨이트를 사용해서 균형을 잘 잡아 동작을 편안히 한다.
㉦ 중력을 이용한다.
㉧ 중량이나 저항, 거리 등에 적합한 몸의 부분을 사용한다.
㉨ 발로 작업하는 기계를 생각한다.
㉩ 양손은 동시에 대칭운동을 시킨다.
㉪ 작업면의 높이와 넓이를 적정히 한다.

② 잡다(G)

잡는 횟수를 줄이는 것과 잡기 쉽게 하는 것이 포인트이다.

㉠ 한번에 많이 잡아서 잡는 횟수를 줄인다.
㉡ 작은 물건은 손가락이 닿은 후 미끄러지면서 잡을 수 있도록 연구한다.
㉢ 잡는 횟수를 적게 하기 위해 조합공구(해머와 장도리, 지우개 붙은 연필 등과 같은 것)을 사용한다.
㉣ 자석, 고무 등을 사용해서 손의 대용으로 한다.

ⓜ 특히 잡기 어려운 부품에 대해서는 그 기능을 변경시키지 않는 범위 내에서 잡기 쉽도록 설계를 바꾼다.

ⓑ 치구나 용기는 안에 있는 물품을 잡아 꺼내기 쉽도록 한다.

③ 손을 뗀다(RL)

㉠ 주의를 하지 않고 손을 떼도록 한다.

㉡ 운반동작을 멈추지 않고 손을 떼도록 한다.

㉢ 떨어뜨리기, 깔때기를 사용한다.

㉣ 용수철, 공기, 물 등을 이용한다.

④ 전치(PP)

㉠ 고쳐잡는 일이 없도록 부품이나 공구의 놓는 위치를 고친다. 드라이버나 랜치를 스프링 등으로 걸어둔다.

㉡ 부품의 형상을 전후 또는 좌우대칭으로 해서 고쳐 잡을 필요가 없도록 한다.

㉢ 전공정에서 방향을 맞추어서 용기에 넣어둔다.

㉣ 전자휠타 등을 이용한다.

⑤ 保持(H)

물건을 保持하는 동작에서 손을 떼고 생산적인 동작을 하는 것, 손을 떼지 못할 경우 保持하도록 하는 것이 포인트이다.

㉠ 만력, 클램프, 保持具를 사용한다.

㉡ 자력, 흡반. 점착력, 마찰력을 이용한다.

㉢ 손 대신 발 등의 이용을 생각한다.

⑥ 찾는다, 발견한다, 선택한다.

㉠ 필요한 공구, 부품을 놓는 장소를 일정하게 한다.

㉡ 필요한 공구, 부품은 정상시야 내, 정상작업역 내에 되도록이면 배치한다.

㉢ 색구분으로 찾기 쉽게 한다.

㉣ 정리정돈을 습관화시킨다.

ⓜ 정리정돈에 필요한 만큼 충분한 선반을 준다. 선반이나 발판은 공간을 이용해서 되도록 정상작업역 내에 배치한다.

ⓑ 선반에 명확한 표시를 한다.

ⓢ 1개씩 보내는 장치를 사용한다.

ⓞ 부품이나 재료, 공구 등의 혼합을 피한다.

⑦ 위치설정, 조합(P, A)

㉠ 스톱퍼 또는 가이드를 이용한다.

㉡ 패입부의 여유를 충분히 크게 한다.

㉢ 양손으로 2개를 동시에 작업할 때에는 2개를 정상시야 내 (약 10cm 사방의 범위 내)에서 하도록 한다.

㉣ 충분한 조명을 갖춘다.

㉤ 작은 물건의 위치설정, 조합은 지지대가 고정되도록 한다. 경우에 따라 확대경을 사용한다.

㉥ 작업면의 높이를 적절히 한다. 미세한 것에 대해서는 되도록 높이를 높여서 자연스러운 자세로 눈에 가깝도록 한다.

㉦ 나사를 조일 경우에는 되도록이면 에어 드라이버, 임팩트랜치 등 동력공구를 사용한다.

ⓞ 저항이 큰 물건의 삽입에는 프레스를 이용한다.

⑧ 사용(U)

㉠ 공구는 파악면을 충분히 크게 해서 힘이 안 들도록 한다.

㉡ 공구는 되도록 동력화를 한다.

㉢ 기계설비의 조작부분은 1개를 집중시켜 움직이지 않고도 조작이 가능하도록 한다.

㉣ 공구, 기계, 설비의 접동부나 축수의 마모, 덜컥거림을 제거한다.

⑨ 검사(I)

㉠ 부품이나 재료의 정밀도와 품질을 높인다.

㉡ 측정기구의 눈금을 읽기 쉽게 한다.

㉢ 합부의 범위에 표시를 한다.

㉣ 한계 게이지를 사용한다.

㉤ 검사가 필요없도록 자동선별기, 자동칭량기 등의 이용을 생각한다.

㉥ 적절한 조명을 사용한다.

㉦ 조일 경우에 토우크랜치를 이용한다.

⑩ 휴식(R)

㉠ 작업강도, 단조로움 등을 고려해서 적절한 횟수와 적당시간의 휴식시간을 준다.

㉡ 앉아서 작업이 가능한 것은 의자를 준다.

㉢ 작업환경(온도, 습도, 환기, 소음, 진동 등)을 잘 조성해서 피로를 줄인다.

㉣ 강도작업을 기계화한다.

⑪ 피할 수 없는 지연(UD)

㉠ 동작의 조합을 변경한다.
㉡ 작업분담을 변경한다.
㉢ 공정관리, 설비관리, 운반관리 등을 향상시켜, 작업자의 책임이 아닌 지연을 감소시킨다.

⑫ 피할 수 있는 지연(AD)

㉠ 작업교육훈련을 충분히 한다.
㉡ 작업준비를 충분히 한다.
㉢ 작업자의 사기를 향상시킨다.

⑬ 생각한다.(PN)

㉠ 작업지시는 알기 쉽게 구체적으로 한다.
㉡ 복잡한 형상에 대해서는 입체도로 나타낸다.
㉢ 분업화를 추진시켜 작업방법을 단순화한다.

(3) 서블릭 분석개선 예

서블릭 분석과 동작개선의 추진방법에 대해서는 볼트에 와셔를 조합하는 작업 예를 소개한다. 이 작업은 조립준비작업으로서 어떤 공장에서도 흔히 볼 수 없는 것이다. 여기서는. 9×25의 볼트에 스틸와셔와 고무와셔를 끼우는 단순한 작업으로 평와셔의 구멍과 볼트경과의 사이에는 충분한 여유가 있으나 고무와셔와는 여유가 없으므로 조립한 후에는 볼트머리를 위로 해서 머리부분만을 손가락으로 갖고 있어도 와셔는 미끄러지지 않는다.

<표3－43>은 더 서투른 작업방법이다. 항상 어느 한 쪽의 손이 정지되어 있다.

표 3-44 볼트 · 와셔조립(1)

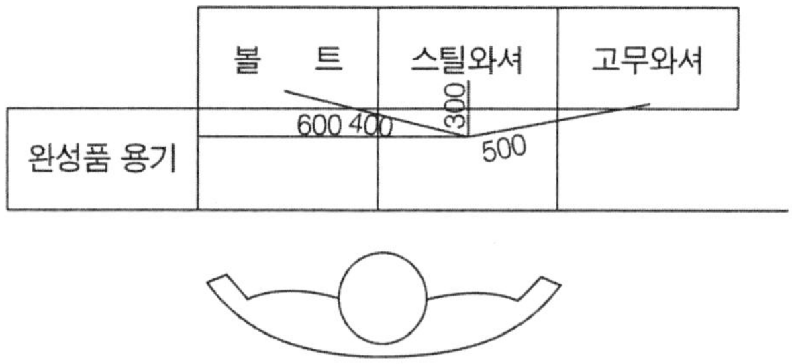

개선착안	왼손 요소작업	왼손 동소	서블릭 (왼손)	서블릭 (오른손)	오른손 동소	오른손 요소작업	개선착안
	볼트를 집다.	○ 볼트에 손뻗다			왼손을 대기		왼손과 동시에 움직일 수는 없는가
		○ 1개를 선택	→				
		○ 1개를 잡다	∩				
		○ 옮기면서 방향을 바로 한다.					
		○ 볼트를 保持			스틸와셔에 손을 뻗다	스틸와셔를 볼트에 끼우다	
손으로 保持하는 것을 그만 둘 수 없는가				→	1개 선정		슈트를 이용해서 선택을 생략할 수 없는가
				∩	1개 잡다		
					볼트에 운반		
					위치맞춤		
				#	볼트에 끼우다		
					손놓다		
					고무와셔에 손을 뻗다	고무와셔를 끼우다	이동거리의 단축은 되지 않는가
				→	1개 선택		
				∩	1개 잡다		
					볼트에 운반		
					위치를 맞춤		
				#	볼트에 끼우다		
					손놓다		
더욱 가까이서 손을 뗄 수 없는가	완성상자에 운반	완성상자에 놓는다			왼손을 대기		

<표 3-44>는 부품용기의 위치를 조립위치에 접근시켜서 이동거리의 단축을 도모함과 동시에 손이 쉬지 않도록 동작방법을 개선한 것이다. 이것에 의하면 피할 수 없는 지연은 6개에서 2개로, 保持는 14개에서 8개로 감소되어, 양손의 전동작은 40개에서 32개로 단축된다.

<표 3－45>는 <표 3－44>를 다시 개선한 것이다. 주된 개선점은,

① 목제의 간단한 조립 지그를 사용해서 “保持”를 없앤다. 이에 따라 왼손을 자유롭게 할 수 있어 오른손과 같은 동작을 할 수 있다.

② 부품은 홉퍼에 넣는다. 그러면 홉퍼의 아랫부분에서 적당히 분산되어 부품이 나오므로, 작업을 지연시키는 “선택한다”는 동작이 불필요하게 되며, 거기에서 조립위치까지의 경로가 평탄하므로 부품을 집어 올려서 운반할 필요가 없이 다만 손가락 끝이 닿을 정도만큼만 이동하면 된다.

표 3-45 **볼트 · 와셔조립(2)**

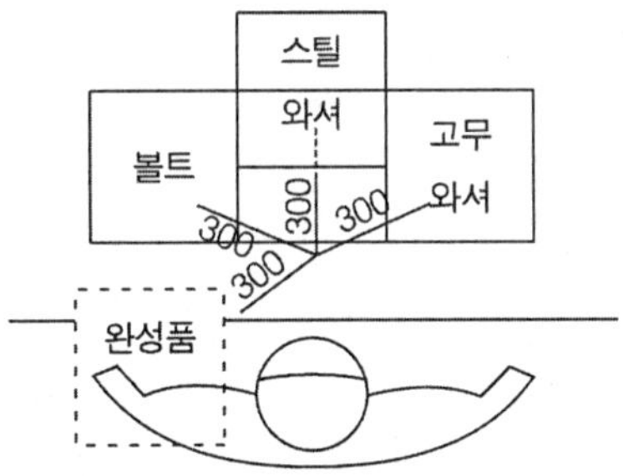

개선착안	왼손 요소작업	왼손 동소	서블릭(왼손)	서블릭(오른손)	오른손 동소	오른손 요소작업	개선착안
	볼트를 집다.	볼트에 손을 뻗힘	‿	‿	스틸와셔에	스틸와셔를	
		1개를 선택	→	→	1개 선택	볼트에	
		1개를 잡음	∩	∩	1개 잡음	끼운다.	더욱 간단히
		옮기면서 방향을	⌣+8	⌣	조립위치에		잡을 수
		바로 잡음	9	9	위치를 맞춤		없는가
		구멍에 위치를 맞춤	#	#	볼트에 끼운다.		
		와셔에 끼운다.	⊓	⌒	손을 뗀다		위치맞춤
치구를 사용해서		保持	↓	‿	고무와셔에		횟수를 줄일
保持를 없앨 수					손을 뻗힘	고무와셔를	수 없는가
없는가				→	1개 선택	끼운다.	
				∩	1개 잡음		
				⌣	볼트에 운반		
				9	위치를 맞춤		
				#	볼트에 끼운다.		
				⌒	손을 뗀다		
	완성상자에 운반	완성상자에서 손을 뗀다.	⌣ ⌒	↓	왼손을 대기		

③ 조립지그에는 고무와셔, 스틸와셔의 순으로 넣은 후에 볼트를 넣어서 "위치설정" 및 "조합"이 1회로 끝난다. 또 지그의 바로 옆에 슈트를 설치하였으므로, 완성품의 운반시간도 단축된다.

이상에 의해 "피할 수 없는 지연", "保持" 및 "선택"이 없어져서 한 작업에 대한 동작수는 최초의 40개에서 15개로 감소된다.

표 3-46 볼트 · 와셔조립(3)

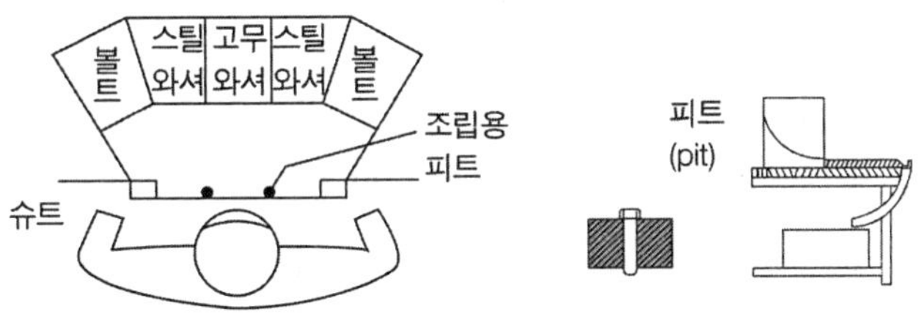

개선착안	왼손		서블릭		오른손		개선착안
	요소작업	동소			동소	요소작업	
		오른쪽과 동일	⌣	⌣	고무와셔에 손을 뻗힘	고무와셔를 치구에 넣는다	
			∩	∩	손 끝에 접촉하다		
			◡o◡	◡o◡	미끄러뜨려 치구에 손가락 끝을 뗀다		
			⌒o⌒	⌒o⌒	스틸와셔에 손을 뻗힘	스틸와셔를 치구에 넣는다	
			⌣	⌣	손끝에 접촉하다		
			∩	∩	미끄러뜨려 치구에		
			◡o◡	◡o◡	손가락 끝을 뗀다		
			⌒o⌒	⌒o⌒	볼트에 손을 뻗힘		
			⌣	⌣	볼트를 잡는다	볼트를 집어서 와셔에 끼운다	
			∩	∩	방향을 바로 잡으면서 운반		
			ℴ+8	ℴ+8	와셔의 구멍에 위치를 맞춤		
			9	9	끼운다		
			#	#	완성상자에 손을		
			◡o◡	◡o◡	뗀다		
			⌒o⌒	⌒o⌒			

3.10 연합작업분석과 개선

1) 연합작업분석의 목적

단독작업에 추가해서 연합작업의 경우, 다음 사항을 분석한다.

① 사람과 사람, 사람과 기계의 작업분담을 명확히 한다.

② 작업량의 불균형을 명확히 한다.

③ 사람의 대기, 기계의 비가동부분을 파악

분석에 의해 사실과 실태를 파악하고 본질을 명확히 함으로써 개선의 착안을 얻기 쉽게 한다.

2) 사람과 사람의 연합작업분석(조작업)

(1) 사람과 사람의 연합작업(조작업)

복수작업자가 공동으로 행하는 작업이다. 가령 대형프레스에 재료의 반출을 두 사람이 합쳐 행한다. 혹은 대물조립을 5인이 합쳐 행하는 등이다. 그 조의 사람이 항상 연합작업을 하는 것이 아니고, 사이에 단독작업이 있을 수도 있다.

(2) 분석방법

표 3-47 연합작업표의 분석기호

사람			기계		
기호	명칭	설명	기호	명칭	설명
□	단독작업	기계나 타작업자와는 시간적으로 무관계한 작업	□	자 동	작업자와 무관계한 자동에 의한 기계작업
□	연합작업	기계나 타작업자와 같이 작업하고, 어느 쪽이 시간을 제약하고 있는 작업	□	수작업	단취, 부착, 제거, 수동 등 작업자의 활동에 의해 시간 제약을 받는 작업
□	대기	기계나 타작업자가 작업하고 있기 때문에 기다리는 작업자의 대기	□	휴 지	작업자가 작업하고 있기 때문에 생기는 기계의 정지, 공간

관측은 일반적으로는 맨투맨 방식, 즉 작업자 1인에 관측자 1인의 관측이다. 관측에 앞서 연합작업의 분석기로 <표 3−47>을 정해놓으면 편리하다.

(3) 분석순서체계

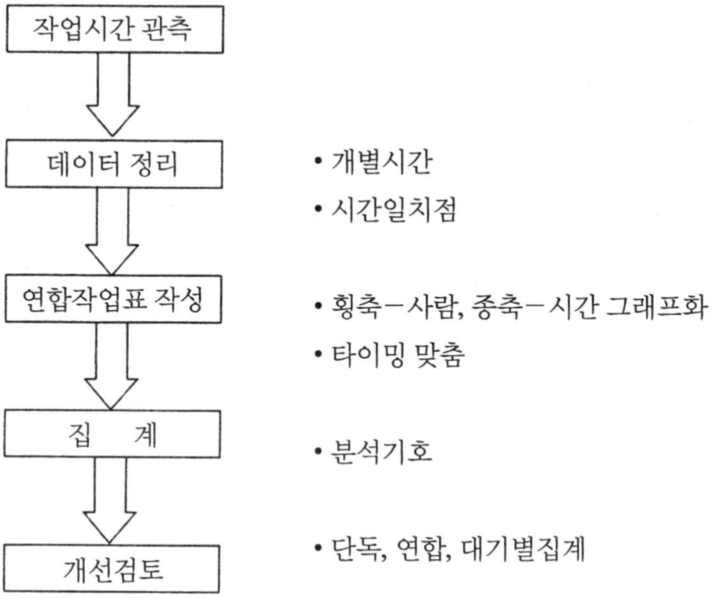

표 3-48 연합작업표 예(사람－사람)

시간	제 품 명 :		작 성 자 : 백 지	
	공 정 명 :		작 성 일 : 1986년 4월 1일	
	작 업 명 : 형대체단취			
	개 선 전 · 개 선 후		작 업 자 B	
	작 업 자 A		호이스트 준비	0.50
	하형의 청소	0.50	분업	2.50
	형운송	0.32		
1	클램프	0.28		
	형매달기	0.26		
	클램프 및 형매달기	0.26		
2	상형청소	1.38		
3	세트치구제거	1.20	커버세트	0.20
			스톱퍼 제거	0.60
4	형운송 ON, OFF	0.60	대기	1.00
5분	형 꺼냄	0.80	형꺼냄	0.80
6	호이스트에 걸다	0.50	호이스트에 걸다	0.50
7	1호기에서 형선반에 이동	1.40	1호기에서 선반에 이동	1.40
8	호이스트 제거스톱퍼정지	0.50	호이스트 제거스톱퍼 정지	0.50
	다음형에 호이스트를 걸다	0.30	다음형에 호이스트를 걸다	0.30
9	1호기에 이동	1.49	1호기에 이동	1.40
	호이스트 제거치구에 놓는다	0.20	호이스트 제거치구에 놓는다	0.20
10분	커버와 스톱퍼 세트	0.10	커버의 스톱퍼 세트	0.10
	세트치구 부착	1.00	대기	4.55
11	운반 또는 클램프 NO	0.45		
	형매달기 ON	0.30		
12	클램프 OFF	0.20		
	형운송 OFF ON, OFF	0.20		
13, 14	기계조정	2.00		
15분	14.55분		14.55분	

3) 사람과 기계의 연합작업분석

(1) 사람과 기계의 연합작업분석에 대하여

1인의 작업자, 또는 복수작업자가 기계설비를 가동시키는 작업이다.

사람과 기계의 작업에서는 작업의 밸런스만이 아니라 기계의 가공대기 피크의 작업(사람 수를 가장 많이 필요로 하는 작업)등을 명확히 한다는 것이 중요하다.

(2) 분석방법

작업분석은 사람이 행하는 작업분석과 기계사이클로써의 내용분석을 단독작업 요령으로 작업분석을 한다. 이 경우 기계사이클의 관측은 작업자의 작업내용에서 판단되는 것 …… 가령, 스위치를 누른 뒤, 가공이 시작되는 등 … 혹은 자동가공 종료시와 같이 별도로 측정 또는 자료나 계산으로 구하는 것도 있다.

사람과 기계의 연합작업분석은 사람과 사람의 연합작업의 경우와 작업요령이 유사하지만 크게 다른 점은, "작업자 내용과 기계행정을 별란"에 기입하는 것이다.

이 표를 만듬으로써, 사람의 작업과 기계의 움직임의 관계와 그 관련이 곧 이해된다.

즉,

작업자의 작업내용에서는	기계의 상태에서는
○ 단독작업	○ 자동가공
○ 연합작업	○ 수동부분
○ 대기	○ 휴지

가 확실하다. 이것을 명확히 하는 것이, "사람과 기계작업의 분석"의 진정한 목표이다.

표 3-49 사람과 기계작업분석예

작 업 분 석 표

MAN Ⓐ-1

사이클	작업명	프레스	작업자		관측자		xx년 6월 1일
	No	요소작업명		기호	경과시간	개별시간	개선착안
	1	재료반입		∘	35	35	
	2	다음 재료에 화살넣기		○	50	15	
	3	테이프에 부재명기입		○	70	20	
	4	보행(스위치로)		○	80	10	
①	5	프레스조작		○	160	80	
	6	보행(작한장에)		∘	175	15	
	7	데이프에 부재명기입		○	190	15	
	8	보행(제품에)		∘	205	15	
	9	제품반출		∘	237	32	
	10	재료반입		∘	260	23	
	11	보행(테이프에)		∘	280	20	
	12	제품에 테이프 부착		○	290	10	
	13	보행(테이프에)		∘	297	7	
	14	테이프에 부재명기입		○	307	10	
②	15	보행(재료에)		∘	315	8	
	16	재 료		○	325	10	
	17	보행(스위치에)		∘	335	10	
	18	프레스조작		○	405	70	
	19	대 기		▽	415	10	
	20	보행(테이프에)		∘	425	10	
	21	테이프에 부재명기입		○	455	30	
	22	보행(제품에)		∘	460	5	

작 업 분 석 표

MAN Ⓑ-1

사이클	작업명	프레스	작업자		관측자		xx년 6월 1일
	No.	요소작업명		기호	경과시간	개별시간	개선착안
	1	호이스트 조작		∘	60	80	
	2	구부러진 라인맞추기		○	80	20	
	3	대 기		▽	110	30	
①	4	수정맞춤		○	124	14	
	5	대 기		▽	137	13	
	6	호이스트 조작		○	165	28	
	7	검 사		◇	200	35	
	8	호이스트 조작		∘	236	36	
	9	호이스트 조작		∘	310	74	
	10	구부러진 라인맞추기		○	337	27	
	11	대 기		▽	366	29	
	12	수정맞춤		○	380	14	
②	13	대 기		▽	393	13	
	14	호이스트 조작		○	425	32	
②	15	검 사		◇	440	15	
	16	호이스트 조작		∘	480	40	
	17	호이스트 조작		∘	548	48	
	18	구부러진 라인맞추기		○	581	33	
③	19	대 기		▽	613	32	
	20	수정맞춤		○	630	17	
	21	대 기		◇	640	10	
	22	호이스트 조작		○	665	25	

작 업 분 석 표

MAN Ⓒ-1

사이클	작업명	프레스	작업자		관측자		xx년 6월 1일
	No.	요소작업명		기호	경과시간	개별시간	개선착안
	1	재료반입		∘	55	55	
	2	구부러진 라인맞추기		○	75	20	
	3	대 기		▽	110	35	
①	4	수정맞춤		○	130	20	
	5	대 기		▽	140	0	
	6	제품인출		○	165	25	
	7	검 사		◇	190	25	
	8	제품반출		∘	235	45	
	9	재료반입		∘	300	55	
	10	구부러진 라인맞추기		○	335	35	
	11	대 기		▽	365	30	
	12	수정맞춤		○	380	15	
②	13	대 기		▽	380	10	
	14	제춤인출		○	425	35	
	15	검 사		◇	440	15	
	16	제품반출		∘	475	35	
	17	재료반입		∘	540	65	
	18	구부러진 라인맞추기		○	580	40	
	19	대 기		▽	610	30	
③	20	수정맞춤		○	630	20	
	21	대 기		▽	640	10	
	22	제품인출		○	680	40	

표 3-50 연합작업표 예(Man-Machine Chart)

현상, 관측제 4 사이클 (1사이클=2.35분=141초)

MACHINE (1200T PRESS)		MAN-Ⓐ		MAN-Ⓑ		MAN-Ⓒ	
초 48	정 지	18	재료 반입	36	호이스트 조작	33	재료반입
		12	다음 재료 화살넣기	12	구부러진 라인 맞춤	15	구부러진 라인 맞춤
		6	보행(테이프에)	21	대 기	21	대 기
		6	테이프에 부재명기입	12	수정맞춤	12	수정맞춤
		6	보행(스위치에)	9	대 기	6	대 기
초 54	프레스 상하 및 플랫홈 수평 작동 (38%)		프레스 조작	18	호이스트 조작	24	제품인출
초 39	정 지	12	보행(테이프를 집어서 제품에)	9	검 사	6	검 사
		3	제품에 테이프 부착	24	호이스트 조작	24	제품인출
		6	보행(제품에)				
		15	제품반출				
		3	대 기				

(시간 눈금: 0.5분, 1분, 1.5분, 2분)

(3) 4W 차트 분석

화로의 관계작업과 같이 많은 작업자가 연합해서, 또는 분담해서 작업을 한다든지 또는 장소를 몇 곳인가 이동하면서 행하는 것과 같은 작업이 있다. 일반적으로 이와 같은 작업은 사이클이 긴 케이스가 많다. 이같은 작업의 경우에는 <표 3−51>과 같이 4W차트용지를 써서 분석한다.

이 4W차트는 연합작업표에 “장소”를 명확히 하는 항목을 첨가한 것이고, 이 분석으로 다음의 점이 명확히 된다.

누가	(Who)
무엇을	(What)
언제	(When)
어디서	(Where)

표 3-51 알루미늄 주조작업 4W 차트

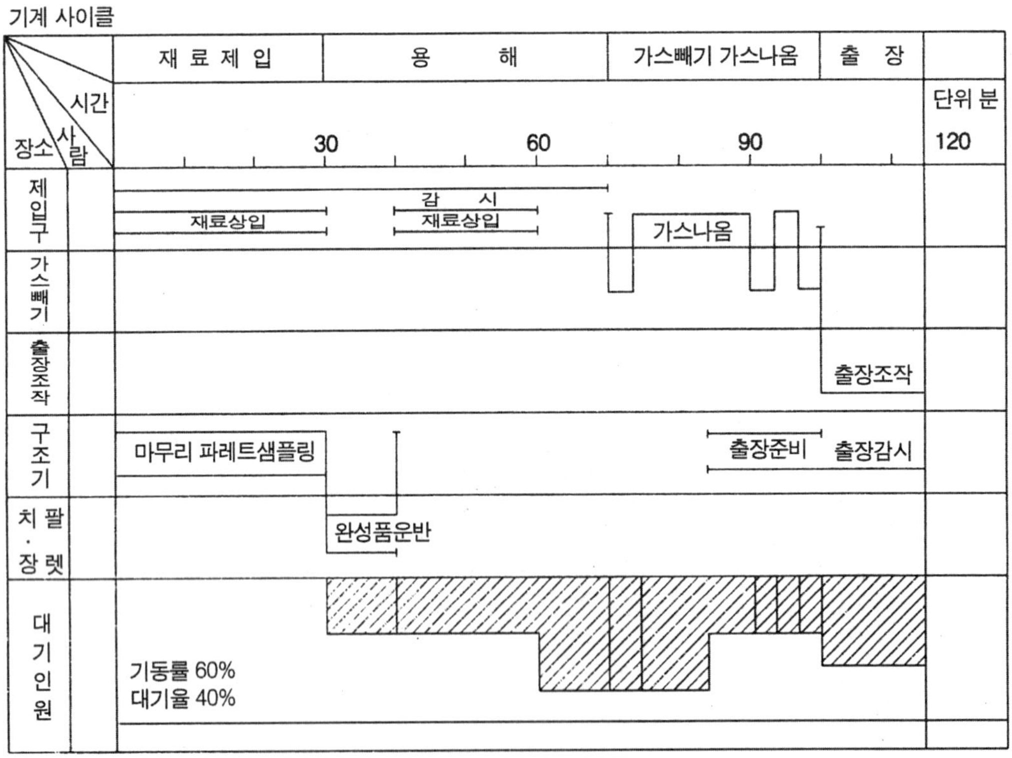

그림 3-29 분석순서체계

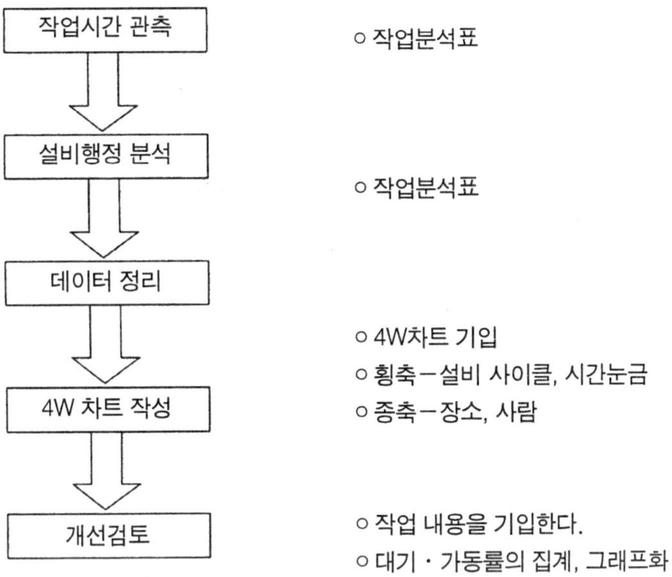

4) 연합작업의 개선

(1) 개선착안점

① 사람의 대기 시간의 비율을 감소한다.
② 기계정지시간의 비율을 감소한다.
③ 사람과 사람, 사람과 기계의 연합작업을 적게 하거나 없앤다.
(치구의 개선 · 기계의 개량 · 자동화 등)
④ 사람과 사람의 연합작업은 치구, 기계의 사용 등에 의해 단독작업화한다.

(2) 개선목적

개선목표는 "중점사고"에서 생각하는 것이 필요하다.

아무리 개선테마로서 매력적인 것이라 해도 개선의 효과로서 큰 기대를 할 수 없는 경우에는, 별도의 개선테마를 우선해서 생각하는 것이 필요하다. 이 정도의 판단을 그르치지 않는 것도 개선을 추진하는 데 중요한 요소의 하나이다.

〈중점사고의 판단의 포인트〉

① 안전성의 향상, 피로의 경감

② 품질 향상

③ 생산성 향상

④ 경비 절감

효과적인 개선활동을 추진하기 위해서는, 현장이나 작업에 개선할 어떤 문제점을 정확히 파악하는 것도 개선의 목적이다.

㉠ 안전하게 … 작업자가 안심하고 일할 수 있도록

㉡ 편안하게 … 작업자의 피로 경감

㉢ 양호하게 … 제품의 품질 향상

㉣ 빠르게 … 작업시간의 단축

㉤ 싸게 … 되도록 적은 경비로

를 만족시키는 것이다.

(3) 개선원칙의 적용

효과적인 개선활동을 위한 착상

① 배제를 생각할 것

② 정과 반을 생각할 것

③ 정수와 변수를 생각할 것

④ 정상과 예외를 생각할 것

⑤ 결합과 분리를 생각할 것

⑥ 집약과 분산을 생각할 것

⑦ 확대와 축소를 생각할 것

⑧ 부가와 삭제를 생각할 것

⑨ 평행과 직열을 생각할 것

⑩ 순서교체를 생각할 것

⑪ 공통과 차이를 생각할 것

⑫ 대체와 충족을 생각할 것

이 12요점 중에서도 다음에 열거한 요점은 특히 중요하다.

① "배제"를 생각할 것(E : Eliminate)

그 일 · 그 작업은 없애도 좋은가라는 물음에 따라, 불필요한 것은 하지 않도록 한다. 이 배제를 생각하는 것은 모든 개선에 선행하여 행하는 것이 필요하다.

② "결합과 분리"를 생각할 것(C : Combine)

배제되지 않는 일이나 작업은 어떤 방법으로 하면 좋은가를 생각한다. 더욱 기성개념이나 편견에 사로잡히지 않도록 검토해서, 되도록 간단한 방법으로 재편성해 본다.

③ "교체와 대체"를 생각할 것(R : Rearrange)

이 교체와 대체를 생각하는 것은, 언제 하면 좋을까, 어떤 순서로 하면 좋은가, 어떻게 하면 이 작업이 용이하게 될 것인가 등을 검토하는 것이다.

④ "간소화"를 생각할 것(S : Simplify)

작업별로 간단하게, 편하게, 거리를 짧게, 중량을 가볍게 등의 개선을 생각한다.

〈5W1H의 적용에 의한 착상의 추출〉

무엇 때문에(Why) (이유 · 목적 · 성과)를 분명히 한 다음에

(체크항목)	(대상항목)	(개선 착안점)	
→ 무엇을(What)	→ 대상물 · 범위	→ 불필요한 움직임 배제	······ E
→ 누가(Who)	→ 인 · 기계설비	→ 사람의 결합 또는 변경	······ CR
→ 언제(When)	→ 시간 · 시각 · 시기	→ 시각 또는 순서의 결합 또는 변경	······ CR
→ 어디서(Where)	→ 위치 · 경로 · 방향	→ 장소의 결합 또는 변경	······ CR
→ 어떻게(How)	→ 순서 · 방법	→ 방법의 단순화 또는 개선	······ S

5) 연합작업개선의 체크리스트

(1) 사람과 사람의 연합작업의 작업개선 체크리스트

단독작업을 위한 작업개선 체크리스트에, 다음 사항을 추가하여 검토하는 것이 필요하다.

① 기본원칙으로 다음 사항을 생각할 것

예를 들면
- ○ 각 멤버의 일의 부하의 균형을 검토할 것
- ○ 기계설비를 쓰고 있는 경우, 그 활용도를 높일 것
- ○ 작업량이 많은 사람의 작업을 더욱 편안히 하도록 검토할 것
- ○ 각 멤버의 각 요소작업을 편히 할 것
- ○ 대기를 없앨 것
- ○ 2인 이상 동시에 하는 작업을 1인 작업의 방향으로 개선을 검토할 것

② 이동작업을 없앨 수는 없는가, 또는 합병할 수 없는가

예를 들면
- ○ 설비를 바꾸어서
- ○ 배치를 바꾸어서
- ○ 작업순서를 바꾸어서
- ○ 컨베이어 등을 이용해서

③ 대기시간을 없앨 수 있는가

예를 들면 ㅇ작업순서를 바꾸면 없어지는가
ㅇ배치를 바꾸면 없어지는가
ㅇ다른 기계설비를 쓰면 없어지는가

④ 작업을 종합할 수 없는가

예를 들면 ㅇ작업순서를 바꾸면 종합할 수 있는가
ㅇ다른 설비 · 기계를 사용하면 종합할 수 있는가
ㅇ배치를 바꾸면 종합할 수 있는가

⑤ 1인의 작업자를 위해 다른 작업자에게 대기시간이 생기는 것을 없앨 수 있는가

예를 들면 ㅇ작업자 수를 변경하면, 대기를 없앨 수 있는가
ㅇ각 멤버의 작업량을 변경하면, 대기를 없앨 수 있는가
ㅇ각 멤버의 작업분담을 변경하면, 대기를 없앨 수 있는가
ㅇ작업순서를 변경하면, 대기를 없앨 수 있는가

(2) 사람과 기계의 연합작업의 작업개선 체크리스트

단독작업을 위한 작업개선 체크리스트에, 다음 사항을 추가해서 검토하는 것이 필요하다.

① 기본원칙으로써 다음 사항을 생각할 것

예를 들면 ㅇ작업 자체를 생략할 것
ㅇ작업을 결합할 것
ㅇ순서를 변경할 것
ㅇ각 작업을 되도록 간략화할 것
ㅇ전 사이클 시간이 차지하는 기계가동시간의 비율을 높일 것
ㅇ기계에 관계되는 부수작업을 단축시킬 것
ㅇ수작업 부분의 삭제
ㅇ기계속도를 경제적인 속도로 조정할 것
ㅇ피치타임의 범위 내에서, 사람의 가동과 기계의 가동을 최대로 해서, 특대수를 되도록 증가시킬 것
ㅇ피크작업의 개선을 진행하고, 그 필요한 인원을 줄일 것

② 기계시간의 단축은 안 되는가

예를 들면 ㅇ더 좋은 공구를 사용하면 시간단축은 가능한가

○ 조합공구를 쓰는 요소는 없는가
○ 회전수, 수소, 절단량을 더 크게 하면 어떤가
○ 1처크(Chuck), 다수개를 잡는 데 기계시간의 단축은 안 되는가

③ 기계의 자동운전 중에 보다 많은 수작업은 안 되는가

예를 들면 ○ 자동수송, 자동정지, 불비자동정지를 붙이면 가능한가
○ 재료운송의 자동화는 가능하게 되는가
○ 작업자와 기계의 작업사이클을 조정하면 가능한가

④ 이동동작을 없앨 수 없는가

예를 들면 ○ 작업순서를 바꿈으로써, 이동동작을 없앨 수 없는가
○ 배치를 바꾸고, 방향을 바꾸어서 이동동작을 없앨 수 없는가
○ 컨베이어 · 슈트 등을 사용해서 이동동작을 없앨 수 없는가
○ 작업용 답대를 개선함으로써 이동을 없앨 수 없는가

⑤ 대기를 없앨 수 없는가

예를 들면 ○ 작업자 수를 변경함으로써, 대기는 해소되지 않는가
○ 기계 특대수를 변경함으로써, 대기는 해소되지 않는가
○ 멤버 작업의 분담량을 변경함으로써, 대기는 해소되지 않는가
○ 특히 주의할 요점은, 작업장소의 관계, 작업량의 밸런스, 일의 순서

표 3-52 시간분석용지(현상)

단위 1/100분

No.	요약작업	1	2	3	4	5	10	합계회수	평균치	수정치	개선착안
1		23	23	24	24	23		116	23		
		23	63	93	28	75					
2		7	8	7	9	9		40	6		
		30	71	300	37	54					
3		35	25	30	34	26		150	30		
		65	96	30	71	610					
4		20	21	19	22	22		104	21		
		85	217	49	93	32					
5		19	17	18	19	18		91	18		
		104	34	67	512	50					
6		10	9	10	11	12		52	10		
		114	43	77	23	62					
7		8	7	9	9	8		41	8		
		22	50	86	32	70					
8		19	19	18	20	20		96	19		
		41	69	404	52	90					
9											
10	계										
									137		

표 3-53 연합작업도분석표

사람			기계		
기호	명칭	설명	기호	명칭	설명
□	단독 작업	기계와 타작업자와는 시간적으로 무관계한 업무	□	자조	작업자와는 무관계한 자조에 의한 기계작업
□	연합 작업	기계와 타작업자가 함께 작업하여 어느 쪽인가가 시간을 제약하는 작업	□	수단취	단취, 설비, 제거, 작업자의 활동에 의해 시간 제약되는 작업
□	수작업	기계의 타작업자가 작업하기 위해 생기는 작업자의 수대기	□	휴지	작업자가 작업하기 때문에 일어나는 기계정지

품명	A부품	표준작업조합표	작성	
명칭	부품 가공 라인	(레이아웃)	승인	

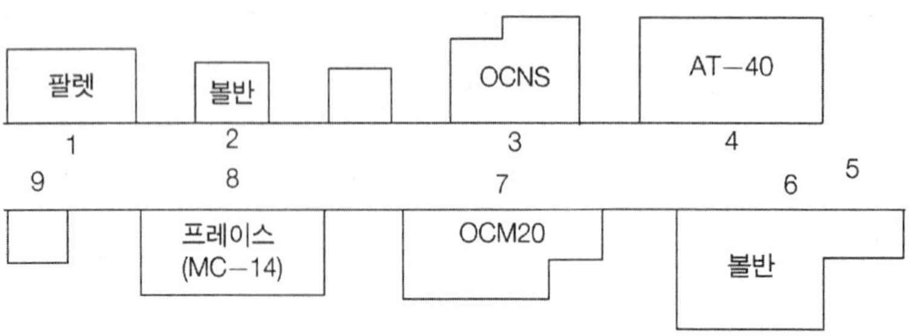

생 산 량
580개 / 일
피 치 타 임
1.10 분
표준수대기
6 개
수 대 시 간
0

그림 3-30 편성효율 사고법

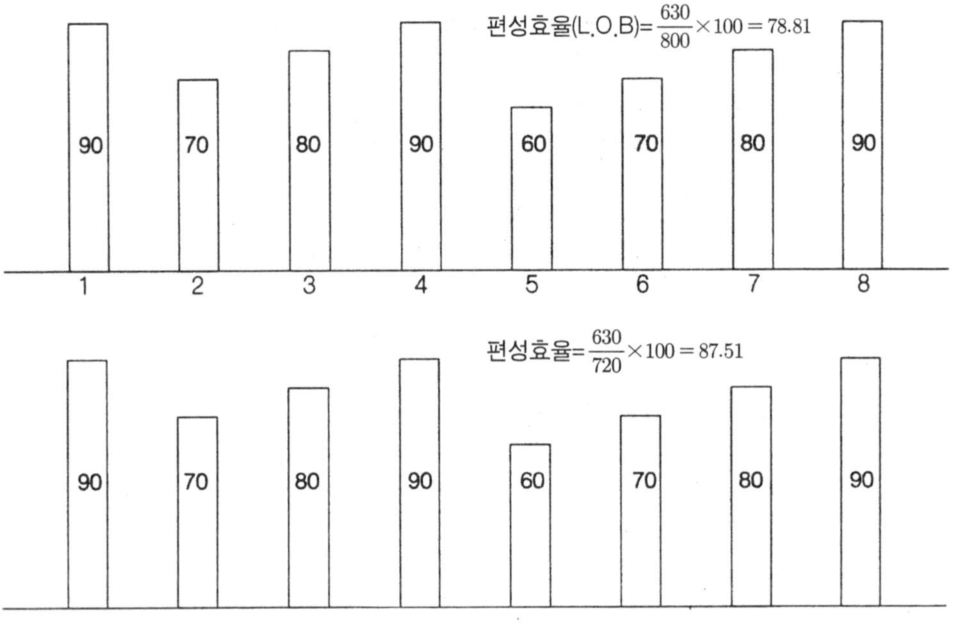

그림 3-31 기계가공편성의 순서

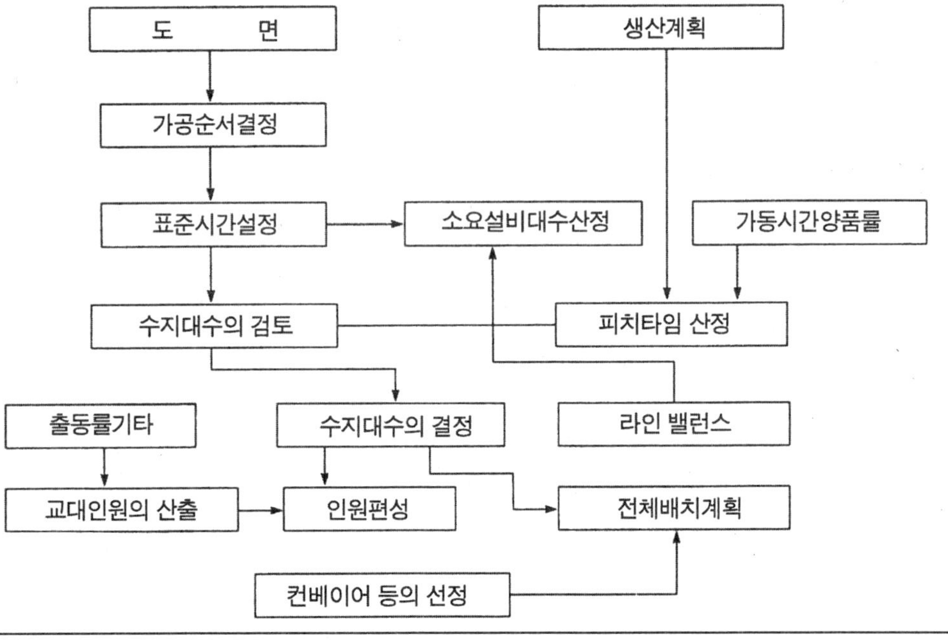

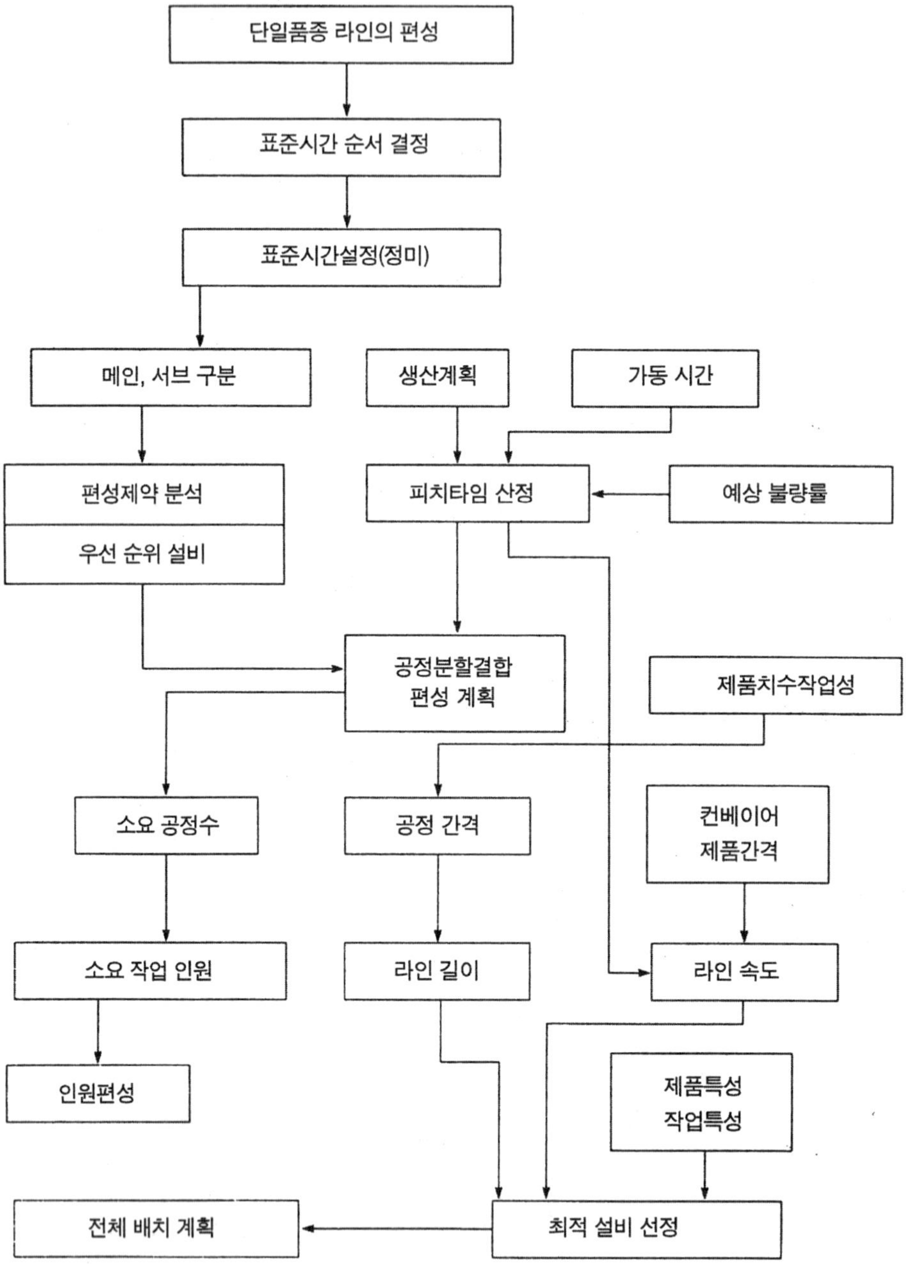
단일품종 라인의 편성
표준시간 순서 결정
표준시간설정(정미)
메인, 서브 구분
생산계획
가동 시간
편성제약 분석
우선 순위 설비
피치타임 산정
예상 불량률
공정분할결합
편성 계획
제품치수작업성
소요 공정수
공정 간격
컨베이어
제품간격
소요 작업 인원
라인 길이
라인 속도
인원편성
제품특성
작업특성
전체 배치 계획
최적 설비 선정

그림 3-33 관측경로의 결정방법

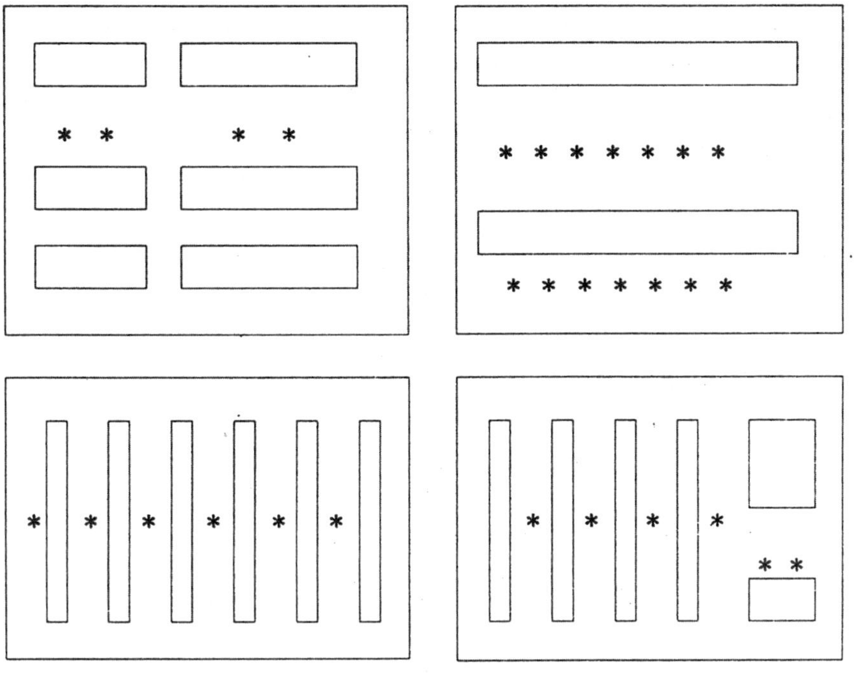

표 3-54 W.S. 작업단위 구성용지

년 월 일

작업명				과 장	반(계)장	작성자
직 장	과	반(계)				

구분		구과 분		요소작업명		정 의
No.		No.		No.		

그림 3-33 관측시간의 결정방법

난수		시각
0	~	8시
1	~	9시
2	~	10시
3	~	11시
4	~	12시
5	~	13시
6	~	14시
7	~	15시
8	~	16시
9	~	17시

2	5 8	3
시	분	경로
10시	35분	3

난수표

2	5	8	3	1	2
1	6	7	2	6	2
9	2	5	6	4	7
2	4	5	3	8	1
7	3	2	9	4	2
2	5	8	3	4	2
3	1	5	4	2	8
9	1	2	4	6	5
0	5	4	3	4	8
4	2	1	8	2	1
6	3	2	7	1	4
0	4	2	3	7	1
5	2	1	3	7	2
2	9	4	2	8	1
1	2	4	6	3	7
5	4	2	1	8	3
4	5	2	8	7	2

표 3-54 주어진 정밀도 및 P값에 대한 관측정수의 신뢰도 95%

사업 또는 지연이 점하는 합계시간 간 중 백분율(%)	±1	±2	±3	±4	±5	±6	±7	±8	±9	±10
1	3,960,000	990,000	440,000	247,500	158,000	110,000	80,000	61,900	48,900	39,600
2	1,960,000	490,000	217,800	122,500	78,400	54,400	40,000	30,600	24,200	19,600
3	1,293,300	323,300	143,700	80,800	51,700	35,900	26,400	20,200	16,000	12,900
4	960,000	240,000	106,700	60,000	38,400	26,700	19,600	15,000	11,900	9,600
5	760,000	190,000	84,400	48,500	30,400	21,100	15,500	11,900	2,390	7,600
6	626,700	156,700	69,600	39,200	25,100	17,400	12,800	9,790	7,740	6,270
7	531,400	132,900	59,000	33,200	21,300	14,800	10,800	8,300	6,560	5,310
8	460,000	115,000	51,100	28,800	18,400	12,800	9,380	7,190	5,680	4,600
9	404,400	101,100	44,900	25,300	16,200	11,200	8,250	6,320	5,000	4,040
10	360,000	90,000	40,000	22,500	14,400	10,000	7,310	5,630	4,450	3,600
11	323,600	80,900	36,000	20,200	12,900	8,990	6,600	5,060	4,000	3,240
12	293,000	73,300	32,600	18,300	11,700	8,150	5,980	4,580	3,620	2,930
13	267,700	66,900	29,700	16,700	10,700	7,440	5,460	4,180	3,310	2,680
14	245,700	61,400	27,300	15,400	9,830	6,830	5,010	3,840	3,040	2,460
15	226,700	56,700	25,200	14,200	9,070	6,300	4,620	3,540	2,800	2,270
16	210,000	52,500	23,300	13,100	8,400	5,830	4,280	3,280	2,590	2,100
17	195,300	48,800	21,700	12,200	7,810	5,420	3,980	3,050	2,410	1,950
18	182,200	45,600	20,200	12,400	7,290	5,060	3,720	2,850	2,250	1,820
19	170,500	42,600	18,900	10,700	6,820	4,740	3,480	2,660	2,110	1,170
20	160,000	40,000	17,800	10,000	6,400	4,440	3,260	2,500	1,980	1,600
21	150,500	37,600	16,700	9,400	6,020	4,180	3,070	2,350	1,860	1,510
22	141,800	35,500	15,800	8,860	5,670	3,940	2,890	2,220	1,750	1,420
23	133,900	33,500	14,900	8,370	5,360	3,720	2,730	2,090	1,650	1,340
24	126,700	31,700	14,100	7,920	5,070	3,520	2,580	1,980	1,560	1,270
25	120,000	30,000	13,300	7,500	4,800	3,330	2,450	1,880	1,480	1,200
26	113,800	28,500	12,600	7,102	4,550	3,160	2,320	1,780	1,140	1,140
27	108,100	27,000	12,000	6,760	4,330	3,000	2,210	1,690	1,340	1,080
28	102,900	25,700	11,400	6,480	4,110	2,860	2,100	1,610	1,270	1,030
29	97,900	24,500	10,900	6,120	3,920	2,720	2,000	1,580	1,210	980
30	93,300	23,300	19,400	5,830	3,720	2,590	1,900	1,460	1,150	935
31	89,000	22,300	9,890	5,570	3,560	2,470	1,820	1,390	1,100	890
32	85,000	21,300	9,440	5,310	3,400	2,360	1,730	1,330	1,050	850
33	81,200	20,300	9,000	5,080	3,250	2,260	1,660	1,270	1,000	810
34	77,600	19,400	8,630	4,850	3,110	2,160	1,580	1,210	960	775
35	74,300	18,600	8,250	4,640	2,970	2,060	1,520	1,160	915	745
36	71,100	17,800	7,900	4,440	2,840	1,980	1,450	1,110	880	710
37	68,100	17,000	7,570	4,260	2,720	1,890	1,400	1,060	915	745
38	65,300	16,300	7,250	4,000	2,510	1,810	1,330	1,020	805	655
39	62,600	15,600	6,950	3,910	2,500	1,740	1,280	980	775	625
40	60,000	15,000	6,670	3,750	2,400	1,670	1,220	940	740	600
41	57,600	14,400	6,400	3,600	2,300	1,600	1,170	900	710	575
42	55,200	13,800	6,140	3,450	2,210	1,530	1,130	865	680	550
43	53,000	13,300	5,890	3,310	2,120	1,470	1,080	830	655	530
44	50,900	12,700	5,660	3,180	2,040	1,410	1,040	795	630	510
45	48,000	12,200	5,130	3,060	1,960	1,360	1,000	765	605	490
46	47,000	11,700	5,220	2,940	1,880	1,300	960	735	580	470
47	45,100	11,300	5,010	2,820	1,800	1,250	920	705	555	450
48	43,300	10,800	4,810	2,720	1,730	1,200	885	675	535	435
49	41,600	10,400	4,630	2,600	1,670	1,160	850	650	515	415
50	40,000	10,000	4,440	2,500	1,600	1,110	815	625	495	400

6) R－f 분석(RESULT-FACTOR ANALYSIS)의 Rule

① 현상다원인의 원칙 : 1현상 1원인이라는 추구는 현상을 원인적으로 바꾸어 놓는다.
② 구체적인 사실에 의한 원인추구의 원칙
③ 식의 장은 원인추구활동을 행하는 것이 R－f분석의 특징
④ 공헌도(중점)에 의한 원인표현의 원칙
⑤ 동사에 의한 원인표현의 원칙
⑥ 이해관계자의 집단에 의한 원인추구의 원칙

7) R－f 분석시 금기사항

① 「여건」을 원인과 생각할 수 없다.
② 「타부문의 책임」으로 전가하지 않는다.
③ 「능력부족, 자각부족」으로 전가하지 않는다.

8) WS 순서

① 문제를 정의한다(무엇을 알고 싶은가) → ② 현장 책임자에게 승인을 받는다. → ③ 결과에 기대되는 정도를 정한다. → ④ 예비분석을 하고 관측계획을 세운다. → ⑤ 계획에 따라 관측한다. → ⑥ 결과를 분석하고 정도를 체크한다. → ⑦ 결과를 정리 보고한다.

9) 작업시간의 구성

- 작업
  - 정규작업
    - 주작업
      - 주체작업
      - 부수작업
    - 준비후시작작업
  - 부정규작업
    - 인적여유
      - 피로여유
      - 용변여유
    - 비인적여유
      - 작업여유
      - 직장여유

표 3-55 Random 시각표 ①

10시간 40회용

1		2		3		4		5	
38	0.01	4	0.04	21	0.28	14	0.01	25	0.03
9	5	33	23	22	36	32	15	38	8
16	17	13	44	14	44	2	23	18	15
32	28	26	50	40	52	27	30	23	55
20	43	9	0.18	29	58	7	41	28	1.18
18	1.01	34	30	26	1.15	26	50	22	36
29	25	22	37	18	20	18	1.12	16	47
25	53	17	49	6	35	13	32	40	56
26	2.06	7	2.04	25	38	28	52	7	2.07
3	9	36	26	1	2.15	10	2.06	4	19
6	13	16	31	34	30	20	10	31	36
35	23	38	44	3	36	38	26	6	55
22	47	19	55	39	46	29	43	32	3.02
30	3.03	30	3.17	12	56	31	57	21	10
8	6	28	29	5	3.32	16	3.06	29	23
10	20	12	40	38	37	15	15	9	29
13	34	2	4.01	36	50	34	17	27	38
1	4.16	14	18	13	59	17	28	3	4.02
14	54	5	38	31	4.11	36	30	17	14
40	5.07	23	48	8	45	33	42	30	51
2	34	32	56	7	50	5	4.05	36	5.12
28	38	40	5.17	2	5.05	24	32	26	30
7	45	20	27	35	14	35	5.09	4	40
11	6.1	21	56	33	33	21	38	35	50
4	56	35	58	11	46	40	47	5	6.01
21	7.02	1	6.28	15	50	30	6.08	37	10
15	12	39	39	23	6.05	9	37	10	19
34	18	3	48	32	12	19	48	24	27
17	22	24	51	37	29	12	7	8	43
31	28	15	52	19	30	37	8	19	7.25
12	30	8	7.23	20	38	8	21	20	34
5	49	31	26	16	7.15	4	24	33	8.04
27	8.01	27	38	27	34	25	44	34	6
37	20	18	8.07	28	50	6	8.01	39	10
23	34	10	12	10	8.19	23	29	14	15
19	45	11	27	4	27	39	41	12	45
36	59	37	45	9	30	22	50	13	9.1
39	9.05	25	9.07	30	9.06	11	53	11	18
24	22	6	19	24	29	3	9.35	15	25
33	46	29	52	17	45	1	56	2	48

3.11 ORDLIX

ORDLIX(Organized Design for Line Crew Systems)란 Line 작업이나 연합작업의 효율화를 위해, 설계적(design) approach 접근에 의한 개선기법이다.

1) ORDLIX의 수순

현재 System의 표준화 ⇨ 기본설계 ⇨ 상세설계

〈Step〉

1. 대표품종의 선정
2. Operation list의 작성과 시간측정
3. 현재 System 재구성
4. TCT의 설정
5. BF의 산출

〈Step〉

1. 주체 Operation의 선정
2. 동상의 E (배제, Eliminate)
3. 신 System 구상안
4. 대체안의 평가와 Line의 최적안 선정

〈Step〉

1. 부차 Operation의 부가
2. Neck공정에서의 Operation의 개선
3. line의 진정한 balancing

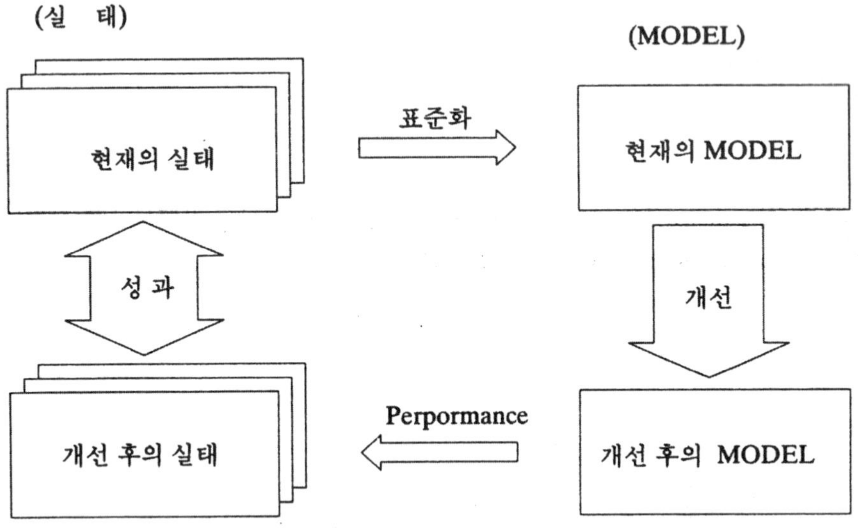
(실 태)
(MODEL)
현재의 실태
표준화
현재의 MODEL
성 과
개선
개선 후의 실태
Perpormance
개선 후의 MODEL

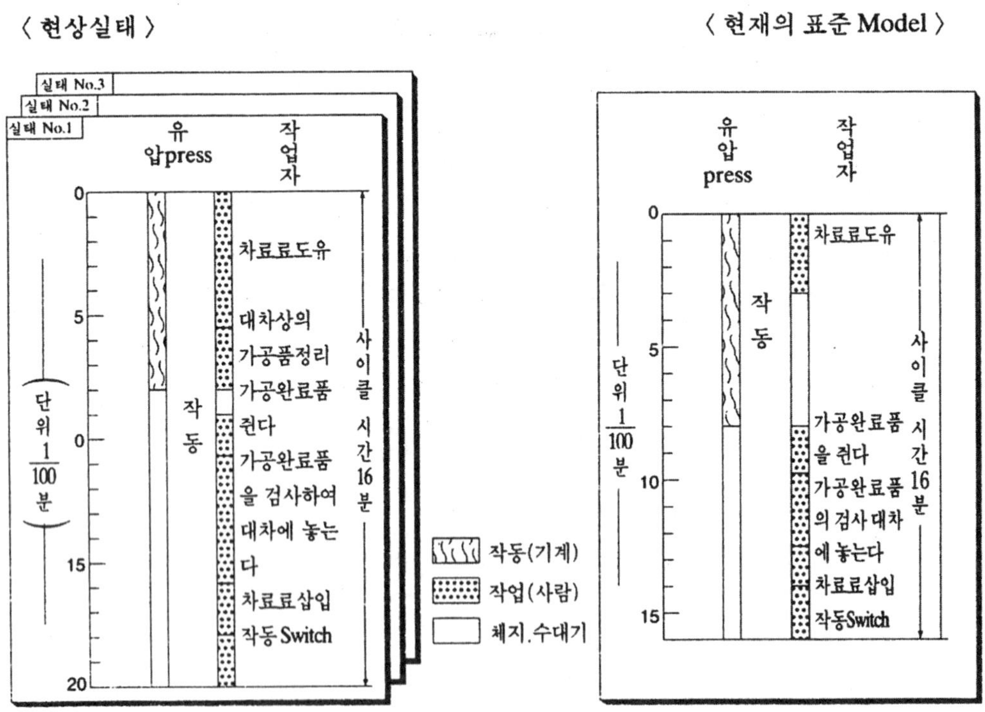
〈 현상실태 〉
〈 현재의 표준 Model 〉
실태 No.3
실태 No.2
실태 No.1
유압press
작업자
차료료도유
대차상의 가공품정리
가공완료품 쥔다
가공완료품을 검사하여 대차에 놓는다
차료료삽입
작동 Switch
작동
사이클 시간 16분
단위 1/100 분
작동(기계)
작업(사람)
체지.수대기
유압press
작업자
차료료도유
작동
가공완료품을 쥔다
가공완료품의 검사 대차에 놓는다
차료료삽입
작동Switch
사이클 시간 16분
단위 1/100 분

표 3-56 Operation list

<table>
<tr><td colspan="3" rowspan="2">Operation list</td><td colspan="3" rowspan="2"></td><td colspan="3">현 황 인 원</td><td colspan="5">개 선 후 인 원</td><td rowspan="2">비고</td><td>작성일
:
작성자</td></tr>
<tr><td>시프트
인 원</td><td>시프트</td><td>시프트
외인원 / 합 계</td><td colspan="4">시프트
인 원 / 시프트</td><td>시프트
외인원 / 합 계</td><td></td></tr>
<tr><td colspan="2">Operation</td><td>작업자</td><td colspan="4">상부개선후시간표</td><td>기본</td><td rowspan="2">현 재 기 능</td><td colspan="4"></td><td rowspan="2">개 선 착 상</td><td colspan="2">개 선 안</td></tr>
<tr><td>process</td><td>Operation</td><td>기 호</td><td>시간식</td><td>유도</td><td>TCT</td><td>BF</td><td>번호</td><td>E</td><td>C</td><td>R</td><td>S</td><td>작업자기호</td><td>건 의 사 항</td></tr>
</table>

2) 개선의 4원칙

① 배제(Eliminate)
② 결합(Combine)
③ 입체(Rearrange) : 재조정, 재배치
④ 간소화(Simplify)

3) Brain Storming의 4가지 Rule

① 좋다 나쁘다는 비판을 안 한다.
② 자유분방한 Idea를 환영한다.
③ 무엇이든지 좋으나 많은 양을 내라
④ 타인의 Idea에 편승하지 마라

4) ORDLIX 성공의 Point

① 전사적 조직체계 유지
② STAFF조직의 충실 유지
③ 고수준관리의 유지
④ 실시의 원조 유지
⑤ 관리 System과의 결합을 유지시킨다.

5) brain storming의 추진방법

(1) 출석자

5~15인 정도가 이상적이며, 그 중 1인은 leader 재능이 있고 없고는 불문에 붙인다. 다만 출석자는 자기계발에 힘써야 한다.

(2) 분위기

부드러운 상태가 Idea를 내기 쉽다.

(3) 수순

① Theme를 모조지에 쓴다.
② 현재 기능을 정의하여 모조지에 쓴다.
③ Idea를 전부 기록한다(전원이 알 수 있는 표현으로).
④ 전원이 Idea를 낼 수 있도록 연구한다.

(4) 기타

Brain storming은 2회 정도로 나누어 실시하는 것이 Idea가 많이 나온다.
① 1회 20분 정도
② 2회 10분 정도
2회째는 당신의 Idea를 끄집어낸다.
기술 Staff 혹은 line의 작업자가 끼는 것이 좋다.

6) 기본구상의 사고방식

① 질의 분업 … 상이한 직능으로 분업한다.
② 양의 분업 … 같은 직능으로 양을 분업하다
③ Follow ┌ lot로 보낸다
　　　　　└ 1개씩 보낸다
④ 반송법 ┌ 사람이 움직인다
　　　　　└ 물건을 움직인다
⑤ MT의 유효이용 ┌ 작업분해 → 대기시간의 유효활용
　　　　　　　　└ 시켄스의 변경 타이밍 후리

7) 기본설계대체안비교표

<table>
<tr><th colspan="2"></th><th>A안</th><th>B안</th><th>C안</th></tr>
<tr><td colspan="2">대　　가</td><td>· 튜레스 · 웰라 SW을 집중화
· SW조작 set 작업을 전문화
· S · Assy작업을 완전분석한다.</td><td>· 후로아 Assy을 옆으로 하여 흐르게 한다.
· 각 Stage의 부품 set, SW조작을 편측
· 유사부품의 SP작업을 집약</td><td>· 현장의 방법을 살린다.
· 프레스 웰라의 RL/AN의 동기화
· 증정작업을 차상에서 한다.</td></tr>
<tr><td colspan="2">공정편성의 개요</td><td>↓
↓
↓
↓</td><td>↓
↓
↓
↓</td><td>↓
↓
↓
↓</td></tr>
<tr><td rowspan="2">배치
인원</td><td>현　　장</td><td>21명</td><td>21명</td><td>21명</td></tr>
<tr><td>기초설계</td><td>9</td><td>8</td><td>10</td></tr>
<tr><td colspan="2">편성 효율</td><td>95.5%</td><td>90.8%</td><td>97.6%</td></tr>
<tr><td colspan="2">생산성 향상률</td><td>233%</td><td>283%</td><td>210%</td></tr>
<tr><td rowspan="2">견
적</td><td>개선비용</td><td>약 600,000</td><td>약 3,000,000</td><td>약 20,000</td></tr>
<tr><td>개선기간</td><td>약 30일</td><td>약 90일</td><td>약 20일</td></tr>
</table>

그림 3-34 ORDLIX(Orgnized Design for Line & Crew system)

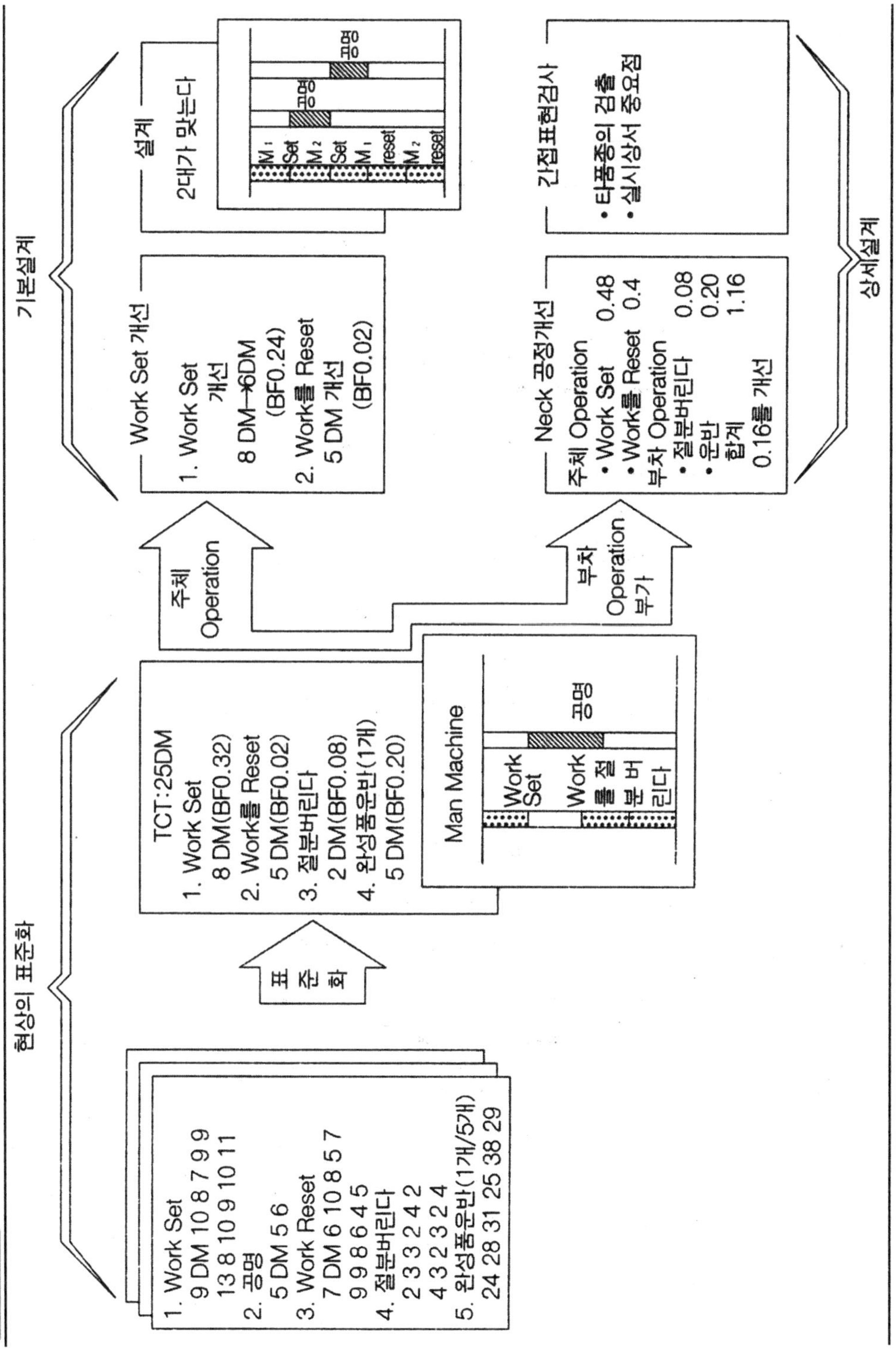

8) 특징

(1) 공학적 Approach

- 현재 System의 표준화

(2) 설계적 design(approach)

- Operation은 설계의 소재

(3) 조직적 수순

- 현재 System 표준화
- 기본설계
- 상세설계

(4) 착상의 효율화

- 대표품종
- BF의 산출
- 기본설계와 상세설계의 구분

(5) 창조력의 해방

- 대체안의 작성

표 3-57 ORDLIX 진척표

월 module		4월	5월	
	개선인원			
	개선항목			
	개선인원			
	개선항목			

4 품 질 관 리

4.1 품질관리의 목적 및 업무

1) 품질관리의 목적

현대의 품질관리는 통계적 측면만이 아닌 제품 품질에 영향을 주는 모든 체계 즉 사람, 부품, 기계 등을 종합 조정, 품질유지 향상에 유기적인 활동관리를 말한다. 또 I.S.O 0842에 따르면, 품질관리란, 품질의 제요건을 충족시키기 위한 제운용기법과 활동이라고 정의하고 있다.

소비자의 요구에 합치하는 제품을 가장 경제적으로 달성하는 데 있으며 품질관리의 목적을 달성하기 위한 기본적 이념은 표준화, 통계적 방법, 피드백 기능이다.

① 작업의 원활화
② 불량감소(불량방지)
③ 신뢰성 높은 제품생산
④ 품질보증될 수 있는 제품의 생산
⑤ 공해 없는 제품의 생산

2) 품질관리의 업무

(1) 신제품 관리

제품에 대한 바람직한 원가기능 및 신뢰성에 대한 품질 표준을 확립하여 규정하는 동시에 본격적인 생산을 시작하기 전에 품질상의 문제가 될 만한 근원을 제거한다든지 그 소재를 확인하는 업무이다.

(2) 수입자재관리

제품의 요구에 맞는 부품, 원재료를 가장 경제적인 품질수준으로 수입, 보관 관리하는 업무이다.

(3) 제품관리

불량품이 만들어지기 전에 품질시방으로부터 제품이 벗어나는 것을 시정하고 시장에서 제품 서비스를 원활히 하기 위해 생산현장이나 시장의 서비스를 통해 제품을 관리하는 업무이다.

(4) 특별공정관리

불량품의 원인을 규명한다든지 품질특성의 개량 가능성을 결정하기 위한 조사나 시험으로 보다 효과적인 품질을 개선발전시키는 업무이다.

또한, 품질에 있어 5가지 과오란 다음과 같다.

① 제1의 과오

품질이란 좋은 것, 고급품, 번쩍번쩍 빛나는 것이라는 사고방식

② 제2의 과오

품질이란 무형으로 측정 불가능하다는 사고방식

③ 제3의 과오

품질에도 경제학이 있다는 사고방식

④ 제4의 과오

품질문제는 종업원, 특히 작업자가 원인이라는 사고방식

⑤ 제5의 과오

품질부분에서 품질이 만들어진다는 사고방식을 들 수가 있다. 품질관리를 QC쪽에서 바라보는 쪽과 더 나아가 QM(Quality Management)쪽으로 발전시키는 이념을 밝혀보면,

① 품질이란, 요구조건에 대한 적합이다. 품질이란 단순하고 양호한(Goodness) 것이 아니라 요구조건(Requirement)과의 적합이다.

② 품질을 생산하는 시스템은 미연방지이다. 품질을 향상시키기 위해서 실패와 불량에 대책을 세우는 것이 아니라 애초부터 그것이 발생하지 않는 방책을 세워 처음부터 올바른 업무를 하고 사후 체크를 불필요하게 하는 것이 원칙이다. 따라서 프로세스의 요구조건을 하나씩 완전하게

하는 것이다.

③ 달성기본은 불량(결여)을 0로 한다. 달성기준은 요구조건에서 벗어난 것을 0으로 한다.

④ 품질의 측정척도는 품질코스트(Cost of Quality)이다. QM의 성과는 정량적으로 측정하는 것을 전제로 한다. 그 척도로는 불량률이나 개별의 척도가 아니라 품질 코스트(실패코스트+예방코스트)에 의해 부문별로 측정한다.

(5) 간접부문의 품질코스트

① 경리관계

① 기한 지연의 보고서

② Computer Input Miss

③ 전표, 보고서의 이상

② 설계관계

① 도면 미스

② 출도 미스

③ 생산기술

① 공정 변경 통지의 이상

② 설계변경에 의한 치구의 수리

④ 영업관계

① 계약상의 에러

② 오더의 이상

4.2 품질을 결정하는 4M

1) 공정에서 품질을 만든다

각 공정은 명확화된 제조규격을 100% 만족하는 품질보증능력을 가지고 관리되어 있는 상태를 말한다.

(1) 제품규격과 검사규격 · 제조규격의 관련

① 상품가치가 높다는 것은
- 디자인, 색이 좋다
- 값이 싸다
- 이용하기 쉽다
- 고장이 없다
- 성능이 안정되어 있다
- 부품교환이 쉽다

② 상품가치가 좋은 품질을 구체화하는 것이 설계이다. 또한 설계에서 정해진 품질정밀도를 제품규격이라 한다.

재 질 ………… 성분, 조직 등
형상정밀도 … 진원도, 평행도, 수직도, 등
치수정밀도 … 내경, 외경, 길이, 두께 등
외관정밀도 … 얼룩, 흠, 이빠짐
화학적 성질 … 내식성, 불연성, 내폭성 등
전기적 성질 … 절연성, 전도성, 유전성 등
기타

이 제품규격에는 반드시 허용차나 범위가 결정되어 있다.

③ 제품규격을 완전히 만족할 수 있는 제품을 100% 보증하고, 고객에게 공급하기 위한 것을 검사규격이라 한다.

최종검사에서 불량이나 수리를 요하는 경우가 생기면 출하하는 품질은 보증되지 않는다. 또는 제품규격이 검사규격과 같으면, 예를 들면 검사에서 합격해도 품질은 보증되지 않는다. 그래서 검사규격은 제품규격보다 엄격히 하는 것이 필요하다.

그림 4-1 품질과 4M

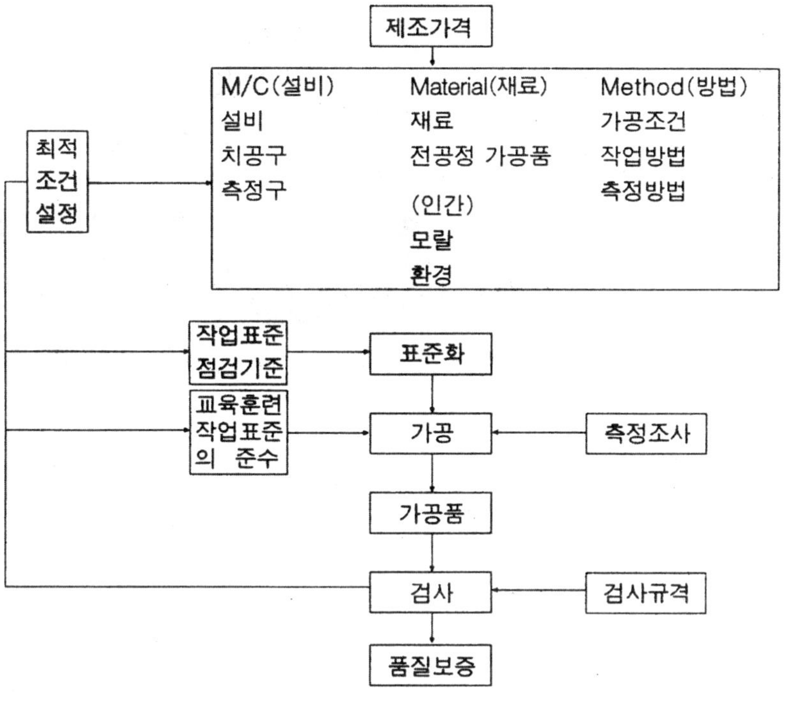

④ 검사공정에서 불량이 없는 고품질공정으로 하려면 말할 것 없이 부품가공 및 조립의 각 공정에서 품질을 만들지 않으면 달성되지 않는다.(제조규격)

그래서 각 공정에서는 검사규격보다 더욱 엄격한 제조규격을 설정해서 공정품질을 확보하고 있다.

(2) 품질보증을 위한 각 부문의 역할

제조규격이 생산공정의 헌법이다.

상품가치가 높은 제품공급을 위한 제품규격과 검사규격 및 제조규격의 관련과 각 부문의 역할을 <그림 4-2>, <그림 4-3>에 나타낸다.

그림 4-2 제품규격, 검사규격, 제조규격의 예

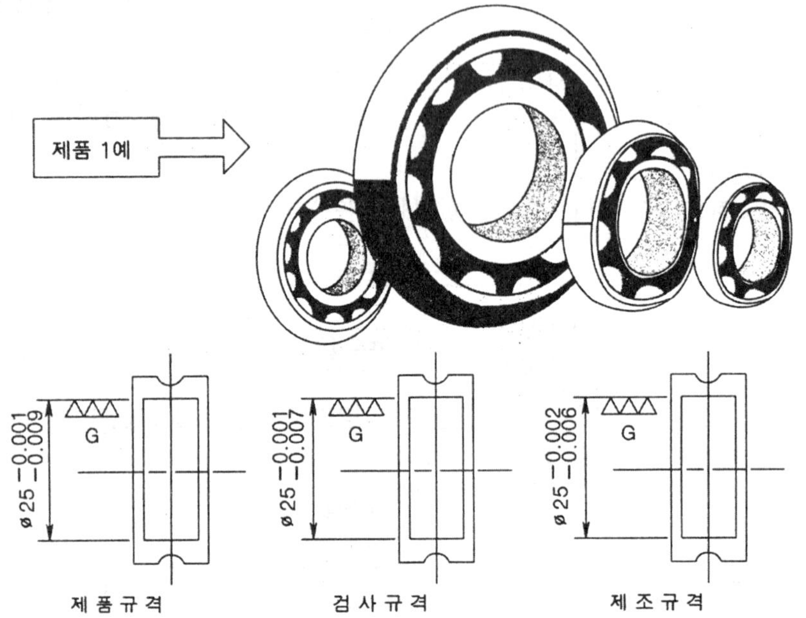

그림 4-3 제품규격과 검사규격 및 레저규격의 관련

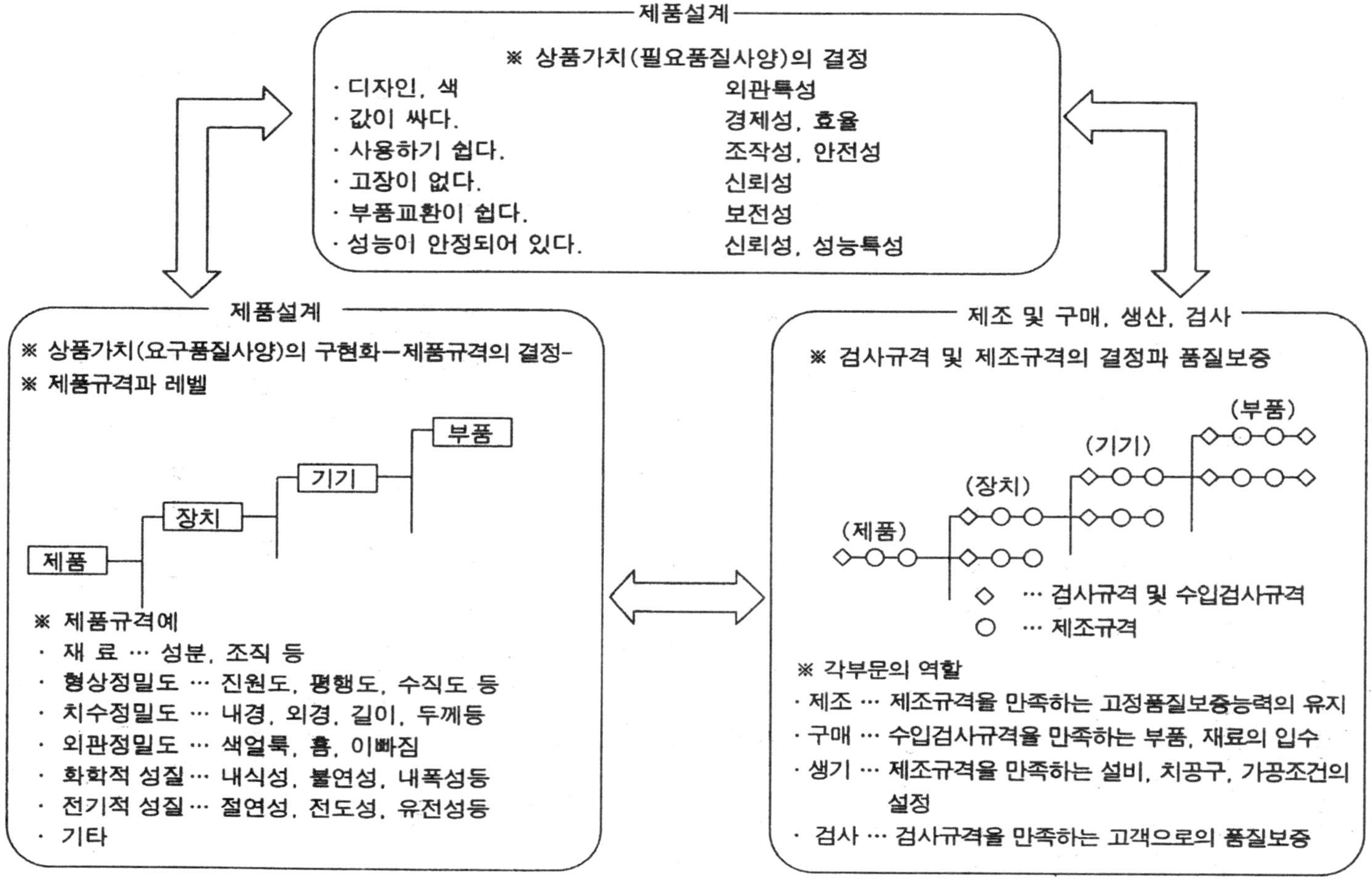

2) 품질을 결정하는 4M

(1) 품질과 4M(Man, Machine, Material, Method)

① 4M의 최적조건을 만들어내고, 공정의 품질보증능력(Cp치)을 고도로 안정될 때까지 높여, 그를 유지하기 위한 작업표준 · 점검기준을 정하는 것이 품질개선관리이다.

② 결정된 최적조건을 유지하는 작업표준 및 점검기준을 지키는 것이 품질유지관리이다.

(2) 품질과 설비, 치공구, 측정구 : Machine

〈구비해야 할 조건〉	〈왜 필요한가〉
① 청소가 철저하다	• 청소를 하지 않으면 가공 중 먼지가 낙하해서 이물이 붙거나 혼입되어 불량해진다.
② 급유가 확실히 되어 있다.	• 급유부족이 되면 기계의 움직임이 나빠져 가공불량이 된다.
③ 볼트 · 너트에 풀림이 없다.	• 풀리면 덜컥거려 가공불량이 된다.
④ 설비의 각부가 덜컥거리지 않는다.	• 덜컥거리면 가공불량이 된다.

〈치구의 조건〉	
① 치구의 부착에 흠 · 먼지가 없다.	• 먼지가 있으면 가공불량이 된다.
② 가공품의 부착기준면에 흠, 먼지가 없다.	• 먼지가 있으면 제품에 흠이 생기거나 또는 가공불량이 된다.
③ 치구 각부에 마모 · 흠이 없다.	• 마모가 있으면 가공불량이 된다.

〈공구 및 인구의 조건〉	
① 바른 공구를 사용하고 있다.	• 바른 공구를 사용하지 않으면 볼트가 완전히 조여지지 않기 때문에 가공불량이 된다.
② 인구부착이 올바르게 세트되어 있다. (중심설정)	• 중심설정이 불비하면 가공불량이 된다.
③ 인구에 흠 · 마모가 없다.	• 흠이 있으면 가공불량이 된다.

〈측정구의 조건〉	
① 측정기의 측정자에 먼지가 없다.	• 측정자에 먼지가 끼면 측정오차가 된다.
② 측정기의 움직임이 스무스하다.	• 스무스하지 못하면 측정오차가 된다.

③ 측정기는 경정기간 내의 것이다.

• 정밀도불량을 그대로 사용하면 측정오차가 된다.

(3) 품질과 재료(전공정품질) : Material

초공정에 있어서는 재료가 갖추어야 할 자세를 말하고, 도중공정에 있어서는 전공정 품질이 갖추어야 할 자세(조건)로 되어야 한다. 그 조건은

① 공정품질에 영향을 주는 재료의 품질은 좋은가

○ 재료에 흠 또는 먼지가 없다.

○ 재료조성, 조직이 안정되어 있다.

○ 재료경도가 안정되어 있다 …… 등

② 공정품질에 영향을 주는 전공정 품질은 좋은가

○ 전공정 가공품에 흠이 없다. 먼지가 없다.

○ 전공정 치수에 불규칙성이 없다 …… 등

(4) 품질과 가공조건, 작업방법, 측정방법 : Method

① 좋은 품질을 만들기 위한 가공조건은 좋은가

○ 회전수, 신속한 운반의 설정은 좋은가, 또는 정해진 조건은 지키고 있는가

○ 온도・농도 설정은 좋은가, 또는 정해진 조건은 지키고 있는가

○ 압력・유량 설정은 좋은가, 또는 지키고 있는가 등

② 올바른 작업 방법을 사용하고 있는가

○ 가공품이 기준면에 확실히 부착하고 있는가, 먼지가 낀 채로 부착되어 있지 않는가

○ 단취순서는 결정되어 있는가, 또는 지켜지고 있는가

○ 작업 순서는 결정되어 있는가, 또는 지켜지고 있는가 등

③ 측정방법은 좋은가

○ 시차가 안 나도록 측정하고 있는가

○ 측정압이 올바르게 되도록 측정하고 있는가

○ 측정기별로 측정표준서를 만들고 있는가, 또는 이것을 지키고 있는가 등

(5) 품질과 모랄(사람) : Man

여기에서 말하는 모랄은 일반적으로 말하는 「의욕」이다. 품질향상 의욕은 물론이고 좋은 품질을 저해하는 미결함이 몇번이고 마음에 걸려 할 수 없다. 무엇인가 해결해야 한다는 강렬한 문제의식」이다.

① 언제나 표준을 유지하는 것이 좋은 품질을 만들어 낸다는 강한 의욕

② 불량이 생기면, 3M 불비점(미결함)을 철저히 씻어내는 강한 문제의식

③ 일상작업 중에도 약간 우습다! 이상하다! 무엇인가 평소와는 다르다는 것이 있다고 마음에 걸려 할 수 없다. 상사에게 보고한다. 또 자기로서도 조사해 보려는 강한 문제의식을 갖는 것이다.

3) 현장의 품질실태

(1) QC공정표는 지켜지고 있는가

① 작업표준・점검기준이 정비되어 있는가

② 작업표준이 있어도 그대로 지켜져 있는가

(2) 현재불량에만 구애받고 있지 않은가

현재불량은 각사 모두 불량이라는 개념으로 데이터화하고 있으나 여기에서 말하는 잠재불량은 각사 모두 불량하다고 생각하고 있지 않는 것이 많다.

〈현재불량에는〉

○ 폐각 ………… 제조규격을 벗어나 재가공・수리가 되지 않는 것

○ 수리 ………… 공정 내 또는 후공정에서 발견해서 추가하고 또는 수리를 하는 경우

○ 로트 아우트 … 발취검사로 로트 아우트가 되는 경우

○ 낙하 ………… 특정품질이 얻어지지 않기 때문에 낙하하는 경우

○ 특채 ………… 소정의 품질이 얻어지지 않으나 특별히 합격하는 경우

○ 클레임 ……… 고객으로부터의 클레임

그림 4-4 품질 4M

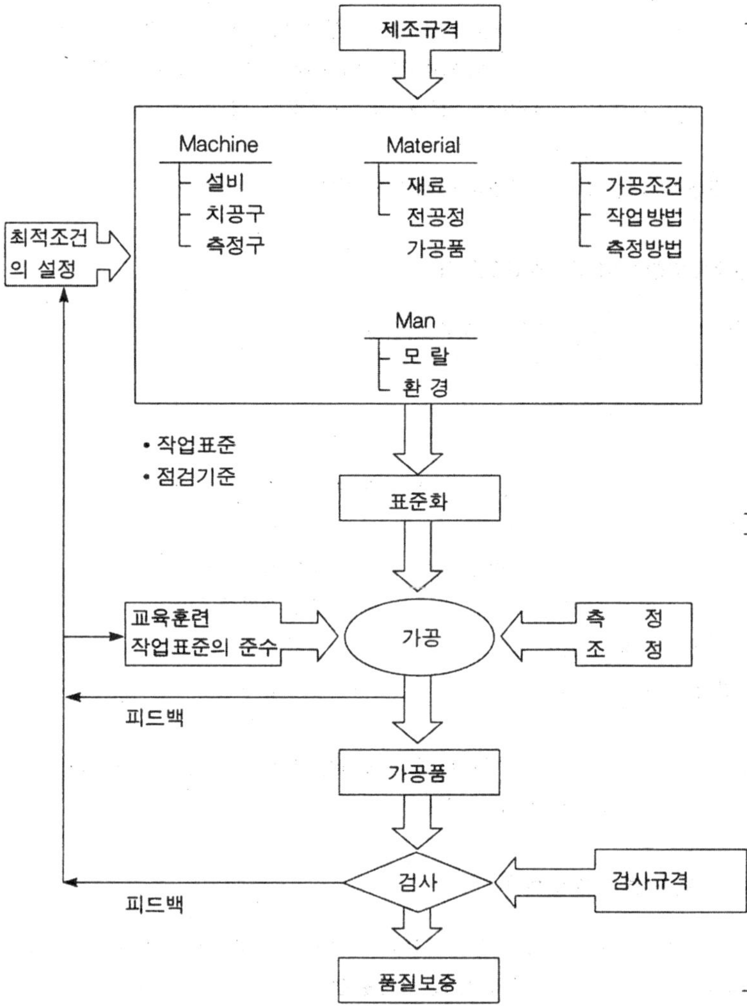
제조규격
Machine
설비
치공구
측정구
Material
재료
전공정
가공품
가공조건
작업방법
측정방법
Man
모 랄
환 경
최적조건의 설정
품질개선관리
• 작업표준
• 점검기준
표준화
교육훈련
작업표준의 준수
가공
측 정
조 정
피드백
가공품
검사
검사규격
피드백
품질보증
품질유지관리

〈잠재불량에는〉

○상시추가공정 … 1회가공에서는 제조규격에 맞지 않기 때문에 항상 2회 가공하는 경우

○보증 …………… 본래의 여분으로는 불량이 생기기 때문에 기준보다 여분을 많이 하는 경우, 또 개수를 기준보다 항상 넉넉하게 하는 경우

○선택감합 ……… 조립정밀도가 나오지 않기 때문에 선택조립을 하는 경우

○속도불량 ……… 속도를 표준까지 끌어올리면 불량이 생기므로 속도를 낮추어 운전하는 경우

○보증파양검사 … 품질이 불안정하기 때문에 기준보다 많이 파양검사를 하는 경우

(3) 불량발생에 의한 악영향을 알고 있는가

폐각 1개에 의해 발생하는 손실은 재료비뿐이다

직접적으로 손실되는 것으로서

① 재료비

② 인건비

③ 가공경비(설비의 감가상각비, 전기, 가스대, 치공구비 등)

간접적으로 발생하는 손실로서

① 불량발생 때문에 재료를 재발주한다 ⇨ 구매외주부문비

② 불량발생에 따른 납기조정 ⇨ 생산관리부문비

③ 불량발생에 따른 특별출하 ⇨ 운반비용

④ 불량발생에 따른 대책회의 ⇨ 품질관리비용

등이 있다.

또 처음부터 불량을 예상해서 넉넉하게 가공하는 경우도 있다. 이 경우는 재고 스페이스 또는 부품용기 등의 할증비용이 들게 된다.

(4) 타사의 품질실태를 알고 있는가

현재의 고품질공장은 각 공정의 불량도 ppm 단위(100만 분의 1) 시대이다. 또, 현재불량은 물론 잠재불량도 명확하게 되어 있고, 양방불량이 극한화되어 있는 상태이다.

<표 4－2>에 고품질 공장의 수준을 제시하여 우리들의 현장과 비교해 보기 바란다.

표 4-1 작업표준서 예

작업표준서 브로크		라인	공정명		Fool−Proof	유 · 무	작성년월일	정리 No.	

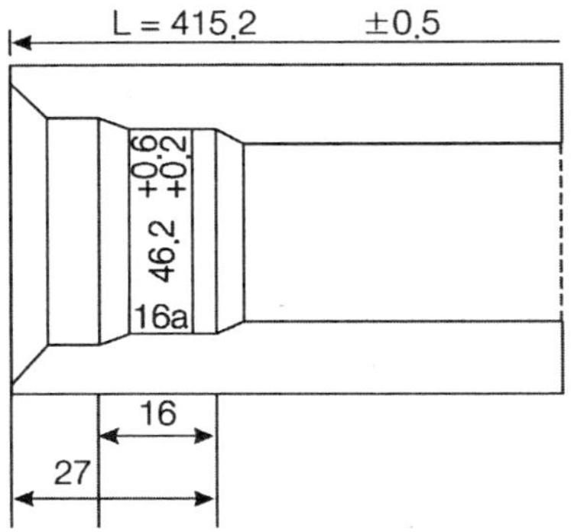

재질
외경 50.8ø
두께 2.7t 2.9t
전장 395l ~ 422l

경도 HRC 76~82
HRC 260~300
(Pit 부)

가공조건

항목	조건치	관리포인트
주축회전수	2.055r.p.m	
절삭속도	295m/㎜	
운송속도	0.11㎜/rev	
에어압력(처크반송)	4 kg/㎠	
낮은유압압력	10~15 kg/㎠	
상용 〃 (절삭운송)	20~30 kg/㎠	
유유량제어변목성	1-1	
사용바이트	○○ 0.8R	○○○개에 1회교환할 것
절단량	50.8×2.7t 0.4㎜ 50.8×2.9t 0.6㎜	

등성구분	마크	품질확인항목	규격	확인방법	체크 작업시작	체크 작업도중
		내경 ø46.2 ø49.2	D ø+0.08 +0.08	실린더 게이지	2	1/150P
		디듬는면 거칠음	1.6a	목시	1	1
		인고심	l +2 0	버어니어 캘리퍼스	2	1
		정원량	0.08이하	실린더 게이지	2	1/150P
		전장	L±0.5	자동검사	전	수

비상발생시의 처치	① 라인 중지 ② 그룹장 · 작업장에게 연락한다.	결정한 일 결정된 것은 지킨다.

설비 및 Fool-Proof(포함 검출기)의 일상점검항목

점검항목	점검항목	관리포인트
유압오일탱크	1회/주(올바A150)	상하한환내에 있을 것
처크그리스	〃 (그리스 MP2)	오래된 그리스를 갚다
삼축윤골오일	1회/1일(올바A150)	상하환내에 있을 것
각작동부주유	〃 (머신유)	깨끗이 해서 주유할 것
에어 3 점세트(휠타)	1회/1일	물을 뺄 것.
〃 (오일러)	〃 (A32)	상하한환내에 있을 것

개정난	No.	년 월 일	정정기사	확인

계장		직업장		그룹장		품명	

표 4-2 고품질공장의 수준

항목	고품질공장	당사는
1. 클레임	0	
2. 불량률		
1) 현재불량		
· 각 공정	폐각 외에 수리 등도 명확히 되어 있다. 0.1%~0	
· 공정통산	1%~0	
2) 잠재불량		
· 각 공정	명확히 되어 있다. 0	
3. 품질수준		
· 공정품질보증능력(CP치)	각 공정 모두 1.3 이상	
4. 관리수준		
· 작업표준 명확히 되어 있다.		
· 점검기준 준수되어 있다.		
· 각 공정 제조규격	명확히 되어 있다.	

4.3 좋은 품질을 얻기 위한 현장관리

1) 좋은 품질을 만드는 기저

(1) 5S는 현장의 기본조건

5S란

- ○ 정리(Seiri)
- ○ 정돈(Seiton)
- ○ 청소(Seiso)
- ○ 청결(seiketsu)
- ○ 습관화(Shitsuke)

의 머리 S를 딴 것이다.

5S의 요약은 <그림 4－5>와 같다

일상작업 중에 5S가 습관화되어야 한다.

그림 4-5 5S의 요점

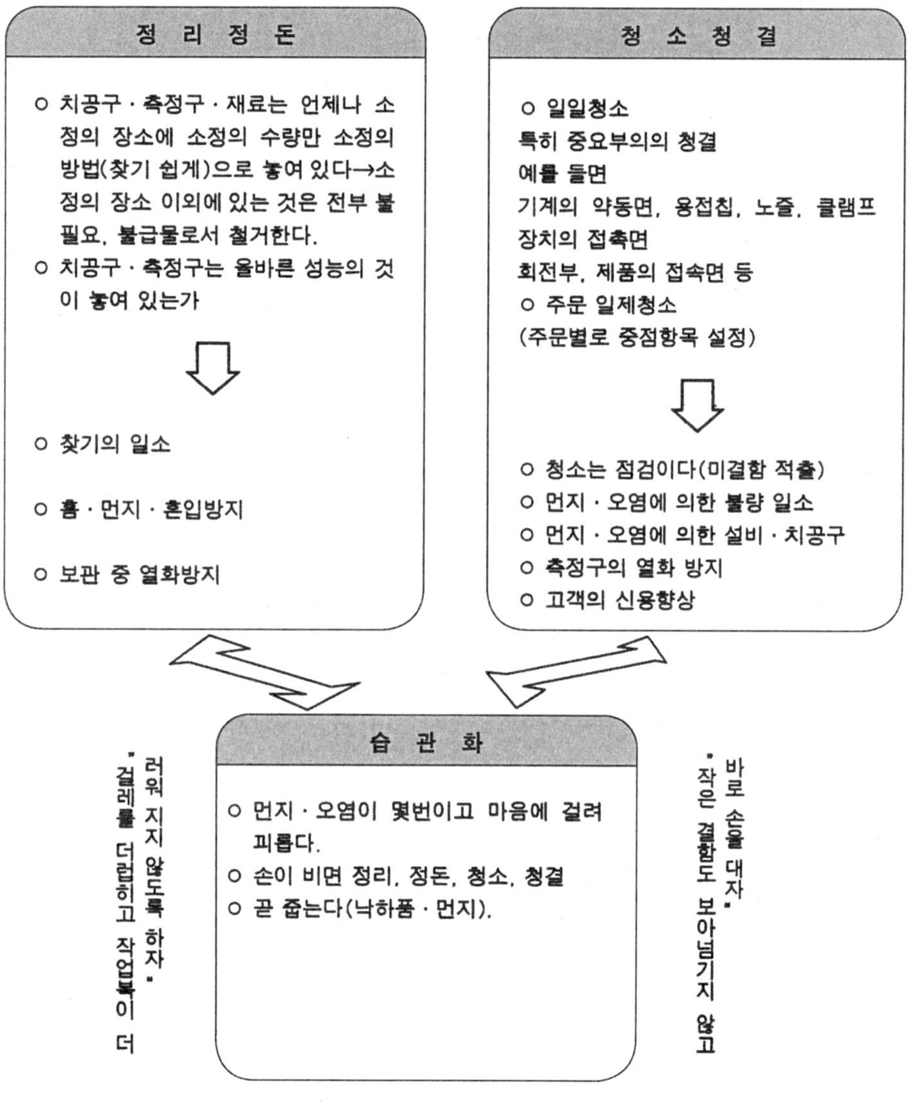

(2) 5S에 의한 고품질공장의 실현

우리 주위의 공장에서는 철저한 5S의 실천을 발판으로 고품질현장을 실현하고 있다.

여기에서 그 예를 <그림 5－6>, <그림 4－7>에 나타낸다.

5S의 중요성은 성과 예에서도 이해되었다고 생각하나, 구체적으로 5S가 품질 외에 어떤 악영향을 주고 있는가를 설명한다.

그림 4-6 5S효과의 일반예

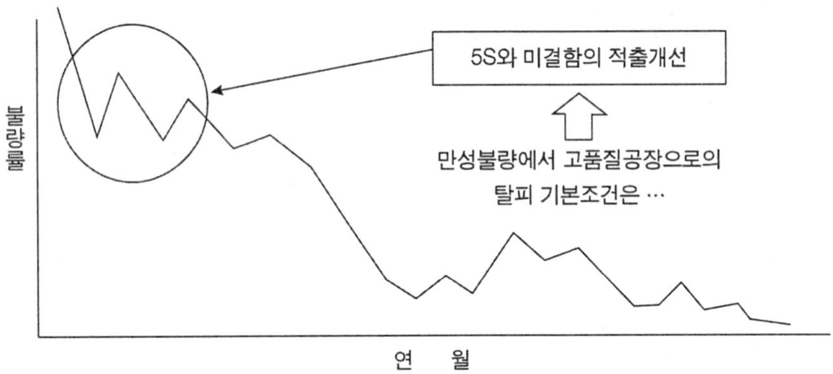

그림 4-7 F사에 있어서의 5S의 효과예

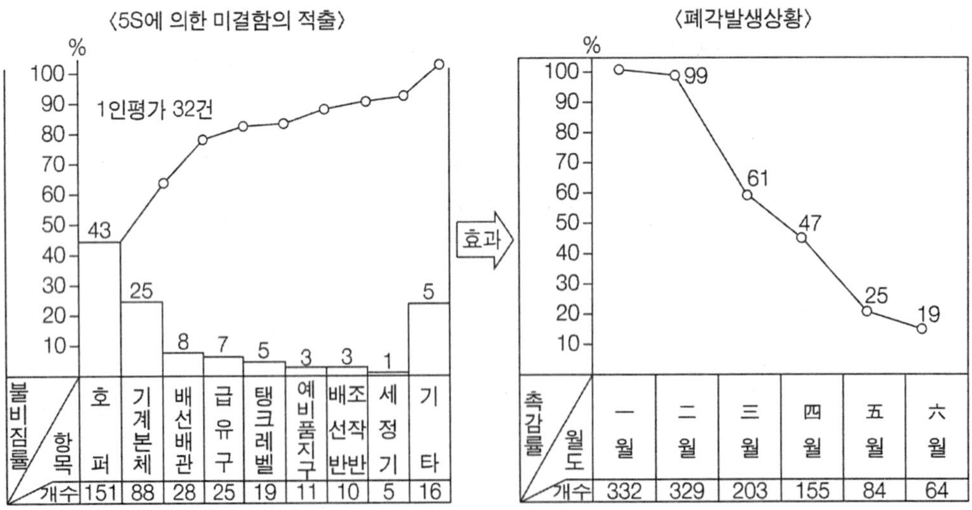

① 정리를 하지 않으면(불필요한 것, 잘 사용하지 않는 것이 많이 있으면) **어떻게 되나**

① 불량 치공구 · 측정기를 사용해서 불량발생이 된다.
② 스페이스를 좁게 해서 작업을 어렵게 만든다.
③ 위험하고 가공품의 낙하나 작업 중 발이 걸리는 원인이 된다.
④ 사람들에게 압박감을 주어서 리드미컬한 작업이 되지 않는다.
⑤ 여분의 노력을 한다 …… 환적, 장소의 조절 등
⑥ 자금을 헛되이 쓰지 않는다.
⑦ 여분의 치공구가 하적 그대로 되어, 사용할 수 없게 된다.

② 정돈을 하지 않으면(잡다하게 물건이 놓여 있다면 ……) **어떤 현상인가**

① 이품 · 불량품 혼입이 된다.
② 측정기가 무겁거나 측정기 위에 물건을 놓아 측정기 정밀도 악화가 된다.
③ 여분의 작업을 한다 → 단취교체등의 도구 · 치구찾기 등
④ 설비 · 치공구를 상하게 한다
⑤ 치공구 · 측정기가 표시가 없으면 그릇된 치공구를 사용해서 불량하게 된다.

③ 청소·청결을 하지 않으면(먼지가 있고, 더럽혀졌다면……) **어떤 결과인가**

① 제품의 품질정밀도를 악화시킨다.
② 설비 · 치공구 · 측정구의 정밀도 악화를 촉진시킨다(강제열화)
③ 설비 · 치공구 · 측정구의 미비점을 갖춘다(청소는 점검이다).
④ 객원의 신뢰를 손상한다.
⑤ 공해로 지역 사람들에게 폐를 끼친다.
⑥ 손상발생의 온상이 된다.

⇩

정리, 정돈, 청소, 청결, 습관화(5S)의 철저의 의거

① 완성품의 품질이 향상된다. ➡ 고객의 신용이 높아진다.
② 설비의 강제열화가 없어진다. ➡ 설비의 수명이 늘어난다.
③ 설비의 결함이 눈에 띄기 쉽다. ➡ 개선이 잘 되어 품질 및 가동율이 향상된다.
④ 작업이 하기 쉽게 된다. ➡ 안전하게 편안하게, 일하기 좋게 된다.
⑤ 외래자의 평가가 높아진다. ➡ 고객의 신용이 높아진다.

(3) 5S의 구체적 추진방법

구체적 추진방법으로서, <그림 4－8>과 같은 순서로 실천하는 것이 효과적이다.

오랫동안 쌓인 때(먼지, 오염, 불필요물, 불급품 등)은 단시간에는 좀처럼 효과가 나타나지 않는다.

시간을 집중적으로 잡아서 묵은 때를 제거하는 것이 중요하다.(더럽히지 않는다, 먼지를 나지 않게 한다, 불필요물을 방치하지 않는다, 소정의 장소 이외에 물건을 놓지 않는다.)

그림 4-8 5S의 추진방법

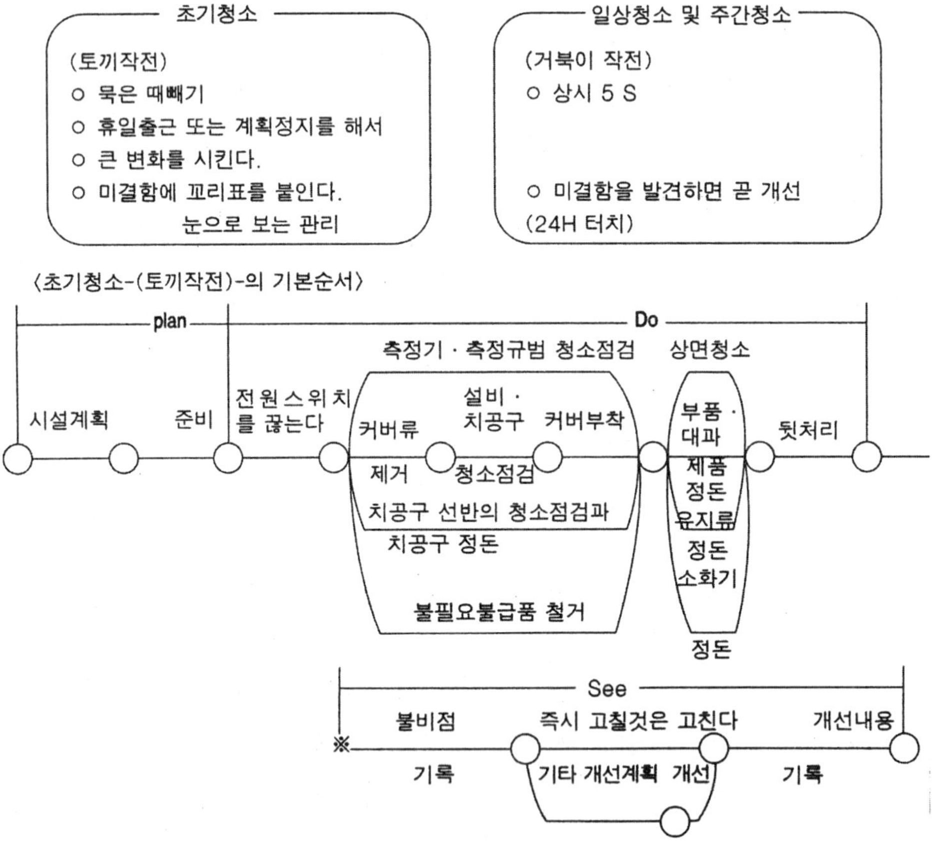

(4) 좋은 품질을 만드는 기본적 태도

품질을 만드는 것은 아무것도 아니고, 현장인이다. 사람의 행동 양부가 원인이 되어, 결과로서의 품질양부에 나타나는 것이다. 이를 <표 4－3>에 나타낸다.

표 4-3 인간행동과 품질불량

객체요소	행동-원인-	결과-불량-
ㅇ설비에 대해	ㅇ급유를 하지 않는다. ㅇ윤활유의 유종을 잘못 안다. ㅇ맞추는 면에 청결을 하지 않는다.	ㅇ설비의 움직임이 스무스하지 않아서 품질불량이 된다.
	ㅇ이상음에 주의하지 않는다.	ㅇ기계고장이 되고, 품질불량이 된다.
	ㅇ레벨을 설정하지 않고 있다.	ㅇ진동이 커져 품질불량이 된다.
	ㅇ작동유 열화를 방치해두고 있다.	ㅇ설비의 움직임이 스무스하지 않아서 품질불량이 된다.
ㅇ치공검구에 대해	ㅇ치구 단취교체시에 부착면을 청소하지 않는다. 또 먼지・마모에 주의하지 않는다.	ㅇ시험가공을 했지만 품질불량이 되어 단취교체의 재조정 또는 품질조정을 한다.
	ㅇ도구결부에 바른 공구를 사용하지 않는다.	ㅇ체결력 부족 또는 과대하게 되어, 품질불량・도구수명 저하가 된다.
	ㅇ검사구 취급이 나쁘다.	ㅇ검사구 강제열화가 되고, 품질측정오차에 의한 클래임 또는 양품을 불량품으로 되게 한다.
	ㅇ치공구를 난잡하게 둔다.	ㅇ치구에 흠・먼지가 생겨서 품질불량이 된다.
ㅇ재료에 대해	ㅇ재료의 치수확인을 잊는다. ㅇ재료를 소정의 장소에 두지 않는다.	ㅇ가공을 처음부터 이 재료에 주의해서 불량품 발생이 된다. ㅇ이품혼입이 된다.
ㅇ가공조건에 대해		ㅇ다른 치수에 세트해서 불량품이 발생된다.
	ㅇ품질규격의 확인을 잊는다. ㅇ가공조건을 확인하지 않는다.	ㅇ정규가공조건이 아니기 때문에 품질이 불규칙적으로 된다.

2) 고품질현장실현으로의 구제책

(1) 품질을 공정에서 만듦

고품질현장을 실현한다는 것은, 각 공정의 품질공정능력(Cp치)을 높이는 것이다.

Cp치는 그 공정이 갖는 품질보증능력이며, 이 값이 높으면 높을수록, 현재불량도 잠재불량도 0에 무한정 접근하는 것이다.

(2) 불규칙성을 없앰

① Cp치를 높인다는 것은, 품질특성치의 불규칙성을 한없이 적게 하는 것이다.

② 불규칙성을 없애는 효과적인 방책은 설비, 치공구, 측정기, 재료 및 작업환경의 미결함을 철저히 개선하는 것이다.

③ 스킬관리 중에서 미결함을 다음과 같이 정의하고 있다.

「하나만 독립해서 발생해도 피해는 없으나 이동발생하면, 상승작용에 의해 품질 가동율상 피해를 일으키는 결함이다」(더욱 중결함은 운전가능하나, 그 결함이 독립해서 품질불량 · 가동율 저하에 연결되는 결함을 말하고, 대결함이란 운전불능을 일으키는 결함이다)

④ 미결함의 상승적과 신뢰도에 대해 <표 4－4>에 제시한 대로 종래의 두더지 잡는 식의 개선에서는 하나의 원인을 대책해도 타요인으로 재발한다. 또 하나의 원인을 대책해도 원인이 복잡하게 얽혀 있는 경우의 품질불량은 해결되지 않는다.

이같이 미결함을 방치하고 있기 때문에 만성불량으로 되는 것을 인식해야 한다.

(3) 편협의 조절방법

규칙성이 없는 안정된 품질 상태라도 기계가공의 경우에는

① 도구마모에 의해 치수징밀도가 차례차례 변화한다.

② 치구의 마모에 의해 치수정밀도 또는 형상정일도(진원도 · 원통도 등)가 차례차례 변화한다.

또 화학공업에서는

③ 각종 용액의 농도가 처리본수 또는 시간경과에 의해 차례차례 변화한다.

등과 같이 물리화학 현상에서 불가피하게 변화해 버린 요소를 말한다. 이 편협은 다음과 같은 상황이 올바른 자세이다.

표 4-4 Cp치 계산식 및 품질수준의 평가

《공정능력지수를 요하는 방법》

〈양측규격의 경우〉

공정능력지수 : Cp(Process capability)

$$Cp=\frac{Su-SL}{6L}=\frac{(\text{상한규격})-(\text{하한규격})}{6\times(\text{표준편차})}$$

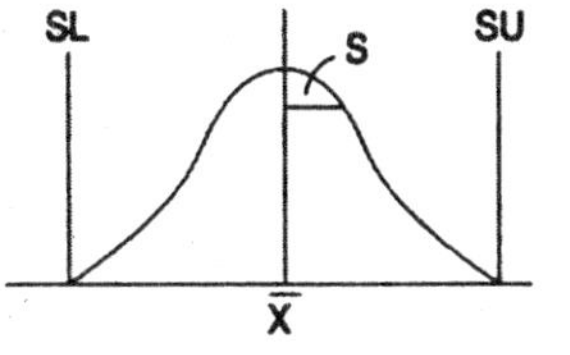

〈공정능력 유무의 판단기준〉

No	Cp 치	분포와 규격의 관계	공정능력 유무의 판단	처치
1	Cp≧1.67	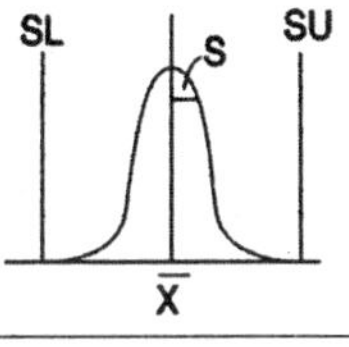	공정능력은 충분하다.	제품의 불규칙성이 약간 커져도 걱정없다. 경우에 따라서는 관리 간소화나 코스트 절감방법 등을 생각한다.
2	1.67〉Cp≧1.33	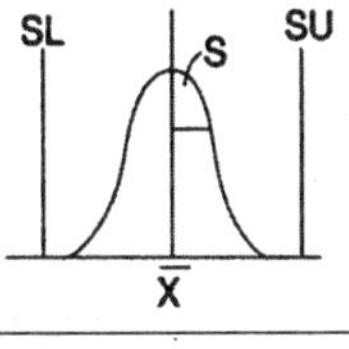	공정능력은 충분하다.	이상적인 상태이므로 추진된다.
3	1.33〉Cp≧1.00	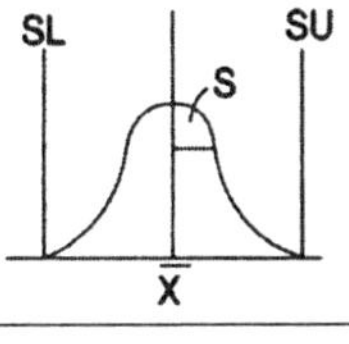	공정능력은 충분치 않으나 그만하다.	공정관리를 단단히 하여 관리상태에서 지탱한다. Cp가 1에 접근하면 불량품 발생의 위험이 있으므로, 필요에 따라 처치한다.
4	1.00〉Cp≧0.67	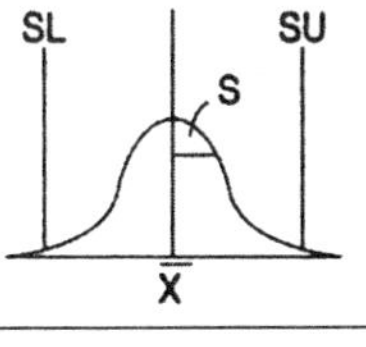	공정능력이 부족하다.	불량품이 발생하고 있다. 전수선별, 공정의 관리・개선을 필요로 한다.
5	0.67〉Cp	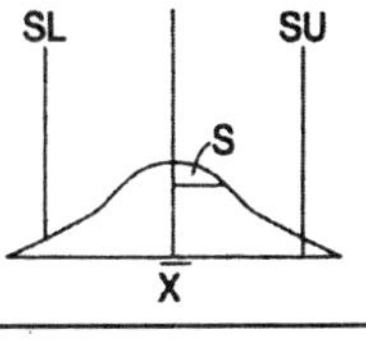	공정능력이 대단히 부족하다.	도저히 품질을 만족하는 상태가 아니다. 품질의 개선, 원인추구를 하여 긴급대책을 필요로 한다. 또 규격을 재검토한다.

① 변화가 도구의 경우에는 가공개수에 의해 일정 마모가 있다.

② 농액용도에서는 처리본수, 시간에 의해 변화량이 일정하다. 이것이 변화해서는 「불규칙성」의 개선이 아직 불충분하다는 것을 나타내고 있다.

③ 일정시간 또는 일정 개수 가공한 경우 품질특성치에 일정 변화가 나타난다.

④ 이때에 소정의 양을 보충하는 것이 조절원칙이다.

표 4-5 신뢰도 관리

요인의 신뢰도	99.999%	99.99%	99.9%	99.0%
요인별	제품의 신뢰도			
10	99.999%	99.01%	99.00	90.44%
100	99.90%	99.01%	90.48%	36.60%
250	99.75%	97.53%	77.88%	8.11%
500	99.50%	95.12%	60.65%	0.66%
1000	99.01%	90.48%	36.79%	0.004%

註 : 위 표의 수치는, 직열계로서, 다음 식에서 산출함
$R=r_n$ 단, R : 제품의 신뢰도
r : 요인의 신뢰도
n : 요인수

3) 불량분석 및 해석방법

(1) 층별방식

층별방식은 불량현상을 세밀히 조사하는 것이다. 적어도 제4차 레벨까지 층별하는 것이 중요하다.

그림 4-9 층별예

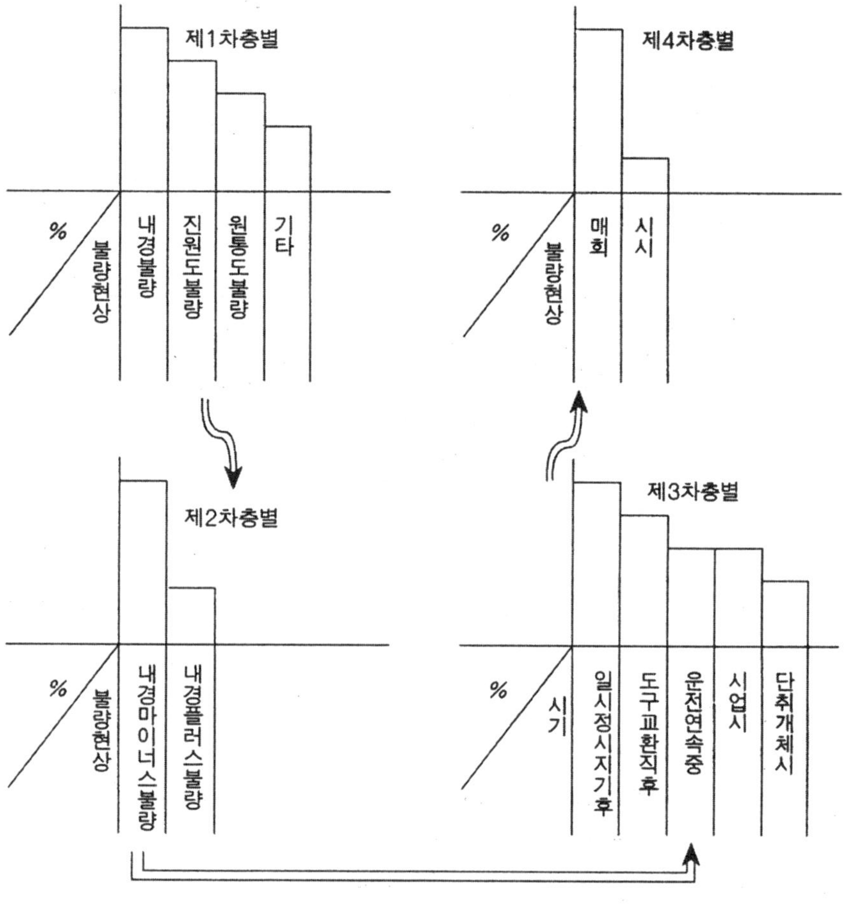

(2) 불량현상에 대한 과학적인 관찰

일반적으로 사용되는 기법으로 특성요인도가 있다. 이것을 원통도불량을 예로 분석하면 <그림 4－10>과 같다.

그림 4-10 특성요인도의 예

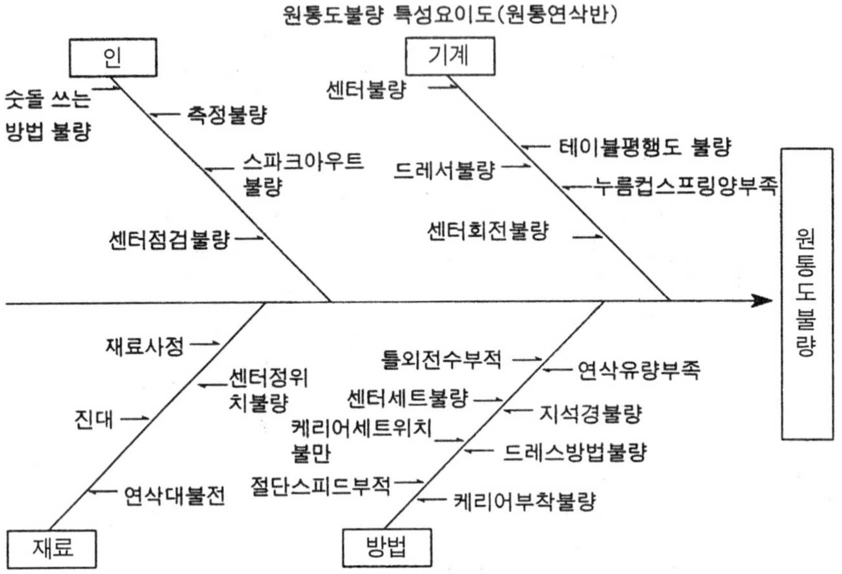

(3) PM분석

원통도불량을 PM분석 <그림 4－10>에서 분석하면 <표 4－6>과 같다.

PM의 유래는 다음과 같다.

현상	Phenomena(non)	P
물리적	Physical	
메카니즘	Mechanism	M
관련성(설비 · 인 · 재료)	Machine, Man, Material	

(4) 조건관리에 의한 제지

불량 0의 유지는 앞의 PM분석에 의한 설비 · 치공구, 측정기, 재료, 방법과의 관련에서 검토된 항목의 허용치와 올바른 작업방법을 유지하면 좋다.

이 때 중요한 점은 품질불량과 관련항목(요인)을

① 고정요인 …… 개선하면 변화하지 않는 요인
② 반고정요인 …… 마모・열화가 있는 주기로 기준치를 넘는 요인
③ 변동요인 …… 일상변화해서 기준치를 초과하는 요인

으로 나누어 반고정요인・변동요인을 유지하는 방법(점검항목, 점검주기, 판단기준, 점검자 등)을 결정하는 것이다. 또 올바른 작업방법을 표준화해서 지키는 것도 조건이다.

이렇게 해서 정한 점검항목을 확실히 점검처치해서 최적조건을 유지하는 것과 작업표준의 준수가 조건관리에 의한 제지 방법이다.

표 4-6 PM분석의 스텝과 요점

스 텝	요 점
(1) 현상의 명확화	○「개선을 필요로 하고 있는 현상은 무엇인가」를 개선멤버가 바르게 인식한다. ○ 현상을 충분히 층별한다.
(2) 현상의 물리적 해석	○ 현상을 물리적인 원리・원칙으로 설명한다. ○ 원리・원칙의 적용전개에 의해 요인의 불찰을 막는다. ○ 감각적 판단에 의해 정하는 것을 방지
(3) 현상의 성립조건	○ 현상이 성립하는 조건을 원리・원칙에서 검토한다. ○ 현상을 발생시키는 조건을 이유로 전개하고, 생각되는 케이스를 빠짐없이 정리한다. ○ 성립하는 조건이 확률적인 것은 고려하지 않는다.
(4) 설비(치공구 포함)・재료 방법과의 관련성 검토	○ 조건이 성립하기 위한 설비치공구, 재료, 작업방법과의 관련성을 검초해서, 인과관계가 있다고 생각되는 요인을 전부 리스트 업 한다. ○ 설비에서는 구성부품 레벨까지 세분화하는 것이 중요
(5) 조사방법의 검토	○ 리스트 업된 요인이 실제로는 어떻게 되어 있는가를 조사하는 방법을 검토한다.
(6) 불비점 적출	○ 실제로 조사한 내용과 판정기준치, 갖추어야 할 자세에서 벗어나고 있는 것이나 미결함 등을 불비점으로 리스트 업한다.
(7) 개선안 입안과 개선실시	○ 각 불비점에 대해 개선안 입안 및 그에 적합한 개선을 실시한다.

표 4-7 PM분석 예 원통불량 PM 분석

현상	물리적 관찰	성립 조건	설비 · 치공구 · 재료 · 방법과의 관련성	조사결과	개선실시내용
틀의 원통도가 나쁘다	틀축심과 지석축심과의 평행도가 변화한다	1. 센터에 기인한다.	(1) 센터에 마모	(1) 사용 중의 센터를 전수체크한 결과 편마모한 것이 있다. 작업자는 알지 못하고 사용한다.	(1) 폐각 또는 재연삭해서 사용
			(2) 센터에 흠	(2) (1)항과 금, 잘 갈아지지 않는 것, 서투름이 있다.	(2) 폐각 또는 재연삭해서 사용
			(3) 센터의 테이퍼면에 대한 진동	(3) 전부 체크한 결과 35~90μ 진동하는 것이 있다.	(3) 진동이 큰것을 폐각함과 동시에 제작방법을 소재 → 선삭 → 도취 → 열처리 → 구 → 부착 → 연삭에 변경 10μ이하의 진동을 하게 한다.
		2. 설비정밀도에 기인한다.	(1) 센터바이드 차	(1) 측정한 경우, 110μ있다. 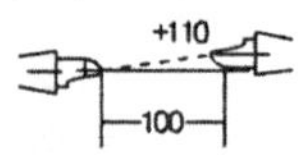	(1) 20μ로 한다. 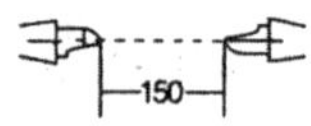
			(2) 센터평행도	(2) 800μ의 차가 있다. 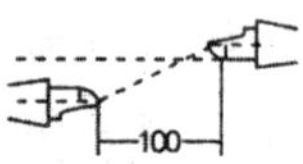	(2) 40μ로 한다 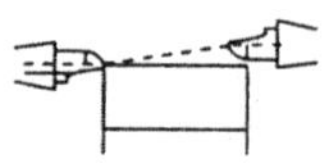
			(3) 핸들의 여유	(3) 30μ 절단분의 여유가 있다.	(3) 핸들여유를 5μ로 한다
			(4) 눌림컵의 용수철 강도	(4) 연삭저항에 의해, 틀이 도망가는 경향을 관찰하였다.	(4) 3배강한 스프링과 교환한 결과 좌기 경향이 아주 적어졌다.
			(5) 테이블 선회부의 여유	(5) 40μ의 덜컥소리가 있어, 우회전, 좌회전시 차이가 있다. 테이퍼 수정이 다이얼 게이지를 읽지 않는다. 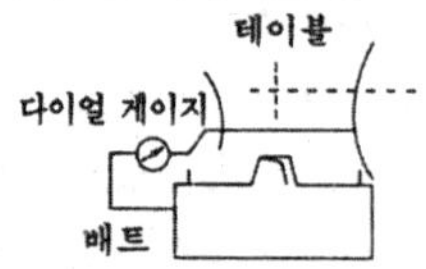	(5) 테이블을 바네에서 눌러, 40μ에 여유를 일정방향으로 고정한다. 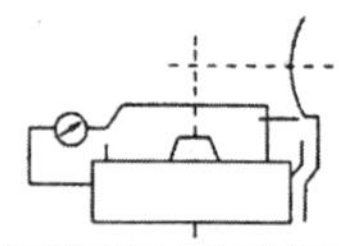 우회전, 좌화전해서 수정해도 다이얼 게이지 읽기에 대파도가 들어간다.
			(6) 눌림컵의 고정방법	(6) 고정금구에 정규의 것이 사용되고 있지 않아, 눌림컵과 고정금구간에 틈이 있다.	(6) 정규의 것을 바꾸어, 부착해서 틈이 없어졌다.
		3. 작업자에 기인한다.	(1) 테이퍼수정 방법	(1) 테이블 선회중심이 틀의 좌측에 있기 때문에, 테이블을 손앞에 끌면 절단상태가 된다. 이 때문에 작업자의 감각적 차이가 생긴다. 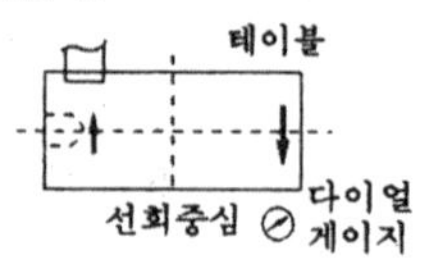	(1) 선회중심을 틀의 좌측에 놓는다. 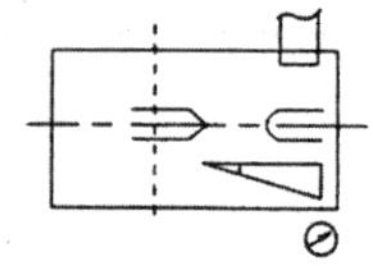
			(2) 단취순서서 활용	(2) 검토가 필요하다.	(2) 금번 개선결과에 따라 단취순서서를 검토한다. 또한 작업자 전원에 신단취순서서에 따른 작업훈련을 실시한다.

4.4 일상의 품질관리

1) 작업표준을 꼭 지킨다

스텝 및 관리책임 하에 결정 · 승인한 작업표준은 철저히 지키는 것이, 일상의 품질관리의 전제조건이다.

지켜지지 않는 경우는 이유를 들어서, 하나 하나에 대해 대책안을 마련해서, 하나의 사례를 항상 적극적으로 살리고, 그룹 전원이 꼭 알맞는 작업표준으로 개정할 곳은 품의하고, 결정된 것은 반드시 지키는 것이 중요하다.

2) 현장 내의 룰을 확실히 지킨다

현장 내의 5S규칙이나 불량처치의 룰 등, 불량을 발생하지 않게 하고, 불량품을 후공정에 흘리지 않기 위해 결정한 규칙을 반드시 지키는 것이 현장의 일상관리에서 중요하다.

① 재료치장의 표시가 되어 있으나 거기에 놓여 있지 않다 → 이품가공의 원인이 되는 경우이다.

② 가공품과 미가공품의 구별을 하도록 되어 있으나 난잡하게 놓여 있다.

가공품의 혼입이 원인이 된다.

③ 측정기록이 기입되어 있지 않다, 또 남아있지 않다 → 불량발생의 경우 액션이 확실치 않다.

④ 설비 · 치공구의 점검이 결정된 대로 되고 있지 않다 → 불량품이 발생한다.

⑤ 현장의 청소 · 설비 · 치공구의 청소가 정해진 대로 실시되고 있지 않다 → 이물혼입 불량 · 먼지에 의한 가공품의 위치결정이 불량하다.

3) 측정데이터를 남긴다

관리해야 할 품질특성(예를 들면 내경치수, 원통도, 진원도 등)의 측정결과를 기록하는 것이 중요하다.

① 측정 데이터는 품질이상을 검지하는 시그널을 내준다.

② 데이터를 시계열에 채택함으로써 처음으로 그 경향이 파악된다.

시계열인 측정데이터와 그 평가를 <그림 4－11>에 나타낸다. 설비・치공구 측정기, 재료 등에 이상 및 그 징후가 보였다는 것을 측정데이터가 제시하는 것이다.

③ 관리한계를 초과한 폐각불량 또는 고치기 어려운 경우도, 그 전 데이터의 경향이 불량원인의 추구를 위해 필요하다.

그림 4-11 측정데이터와 평가

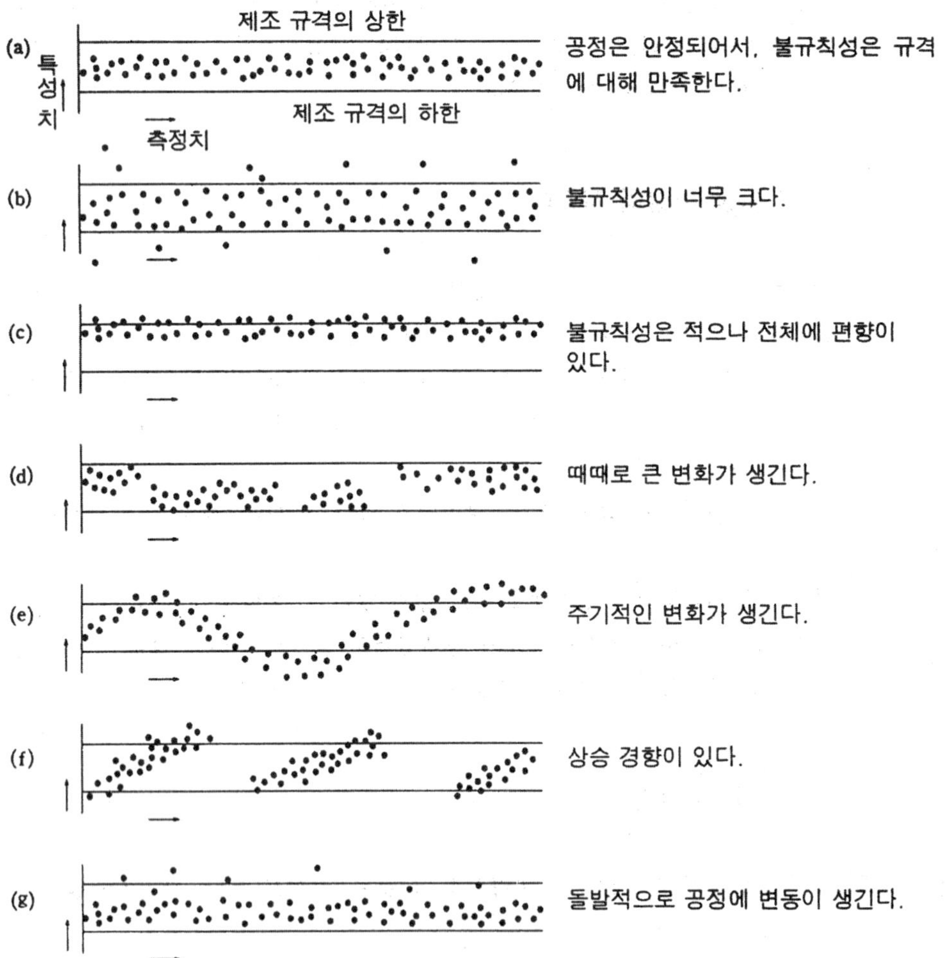

4) 불량이 발생한 경우에도 룰을 지킨다

만일 불량이 발생할 경우, 폐각불량은 물론 수리로 고쳐질 수 있는 것도 반드시 현물을 남겨서, 원인을 추구하여 처치해야 할 것이다.

불량이 발생한 경우에는 그 때마다 1건당 1매로 불량(폐각 · 수리)해석서로, 처치내용 및 진원 추구와 재발방지 대책을 강구한다. 불량해석서의 예를 <표 4－8>에 제시한다.

5) 진원추구를 위한 액션 순서서를 해둔다

미리 불량현상별로 체크 순서를 정해 놓고, 그 순서대로 원인추구를 하면 좋도록 해 두어야 한다. 이 불량액션 순서대로 하면, 누구든지 바른 진원추구와 대책이 서며 동시에 대책이 빨리 마련되는 것이다. 그 예를 <표 4－9>에 나타낸다.

표 4-8 불량해석서의 예

발생　년　월　일
과　조　반

<table>
<tr><td colspan="2" rowspan="2">불량(로스 · 수리)해석서(일건일매)</td><td>과장</td><td>계장</td><td>반장</td><td>OP</td></tr>
<tr><td></td><td></td><td></td><td></td></tr>
<tr><td>순서
분담</td><td>관 리 항 목</td><td colspan="4">로스수리가 발생하는 경우, 치 · M/C마다 하기의 항목을 확인해서 보고한다(OP)</td></tr>
<tr><td rowspan="10">불
량
발
생
보
고
(OP)</td><td rowspan="4">1. 어떤 불량이 몇 개 생겼는가</td><td>형번</td><td colspan="2">불량항목</td><td>M/C　No</td></tr>
<tr><td></td><td colspan="2"></td><td></td></tr>
<tr><td>로스</td><td>수리</td><td>수리 후 로스</td><td>합계</td></tr>
<tr><td></td><td></td><td></td><td></td></tr>
<tr><td rowspan="5">2. 어떤 때에 불량이 생겼는가(해당항목은 모두 ○인으로 표시한다)</td><td rowspan="2">교환시</td><td>다이야</td><td>슈－트</td><td>플레이트</td></tr>
<tr><td>측 자</td><td>형치구</td><td></td></tr>
<tr><td>양산시</td><td>초물불량</td><td>불규칙성</td><td>급히 변화</td></tr>
<tr><td rowspan="2">가동시</td><td colspan="2">상시 조금씩</td><td>급히 변했다</td></tr>
<tr><td colspan="2">툭툭</td><td></td></tr>
<tr><td>3. 불량이 생기는 것을 예측 또는 확인되었는가(해당 항목은 전부 ○인으로 표시한다)</td><td colspan="4">상태가 나쁜 것은 알고 있었으나 고칠 틈이 없다.
불량이 생기면 어디를 고쳐야할지 모른다.
부지 중에 불량이 나온다.
눈 앞에서 불량이 나온다.</td></tr>
</table>

<table>
<tr><td rowspan="3"></td><td rowspan="3">4. 불량이 생기기 전에 무엇을 했는가</td><td>가공제조</td><td>유압</td><td>정촌</td><td>교환</td><td>볼륨</td></tr>
<tr><td>의 조정</td><td>타이머</td><td>공압</td><td></td><td></td></tr>
<tr><td colspan="3">사이클 타임을 변경한다</td><td colspan="2"></td></tr>
<tr><td rowspan="5">응급
처치
(단취)
(반장)
와
확인
(조장)
(계장)</td><td rowspan="3">5. 불량적발을 방지하기 위해 응급처치로써 어떤 처치를 했는가(구체적으로 정직하게 기입해 주시오)</td><td>조 정
(어 디)</td><td colspan="4"></td></tr>
<tr><td>부품교환
(무엇을)</td><td colspan="4"></td></tr>
<tr><td>가공조건
(무엇을)</td><td colspan="4"></td></tr>
<tr><td colspan="6">6. (1)~(5)에 대해 확인했는가, 누가 확인했는가( )</td></tr>
<tr><td colspan="6">7. (5)의 처치는 타당한가, 응급처치로써 추가할 것이 없는가.
이 불량에 영향을 주는 전기공정품질을 조사했다.</td></tr>
<tr><td rowspan="3">불량원인조사(조장)(계장)</td><td colspan="6">8. 조사는 누가 했는가( )</td></tr>
<tr><td colspan="6">9. 참 원인은 무엇인가(원인불명시 PM분석)</td></tr>
<tr><td colspan="6"></td></tr>
<tr><td rowspan="4">재발방지대책과 확인(과장)</td><td colspan="4">10. 재발방지대책과 표준류의 검토를 누가 언제까지 할 것인가</td><td>담당</td><td>납기</td></tr>
<tr><td colspan="4"></td><td></td><td></td></tr>
<tr><td>표준류를 점검했는가</td><td>일상점검표</td><td>QC공정표</td><td>조장</td><td>과장</td><td>품질</td></tr>
<tr><td>원 포인트 레슨은 되었는가</td><td>년월일</td><td>작성자</td><td></td><td></td><td></td></tr>
</table>

표 4-9 불량액션 순서의 예

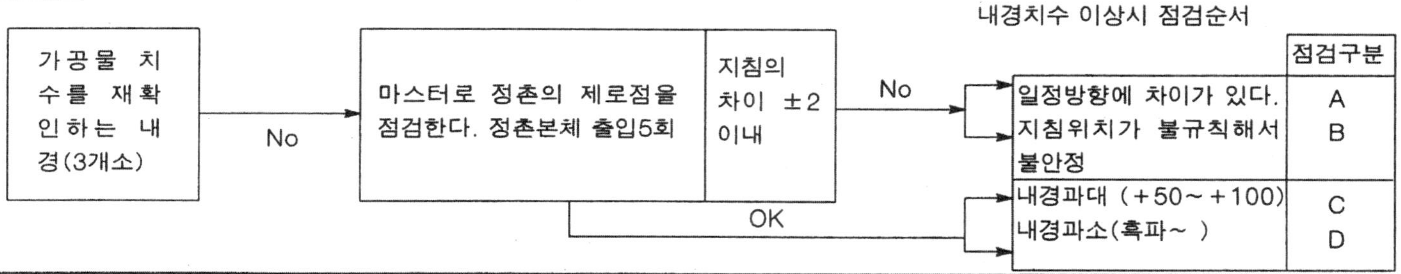

점검항목	A	B	C	D	불비현상
에어의 원압은 3kg/m이상 있는가	○				에어압의 영향 궤도경
정촌용에서 일압은 2~2.5kg/cm를 지시하고 있는가	○				너무 높다 (−)방향으로 빗나간다.
정촌용에서 프레셔 스위치 2kg/m인가	○				너무 낮다 (+)방향으로 빗나간다.
마스터의 마모(콘덕트 다이아 궤적이 보인다)	○				팔고무지침(+)방향으로 빗나간다. 가공물은 지침에 의행 (-)가 됨.
정촌게이지 본체전진단확인Ls모습(늦다, 안된다)			○		Ls가 들어가지 않을때 정촌항이 열리지 않아 D존까지의 돌입이 (+)100이 된다.
〃 본체전진단정치위치 불량작동압대		○	○		Ls부착위치ON-OFF 경목 — 마스터 제로점이 점검으로
〃 본체전진단쿠손 너무 조이기		○			전진후퇴 실린더 작동파대 — ㅇ 침이 나오지 않는다.
〃 본체전진단 슬라이드 가이드의 풀림		○			전진후퇴 실린더 — ㅇ 침의 정지취치가 불규칙
〃 본체전진단 면도칼의 풀림		○			쿠숀 파대각부고정 볼트 풀림 — ㅇ 가공물궤도경은 (+)방향으로 된다.
정촌게이지 팔 작동불량, 상하위치 세트볼트 풀림		○	○		Ls효과가 너무 빨리 지나치거나 들어가는 것이 됨.
지점 베어링 불량		○	○		제로점 검불안정, 궤도경은 불규칙이 된다. 지침의 흔들림
정촌콘덕트 불량부착 직각도불량 풀림		○		○	지침의 움직임이 이상하다. 제로점 점검불안정, 궤도경 불규칙
선단 다이아의 풀림		○			
툴 회전불량 슈트손상		○			가공무에 슈마크가 붙거나, 미끄러짐 현상이 생긴다.
바킹프레이트단 마모		○			궤도경치수가 급히(+)로 되기도 한다.
옵세트량 불량		○			
드레스용 다이아 할출량 부족		○ ○			다이아 교환시에 베어낸 량을 반려하지 않으면 절삭송부량이 부족이 된다.

4.5 측정치의 신뢰도와 Fool-Proof

1) 측정치의 신뢰도 향상대책

(1) 측정기 보증

측정기 정밀도 보증을 하기 위해서는 다음 사항이 중요하다.

① 측정기는 주기적인 교정을 받는다.

② 교정기간 내인 것을 눈으로 보고 알 수 있도록 색으로 나눈다.

③ 교정기간에 열화되지 않도록 취급방법을 교육지도한다. 또 치장소를 정비하는 등의 개선이 필요하다.

측정기를 빼내어 조사해 보면 <표 4-10>, 또 정기적으로 검정하고 있지 않는 회사에서는 <그림 4-12>와 같은 실태가 있다. 이 원인을 <그림 4-13>에 나타낸다.

그림 4-12 측정구(마이크로미터) 정밀도조사결과)

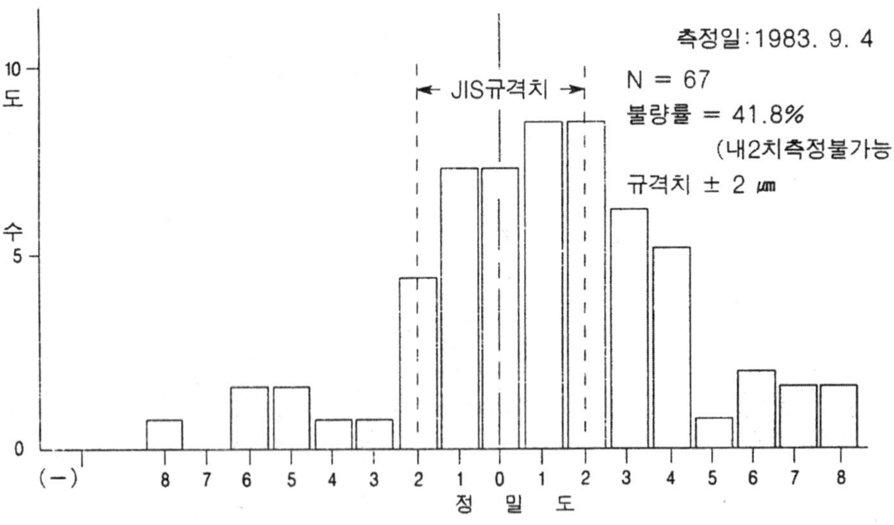

표 4-10 계측기, 게이지 검정결과

※ 검정불량품은, 모두 양품과 교환

1983년 3월 31일

품 명	사이즈	보유수	검정수	검정률 (%)	불량내용: 파손	작동불량	경의틈새크기	지시불량	평행도불량	잡정자마모	유효경마모	불량수	불량률 (%)
버어니어 캘리퍼스	150mm	261	256	98.1	10	12	36	8	2			68	26.6
	300mm	53	53	100.0			3					3	5.7
마이크로미터	0~25mm	229	226	98.7	1	3		2	6			12	5.3
	25~50mm	163	161	98.8	1	5		2	8			16	9.9
	50~75mm	70	69	98.6	1	1			2			4	5.8
	75~100mm	31	30	96.8								0	0
	100이상	37	37	100.0								0	0
다이얼게이지	0.01mm	222	220	99.1	18	19		3				40	18.2
	0.001mm	117	116	99.1	4	10						14	12.1
빅테스트	0.01mm	48	44	91.7	3	5						8	18.2
	0.001mm	13	10	76.9		1						1	10.0
실린더게이지	6~10mm	35	34	97.1		1		2				3	8.8
	10~18mm	64	59	92.2		4		2		1		7	11.9
	18~35mm	39	39	100.0		2		3		2		7	17.9
	35이상	40	39	97.5		1		1				2	5.1
패서미터	0~75mm	26	26	100.0		1						1	3.8
데드게이지	0~300mm	92	85	92.4	2	5						7	8.2
토우크렌치	20~2,800kg cm	178	177	99.4	2			4				6	3.4
압력계	10~500K	185	181	97.8	3			3				6	3.3
전게이지	50mm이하	263	243	92.4							5	5	2.1
	51mm이상	21	21	100.0								0	0
나사게이지	미터나사 프라그	522	492	84.3							7	7	1.4
	미터나사 링	698	605	86.7	2						3	5	0.8
	유니파이나사 프라그	412	398	86.6							2	2	0.5
	유니파이나사 링	539	510	94.6	1						1	2	0.4
계		4,358	4,131	94.8	48	70	39	30	18	3	18	226	5.5

불량내용파레트도

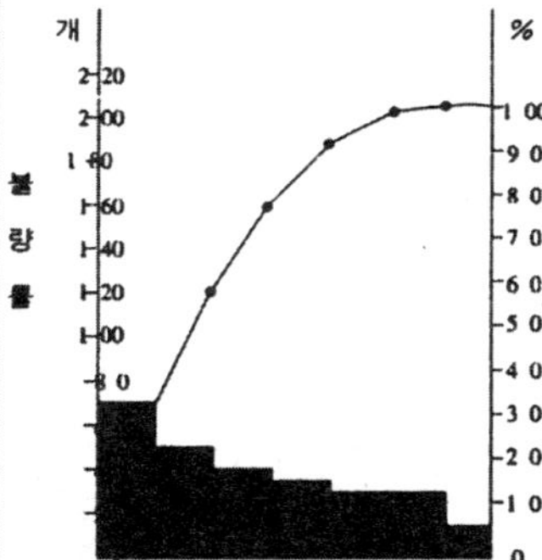

No	1	2		4	5	6	7
불량내용	작동불량	파손	버어니어캘리퍼스 경의 틈새크기	지시정밀도불량	마이크로미터평행도불량	나사게이지유효경마모	실린더게이지잡정자마모

정기검정의 주기

	품 명	검사시기
계측기	펄프공장압력계	3개월
	펌프공장압력계	6개월
	토우크렌치	
	마이크로미터	
	패서미터	
	버어니어캘리퍼스	12개월
	다이얼게이지	
	실린더게이지	
	빅테스트	
	데드게이지	
게이지	나사게이지	6개월
	전게이지	
	가위게이지	

재발방지계획

※ ○인은 실시사항을 표시(3개월이내)

	불량내용	재발방지: 자주체크	취급지	검정강화	검정이탈관리	계측기의
1	작동불량	○	○		○	○
2	파 손	○	○		○	○
3	경의 틈새크기	○			○	○
4	지시도불량			○	○	○
5	마이크로미터			○	○	○
6	나사게이지유효경마모			○	○	○
7	실린더게이지잡정자마모	○			○	○

그림 4-13 측정기의 열화원인의 예

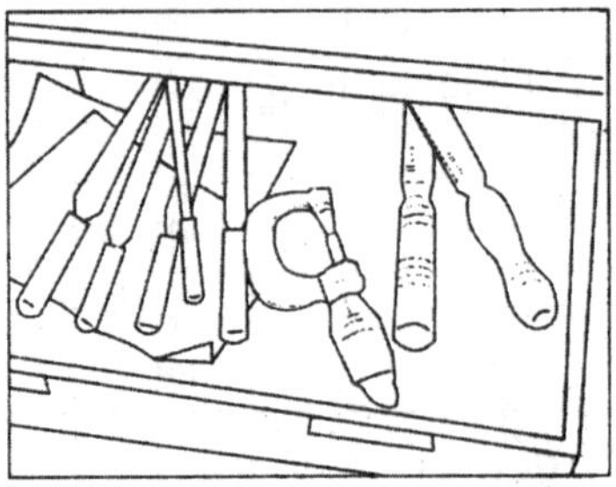

△ 책상 속에 던져 놓고 있으면 안 된다.

△ 절분 위에 두는 것도 안 된다.

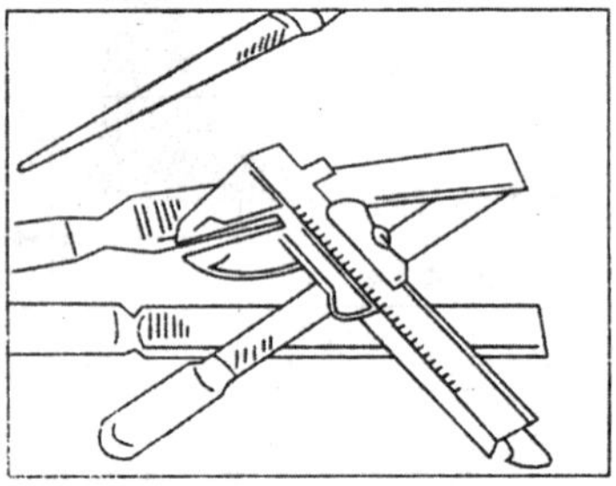

△ 줄 위에 놓는 것도 안 된다.

그림 4-14 시 차

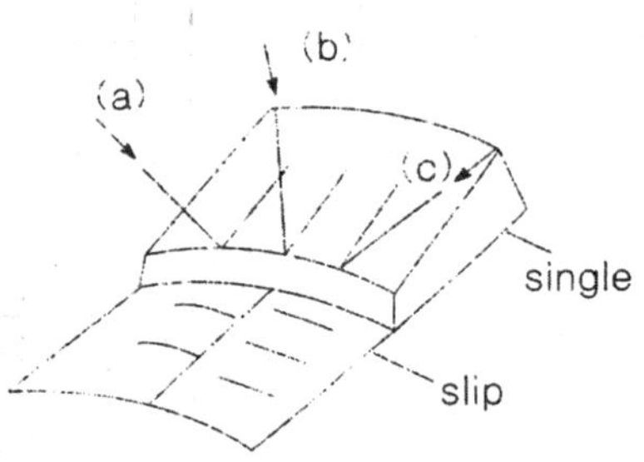

그림 4-15 측정압 방법(래치트를 돌림)

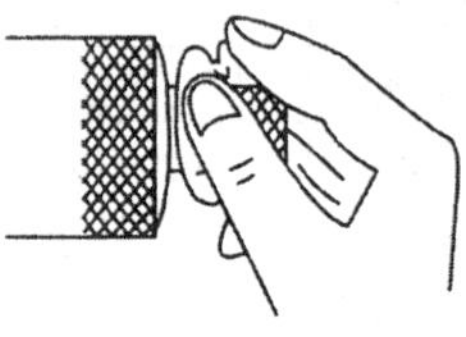

(2) 측정방법의 보증

바른 측정방법은 다음과 같은 점에 유의하는 것이 중요하다.

① 시차가 없을 것

② 마이크로미터의 경우, <그림 4－14>와 같이 미끄럼의 기준면과 싱글 눈금멀이 동일평면상에 없기 때문에, 시차를 생기게 하기 쉬우므로 읽을 수 있는 눈의 위치는 미끄럼 기선의 위치에 있어서의 절선에 직각방법에서 읽을 수 있도록 하는 것이 중요하다.

③ 측정압을 바르게 할 것

마이크로미터의 경우, <그림 4－15>와 같이 래치트 스콥이 1회전 반~2회전할 정도로 측정치를 읽는 것이 개인차의 방지가 된다.

④ 측정면의 접촉법에 유의할 것

버어니어캘리퍼스의 경우, <그림 4－16>과 같이 측정물에 바르게 접촉시켜 측정하는 것이 중요하다.

그림 4-16 측정면의 접촉방법

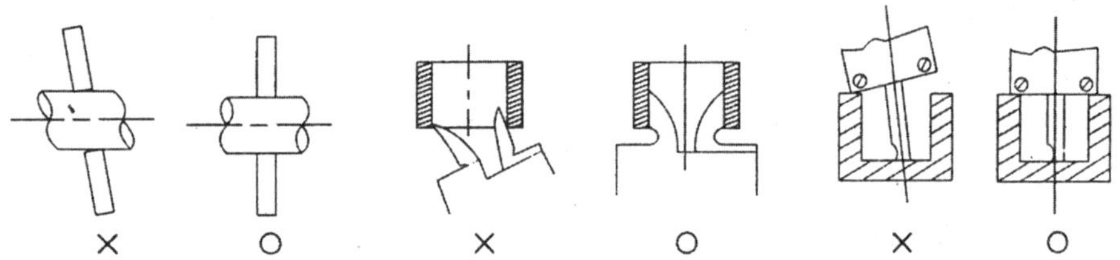

그림 4-17 측정품의 保持劣勢

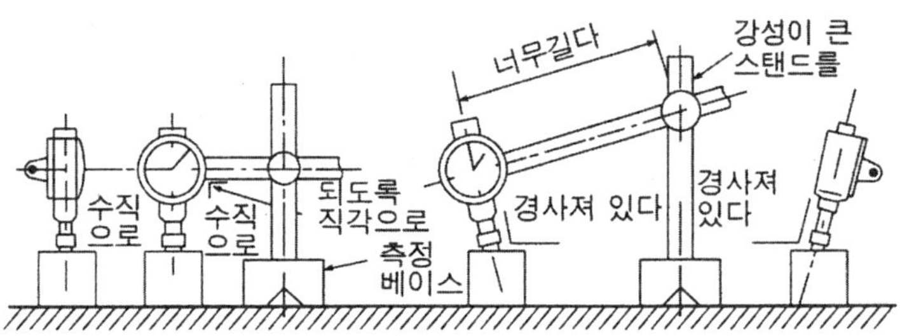

⑤ 먼지에 의한 오차가 없을 것

먼지가 측정물 및 측정자에 부착되어 있으면, 보통 2～3μm 정도의 오차가 있다. 더욱이 기름과 먼지가 고착한 상태에서는, 더욱 오차가 커진다.

⑥ 保持劣勢에 유의할 것

다이얼게이지의 경우, 스탠드에 保持시켜 측정하면, 측정물에 대한 保持劣勢에 의해 오차가 생긴다.

측정물에 대해 <그림 4－17>과 같이 수직으로 한다.

각종 측정기와 같이 이러한 유의점은 공통이다.

(3) 한도견본에 의한 훈련

① 한도견본에 의한 훈련

㉠ 양품, 불량품을 섞어서 피훈련자에 답을 말하게 하여 다음에 정해를 제시하는 훈련을 한다.

㉡ 판단스킬을 평가해서, 수정지도한다.

② 한도 견본의 유지

㉠ 한도견본이 변색, 열화가 없도록 보관하고 잘보이는 위치에 둔다.

㉡ 기준개정이 없는 경우에도, 보기 쉽고 새로운 한도견본과 정기적으로 교환한다.

(4) 검지기 · 검사기의 보증

검지기 · 검사기의 정밀도 보증으로써, 다음과 같은 점이 중요하다.

① 양품모범 및 불량모범을 준비하고, 정기적으로 체크, 수정한다.

② 모범도 정기적으로 교정한다.

③ 청소 · 급유에 의한 일상보전을 수행한다.

④ 정기적인 정밀도 검사를 한다.

2) 불량품, 이품혼입방지(Fool－Proof)

(1) 불량품 혼입방지방법

이 대책에는 두 가지 방법이 있다.

하나는 자공정으로 전수검사기능을 갖는다. Fool－Proof 대책 ①

둘째는 후공정 중에 전공정 품질을 전수검사하는 기능을 갖는다. Fool－Proof대책 ②

Fool－Proof대책 ①, ②에는 다음과 같은 방식이 있다.

① 치구방식 …… 전공정에서 불량품이 흘러오면 치구에 부착하지 않고, 자공정에서 부착미스를 하면 작동하지 않는 등 치구를 연구하는 방법

② 표식방법 …… 램프를 밝힌다, 색별로 한다 등 눈으로 보고 발견하기 쉬운 방법

③ 자동화방식 …… 가공 도중에 불비점이 발생하면, 기계를 자동정지하는 방식

그림 4-18 탱크 · 지지대 부착 불량방지

〈 개선 전 〉 각도가 같기 때문에 어떤 방향에나 부착한다.	〈 개선 후 〉 배수구멍을 이용해서 기준핀이 구멍에 들어가지 않으면 부착되지 않도록 한다.

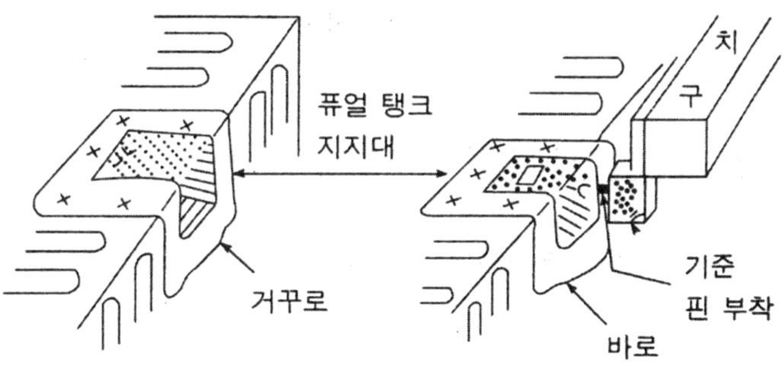

효과……조립불량이 0이 된다.
비용……약 500원

그림 4-19 호스 · 브래키트 부착 불량의 방지추

〈 개선 전 〉
플렉시블호스 브래키트

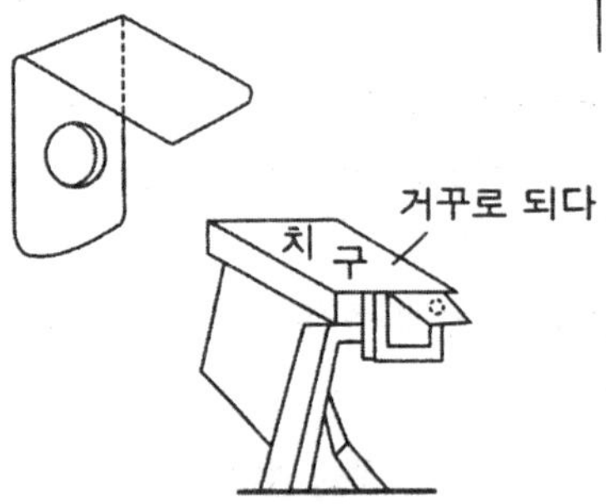

〈 개선 후 〉
치구에 핀을 넣어서 플렉시블 · 호스 · 브래키트의 구멍에 넣을 때 바르게, 거꾸로 세트되면 핀에 닿아 들어가지 않도록 한다.

효과……부착간 차이는 0으로 되었다.
비용……약 100원

(2) 치구방식에 의한 Fool - Proof

① 전공정 품질에 이상이 있으면, 가공품이 치구에 붙지 않도록 해서 전공정의 품질을 전수검사한다. <그림 4－18>

② 작업미스가 있으면, 가공품을 치구에 부착하지 않는 구조를 생각해서, 불량발생을 방지한다. <그림 4－19>

(3) 표지방식에 의한 Fool - Proof

① 색별, No를 켠다, 램프로 표시한다 등의 방법에 의해서 눈으로 보아 작업미스를 방지한다. <그림 4－20>, <그림 4－21>

그림 4-20 색별에 의한 Fool-Proof

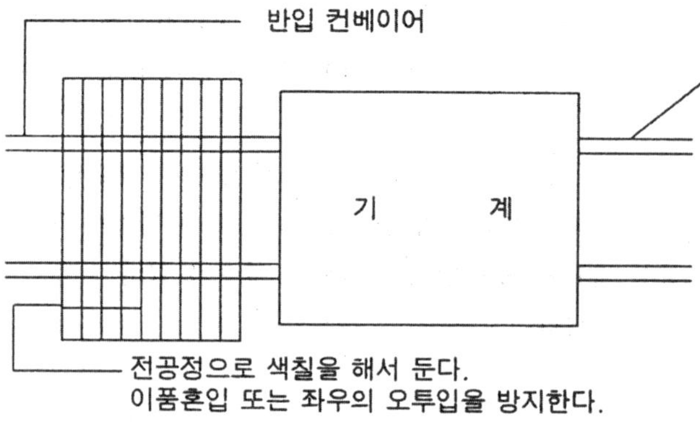

그림 4-21 너트 · 용접부착미스 방지

〈 개선 전 〉

정치식용접기에 보조스위치가 붙어 있을 뿐이다.

타점수 확인은 작업자에 의할 뿐이다.

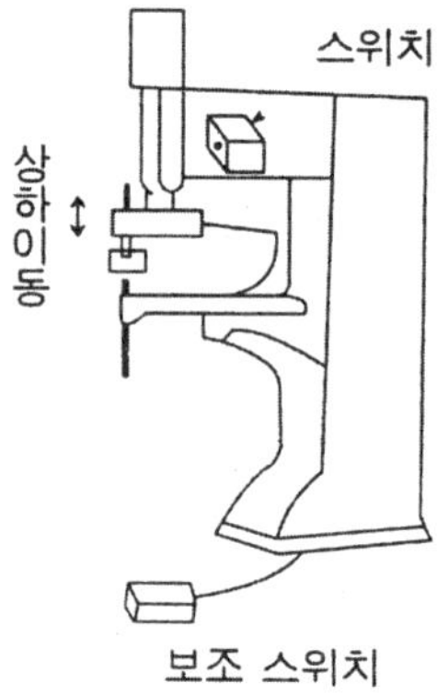

〈 개선 후 〉

① 슬라이드하는 상부전극간에 리미트 · 스위치를 부착하여 통전이 6회가 되면 램프가 점등되어 6개 너트가 용접되는 것을 표시한다.

② 너트가 결품되어 있을 때는 6타점 후에도 램프는 점등되지 않는다.

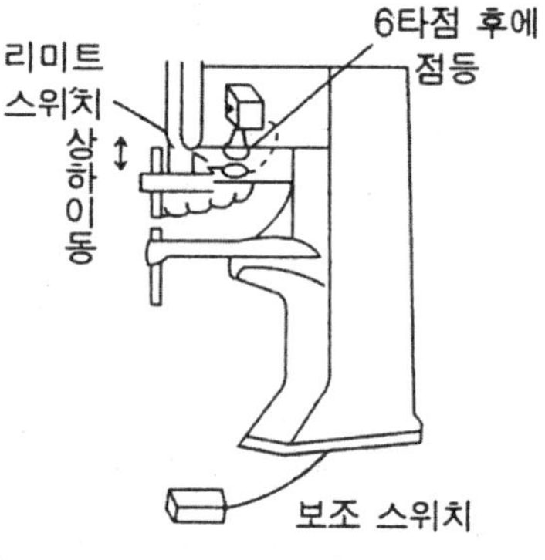

효과……너트용접의 결품이 0으로 되었다.

비용……7,000원

② 이품 혼입, 미가공품 혼입, 불량품 혼입의 방지

㉠ 수리품 · 폐각품의 치장을 명확히 한다. <그림 4－22>

㉡ 낙하품 처치룰을 명확히 한다. 낙하품은 작업자가 편리하도록 가까운 상자에 넣어 이품 혼입이 되는 경우가 있다. 반드시 낙하품 처치상자를 설치해서, 이 속에 넣도록 표시해야 할 것이다.

㉢ 미가공품과 가공제품의 구별을 명확히 한다. 흔히 있는 사례로써 조연삭을 해서, 다음 공정에서 완성 연삭하는 경우, 미가공품이라든가 가공제품 치장이 구별되어 있지 않기 때문에, 미완성 가공품이 흘러서 클레임에 연결되는 경우가 있다. 이것도 구분하여 절대로 같은 작업에 놓지 않는 것이다.

그림 4-22 불량품 혼입의 Fool-Proof

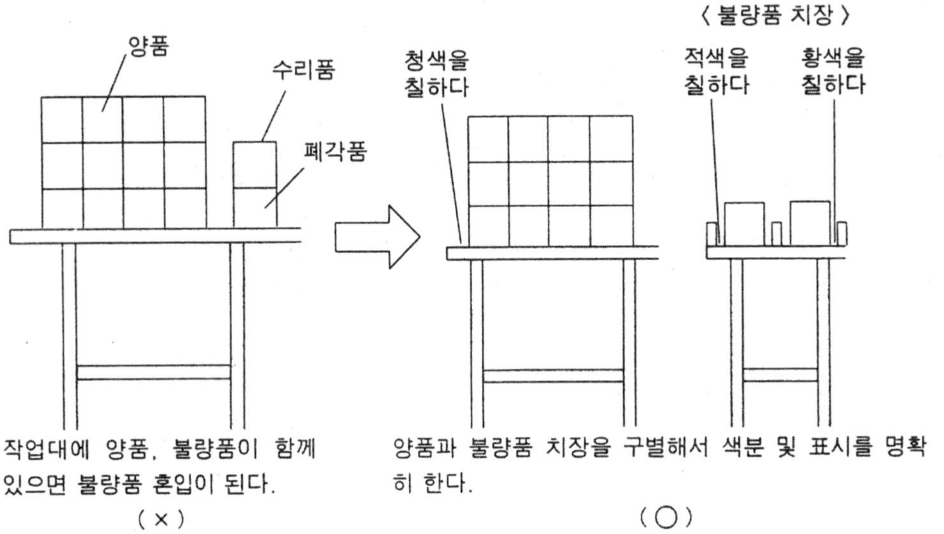

(4) 자동화방식에 의한 Fool - Proof

① 전공정 품질의 불량품 또는 이품이 혼입되어 있을 경우, 자동적으로 검지되어 기계가 작동하지 않도록 해서 불량을 검지한다. <그림 4－23>

② 자공정에서 작업미스(조립품 망각, 방향 착오, 이부품 조립 등)를 한 경우, 자동적으로 검지해서 기계를 작동시키지 않는다. <그림 4－24>

그림 4-23 미가공(미조립) 경우의 검지

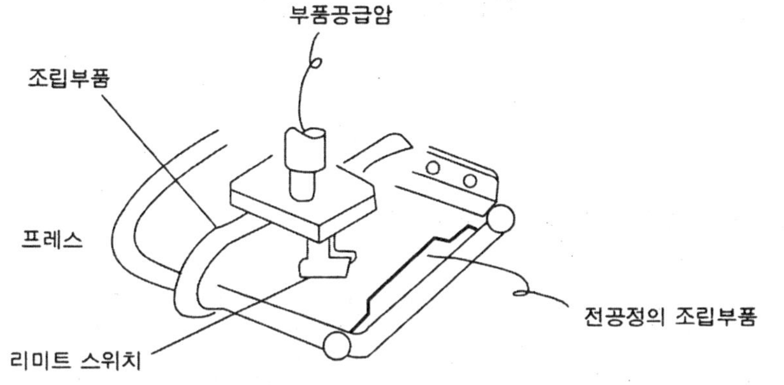

이 Ls 에서 전공정의 조립부품 유무를 검지해서 기계를 작동시킨다.

그림 4-24 스페이서 부착망각 방지

〈개선 전〉

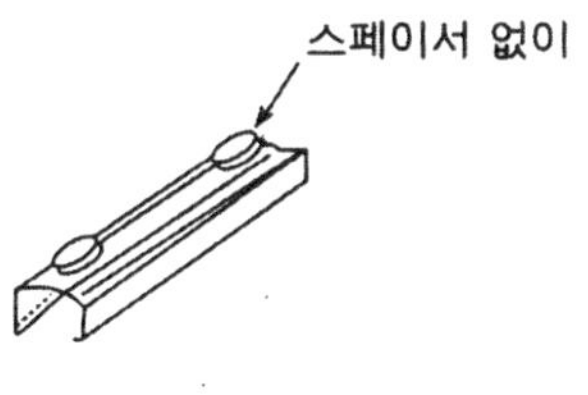

스포트 치구에 아퍼와 스페이서를 세트해서 스페이서 유무에 관계없이 스포트된다.

〈개선 후〉

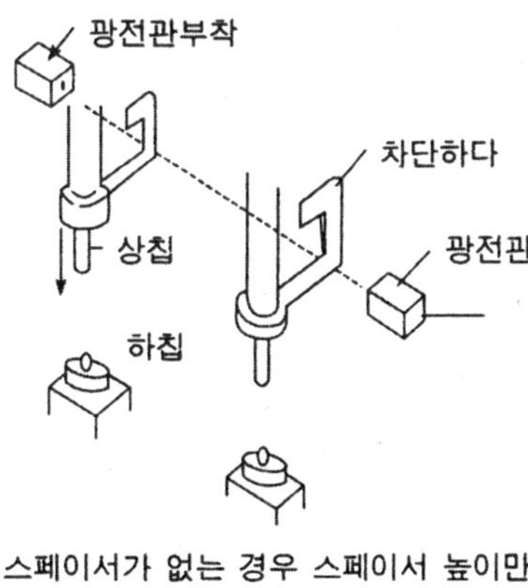

스페이서가 없는 경우 스페이서 높이만큼 여분으로 내려가 차단판에서 빛이 끊어져 스포트되지 않는다.

효과……클레임이 0에 되다.
비용……광전릴레이, 32,000원

4.6 불량0으로의 도전의 추진방법

1) 불량0으로의 전개순서

그림 4-25 불량0으로의 전개순서체계

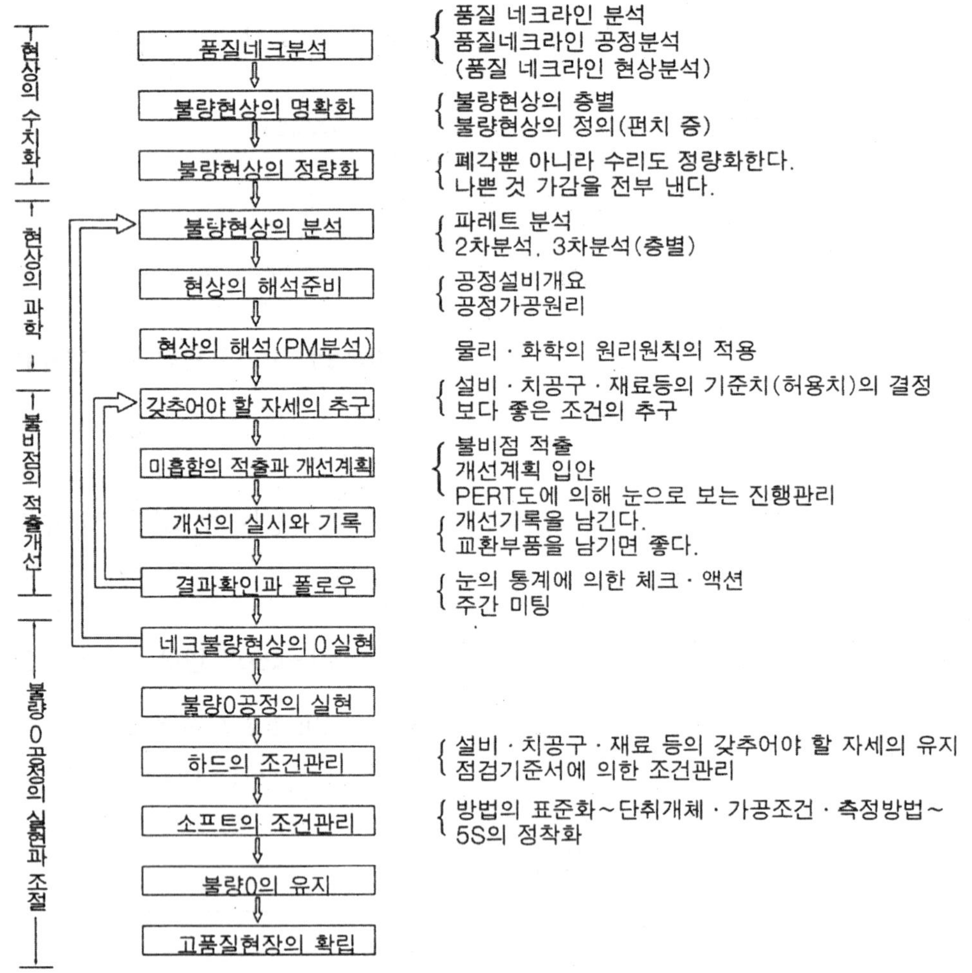

2) 현상의 수치화

(1) 품질네크의 분석방법

① 품질네크를 분석하여 품질네크도가 높은 라인 및 공정, 더욱 많은 불량현상에서 채택한 품질에 대해 개선을 하는 것이 보다 효율적이다.

② 네크분석방법으로서는, <그림 4−26>과 같이 품질네크라인분석, 품질네크공정분석, 품질네크현상분석을 해서 테마를 잡으면 좋다.

③ 더우기 품질네크분석에서 불량률만으로 네크를 평가하는 경우 불량률이 낮아도 유우저 클레임으로 되어 인신사고에 연결되는 품질불량에 대해서는 품질특성의 중요도를 평가하여 네크 순위를 결정하는 경우도 있다.

(2) 불량현상의 명확화

① 품질네크공정이 명확하게 되면, 그룹 전원 및 스텝의 협력을 얻어 불량현상을 명확화한다.

② 구체적으로는 불량현상을 정의하여 현상의 펀치 그림을 그려서 또는 현물을 준비해서 불량현상의 층별판단을 쉽게 한다.<그림 4−27>

(3) 불량현상의 정량화

정확한 데이터를 잡는 것이 가장 중요하다. 폐각에 그치지 않고 수리도 정확하게 데이터를 취해야 한다.

데이터 수집의 포인트는

① 데이터를 수집하는 목적을 철저히 주지시켜 나쁜 점의 가감을 전부 토로해야 한다는 것의 중요성을 전원이 이해한다.

② 불량현상을 정의해서, 불량현상의 그림, 현물을 준비하고 층별로 쉽게 훈련지도한다.

③ 현상별로 층별한 데이터를 취할 수 있도록, 현상별 상자를 설치하고, 알기 쉽게 표시한다.

④ 현상별 수량을 명확히 하기 위해, 현상별로 순위를 준비한다.

그림 4-26 품질네크분석

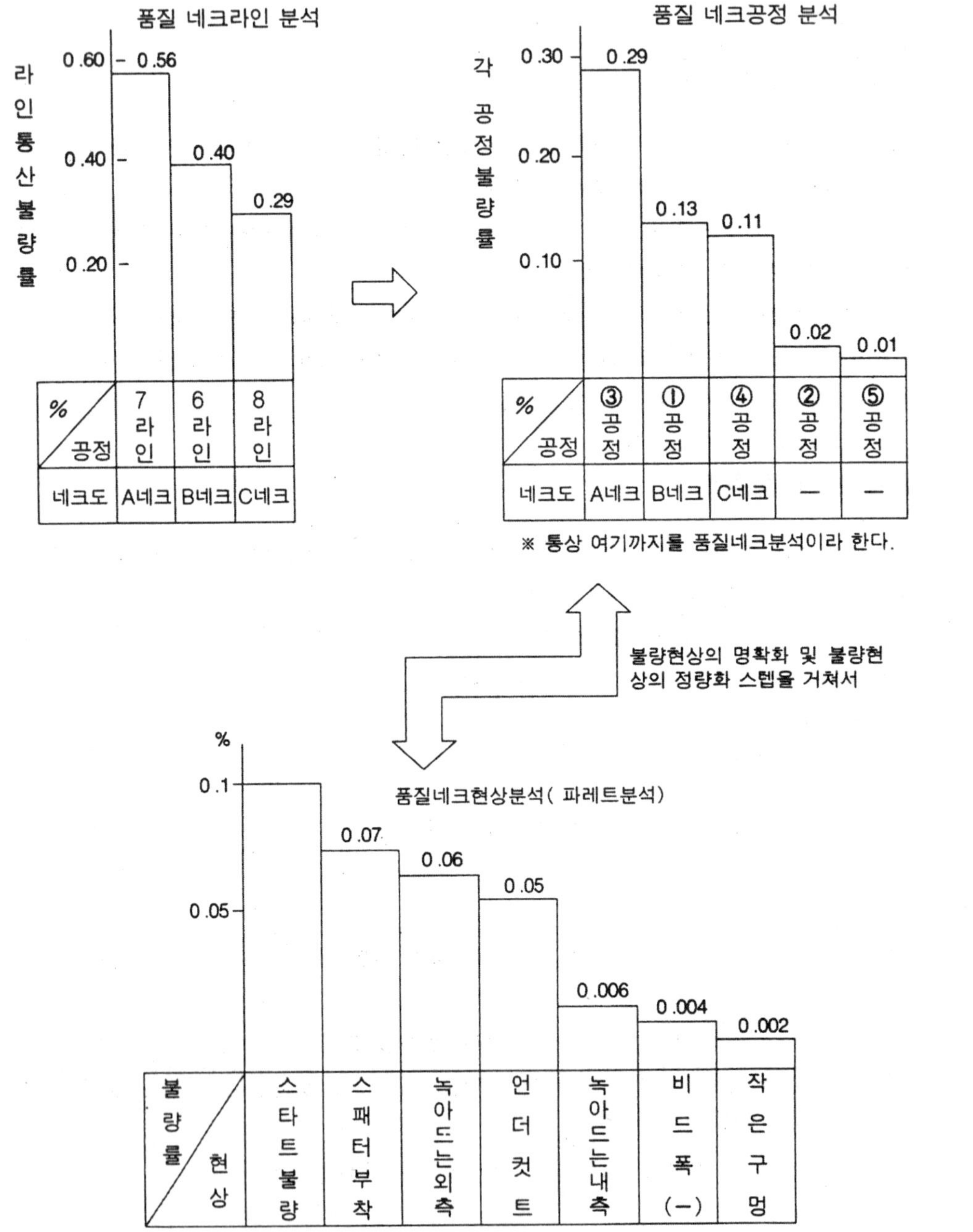

그림 4-27 불량현상의 명확화

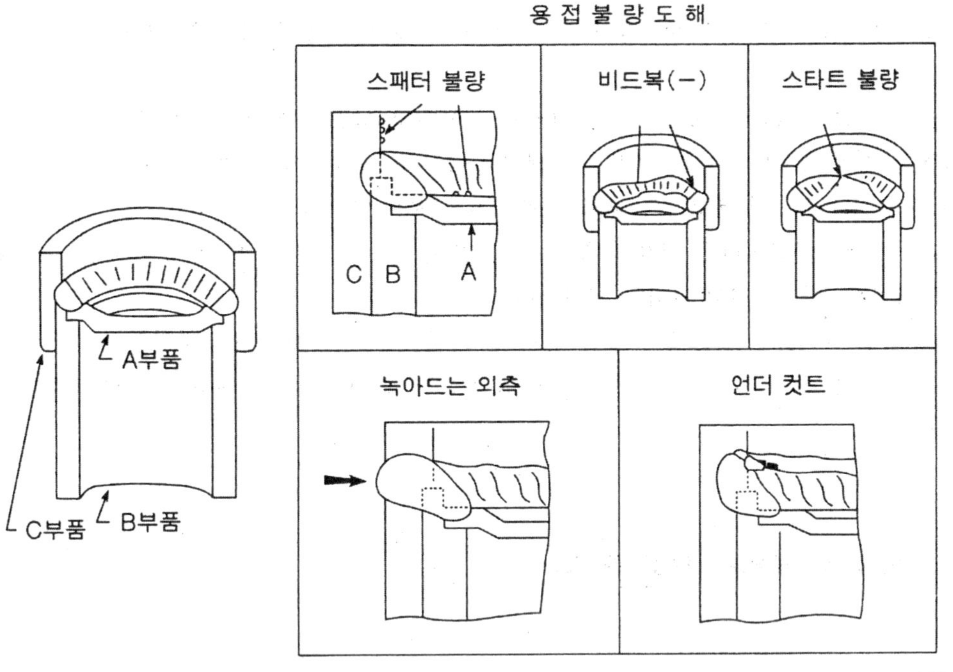

3) 현상을 과학화한다

(1) 불량현상의 분석

① 불량현상을 층별하여 정량화되면 다음은 파레트 분석을 해서 구체적 대책항목을 결정하는 것이다. 파레트 분석은 <그림 4−26>의 네크현상분석과 같다.

② 또, 다음의 2차분석으로서 구체적 대책항목에 대해 그 불량현상은 단취변경 직후에 발생하는 것인가, 연속운동 중에 발생하는 것인가, 또는 3차분석으로서 그것은 매회 발생하는 것인가, 때때로인가, 4차분석으로서, 작업자에 의해 발생빈도에 차가 없는가 등의 분석을 하여 현상을 바르게 파악하는 것이 중요하다.

③ 이같은 현상의 2차분석(층별) 3차분석(층별)은 정량화되지 않아도, 작업자의 소리를 들어서 정보를 도식화하는 것도 한가지 방법이다.

(2) 현상의 해석준비

불량현상(대책항목)의 해석을 함에 있어, 다음 준비를 해서, 전원의 공통이해를 얻어둘 필요가 있다.

① 본공정 설비의 개요를 이해 · 설비를 사용하고 있는 작업자도 바르게 이해하고 있는 경우는 많지 않으므로 펀치 그림으로 해서 구조기구, 부품명칭, 부품의 기능을 명확히 해 둔다. <그림 4-28>에 용접기의 구조, 부품명칭의 예를 나타낸다.

② 공정의 가공원리를 이해해 두는 것은, 불량현상의 해석에 극히 유효하다. <그림 4-29>에 CO_2 아크용접의 원리를 제시한다.

③ 용접기 개요는 그림에서 보는 것과 같이, 용접토오치, 토오치 상하이동용장치, 에어처크, 턴테이블, 프린트 모터, 처크, 실린더, 벳트 본체베이스, 가스배관, 공기배관으로 되어 있다.

그림 4-28 공정설비(용접기)의 개요

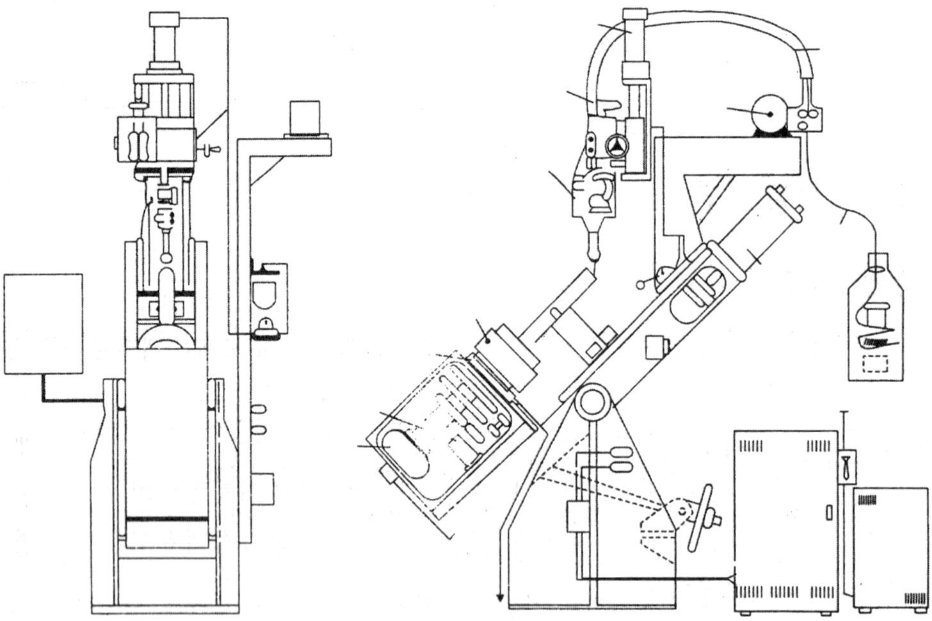

④ 용접은 CO_2 아크용접이고, 그 가공원리는 그림에서 보는 것과 같이, 코일 상에 감긴 심선이 송급모터로 용접토오치의 노즐부분에 송급되어, 용접전원에서 콘택트칩에 의해 통전되고 모재와의 사이에 아크를 발생시켜, 그로 의해 모재 및 심선을 연속적으로 용융접합하는 것으로, 그때 용융금속이 공기 중의 산소 및 실소의 악영향을 받지 않도록 노즐에서 피포가스를 흘리고 아크 및 용융부를 공기에서 차단한다.

(3) 현상의 해석

PM분석을 사용해서 불량현상을 해석한다.

① 현상을 어디까지나, 물리・화학 등 공학의 원리원칙에 비추어 해석하지 않으면 불량0으로 효과적인 대책이 되지 않을 뿐 아니라, 불량0을 유지하는 조건설정이 되지 않는다.

② 이론적으로 해석하면, 어떤 조건관리를 하면 좋을 것인가 명확히 되고, 불량이 생기지 않는 설비・치공구・재료의 유지관리항목과 기준치가 명백히 된다. <표 4－11>에서 PM분석의 예를 들었다.

그림 4-29 공정(용접)의 가공원리

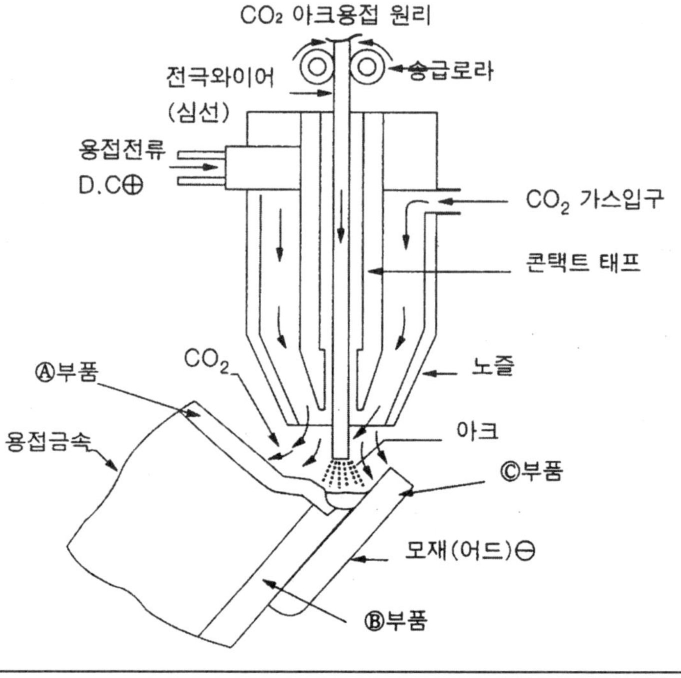

표 4-11 용접스타트 불량의 PM분석

현상	물리적인 관칠	성립조건	설비 · 치공구 · 재료 · 방법과의 관련성
용접 스타트 불량 ※ 현상의 정의 스타트시에 소정의 비드가 형성되지 않는다.	시작할 때에 정상적인 아크 길이를 유지하기 어렵고 중심선이 잘 녹지 않는다.	1. 중심선의 공급이 늦어지는 경우	1-1 송급로울로의 기름 오염 1-2 송급로울러의 마모 1-3 송급로울러의 편심 1-4 송급로울러의 압력강도 부족 1-5 프린트 모터의 스타트 불비점 1-6 콘택트칩 내의 오염 1-7 심선의 교정불비점 1-8 심선코일의 얽힘
		2. 심선과 모재의 간격이 나쁜 경우	2-1 콘택트 침에서의 심선이 돌충해서 양이 부족 2-2 틀에 대해 심선의 선단위치가 나쁘다 2-3 상하이동용 실린더의 슬라이드부의 틈
		3. 틀 회전의 시간이 불규칙한 경우	3-1 틀, 회전용기어의 오보 백 클러치 3-2 타이머의 정밀도 불비점 3-3 틀 회전용 프린트 모터의 불비점

4) 불비점의 적출과 개선방법

(1) 갖추어야 할 자세의 추구

① 설비, 치공구, 재료 등의 기준치는 되도록 불량현상의 영향도에서 이론적으로 결정한다.

② 기준치는 경제성을 고려하면서, 되도록 고정조건(변화하지 않는 조건)이 되도록 엄격한 기준치가 좋다.

예를 들면, 심선 등은 5/1000의 편이 10/1000보다 정밀도 유지의 기간이 길어져 보다 조건관리가 편안하게 된다.

(2) 미결함의 적출과 개선계획

① 설비, 치공구, 재료, 방법의 각 항목의 기준치(갖추어야 할 자세)에 대해, 현상을 조사해서, 불비점을 적출하고 개선계획을 수립한다.

이 경우 아래와 같이 6가지의 페이스로 분류해서 정리하면 좋다.

○ 청소점검에 의한 미흡함의 적출개선

○ 유압 · 공압 · 윤활 가스계통의 개선

○ 메이커의 정적정밀도 개선

○ 메이커의 동적정밀도 개선

○ 전장제어계통의 개선

○ 가공조건의 검토

※ 스킬관리의 개선관리스텝에서

② 개선계획의 입안은 스텝의 협력을 얻으면서 전원참가로 개선이 진행되도록 계획을 수립해야 한다.

전원이 계획한 일정을 지켜, 예정대로 추진하기 위해 퍼트도(PERT)를 만들어 눈으로 보는 개선의 진행관리를 하면 좋다. <그림 4－30>에 퍼트그림을 제시한다.

그림 4-30 개선실행 퍼트도

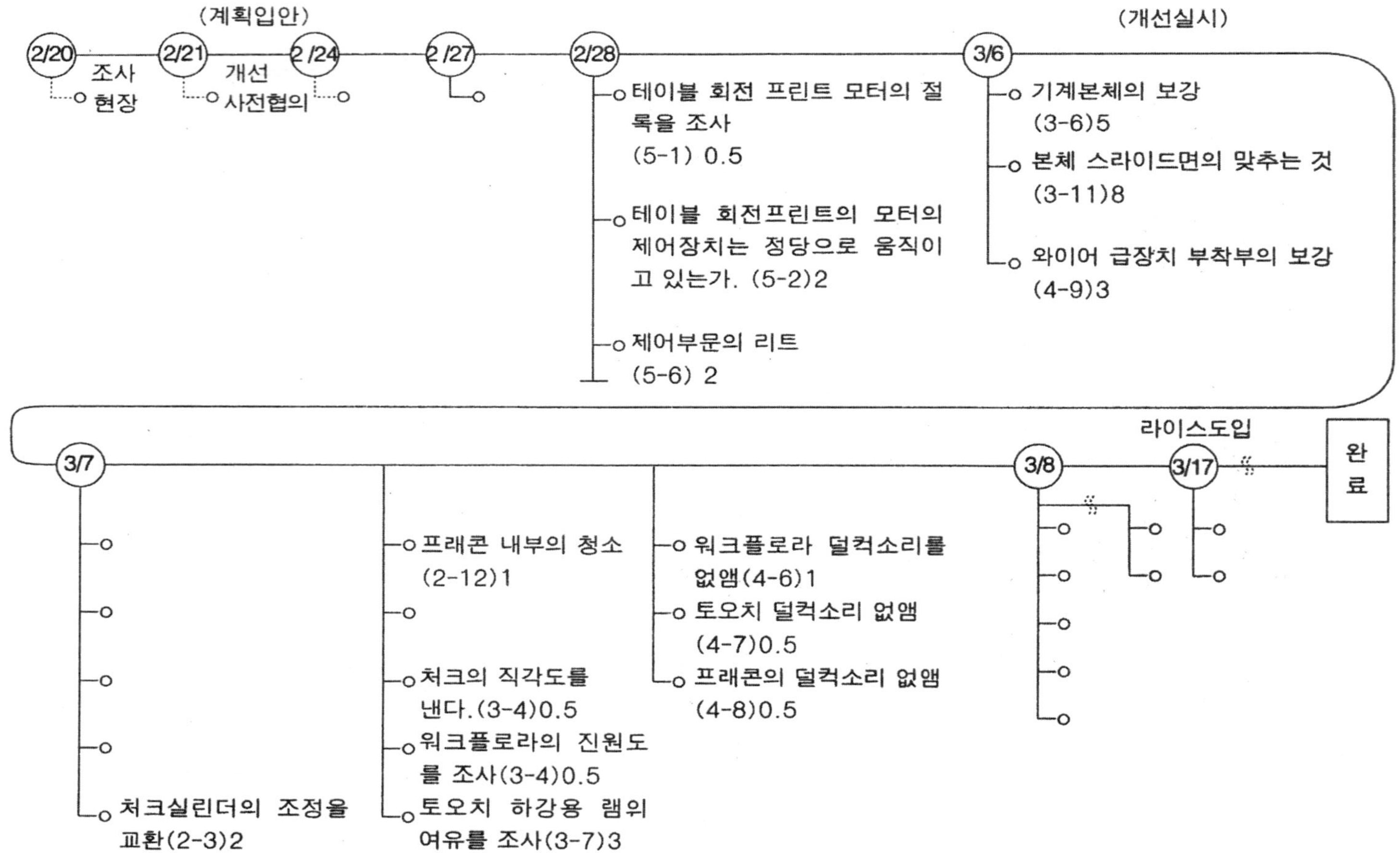

(3) 개선의 실천과 기록

① 기록은 다른 기계로의 수평전개의 매뉴얼로 해야 한다.

② 또, 유지관리에 즈음해서 참고서로써 활용하는 것이다.

(4) 결과 확인과 폴로우

① 개선결과는 불량현상별로 매일 결과를 그래프에 나타낸다. 개선의 진행 정도에 따라 성과는 진행되는 것이다. 단기간에 개선을 완료하면, 그만큼 빨리 성과의 확인이 된다.

② 계획한 개선은 전부 완료해도 불량이 생각같이 내리지 않는 경우, 매일의 통계가 대단히 유효하다. 불량현상이 발생할 때마다 현물을 확인하고 원인을 추구해서(PM분석의 설비, 치공구, 재료방법의 관련항목의 검토 또는 기준치의 검토 등) 처치하는 사이클에 따라 안전히 0이 될 때까지 반복하고 체크 액션을 하는 것이 중요하다.

5) 불량0공정의 실현과 제지방법

(1) 불량0공정의 실현

불량0공정을 실현하기 위해, 완전히 전 불량현상이 0으로 되어야 한다. 이때문에 다음 불량현상을 이상의 순서에 따라 개선을 반복해 나간다.

(2) 0을 유지하는 조건관리의 방법

① 조건을 고정요인(1번 개선하면 변통하지 않는 요인)과 반고정요인(1번 개선하면 어떤 주기내는 기준치가 유지되는 항목)과 변동요인(개선해도 매일 변동해서 기준치를 초과하는 항목)으로 구분된다.

② 변동요인만을 일상조건관리항목으로 설정한다.

③ 반고정요인은 정기점검의 조건관리항목으로 설정한다.

④ 조건관리를 위한 항목을 적게 하기 위해 대응특성의 설정에 의해 집약해서 관리하기 쉽게 한다.

⑤ 조건관리항목을 개선(수명연장등)하는 연구가 필요하다.

⑥ 반고정요인 및 변동요인의 주기를 유지하기 위한 강제열화의 방지가 확실히 되는 것이 전제이다. 이는 2장에서 서술한 5S의 철저이다.

그림 4-31 불량0공정의 실현

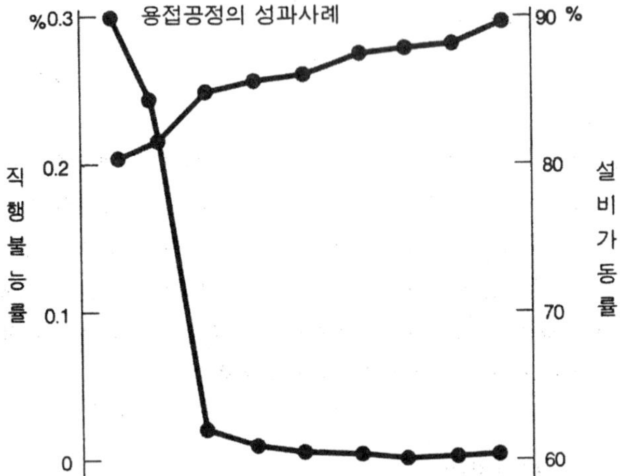

월 도		2	3	4	5	6	7	8	9
직행불능률	0.23	0.25	0.01	0	0	0	0	0	0
설비가동률	80	81	85	85	86	87	88	88	89

(3) 0을 유지하는 방법의 표준화

설비 · 치공구의 조건관리가 유지된다.

① 단취변경 혹은 가공조건의 설정

② 측정구의 취급 및 5S의 유지

③ 또는 일상의 측정조정작업의 표준화

가 되어 있지 않으면 불량0의 유지는 되지 않는다.

소위 전자를 하드의 조건관리라 하면, 작업표준화와 유지라는 소프트의 조건관리가 필요하다.

(4) 표준서는 지켜야만 의미가 있다

① 표준서는 만드는 것이 목적이 아니다. 표준화된 작업표준, 설비 · 치공구의 점검기준을 유효하게 활용하는 것만이 의의가 있다.

② 실제로 정상작업에 있어서는 작업이 만성화되어 조심하지 않고 손이 빠져 점검을 하지 않든가, 작업표준을 지키지 않는다든가 한다. 가령 에어의 3점 세트를 손이 빠져 점검하지 않았기 때문에 물이 고이도록 방치되어 휴식 후에 에어 실린더의 움직임이 나쁘게 되어 불량이 생겨 처음으로 점검이 소홀하게 된 것을 알게 된다.

③ 불량이 생긴 후에는 늦다. 불량 0의 하드 및 소프트의 조건관리는 불량을 발생하지 않도록 한다. 표준화는 자연과학의 원리원측에 근거하는 것이고, 거기에는 전부 이론이 있다. 이론이 없는, 과학이 없는 표준이라면 의미가 없고 지키지 않는 결과가 된다.

4.7 가동분석(work sampling)

워크 샘플링이란, 통계적 이론에 근거한 샘플링 조사에 의해 분류 된 각작업의 총시간에 대한 비율(가령 사람이나 기계의 가동률)을 조사하는 측정기법이다.

표 4-12 프라이스선 현장을 대상으로 한 워크 샘플링 분석

대상 : 프라이스 현장　　　　○월○일　　　관측자 : ○○○

요소작업	8:05	8:17	8:39	8:42	8:51	9:	16:17	16:24	계	%
재료삽입/탈착		///	//	/	/		/		25	8.9
핸들의 조작				//	/		/		28	10.0
절삭분의제법				//			/	///	28	10.0
절삭중의 감사		////	卌	////	卌 /		///		104	37.1
계 측			//	/	/		/	/	25	8.9
재료를 차로 운반		//			/		//		11	3.9
작업의 사전협의	卌					/	/		17	6.1
이 동	//							/	12	4.3
여 유	///	/						卌	30	10.8
계	10	10	10	10	10	10	10	10	280	100

(실동공수 = 작업공수-유실공수)

1) 워크 샘플링의 위치

워크 샘플링은 가동분석에 쓰이는 기법의 하나이다. 그런데 IE분야에서는 다음과 같은 위치에 있다.

- 가동분석
  - 자료분석
    - 작업 일지
    - 설비가동일수
  - 관측분석
    - 연속가동분석*
    - 워크샘플링

2) 워크 샘플링(W/S)의 용도

(1) 설비나 인원의 가동내용을 파악한다

설비나 인원의 가동내용, 또는 그 비율을 구해서

① 여력을 파악한다.

② 작업분석을 개선해서 가동률을 향상시킨다.

③ 작업자나 사무원의 작업상의 언밸런스를 시정한다.

④ 증설, 증원의 가부를 검사한다.

⑤ 흐름작업의 밸런스 상황을 파악한다.

(2) 표준시간 설정의 기초자료로 한다

개별적으로 불규칙성이 큰 작업에 대해 장기적으로 본 경우의 평균치를 표준시간으로 하고자 한다. 이것이 때로는 유효한 기법이다.

(3) 지연여유율 결정의 기초자료로 한다

발생이 불규칙해서 종류도 많고 내용도 다양한 지연요소에 대해서 각각의 시간치를 구한다는 것은 불가능하므로 전체에 대한 %로 나눈다.

---

* 1명의 작업자에 1명의 관측자가 작업시작에서 종료까지 연속적으로 관측하는 방법으로서, 작업자의 1일 행동을 시간 경과에 따라 한눈으로 알 수 있어, 작업의 중요도를 발견하고 검사할 수 있다.

3) 워크 샘플링(W/S)이 유효한 작업의 특성

①「반복성」이 적은 작업에 대한 현상분석에 적용한다.
②「작업역이 넓고, 가동빈도가 높은」 작업에 대한 현상분석에 활용한다.

4) 워크 샘플링의 이론

워크 샘플링은 확률의 법칙에 기초를 두고 있다.

샘플수를 많이 하면, 샘플 특성의 분포곡선은 모집단의 분포곡선과 거의 일치한다.

그러나 샘플수를 늘리면, 그만큼 조사비용이 증가된다. 그러므로 경제성과 신뢰도를 고려해서 샘플수(관측점수)를 정하지 않으면 안 된다.

샘플링은 편기성이 있어서는 안 된다. 모집단을 구성하고 있는 각 원소에 대해서 추출되는 기회가 균등하지 않으면 안 된다.

(1) 정규분포

그림 4-32 신장분포곡선

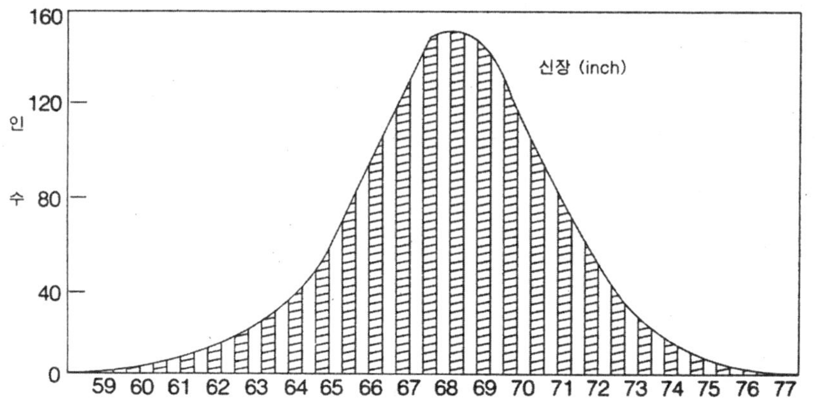

지금 2σ의 경우를 보면, 추출한 데이터수의 95%는, 2σ의 속에 들어가고 나머지 5%는 2σ밖에 있다.

즉, 이 데이터의 신뢰도는 의미를 랜덤한 관측점 수중, 그 95%는 사실을 나타내고, 5%는 사실과 다르다는 것을 누구든지 신용한다는 것이다.

그림 4-33 정규곡선하의 면적

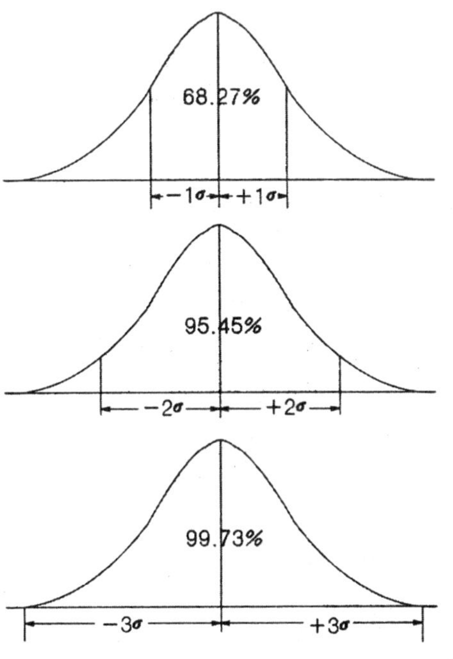

(2) 2항분포

워크 샘플링의 경우, 매회 관측결과의 출현확률은 이항분포를 이룬다.

2항분포의 표준편차(σ)는

$$\sigma = \sqrt{\frac{P(1-P)}{N}}$$

P : 대상사상의 출현확률

N : 샘플의 크기

2항분포란 상기 P, N과 같은 2개의 모수를 갖는 확률분포로 이 모수 P, N의 변화에 의해 2항분포의 형태는 변화한다.

여기서, P가 아주 작은 수치(5% 이상)인 경우, N의 수치를 크게 한다면 <그림 4−32>와 같이 되어, 2항분포는 정측분포에 가깝게 된다.

일반적으로, 워크 샘플링에 있어서 샘플수가 많아지면 정규분포와 유사한 것으로 보고, 정규분포의 확률을 사용한다.

그림 4-34 2항분포 P(x:n, p=0.5)의 전개

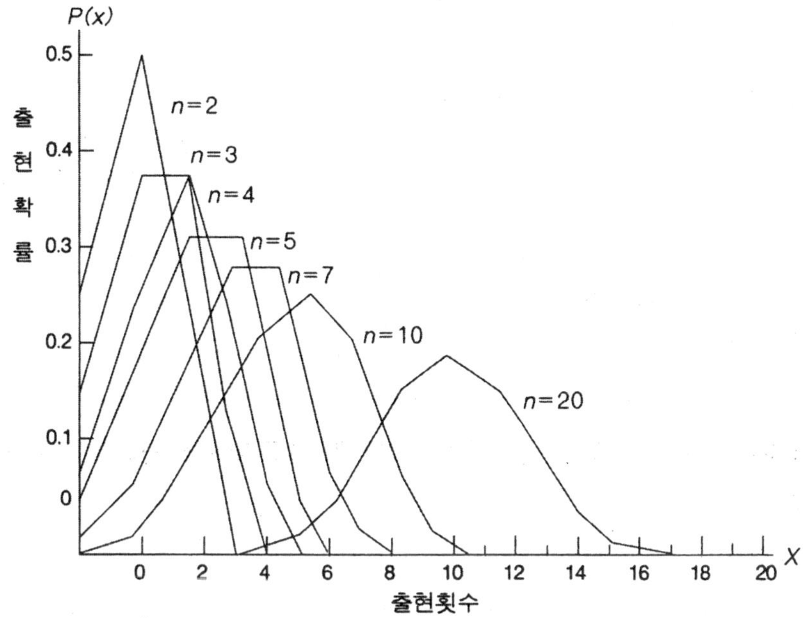

(3) 상대오차와 절대오차

워크 샘플링에 있어서는 2개의 오차를 생각할 수 있다. 관측점수를 무한히 많게 하면 구하는 비율(P)는 정확히 되나, 비율의 용도에 따라 그만큼 정확성을 요구하지 않는 경우도 있다.

이 허용된 오차를 상대오차(S)와 절대오차(E)로 나타낸다.

$$E=SP$$

(4) 워크 샘플링의 관측점수

앞 식에서

$$E=SP=T\sigma$$

$$SP=Z\sqrt{\frac{P(1-P)}{N}}$$

E : 절대오차

S : 희망하는 정밀도(상대정밀도)

P : 대상사상의 출현확률(구하는 비율)
N : 샘플의 크기(관측점수)
Z : 신뢰도에 응하는 T의 값

따라서, $N = \dfrac{2^2(1-P)}{S^2 P}$

일반적으로 관측점수 N을 정할 때는 특별한 이유가 없는 한 신뢰도 95%로 하는 경우가 대부분이다.

그러므로 위 식은 아래와 같이 된다.

$$N = \frac{4(1-P)}{S^2 P}$$

그림 4-35 정밀도 95%로 주어진 정밀도 P값에 필요한 관측점수를 구하기 위한 선형도표

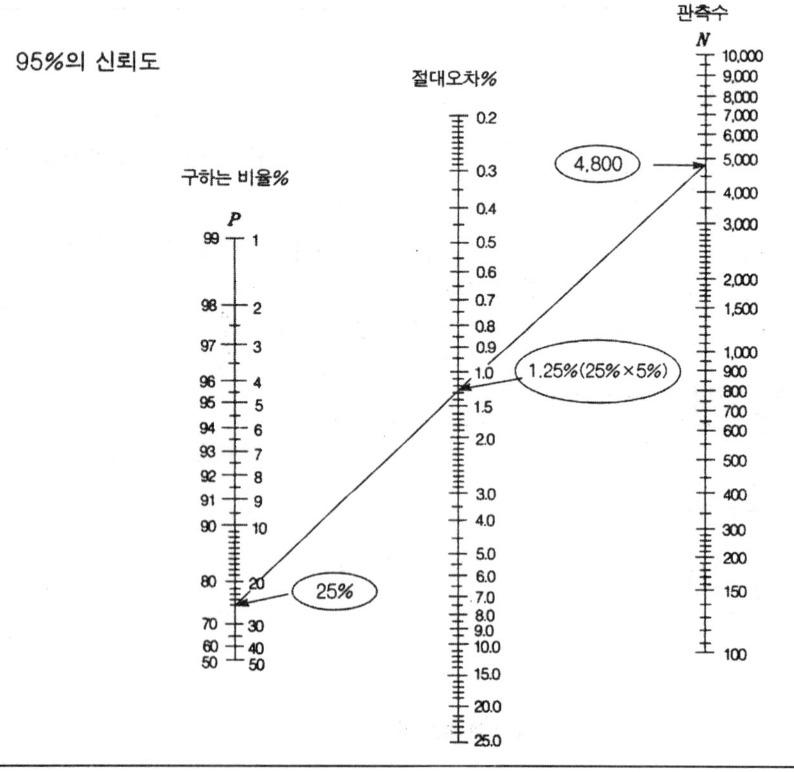

표 4-13 주어진 정밀도 및 P값에 대한 관측점수의 신뢰도 95%

작업 또는 지연이 차지하는 합계시간 중 백분율(%)	±1	±2	±3	±4	±5	±6	±7	±8	±9	±10
1	3,960,000	990,000	440,000	247,500	158,000	110,000	80,000	61,900	48,900	39,600
2	1,960,000	490,000	217,800	122,500	78,400	54,400	40,000	30,600	24,200	19,600
3	1,293,300	323,300	143,700	80,800	51,700	35,900	26,400	20,200	16,000	12,900
4	960,000	240,000	106,700	60,000	38,400	26,700	19,600	15,000	11,900	9,600
5	760,000	190,000	84,400	47,500	30,400	21,100	15,500	11,900	2,390	7,600
6	626,700	156,700	69,600	39,200	25,100	17,400	12,800	9,790	7,740	6,270
7	531,400	132,900	59,000	33,200	21,300	14,800	10,800	8,300	6,560	5,310
8	460,000	115,000	51,100	28,800	18,400	12,800	9,380	7,190	5,680	4,600
9	404,400	101,100	44,900	25,300	16,200	11,200	8,250	6,320	5,000	4,040
10	360,000	90,000	40,000	22,500	14,400	10,000	7,310	5,630	4,450	3,600
11	323,600	80,900	36,000	20,200	12,900	8,990	6,600	5,060	4,000	3,240
12	293,300	73,300	32,600	18,300	11,700	8,150	5,980	4,580	3,620	2,930
13	267,700	66,900	29,700	16,700	10,700	7,440	5,460	4,180	3,310	2,680
14	245,700	61,400	27,300	15,400	9,830	6,830	5,010	3,840	3,040	2,460
15	226,700	56,700	25,200	14,200	9,070	6,300	4,620	3,540	2,800	2,270
16	210,000	52,500	23,300	13,100	8,400	5,830	2,280	3,280	2,590	2,100
17	195,300	48,800	21,700	12,200	7,810	5,420	3,980	3,050	2,410	1,950
18	182,200	45,600	20,200	11,400	7,290	5,060	3,720	2,850	2,250	1,820
19	170,500	42,600	18,900	10,700	6,820	4,740	3,480	2,660	2,110	1,710
20	160,000	40,000	17,800	10,000	6,400	4,440	3,260	2,500	1,980	1,600
21	150,500	37,600	16,700	9,400	6,020	4,180	3,070	2,350	1,860	1,510
22	141,800	35,500	15,800	8,860	5,670	3,940	2,890	2,220	1,750	1,520
23	133,900	33,500	14,900	8,370	5,360	3,720	2,730	2,090	1,650	1,340
24	126,700	31,700	14,100	7,920	5,070	3,520	2,580	1,980	1,560	1,270
25	120,000	30,000	13,300	7,500	4,800	3,330	2,450	1,880	1,480	1,200
26	113,800	28,500	12,600	7,102	4,550	3,160	2,320	1,780	1,140	1,140
27	108,100	27,000	12,000	6,760	4,330	3,000	2,210	1,690	1,340	1,080
28	102,900	25,700	11,400	6,480	4,110	2,860	2,100	1,610	1,270	1,030
29	97,900	24,500	10,900	6,120	3,920	2,720	2,000	1,530	1,210	980
30	93,300	23,000	19,400	5,830	3,720	2,590	1,900	1,460	1,150	935
31	89,000	22,300	9,890	5,570	3,560	2,470	1,820	1,390	1,100	890
32	85,000	21,300	9,440	5,310	3,400	2,360	1,730	1,330	1,050	850
33	81,200	20,300	9,000	5,080	3,250	2,260	1,660	1,270	1,000	810
34	77,600	19,400	8,630	4,850	3,110	2,160	1,580	1,210	960	775
35	74,300	18,600	8,250	4,640	2,970	2,060	1,520	1,160	915	745
36	71,100	17,800	7,900	4,440	2,840	1,980	1,450	1,110	880	710
37	68,100	17,000	7,570	4,260	2,720	1,890	1,400	1,060	915	680
38	65,300	16,300	7,250	4,000	2,510	1,810	1,330	1,020	508	655
39	62,600	15,600	6,950	3,910	2,500	1,740	1,280	980	775	625
40	60,000	15,000	6,670	3,750	2,400	1,670	1,220	940	740	600
41	57,600	14,400	6,400	3,600	2,300	1,600	1,170	900	710	575
42	55,200	13,800	6,140	3,450	2,210	1,530	1,130	865	680	550
43	53,000	13,300	5,890	3,310	2,120	1,170	1,080	830	655	530
44	50,900	12,700	5,660	3,180	2,040	1,110	1,040	795	630	510
45	48,900	12,200	5,130	3,060	1,960	1,360	1,000	765	605	490
46	47,000	11,700	5,220	2,940	1,880	1,300	960	735	580	470
47	45,100	11,300	5,010	2,820	1,800	1,250	920	705	555	450
48	43,300	10,800	4,810	2,710	1,730	1,200	885	675	535	435
49	41,600	10,400	4,630	2,600	1,670	1,160	850	650	515	415
50	40,000	10,000	4,440	2,500	1,600	1,110	815	625	495	400

표 4-14 계약적인 관측점수 기준

워크 · 샘플링의 목적	관측점수
1. 일반목적(문제의 소재를 확인하는 등)	100
2. 특정의 관리목적(대기의 원인을 분석하는 등)	600
3. 특정의 활동분석(단취나 지연의 비율을 구한다)	2,000
4. 사람 또는 기계의 가동률	4,000
5. 표준시간, 여유분, 가동률 등을 높은 정밀도로 구하고자 할 때	10,000이상

① 견적 또는 시행에 의해 늑정하는 요소의 *P*값(%)의 평균을 구한다.

② 희망하는 정밀도 *S*를 구한다.

③ ①에서 구해진 *P*에 *S*를 곱해서 절대오차를 구한다.

④ 절대오차를 나타내는 선상의 *E*값과 *P*값을 잇는 직선은 관측점수를 나타내는 선과 만나게 된다.

(예 : 희망하는 정밀도 ±5%, *P*=25%의 경우, 관측점수는 4,800개)

(5) 이용되는 통로 · 출입구

① 동력합배수

② 전체로서의 물건과 사람의 흐름

③ 조직 · 관리시스템

④ 관리자가 가지고 있는 방침이나 계획

⑤ 레이아웃에 대한 장기계획

(6) 제약조건

① 계획에 허락되는 기간, 실시시기

② 사용가능한 자금

③ 이동이 안 되는 설비

④ 법명, 또는 회사의 규칙

⑤ 레이아웃에 계획입안의 스케줄

⑥ 계획작업의 내용과 분석 스케줄

표 4-15 주어진 정밀도 및 P값에 대한 관측점수의 신뢰도 95%

작업 또는 지연이 차지하는 합계시간 중 백분율(%)	±1	±2	±3	±4	±5	±6	±7	±8	±9	±10
51	38,430	9,610	4,270	2,400	1,540	1,070	785	600	476	385
52	36,920	9,230	4,100	2,310	1,480	1,030	755	575	155	370
53	35,470	8,870	3,860	2,220	1,420	985	725	555	435	355
54	34,070	8,520	3,790	2,130	1,360	945	695	530	420	340
55	31,430	8,180	3,640	2,050	1,310	910	670	510	405	325
56	30,180	7,860	3,490	1,960	1,260	870	640	490	390	315
57	28,970	7,550	3,350	1,880	1,210	840	615	470	375	300
58	27,800	7,240	3,220	1,810	1,160	805	590	450	360	290
59	26,670	6,950	3,090	1,740	1,110	770	565	435	345	280
60	25,570	6,670	2,960	1,670	1,070	740	545	415	330	265
61	24,520	6,300	2,840	1,600	1,020	710	520	400	315	255
62	23,490	6,130	2,720	1,530	980	680	500	385	305	215
63	22,500	5,870	2,610	1,470	940	650	480	365	290	235
64	21,540	5,630	2,500	1,410	900	625	460	350	285	225
65	20,610	5,390	2,390	1,350	860	600	440	335	265	215
66	19,700	5,150	2,290	1,290	825	570	420	320	255	205
67	18,820	4,925	2,190	1,230	790	545	400	305	245	195
68	17,970	4,705	2,090	1,180	750	520	385	255	230	190
69	17,140	4,490	2,000	1,120	720	500	365	280	220	180
70	16,340	4,285	1,900	1,070	685	475	350	265	210	170
71	15,560	4,085	1,815	1,020	655	455	385	255	200	165
72	14,790	3,890	1,730	970	620	430	315	245	190	155
73	14,050	3,700	1,640	925	590	410	300	230	180	145
74	13,330	3,510	1,560	880	560	390	285	220	175	140
75	12,630	3,330	1,480	835	535	370	270	210	165	135
76	11,950	3,160	1,400	790	505	350	255	195	155	125
77	11,280	2,990	1,330	745	480	330	245	185	145	120
78	10,630	2,820	1,253	705	450	315	230	175	140	110
79	10,000	2,860	1,180	665	425	295	215	165	130	105
80	9,380	2,500	1,110	625	400	275	205	155	125	100
81	8,780	2,345	1,040	585	375	260	190	145	115	94
82	8,190	2,195	975	550	350	245	180	135	110	88
83	7,620	2,050	910	510	250	225	165	130	100	82
84	7,060	1,905	845	475	305	210	155	120	94	76
85	6,510	1,765	785	440	280	195	145	110	87	71
86	5,980	1,630	725	405	260	180	130	100	80	65
87	5,450	1,405	665	375	240	165	120	93	74	60
88	4,940	1,360	605	340	220	150	110	85	67	55
89	4,440	1,235	550	310	200	135	100	77	61	49
90	3,960	1,110	495	280	175	125	90	69	55	14
91	3,480	990	440	250	160	110	80	62	49	40
92	3,010	870	385	220	140	96	70	54	43	35
93	2,550	750	335	190	120	83	61	47	37	30
94	2,110	640	285	160	100	71	52	40	31	26
95	1,670	525	234	130	85	59	43	33	26	21
96	1,240	420	185	105	67	41	34	26	21	17
97	815	310	140	78	50	31	25	19	15	12
98	405	205	91	51	33	24	17	13	10	8
99	405	100	45	25	16	11	8	6	5	4

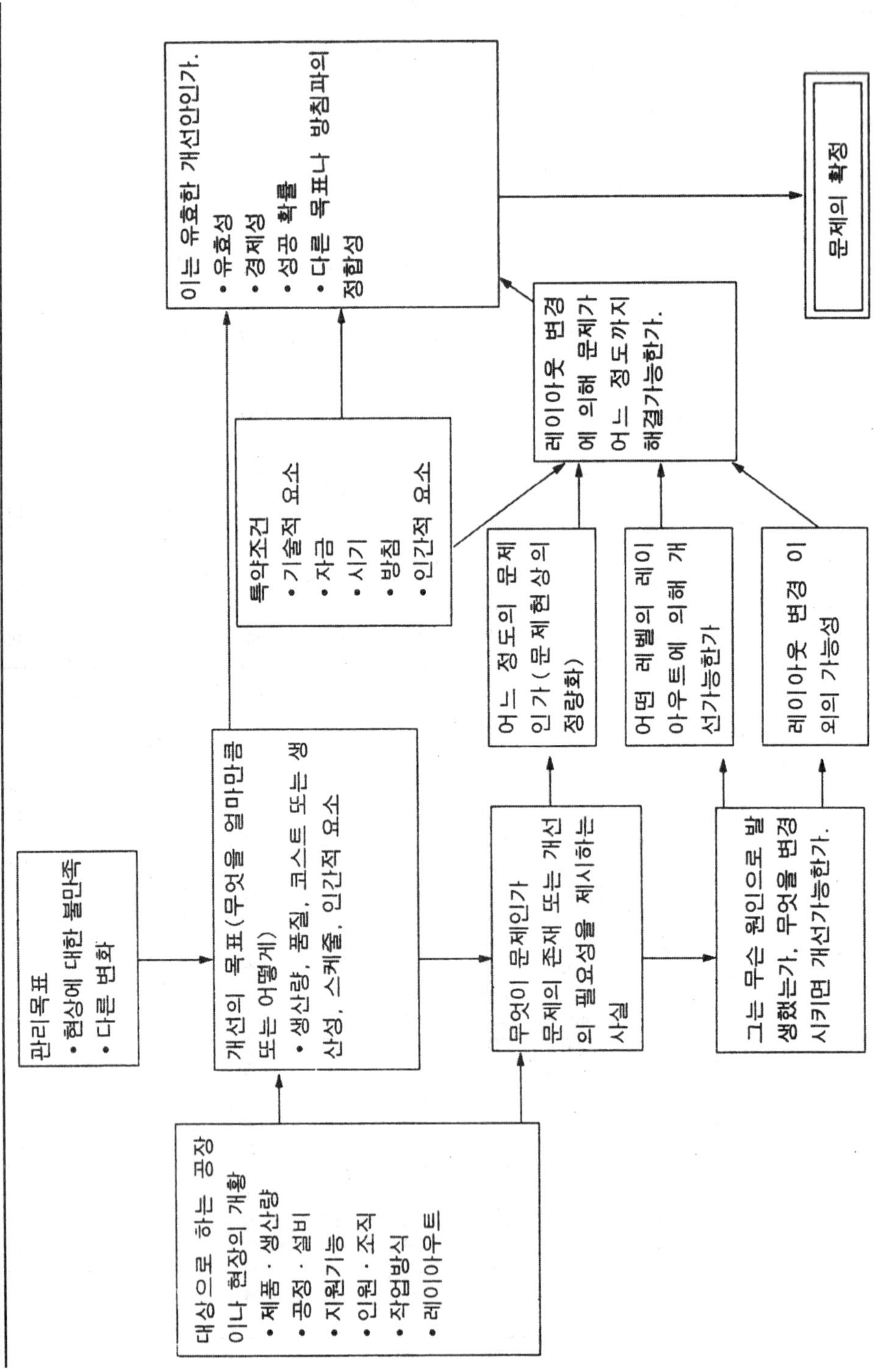

그림 4-36 예비분석 일반적 수단의 체계

5) 워크 샘플링 순서

표 4-37 워크 샘플링의 순서의 체계

문제를 정의한다.
조사목적을 확실히 하고, 특정할 내용을 명확히 한다.

⇩

현장책임자의 승인을 받는다.
조사대상현장책임자의 승인을 얻어, 작업자에게 조사의 취지를 설명하고 협력을 얻도록 한다.

⇩

결과에 기대하는 정밀도를 정한다.
바람직한 정밀도 또는 절대오차를 정한다. 신뢰도도 생각해야 한다.

⇩

예비관측을 하고, 관측계획을 수립한다.
- 작업내용을 이해하고, 분석단위로 작업을 분석한다.
- 구하는 정밀도에서 총관측점수를 구한다.
- 관측일수, 관측시간 순회경로를 정한다.

(예비관측 세부 단계)

1. **작업내용을 이해한다.** 작업내용을 상세히 관측하고 작업현장, 작업내용을 이해한다.
2. **작업내용을 분해한다** 작업내용을 분석단위(보통은 요소작업단위)에 분해한다.
3. **요소작업을 정의한다.** 데이터의 일관성을 유지하고, 작업내용을 명확히 하기 위해 요소작업을 정의한다.
4. **관측수를 계산한다.** 발생비율을 예측하고, 총관측점수를 테이블 또는 계산식에 의해 구한다.
5. **1일의 순회회수를 정한다.** 관측일수, 관측자를 정하고, 1일의 순회회수를 정한다.
6. **관측시각을 정한다.** 랜덤시각표 또는 난수표에 따라 관측시각을 정한다.
7. **순회경로를 정한다.** 랜덤 순회경로를 정한다.
8. **관측용지를 준비한다.** 목적에 맞는 관측용지를 준비한다.

⇩

계획에 따라 본관측을 한다.
- 계획에 따라 관측한다.
- 관측위치를 지키는 것에 주의

⇩

결과를 정리하고 정밀도를 체크한다.
관측결과를 정리하고, 이상치를 기각해서, 정밀도를 체크한다.

⇩

결과를 종합하고, 보고한다.
개선 제안을 준비한다.

(1) 문제의 정의

① 목적의 명확화

㉠ 무엇 때문에, 또는 무엇을 명백히 하기 위해서 하는가.

㉡ 목적에 따라 최종조사보고서에 무엇을 넣을 것인가를 생각해서, 조사기간이나 소요정밀도를 결정한다.

② 측정사항의 명확화

목적에 따라 측정할 사항의 내용을 더욱 세분화한다든가, 추가해서 목적에 합치하는 특정사항으로 한다.

③ 유의점

㉠ 대상현장에 있어서 작업자(피관측자)의 결근 유무

㉡ 대상현장에 있어서 작업자의 시간마다의 응원, 수원부재의 유무와 체크

㉢ 대상현장에 있어서 작업자의 원인공수

㉣ 대상현장에 있어서 작업자의 생산량파악

(2) 현장책임자의 승인을 받는다

① 조사대상이 되는 부문의 감독자와 최초에 요구된 사항에 대해, 토의하고 그것의 협력, 원조를 구한다. 이런 것은 대상현장의 작업자의 협력을 얻는 것과도 연결된다.

② 감독자의 협력을 구하고, 관측에 협력해도 역효과가 나타날 염려가 없다는 것을 믿도록 한다.

(3) 결과에 대한 정밀도를 결정한다

조사목적에 맞추어, 바람직한 정밀도 또는 절대오차를 정한다. 또, 신뢰도도 생각한다.

(4) 예비관측을 하고. 관측계획을 수립한다

① 작업내용을 이해한다

워크 샘플링을 실시하기 위해서는, 시간관측에 의해 작업의 내용을 파악하기 위해, 현장의 현상과 작업내용을 잘 이해하여 두는 것이 필요하다.

② 작업내용을 분할한다

㉠ 작업의 분석정밀도를 어느 정도의 단위로 나눌 것인가를 정하는 것이고 이는 분석의 목적에 의해 변화한다. 예를 들면, 설비가 가동 중 혹은 휴지 중의 어느 쪽을 조사한다면, 분석단위는 가동 중, 휴지 중 2개의 분류만으로 분석의 목적은 이루어졌다.

그러나 휴지의 이해를 조사한다면,

○ 단계

○ 설비고장

○ 재료부족

○ 작업부족

과 같이 분할해야 한다.

㉡ 표준시간을 설정한다는 목적으로 워크 샘플링을 한다면, 스톱 워치에 의한 시간연구의 경우와 같이 측정의 단위를 생각해야 한다. 예를 들면,

○ 재료를 치구에 붙인다.

○ 재료를 치구에서 떼낸다.

○ 절삭

등 세세한 측정요소로 분할해서 조사할 필요가 있다.

③ 요소항목을 정의한다

㉠ 요소작업마다, 그 작업의 내용이나 작업의 시점・종점을 알 수 있도록 설명을 첨가해 둔다.

㉡ 몇 사람의 분석자가 관측할 때, 작업내용의 정의가 해석상의 차이로 일관성과 신뢰성이 있는 데이터를 기대하기 어렵기 때문에 요소작업을 정의한다.

④ 관측점수를 계산한다

㉠ 관측점수를 정하기 위해 우선 각각의 요소작업이 어느 정도의 비율로 발생하는가 예측한다. 예측하는 방법으로서는,

○ 과거의 데이터를 참고

○ 관리자, 감독자 등 경험자의 판단

○ 짧은 시간으로 예비분석을 해서, 그 데이터를 기초로 한다.

㉡ 발생비율의 추정치가 예측가능하면 다음의 수표나 공식에 의해 관측점수를 구한다.

㉢ 수표 : <표 4－12> 참조

㉣ 공식 $N=\dfrac{4(1-P)}{S^2 P}$ $\left(\begin{array}{l} \text{S : 희망하는 정밀도(상대정밀도)} \\ \text{P : 발생비율} \\ \text{N : 관측도} \end{array}\right)$

⑤ 관측기관 및 1일의 순회회수를 정한다

㉠ 문제점의 파악이나 가동률을 추정해서 개선을 하는 것이 목적이면, 1일 10~20회의 관측을 1주간 하면 좋다. 단, 작업의 내용이 안정되지 않고, 일별로 크게 변동하는 것에 대하여는, 여러 가지 상태가 모두 발생하는 기간을 택할 필요가 있다.

㉡ 작업이 주기적으로 정해진 것은 그 주기의 정수배 또는 적어도 가장 긴 주기와 동일 기간이 필요하다.

㉢ 짧은 사이클 작업을 대상으로 하는 경우는, 비교적 단기간으로도 좋으나, 비사이클 작업이 될수록 장기간이 필요하다.

㉣ 여유율 설정의 경우, 작업내용이 안정되지 않으면, 2~4주간 정도로 기간을 잡는 것이 좋다.

㉤ 이상시의 관측은 피한다.

$$\text{1일의 순회회수} = \frac{\text{총관측점수} : N}{\text{피관측자수} \times \text{관측자수} \times \text{관측일수}}$$

⑥ 관측시각을 결정한다

관측시각을 결정하는 데에는 무작위성을 생각할 필요가 있다. 워크 샘플링이 통계학적으로 인정되려면, 랜덤으로 치우침이 없는 독립적인 관측을 해야 한다.

⑦ 순회경로를 정한다

순회경로도 데이터의 신뢰성을 보장하기 위해 랜덤으로 결정하는 것이 중요하다.

㉠ 우선 순회경로의 몇 개를 계획하고, 각 경로마다 번호를 붙인다.

㉡ 난수표의 숫자를 사용해서, 관측시각별로 순회경로를 정한다.

⑧ 관측용지를 준비한다

㉠ 1회의 관측마다 1매를 사용하면 각종 층별로 가능해지고, 관측도 용이해지나 집계의 작업이 증가된다.

㉡ 237은 관측시각을 나타내고, 4번째의 수 8은 순회경로이다.

㉢ 이 예에서 10시 22분은 No. 8의 경로로 관측하는 것을 의미한다.

㉣ 1일1매의 경우, 작업자(혹은 기계 · 제품), 활동내용, 관측시간의 2개를 목적에 따라 맞추고, 종란과 횡란으로 사용한다.

그림 4-38

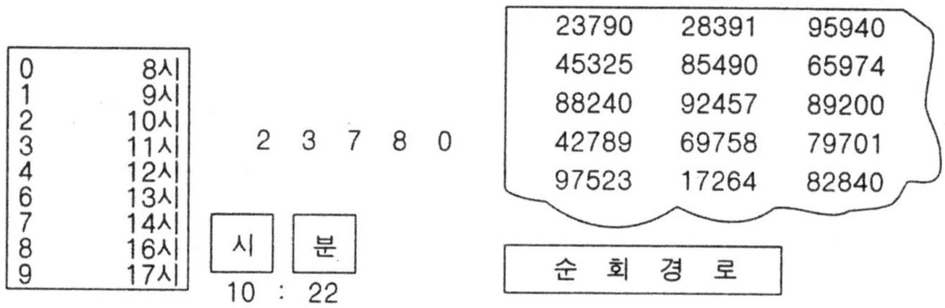

(5) 계획에 따른 본관측

㉠ 관측자의 주관이 개입되지 않도록 관측경로상의 관측대상에 대응시킨 관측점을 정해두고, 그 관측점에 도달한 순간에 관측하도록 한다.

㉡ 미리 정한 관측항목 이외의 활동이라면, 그 활동항목을 관측용지에 추가기입해둔다.

㉢ 피관측자가 부재일 경우에는, 그 이유를 조사한다. 조사방법으로서는, 이석표, 행선표시판, 본인이나 동료나 관리자에게 문의하는 방법

(6) 결과를 정리해서 정밀도를 체크한다

① 이상치를 제외한다.

매회 데이터 중에 이상치가 있으면, 그 일자분은 제거하는 경우가 있다. 이런 경우에는 <그림 4−36>과 같은 관리도를 사용하는 것이 좋다. 정상치의 상한선(UCL), 하한선(LCL)은 이하의 식에서 구한다.

$$상한선(UCL) = P + \sqrt{\frac{P(1-P)}{n}}$$

$$하한선(LCL) = P - \sqrt{\frac{P(1-P)}{n}} \quad (n: 1일의\ 관측점수)$$

이 한계를 벗어나는 점은 이상치가 된다.

표 4-16 W/S 예

WS 용지(A)								페이지	
관측요소 \ 관측대상작업량			A자	B자	C자			합 계	현장명
									관측자
									관측일
									관측시
정규요소	로트요소	로트교환노트기입	/						8° 05′
		재료 2X 준비		//	/				10′
		1X 세로결속							20′
		소 계							35′
	매단위요소	수부검사	///	//	///				40′
		수부검사		//	///				55′
		거부검사	//	//	/				9° 10′
		겹쳐놓는다	/	/	/				20′
		소 계							25′
	중 계								40′
비정규요소	지연요소	불량품정리		/					
		재료정리							
		재료인출	/						
		불량처리상담							
		소 계							
	휴식요소	소휴							
		복장고치기							
		용달							
		소 계							
	중 계								
합 계									

표 4-17 W/S 예

WS 용지(B)			현장명	관측자		관측일		페이지	
관측요소 \ 관측시각			8° 03	8° 12	8° 20				합 계
정 규 요 소			/	~~////~~ /	~~////~~ ///				
비정규요소	지연요소	고 장							
		바 이 트 교 체		//					
		모 래 제 거		/	/				
		재 료 대 기							
		호 이 스 트 대 기		/	/				
		기 술 점 검	//						
		소 계							
	휴식요소	휴 게	~~////~~						
		용 달							
		소 계							
	중 계								
합 계									

그림 4-39 1일의 관측수가 200인 워크 샘플링의 P관리도

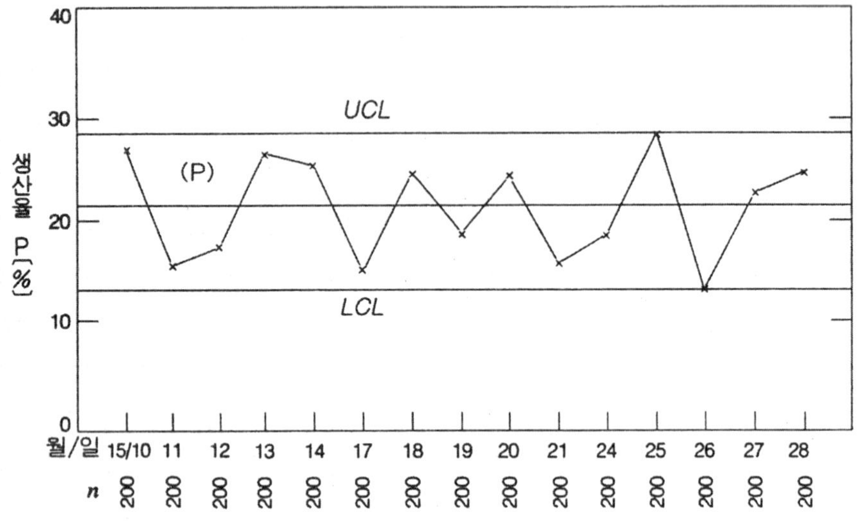

또 관측기간 중의 생산량, 불량률, 기계고장률, 정전, 결근율 등에 이상이 있으면, 그날의 데이터는 제외하는 것이 좋다.

② 정밀도의 체크

관측 전에 설정한 정밀도(상대정밀도)를 관측결과의 정밀도가 만족하고 있는가를 이하의 식에서 체크한다.

$$\text{정밀도 S} = Z\sqrt{\frac{1-P}{NP}}$$

정밀도가 만족스럽지 못하면, 관측 후의 출현확율 P를 이하의 식에 대입해서 관측점수 N을 다시 구하고, 부족점수분만 다시 한번 관측한다.

$$N = \frac{Z^2(1-P)}{S^2 p}$$

(7) 결과를 정리, 보고한다

워크 샘플링의 목적에 대응하는 보고서를 작성하고 분석결과를 보고한다. 필요하면 개선을 제안한다. 개선착안점은 다음과 같다.

① 조작업의 경우, 작업의 분할 및 배분을 적절히 한다.

② 작업로트의 적정화

③ 작업자의 상태를 어지럽히는 비정규작업 또는 불필요한 작업의 배제

④ 1개당 가공시간 또는 1시간당 생산율의 시각별 변동곡선에 의해, 상태와 피로의 관계를 조사하고, 도중의 휴게시간의 삽입방법을 검토한다.

⑤ 본작업자가 해서는 안 되는 작업, 예를 들면, 공구 벌리기 · 칼 갈기 · 재료제품의 운반 등을 분업화한다.

⑥ 작업자의 불필요한 보행을 없애도록 레이아우트를 연구한다.

⑦ 작업의 단조로움에 의한 생산저하의 대책

⑧ 준비작업의 표준화

⑨ 준비작업의 분업화

⑩ 작업지도의 방법과 밀도

⑪ 보통 여유율의 감소에 대한 대책

⑫ 작업의 배제에 대한 대책

⑬ 현장사기를 저하하는 원인의 배제

⑭ 기계설비의 휴지원인의 배제

⑮ 감시 · 대기에 되도록이면 유효한 작업을 부여하도록 하는 연구(주로 장치공장)

⑯ 자기계기, 자동조정, 자동화 등의 필요성을 검토(주로 장치공장)

돌발적인 사고의 경우, 처리 · 연결 · 지시순서의 명확화(주로 장치공장)

예 1. W/S 설비가동률이 50%(이 때 예비관측 100회)

신뢰도 95% 정도 10%를 기대하고 있다.

기대되는 조건을 만족하기 위하여는 관측치수(N)=?

$$N = \frac{Z^2(1-P)}{S^2P} = \frac{4(1-0.5)}{(0.1)^2\times 0.5}\cdot\frac{2}{0.005} = 400$$

예 2. 트럭의 유지율에 대하여 W/S 분석 결과 관측수(N) 1000리에 휴지율 10%이였다. 기대되는 (신뢰도) 95% 상대오차는 5%이다.

1) 정도는 얼마인가?

$$S = Z\sqrt{\frac{(1-P)}{NP}} = \sqrt[2]{\frac{(1-0.1)}{1000\times 0.1}} = 0.189$$

2) 기대되는 조건을 만족하는가

$$N = \frac{Z^2(1-P)}{S^2P} = \frac{4(1-0.1)}{(0.05)^2\times 0.1} = 14400 \qquad \therefore 13400 \text{ 더 실시해야 함.}$$

WS의 목적

① 현장의 실태파악에 있다.
② 여유율 조사에 있다.
③ 표준시간 확인에 있다.
④ 가동률 확인에 있다.
⑤ 현장의 문제점 체크에 있다(Loss분석).

6) 랜덤 샘플링

(1) 1일의 관측점수

매일의 관측점수는 필요관측점수와 조사시간에 제약을 받는다. 예를 들면, 여유율의 조사를 시작해서 3,600개 샘플을 20일 동안에 취해야만 할 때 하루에 $\frac{3,600}{20\text{일}} = 180\text{개/일}$의 관측점수를 필요로 한다.

(2) 관측시각의 선택

① 샘플링은 난수표 등을 사용하여, 전체의 시각이 관측시각으로 균등하게 선택되는 기회를 갖도록 한다.

② 무작위성을 높이기 위해 순회의 출발점・경로도 순회 때마다 난수표를 사용해서 랜덤으로 선택하면 좋다.

③ 순회관측하는 경우, 관측시각이 어느 정도 동일하게 나타나도 실제로는 큰 지장이 없다.

<표 4－18>은 가장 단순한 난수표를 사용한 예이다. 이 표에서 임의의 숫자에서 시작하여 종 또는 횡으로 차례차례 숫자를 택하여 3개씩 묶어, 그것을 관측시각으로 환산한다.

표 4-18 가장 간단한 난수표

950622	220985	742942	783807	907093
989408	37183	133869	326689	485453
194660	687432	674192	695066	899093
785915	610163	414101	171067	96124
978142	269577	1632214	211599	168942
326355	358421	268787	947187	69133
356141	679380	666478	595132	347104

예를 들면

950 9:30(60×0.50＝30)

622 6:13(60×0.22＝13.2)

220 2:12(60×0.20＝12)

작업시간이 8.00～17.00(점심 12.00～13.00)이라면,

0	8시	5－13시
1	9시	6－14시
2	10시	7－15시
3	11시	8－16시
4	12시(버린다)	9－17시(버린다)

라고 보면 된다.

관측이 2교대 또는 3교대에 걸칠 때, 이것도 같은 생각으로 사용하면 좋다.

예를 들면 4숫자를 묶어서 앞의 2숫자는 시각, 뒤의 2숫자는 분을 나타내는 것으로 해서

00～03 …………… 8시

04～07 …………… 9시

08～11 …………… 10시

와 같이 한다.

또 4숫자를 택해서, 앞의 3숫자가 시각, 맨마지막의 1숫자가 순회의 출발점을 나타내는 것으로 하는 것도 있다.

9506 …………… 9:30분 건물 6

표 4-19 난수표 The Rand Corp

00400	23780	28381	05940	55583	81256	59418	97521	32846	70761	90115
00401	45325	05490	65974	11186	15657	03568	00450	96644	58976	36211
00402	88240	92457	89200	94696	11370	91157	48487	53501	56983	89795
00403	42789	69758	79701	29511	55968	41472	89474	84344	80517	07485
00404	97523	17264	82840	59556	37119	30985	48866	60605	95479	70417
00405	59083	95137	76538	44155	67286	57897	28262	04052	00919	86207
00406	79932	44236	10089	11373	65670	44285	06503	20834	49701	95736
00407	21149	03425	17594	31427	14262	32252	68540	39427	44026	47257
00408	45055	95091	08367	28381	57375	41562	83883	27715	10122	67745
00409	46497	28626	87297	36368	39483	11385	63292	92305	78683	06146
00410	81905	15038	38338	51208	65749	34119	71516	84068	51094	06665
00411	91884	66762	11428	70908	21560	00480	94183	78484	66507	75901
00412	25728	52539	86805	69944	65036	27882	02530	04918	74351	65737
00413	89178	08791	39342	94963	22501	56917	17541	83578	75376	65202
00414	30935	79270	91986	99286	45236	44720	01915	70881	45226	43213
00415	49789	97081	16075	20517	69980	25310	91953	01759	67635	88933
00416	54558	18395	73375	62251	58871	09870	07538	48936	07757	90374
00417	56631	88862	30487	38794	36079	32712	11130	55451	25137	38785
00418	83553	31960	69473	45350	18225	09871	88502	75179	11551	75664
00419	74321	67351	27703	83717	18913	42470	08816	37627	14288	62831
00420	44047	67612	72738	26995	50933	63758	50003	43693	52661	55852
00421	52372	59012	37595	01931	73622	78387	86478	40994	05245	75300
00422	24902	59609	35653	15970	37681	69365	22236	86374	65560	00343
00423	98377	35354	65770	15365	41422	71356	16630	40044	19290	66449
00424	53629	79452	71674	30260	97303	06487	62789	13005	70152	22501
00425	49867	89294	59232	31776	54919	99851	05438	01096	72269	50486
00426	19719	06144	82011	38322	64452	31840	99287	59928	25503	03407
00427	46970	45907	99238	74547	19704	72035	26542	54600	79172	58779
00428	35747	73956	44178	41195	58135	63856	66067	45758	60159	25193
00429	71833	07526	07985	60714	88627	75790	38454	96110	39237	19792
00430	34534	70169	24805	63215	38175	38784	338855	24826	50917	25147
00431	17082	26697	32295	10894	21805	65245	85407	67926	69214	38513
00432	84721	23544	88548	65626	75517	69737	55626	52175	21697	19453
00433	16908	82841	24060	40285	19185	80281	89322	15232	70043	60691
00434	86370	91949	19017	83846	77869	14321	95102	87073	71467	31305

00435	64677	80358	52629	79419	22359	87867	48269	50141	46807	82184
00436	95812	84665	74511	59914	04146	90417	52503	62875	17630	21863
00437	09199	30322	33352	43374	25473	04119	63086	14147	14863	38020
00438	44757	98628	57916	22199	11865	48311	62651	78290	09392	77294
00439	63168	21043	17409	13786	27475	75313	89668	43596	74316	84489
00440	54941	95992	45445	41059	55142	15241	42903	16799	88254	55984
00441	42575	77822	21067	51238	35352	96779	89564	23797	99937	46379
00442	27119	16060	30302	95327	12840	38111	92090	07598	78473	63079
00443	18570	12803	70040	91385	96436	96263	17368	56188	85999	50026
00444	36050	73736	13351	48321	28357	51718	65636	72903	21584	21060
00445	39829	15564	04716	14594	22363	97639	65937	17802	31535	42767
00446	98761	30987	57657	33398	63053	25926	20944	19306	81727	02695
00447	97479	79172	72734	66446	78864	12698	15212	97209	38827	91016
00448	91281	57875	45228	49211	69755	99224	43999	62879	08879	80015
00449	74396	57146	64665	31159	06980	79069	37409	75307	69977	85919

(3) 랜덤 시각표를 사용한 예

㉠ 각 숫자는 8시간 근무에 있어 작업시각에서부터의 경과시간으로 보아도 좋다.

예를 들면, 8.00의 작업시작에서

0.05 ← 8.00 + 0.05 = 8.05

7.25 ← 8.00 + 7.25 = 15.25

㉡ 각 그룹은, 각각 25의 시각을 포함하고 있다. 만일, 샘플의 크기를 25보다 적게 할 때에는 ( )의 중에 번호에 의해 번호가 큰 것부터 순차적으로 버리면 좋다.

㉢ 샘플이 25보다 증가할 때에는, 2주 이상의 그룹을 합쳐 사용한다.

㉣ 얻어진 시각이 소정의 휴식시간 내 또는 순회소요시간보다 적은 시각인 경우는 버린다.

표 4-20 랜덤 시간표

1		2		3		4		5		6		7	
(19)	0:05		0:20		0:10		0:15(18)		0:05	(23)	0:10		0:15
	0:20	(18)	0:50	(16)	0:35		0:25		0:25		0:25	(21)	0:20
	0:55	(24)	1:20		0:55	(16)	1:20		0:45	(21)	0:30	(16)	0:35
(22)	1:10	(21)	1:45	(24)	1:00		1:40		1:05		0:40	(15)	0:50
(20)	1:20		1:55		1:10	(22)	1:55	(21)	1:50		1:10		1:00
(24)	1:35		2:00		1:45		2:00	(20)	2:10		1:20		1:25
	2:30		2:30	(19)	2:00		2:30		2:20		1:30	(23)	1:40
	3:05		2:40		2:05	(15)	2:50		2:30		2:25	(22)	1:50
(16)	3:10		3:10	(21)	2:45		3:10	(19)	2:35		2:35		1:55
(25)	3:15	(23)	3:30		2:50	(18)	3:30	(17)	2:50		2:40		2:45
	3:25	(22)	3:40	(22)	3:00		3:45	(23)	3:00	(24)	2:55	(25)	3:05
(21)	3:45		3:50		3:20		3:50	(16)	3:10	(19)	3:05		3:50
	4:00		4:05		3:30		4:30		3:40		3:15	(19)	4:00
	4:11	(16)	4:15	(20)	4:40	(20)	4:40	(24)	3:45	(17)	3:25		4:25
(18)	4:35	(17)	4:20		4:45		5:10	(15)	4:30	(15)	3:30	(18)	4:45
	4:55	(19)	4:25		4:55		5:20		5:00		3:40	(20)	5:00
	5:00		4:30		5:00	(17)	5:30		5:45	(16)	3:50		5:10
(15)	5:05	(15)	4:35	(18)	5:55	(25)	5:45	(22)	5:50		4:00	(24)	5:15
(17)	5:35		5:20	(25)	6:00	(19)	5:50		5:55		4:15		6:20
	5:55	(15)	5:35		6:05	(21)	5:15		6:00		4:25		6:25
(23)	6:20		6:15	(23)	6:35		6:20		6:35	(18)	4:35		6:50
	6:45	(20)	6:40	(15)	6:40		7:30		6:45	(22)	5:40		6:55
	6:50	(25)	6:45		7:10	(23)	7:55	(25)	7:00	(25)	6:45		7:15
	7:10		7:10		7:35				7:45		6:55		7:40
	7:25		7:35	(17)	7:5				7:55	(20)	7:35	(17)	7:45

8		9		10		11		12		13		14	
(17)	0:05		0:25		0:05	(25)	0:05	(22)	0:10	(25)	0:10		0:10
(18)	0:20		0:30		0:15	(18)	0:15		0:20		0:15	(17)	0:15
(15)	1:05		0:40		0:40		0:20		0:30		1:10		0:20
	1:25	(24)	0:45		1:30		0:25		1:30		1:25	(22)	0:25
	1:30		1:00		1:45		0:55	(19)	1:45	(21)	1:30	(24)	0:50
	2:05	(18)	1:10	(21)	2:20		1:20		1:50		1:40	(18)	1:25
	2:25	(17)	1:25		2:25		1:35		2:25		1:45		1:35
(24)	2:40		1:40	(22)	3:10		1:55	(25)	2:35	(16)	2:05	(23)	2:10
(16)	3:00		2:15	(20)	3:40	(17)	2:10	(17)	3:05		2:40	(20)	2:15
	3:20		2:20	(15)	3:50		2:30		3:10	(19)	2:45		2:40
	4:25		2:30		4:15		2:45		3:50		2:55		2:55
	4:45	(15)	2:40	(24)	4:20	(21)	2:50		3:55	(22)	3:40		3:35
	4:50		2:45		4:30	(22)	2:55		4:05		3:45	(21)	3:40
(25)	4:55	(21)	3:05	(25)	4:40	(15)	3:00		4:10	(18)	3:50		4:35
	5:05	(16)	3:30		4:55	(16)	3:30		4:50	(24)	4:05	(16)	4:45
	5:15		3:35		5:00		3:35	(21)	5:10	(20)	4:25	(19)	5:05
	5:50		4:00		5:15	(23)	3:45	(16)	5:25		4:55		5:10
	5:55		4:15	(19)	5:20		4:05	(15)	5:30		5:15		5:50
(22)	6:00	(23)	4:50		5:25		5:00	(24)	6:00		5:45		6:05
(20)	6:10	(20)	5:45	(23)	6:05	(19)	5:40		6:05	(15)	6:20		6:20
(19)	6:20	(22)	5:50	(17)	6:45	(24)	5:50		6:15		6:25		7:05
	6:35		6:25	(18)	7:15		5:55		6:30	(17)	6:30		7:10
(23)	7:10	(19)	6:50		7:25		7:20	(18)	6:50		6:35		7:20
	7:15	(25)	7:05		7:35		7:40	(23)	6:55	(23)	7:35	(25)	7:50
(21)	7:30		7:30	(16)	7:55	(20)	7:50	(20)	7:25	(20)	7:50	(17)	7:55

7) 등간격 샘플링

워크 샘플링에 있어서 관측시각이나 관측의 출발지점을 정할 때에, 이 방법을 사용할 수 있다. 예를 들면, 계산에 의해 원하는 허용오차 내에서 비율을 추정하기 위해서는 1시간에 10회의 관측횟수를 필요로 한다는 것을 알았을 때 60분/10=6분이므로, 6분마다 0분, 6분, 12분 ……에 순회 관측한다.

그림 4-20 작업상황변화의 주기와 샘플링주기의 관계

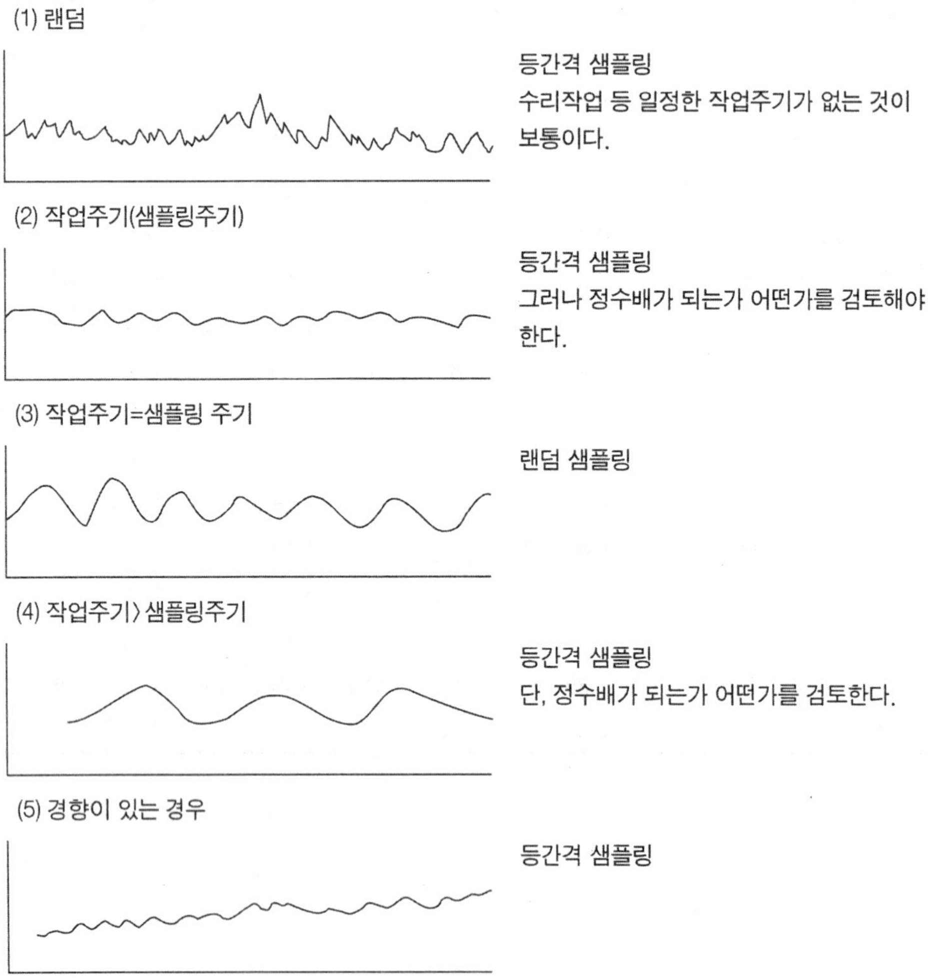

(예: 기회의 운전율의 변화와 샘플링주기의 관계)

8) 층별 샘플링

모집단이 여러 가지 이질적인 것을 포함하는 경우 (예를 들면 작업여유율이 연전과 연후로 다를 경우), 모집단을 층별해서 (예를 들면 연전과 연후를 구분해서) 각 층별마다 샘플링을 해서 평균치를 추정하고, 다시 각측의 평균치를 가중평균한다. 층간에 차가 있을수록 그 정밀도는 단순 랜덤 샘플링보다 향상한다. 이것을 층별 샘플링이라 한다.

그림 4-41 시간적으로 변화하는 경우

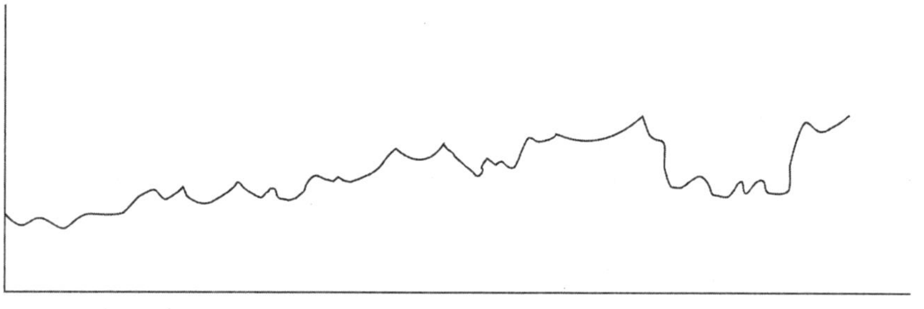

4.8 신 QC의 7가지 수법

1) 신 QC 수법이란

품질관리 수법으로서 이른바 QC 7가지 도구가 있다. 특성요인도, 파레토그림, 체크시이트, 히스토그램, 산점도, 층별, 관리도 및 그래프이다. 이 방법들은 TQC활동의 모든 분야에서 관리자로부터 QC 분임조 멤버에 이르기까지 활용되어 실효를 거두고 있다.

그러나 관리자 및 스탭은 복잡한 기술적 내용이나 부문간의 관련을 고려하면서 그것을 체계화하고 조직해 가는 업무를 모든 국면에서 실시할 필요가 있다. 그래서 혼돈된 각 요소의 복잡한 얽힘 속에서 생각을 정리하여 문제를 파악하고 실행을 위한 방책을 해 주는 도구가 요망되는 것이다. 이런 문제를 위해 유효하게 쓰이는 도구가 QC신 7가지 수법이라 하겠다.

신 QC수법은 주로 도형을 사용하는 방법으로 정보에 대한 전체의 구성을 먼저 이해시키고 흥미있는 대상요소에 이르게 하는 수법으로 다음과 같은 특징이 있다.

(1) 언어 데이터를 정리하는 수법이다

당면하고 있는 많은 언어 데이터를 도표적으로 표현 수량화해서 관계자 전원이 활용하도록 하는 수법이다.

(2) 발상을 이끄는 수법이다

머리를 써서 발상하고 얻은 정보를 사용할 수 있도록 변화시키는 수법이다.

(3) 계획에 충실한 수법이다

미래지향적으로 각종 언어정보를 이용 가설을 설정해 예견하고 구체적인 실험을 계획할 수 있는 수법이다.

(4) 부실, 누락을 없애는 수법이다

원가 · 납기 · 설비 등 복잡하게 연관되어 있는 품질문제를 적출하여 종합적으로 추진하도록 할 수 있는 수법이다.

(5) 관계자 모두가 협력하고 추진하는 데 기여하는 수법이다

관계자 전원이 상호 관련하여 생각하고 기술력을 결집하여 각 담당자의 관련이나 위치를 명확하게 하는 수법이다.

(6) 관계자에게 이해시키는 수법이다

그룹이 갖는 모든 정보가 개개의 멤버에게 공유되어 새로운 발상으로 이끄는 수법이다.

(7) 생생하게 호소하는 수법이다

이전에 경험하였던 고생한 점, 새롭게 발상한 점, 실패한 점 등을 앞날에 참고가 될 수 있도록 호소하고 정리하는 수법이다.

2) 신QC 7가지 수법의 유의점

(1) 다차원적 평가를 실시한다

문제해결에 임해서 그 문제를 크고 넓고 소프트하게 관련 기능을 파악한다.

(2) 문제를 설정하여 계획한다

현재는 불량이 없지만 장래에 불량을 야기시킬 문제를 현단계에서 개선수단을 설정하여 계획한다.

(3) 양호한 상태를 명확히 한다

문제점의 파악보다는 양호한 상태로 지향한다.

(4) 반드시 중점지향을 한다

중점지향이란, 자원을 중점 배분하고 개선문제를 추진하는 과정에서 모든 실시항목 중에서 난이도에 따라 중점적으로 설정한다.

(5) 시스템적으로 추진한다

회사의 방침을 전개하는 데 있어서 각 부문이 시스템적인 협력에 의해서만이 효과가 오른다. 따라서 자부문의 활동이 타부문으로부터 협력이 필요한 경우 타부문이 협력하지 않으면 안 되도록 하는 것을 연구한다.

(6) 적극적인 변화를 준다

관리자, 스텝은 활동에 있어서 항상 변화를 주어 조직의 만성화를 방지하고 개선해 가야 한다.

(7) 예견한다

장래에 발생할 것으로 보이는 사태를 예견하고 행동하는 능력이 관리자, 스탭에게 요구된다.

3) 신 QC 7가지 수법의 활동분야

신 QC수법이 앞으로 활용이 기대되는 분야는 다음과 같다.

표 4-21 신 QC 수법활용분야

스텝	1차전개	2 차 전 개	연관도법	KJ법	계통도법	매트릭스도법	매트릭스데이터해석법	PDPC법	애로우다이어그램법
전단계	방침관리	많은 실시사항에서 중점을 짜 넣는다.	●	●	●	●			
		상위방침을 하위로 전개한다.	●		●				
		전개사항의 담당을 명확히 한다.	●		●	●			
		목표에 대해서 확실한 계획을 세운다.			●			●	●
	교육연수	연수항목을 짜 넣는다.	●	●		●			
		연수항목과 기대수준을 관련짓는다.	●	●		●			
	노무 · 인사	직위별 업무담당을 명확히 한다.			●	●			
		대인절충을 원활하게 한다.	●					●	
	재무 · 회계	체질을 타기업과 비교 진단한다.				●	●		
	TQC추진	부문간의 연대를 원활하게 한다.	●	●	●				●
	QC분임조 활동	QC분임조의 활동을 활발하게 한다.	●	●	●				
기획	시장분석	니즈를 조사 · 층별한다.		●	●		●		
		수요예측을 행한다.			●				
		경쟁사를 분석한다.				●	●		
		신제품의 용도를 개발한다.	●	●		●	●		
		유통루트를 조사한다.			●	●			
		테마의 탐색을 행한다.	●	●		●			
	품질설계 품질보증	품질특성을 파악한다.			●	●	●		
		니즈를 대용특성에 전개한다.		●	●	●			
		소프트 · 하드의 기능을 관련짓는다.	●	●		●			
		대용특성과 공정관리항목을 관련짓는다.			●	●			
		기획 · 정책을 설계품질에 전개한다.		●	●	●			
개발	품질설계 품질보증	신뢰성을 높이는 요인을 명확하게 한다.	●	●	●		●	●	
		PLP활동의 충실을 꾀한다.	●	●	●			●	
	시작평가 개발	생산기술을 개발한다.			●		●	●	
		기능과 원가의 관계를 명확히 한다.			●	●			
		연구 · 개발의 현상을 검토한다.	●	●					

스텝	1차전개	2 차 전 개	연관도법	KJ법	계통도법	매트릭스도법	매트릭스데이터해석법	PDPC법	애로우·다이어그램법
생산	구매	가격절충을 한다.				●		●	
		납기지연의 원인을 규명한다.	●		●				●
		수입부품의 불량을 절감한다.	●			●			
	재고관리	품종별 하동상황을 파악한다.	●			●			
	품질관리 개선	불량원인을 해석하여 공정 개선을 한다.	●		●	●	●		
		시험특성과 계측항목을 관련짓는다.			●	●			
		클레임을 분석, 해결하여 품질을 향상한다.	●		●	●	●		
	생산량관리 개선	문제점을 명확히 하고 개선하여 가동률을 높인다.	●			●		●	
		납기상의 문제를 해결하여 기일을 지킨다.	●		●				●
		정확도가 높은 양관리를 한다.	●						●
	원가관리 절감	VE에 따라 원가를 절감한다.	●		●				
	설비관리 개선	계획대로 설비투자를 실행한다.			●				●
		작은 투자로 유효한 효과를 얻는 방법을 취한다.						●	
	안전관리	재해의 박멸을 검토한다.	●	●		●			
		중대사고 · 재해에 대한 시스템을 검토한다.	●	●				●	
판매	판매정책 전략	니즈와 품종의 관련을 정리한다.	●	●		●	●		
		니즈의 전개와 자사품 · 경쟁사품을 평가한다.			●	●	●		
		지역별 판매품종의 특징을 파악한다.				●			
		판매촉진책을 개발입안한다.	●					●	
	이익관리 매상고	판매점별 매상고를 파악한다.				●			
		품종별 매상고를 파악한다.				●			
	비포서비스 애프터서비스	보다 정확한 유저니즈를 파악한다.	●		●	●	●		
		얻은 정보를 설계에 피드백한다.			●	●			

4) 신 QC 7가지 수법의 종류

(1) 연관도법

① 연관도법이란

원인과 결과, 목적과 수단 등이 복잡하게 얽혀 있는 문제에 대하여 각 요인의 인과관계를 논리적으로 연결한 관련도를 작성함으로써 문제를 종합적인 견지에서 파악하여 해석하고 적절한 해결책을 찾아내는 수법이다.

그림 4-42 연관도의 개념도

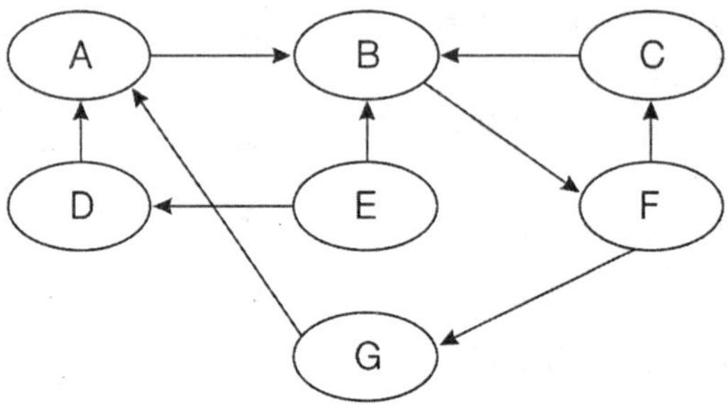

② 작성형식

연관도 작성법은 자유롭다는 것이 특징이지만, 대별하면 아래의 3가지 패턴으로 분류된다.

㉠ 중앙집중형 연관도

그림 4-43 중앙집중형 연관도

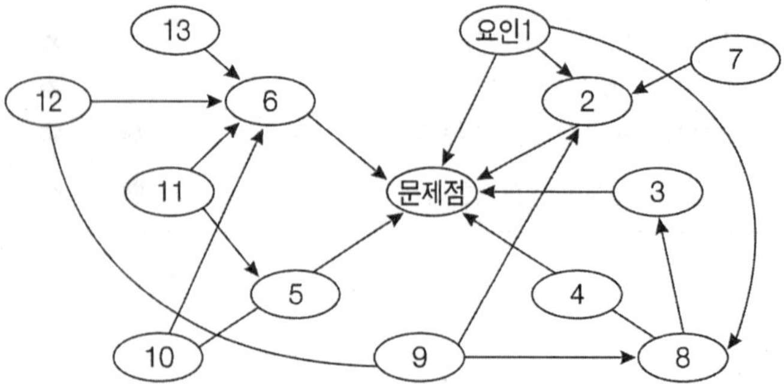

중요항목이나 해결해야 할 문제점은 되도록 중앙에 배치하고 관계되는 각 요인을 될수록 가까운 관계의 것에서부터 그 주위에 배치해 가는 것이다. <그림 4－43>

㉡ 일방향집약형 연관도

중요항목이나 해결해야 할 문제점을 우(또는 좌)측에 배치하고 각 요인을 주된 인과관계의 흐름에 따라서 될수록 좌(또는 우)측에서 우(또는 좌)측으로 향하도록 배치하는 것이다.<그림 4－44>

그림 4-44 일방향집약형 연관도

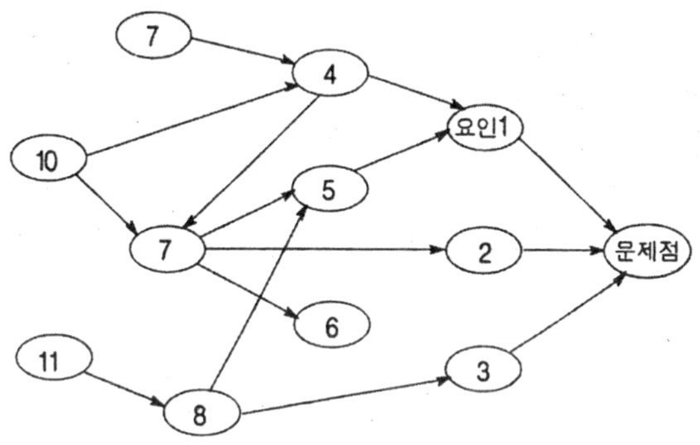

㉢ 관계표시형 연관도

각 활동항목간 또는 요인간의 인과관계를 간단하게 그림으로 표시하는 것이 주가 되는 것으로서, 배치는 자유로 해도 좋다.<그림 4－45>

그림 4-45 관계표시형 연관도

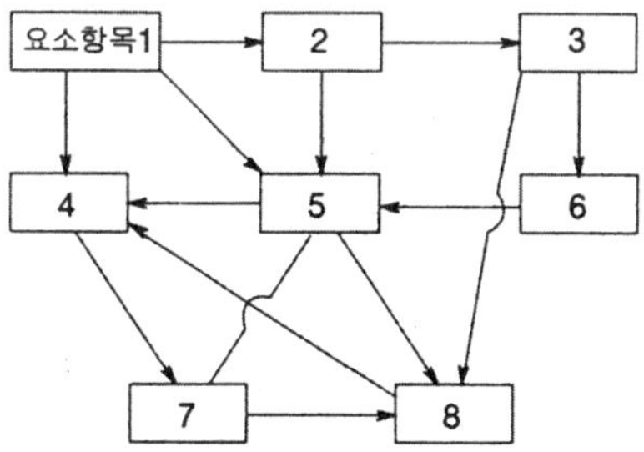

③ 작성방법

문제점이나 요인을 나타내는 짧은 문장이나 말을 ○나 □로 묶어 그들의 인과관계를 화살표로 나타내고 특히 달성해야 할 목표나 해결하고 싶은 문제점을 ◎나 ▣로 둘러 중점

항목이나 중점요인을 표시한다. 그리고 화살표의 방향은 원인에서 결과, 수단에서 목적으로 향하게 표시한다.

그림 4-46 목표 · 방책연관도의 예

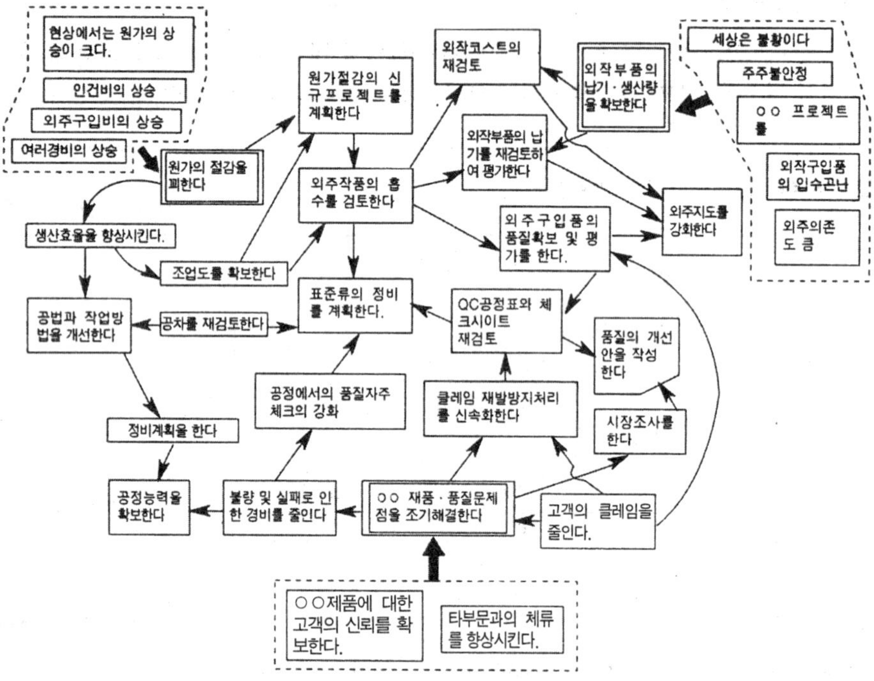

④ 적용사례

위의 연관도는 다원적인 목표달성을 위해 각 정책을 전개하는 과정에서 제각기 얽혀 있는 기능중 방책에 관한 하나의 발상을 얻은 사례이다.

5) KJ법이란

(1) KJ법이란

장래의 문제, 미지, 미경험 분야의 문제에 대하여 그것들에 관한 사실 또는 의견, 발상을 언어 데이터로 파악하고, 그 상호의 견지성에 의해서 통합한 그림(A형 도해)을 작성함으로써 해결하여야 할 문제의 소재, 형태를 명확히 해 가는 방법이다.

그림 4-47 A형 도해

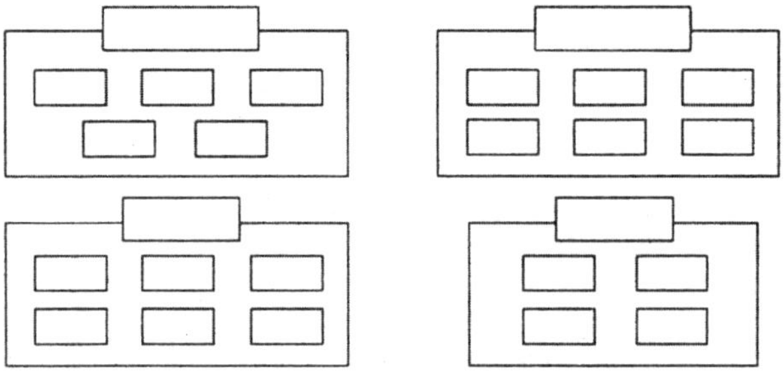

(2) A형 도해 작성방법

① 언어데이터를 수집한다

○ 직접관찰법 … 직접 현장에 가서 자기 눈으로 보고 귀로 듣고 피부로 만져서 파악

○ 면담열람법 … 문헌자료조사, 면접, 브레인스토밍법 등

○ 개인사고법 … 자신의 과거 경험 및 자기 속마음 상태를 탐구하는 법

② 언어 데이터를 카드화하여 그룹으로 편성한다.

③ 각 그룹에 표찰을 붙이고 그룹 편성 전개를 알아보기 쉽게 도해한다.

(3) 적용사례

다음 그림은 「영업부분에서 어떻게 TQC를 추진해야 하는가」하는 주제를 가지고 A형 도해법으로 해결해야 할 문제를 정리한 것으로 그 일부를 나타내고 있다. 이와 같이 하여 영업부문에서 TQC를 추진해야 할 중점사항을 정리할 수 있었다.

6) 계통도법

(1) 계통도법이란

목적이나 목표를 달성하기 위해서 필요한 수단 · 방책을 계통적으로 전개한 「계통도」를 작성함으로써 문제(사상)의 전체에 일관성을 주어 문제의 중점을 명확히 한다든지, 목적 · 목표를 달성하기 위한 최적수단 · 방책을 추구해 가는 방법이다.

그림 4-48 KJ법의 예

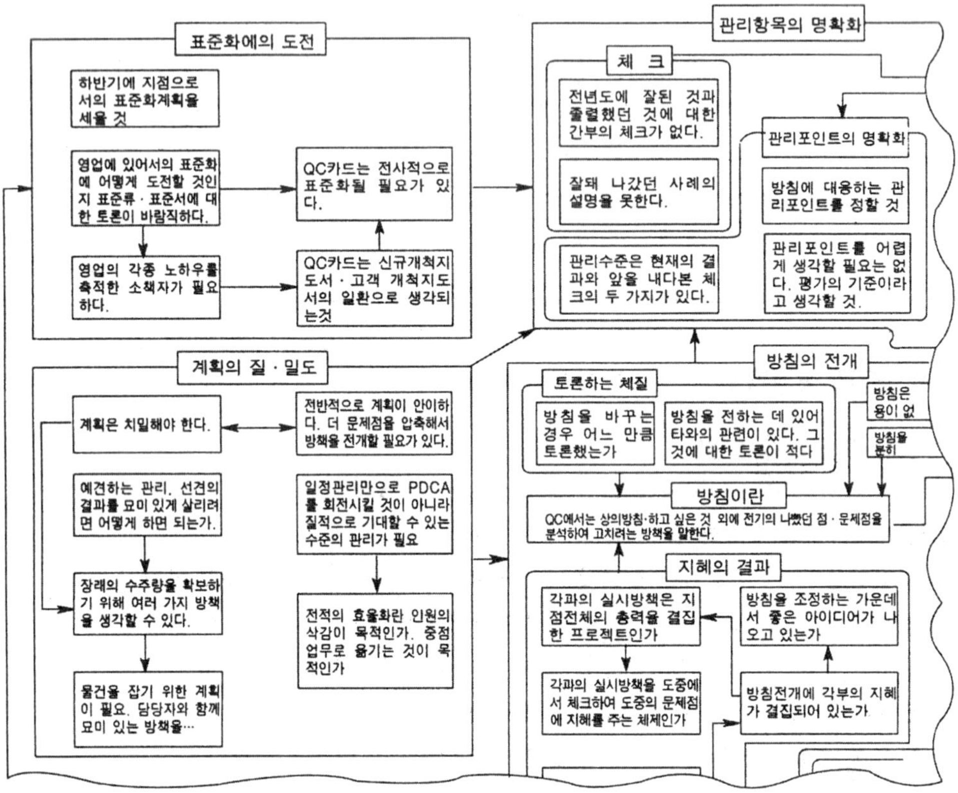

(2) 계통전개방법

순서1 목적 · 목표를 설정한다.

순서2 목적 · 목표를 달성하기 위해 필요하다고 생각되는 수단이나 방책을 추출하여 계통화한다.

순서3 이 수단, 방책으로 목적 · 목표를 달성할 수 있는가 검토한다.
만일 달성할 수 없으면 부족한 방책 · 수단을 추구한다.

순서4 그리고 이 수단, 방책을 목적으로 하였을 경우 그 목적을 달성하기 위해서 다시 어떤 수단, 방책이 필요한가를 위의 방법에 따라 더 추출될 수 없는 말단 기능까지 반복하여 전개한다.

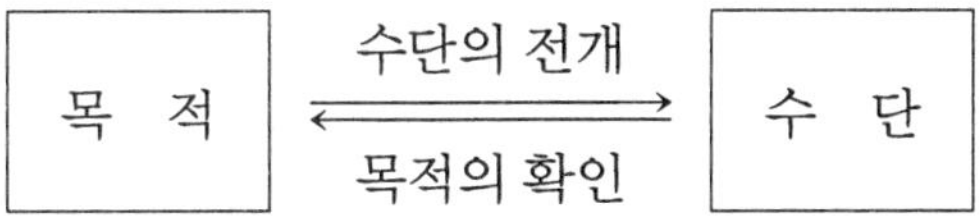

(3) 적용사례

다음 <그림 4-47>은 기술개선에 의한 원가절감을 하고자 기술개선을 위한 기능계통을 전개시킨 예이다

7) 매트릭스도법

(1) 매트릭스도법이란

문제가 되고 있는 항목 가운데에서 짝이 되는 요소를 찾아내어 행과 열로 배치하여 그 교점에 각 요소의 연관의 유무나 연관의 정도를 표시함으로써,

그림 4-49 실시항목의 구체화(계통도)

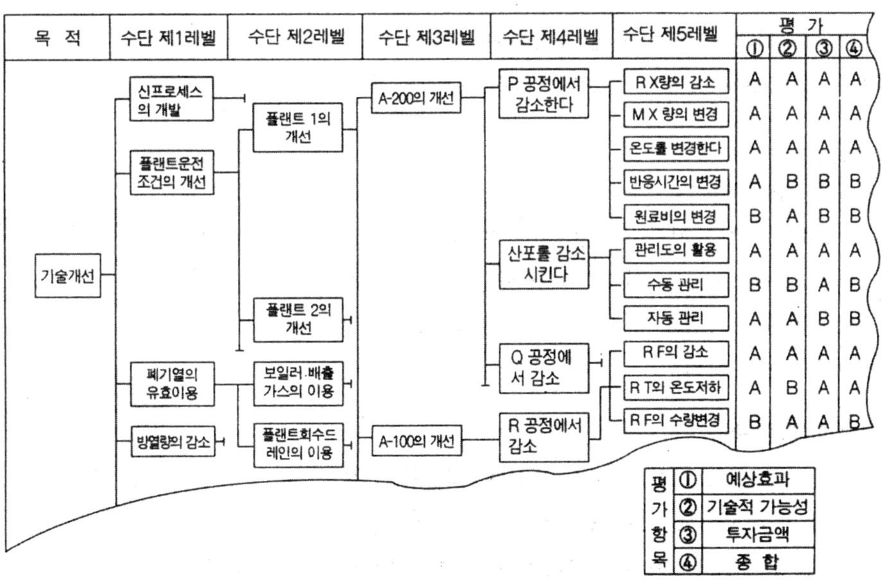

① 이원적인 배치 가운데에서 문제의 소재나 문제의 형태를 탐색하고,

② 이원적인 관계 가운데에서 문제해결의 착상을 얻을 수 있어, 이 교점에서 「착상의 포인트」를 얻어 문제해결을 효과적으로 추진해 가는 방법이다.

(2) 매트릭스도법의 종류

매트릭스도법은 분석해야 할 대상을 적절한 매트릭스도에 표현하는 것이 적용상의 중요한 포인트가 된다. 그래서 몇 가지 매트릭스도를 분류하여 그 패턴을 보여 둔다. 이것을 참고로 해서 대상에 따라 적절한 패턴을 선택하여 활용함이 좋다.

① L형 매트릭스

가장 기본이 되는 매트릭스로서, 한 쌍의 대상을 행과 열로 배치한 두 원소와, 형태로 표현하는 것이다. 즉, <그림 4－48>에 보이듯이 A의 원소와 B의 원소의 대응에 의해서 구성되는 매트릭스도이다. 이 L형 매트릭스는 몇 개의 목적과 그것을 달성하기 위한 수단과의 대응이나 복수의 결과와 그 원인과의 관련 등 여러 가지 국면에 적용할 수 있다.

② T형 매트릭스

<그림 4－49>에 보이듯이 A의 원소와 B의 원소의 매트릭스와 A의 원소와 C의 원소의 L형 매트릭스를 합친 것이다. A의 원소가 B의 원소와 C의 원소로 각각 대응하고 있는 매트릭스도이다.

③ Y형 매트릭스

<그림 4－50>에 보이듯이 A의 원소와 B의 원소, B의 원소와 C의 원소, C의 원소와 A의 원소의 3가지 L형 매트릭스를 합친 것이다. 즉. A와 B, B와 C, C와 A의 3쌍의 원소에 대하여 각각의 대응을 나타내는 매트릭스도이다.

그림 4-50 L형 매트릭스

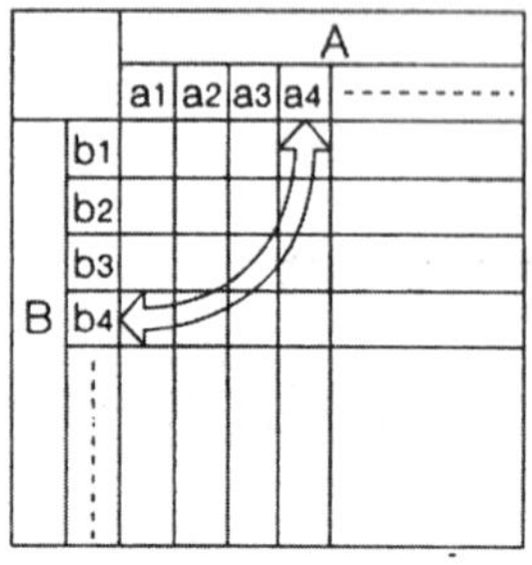

그림 4-51 T형 매트릭스

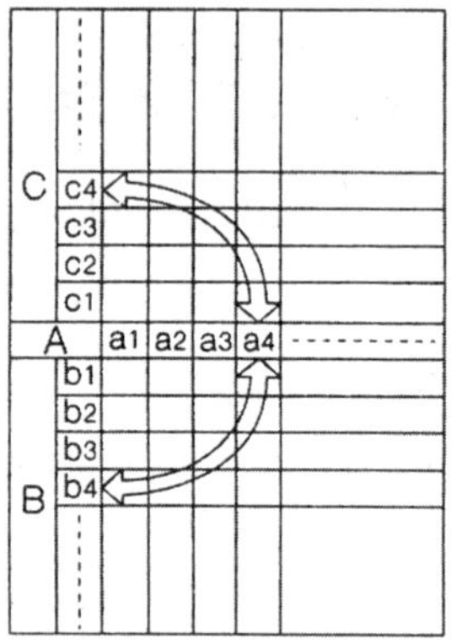

그림 4-52 Y형 매트릭스

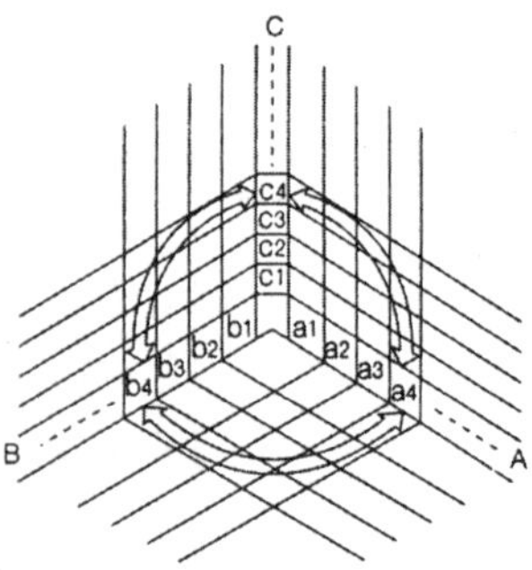

그림 4-53 X형 매트릭스

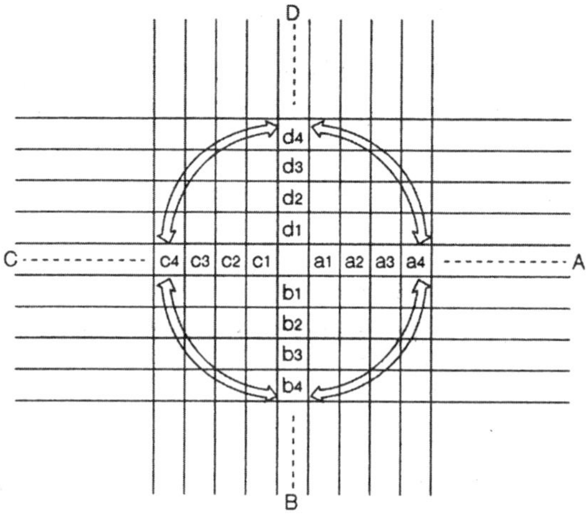

④ X형 매트릭스

<그림 4-53>에 보이듯이 A의 원소와 B의 원소, B의 원소와 C의 원소, C의 원소와 D의 원소, D의 원소와 A의 원소의 4L형 매트릭스를 조합한 것이다. 즉, A와 B · D, D, B와 A · C, C와 B · D, D와 A · C의 4쌍의 운송에 대하여 각각의 대응을 나타내는 매트릭스이다.

⑤ C형 매트릭스

그림 4-54 C형 매트릭스

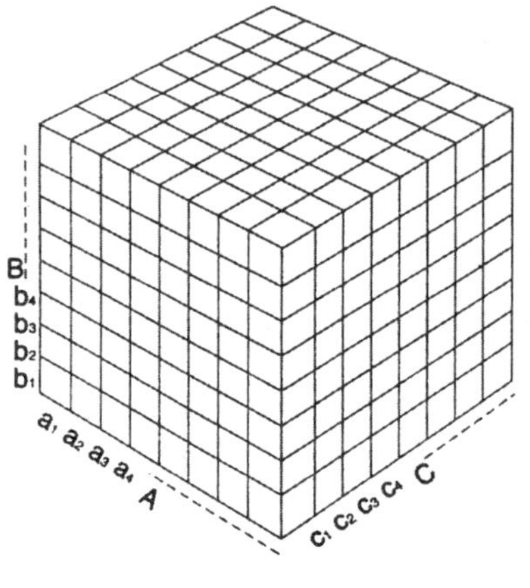

그림 4-55 C형 매트릭스의 전개도

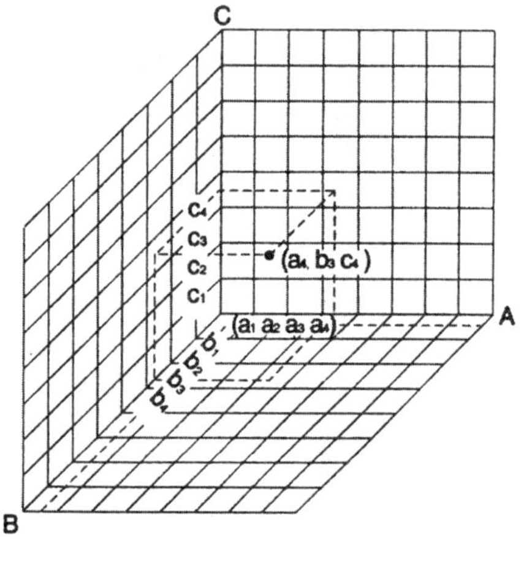

<그림 4−54>에 보이듯이 A, B, C의 각각에 속하는 원소를 정으로 하는 정6면체(또는 직6면체)의 형식으로 표현할 수 있는 것이다. C형(cubic type) 매트릭스는 A의 점이 "착상의 포인트"가 되는 것이 그 특징이다. 이 "착상의 포인트"는 <그림 4−46>의 형태에서는 나타나기 어렵기 때문에 <그림 4−53>과 같이 표현할 수도 있다. 또한 A−B, B−C, C−A의 3L형 매트릭스를 작성하고 <그림 4−54>와 <그림 4−53>을 병용하면 더욱 알기 쉬워진다.

(3) 작성포인트

매트릭스를 작성할 때 포인트가 되는 것은 어떤 사상을 짝짓는가 하는 것과 추출한 사상을 원소에 대응시키는가 하는 것이다. 조합해야 할 사항은 문제의 내용에 따라서 한 마디로 말할 수는 없다.

따라서 매트릭스를 써서 대응시키고 싶은 사상이 정해지면 이들 사상을 서로 대응시켜서 의미가 있는 수준까지 그 원소를 전개하면 된다.

(4) 적용사례

다음 그림은 스텝목표항목, 부목표항목, 스텝실시 항목, 각 부에의 요망사항 등을 서로 대응시

그림 4−56 X형 매트릭스도의 예

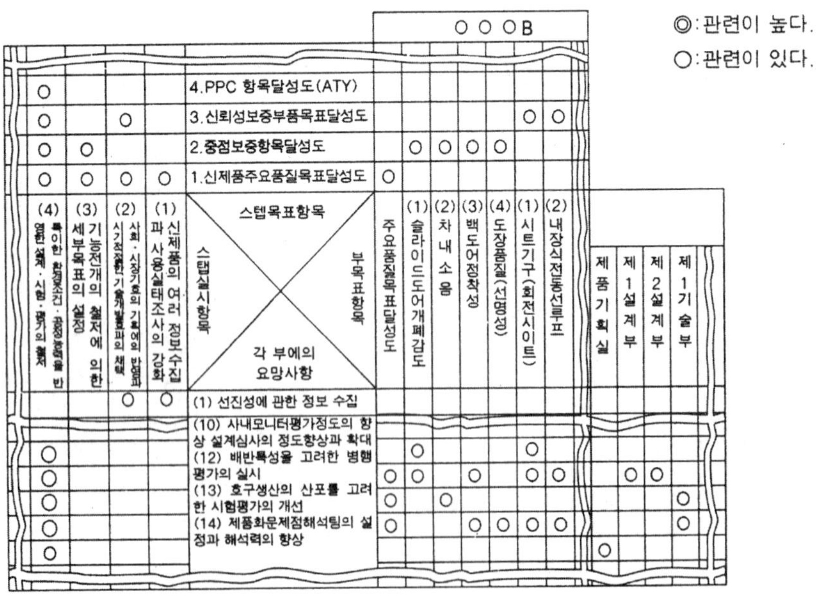

킨 X형 매트릭스도의 예이다.

8) 매트릭스 · 데이터 해석법이란

(1) 매트릭스 · 데이터 해석법이란

매트릭스 · 데이터 해석법이란 매트릭스도에 있어서 요소간의 관련이 정량화된 경우(교점에 수치데이터가 얻어진 경우)에 이것을 계산으로 알아보기 좋게 정리하는 방법이다.

(2) 작성방법

그림 4-57 신제품 A포의 용도탐색

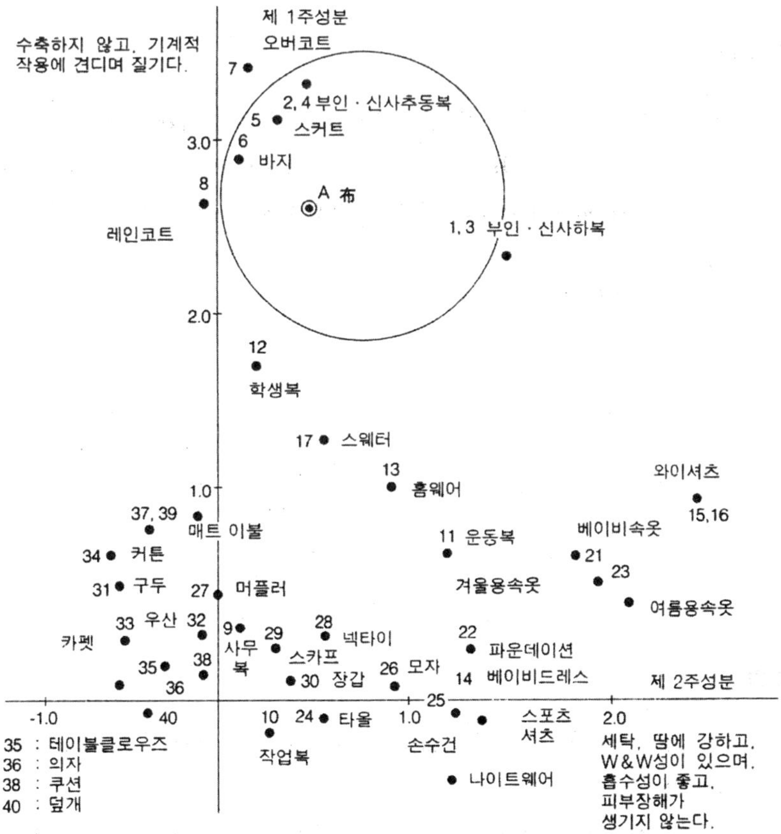

매트릭스 · 데이터 해석법으로 주로 다변량 해석법의 한 수법인 주성분 분석법이 쓰이고 있는데 그다지 많이 활용되지 못하고 계산상 까다로움이 많으므로 이 책에서는 생략하고 활용사례 한 가지만을 예를 보면 다음과 같다.

(3) 적용사례

'A'라는 직포가 새로이 개발되었다. 이 A포는 어떠한 용도에서 사용될 수 있는 것일까라는 문제에 대해 매트릭스 · 데이터를 주성분 분석하여 제1성분과 제2성분으로 표시하였더니 <그림 4−55> 같은 결과를 얻었다. 따라서 신 제품 A포의 용도는 스커트 · 바지 등에 비교적 가깝다는 것을 알 수 있다.

9) PDPC법

(1) PDPC법이란

사태의 진전과 더불어 여러 가지 결과가 상정되는 문제에 대해서 바람직한 결과에 이르는 프로세스를 정하는 방법으로 OR(operations research)에서 쓰여지고 있는 과정결정계획도(Process Decision Program Chart; PDPC)를 품질 관리에 적용한 것이다.

그림 4−58 PDPC개념도

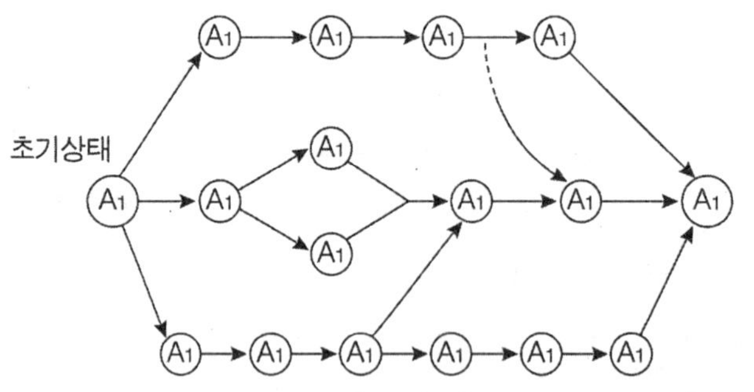

(2) 작성방법

① 패턴 Ⅰ … 어떤 상태 Ao에서 출발하여 바람직한 상태 Z에 이르는 과정을 Ao에서 Z를 향해 적어가는 방법

② 패턴 Ⅱ … 최후의 상태 Z가 바람직한 상태(또는 바람직하지 않은 상태)인 경우. 먼저 Z를 상정하고 Z에서 Ao를 향해서 여하한 경로를 거치면 초기의 상태 Ao에 도달하는가를 많은 관점에서 발상을 전개해 가는 방법

(3) 적용사례

<그림 4－59>은 P생산공정에서 여러 해에 걸친 현안사항을 해결하기 위해 과거에 실시한 분석사례보고라든가 관계자 전원의 머릿속에 축적되어 있는 경험을 실패한 예와 함께 PDPC도를 그린 일부로써 P생산공정에 관한 과거의 모든 정보를 활용하고 있다. 그림에는 Q.C.D별로 과거의 문제점과 이에 대해 취해진 대책 그것들의 시계열적인 흐름이 표시되었고 또한 새로운 문제점도 표시하고 있다.

(4) 6시그마 어떻게 추진하나

공정의 표준을 새로운 방식으로 설정하고 준수하는 시스템(표준품질 생산방식:SQM)을 적용하여 품질불량으로 인한 과다 손실비용을 제거하고 프로세스의 질을 높여 궁극적으로는 기업경영 전 분야에 걸쳐 원가는 획기적으로 절감하기 위한 기업 전략적 의미를 지닌다.

삼성전관은 6시그마 프로젝트, 품질자격인증제도, 표준품질 생산방식을 축으로 6시그마 운동을 펼치고 있다. 우선, 6시그마 프로젝트는 부서원 개개인이 자신의 업무에 관한 고객의 요구를 파악하고 자신의 담당 공정(업무) 가운데 고객의 관점에서 CTQ(품질치명요소)를 선정한다.

이때 QC 일곱 가지 기법 등을 이용해 산출된 통계적인 데이터를 기준으로 한다. 소정의 절차를 거쳐 6시그마 프로젝트로 등록이 되면 삼성전관의 문제해결기법인 C-S-I 사이클에 의해 수행된다. 완료된 프로젝트는 별도의 인증기준에 의해 검증을 거친 다음 인증을 받게 된다.

여기서 C-S-I 사이클이란 프로젝트를 수행하는 기술적 단계를 말한다. 문제를 선정하고 정의하는 Chart(산포불량분석) 단계, 변수와 대책을 리스트하고 우선순위를 정하는 Solve(참원인 분석활동) 단계, 선택된 대책을 실행에 옮기는 Implement(개선대책) 단계를 의미한다.

6시그마 프로젝트는 고객품질에 관해 결정적 치명요소의 해결에 초점을 맞춘 사업전략이라 할 수 있다.

둘째로 품질자격인증제도는 98년부터 해외를 포함한 전 임직원의 품질개선 참여를 유도하고, 과학적 문제해결 능력을 갖춘 인재를 양성하기 위해, 단계별로 White Belt(WB), Green Belt(GB), Black Belt(BB), Master Black Belt(MBB)로 나눠 품질자격을 개인에게 인증하는 제도이다.

특히 GB 이상의 자격을 보유하지 못하면 간부로 승격할 수 없도록 인사제도에 반영하여 강력

히 추진하고 있다. 이는 6시그마에 대한 최고 경영자의 강한 의지를 엿볼 수 있는 대목이다. 자격을 인증받기 위해서 WB는 개인학습을 통해 WB 시험에 합격해야 하고, GB는 32시간의 교육과 6시그마 프로젝트를 수행해야 하며, BB는 64시간의 교육과 6시그마 프로젝트의 수행을 완료해야 자격이 인증된다.

교육내용은 WB의 경우 6시그마 품질경영의 기초, 통계학의 기초, QC 7가지 도구 등이며, GB와 BB는 통계적 문제해결의 절차, 실험계획법 등이다. GB와 BB는 6시그마 프로젝트를 수행하고 지도하며 교육을 담당하는 역할을 한다.

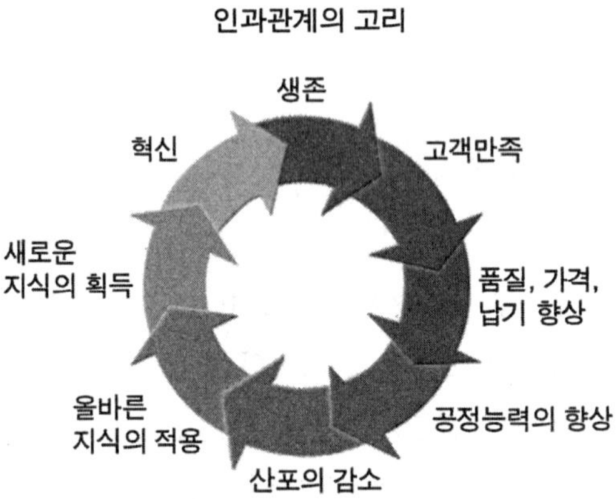

그림 4-59 P생산공정의 고유기술축적과 문제점 발굴을 위한 PDPC응용

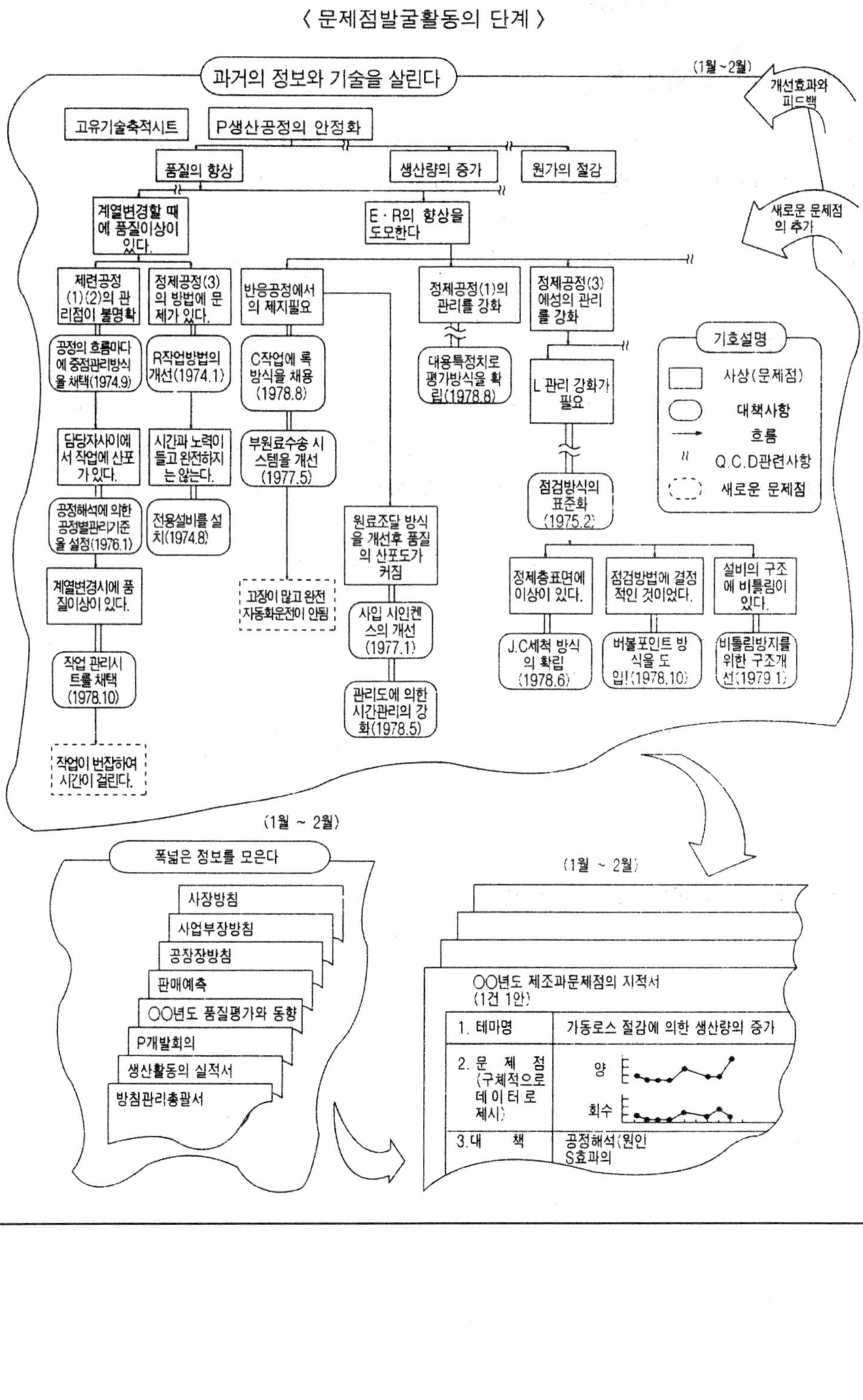

10) 애로우·다이어그램법

(1) 애로우 다이어그램법이란

최적의 일정계획을 세워 효율적으로 진척관리하는 방법으로서 애로우다이어그램(arow diagram)은 PERT 나 CPM에서 쓰여지는 일정계획을 위한 네트워크도이다 즉, 어떤 계획을 추진해 감에 있어서 필요로 하는 작업의 관련요소를 여러 개 연결해서 네크워크를 구성한 그림이다.

(2) 사용기호 및 명칭

애로우 다이어그램법에서 쓰이는 기호와 명칭은 다음 <그림 4－60> 및 <그림 4－61>과 같다.

그림 4-60 애로우 다이아그램의 사용기호 및 명칭

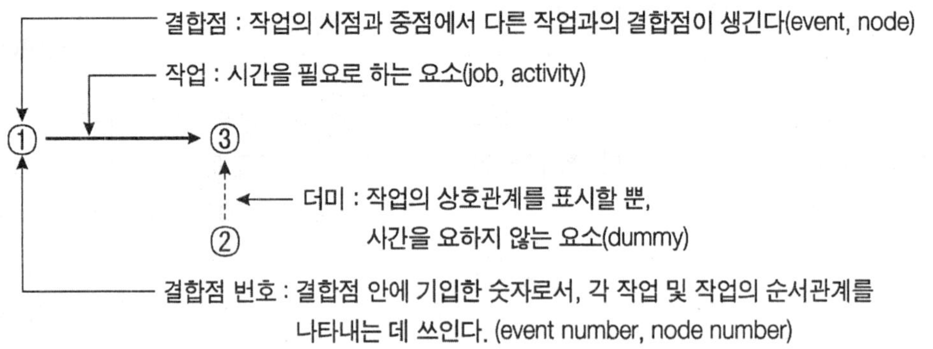

그림 4-61 결합점 일정의 표시방법

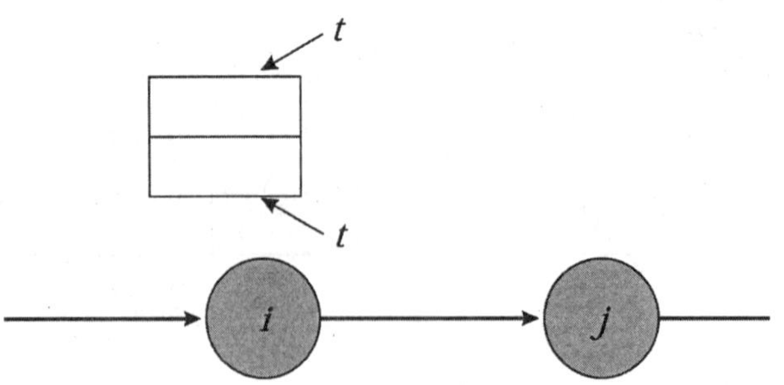

(3) 작성방법

① 애로우 다이어그램의 작성

모조지 위에 적절하게 고정된 작업카드를 결합점을 넣으면서 화살선으로 이어 가면 애로우 다이어그램이 만들어진다. 각 작업카드를 화살선으로 이어갈 때, 화살선을 분기한다거나 화살선끼리 합류시켜서는 안 된다. 분기나 합류는 반드시 결합점에서 하지 않으면 안 된다.

② 작업소요일수의 조사

애로우 다이어그램의 각 작업의 소요일수를 조사해서 작업 카드상의 직선 아래에 기입한다.

③ 결합점 일정의 계산

애로우 다이어그램의 각 결합점에 대하여 가장 빠른 결합점 일정과 가장 늦은 결합점 일정을 계산해서 결합점 가까이에 기입한다.

(4) 일정계산법

① 가장 빠른·가장 늦은 결합점 일정

결합점에 있어서의 일정에는 다음의 두 가지가 있다.

㉠ 가장 빠른 결합점 일정(earliest node time) … 이것은 결합점 i에서 시작되는 작업은 빨라도 이날부터가 아니면 개시할 수 없는 일정을 말하며 t_iE라 표현한다.

㉡ 가장 늦은 결합점 일정(latest node time) … 이것은 결합점 i에서 끝나는 작업은 늦어도 이날까지 종료되지 않으면 안 되는 일정을 말하며 t_iL이라고 표현한다. t_iE 및 t_iL은 <그림 5−61>에 보이듯이 결합점의 부근에 테를 둘러 그 안에 표시한다.

② 가장 빠른 결합점 일정의 계산

가장 빠른 결합점 일정을 다음과 같이 계산한다.

㉠ 애로우 다이어그램의 출발점(결합점 1)의 가장 빠른 결합점 일정은 0으로 한다. 즉,

$$t_iE = 0$$

㉡ 결합점 j를 후속결합점으로 하는 작업이 하나인 경우는 그 가장 빠른 결합점 일정 $t_i{}^E$는 다음 식으로 얻어진다.

$$t_iE = t_iE + D_{ij}$$

여기서 t_iE는 결합점 j의 선행결합점 i의 가장 빠른 결합점 일정, D_{ij}는 작업(i, j)의 소요일수이다.

㉢ 결합점 j를 후속결합점으로 하는 작업이 둘 이상 있는 경우는 그 가장 빠른 결합점 일정 $t_i{}^E$는 다음 식으로 얻어진다.

t_i^E는$=max(t_i^E + D_{ij})$

③ 가장 늦은 결합점 일정의 계산

가장 늦은 결합점 일정은 다음과 같이 계산한다.

㉠ 애로우 다이어그램의 최종점(결합점 n)의 가장 늦은 결합점 일정은 그 결합점의 가장 빠른 결합점 일정과 같은 값이 된다. 즉,

$t_i^L = t_i^E$

㉡ 결합점 i를 선행 결합점으로 하는 작업이 하나인 경우는, 그 가장 늦은 결합점 일정은 다음 식으로 얻어진다.

$t_i^L = t_i^E - D_{ij}$

여기서 t_i^L은 결합점 i의 후속결합점 j의 가장 늦은 결합점 일정, D_{ij}는 작업(i, j)의 소요일수이다.

㉢ 결합점 i를 선행결합점으로 하는 작업이 둘 이상인 경우는 그 가장 늦은 결합점 일정 t_i^L은 다음 식으로 얻어진다.

$t_i^L = min(t_i^L - D_{ij})$

④ t_i^E와 t_i^L의 관계

동일 결합점에 있어서의 가장 빠른 결합점 일정 t_i^E는 가장 늦은 결합점 일정 t_i^L과의 사이에는 다음 관계가 성립한다.

$t_i^E \leqq t_i^L$

⑤ 크리티컬 패스 (Critical Path)

크리티컬 패스란, 애로우 다이어그램상의 출발점에서 최종점에 이르기까지의 최장경로를 의미하며, 일정관리상의 중점이 되는 작업의 연속이다.

크리티컬 패스는,

$t_i^E = t_i^L$

이 성립되고, 또한 그 t_i^E와 t_i^L을 계산한 경로에서 애로우 다이어그램에는 굵은 선으로 나타낸다.

⑥ 슬랙(slack)

결합점 i에 있어서의 일정의 여유를 의미하며, 가장 늦은 결합점 일정과 가장 빠른 결합점 일정의 차를 써서 SL_i라 표시한다.

$SL_i = t_i^L - t_i^E$

그림 4-62 결합점 일정의 계산

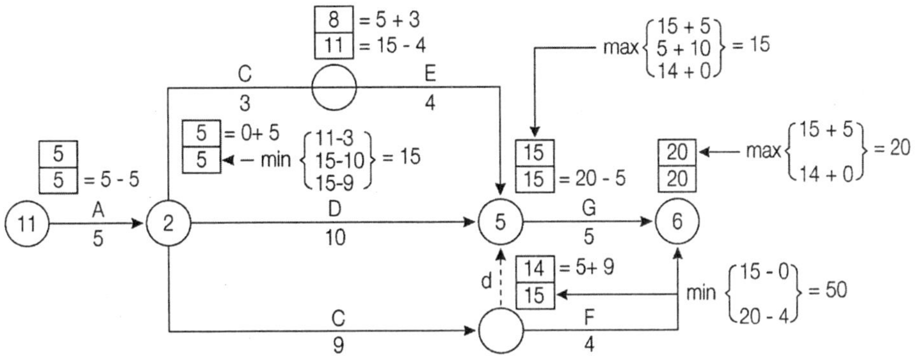

이 슬랙은 가장 빠른 결합점 일정과 가장 늦은 결합점 일정을 계산했을 때에 사용하는 일정의 여유의 개략적인 표준이다. 엄밀하게 일관리를 하는 경우에는 후술하는 전(全)여유나 자유 여유를 계산하지 않으면 안 된다.

<그림 4-62>에 가장 빠른 · 가장 늦은 결합점 일정의 계산 예를 보인다. 굵은 선은 크리티컬 패스이다.

⑦ 작업일정과 여유일수

결합점 일정만으로도 일정관리는 가능하지만, 더욱 세밀하게 일정을 관리해 가고자 할 때에는 각 작업마다 가장 빠른 및 가장 늦은 개시 · 종류일정과 여유일정을 계산할 필요가 있다. 이하, 이들 의미와 그 계산방법을 설명한다.

㉠ 작업일정과 그 계산

- 가장 빠른 개시일정(earliest start tinle) … 이것은 작업(i, j)을 시작할 수 있는 가장 빠른 일정을 말하며, ES_{ij}라고 표시한다. ES_{ij}는 결합점 i에 있어서의 가장 빠른 결합점 일정 t_i^E와 같으므로 다음 식으로 구해진다.

$$ES_{ij} = t_i^E$$

- 가장 빠른 종료일정(earliest finish time) … 이것은 작업(i, j)이 가장 빨리 종료하는 일정을 말하며, EF_{ij}라고 표시한다. EF_{ij}는 작업(i, j)이 가장 빠른 개시일정 ES_{ij}에서 시작되어 소요일수 D_{ij}로 끝난 경우의 일정이므로, 다음 식으로 구해진다.

$$EF_{ij} = ES_{ij} + D_{ij}$$

- 가장 늦은 종료일정(latest finish time) … 이것은 작업(i, j)을 늦어도 종료해 두지 않으면 안

되는 한계의 일정을 말하며, LF_{ij}라고 표시한다. LF_{ij}는 결합점 j에 있어서의 가장 늦은 결합점 일정 t_i^L와 같으므로 다음 식으로 구해진다.

$$LF_{ij} = t_i^L$$

○ 가장 늦은 개시일정(latest start time)

이것은 작업(i, j)을 늦어도 개시하지 않으면 안되는 한계의 일정을 말하며, LS_{ij}라고 표시한다. LS_{ij}는 작업(i, j)을 가장 늦은 종료일정 LF_{ij}에 종료하기 위해서 개시하지 않으면 안되는 마지막 일정이므로 다음 식으로 구해진다.

$$LS_{ij} = LF_{ij} - D_{ij}$$

㉡ 여유일수와 크리티컬 패스

○ 전여유(total float) … 이것은 작업(i, j)이 갖는 총여유일수를 말하며, TF_{ij}라고 표시한다. TF_{ij}는 작업(i, j)을 ES_{ij}에서 시작하여 D_{ij}로 끝냈을 때의 일정 EF_{ij}가 LF_{ij}보다 빠를 때에 생기는 여유$(LF_{ij} - EF_{ij})$ 또는 작업(i, j)을 LF_{ij}로 끝나도록 개시하는 일정 LS_{ij}가 ES_{ij} 보다 늦을 때에 생기는 여유 $(LS_{ij} - ES_{ij})$이다.

따라서 다음 식으로 얻어진다.

$$TF_{ij} = LS_{ij} - ES_{ij} = LF_{ij} - EF_{ij}$$

○ 자유여유(free float) … 이것은 작업(i, j)만이 독립해서 갖는 여유일수를 의미하며, FF_{ij}라고 표시한다. FF_{ij}는 작업(i, j) 이 EF_{ij}로 종료했을 때, 작업(i, j) 후속작업(i, k)의 가장 빠른 개시일정 $ES_{ik}(=t_i^F)$가 EF_{ij}보다 늦은 경우에 생기는 여유이다. 따라서 다음 식으로 구해진다.

$$EF_{ij} = ES_{ik} - EF_{ij}$$

○ 크리티컬 패스(Critical Path) … 전여유가 없는 작업을 크리티컬 패스라고 한다. 크리티컬 작업에 의해서 생기는 경로를 크리티컬 · 패스라 하고 CP로 나타낸다. 즉,

$$TF_{ik} = 0$$

가 되는 작업의 연속이다.

크리티컬 패스는 애로우 다이어그램상의 최장경로를 의미하며, 애로우 다이어그램에는 굵은 선으로 표시한다. 크리티컬 패스상의 작업은 예정의 소요일수를 초과하면 전체의 종료일정에 영향을 미치게 되므로, 특히 중점적으로 관리하지 않으면 안 된다.

○ 전여유와 자유여유의 관계 … 전여유를 가지고 있는 작업이 그 여유일수를 다 사용해 버리면, 이 작업의 뒤를 잇는 작업의 여유일수가 없어져 버린다. 따라서 전여유는 그 계획전체의 관리자(프로젝트 · 리이더)가 전체의 일정을 감안해서 조정하면서 사용할 수 있는 여유라고 생각할 수 있다. 작업의 담당자(프로젝트 · 멤버)가 이 전여유를 임의로 사용해 버리면 계획전체의 공정을 지킬 수 없게 될 우려가 있다.

그림 4-65 작업일정과 여유일수의 관계

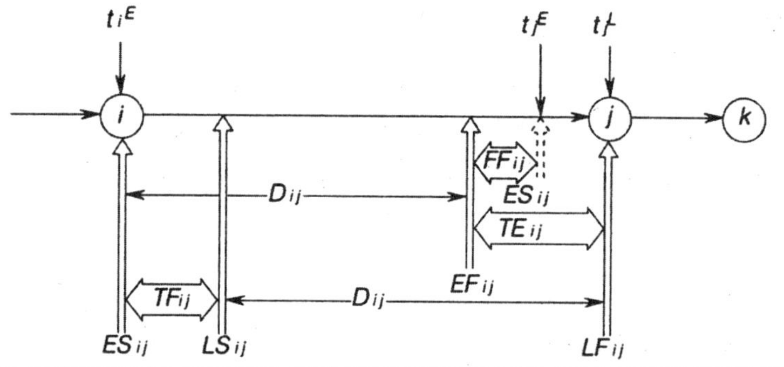

이에 대하여 자유여유는 이 일수 내이면 그것을 모두 사용해 버려도 뒤를 잇는 작업의 일정에는 아무런 영향도 주지 않는 여유이다. 따라서 그 작업의 담당자의 권한 내에서 "자유"롭게 사용해도 좋은 여유일수라고 생각할 수 있다.

㉢ 작업일정과 여유일수와의 관계

가장 빠른 · 가장 늦은 개시일정, 가장 빠른 · 가장 늦은 종료일정, 전여유, 자유여유의 각각의 관계를 도시하면 <그림 4－63>처럼 된다.

㉣ 계산예

<그림 4－61>의 애로우 다이어그램에 대하여 작업일정과 여유일수를 계산한 것을 <표 4－22>에 보인다.

표 4-22 일정계산표

작업 i, j	작업명	소유 일수 D_{ij}	가장 빠른 개시 ES_{ij}	가장 빠른 종료 EF_{ij}	가장 늦은 개시 LS_{ij}	가장 늦은 종료 LF_{ij}	전여유 TF_{ij}	자유여유 FF_{ij}	크리티컬 · 패스 CP
(1,2)	A	5	0	5	0	5	0	0	*
(2,3)	B	3		8	8	11	3	0	
(2,4)	C	9	5	14	6	15	1	0	
(2,5)	D	10		15	5	15	0	0	*
(3,5)	E	4	8	12	11	15	3	3	
(4,5)	d	0	14	14	15	15	1	1	
(4,6)	F	4		18	16	20	2	2	
(5,6)	G	5	15	20	15	20	0	0	*
계산순서			①	③	④	②	⑤	⑥	
계 산 식			t_i^E	ES_{ij} $+D_{ij}$	LF_{ij} $-D_{ij}$	t_i^L	LS_{ij} $-ES_{ij}$	ES_{ik} $-EF_{ij}$	$TF_{ij}=0$

(3) 적용사례

애로우 다이어그램은 그 대상의 규모·내용·관리의 목표 등에 맞추어서 사용하기 쉽도록 표현할 수 있다. 다음 그림은 간트·차트의 특징을 살린 타임스케일·애로우 다이어그램으로서 K회사의 개발 양산화 일정관리 및 일정단축을 위해 작성한 예이다.

표 4-23 K회사의 양산화 추진계획

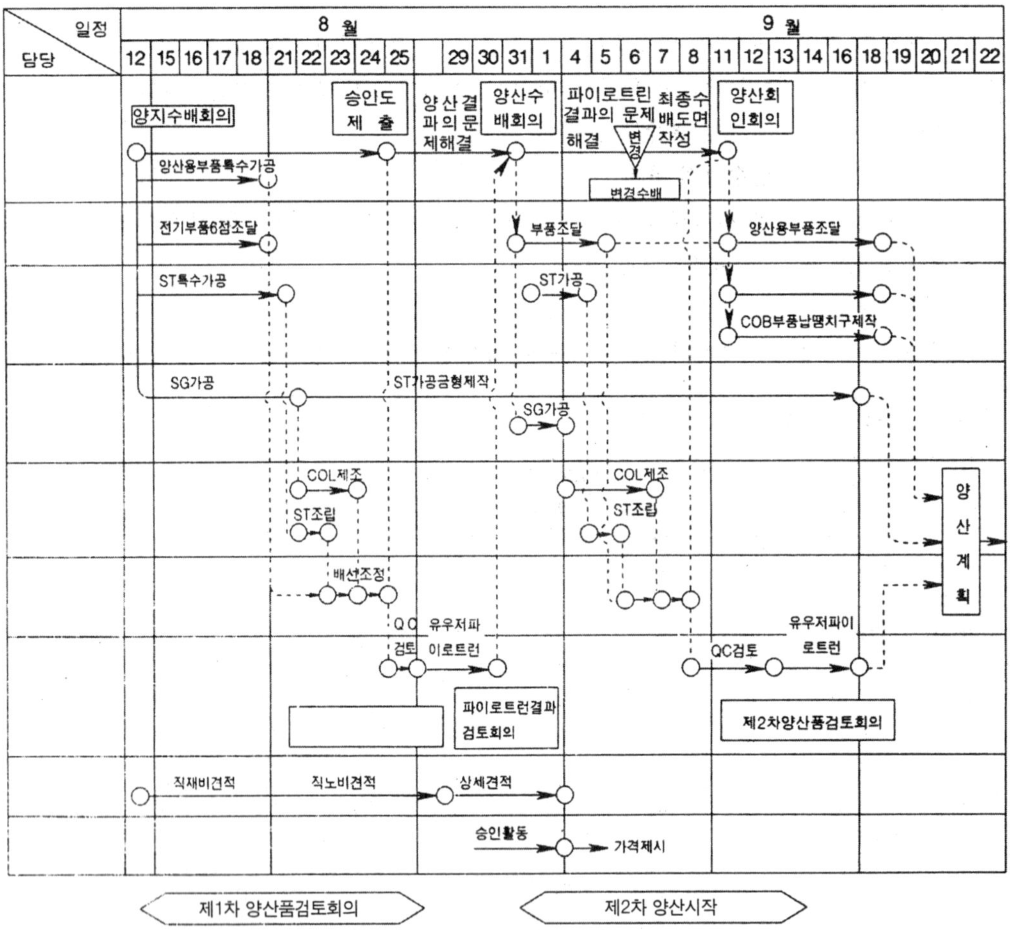

4.9 표준화의 기본개념

1) 표준화란

표준화(standardization)란 "표준을 합리적으로 설정하여 이를 활용하는 조직적 행위"라 하며 표준(standards)이란 서로 관계가 있는 사람들의 이익 또는 편리가 공정하게 얻어지도록 통일화, 단순화를 도모할 목적으로 물체, 성능, 능력, 배치, 상태, 동작, 절차, 방법, 순서, 책임, 의무, 권한, 생각, 개념 등에 관하여 설정한 기준으로 일반적으로 문장, 그림, 표, 견본 등 구체적인 표현형식으로 나타낸 것이다.

즉, 표준은 기대하는 결과를 한번의 실행으로 실현하는 방법이며 이를테면 정해진 시각에 정해진 비용으로 안전하게 목적지에 도착하는 최적의 방법을 재현하도록 하는 것이다.

(1) 표준화의 목적과 효과

표준화에 의한 업무능률의 향상에 따라 경제성을 높이고 소비자에 대한 제품의 품질을 보증하는 것으로 그 효과는 다음과 같다.

① 생산능률의 증진과 생산코스트의 저하
② 품질의 안정향상
③ 기술축적의 Level Up
④ 단순화 · 공정화 · 호환성 및 신뢰도 유지
⑤ 업무운영의 명확
⑥ 인재육성의 단기화
⑦ 안전의 확보
⑧ 기타

(2) 표준화의 수준

표준화는 그 대상으로 하는 범위를 한 기업 내에서 한정하지 않고 관련 기업은 물론 전국적인 규모, 국제적인 규모에까지 확대해 감으로써 그 효과는 호환성이 확보되고 기업간의 분업화, 더 나아가 국제간의 분업화도 가능하게 되며 거래가 단순화 · 공정화된다.

또한 생산기업은 사내표준화에 있어 단체규격・국가규격 및 국제규격을 충분히 고려할 의무가 있으며 상호밀접한 관련 하에 추진되어야 한다.

① 국제규격

예를 들면 ISO나 IEC의 규격과 같이, 공통 이익을 가진 다수의 국가간의 협력과 동의로써 제정되어 전세계에서 사용되는 것이다.

② 국가규격

규격발행의 정당성을 인정받고 있는 국가규격 기관을 통하여 국가 내의 모든 이해 관계자의 합의를 얻어 공포되는 규격이다.(KS, JIS, DIN…)

③ 단체규격

특정 단체에 의하여 그들 공통의 편리를 위하여 제정된 것이다.(JASO, SAE…)

④ 회사규격

회사로부터 발간되는 규격으로 회사 내 각 부문의 합의에 의하여 제정된 것이다.

2) 표준화의 체계

그림 4-64 표준화의 수준

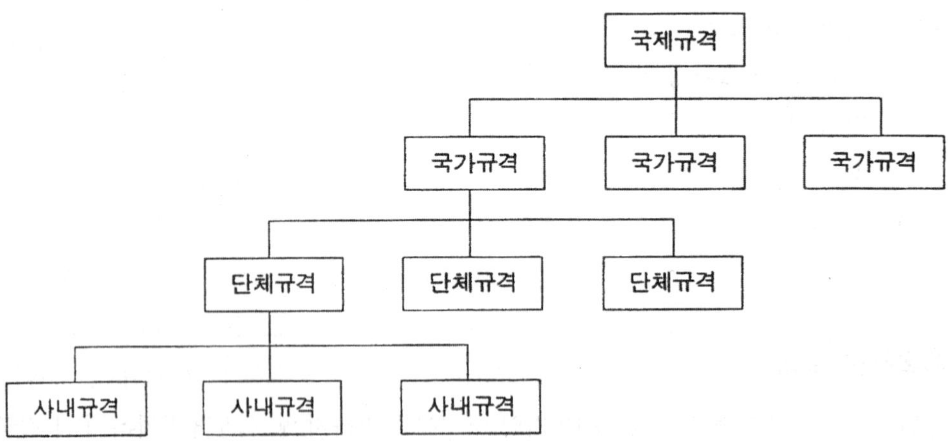

표준이라는 단어의 의미로 생각할 때 그 체계로서의 물건에 관한 규정과 업무절차에 관한 규정으로 대변할 수가 있다. 이것을 다시 업종, 생산형태, 조직 등의 차이에 따라 여러 가지의 분류방법이 있다. 예컨대,

(1) 적용범위에 따라

전사표준, 부문표준, 공정표준, 영업표준 등

(2) 표준화의 대상에 따라

기본표준, 품질표준, 방법표준, 사무표준 등

(3) 표준화의 목적에 따라

관리표준, 제품표준, 설계표준, 자재표준, 제조표준, 작업표준, 설비표준 등

3) 표준화체계

다음에 「표준화를 어떻게 진행해 가느냐 하는 방법」과 「무엇을 표준화해 가는가」에 대한 두 가지 표준화의 체계를 둘 수 있다.

그림 4-65 방법에 의한 표준화의 체계도

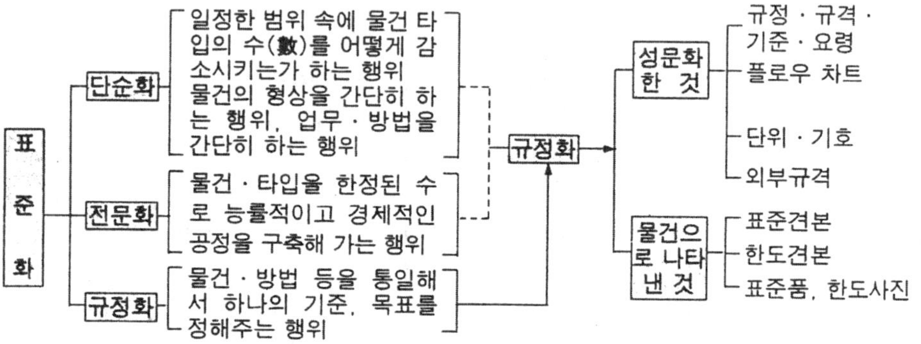

(1) 방법에 의한 표준화의 체계

<그림 4－65>에 나타낸 방법에 의한 표준화의 내용인 단순화 전문화 규정화(기준화)를 규정함으로써 표준화를 추진하고자 하는 것이다.

① 성문화한 것으로는 그림에 나타낸 내용의 표준화가 필요하다.

② 물건으로 나타낸 표준화에는 견본품, 표준품 등이 있다.

(2) 대상에 의한 표준화의 체계

표준화 추진의 대상은 기본적으로는 기업목적 달성을 위한 모든 기능(연구개발, 생산, 영업, 판매…)에 있지만 여기에서는 더 나아가 구체적으로 물건(재료, 반제품, 제품)과 업무(행위)로 나누어 표시한다.

그림 4-66 대상에 의한 표준화의 체계도

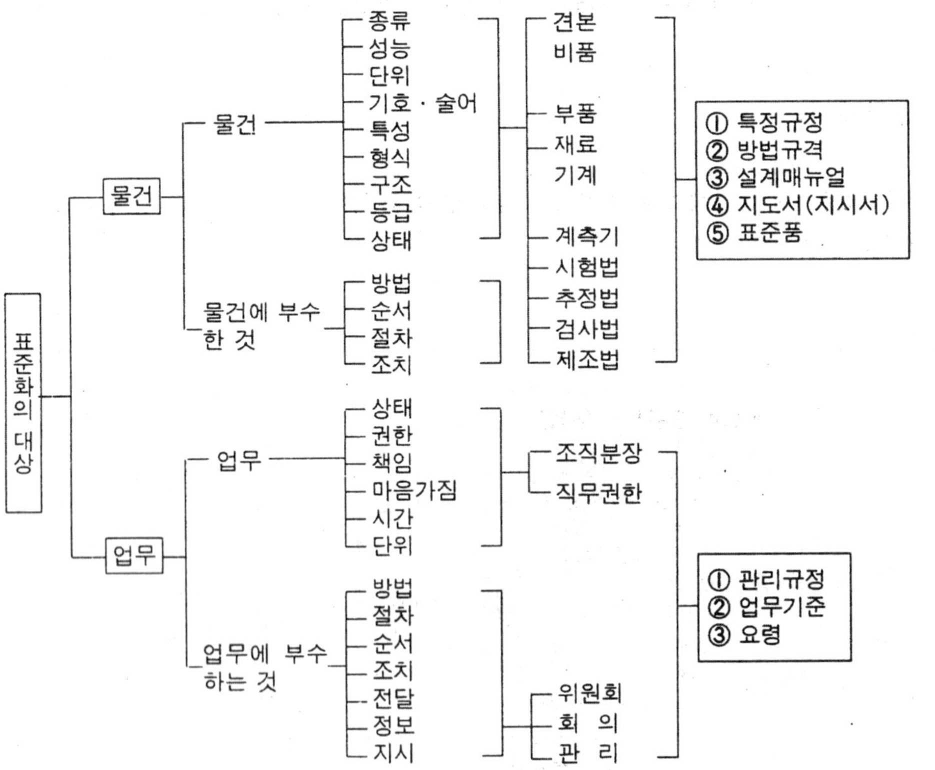

4.10 사내표준화

1) 사내표준화의 의의

사내표준화란 제품제조에 직접 또는 간접으로 필요한 여러 가지 규격, 표준, 규정류를 사내에서 합리적으로 제정하여 이를 조직적으로 활용하는 것을 말한다. 따라서 사내표준화는 전사적으로 일치협력하여 표준을 제정하고 이에 따라 실시되지 않으면 안 된다. 사내표준이 합리적으로 제정되어야 한다는 것은 소비자의 요망수준, 회사의 기술정도, 작업자의 기능, 설비, 관련표준 등을 고려하여 작성되어야 함을 뜻한다.

2) 사내표준화의 필요성

① 기업은 생산에 필요한 재료, 부분품 등을 구입하고 이를 가공 조립하여 제품을 제조 판매하는 조직체이다.

이를 효과적으로 수행하기 위해서는 기업의 구성원들이 무엇을, 언제, 어떻게 할 것인가의 역할을 구체적으로 정해두어야 하는 것이며 업무에 대한 사고방식이나 판단기준이 같을 수만은 없기 때문에 개개인의 역할이나 기술적인 표준을 명확하게 규정하여 이 표준에 따르면 될 수 있도록 구체적으로 문서화하지 않으면 안 된다. 즉, 기업이 경영목표를 달성하려면 사내표준화 추진이 가장 기본적인 요소라 할 수 있다(물론 사내표준화를 하지 않아도 제품은 만들 수가 있고 팔릴 수도 있을 것이다).

② 사내표준화를 필요로 하는 또 하나의 이유는 품질의 보증이다.

동일한 재료, 동일한 기계를 사용하여 같은 작업자가 같은 방법으로 제품을 만들어도 그 제품의 품질은 반드시 똑같이 생산되지 않는다는 것이다. 제조공정을 안정시키고 품질의 변동요소를 줄이기 위한 기술적 관리수단을 개발하여 이것을 조직적으로 운영함으로써 소비자에 대한 품질보증 및 서비스를 보증해야 한다.

3) 사내 표준화와 품질관리

근대 공업생산은 대량생산방식에 의해서 합리성, 경제성을 높이고자 하는 데 그 특색이 있다. 생산적인 입장에서 반복을 낳아서 생산의 경제성을 높이고자 하는 것이 표준화의 이념이다. 재료, 제조방법 등에 대하여 합리적인 기준을 정함으로써 생산량이 많아지고 능률이 향상된다.

① 동일한 작업이 되풀이 됨으로써 작업방법이 개선되고 기술이 진보되며 따라서 품질이 유지 향상된다.

이것은 결국 원가의 절감과 품질개선에 박차를 가하는 순환을 낳는다.

② 사내표준화의 실시는 양산을 가능케 하고 관리를 용이하게 해 주며 소비자를 보호하고 건전한 생산자를 보호육성해 주게 된다.

결국 품질관리는 표준화로부터 시작된다. 그러나 이것은 용이하게 실현되는 것이 아니며 표준화의 실현은 엄격히 말하여 사내활동의 모든 부문에 관한 표준류가 체계화되고 성문화되어 강제력에 의해서 준수되고 있는 상태를 말한다.

4) 사내표준의 요건

표준화의 효과 및 역효과를 고려한 사내표준의 요건을 정리하면 다음과 같다.

그림 4-67

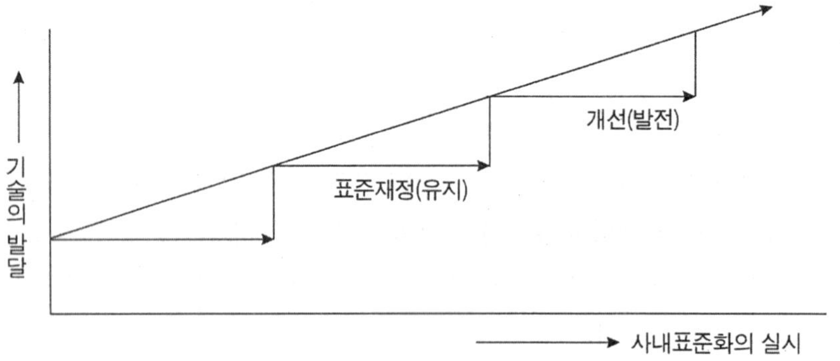

그림 4-68

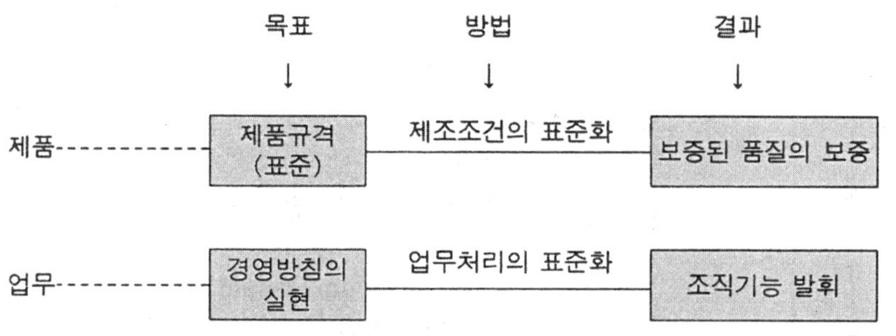

① 사내표준을 작성하는 대상은 기여비율이 큰 것부터 중점적으로 취급한다.
② 실행가능한 내용이어야 한다.
③ 관련부문의 충분한 협의를 거쳐야 한다.
④ 기록 내용이 구체적이고 객관적이어야 한다.
⑤ 직관적으로 보기 쉬운 표현을 사용해다 한다.
⑥ 국제규격·국가규격 및 단체규격과의 연계성을 가져야 한다.
⑦ 필요에 따라 시기적절한 개정을 행하고 항상 최신의 상태로 유지・관리되어야 한다.
⑧ 장기적인 방침 및 체계 하에서 추진되어야 한다.

4.11 case study(K사의 표준화체계)

1) K사의 표준체계

K사의 사내표준은 관리규정과 기술표준으로 대별되는데 이해하기 쉽게 그림으로 나타내면 다음과 같다.

그림 4-69

K사의 표준

KMS

K관리규정(K Management Standards)

회사 경영활동의 기본과 회사와 직원간의 권리 의무, 책임소재와 행위기준 및 회사업무의 처리 절차, 기준, 방법 등을 성문화시킨 것

KES

K기술표준(K Engineering Standards)

회사제품의 품질보증을 위해 재료, 부품, 제품, 설비, 계측기 등에 필요한 기술적인 제반사항을 성문화시킨 것

구분		정의	주관부서
KMS	규정	회사의 경영목적을 달성하기 위한 기본사항과 회사의 조직, 제도, 업무의 기능 및 수행절차, 기타 전사원에 관련된 규범적 사항을 정한 것	기획조정부
	규칙	규정에서 위임된 사항과 규정을 시행하기 위하여 필요한 세부적인 기준, 절차, 방법 등을 정한 것	
	지침	특정부문에 한하여 적용되거나, 규정, 규칙에 따른 세부적인 업무의 처리절차, 요령, 기준 등을 기술한 것	
KES	규격	재료, 부품, 반제품, 제품의 품질에 관한 기본적 사항을 정한 것	품질관리실
	기준	재료, 부품, 반제품, 제품의 품질목표를 달성하는 기본적인 사항의 절차, 방법, 수단을 정한 것	

(1) KMS의 분류 구분

KMS는 규정, 규칙, 지침으로 구분되며 각 공히 다음과 같이 세부 분류된다.

표 4-24 KMS의 분류

기능	세분류	규정번호	기능	세분류	규정번호
경영기본	—	01 ~ 99	자재, 구매	자재계획	01 ~ 30
				및 관리	
조 직	—	01 ~ 99		국내구매	31 ~ 50
				해외구매	51 ~ 70
회 의 체	회 의 체	01 ~ 40		협력회사	71 ~ 90
	위 원 회	41 ~ 80		관 리	
	기 타	81 ~ 99		기 타	91 ~ 99
일반관리	사규관리	01 ~ 10	설비, 공구	—	01 ~ 99
	감 사	11 ~ 20			
	법 무	21 ~ 40	생산, 기술	생산관리	01 ~ 30
	홍 보	41 ~ 50		공정관리	31 ~ 50
	전 산	51 ~ 70		제품관리	51 ~ 70
	정보관리	71 ~ 80		생산기술	71 ~ 90
	기 타	81 ~ 99		기 타	91 ~ 99
인사, 노무	인사일반	01 ~ 40	판매, 서비스	판매계획	01 ~ 30
	임 금	41 ~ 60		및 관리	
	복리후생	61 ~ 80		불만처리	31 ~ 50
	기 타	81 ~ 99		정비관리	51 ~ 70
				거래선관리	71 ~ 90
교육, 훈련	—	01 ~ 99		기 타	91 ~ 99
총무, 업무	총무일반	01 ~ 30	품질, 검사	품질관리	01 ~ 20
	고정자산	31 ~ 50		품질보증	21 ~ 40
	영 선	51 ~ 60		검 사	41 ~ 60
	의 전	61 ~ 70		품질평가	61 ~ 80
	보 안	71 ~ 80		기 타	81 ~ 99
	기 타	81 ~ 99			
			연구개발	개발관리	01 ~ 15
환경, 안전	환 경	01 ~ 30		상품기획	16 ~ 25
	안 전	31 ~ 60		설계 · 디자인	26 ~ 40
	에너지관리	61 ~ 80		시 작	41 ~ 50
	기 타	81 ~ 99		실 험	51 ~ 60
				공업소유권	61 ~ 70
재무, 회계	자 금	01 ~ 30		기술자료	71 ~ 80
	할부관리	31 ~ 60		기초연구	81 ~ 90
	회 계	51 ~ 70		기 타	91 ~ 99
	원 가	71 ~ 90			
	기 타	91 ~ 99			
			기 타	—	01 ~ 99

(2) KES의 분류 구분

KES는 크게 규격과 기준으로 구분하고 이의 세부분류는 다음과 같다.

기호 :	KES	□	□	□□□
	기술표준	대분류	소분류	일련번호

표 4-25 KES의 분류

기본분류명		정 의	CODE
규격	기 본 규 격	기술표준 기본규정, 용어, 약어, 기호, 부호, 단위 등 기술 준 전반의 기본사항을 정한 규격	A
	재 료 규 격	금속, 비금속, 부자재 등의 품질, 사양, 특성 및 시험방법을 정한 규격	B
	부품일반규격	소재 · 부품의 가공, 표명처리 등을 위해 공통된 품질요소(도막, 도금, 체결토크 등)를 정한 규격	C
	개별부품규격	엔진, 샤시, 바디, 전장 등의 개별부품이 요구하는 품질을 확보하기 위해 평가항목, 방법, 기준 등을 정한 규격	D
	표준부품규격	전 차종에 공용으로 사용되는 요소부품(볼트, 너트, 와셔 등)의 품질, 형상, 치수를 정한 것으로 도면을 대신할 수 있는 규격	E
	제 품 규 격	제품, 반제품, 독립된 기능을 발휘하는 조립부품 등이 설계품질을 확보하기 위해 충족시켜야 하는 모든 요구사항을 규정한 규격	F
	설비요구규격	설비요구에 관한 재료 및 공통사항을 정하고 부품, 치공구, 금형, 계측기 등의 품질, 형상, 치수 등을 정한 규격	G
	디 자 인 기 준	자동차 개발단계에 있어서 디자인을 위한 각종 업무 단계별 제반 기술적 사항이나 디자인기법 등에 관한 사항을 정한 기준	L
기준	설 계 기 준	설계에 대한 기본사항과 평가항목, 방법, 기준 등에 대하여 정한 기준	M
	기술관리기준	부품, 제품의 설정과 변경방법, 사양관리, 도면 관리 및 기술정보 시스템의 운용방법 등에 관한 정한 기준	N
	구 매 기 준	구매에 대한 기본사항과 구매에 필요한 사항에 대하여 정한 기준	P
	품질보증기준	품질보증을 위한 활동의 기본사항과 품질관리, 품질평가, 외주품질관리, 계량관리 등 계획 및 관리방법 등에 관하여 정한 기준	R
	검 사 기 준	검사에 대한 기본사항과 재료, 부품 등의 수입검사 공정검사, 완성차 검사 및 치공구, 검사구 등의 검사 방법과 관리 방법에 관하여 정한 기준	Q
	생 산 기 준	부품, 반제품 제품의 생산방식에 대한 기본사항과 생산계획, 공정설정, 생산관리, 물류. 생산기술, 제조기술 및 작업표준 등을 정한 기준	S
	시 험 기 준	재료, 부품, 재품의 시험에 대한 기본사항과 시험항목, 시험방법, 평가기준에 관하여 정한 기준	T

기본분류명		정의	CODE
	설비점검기준	소하리공장과 아산공장의 설비보전을 위한 점검항목, 점검방법, 관리방법 등에 관하여 정한 기준	U
	포 장 기 준	부품 및 제품의 포장에 관한 기본사항과 포장방법 포장표시 등에 관하여 정한 기준	X
	구 매 기 준	구매에 대한 기본사항과 구매에 필요한 사항에 관하여 정한 것	P
	품질보증기준	품질보증을 위한 활동의 기본사항과 계획, 관리방법에 관하여 정한 것	Q
	검 사 기 준	검사에 대한 기본사항과 재료, 부품, 제품의 품질보증에 관한 검사기준에 관하여 정한 것	R
	생 산 기 준	생산에 대한 기본사항과 사용재료, 공・설정. 설비요구 계획 및 관리에 관한 기준을 정한 것	S
	시 험 기 준	시험에 대한 기본사항과 시험항목 평가기준, 시험방법에 관하여 정한 것	T
	설비점검기준	설비보전에 관한 점검방법, 관리방법 등에 관하여 정한 것	U
	서 비 스 기 준	서비스를 위한 기본사항, 정비항목 정기술 및 정비에 사용되는 전용공구의 설계기준에 대해서 정한 것	W
	포장표시기준	부품 및 제품의 포장에 관한 기본사항과 포장방법 등에 관하여 정한 것	X
준 기 술 표 준		규격, 기준에 부수되는 것으로 재료, 부품 등에 구체적으로 요구되는 설계. 제조, 검사설비 등의 사양을 정한 것	

2) K사의 표준의 제정, 개폐

(1) KMS의 제정, 개폐절차

(제정, 개폐안)

이의신청 → 각 단계

입 안	소관부서에서의 입안
협 의	관련부서 및 부문주관부서와 협의 후 전사주관부서에 통보
검 토	전사주관부서(기획조정실)에서 검토
심 의	검토 내용에 이의가 있을 시 관련부서와 협의 조정
확 정	소정의 결재권자의 결재로 확정 후 각 부서로 배포
실 시	실행, 이의 발생시 주관부서에 조정의뢰

(2) KES의 제정, 개폐절차

(제정, 개폐안)

이의신청 → 각 단계

입 안	입안 해당부서에서 입안
협 의	관련부서와 협의 후 부문 주관부서에 통보
검 토	부문주관부서에서 검토
심 의	전사 주관부서(품질관리실)에서 실시, 검토 내용에 이의가 있을시 관련부서와 협의 조정
확 정	소정의 결재권자의 결재로 확정 후 각 부서 배포
실 시	실행, 이의발생시 입안부서에 개정의뢰

3) KMS의 작성요령

(1) 규정류가 구비해야 할 조건

① 실시가 가능해야 한다

○ 규정 입안에 있어서 현상의 정확한 파악과 이해가 있어야 한다.
○ 현실성을 갖는 표현으로 규정해야 한다.
○ 관계자에게 철저를 도모하기 위해서 의견을 들어 작성한다.

② 구체성을 가진 것이라야 한다

○ 구체성을 가진 표현으로 규정해야 한다.
○ 5W1H에 의한 검토를 하고 규정한다.

③ 알기 쉬운 내용과 표현이어야 한다

○ 정확한 표현이 아니면 판단을 그르칠 염려가 있다.
○ 평범한 형식, 구성으로 규정화한다.

④ 쉽게 변경되지 않고 업무 수행상 중요한 내용이어야 한다

(2) 규정작성 절차의 구성

다음의 여러 가지 점을 순차적으로 확인하면서 작성하면 빈틈없는 규정을 작성할 수가 있다.

① 무엇 때문에 하는가, 즉 왜 하지 않으면 안 되는가
② 무엇을 할 것인가
③ 누가 할 것인가, 즉 누가 하는 것이 적격인가
④ 어떤 방법으로 할 것인가, 즉 어떻게 하면 최선의 방법을 얻을 수 있는가
⑤ 어디에서 할 것인가
⑥ 언제 할 것인가
⑦ 책임 및 권한의 한계는 분명한가, 즉 누가 누구에게 어느 정도의 내용을 보고 또는 지시할 것인가

(3) 규정 구성

……………………………………… ××××× 규정 ………………………………………

(규정번호 : 장2체 14p고딕체) ……………………………………… (제목 : 14p고딕체)

(개정) . . .

(개정) . . .

…………………………………… 제1장 총직 ……………………………………

(12p고딕체)

…………………………………… 제1절 * * * ……………………………………

제 * 조(목적) (12p고딕체)

이 규정은 …………………………………………………………… 함을 목적으로 한다.

제 * 조(적용범위)

이 규정은 …………………………………………………………… 에 대하여 적용한다.

제 * 조(용어의 정의)

① … 이라 함은 …………………………………………………… 을 말한다.

1. ……………………………………………………………………

가. …………………………………………………………………

1) ………………………………………………………………

가) ……………………………………………………………

② … 이라 함은 …………………………………………………… 을 말한다.

제 * 조(준수의무)

……………………………………………………………………………………………

제2장 본칙

제 * 조(추진조직)

……………………………………………………………………………………………

제 * 조(임무)

……………………………………………………………………………………………

제 * 조(업무체계도)

이 규정의 업무체계도는 별표1과 같다.

제 * 조(절차)

① ……………………………………………………………………………………

② ……………………………………………………………………………………

③ ……………………………………………………………………………………………………

제 * 조(보칙)

……………………………………………………………………………………………………

제 * 조(서식)

이 규정에서 사용하는 서식은 다음 표와 같다

서식명	등록번호	관련규정	보존년한

① 이 규정은 ……년 ……월 ……일로부터 시행한다.

② 이 규정의 시행으로 …… 규정은 폐지한다.

③ 관계자의 의견을 보아 정하여야 한다.

④ 관련표준과 모순되지 않아야 한다.

⑤ 상황의 추이에 따라 항상 개정할 수 있어야 한다.

⑥ 최소한의 용어로 표현하고 그림이나 표로 설명할 수 있는 것은 문장으로 표현하지 않는다.

⑦ 경제성을 고려한 것이어야 한다.

그림 4-70

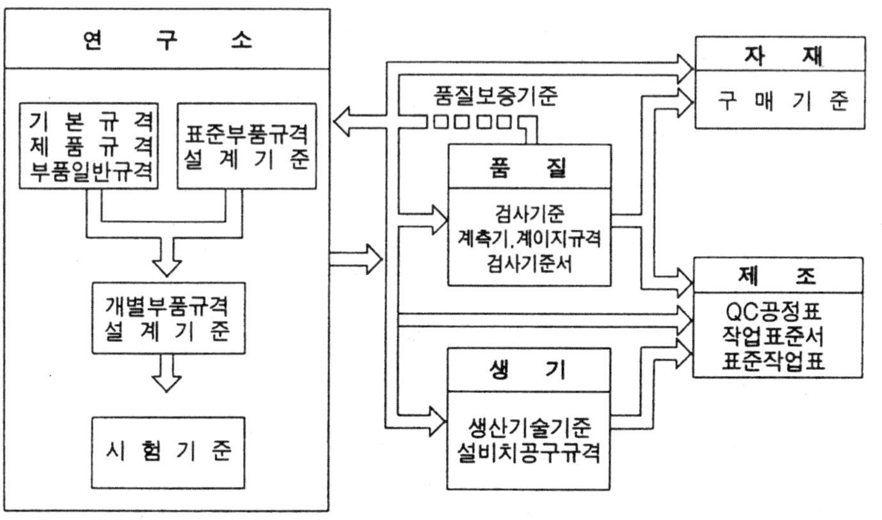

(3) 작성내용의 검토사항

사내표준의 원인을 작성시 검토해야 할 사항을 보면 다음과 같다.

① 현장에서 특채되는 일이 없는가
② 현장에서 별도의 내규를 만들지 않는가
③ 실제작업과 표준은 별개의 것이라고 하지 않는가
④ 이론적 근거만으로 표준을 만들고 있지 않는가
⑤ 스텝(staff) 부문만으로 표준을 만들고 있지 않는가
⑥ 예를 들면 원재료 규격을 만들 때 구입선의 규격을 잊지 않는가
⑦ 너무 긴 문장으로 어렵게 되어 있지 않는가.

→ 비현실적이고 잘 지켜지지 않는다.

⑧ 「제품은 표면이 균일해야 한다」로 표현되지 않는가
⑨ 「포장은 손상이 우려가 없도록」과 같이 표현되지 않는가
⑩ 국가규격의 조문을 그대로 인용하고 있지 않는가
⑪ 「시료를 랜덤하게 뽑아서」와 같이 표현되지 않는가

→ 추상적 주관적 표현이 되어 표준이 쓸모없게 된다.

⑫ 표준의 볼륨이 많을수록 잘 되었다고 하지 않는가
⑬ 같은 내용을 반복하여 규정하고 있지 않는가
⑭ 제정 후 1~2년이 경과하여도 전혀 개정되지 않는 표준이 많지 않는가.

→ 개정보완하기가 어려워져 활용도가 낮아진다.

(4) 규격, 기준의 구성예

규격 및 기준의 내용구성 및 배열순서는 다음 제품규격 및 검사기준에 대해 예를 들어 나타낸 것이다.

또한, 2개 이상의 항목을 합치거나 하나의 항목을 몇 개로 나누거나, 항목의 일부를 생략하여도 좋다.

예 1) <제품규격>

1. 적용범위
2. 용어의 뜻
3. 종류, 등급
4. 성　　능
5. 성분, 화학적 · 물리적 성질
6. 구　　조

예 2) <검사기준>

1. 적용범위
2. 용어의 뜻
3. 종　　류
4. 검사항목 및 검사방법
5. 검사로트
6. 시료채취 방법

7. 형상, 치수(각도, 면적, 부피, 질량…)
8. 외관 및 관능적 특성
9. 기타 품질
10. 재료원료
11. 제조방법
12. 부속품 및 예비품
13. 시험방법
14. 검사방법
15. 포　　장
16. 제품의 호칭
17. 표　　시
18. 취급상의 주의사항

부　　칙

관련표준

7. 시험 및 검사
8. 검사후 처리
9. 기　　타

부　　칙

관련표준

(3) 작성내용의 [illegible]

5 설 비 관 리

5.1 설비관리의 의의

설비란 무엇인가에 대해서는 일반적으로 유형고정 자산의 총칭이라고 정의하고 있다.

즉, 건물이나, 기계 · 장치기구 등과 같이 오랫동안 기업 내에 있으면서 생산활동에 제공되는 것이 유형고정 자산인 것이다.

유형고정자산=설비라고도 하며, 기업 내에서는 광의의 설비관리란 「생산보전」을 의미한다. 따라서 협의의 설비관리란 「설비보전 또는 예방보전」을 일컬어 말한다.

1) 설비관리의 목표

설비관리의 목표는 기업의 생산성 향상에 있다. 생산성 향상을 높이기 위해서는

① 설비의 고장을 없앤다.
② 고장에 의한 휴지시간을 단축한다.
③ 코스트가 들지 않도록 한다.

2) 설비를 목적에 따라 분류

① 생산설비
② 유틸리티 설비
③ 연구개발 설비

④ 수송설비(수입 및 저장설비)
⑤ 판매설비
⑥ 관리설비(사무소・방화설비・복리후생 설비)로 분류할 수 있다.

3) 설비효율 고수준화의 목적

(1) 현재 설비능력의 극한유효 활용

① 초기 결함을 내제한 결함설비의 사용에 의한 휴지손실의 발생
② 초기관리가 불철저하기 때문에 만성적인 고장 트러블이 계속되어 고유능력을 발휘하고 있지 못한다.
③ 설비의 정밀도 저하나 성능열화를 방치한 결과에 의한 품질불량 개선 및 보류 저하(수율 저하)

(2) 고도의 자동화 설비로의 대응

① 자동기계는 트러블이 많고 무인공정에 사람이 붙어 있어야 한다.
② 자동화설비를 사용하는 운전보전기술이 부족하다.

(3) 설비기술혁신의 스피드로의 대응

① 종래 메이커중심의 설비기술에서는 기술혁신을 추종하지 않는다.
② 운전요원의 레벨은 상대적으로 저하하고 있다.

(4) 제품의 다양화에 따른 다품종 소량생산으로의 대응

① 고객의 다양한 요구를 만족시키기 위하여 제품의 다양화가 필요하다.
② 다품종 소량생산이 되어 품질교체시간이 증가하고 있다.

그림 5-1 맨 머신 시스템 만성로스의 구조

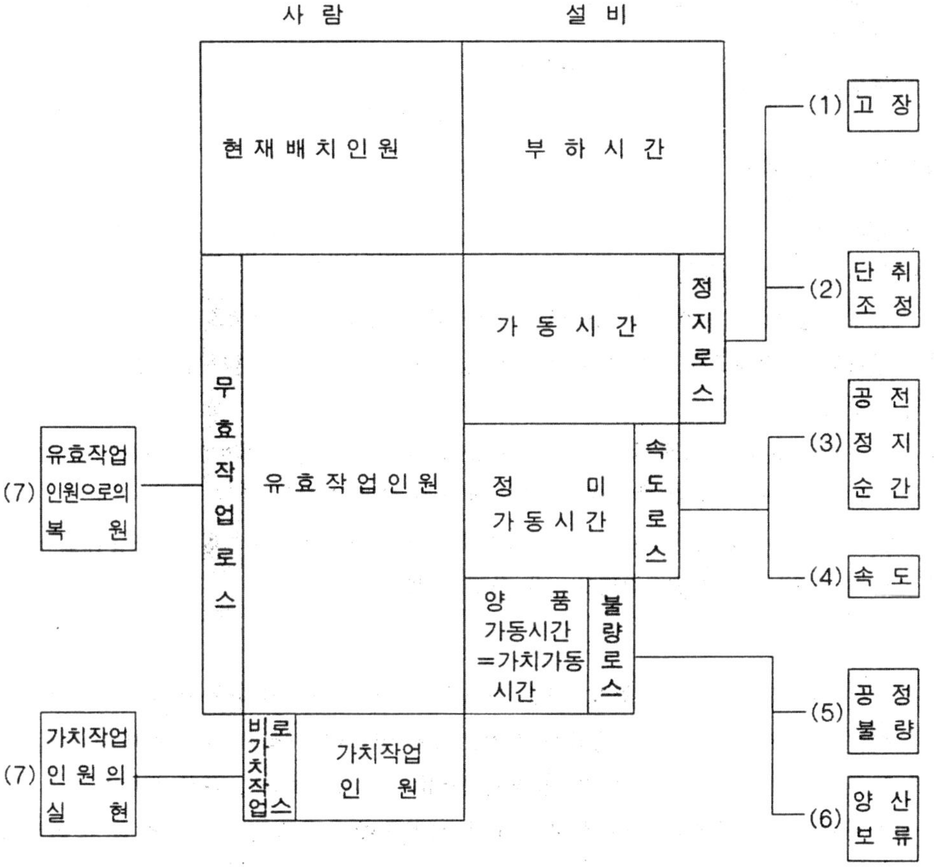

4) 현재설비능력의 극한유효활용

(1) 설비만성로스

로스	분류	
① 고장정지로스	정지로스	6대 만성로스
② 단취조정로스	정지로스	6대 만성로스
③ 공전 · 순간정지로스	속도로스	6대 만성로스
④ 속도저하로스	속도로스	6대 만성로스
⑤ 불량 · 수리로스	불량로스	6대 만성로스
⑥ 양산보류로스	불량로스	6대 만성로스

(2) 6대 만성로스 내용

① 고장정지로스

고장에는 2가지 형태가 있다.

㉠ 기능정지형 고장 … 설비의 전기능이 정지되는 고장으로, 원인은 부분적인 기능의 정지가 있어도, 결과적으로 설비의 전기능의 정지에 연결되어, 정지하지 않을 수 없는 돌발성의 고장이다.

㉡ 기능저하형 고장 … 설비의 부분적인 기능의 저하에 의해 전기능의 정지에는 이르지는 않았으나 속도저하나 불량, 수율저하 등의 로스를 발생시킨다.

고장정지로스는 기능정지형 고장을 대상으로 해서 머신 아워로스를 시간단위로 파악한다. 목표는 말할 것도 없고 「고장 "0"」을 목표로 하는 것이다.

② 단취조정로스

㉠ 설비의 가동중에 가능한 준비, 서브 어셈블링 등은 외단취에서 행하고, 금형이나 도구 등의 교환에 의해 발생하는 정지로스와 양품이 나올 때까지 시행 반복하는 조정로스 등, 설비를 정지하지 않으면 안 되는 작업중의 정지시간이 대상이 된다.

㉡ 단취작업중에는 필요한 것을 찾지 않도록 사전준비의 중요성을 인식하고, 정리정돈에 주의한다.

㉢ 단취조정시간은 "극소화"를 이루자는 것이 목표이다.

③ 공전 · 순간정지로스

㉠ 고장은 아니나, 일시적인 트러블 때문에 설비가 정지 또는 생산하지 않고 공운전하는 현상

으로, 간단한 처치에 의해 원상복귀되는 것
㉡ 처치가 간단하기 때문에 원인적인 대책이 수립되지 않고 지나치는 경향이 있다. 또 발생부위가 이동해서, 1개소가 잘 되어도 다른 부위에서 발생하여, 전체로써는 잘 진행되지 않아 문제의 현재화와 정량적 파악이 곤란하다.

④ 속도저하로스

㉠ 설비의 이론 사이클 타임과 실제 사이클 타임의 차를 로스로 파악한다.
㉡ 불량이나 고장의 발생을 걱정하여 의도적으로 사이클 타임을 저하시키고 있다. 앞공정의 능력이 부족하기 때문에 기준 사이클 타임으로 운전되지 않아, 이론 사이클 타임이 불명하게 되는 것 등이 속도저하로스 발생의 요인이 된다.
㉢ 속도저하로스는 6대 만성로스 중에서 향상 여지가 상당히 높다. 이론 사이클 타임을 명확히 해서 실제 사이클 타임과의 차이를 "0"으로 하는 것이 목표가 된다.

⑤ 불량·수리로스

㉠ 공정중에서 불량으로 되어 폐각된 물량로스와, 불량품의 수리에 의한 공수로스가 그 대상이 된다.
㉡ 불량현상을 물리적인 관점에서 해석하고, 이런 현상이 성립하는 조건을 원리원칙에 비추어 하나하나 검토해 간다.
㉢ 목표는 말할 것 없고, 불량 · 수리 "0"에 도전한다.

⑥ 양산보유로스

㉠ 최초생산시에 발생하는 물량로스(오후의 작업개시, 작업자의 교대시 또는 금형이나 치공구 교환 등 단취개체시 등, 최초의 양산가공시에 발생하는 로스)
㉡ 가공조건이 불안정, 금형이나 치구의 정비불량, 작업자의 미숙이나 기량부족 등이 원인이 된다.
㉢ 물량로스 발생시 현재화 · 정량화로 그 발생을 "극소화"하는 것이 목표이다.

5) 무효작업로스의 철저한 배제

(1) 무효작업로스란

정지로스, 속도로스, 불량로스에 해당하는 공수로스를 말한다.

① 물리적인 미비에 의해 발생하는 로스

기계고장, 기계정밀도불량, 재료・부분불량에 따라 발생하는 로스. 공정설계 당초의 인원으로는 작업이 수행되지 않고, 그를 보충하기 위해 여분으로 배치되어 있는 상태의 로스.

② 스킬추구의 불충분에 의해 발생하는 로스

스킬의 해명이 불충분하다든가, 지도・훈련이 불완전하기 때문에 수리하고 조정하는 작업이 발생하므로 그를 보충하기 위해 여분있게 배치되어 있는 상태의 로스.

③ 이론 사이클 타임과 실제 사이클 타임의 차에서 발생하는 로스

실제 사이클 타임이 이론 사이클 타임에 미치지 못하기 때문에, 필요 이상으로 설비를 설치함으로써 사람도 여분있게 배치되어 있는 상태의 로스.

(2) 무효작업로스의 현재화

인원효율지표

$$\text{유효작업률} = \frac{\text{유효작업인원}}{\text{현재배치인원}} \times 100\%$$

(유효작업인원이란, 현재배치인원에서 무효작업로스인원을 뺀 인원이다.)

(3) 설비에 무효작업인원이 존재하는 이유

① 운전보전기능의 부족(정지・불량로스). 자동기를 익숙하게 사용하지 못하고 있다.

② 초기결함을 내재한 결함설비의 사용(정지・속도로스). 트러블이 시간이 지나도 끊어지지 않는다.

③ 제품설계의 무리(정지・불량로스). 설비 능력 이상의 정밀도 요구

④ 과부하운전(속도). 규정 사이클 타임으로 생산되지 않는다.

⑤ 설비와 물건이 적합하지 않다(정지・불량로스). 설비의 기구적인 부적합, 혹은 물건의 성질의 부적합

5.2 만성로스

1) 만성로스의 정의

(1) 만성이란

① 범위 : 부분적으로
② 양적 : 천천히
③ 연속적 : 언제까지도 계속을 의미한다.

(2) 로스란

로스란 현재의 제품·설비를 전제로 해서, 해결의 가능성이 있으면서, 발생하고 있는 로스를 말한다. 이는

① 머신 아워 로스
② 불량·보유로스
③ 공수로스
④ 에너지로스

표 5-1

	만성적 로스	돌발적 로스
발생형태에 따른 구분	어떤 현상이 어떤 불규칙성의 범위내에서 항시 발생하고 있는 것 · 짧은 사이클로 반복 · 양적으로 어떤 불규칙성이 항시 발생한다.	전혀 새로운 현상이 돌발적으로 발생한다. 어떤 현상이 어떤 불규칙성의 범위를 넘어서 돌발적으로 발생한다.
비교에 따른 구분	극한치와 기술적 레벨과의 비교에 의해 로스로써 현재화된다.	현상수준과의 비교에 의해 로스로써 인식되어 있다.
원인계에 따른 구분	인과관계가 불명확, 원인계가 복합적	인과관계가 비교적 명확하여 단일적
대책계에 따른 구분	여러 가지 액션을 취하여도 여간해서 해결되지 않는다.	현장에서 해결 가능한 경우가 많다.

그림 5-2 분석기호

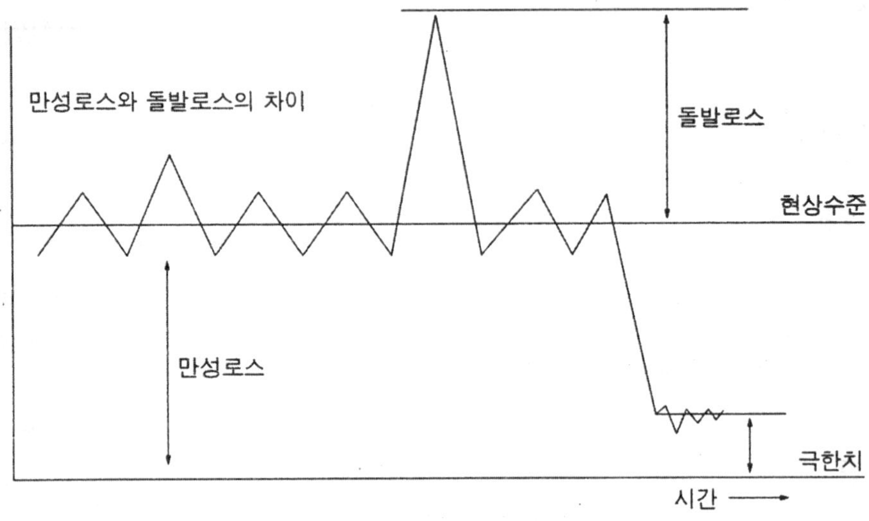

(3) 만성로스와 돌발로스의 비교

만성로스와 돌발로스는 <표 5－1>, <그림 5－2>에서 차이를 찾아 볼 수 있다.

(4) 만성로스의 구분

① 짧은 사이클로 반복하는 로스

㉠ 고장정지로스

㉡ 공전(순간정지)로스

② 양적으로 있는 불규칙성으로 항상 발생하는 로스

공정불량로스

③ 극한치와 기술적 레벨과의 비교에 의해 현재화된 로스

㉠ 단취조정로스

㉡ 속도(사이클 타임)로스

㉢ 무효작업로스

2) 만성로스의 배경과 인식

(1) 만성로스가 방치되는 배경

그림 5-3 제품규격, 검사규격, 제조규격의

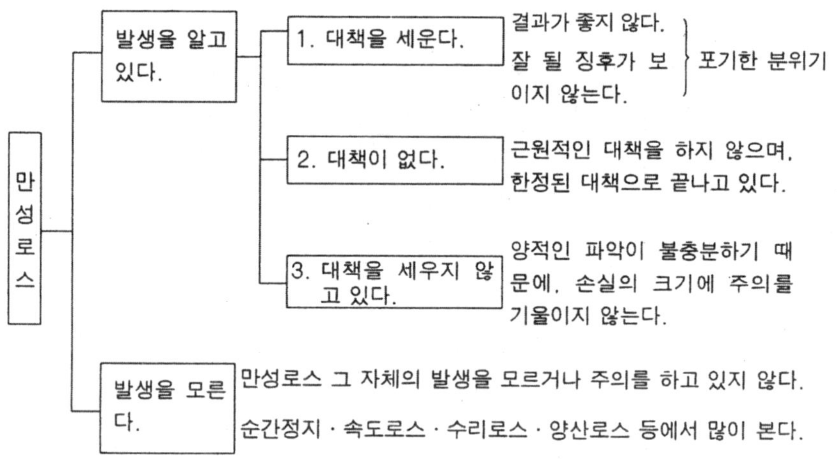

(2) 만성로스가 방치되는 이유

① 원인을 알 수 없는 경우 … 현장과 고유기술의 양면에서의 어프로치부족

② 원인은 알고 있으나 대책에서 실수하는 경우 … 만성로스 특징을 충분히 이해하고 있지 않기 때문

③ 대책이 철저하지 못한 경우 … 대책 · 실시 follow-up이 부족하기 때문

④ 대증료법에 쫓기고 있는 경우 … 근본적인 대책을 세우지 않은 채로 손쉬운 대책을 위해서

⑤ 극한치와의 대비라는 생각이 없는 경우 … 현상수준이 최고이며, 당연하다고 생각하고 있기 때문

⑥ 잘못된 판단을 하는 경우

㉠ 과소평가 : 양적으로도 코스트면에서도 대단하다고 생각하고 있지 않다.

㉡ 잘못된 견해 : 개선에 코스트가 너무 소요된다고 생각하고 있다.

작업자의 숙련에 기대할 수밖에 없다고 생각하고 있다.

표 5-2 만성로스의 구조

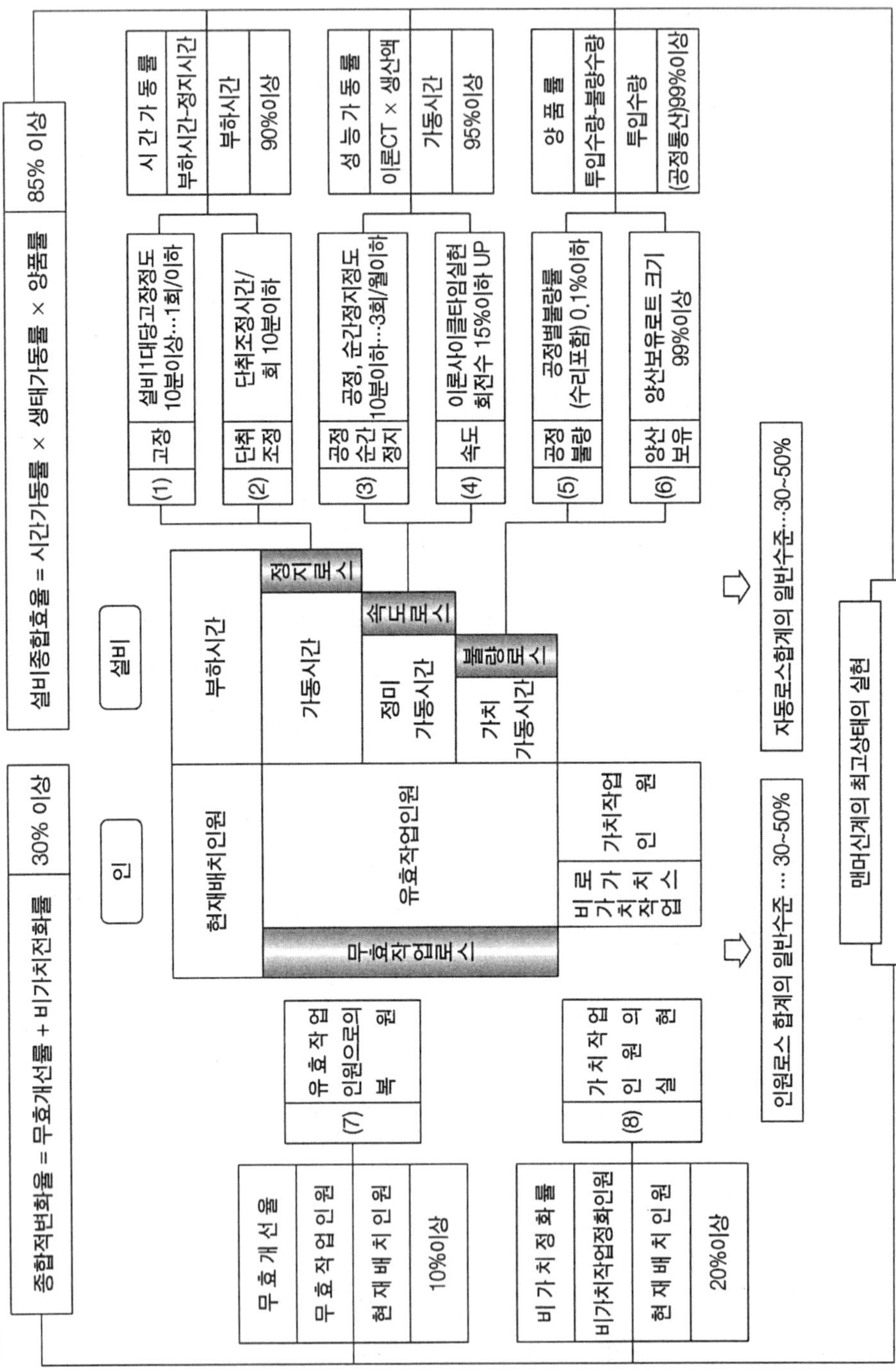

종합적변화율 = 무효개선률 + 비가치전화률
30% 이상
설비종합효율 = 시간가동률 × 생태가동률 × 양품률
85% 이상
무 효 개 선 율
무 효 작 업 인 원
현 재 배 치 인 원
10%이상
비 가 치 정 화 률
비가치작업정화인원
현 재 배 치 인 원
20%이상
(7) 유 효 작 업 인원으로의 복 원
(8) 가 치 작 업 인 원 의 실 현
인
설비
현재배치인원
유효작업인원
무효작업로스
비가치작업로스
가치작업 인 원
부하시간
가동시간
정지로스
정미 가동시간
속도로스
가치 가동시간
불량로스
(1) 고장 설비1대당고장정도 10분이상…1회/이하
(2) 단취 조정 단취조정시간/ 회 10분이하
(3) 공정 순간 정지 공정, 순간정지정도 10분이하…3회/월이하
(4) 속도 이론사이클타임실현 회전수 15%이하 UP
(5) 공정 불량 공정별불량률 (수리포함) 0.1%이하
(6) 양산 보유 양산보유로트 크기 99%이상
시 간 가 동 률
부하시간-정지시간
부하시간
90%이상
성 능 가 동 률
이론CT × 생산액
가동시간
95%이상
양 품 률
투입수량-불량수량
투입수량
(공정통산)99%이상
인원로스 합계의 일반수준 … 30~50%
자동로스합계의 일반수준…30~50%
맨머신계의 최고상태의 실현
무인연속운전시간의 연장

3) 만성로스의 관리지표

(1) 부하시간

부하시간이란, 1일 또는 월간을 통해서 설비가 가동하지 않으면 안 되는 시간을 말한다.

부하시간=조업시간−계획정지시간

계획정지시간이란,

① 조업도, 생산계획상의 계획정지

② 현장관리상의 계획정지(휴식, 회의 등)

③ 보전을 위한 계획정지 등을 말한다.

(2) 시간가동률

시간가동률이란 부하시간에 대한 정미시간 (설비의 정지를 제외한 시간)의 비율을 말한다.

$$\text{시간가동률} = \frac{\text{부하시간} - \text{정지로스시간}}{\text{부하시간}}$$

(3) 성능가동률

성능가동률은, 정미가동률(지속성)과 속도가동률(속도차)로 이루어져 있다.

$$\text{성능가동률} = \frac{\text{이론사이클타임} \times \text{생산액}}{\text{부하시간} - \text{정지로스시간}}$$

$$= \frac{\text{실제사이클타임} \times \text{생산액}}{\text{가동시간}} \times \frac{\text{이론사이클타임}}{\text{실제사이클타임}}$$

⇩ 지속성 (순간정지・공전의 발생정도)

⇩ 속도차

(4) 양품률

양품률이란, 투자수량에 대한 양품수량에 대한 양품수량의 비율을 말한다.

$$\text{양품률} = \frac{\text{투입수량} - \text{불량수량}}{\text{투입수량}}$$

(불량수량=양산불량수량+공정불량수량)

(5) 설비총합효율

설비총합효율이란, 시간가동률, 성능가동률, 양품률을 모두 곱하여, 설비의 상태를 총합화해서, 부가가치를 발생시키는 시간에 얼마만큼 공헌하고 있는가를 나타내는 척도이다.

설비총합효율=시간가동률×성능가동률×양품률

【엽습문제】

T사의 1일 조업시간은 480분이다. N월 M일의 B설비의 가동상황을 조사하면, 계획보전을 위해 10분, 조회를 위해 15분을 사용하고 있다. 기계고장시간은 언제나 30분 정도였으나, 이 날은 15분이었다. 품종의 교체는 1회뿐이고, 그를 위한 단취・조정에 30분을 필요로 한다.

제품생산량은 500개였는데 양품률 95%였다

실제사이클타임은 0.6분/개였다. 그러나 이 기계는 이론적으로 2.5개/분을 만드는 것으로 되어 있다.

(설문)

N월 M일의 B설비의

① 시간가동률 $= \dfrac{455-45}{455} = 90$

② 성능가동률 $= \dfrac{200}{455-45} = 48.8$

③ 설비총합효율 $= 46.8$

5.3 신뢰도

신뢰도란, 설비・기기・시스템이 주어진 조건으로, 규정의 기간중에 요구되는 기능을 달성하는 확율을 말한다.

(트러블, 고장, 불량을 일으키지 않는 확율)

신뢰도=고유신뢰도×사용신뢰도

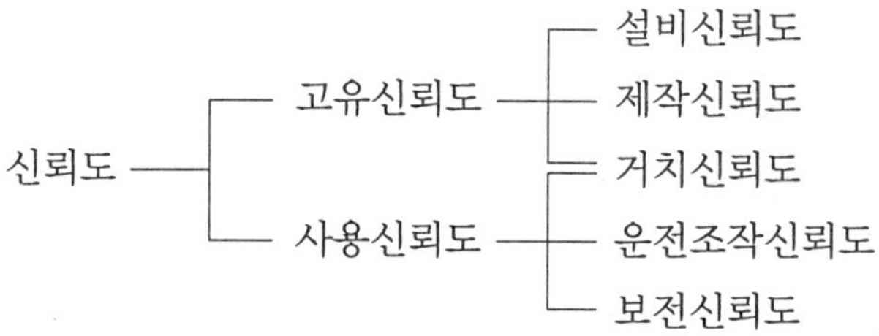

① 설비신뢰도 : 기구, 재질, 강도 등 설비상의 신뢰도
② 제작신뢰도 : 부품가공의 정밀도, 조립정밀도 등 설비제작상의 신뢰도
③ 거치신뢰도 : 설비의 거치 배관배선 레이아웃 및 시운전 실시의 신뢰도
④ 운전조작신뢰도 : 사용조건, 조작조건 등에 관한 설비사용상의 신뢰도
⑤ 보전신뢰도 : 보전품질, 보전정밀도 등에 관한 신뢰도

1) 설비개선의 사고방법

(1) 복원의 사고방법

복원이란 원래의 바른 상태로 복원하는 것이다. 모든 설비는, 시간경과와 더불어 조금씩 변화하는 것이고, 그 변화의 정도를 검지하고, 정도의 수준에 의해 원래의 바른 상태로 돌리는 것이 복원이다.

설비의 열화를 체크하는 수단으로써, 청소가 대단히 유효하다.

표 5-3 설비사용법의 연구

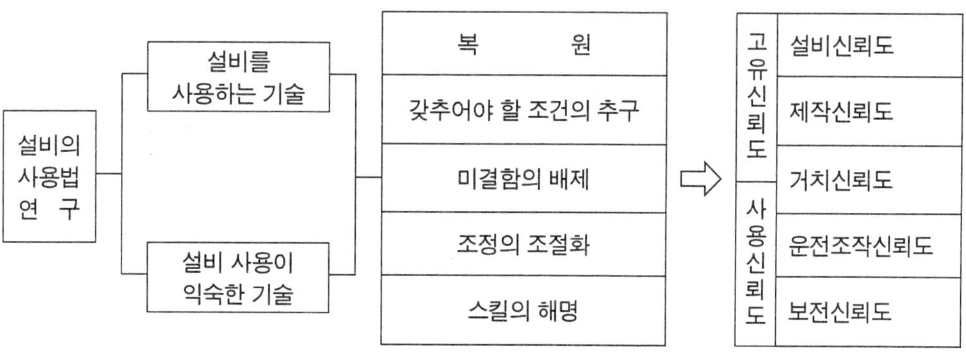

(2) 갖추어야 할 조건에 대한 사고방법

① 갖추어야 할 조건이란 공학적 원리 · 원칙에 맞는 바람직한 조건, 혹은 기능중심으로 생각할 경우 이상적인 상태라고 생각할 때의 바람직한 조건을 말한다.

② 유니트 · 부품에 대해 "갖추어야 할 조건"의 기준이 없거나, 있다 해도 그 결정방식기준에 문제가 있다면 기준에 맞지 않는 경우가 있다. 이것들이 충분히 검토되지 않고 가동되고 있기 때문에, 고장 · 불량 · 수리 등이 발생하는 경우가 많다.

표 5-4

복원이란	바른상태란
원래의 바른 상태로 돌리는 것	설비의 기능을 유지하기 위해 구비해야 하는 조건

- 바른 상태와의 간격을 메운다.
- 시계열에 의해 변화한다.
- 자연열화 : 바른 사용방법에 의한 물리적 열화
- 강제열화 : 그릇된 사용에 의한 인위적 열화
- 그 변화의 상태를 어떻게 빨리 발견할 것인가

발견수단

- 청소
- 기준이 되는 것
- 점검의 수단
- 계측방법
- 적성조건
- 예지방법

"청소는 점검이다"

어떻게 바르게 복원시킬 것인가

- 복원을 하지 않고 개조하는 미숙함
- 부분적으로 복원하지 않는 미숙함

표 5-5 청소는 점검이다

청소를 한다는 것 → 먼지 · 오염 일소 → 열화(강제 · 자연)의 방지에 연결

청소를 함으로써 → 기계의 각 부에 접촉(보다, 접촉하다)한다.

접촉함으로써
- → 각 부의 불비점(발열 · 진동 · 이음 · 덜컥)이나 그 징후를 알 수 있다.
- → 징후의 변화상태를 반복하여 체크할 수 있다.
- → 트러블이 일어나기 전에 손을 댄다.

표 5-6 자동차 세차 예

	자동세차의 경우	자기가 세차할 경우
심리적	차에 대한 애착심	차에 대한 애착심
물리적	• 우기사항을 모른다	자기가 세차함으로써 • 차체의 흠, 녹을 발견 • 타이어의 마모, 흠집의 발견

그림 5-4

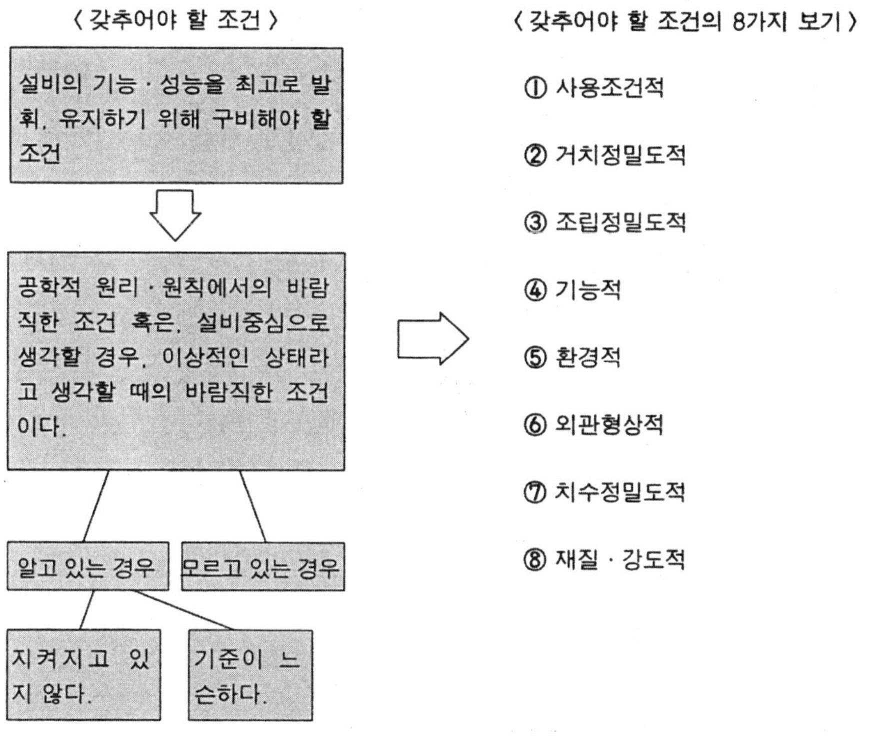

갖추어야 할 조건을 검토할 경우의 보기로서는, 다음 항목을 들 수 있다.

갖추어야 할 조건을 검토하는 경우 ① 전체적으로 알고 있다 ② 전체적으로 모른다의 2가지가 있다. 전자는 메이커의 사양서 · 도면 · 취급설명서, 과거의 기술자료 등을 정리하면 대개 파악되는데, 이 때 이 레벨에서 좋은가 어떤가를 재검토할 필요가 있다.

그림 5-5 갖추어야 할 조건의 검토

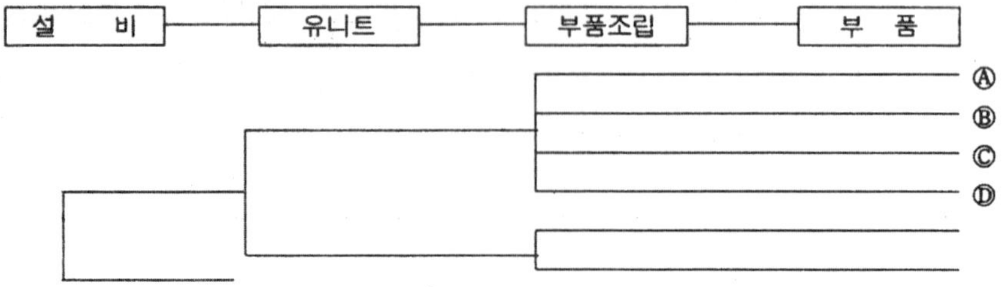

이 레벨에서의 보기

1 사용조건적인 보기

- 가공조건
- 조업조건
- 스펙에 있던 사용 조건인가

2 거부정밀도적인 보기

- 진동
- 레벨

이 레벨에서의 보기

3 조립정밀도적인 보기

- 복합체로서의 정밀도
- 복원체로서의 진동 · 덜컥
- 부착기준면의 잡는 방법
- 부착위치(장소 · 각도)
- 연결부의 연결방법

4 기능적인 보기

- 사용범위(상 · 하한내)
- 부품의 적합성
- 작동의 상황
- 시스템 신뢰도

5 환경적인 보기

- 분진
- 열
- 배관의 레이아웃
- 청소방법

이 레벨에서의 보기

6 외관형상적인 보기

- 오염
- 흠
- 녹
- 변형
- 변색
- 소부
- 마모
- 금
- 조잡성
- 각도

7 치수정밀도적인 보기

- 치수
- 요구되는 정밀도
- 완성의 조잡성
- 수명

8 재질 · 강도적인 보기

후자는 일반산업기계전반에 해당하는 것이며, 부품도 · 조립도 · 노하우가 없기 때문에 모르는 것이 보통이다.

그림 5-6 갖추어야 할 조건을 모르는 경우

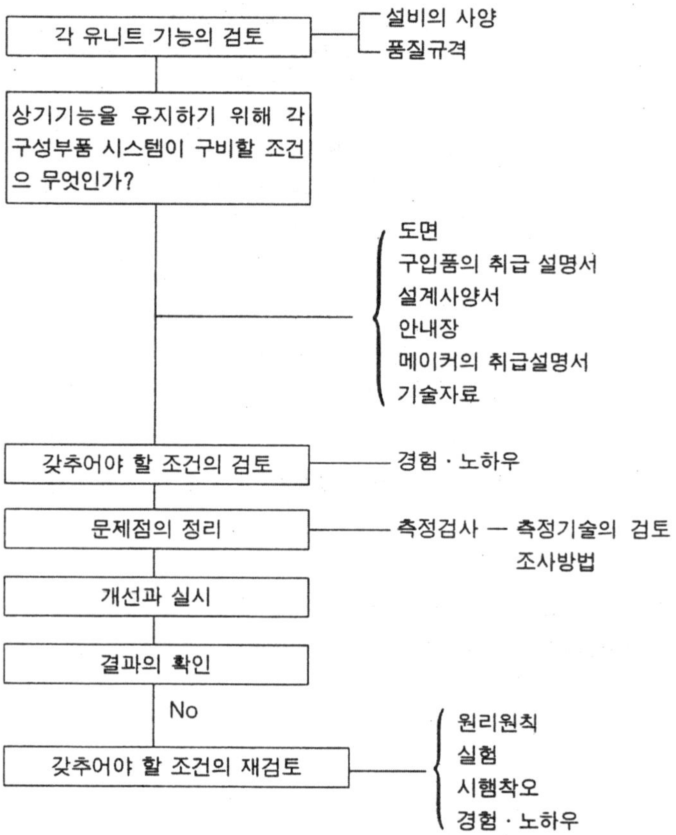

(3) 미결함의 사고방법

미결함이란, 어느 이상세분화가 불가능한 상태의 미비로 인한 것으로, 결과에 영향이 적은 것, 일반적으로 생각하고 있는 먼지, 오염, 덜컥, 마모, 녹, 세는 것, 흠, 변형 등을 말한다.

미결함의 적출에 있어 유의할 점으로는, 다음과 같은 것을 들 수 있다.

① 원리원칙에 의한 검토

㉠ 현상해석을 공학적인 원리원칙의 관점에서 검토함과 더불어, 설비와의 관련성을 검토한다.

그림 5-7 미결함의 위치와 만성로스

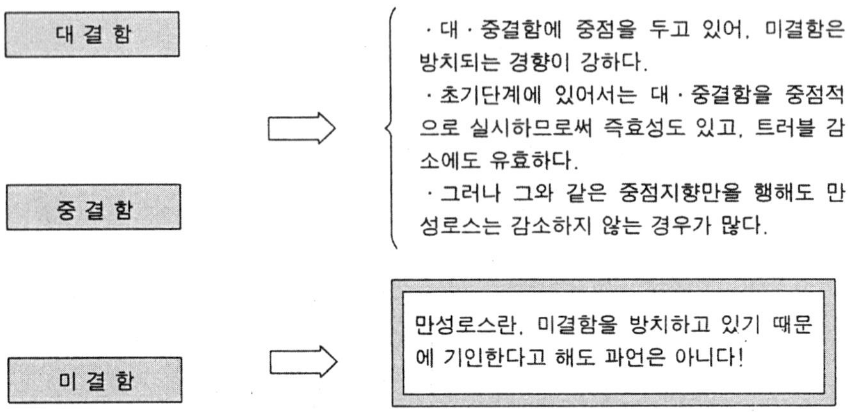

㉡ 현상에 관계없이, 솔직히 미결함에 빠져 있지 않은가, 소홀히 하고 있지 않은가를 유의한다.

② 기여율에 집착하지 않는다.

㉠ 이것이 결과에 어느 정도 경향을 미치는가의 기여율을 문제로 하지는 않는다. 기여율을 문제로 하면 미결함은 이차적으로 되는 가능성이 강하다.

그림 5-8 만성로스해결의 어프로치

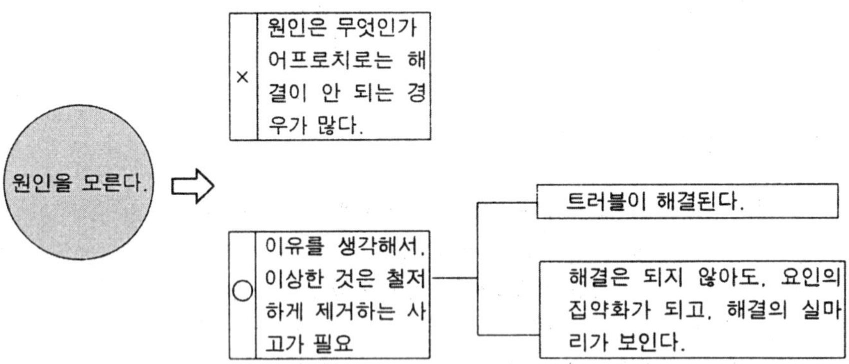

㉡ 기여율에 관계없이, 원인으로 이상한 것을 과거의 기성개념으로 파악하지 않고 적출하는 것이 바람직하다.

해결의 어프로치로를 행하는 데는 트러블의 원인을 알 수 없는 것이 많으므로, 「원인이 무엇인가」의 어프로치보다도 이유를 생각해서 이상한 것은 철저하게 제거하는 것이 효과적이다.

③ 이상한 것을 제거하는 어프로치는 시간은 걸리지만 경험적으로 볼 때 유효하다.

④ 가설 · 실증의 방법은, 시간도 짧고 효과적이긴 하나 요인의 수가 많아, 확율적으로 적은 경우는 성공하지 못한다.

(4) 조정의 조절화의 사고방법

조정과 조절의 차이는 <표 5－7>과 같이 정리된다.

① 동일작업자도 조정할 때마다 시간이 다르다.

② 동종류 기계도 조정방법, 시간이 다르다(기계의 결점 때문이다).

③ 누가 작업을 해도 표준순서로 하면 시간의 불규칙성이 적다.

④ 동종류의 기계는 동일순서로 작업이 된다.

⑤ 기계적으로 된다.

⑥ 원 · 터치화

① 일반적으로 조정을 필요로 하는 케이스

㉠ 설비의 정밀도가 충분하지 않다.

㉡ 치공구의 정밀도가 충분하지 않다.

㉢ 기준면이 명확하지 않다.

㉣ 수치화 · 측정이 되지 않는다.

㉤ 설비 기구 때문에 중지시킬 수밖에 없다.

표 5-7 조정과 조절

조정이란	조절이란
조정이란 인간이 아니면 안 된다는 것으로, 인간의 경험 · 판단에 의한 관용수단 · 기술을 최대한으로 활용하는 것이다. 경험의 축적, 시행착오에 의해 체험하는 것이며, 개인개인의 스킬의 차로써 표현하기 쉬운 것이다.	조절이란 기계로 치환되는 것, 혹은 기계적으로 되는 것이다. 조절이란 자동화 · 계측방법의 개발에 의한 수치화, 설비 · 치공구의 정밀도 등에 의해 작업이 단순화, 용이하게 되는 것이다. 조정작업을 검토해서 조정을 어떻게 조절할 것인가가 중요하다.

ⓑ 순서가 정해져 있지 않다.

ⓢ 전공정작업이 불충분하기 때문이다.

② 조정에 대한 문제의식

㉠ 작업자 사이드

- 현장의 수고를 몰라준다.
- 현장의 수고를 알리려고 하지도 않는다.

㉡ 관리자 사이드

- 현장의 수고를 알려고 하지도 않는다.
- 하는 방법을 가르쳐 주지 않는다.
- 팔이 올라올 때까지 기다릴 수밖에 없다.

이 때문에 조정작업이 방치되고 있다.

③ 조정의 사고방법

- 조정
  - 없앨 것 …… 60%는 없앤다.
    - 불필요한 것 …… 배제한다.
    - 조절화되는 것
      - Stopper
      - 게이지화
      - 부척도화
      - 표준화(옮은 판다)
      - 수치화 · 디지털화
  - 남길 것 …… 40%
    - 순서화
      - 표준화
      - 매뉴얼화
      - 매뉴얼에 의한 교육훈련
    - 스킬업 …………… (반복조종과 스킬 체크)

(5) 스킬의 사고방법

① 스킬의 정의

Webster에 의하면 스킬이란 자기자신이 체득한 지식을 효과적으로 활용하는 능력이다. 곧, 모든 현상에 대해 체득한 지식을 근거로 바르고, 또 반사적(생각하지 않고)으로 행동하는 능력이며 장시간에 걸쳐 지속되는 능력이다.

그림 5-9 스킬

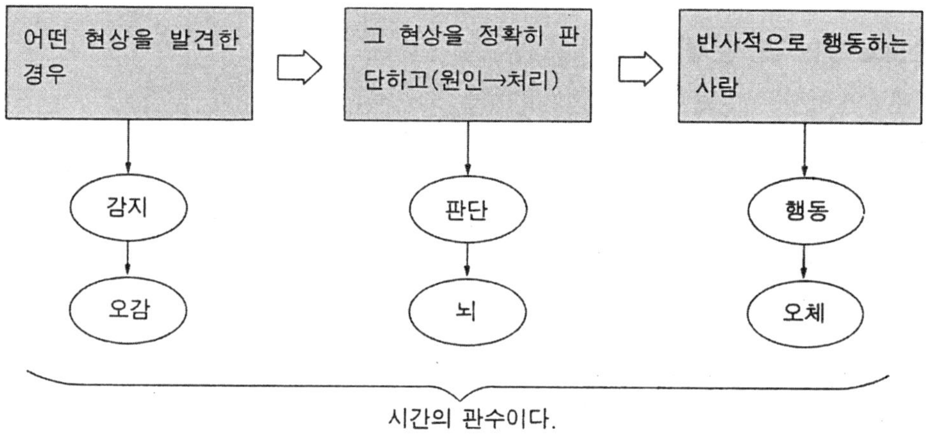

② 스킬에 요구되는 능력

①	주 의 력	현상을 발견한다.
②	발 견 력	
③	판 단 력	…… 현상을 바르게 판단한다.
④	처 치 력	현상에 대해 바른 처치를 한다
⑤	행 동 력	
⑥	회 복 력	…… 원래 상태로 회복시킨다.
⑦	예 방 력	…… 현상을 미연에 방지한다.
⑧	예 지 력	…… 현상을 예지한다.

③ 스킬을 해명하는 목표

㉠ 현상작업을 검토함으로써

개선이 필요한 작업, 참 스킬이 필요한 작업 } 을 정리

㉡ 작업에 있어 필요한 스킬은 무엇인가

㉢ 스킬의 전승·육성을 위한 교과서 만들기와 전승의 가속화

㉣ 스킬의 저하를 방지하기 위한 체크

ⓜ 개인의 스킬을 집단의 스킬로 하기 위해

ⓑ 같은 착오를 두 번 반복하지 않기 위해

④ 스킬의 일반적인 문제점

㉠ 베테랑이 아니면 안 된다.

㉡ 베테랑은 없다.

㉢ 가르쳐야 할 것을 모르겠다.

㉣ 가르쳐야 할 것도 가르치지 않는다.

㉤ 가르친 결과의 체크도 하지 않는다.

이같은 상태로 작업을 시키고 있는 것이 문제이다.

⑤ 가르친다는 것과 스킬의 3단계

㉠ 가르친다는 것은

가르친다
↓
결과를 체크한다
↓
미숙한 점을 정리한다

(이것의 반복)

㉡ 스킬의 3단계

- ○ 머리 속에 알고 있다.
- ○ 할 수 있다.
- ○ 자신을 가지고 할 수 있다.

⑥ 스킬업의 순서와 중점

㉠ 필요한 지식의 정리와 교육

《일반작업에 있어 필요한 지식이란》

- ○ 작업의 요점
- ○ 판단기준
- ○ 결과의 체크
- ○ 설비 자료
- ○ 설비의 작동원리
- ○ 작동원리에서의 관리상 포인트

ㅇ주요부품의 기능과 유지할 정밀도
ㅇ 정도측정방법
ㅇ 부품의 교환과 체크법
ㅇ 조작방법
ㅇ 제어방법과 시스템
ㅇ 이상의 구별방법과 처리방법

《정리체계화되어 있지 않고 또 그런 교육이 안 되면》

작업자가 지식이 없기 때문에 그릇된 동작 · 작업, 그릇된 원인추정과 그 대책 등에 의해 트러블을 발생시키든가 트러블을 크게 한다.

ⓛ 반복훈련과 스킬 체크 … 훈련이란 교육에 의해 얻어진 기초적인 지식을 기초로 경험을 반복 실시함으로써 체득하고 정확히 속도있게 할 수 있도록 하는 것이다. 그러므로 중도에 그만두지 말고, 끈기 있게 실시하는 것이 포인트이다.

ⓒ 스킬의 평가 … 가르치는 대로 충실히 정확하게 행하고 있는가를 작업의 실시과정중에서 체크한다.

작업의 결과가 아니라 그 프로세스를 체크한다.

ㅇ작업자를 단기간에 스킬맨으로 만들기 위한 훈련의 효과를 파악
ㅇ작업자의 자기연수성과를 확인
ㅇ작업자에게 자기스킬레벨을 인식시킨다.
ㅇ작업자에게 스킬업의 방향을 명확히 한다.
ㅇ라인리더에게 작업자 개인개인의 지도방향을 명확히 한다.

⑦ 스킬업의 도구로서의 SOP

5.4 SOP(Standard Operation Procedures)

작업자 · 기계설비의 안전, 제품의 품질 · 능률을 최고한도로 유지하기 위해, 작업자의 지도훈련을 실시하는 것은 필요한 매체이고, 갖추어야 할 지식, 작업동작의 「갖추어야 할 자세」를 표시한 표준이다.

1) SOP의 특징

① 작업동작의 「왜」(KNOW WHY)가 포함되어 있다.
② 작업동작의 관용수단 · 기술이 포함되어 있다.
③ 작업의 목적(또는 가치)이 포함되어 있다.
④ 돌발불비현상에 대한 응급처치의 판단기준 및 처치방법이 포함되어 있다.
⑤ 현장의 1인1인의 작업자가 작성자이다.(현장 작업자의 경험이 포함되어 있다.)

2) SOP의 구성

① 공정, 작업

SOP를 작성하는 공정명, 작업명을 기입한다. 작업명은 단위작업(지도훈련 단위)의 크기로 쓴다.

② 세부순서

단위작업을 분해해서, 요소작업의 크기로 쓴다.

③ 스킬의 차가 생기는 요점

① 세부순서의 작업방법을 요점의 포인트로 쓴다.
② 시각효과가 있는 도해 · 사진 · 플로차트를 보충한다.
③ 안전 · 품질 · 능률의 불비현상을 예방하기 위해, 판단기준 요점을 기입한다.
④ 관용수단 · 기술을 되도록 정량적으로 또 구체적으로 기입한다. 구체화되지 않은 것은 「OJT」로 기입
⑤ 불비현상의 응급처치의 방법이 중요한 경우에는 판단기준 · 순서 · 방법을 기입한다.

④ 원 인

불비현상(결과)의 원인이 되는 부적정한 작업동작 및 행동

⑤ 결 과

원인란에 기입한 부적정한 작업동작 및 행동으로써 발생하는 안전 · 품질 · 능률의 불비현상.
cf 4,5항목은 바른 스텝의 행동을 위한 KNOW WHY이다.

표 5-8 STOP의 사례

SOP	공정	성형연마	작업	외형측정	작성		정리 No.		1/2

No. 작업순서	스킬의 차가 생기는 요점 (요인)	원 인	결 과
1. 버니어 캘리퍼스에 의한 외형측정	○ 버니어 캘리퍼스를 워크에 대해 정확하게 직각방향으로 대고 측정한다. 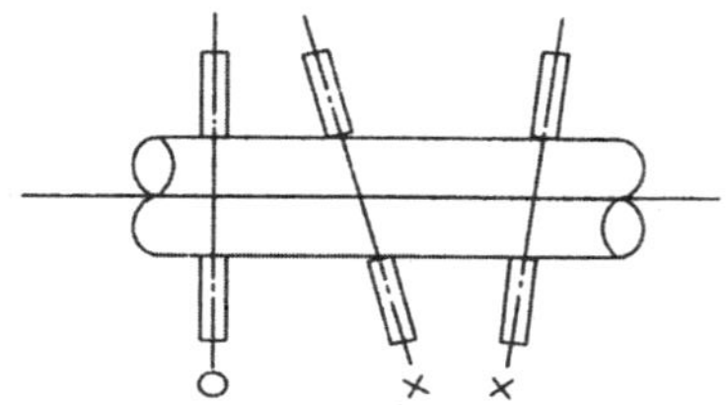	• 워크에 대해 직각방향으로 대지 않고 측정한다.	• 측정오차가 생긴다.
	○ 작은 버니어 캘리퍼스로 큰 환봉의 직경을 측정할 때 서면의 한곳만 측정한다. ☆ 환봉의 서면에 대고 측정 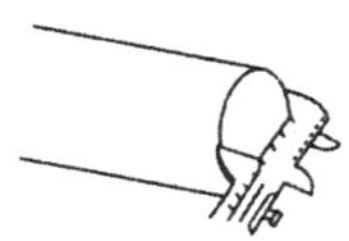	• 워크의 서면에 대지 않는다. • 버니어 캘리퍼스를 눕혀도 외주면에 닿지 않는다.	
	○ 눈금에 대해 수직방향애서 본다. 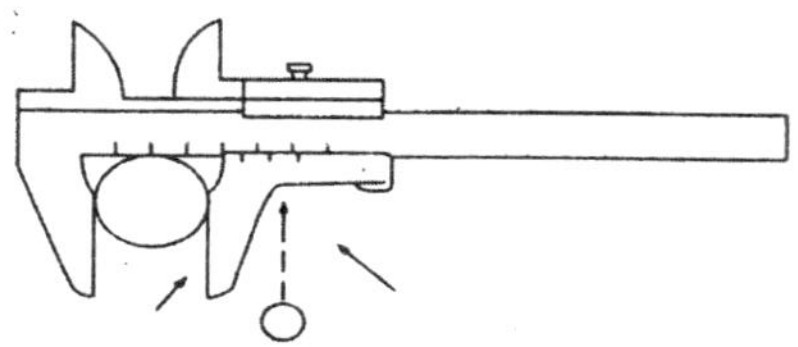	• 수직방향에서 보지 않는다.	

그림 5-10 설비의 일생애

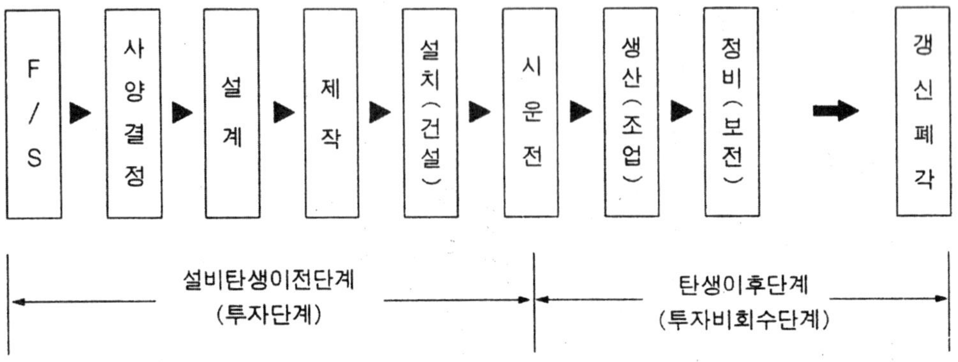

5.5 설비생산성과 설비의 Life Cycle Cost

1) Life Cycle Cost

생산량의 증가, 품질우수, 생력화 등이 좋은 신설비와의 비교로 상대적 열화가 일어난다.

그림 5-11 Life Cycle Cost

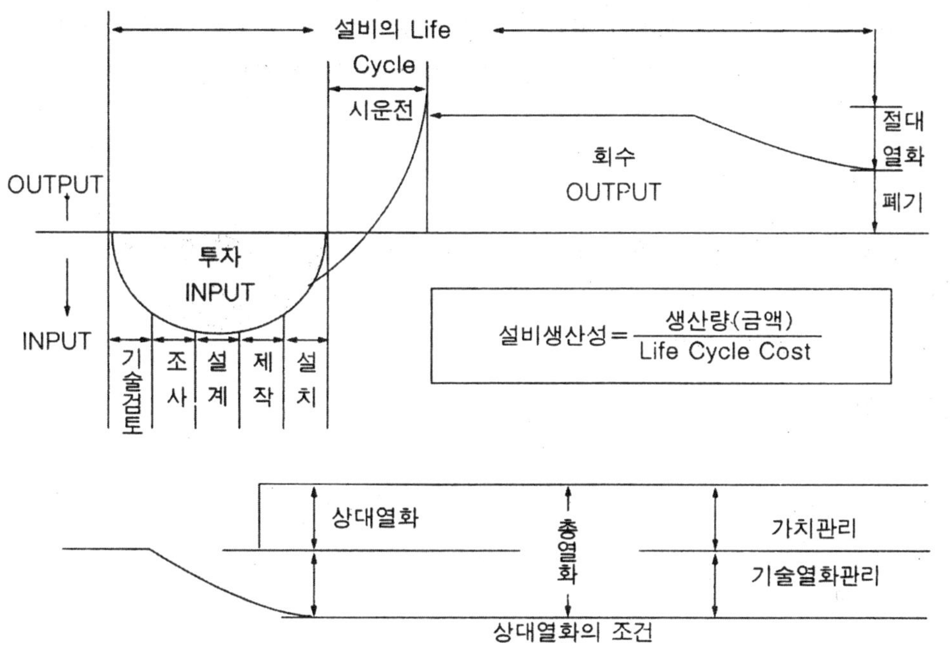

2) 설비의 효율화

설비효율화란, "설비의 가동상태를 양적 · 질적인 면에서 포착하여 부가가치를 창출하는 양질을 어떻게 높일 것인가"를 말한다.

표 5-9 설비효율화

	수 단	방 법
양적	설비의 가동시간 증대와 단위시간내의 생산고 Up	설비의 불가동시간을 감소시켜 가동시간 비율을 증대하거나, 단위시간당 생산고 증대를 도모
질적	불량품의 감소와 품질의 안정화 및 향상	단위시간당의 불량품의 감소 및 품질의 안정화를 도모하여 , 생산고 증대로 연결

① 부가가치＝시장가치－조달가치

② 설비효율화의 목적 … "설비의 고유능력을 충분히 발휘 · 유지시키고 있는가? 즉, MAN MACHINE계의 최고상태, 극한상태를 유지할 것"

③ 극한상태 … 더 이상의 여지가 없는, 우리가 만들 수 있는 한계로 "고장 0", "불량 0"을 달성하는 것, "0"에 가까운 상태로 근접하는 것이 극한상태를 유지하는 것

3) 설비의 LOSS란

필요한 양의 양품을, 필요로 하는 시기까지 생산하려고 하는 경우 차질을 가져옴을 말한다.

4) 설비장치의 LOSS 구조

표 5-10 로스의 구분

구분	6대 로스	내 용
정지 로스	① 고장정지로스	돌발적, 만성적으로 발생되고 있는 고장정지에 수반하는 시간적인 로스
	② 작업준비 · 조정로스	준비작업 기종대체에 수반하는 시간적인 로스. 생산을 정지하고 나서 다음 품종으로 대체, 최초의 양품이 되기까지의 정지시간
속도 로스	③ 공전 · 순간정지로스	일시적인 트러블에 의한 설비의 정지 또는 공전에 의한 로스. 본래는 정지로스의 구분에 해당하지만 시간적 정량화가 곤란한 경우가 많기 때문에 이 구분의 로스로써 포착한다.
	④ 속도저하로스	이론 사이클 타임과 실제의 사이클 타임과의 차를 로스로써 포착한다.
불량 로스	⑤ 불량 · 수선로스	공정중에 불량이 되는 물량적 로스
	⑥ 초기유동관리 수율로스	초기생산시의 물량적 로스(시업시나 작업준비기종대체에 발생되는 로스)

(1) 가공조립 Line의 Loss구조

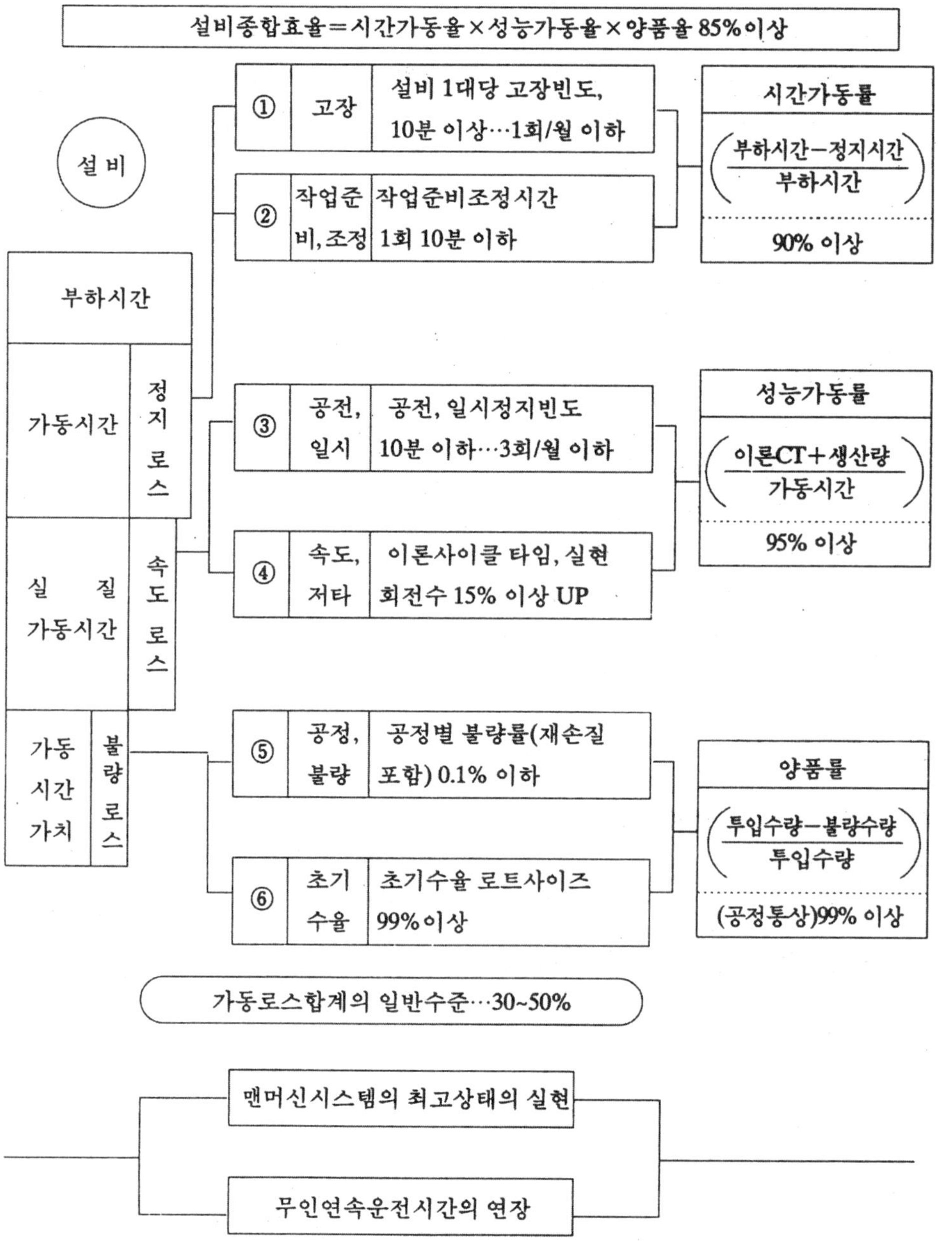

《산출예》

1일 조업시간 60분 × 8시간 = 480분

1일 부하시간	460분		준비 20분
1일 정지시간	60분	정지내역	고장 20분
1일 생산량	400개		조정 20분

《수정》 2%

시간가동률 : $\frac{400}{460} \times 100 = 87.0\%$

기준사이클타임 : 0.5분/1개

실제사이클타임 : 0.8분/1개

속도가동률 : $\frac{0.5}{0.8} \times 100 = 62.5\%$

정미가동률 : $\frac{400개 \times 0.8}{400분} = 80.0\%$

(1－정미가동률)이 순간정지에 의한 로스임

성능가동률　62.5% × 80.0% = 50.0%

양품률　98.0%

종합효율　88.0% × 50.0 × 98.0 = 42.6%

5) 효율화의 지표

(1) 시간가동률 × 성능가동률 × 양품률

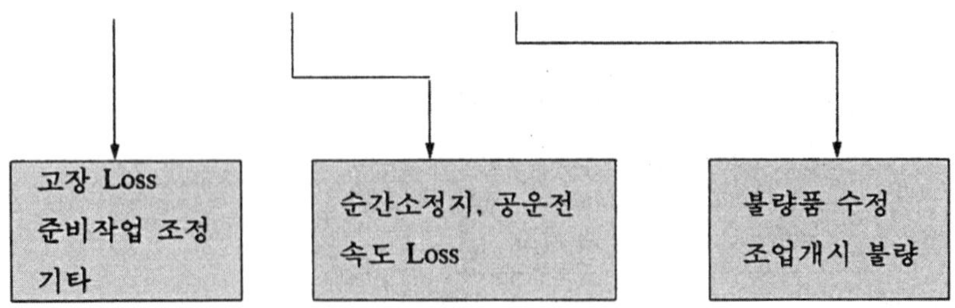

(2) 만성 Loss 개선목표

Loss 대상	목 표	설 명
1. 고장 Loss	0	
2. 준비작업조정 Loss	극소화	전설비에 대하여 "0"일 것
3. 속도 Loss	0	가능한 짧은 시간, 10분 이하의 SINGLE
4. 순간소정지 Loss	0	설계사양과의 차를 0으로 한다. 또한 개량에 의거 그 이상의 속도로 한다.
5. 불량 · 수정 Loss	0	전설비에 대하여 "0"일 것 정도의 차는 있으며 PPM (예 100～30PPM)으로 거론되는 범위
6. 조업 초기 Loss	극소화	

5.6 TPM의 정의

TPM(Total Productive Maintenance)이란 전원참가 생산보전활동, 즉 생산 System효율화의 극한 추구를 (종합적 효율화)하는 기업체질 구축을 목표로 하여, 생산 System의 전생애를 대상으로 한 재해 "0", 불량 "0", 고장 "0" 등 전 Loss를 미연에 방지하는 체제를 현장 · 현물에 구축하고, 생산부문을 비롯하여 개발, 영업, 관리 등 사내 전부분에 걸쳐서 최고 경영자로부터 제일선 작업원에 이르기까지 전원이 참가하여, 중복소 Group 활동에 의거, LOSS ZERO를 달성하는 것이다.

1) TPM, 생산보전, 예방보전의 관계

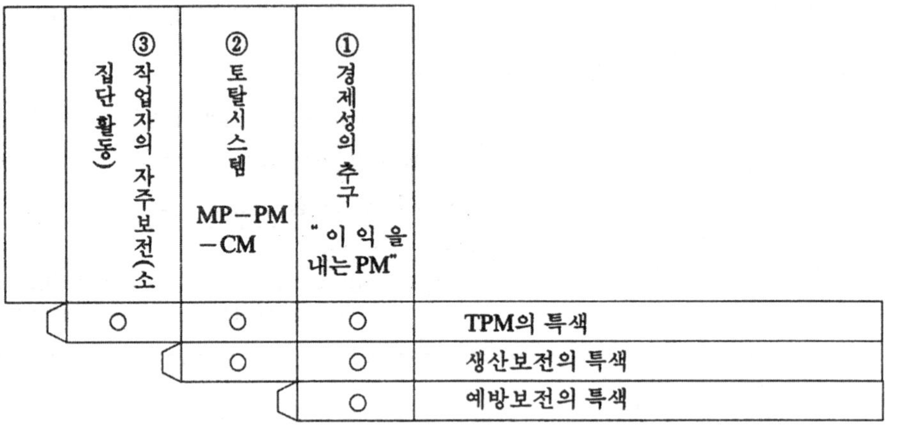

2) TPM의 이념

(1) 작업자의 체질개선

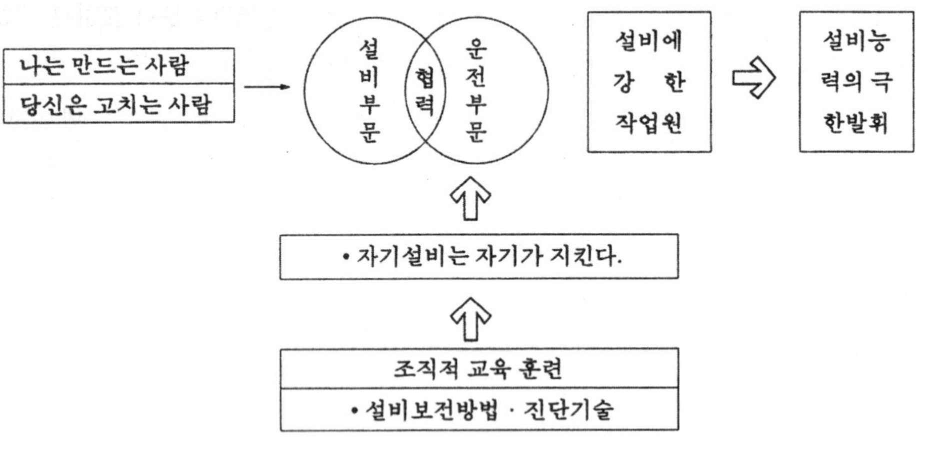

(2) 설비의 체질개선

설비의 약점개량 → 설비의 Loss 박멸 ⇨ 설비의 체질개선

(3) 기업의 체질개선

자 주 보 전
개 별 개 선
계 획 보 전
설비초기관리체계

→ 보람있는 직장만들기 ⇨ 기업의 체질개선 ⇩ 업적의 향상

3) TPM의 5가지 기둥(기본활동)

① 프로젝트팀에 의한 "설비효율화 개별 개선활동"
② 설비운전사용부문의 "자주보전활동"
③ 설비보전부문의 "계획보전활동"
④ 운전자 · 보전자의 "기술향상교육 훈련활동"
⑤ 설비계획 부문의 "설비초기 관리체제 확립활동"

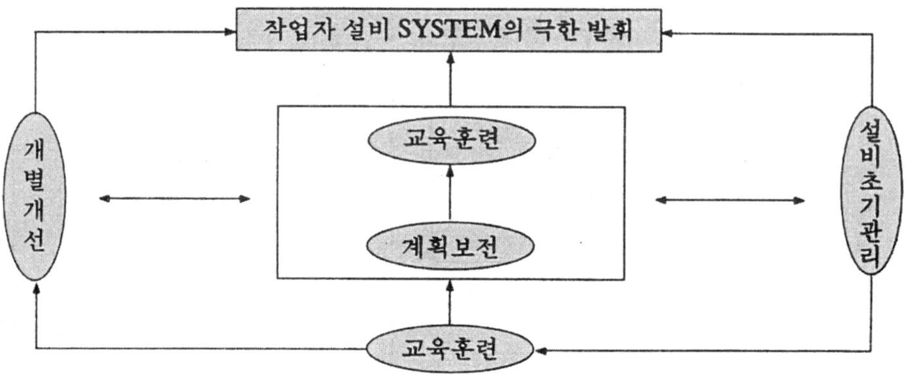

그림 5-11 TPM 활동과 안전관리 활

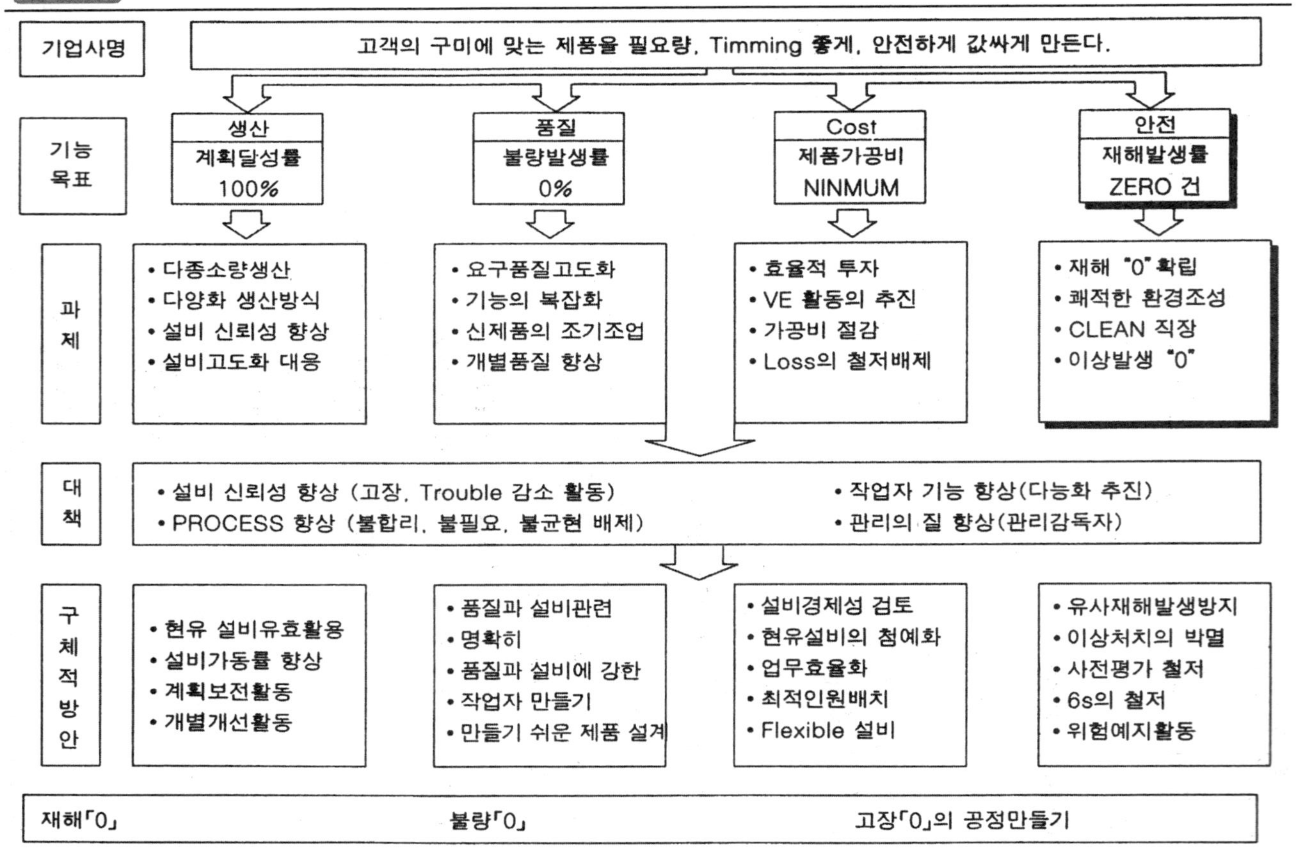

4) 설비 5S(TPM의 기초만들기)

(1) 55의 정의

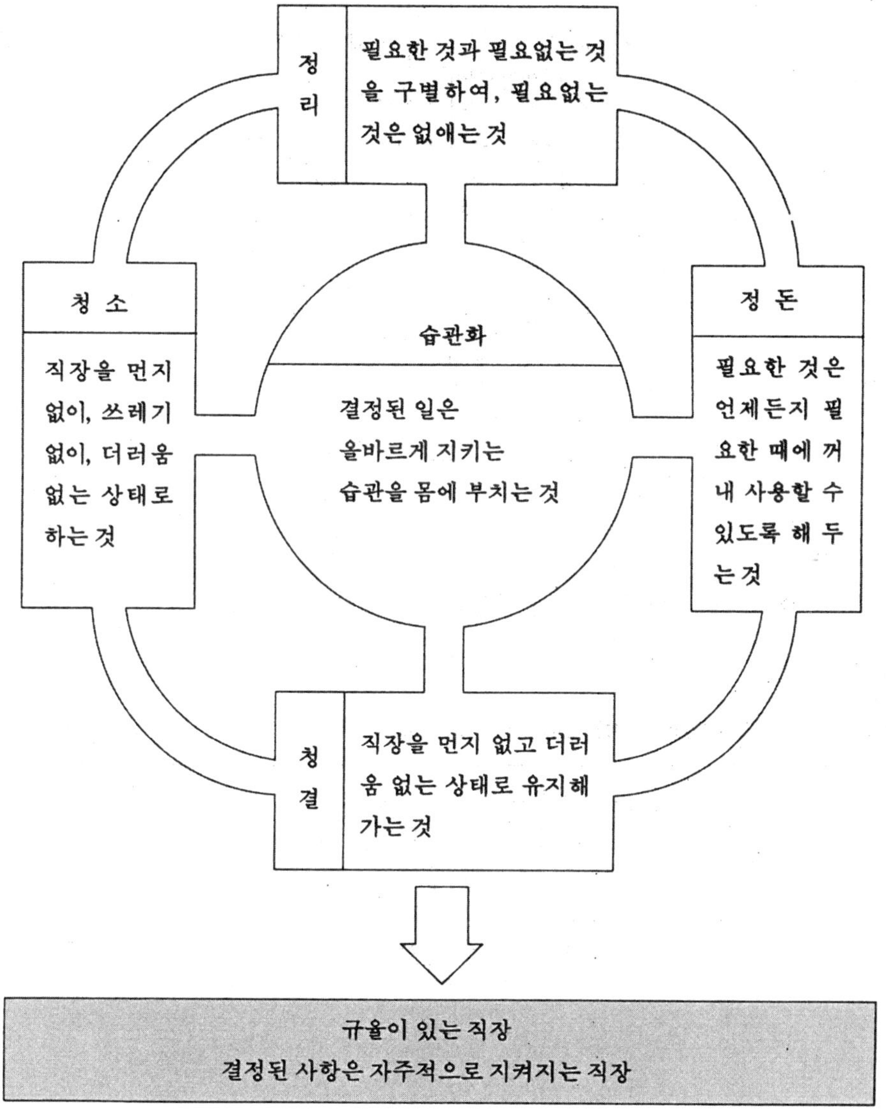

(2) 직장 5S와 설비 5S

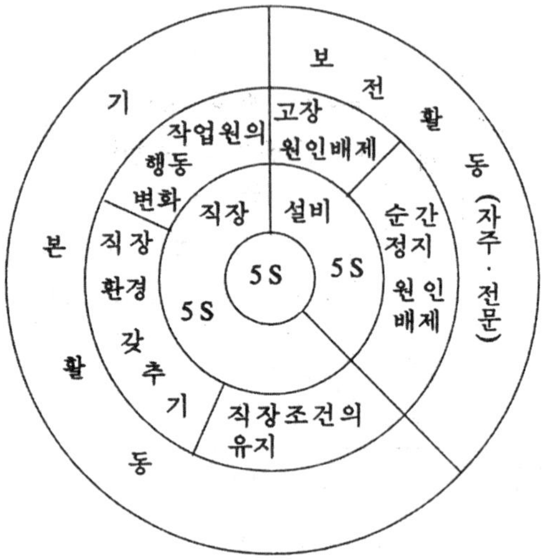

표 5-12 작업원의 행동과 직장을 변화시키는 수단(3본주 활동)

3본주	I	II	III
	규율있는 직장 만들기	깨끗한 직장 만들기	눈으로 보는 관리가 가능한 직장만들기
목 표	• 결정된 사항은 전원이 지키도록 한다.	• 직장, 설비의 구석구석까지 손을 대어, 눈이 항시 닿아 있게 한다.	• 눈으로 봐서 이상을 알 수 있고 Action이 가능하도록 한다.
	종업원의 행동을 바꾼다.	직장환경을 정비한다	잘못이 발생되지 않게 연구한다.

5) 설비의 강제열화와 자연열화

(1) 강제열화

- 보전방법이 졸렬하기 때문에, 사람 때문에 생기는 열화
- 기본조건이나 사용조건의 불비로 발생된다.
  - 청소
  - 급유
  - 증제

  └ 설비가 바르게 작동하는 조건

• 유압계통	작동유의 온도 · 량 · 압력…
• 전기제어계	분위기의 온도 · 습도 · 먼지 · 진동
• 리미트 스위치	고정위치 · 고정방법 · 도구의 형상…
• 설비의	운전 · 조작 부하조건

- 접동부 · 유압계통 · 전기제어계통

  ↓

  먼지 · 지저분함

  ↓

  마모 · 막힘 · 샌다 · 작동불량　　(먼지 · 지저분함 · 이물)에 의한 설비의 강제열화

  ↓

  통전불량 · 정도저하

  ↓

  돌발고장 · 품질불량

(2) 자연열화

- 고유의 수명
- 고유수명이 짧은 것
  - 설비에 문제(약점) 있다.
    - └ 설비 전체로서의 강도나 정도의 밸런스를 복원
  - 개량보전(신뢰성의 개선)
    - └ 구성부품의 재료 · 치수 · 형식의 변경

6) 미결함 발견의 Point

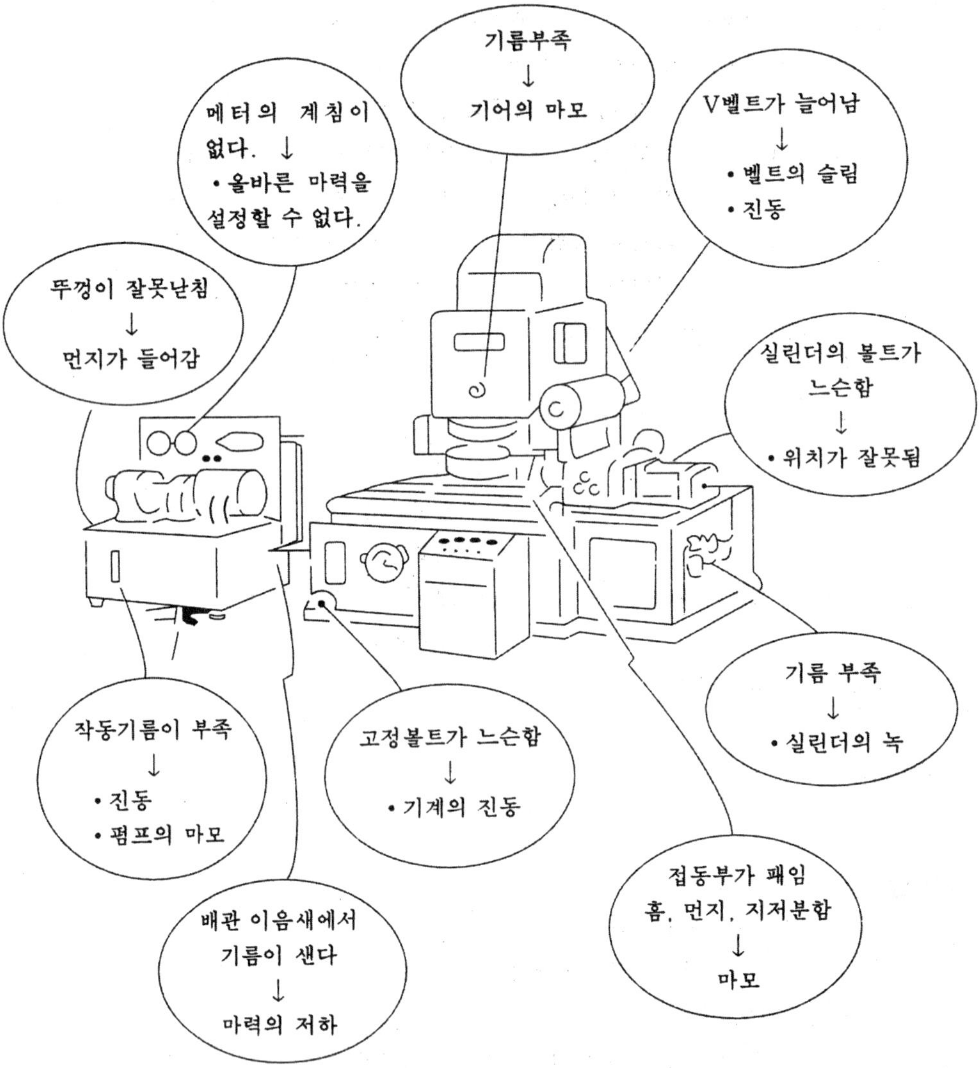

5.7 계획보전

1) 계획보전의 의의

전원참가 생산보전에서 보전원이 추진하는 한 기둥으로 보전작업계획과 관리, 보전비관리, 보전예비품관리, 보전정보관리 등을 효율적으로 추진하여 투입량을 최소화하고 고장제로, 불량제로를 달성하여 궁극적으로 보전이 필요없는 설비를 추구하는 것으로 아래 도표와 같다

그림 5-12 계획보전

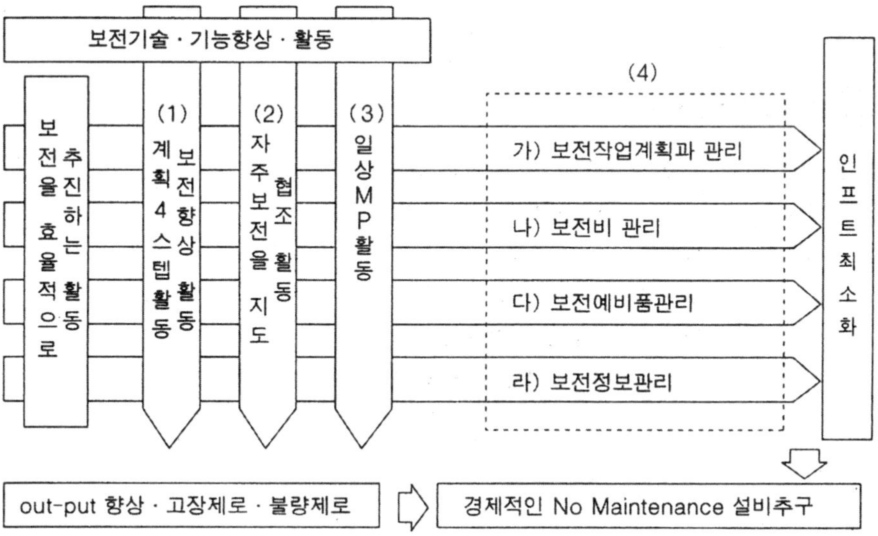

2) 계획보전의 기본적인 활동

① 설비의 고장방지 또는 유해한 성능저하를 유발하는 상태를 발견하기 위한 설비의 주기적인 검사

② 초기단계에 있는 동안 이러한 상태를 제거, 조정 또는 수복하기 위한 설비의 보전 활동

3) 계획보전 도입시 고려사항

① 도입전
- 보전설비의 현상파악 및 표준설정
- 대칭설비의 선정
- 예비품, 도면 및 자료의 모집
- PM 계획을 세워 현장 내부에 배포, 공지

② 실시시
- 설비를 운전하는 현장에 안도감과 신뢰성을 주어야 한다.
- 보전능력의 여력은 예방보전을 실시할 때의 여력으로 본다.
- 예방보전의 효과를 확인하여 추진목표를 검토한다.

4) 보전활동의 실시

(1) PM 검사표준의 설정

① 설비의 열화 정도를 조사하는 검사방법과 측정방법의 표준

② 포함내용 : 부위, 항목, 주기, 방법, 기구, 판정기준 등

③ 검사종류
- 방법별 - 외관, 분해, 정밀검사 등
- 주기별 - 일상, 정기, 임시검사 등
- 항목별 - 성능, 정밀검사 등
- 대상설비별 - 기계장치, 배관 전기설비검사, 계장기기검사

5) PM 검사제도의 흐름(Preventive maintenance)

그림 5-13 전형적인 PM검사제도의 흐름

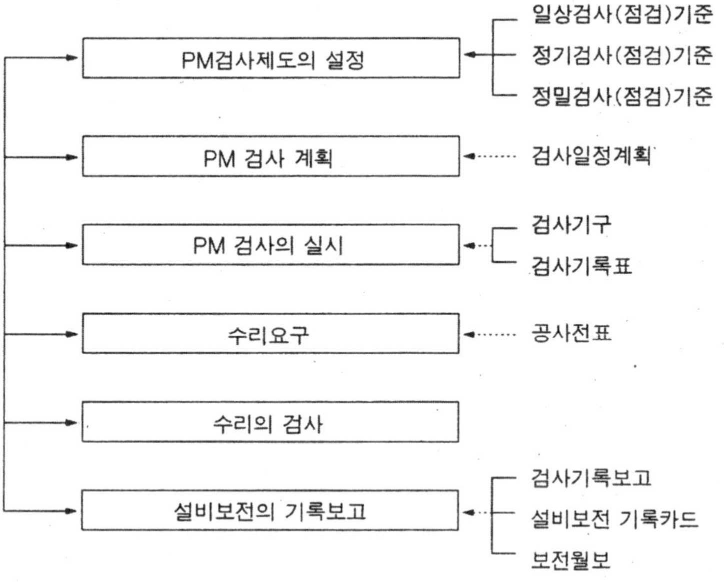

(1) PM 계획

① 검사표준에 따라 현장의 생산계획과 보전원의 부하를 고려하여 언제, 무엇을 검사할 것인가를 계획한다.

② 일상검사(점검) ┌ 정상운전중인 설비의 열화방지를 위한 일상보전 활동
└ 수시로 운행상태를 파악하여 이상유무를 발견하고 긴급히 조치하여 원활한 운전이 유지되도록 한다.

③ 순회검사(점검) ┌ 보전측에서 더욱 자세히 실시하는 열화방지를 위한 일상보전 활동
└ 설비중요도(등급)에 따라 검사빈도(주기)를 달리한다.

④ 정기검사(점검) ┌ 보전측의 열화를 측정하기 위한 활동
└ 설비별로 일정주기마다 설비를 정지시켜 개방분해하고 내부를 점검하여 설비의 열화 정도를 측정

⑤ 분해정비검사 ─┬─ 보전기술의 축적에 의해 정리된다.
├─ 서서히 일상보전활동을 통하여 기술자의 축적이 중요
└─ 목적 : 고장정지나 성능저하를 미연에 발견하기 위한 주기적 오버홀이 나 정밀검사를 실시하는 것

(2) PM 검사를 실시

PM 검사 실시 후에는 그 결과를 Check List나 검사기록표에 기입

(3) 수리의 검사

① 보전측에서의 열화회복 활동
② 수리요구대로 완성되었는지의 여부를 수리요구자가 확실히 검사

(4) 설비보전의 기록보고

① 수리 시기, 내용, 비용, 자재, 시간 등의 보전이력을 보관
② 보전기록의 역할
㉠ 수리시기의 예측 및 소요비용의 견적에 도움
㉡ 설비별 수리비 파악 → 설비갱신시 활용
㉢ 수리자재의 상비수 결정의 기초로 활용

6) PM시 검토해야 할 사항

(1) 취급되어야 할 대상설비의 결정

PM 점검대상을 선정하기 위한 방법은 다음과 같다.
① 점검대상설비가 중요한 것인가를 검토하여야 한다.
② PM 비용과 고장수리비용을 비교, 검토해 본다.
③ 대기설비가 용이하게 준비될 수 있는가에 따라 PM 판단을 내린다.
④ 설비상태가 노후된 것이라면 PM은 불필요하다.

(2) 대상설비의 점검개소 결정

① 설비점검목록을 작성한다. → 설비상태에 따라 check point 조정

② 상태 진단자료에 의해 차기 정기예측 및 년, 월, 주간계획을 수립

(3) 정비작업에서 점검주기의 결정

① 정기주기는 설비노후화에 따라 빨라지고, 주위환경에 따라 조정되어야 한다.
② 기술적, 통계적 조사방법이 적용되어야 한다.

(4) 점검시기에 관한 결정

① 계획수립에 가장 효과적인 방법은 연간 작업 총괄계획
→ 점검일정이 주기를 충족할 수 있어야 한다.
② 생산에 보전부서간의 작업일정 조정이 난점
③ 연간 생산계획에 따라 정비계획 및 관련자재, 인원수급계획이 일정에 포함

〈일상 수리회의〉

○ 목적
- 보전의 작업계획과 생산 조업계획의 조정
- 보전팀 내 기계, 전기 등 협동 보전작업 신속한 계획, 실시
- 보전, 영선담당자들의 부하량과 여력의 조정
- Check List, 검사요령, 작업절차 등 미흡사항의 제안, 개선
- 각 부문간 이견의 토론, 절충으로 부문주의 배제

○ 토의할 사항
- 의뢰작업자의 내용검토와 중점도 결정
- 조업계획과 작업일정계획 수립
- 작업담당자의 구분(외주여부)
- 작업, 검사결과 및 예비품 관리의 보고
- 타부서와의 연락업무 검토

○ 참석인원
- 보전팀장 또는 보전요원
  - ○ 업무현황을 잘 파악하고 있고, 작업분담을 결정
  - ○ 생산부문에 설비정지나 기술에 관한 제안
  - ○ 일상 수리회의의 사회를 담당, 회의의 효율적 운영을
  - ○ 검사원은 검사결과의 보고와 작업요구, 예비품 준비 제안
- 생산부문 직, 반장
  - ○ 조업계획과 품질에 미치는 설비의 영향을 잘 알고 있다.
  - ○ 설비정지 시기나 작업요구에 대하여 생산과를 대표하여 판단결정할 수 있는 사람이어야 한다.

○ 회의운영
- 매일 1회 개최
- 검사원이 그날의 예정에 따라 외관검사를 완료한 후 곧 개최

7) 설비검사(점검) System의 진화단계

(1) 1단계

① 점검활동은 Operator가 경험적인 Check를 때때로 하는 정도
② 점검기준은 없고, 돌발고장에 쫓겨 수리를 하는 상태

(2) 2단계

① 보전조직의 신설로 PM 제도 확립, 검사원 지정
② 검사원은 Operator보다 높은 기술을 갖고 제반 점검기준 작성

(3) 3단계

① 점검기준의 분리 → 운전과 보전용
② 기술자료의 분석으로 최적보전계획, 설비개량, 수명연장 등 기술적 활동

(4) 4단계

① Operator용 점검기준의 고도화 → 설비에 강한 운전자 양성

표 5-13 설비검사(점검) System의 4단계

관리항목	1단계	2단계	3단계	4단계
검사 점검 제도 일상검사 (점검) 분해검사	① Operator의 경험에 의한 Check ② 일상검사 기준 없음	① 일상 검사제도 확립 ② 일상점검기준 있음 ③ 윤활, 청소기준 있음 ④ Check List 있음	① 점검의 기준류를 운전과 보전용으로 분리 ② 분해검사기준 및 회전기계의 점검기준 있음 ③ 계획보전은 실시 체제에 들어가나, 오버홀 주기는 극히 불안	① 운전자용 일상보전 기준에 전기, 계장류의 일상 Check List 삽입 ② 회전기계의 분해 검사기준 있음 ③ 성능검사기준 및 배관 검사기준 있음 ④ 예지보전 개념이 확립되어 점검기술 개발에 착수, 충분한 보전의 방지활동

② 제품품질의 변동과 설비열화의 허용범위에 대한 성능 표준이 정리

(8) 계획보전의 효과

① 설비의 정확한 상태파악
   ㉠ 정기점검 또는 검사
   ㉡ 예비품의 적정재고 제도 확립(설비보전측)
   ㉢ 제품불량의 감소, 품질의 균형(현장측)
② 긴급용 예비기기의 필요성 감소와 자본투자의 감소
③ 비능률적인 돌발고장수리로부터 계획수리로의 이해 가능
④ 유효손실의 감소와 설비가동률의 향상
   ㉠ 경제적인 계획수리가 가능
   ㉡ 여력관리의 정확화
⑤ 보전비, 재고비 등 Cost 절감

9) 보전활동의 표준화

(1) 보전작업관리의 의미

보전작업은 직저생산작업에 비해 작업능률이 낮다.
→ 주작업 이외에 준비 쉬우나 여유 등이 많다.(주작업 비율은 50% 정도)

(2) 작업능률의 저해요인

① 가혹한 조건하에 작업이 이루어진다.
② 보수자재나 Spare Parts, 공구 등의 준비시간이 필요하다.
③ 공장 내 이동시간도 무시할 수 없다.
④ 예측범위 외에서 고장발생시 계획보전 계획이나 그 대책이 틀어진다.

(3) 보전작업관리 대책

① 작업능률의 저해요인은 업종, 공장규모, 설비군에 따라 변동

그림 5-14 보전작업관리

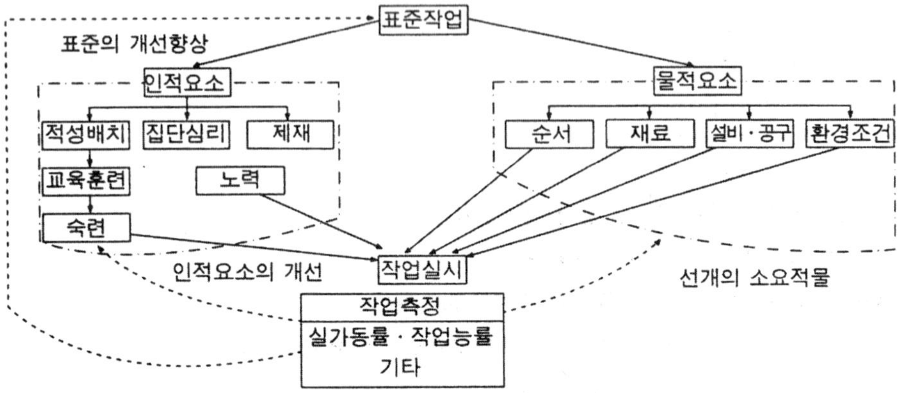

→ 방법개선기술이나 작업측정기술의 적용이 요망되나 중요한 것은 관리감독자의 관찰개선 노력

② 인적, 물적측면에서의 작업실태 관찰

10) 보전작업 표준의 설정

(1) 보전작업 표준이란

① 보전작업에 대한 작업순서와 표준시간을 표시한 것.

② 작업측정 및 검사나 공사 등 보전작업의 여력계획, 일정계획으로 준비작업에 도움이 되고 작업자의 교육훈련자료도 된다.

(2) 표준설정시의 유의사항

① 보전작업은 대상설비가 다종다양함에 전 작업을 대상으로 표준을 설정함은 낭비

② 반복빈도가 많은 다음 작업을 고려하여 표준설정

㉠ 정기보전의 작업계획상 시간적으로 애로가 있는 작업

㉡ 작업지연에 의한 생산품질상의 영향이 큰 작업

㉢ 비용면에 미치는 영향이 큰 작업

㉣ 비교적 작업능률이 나쁘다고 생각되는 작업
㉤ 고도의 기술을 요하는 작업

(3) 표준의 설정

초기에는 정확도가 낮더라도 일단 표준으로 설정하고 실작업에 적용하면서 점차로 그 정확도를 높여간다.

(4) 표준설정방법의 특징

① 경 험 법
- 경험자의 견적에 의해 결정
- 초기 적용 후, DATA가 축적되면 다음 방법에 의해 보완개정

② 실적자료법
- 실적자료에 의해 설정하는 것으로 작업을 세분화
- 실적은 변동폭이 넓으므로 이상치 제거 후 표준치로 결정

③ 작업연구법
- 일정기법을 이용, 작업을 분석 , 연구한 후 설정
- 신뢰성이 높으나 전 작업에 적용하면 비경제적

11) 보전표준의 종류

(1) 설비검사 표준

① 설비열화과정을 조사하는 검사방법, 측정방법의 기준
② 지정내용 : 부위, 개소, 항목, 주기, 방법, 측정기구, 판정기준, 처치방법 등
→ 필요시 약도나 사진 부착
③ 검사종류
- 주기별－일사점검표준, 정기검사표준
- 항목별－성능검사, 정밀도검사 등
- 대상설비별－기계설비검사, 전기설비검사, 배관검사, 계장설비검사

(2) 정비표준

① 정비 또는 일상보전의 표준으로 열화를 방지하기 위한 기준
② 청소, 급유, 조정, 부품교체 등 수공구로 행하는 정도의 일상보전 표준
③ 청소표준, 급유표준, 윤활관리표준, 조정표준 등

(3) 수리표준

① 열화를 회복하기 위한 것으로 수리조건, 방법의 표준

② 종류 ┬ 특정설비나 설비부품에 관한 것
└ 직종별로 선반, 마무리, 배관, 전기 등에 관한 것

③ 작업방법, 작업시간을 포함하여 보전작업표준으로 나타낼 수도 있다.

(4) 보전작업표준

① 발생빈도가 높은 작업에 의해 작성된다.

② 작업팀의 능률측정이나 작업시간의 견적, 여력관리, 일정계획 입안 및 신입사원의 교육용으로도 활용

- 보전표준
  - 설비보전표준
    - 1. 검사표준 → 설비의 열화측정
    - 2. 정비표준 → 설비의 열화를 방지
    - 3. 수리표준 → 설비의 열화를 회복
  - 보전작업표준
    - 4. 작업표준 → 보전작업 순서나 시간을 나타낸 것

12) 표준의 개정

보전표준은 설비의 개선이나 개량에 따라 개정되어야 한다.
작업방법도 바뀌므로 적어도 1년에 1회 정도는 실적을 감안하여 개정

표 5-14 계획보전 추진 5Step

STEP	1Step	2Step	3Step	4Step	5Step
	중점설비의 선정	보전업무기준수립	PM활동 실시	보전업무 표준화	보전의 예지화
주요추진내용	• 중점설비의 선정 • 중점설비에 대한 문제점 집중분석 • Bench Mark 설정 및 목표 수립	• PM 기준 수립 • PM 년, 월간 계획수립 • 보전업무 분석 • 보전업무 Flow 확립	• 계획에 의한 PM활동 실시 • 목표관리 • PM 주기관리 • 각종 지표의 표준화	• DATA의 분석 및 활용 • PM 기준의 확정 • 업무 분장의 명확화(보전/운전)	• 예지보전 개소 선정 • 진단기기의 도입 및 적용 • MQ분석
	관련지표의 항목 및 기준 수립	• 실무자 양성 • 각종 양식의 표준화	• 보전업무의 제반기준 제정 • S/P 관리 체계구축	• 설비관리 전산화 확립 • 보전 DATA 활용	• 진단기기 활용기술 교육 • 보전효과 측정

그림 5-15 보전표준의 개정

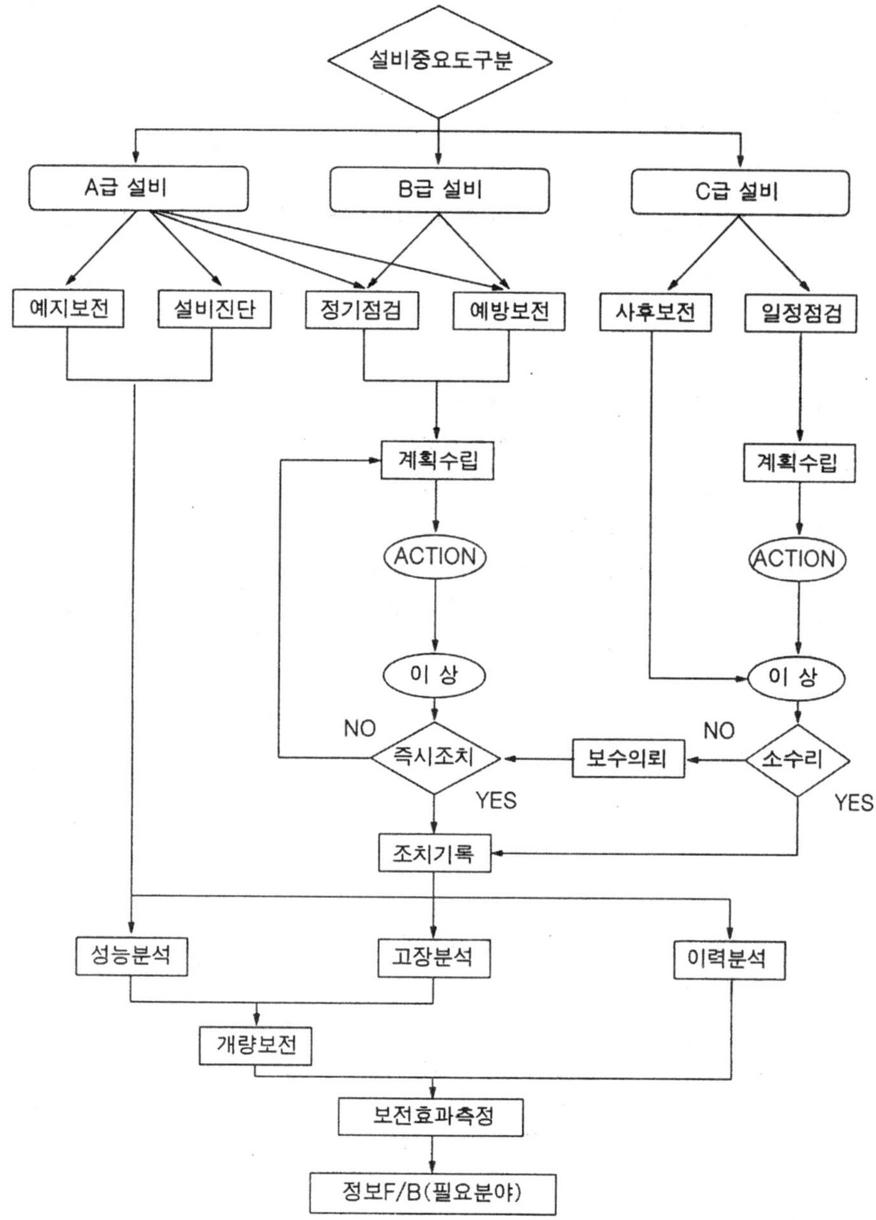

5.8 보전계획과 공사관리

1) 보전표준과 보전계획

보전계획은 보전표준상의 제반 기준에 의거, 설비상태를 정확히 파악한 후 그 결과에 따라 수립한다.

(1) 보전표준

설비상태를 객관적으로 정량적으로 나타내기 위한 수단

- 일상점검
  - 설비의 이상을 5감에 의해 발견하고 미연에 고장을 방지
  - 가동중의 Operator에 의해 자주보전활동의 일환으로 실시
- 정기검사
  - 계측기를 이용한 열화측정에 정밀도유지 부품의 사전교체
  - 설비정지중에 보전요원에 의해 계획적으로 실시

(2) 보전계획

점검, 검사 Data의 검토와 기계분해, 부품교제주기 등의 판단에 의한 수리요구와 정기적인 정비의 실행을 결정하는 것이다.

2) 중점설비의 선정

전 설비를 대상으로 검사나 부품교환을 실시해도 고장 0는 불가능하고 오히려 교체를 위한 시간이나 비용 Loss만 증가한다.

보전효과를 올리기 위해서는 중점주의에 의한 중점설비의 관리가 필요하다.

중점설비 또는 중요설비는 현장의 생산요소인 PQCDSM에의 영향을 고려하여 별도의 선정기준에 의거하여 선정, 관리한다.

중점 설비는 한번 정하면 바꾸지 않는 것이 아니라 매년 주기로 재검토함을 의미한다.

표 5-15 중점관리설비 선정표

부서명 라인명, 설비명

구 분		No.	항 목	평 가				평 가 기 준
생산	생산면(P)	1	평균적 조업도	5	4	2	1	5: 조업도 96% 이상 4: 조업도 80% 이상 2: 조업도 60% 이상 1: 조업도 60% 미만
		2	예비기, 대체의 유무 교체난이도		4	2	1	4: 교체시간 4HR 이상 2: 교체시간 1HR 이상 OR 예비기, 대체기 없음 1: 교체시간 1HR 미만
		3	고장발생빈도(MTBF)		4	2	1	4: 월4회 이상 2: 월2회 이상 1: 월1회 이상
		4	고장수리시간(MTTR)	5	4	2	1	5: 1회 24HR 이상 4: 1회 8HR 이상 2: 1회 1HR 이상 1: 1회 1HR 미만
	납기면(D)	5	고장이 타공정에 미치는 영향 (치명적)	5	4	2	1	5: 치명고장 4: 라인정지 2: 단체정지 1: 영향 없음
		6	고장이 고객에 미치는 영향	5	4	2	1	5: 고객 LIEN 정지 4: 고객생산조정 2: 비상재고 사용 1: 후공정에 지정
품 질 (Q)		7	공정내 품질불량 발생 정도	5	4	2	1	5: 중대한 영향 발생 4: 중대영향의 가능성 2: 영향 없음 1: 거의 없음
		8	납입품에 미치는 영향	5	4	2	1	5: 고객에 중대불량 4: 품질불량의 유출 2: 영향 있음 1: 거의 없음
원 가 (C)		9	고장에 의한 품질저하 손실액		4	2	1	4: 100만원 이상 2: 10만원 이상 1: 10만원 미만
		10	고장에 의한 에너지, 재료비, 노무비 손실액		4	2	1	4: 100만원 이상 2: 10만원 이상 1: 10만원 미만
		11	수선비용의 크기	5	4	2	1	5: 1000만원 이상 4: 500만원 이상 2: 1000만원 이상 1: 100만원 미만
안 전 (S)		12	고장이 인체에 미치는 위험성		4	2	1	4: 위험할 때가 있음 2: 위험가능성 1: 일단 없음
		13	고장이 공해에 미치는 영향		4	2	1	4: 위험할 때가 있음 2: 위험가능성 1: 일단 없음
종 합 평 가							점	선 정: A B C D

RANK 구 분		
	A	36점 이상 예지보전, 설비진단, 정기보전, 정기점검 대상설비
	B	26점 이상 정기보전, 정기점검 대상설비
	C	25점 이상 사후보전, 일상점검 대상설비
	단, 5점이 1개 항목이라도 있으면 A RANK로 선정한다.	

표 5-16 계획보전 관련 지표

항 목	산 출 공 식	단 위	비 고
시간가동률	$\frac{가동시간}{부하시간} \times 100$	%	부하시간: 조업시간 - 계획휴지 가동시간: 부하시간 - 정지시간 ※ 실제로 가동된 시간
계획보전 실시율	$\frac{실시건수}{계획건수} \times 100$	%	계획대로 실천되었는지의 여부를 나타냄
보전작업 준수율	$\frac{일정\ 준수건수}{작업계획\ 반영건수} \times 100$	%	상세일정대로 지켜지는지의 여부를 나타냄 (허용한도:±1일)
현업요청사항 해결율	$\frac{해결건수}{요청건수} \times 100$	%	현업 자주보전 출동에 대한 지원 정도를 나타냄
고장률	$\frac{고장시간}{가동시간} \times 100$	%	가동시간중 고장으로 인한 정지시간의 비율을 나타냄
MTTR	$\frac{총보전시간}{총보전건수}$	HR	보전요원이 행한 모든 작업 중 건당 차지하는 시간의 평균치를 나타냄
MTBF	$\frac{부하시간}{고장건수}$	HR	고장건수: 순간정지, 기종변경, 계획에 의한 정지를 제외한 모든 건수
인당 보전시간 (일평균)	$\frac{총보전시간}{보전인원수}$	HR	보전요원 인당 일일 평균보전 작업에 소요되는 시간을 나타냄
보전비 점유율 (투자액 대비)	$\frac{보전비}{취득원가} \times 100$	%	보전비가 취득원가 대비 어느 정도로 소요되는가를 나타냄
기타(건수, 시간)	설비 제안건수 O/P/L 건수 교육시간 BM, PM, CM 실시건수	건수 건수 HR 건수	보전원들의 활동 정도를 나타냄 보전의 수준을 나타냄

3) 보전계획의 종류와 수립

(1) 연간보전계획 특성

① 설치부터 폐기까지의 일생애를 내다본 신뢰성 보증계획

② 조업계획이나 외주, 대형예비품의 수배 등 예산이 얽힌다.

③ 장기적인 전망에서 검사, 정비계획을 입안

(2) 연간 보전계획의 수립 순서

① 작업항목의 표출
- ① 법적규제의 검토－안전, 재해상의 위험
- ② 설비보전표준의 검토－점검, 검사 결과의 반영
- ③ 고장기록－재발방지를 위한 보전 항목
- ④ 차년도의 연간계획－잔여 작업(공사) 항목
- ⑤ 현장에서의 요망사항

② 작업항목의 선정
- 많은 항목을 우선 순위를 위해 List-Up, 선정
- 중점을 좁히는 것이 Point

③ 보전주기의 계산
- 설비별 부위, 부품단위별로 수명을 시산, 추정하여 보전작업의 주기를 정한다.
- MTBF 분석표(고장기록표)의 활용이 좋다.

④ 작업일정, 보전시간, 비용의 견적

연간 조업계획, 설비능력, 생산목표 등에서 휴일일수, 보전시간의 견적 및 소요공수, 보전예산을 확인

⑤ 수배업무의 확인
- 보전용자재, 입수곤란한 예비품 및 Maker의 외주처 등 수배와 확인
- 법적자격자의 법정교육 및 필요성 확인

(3) 월간 보전계획 특성

① 연간 보전계획을 받아 제약조건 속에서 실시하는 구체적인 계획

② 작업량과 보전인원의 일치 및 수배의 확실한 체크를 위해 필요

(4) 월간 보전계획의 수립순서

① 작업 항목의 정리
- ① 연간계획에서 다음 절차를 옮긴다.
- ② 고장기록과 검사기록을 해석한다.
- ③ Lay-out 변경이나 개선작업을 반영한다.
- ④ 기타 의뢰작업, 공사, 정리작업 등 참조
- → 매월 정기적인 관계부서간의 PM회의 필요

② 보전공사, 비용의 상세견적
- 구체적인 작업내용이 정해지면 공수와 비용의 견적
- 직종별 보전실시의 경우는 직종별 공수 견적으로 부조정

③ 부하 평균화의 일정지시
- 작업량은 월 평균적으로 실시할 수 있도록 주간단위로 할당
- 할당순서 : 휴무나 정지계획이 있는 것, 휴일이 아니면 할 수 없는 것

(5) 주간보전계획

보전원 개인단위의 실시계획으로 진도관리를 용이하게 하기 위한 연구가 필요하다.

(6) 개별작업계획

Shut-Down, Over-Haul 등 설비를 어떤 기간에 정지시켜 행하는 대작업으로 그 특징은 다음과 같다.

① 작업시간단축이 큰 과제이다.
② 많은 비용이 든다.
③ 자재계획이나 인원, 외주수배가 필요하다.
④ 작업결과의 품질체크가 중요하다.
⑤ 설비의 열화상태에 따라 작업량이 변한다.

연차점검검사계획표

작성일자　　년　　월　　일

부　문

NO	설비명 기 번	부위명 Unit	점검내용	점검주기	전회 실적	정도관리 기준치 한계치	담당	'93												'94												점검결과 전회치 금회치	비고
								1	2	3	4	5	6	7	8	9	10	11	12	1	2	3	4	5	6	7	8	9	10	11	12		
1	Bending yachrne	유압 UNIT	MOTOR 절연상태	6M		0.2MΩ이상							—						—						—						—		
			유압 Pump	3M		200kg/cm²				—			—			—			—			—			—			—			—		
		Bending Former	유압 Pump Motor 베어링 상태	6M		mm/s							—						—						—						—		
		각종 제어부	회전작동용 실린더상태	12M		누유가 없고 ROD Slip이 없을 것							—												—								
			Sprockef 및 Chain 상태	12M		Chain 마크율 5% 이하							—												—								
			리미트스위치 및 단자 접점 상태	4M		유림, 변형 변색이 없을 것					—				—				—				—				—				—		
			각종 Cable 상태	6M		벗겨짐, 노후화가 없을 것							—						—						—						—		

'95(12)월 보전 카렌다

점검검사 / 교환공사 / 급유지작업

작성일자

설 비 명
COLD BEND 'G

NO	작업건명	주기	관련기준	1 수	2 목	3 금	4 토	5 일	6 월	7 화	8 수	9 목	10 금	11 토	12 일	13 월	14 화	15 수	16 목	17 금	18 토	19 일	20 월	21 화	22 수	23 목	24 금	25 토	26 일	27 월	28 화	29 수	30 목	31 금
1	유압 MOTOR 절연상태	6M	0.2MΩ이상																															
2	유압 PUMP 상태(입력)	3M	200kg/cm																															
3	유압 MORTOR 베어링	6M	mm/s																															
4	리미트 스위치 및 단자 접점상태	4M	유림, 변형, 변색이 없을 것																															
5	각종 전기관련 Cable 상태	6M	벗겨짐, 노후화가 없을 것																															
6	보수의뢰사항(현장부문 요청내용)수행																																	
7	각종 돌발사고 조치																																	

4) 보전기록법과 활용

(1) 보전기록의 목적

기록에 의한 축적된 정보의 분석으로 문제점 도출 및 개선(안)을 수립하고, 보전활동의 전, 후 추이를 비교하는 자료로 활용한다.

(2) FLOW

보전활동은 항상 효율적으로 행하고, 그 실시 결과는 다음 보전계획에 Feed-Back되어 활용되어야 한다. Plan-Do-Check-Action의 관리사이클을 반복한다.

(3) 보전기록의 종류

보전의 기능으로 보아, 현장에서 기본적으로 갖춰야 할 보전기록의 종류는 다음과 같다.

① 일상보진기록으로 설비열화를 방지하는 일상보전활동의 기록이다. 주로 설비사용부문의 Operator가 기록한다.

② 일상점검기록으로 점검결과 이상이 있으면 정해진 절차에 의해 조치한다.

③ 급유기록표로 부위별로 급유개소가 틀리고, 급유개소가 많으면 급유를 잊는 경우도 있다.

④ 정기검사기록으로 설비열화를 측정하는 검사측정결과의 기록이다. 주로 보전부문의 담당자가 기록한다.

사용한도, 허용한도 등의 기준치와 측정방법 및 그 판정 기준이 필요하며, 연, 월간정비 계획에 따라 실시한다. 그 측정 Data가 정기검사기록이다.

(4) 보전보고서

설비열화를 회복시키는 수리, 정비결과의 기록이다.

① 수리, 정비표준에 의해 주기적으로 실시하고 기록한다.

② 내용은 계획정비, 개량보전, 돌발고장수리 등인데, 한 건 한 건 기록하며 대형 돌발고장은 별도로 사고보고서의 형태로 관계부문에 보고한다.

(5) 개량보전기록

신뢰성, 보전성을 향상시키기 위해 설비를 개조, 개량한다.

① 보전보고서에서 고장기록을 집계, 분석하여 찾아낸 문제설비, 문제부위를 대상으로 재발방지대책을 수립, 설치

표 5-17 "보전기록 및 실시" 참조

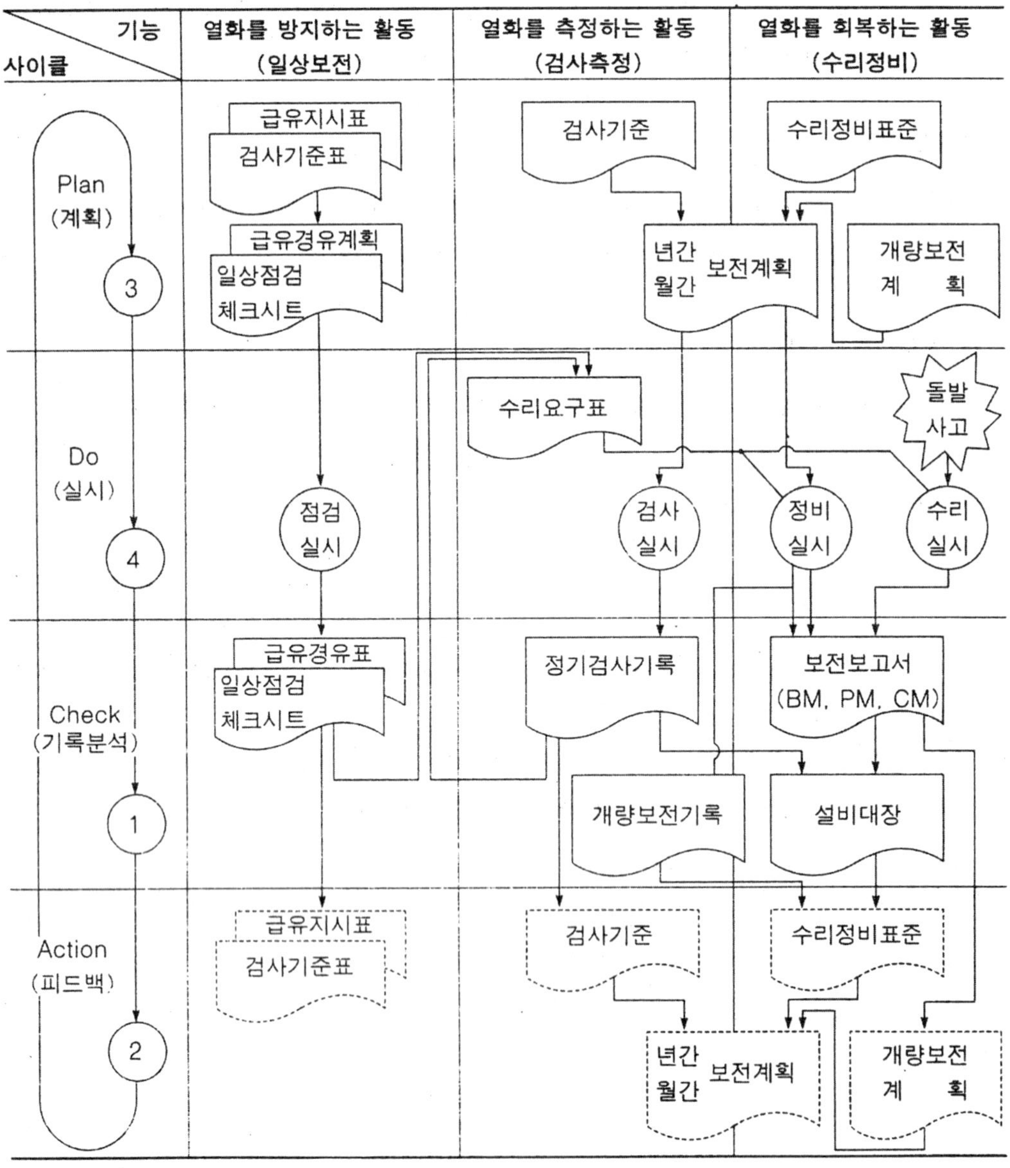

② 현장으로부터의 개선제안을 검토하여 실시
③ 실시된 결과는 목표대로 효과가 있었는지 확인(개량 전, 후 비교)

(6) 설비대장

설비의 구입부터 지금까지의 이력을 나타낸다
이제까지 발생한 사고나 대형 수리내용에 관한 기록이다.

① 주된 내용
- 돌발고장 및 이에 대한 조치내용
- 정기정비, 개량보전 내용
- 주요 예비품의 상세내역

② 갱신이나 폐기를 위한 기준으로 활용

(7) 보존비 기록

예산관리를 위해 명목별, 용도별로 기록한다.
① 연도보전비의 예산관리를 위해 보전실시에 따른 비용실적을 기록한다.
② 노무비, 재료비, 외주비 등으로 구분, 관리한다.

5) 보전기록별 활용목적

보전기록의 종류와 내용에 관해서는 앞에서 설명한 바와 같고, 그 활용목적은 보전기록의 종류와 활용목적도표와 같다

6) 기록상의 주의점

① 5W1H를 빠짐없이 기록
② 고장기록
- ○ 고장현상 및 원인의 명확화
- ○ 고장으로 이르는 이상징후의 파악
- ○ 그림이나 스케치로 나타낼 것

설비(점검 · 보수) 보고서

<table>
<tr><td>설 비 명</td><td></td><td>작 성 일 자</td><td>반장</td><td>직장</td><td>담당</td><td>과장</td></tr>
<tr><td>모 델</td><td></td><td>20 . . .</td><td></td><td></td><td></td><td></td></tr>
<tr><td rowspan="3">현 상</td><td colspan="2" rowspan="3"></td><td rowspan="3">설비구분</td><td colspan="3">생 산 설 비 1</td></tr>
<tr><td colspan="3">원 동 설 비 2</td></tr>
<tr><td colspan="3">보 조 설 비 3</td></tr>
<tr><td rowspan="7">원 인</td><td colspan="2" rowspan="7"></td><td rowspan="7">개조</td><td colspan="3">본 체 정 지 부 1</td></tr>
<tr><td colspan="3">본 체 회 전 부 2</td></tr>
<tr><td colspan="3">부 속 부 품 3</td></tr>
<tr><td colspan="3">전 기 기 기 4</td></tr>
<tr><td colspan="3">계 기 고 장 5</td></tr>
<tr><td colspan="3">배 관 배 선 6</td></tr>
<tr><td colspan="3">기 타 7</td></tr>
<tr><td rowspan="8">응급조치</td><td colspan="2" rowspan="8"></td><td rowspan="8">원인</td><td colspan="3">수 입 불 량 1</td></tr>
<tr><td colspan="3">고 정 불 량 2</td></tr>
<tr><td colspan="3">주 유 불 량 3</td></tr>
<tr><td colspan="3">운 전 불 량 4</td></tr>
<tr><td colspan="3">취 급 불 량 5</td></tr>
<tr><td colspan="3">수 리 지 연 6</td></tr>
<tr><td colspan="3">자 연 열 화 7</td></tr>
<tr><td colspan="3">기 타 8</td></tr>
<tr><td rowspan="11">수리내용</td><td colspan="2" rowspan="11"></td><td rowspan="2">수리</td><td colspan="3">사 내 수 리 1</td></tr>
<tr><td colspan="3">외 주 수 리 2</td></tr>
<tr><td rowspan="4">정비구분</td><td colspan="3">사 전 정 비 1</td></tr>
<tr><td colspan="3">사 후 정 비 2</td></tr>
<tr><td colspan="3">개 량 정 비 3</td></tr>
<tr><td colspan="3">보 전 예 방 4</td></tr>
<tr><td rowspan="5">사용년수</td><td colspan="3">1 년 이 상 1</td></tr>
<tr><td colspan="3">3 년 이 상 2</td></tr>
<tr><td colspan="3">5 년 이 상 3</td></tr>
<tr><td colspan="3">1 0 년 이 상 4</td></tr>
<tr><td colspan="3">1 5 년 이 상 5</td></tr>
<tr><td colspan="3" rowspan="4"></td><td rowspan="7">수리후운전시간</td><td colspan="3">500H 1</td></tr>
<tr><td colspan="3">1000H 2</td></tr>
<tr><td colspan="3">2500H 3</td></tr>
<tr><td colspan="3">5000H 4</td></tr>
<tr><td rowspan="3">관련사항</td><td colspan="2" rowspan="3">정비일시 년 월 일 시
정비원 성명</td><td colspan="3">7500H 5</td></tr>
<tr><td colspan="3">10000H 6</td></tr>
<tr><td colspan="3">15000H 7</td></tr>
</table>

OS-11C-015/83.9.11

7) 보전기록의 EDPS화

	기능분류	기록명	내 용	활동목적	담당	비고
1	설비의 열화를 방지하는 활동	일상점검체크시트	운전상 필요한 설비의 외관점검으로 이상의 유무를 매일 체크한다.	발견한 이상개소에 처치 또는 상사, 보전부문으로의 연락	라인의 오퍼레이터	급유결과의 기록은 병기하여도 좋다.
2		급유경유기록표	운전상 필요한 개소에의 급유 및 열화한 기름의 경유기록	급유방법의 개선 및 기름의 소비량 관리	라인의 오퍼레이터	
3	설비의 열화를 측정하는 활동	정기검사기록	열화, 마모의 상태를 측정하고 기록한다. 필요에 따라 분석한다.	측정결과, 한계치에 달하고 있으며, 수리, 정비를 한다.	보전부문의 담당자	한계치는 검사표준에 기재되어 있다.
4	설비의 열화를 회복하는 활동	보전보고서	돌발고장수리, 계획정비, 개량보전의 내용을 상세하게 기록한다.	고장통계를 내어 중점관리설비. 항목을 정한다. 고장 현상으로부터 원인을 추적하고 재발방지대책을 취한다.	보전부문의 담당자	
5		개량보전기록	개량보전의 계획, 실시, 결과에 관한 기록	방법의 표준화를 꾀한다. 윈도를 정정한다. 개량사례의 교재로 삼는다.	보전, 설비, 설계부문의 담당 또는 스태프	유사설비도 실시하는 것이 바람직하다.
6		MTBF 분석기록표	돌발고장, 주유경유, 정기정비 등의 모든 보전작업을 기록한다.	보전작업의 주기를 연장하는 개선. 능률적으로 처리하는 개선을 위해	라인, 보전부문, 상주업자 등	
7	설비의 생애기록	설비대장	주고장수리, 정기정비, 개량보전의 내용 및 금액의 기록	설비생애비용에 의해 경신의 판단, 설비투자의 판단자료	보전부문의 담당 또는 스태프	
8	보전비 예산관리	보전비 기록	보전노무비, 재료비, 외주비의 파악 설비마다의 실적 파악	보전예산의 관리, 보전비 삭감의 중점을 파악해 대책을 세운다.	보전, 자재, 구매부문의 담당 또는 스태프	경리부문에서도 파악하고 있다.

(1) 목 적

누구나 필요로 할 때, 신속히 원하는 정보를 조회할 수 있으며, 한번 입력된 Data에 의해 다종 다양한 정보를 분류, 분석해 내는 데 있다.

(2) 전제조건

현재 업무의 간소화와 관련기준의 표준화, Code화하는 데 있다

5.9 개별개선의 정의

1) 개별개선이란

설비 · 공정(LINE)등 정해진 대상에 대하여 철저한 6대 LOSS로스의 배제와 성능향상을 추구하여 최고의 효율을 이룩하기 위한 개선활동이다.

(1) 개별개선활동

개별개선활동은 일상업무 개선과 구분하여 Project 테마를 설정하고 추진하는 것이다.

① 발생상황의 추정조사를 철저하게 실시한다.

② 불합리가 발생하는 메카니즘을 물리적 · 논리적으로 원리 · 원칙에서 분석한다(구조분석).

그림 5-16 개별 개선의 위치

③ 공정을 통해서 관찰하는 눈을 기른다. 공정관리의 표면에서 현상의 차를 찾아낸다.

④ 기술적인 각도에서 관찰하여 조업조건, 운전조건, 가공조건 등 전 조건을 check한다.

⑤ 전 분야에서는 전문적 관점을 회사의 각 기능부서의 협조 등 전반적인 협력을 얻어 해결하는 활동이다.

(2) TPM 부문 목표의 설정방법

그림 5-17 TPM의 부문 목표의 설정

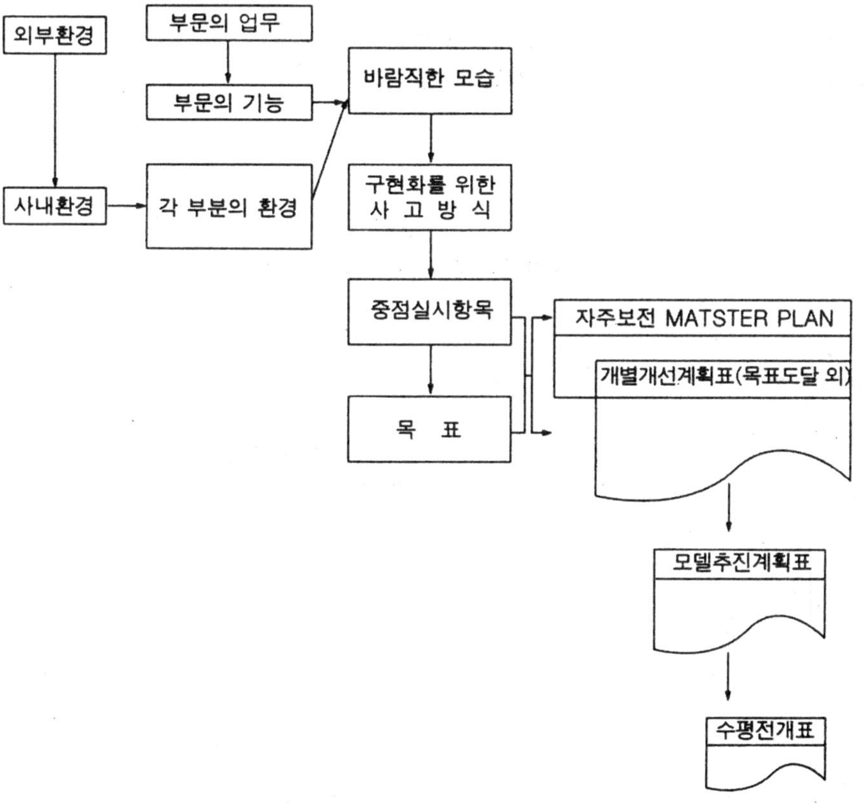

(3) 개별 개선의 기본적 고찰방법

① 마이크로에서 미크론으로 (순차적으로 개선활동 전개)

㉠ 거시적 지향
㉡ 작은 것에서 큰 것으로
② ZERO 지향(결함 LOSS)
㉠ 본인의 모습(이론치)의 추구
㉡ 잠재 결함(미결함)의 현재화에 의한 완전배제
㉢ 기여율을 생각치 말고 전면대책
} 철저한 낭비배제에 의한 "0"화 추구

(4) 모든 개선 수법의 활용

고유 기술을 바탕으로 대상에 가장 적합한 기법을 활용한다.
PM분석 FTA, FMEA, WHY－WHY, IE, QC 기법

(5) 고유기술의 강화와 활용

고유기술을 LEVEL UP 한다.
고유기술을 바탕으로 고유기술의 수준을 여하히 높여 활용하느냐에 성과가 좌우된다.

(6) 설비간소화 도모

그림 5-18 설비간소화

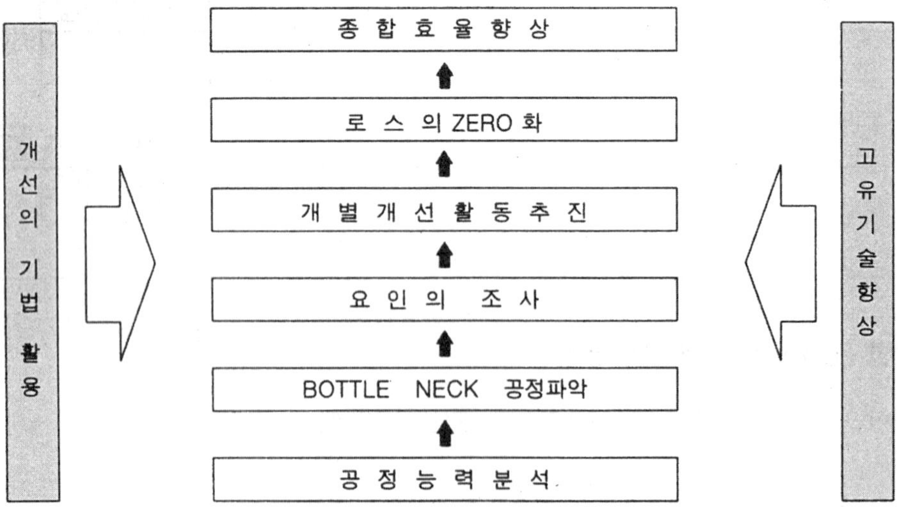

2) 개별개선의 위치설정

① 용이하고 확실하게 하기 위해서 프로젝트화하여 전개한다. 개별개선과 그 외의 개선과의 경계 구분은 무의미하며 필요한 것은 개선을 실시하는 것이다

② 일부러 팀을 편성하여 개선활동을 추진하지 않아도 되는 경우는 일상개선으로 진행한다.

③ 일반적으로 테마를 추진할 때 서클 또는 팀의 전개에 대하여 성과를 확실히 하고 결과를 확인하기 위해서 TPM사무국에 등록하게 하여 진행한다.

④ LINE 중심인 현장의 개별개선은 설비 개개에 대한 개선활동보다는 한 LINE에 속해 있는 설비 전체를 대상으로 문제점을 파악하고 개선하는 것이 보다 효율적이다.

개별개선은 LINE별 종합효율 개선의 평가척도가 된다.

3) 개별개선 활동 기본 FLOW

4) 개별개선 착수 마음자세

① Loss의 견해와 사고방식…바람직한 모습

② 기능적인 견해

③ 현상시인과 현상부인

그림 5-19 개별개선활동

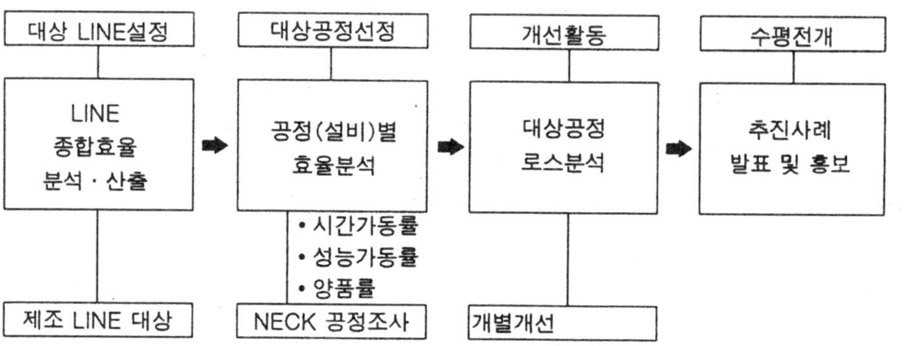

(1) 개별개선 진행에 있어서 유의할 점

① 개별개선에 대한 기본적 사고방식을 잘 이해할 것
② 프로세스에 대한 이해와 기초적인 이론을 알고 있을 것
③ 보전 및 운전기록(실적)을 잘 조사하여 시계열로 묶어 놓을 것
④ 프로세스의 보전관리를 잘 시행하여야 할 것. 기본조건을 마련한다.
⑤ 고장불량에 대한 해석수법 · 개선수법 이해
⑥ 가장 중요한 것은 현장, 현물을 잘 관찰하는 것이다.

(2) 개별개선 테마 선정조건

① 니즈가 큰 것
② 큰 효과가 예상되는 것
③ 3개월 정도로 개선할 수 있는 것

5) 개별개선 대상의 층별

그림 5-20 개별개선 대상

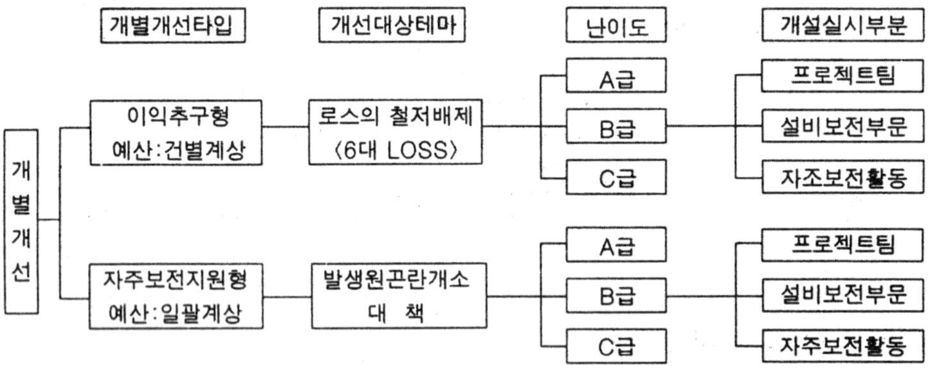

6) 개별개선 대상테마

① 과거부터 계속 만성적인 문제로 바로 줄일 수 없는 품질불량(설비고장)을 저감, 박멸(ZERO화)

② 원인을 알 수 없기 때문에 매일 불량(고장)이 발생하는 것

③ 생산부서 사람만이 아니라 보전·기술의 SPECIAL MEMBER만으로 해야 하는 것(MEMBER는 전담이 아님)

④ 팀장은 기술부문 부서장이 하고 테마의 순번을 정해 1테마당 3개월 정도로 활용

⑤ 개별개선 테마의 종류

현물테마
- 개별개선테마 … 현장을 주체로 한 개별테마의 개선(제안)
- T.PP.M 분임테마 … 현장소집단 활동을 주체로 한 개선(분임조)
- T/F팀 연구테마 … STAFF을 중심으로 복수부문으로 편성한 프로젝트팀에 의한 개선 및 전문팀에 의한 개선(TFT연구팀)

7) 개별개선 추진상 유의점

① 개별개선은 실천의 의지가 중요하며 실천이 안 되는 이유는 기술력 부족, 의욕부족, 공수부족임

② 개별 재선은 원인을 모르니까 해결이 안 되므로 원인을 뿌리까지 파헤치는 것이 승부처

그림 5-21 개별개선 추진방법 〈테마별 프로젝트 활동으로 6대 로스 제로에의 도전〉

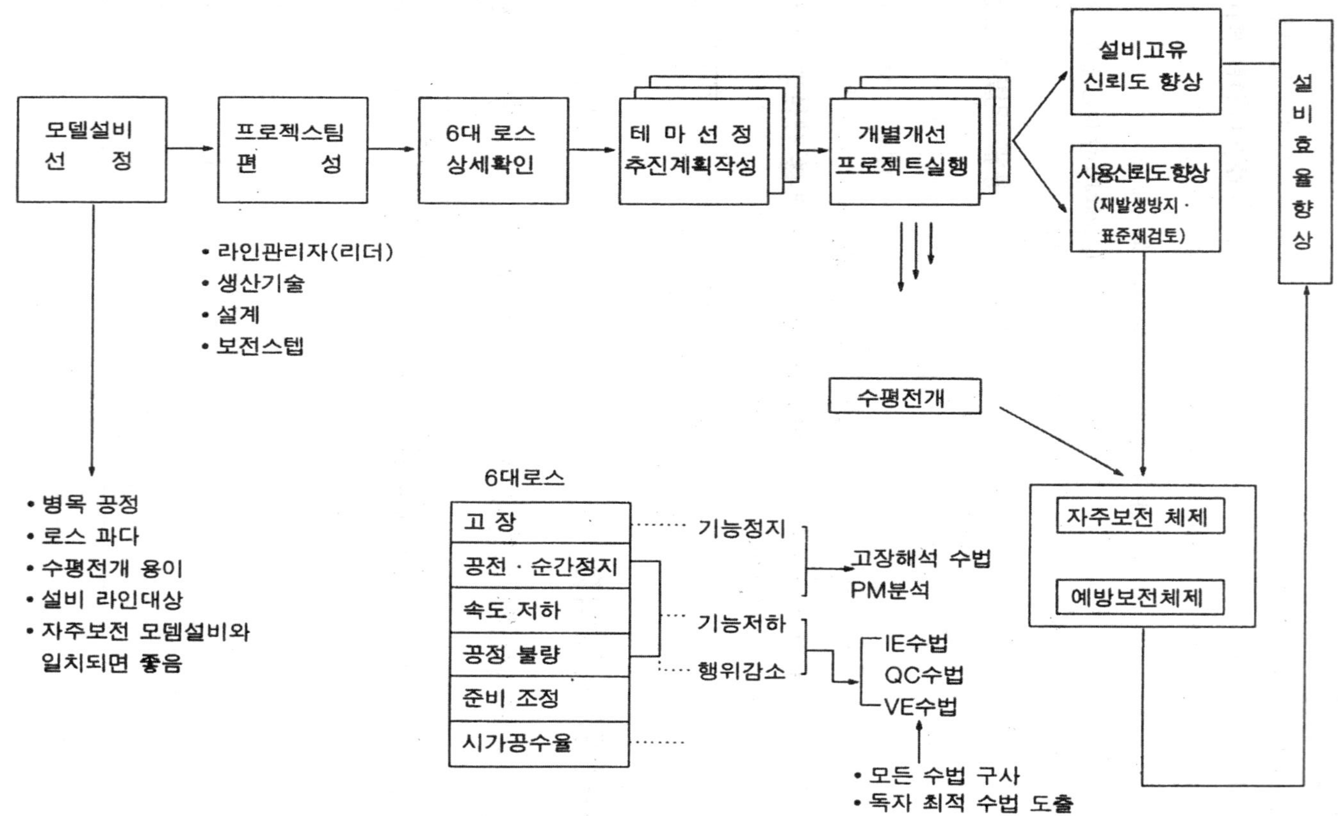

8) 모델 선행실시와 수평전개

① 각과 NECK 설비, 라인을 개별개선 모델로 선정하고, 과장, 주임을 리더로 생산기술, 품질관리 스텝을 포함하여 프로젝트팀을 편성하여 개별개선 추진

② 개별개선항목 및 설비마다의 추진계획의 실시상황을 한눈에 알 수 있도록 개별개선 추진표를 만들어, 수평전개를 효율적으로 추진한다.

테마 : 공구 교환시간의 단축

NO.	설비번호 / 전개항목	1	2 모델	3	4	5
1	틴블록 2계열화에 의한 형 들어내기를 외부준비작업으로					
2	설비측 PERHEATING					
3	금형 세트 대차					

그림 5-22 설비종합효율 RADAR CHART

작성일자	

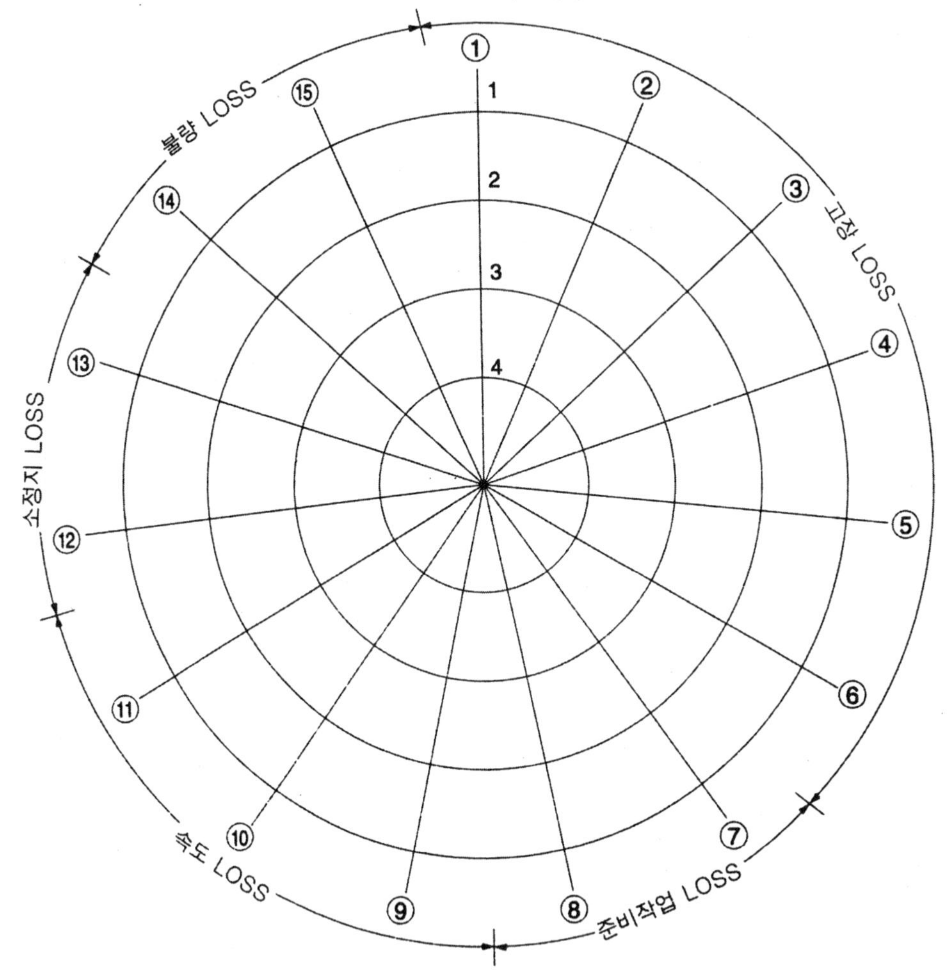

표 5-19 설비종합 효율 Level 평가표

〈참고용〉

구분		Level 1		Level 2		Level 3		Level 4
고장 LOSS	1	돌발 · 만성고장이 혼재	1	우발고장이 대부분	1	Time-based보전체계의 확립	1	Condition-based보 전체계의 확립
	2	사후보전 〉 예방보전	2	사후보전≒예방보전	2	사후보전 〉 예방보전	2	예방보전
	3	고장 LOSS가 다대	3	고장 LOSS가 꽤 발생	3	고장 LOSS 1% 이하	3	고장 LOSS 0.1%~0%
	4	자주보전체제의 미정비	4	자주보전체제 정비가 진행중	4	자주보전체제의 활동이 활발	4	자주보전체제가 유지개선되고 있음
	5	부품수명의 불균형이 대	5	부품수명를 추정	5	부품수명의 연장	5	부품수명의 여지
	6	설비의 약점불명	6	설비약점의 부각 CM실시	6	신뢰성 · 보전성 관심이 높다.	6	신뢰성 · 보전성 설계의 추진
준비작업 LOSS	7	작업자에 일임 (Non-control상태)	7	작업의 수순화 실시 (내외 준비작업구분 순서)	7	내준비 작업의 외준비작업화에의 전환연구	7	극한상태가 추진 · Single화
	8	혼재된 상태에서 시간 불균형이 크다.	8	시간 불균형이 있음	8	조정 Mechamism과 그 대응이 충분히 고려됨	8	조정재배에 의한 불량품
속도 LOSS	9	설비사양이 불명확한 상태	9	속도 LOSS에 대한 문제점이 집약되고 있음(설비 · 품질적)	9	재기사항에 대해, 개선을 실시, 시행중	9	설비사양으로 가동, 설비개량으로 사양이상의 속도로 가동
	10	품종별 · 기계별로 Speed 설정이 없음	10	품종별로 Speed를 설정,(잠정표준)유지하고 있음	10	품종별로 Speed를 설정, 문제점과 설비공구 정도상의 관계명확화	10	품종별 Speed 설정,(본표준) 유지하고 있음
	11	속도는 불균형이 많다.	11	속도는 불균형이 적다.	11	속도 LOSS 적다.	11	속도 LOSS"0"
순간정지 조정 LOSS	12	순간소정지의 크기에 관심이 없다. (작업자에 일임)	12	순간정지 정량화 실시중 (발생빈도, 장소 LOSS)	12	순간소정지의 문제점의 집약대책이 실시되고, 양호한 상태에 있음	12	순간소정지 "0" 상태 (무인운전이 가능)
	13	발생부위, 빈도가 불균형, 혼재하고 있는 상태	13	현상의 층별과 발생 mecha해명, 시행착오적 대책실시중				
불량 LOSS	14	만성불량이 방치됨	14	만성불량의 정량화 실시중 (발생빈도, 장소, LOSS량)	14	만성불량의 문제점 집약과 대책을 실시, 양호한 상태	14	불량 LOSS 0.1%~0%
	15	여러 대책을 마련하고 있으나 좋게 되지 않음	15	현상층별과 발생 mecha해명, 대책 실시중	15	불량발생시의 inpmoess감출의 연구		

9) 자주보전이란

자주보전(自主保全)의 의미는 "TPM에서 운전원이 행하는 보전활동을 전원참가 자주보전활동"이라 한다. 여기에는 두 가지 의미가 있는데,

① 자기설비는 자신이 지킨다.

자기가 담당하고 있는 설비에 대한 일상점검, 급유, 정해진 범위의 부품교환과 수리, 이상의 조기발견, 정도점검을 행할 수 있을 것 등이다.

② 설비에 강한 Operator가 된다.

㉠ 설비의 이상 발견능력

㉡ 이상에 대한 조치 회복능력

㉢ 판정기준을 결정할 수 있는 능력

㉣ 설비 유지관리 능력을 가질 것

(1) 자주보전의 목표와 전개

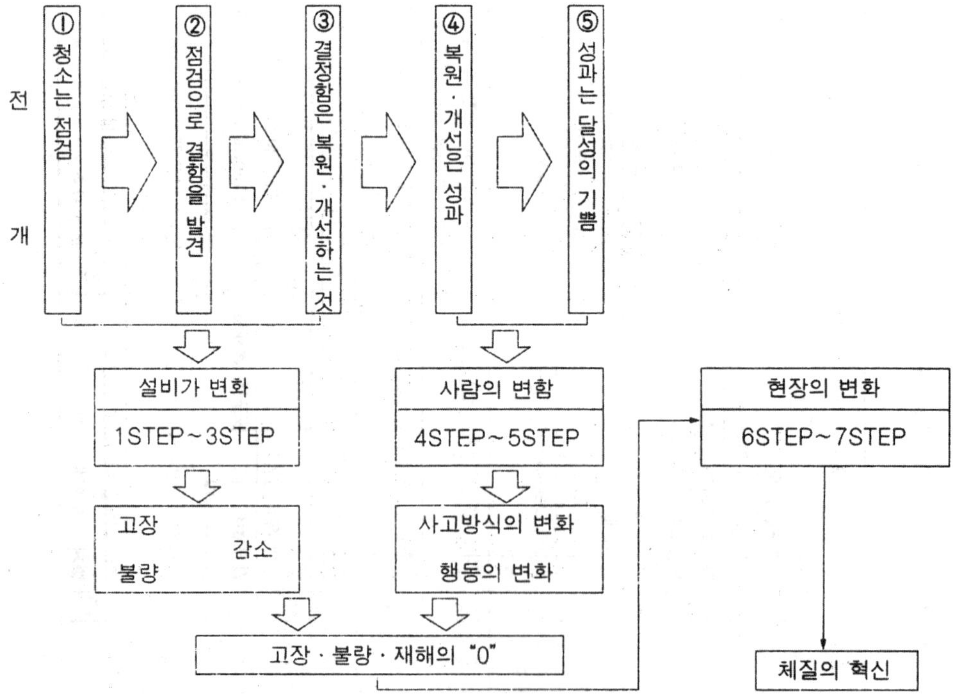

(2) 설비에 강한 요원이란?

① 설비의 이상발견 능력

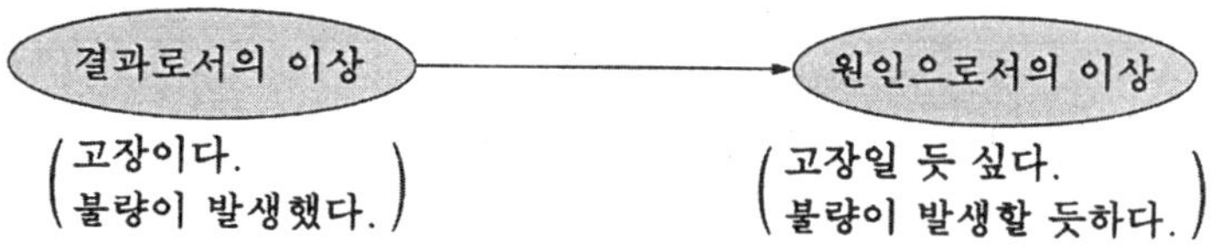

② 설비의 이상조치회복 능력

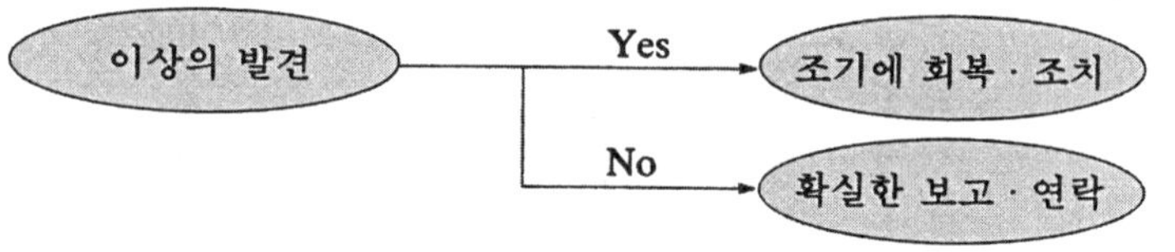

③ 조건 설정능력

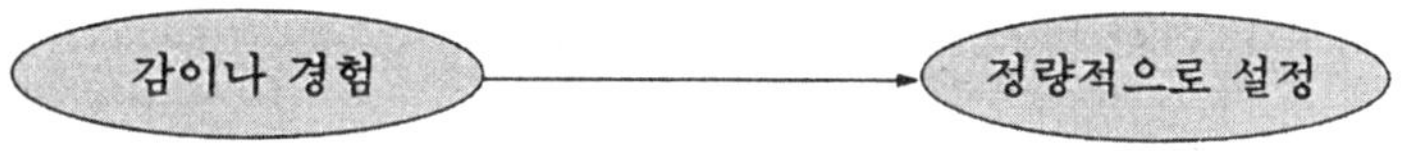

④ 설비유지 관리능력

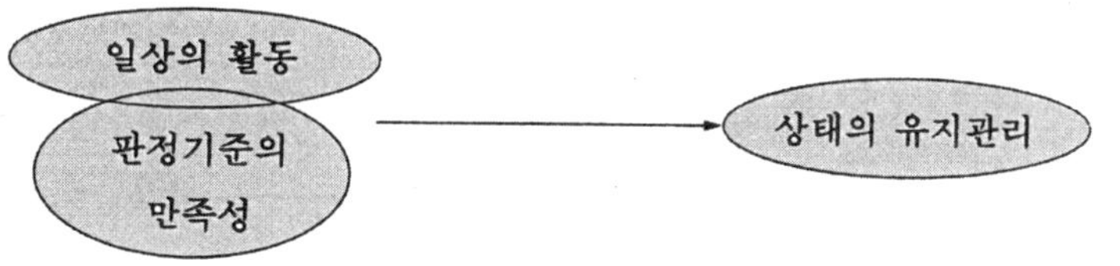

표 5-20 자유보전의 7STEP (설비에 강하게 되는 4단계)

1. 초기청소 2. 오염발생원 개선	설비의 불합리, 설비개선의 사고법 추진법의 익히기	• 설비에 대한 불합리를 불합리로 본다. • 설비개선 개념의 확립 · 추진
3. 윤활관리개선 4. 총 점검개선	설비의 기능구조 익히기	• 설비구조상의 급소이해(구조도) • 급유경로 이해(윤활계통도) • 설비성능유지를 위한 청소 · 점검
5. 자주점검실시 6. 현장관리개선	설비의 정도와 품질관계의 숙지	• 설비열화개소와 제품품질 특성의 변화파악 • 설비정도 유지범위의 결정 • 정기적인 경향치 관리
7. 자주관리실시	설비의 수리가 가능	• 간이분해정비 가능기능(Bolt 적정체결, BRG 교환, Pulley, Gear의 Centering, 유누설 막음 작업)

(3) 보전의 분류와 분담

목 표	수단분류		실 시 활 동			분담	
			열화를 방지한다.	열화를 측정한다.	열화를 복원한다.	운전	보전
설비종합효율 85% 이상	유지활동	정상운전	바른작업			○	
			작업준비			○	
		일상운전	청소 · 잠재결함의 적출 · 처치			○	
			급 유			○	
			증 체			○	
			사용조건, 열화의 일상점검			○	
					소 정 비	○	
		정기보전		정기점검		○	○
				정기검사			○
					정기정비		○
		예지보전		경향검사			○
					부정기정비		○
		사후보전	상황의 조기발견과 확실한 처치연락			○	
					돌발수리		○
	개선활동	개량보전 (보전성)	강도향상			○	○
			부하의 경감			○	○
			정밀도향상			○	○
		개량보전 (보전성)		Condition Monitoring개발		○	○
						○	○
				검사작업개선			○
					정비작업개선		○
					정비품질향상		○

(4) 자주보전전개의 스텝사례

스 텝	명 칭	활 동 내 용
제1	초 기 청 소	설비 본체를 중심으로 하는 먼지 · 더러움의 일체 배제와 급유, 중체의 실시 및 설비의 불합리 발견과 그 복원
제2	발 생 원 곤 란 개 소 대 책	먼지 · 더러움의 발생원 비산의 방지나 청소 급유의 곤란 개소를 개선하고, 청소 · 급유의 시간단축을 도모한다.
제3	청소급유기준의 작 성	단시간으로 청소 · 급유 · 중체를 확실히 유지할 수 있도록 행동기준을 작성한다.(일상, 정기적으로 사용할 수 있는 시간대를 나타내주는 일이 필요)
제4	총 점 검	점검매뉴얼에 의한 점검기능교육과 청점검실시에 의한 설비미흡함 적출과 복원
제5	자 주 점 검	자주점검 체크시트의 작성 · 실시
제6	정 리 정 돈	각종 현장관리항목의 표준화를 하고, 유지관리의 완전시스템화를 도모한다. • 청소급유점검기준 • 데이터기록의 표준화 • 현장의 물류기준 • 형치공구, 관리기준 등
제7	자 주 관 리 의 철 저	회사방침 · 목표의 전개와 배선활동의 정상화 MTBF분석기록을 확실하게 하여 해석하여 설비개선을 한다.

(5) 자주보전의 전개 스텝의 개요

STEP	명칭	활동내용	실비적 측면의 목적(현장진단포인트)	인간적 측면의 목적 (서클 활동진단포인트)	관리자 · STAFF의 지도 · 원조
1	초기 청소	설비 본체를 중심으로 한 먼지 더러움의 배제 (불필요 부품의 철거)	• 먼지, 더러움에 의한 환경 스트레스를 배제하고 강제열화를 방지 • 먼지, 더러움을 없애고 점검 · 수리의 품질을 올리며, 시간단축 도모 • 잠재결함의 현재화, 발견, 조치	• 설비에 손을 댐으로써 친숙함 · 애착심을 갖게 하고 설비에 대한 의문이나 호기심을 이끌어 냄 • 리더의 리더십을 배우도록 함	• 먼지 · 더러움과 설비 열화 보전성의 관계를 교육한다, • 청소 중점부분과 청소 · 급유 · 나사 조임의 중요성을 가르침 (볼트 · 너트 급유메뉴얼에 의한 교육) • "청소는 점검이다"의 의미를 가르침
2	발생 원곤 란부 분의 대책	먼지 · 더러움의 발생원, 비산의 방지나 청소 · 급유가 곤란한 부분을 개선하고, 청소 · 급유시간의 단축을 도모	• 먼지 · 더러움의 발생, 부착을 막고, 설비의 신뢰성을 향상 • 청소 · 급유의 개선을 통해, 보전성을 향상	• 주변의 것부터 개선을 하여, 설비개선법, 진행법을 배우게 함 • 서클에 의한 개선대책을 키움 • 개선의 기쁨을 맛봄	• 개선 Idea를 정리하여, 구체화된 힌트를 준다. • 의뢰된 일의 신속한 처리 • 일치마크, 라벨, 눈으로 보는 관리의 실시를 지도

STEP	명칭	활동내용	설비적 측면의 목적(현장진단포인트)	인간적 측면의 목적 (서클 활동진단포인트)	관리자 · STAFF의 지도 · 원조
					• 청소기준의 Form이나 작성법에 대해 힌트를 준다.
3	청소 · 급유기준의 작성	• 단시간에 청소 · 급유 · 조임을 확실히 유지할 수 있도록 행동기준 작성	• 설비보전의 기본조건(열화방지 활동)인 청소 · 급유 · 조임의 3요소 유지를 도모	• 스스로 기준을 작성함으로써 기준을 기키고, 지키는 것의 중요성 관리란 무엇인가를 배워 습득함. • 한 사람 한 사람이 자신의 역할의식을 몸에 익힘(팀워크)	• 급유기준 작성에 대해 기술적 원조
4	총점검	• 점검 매뉴얼에 의한 점검기능 교육과 총점검 실시에 의한 설비 미결함 발견과 복원, 점검하기 쉬운 설비의 개선	• 설비의 주요 부분을 외관적으로 총점검하고 열화를 복원해서 신뢰성을 향상시킴 • 부품 번호판 Thermotape 게이지 인디케이터 등을 연구해 점검하기 쉬운 설비를 만든다	• 점검교육실시 훈련에 의해 설비 기구, 기능, 판정기준을 배워 점검기능을 몸에 익힘 • 간단한 불합리점 조치법을 배움 • 리더는 리더십을, 멤버는 멤버십을 몸에 익힘 • 총점검 DATA를 정리해 DATA의 유효성을 배우게 함	• 총점검 매뉴얼, 트러블 사례를 작성, 리더에 대해 점검 교육훈련을 실시 • 점검 스케줄을 작성한다. • 의뢰된 일의 신속한 처리 • 간단한 불합리점 조치법을 가르침 • 데이터 수집해석의 지도 • 리더를 보전계획 수립에 참가시킴
5	자주점검	• 자주점검 체크시트의 작성실시(청소 · 급유 · 점검기준을 잘 조화시켜 활동의 효율화 도모) • 조작 신뢰성의 향상	• 총점검에 의한 열화복원 상태 유지 • 눈으로 보는 관리를 연구하여 청소 · 급유 · 점검의 효율화 도모 • 설비의 역할, 사람의 역할을 재검토, 이상상태를 명확히 함	• 총점검 매뉴얼과 데이터에 의해, 스스로 일상 정기점검 체크 시트를 작성하여 자주관리력을 키움 • 시간법 데이터 기록의 필요성을 느끼게 함 • 올바른 조작, 이상의 본질, 조치법을 배우게 함	• 중점 점검부분 점검주기에 대한 데이터 보는 법을 혼합해서 힌트를 줌 • 조작표준, 트러블 슈팅 매뉴얼 등의 작성 교육에 기술적 원조를 함
6	정리정돈	• 각종 현장관리 항목의 표준화, 작업의 효율화의 품질 • 안전의 확보	• 설비, 기타 Layout 의 재검토와 개선 • 반제품, 불량품, 형 · 치공구, 측정기구, 운	• 각종 관리 항목의 표준화에 따라 자주관리 범위를 확대 • 기준화와 데이터의 파	• 서클이나 부문의 요청에 따라, 기준화에 대한 기술적 원조 • IE, QC의 분석, 개선

STEP	명칭	활동내용	실비적 측면의 목적(현장진단포인트)	인간적 측면의 목적 (서클 활동진단포인트)	관리자 · STAFF의 지도 · 원조
		• 단취개선과 재고 삭감 • 현장의 업무 Flow 기준 • 데이터 기록의 표준화 • 예비품 및 재료 반제품, 제품, 형치공구의 관리기준	반기구, 통로 등의 유지관리의 기준화 및 현장 전체의 눈으로 보는 관리 철저	악, 기준의 향상을 목표로 한 개선의 필요성을 인식시킴 • 관리 · 감독자의 본래의 임무(기준의 향상과 그것을 지키게 하는 것을 몸에 익힘)	수법 및 눈으로 보는 관리의 수법 등을 가르침
7	자주관리의 철저(개별대책)	• 회사방침 · 목표의 전개와 개선활동의 정상화 • MTBF 분석기록을 확실히 행하고, 해석해서 설비를 개선	• 각종 데이터를 해석하고, 설비 개선에 설비 신뢰성 · 보전성 · 조작성을 향상 • 데이터에 기초한 설비의 약점을 명확히 하여 중점 개선, 설비 수명과 점검주기의 연장	• 목표의식을 높이고, 보전 Cost를 포함한 철저한 Cost의식을 몸에 익힘 • 수리기능교육 훈련에 따라, 간단한 수리는 스스로 하는 힘을 몸에 익힘 • 데이터의 기록 · 해석 · 개선 기술을 배우게 함	• 설비개선에 대한 기술적 원조 • 수리기능의 교육훈련 • 설비개선 검토에 참가하고, 서클과 함께 개선을 추진 • 개선내용을 표준화함

6) 자주보전전개를 성공시키는 키포인트

① 도입교육

자주보전 STEP의 실시 전에, TPM 전개내용과 자주보전의 역할에 대해, 관련부문 및 TOP에서 제1선 감독자에 이르기까지 철저한 교육

② 부문간의 협조

보전 · 설계 · 생산기술 부문, 인사, 경리부문 등의 관련부문이 운전부문에 어떤 도움 협력을 해야 하는가, 각 관리자간에 회의로 공감대 형성

③ 서클활동 주체

활동의 주체를 전원 참가에 의한 중복 소집단 조직에 두고, 리더는 직제와 일치시킨다.

중복 소집단 조직이란 제1선 반장을 중심으로 TPM 서클을 만들고, 멤버가 많을 때는 5～10명 정도의 서브 서클을 만든다. 그리고 반장은 직장을, 직장은 과장을 리더로 하는 소집단 조직이다.

④ 일 지체

자주보전 활동은 작업시간 외에 하는 것이 아닌, 일 그 자체인 것이다.

즉 설비의 점검, 청소 등의 일상 보전을 하고, 그것을 기초로 하는 개선활동에 의해 기업목표를 달성하는 일 그 자체이다.

⑤ 실천주의

형식이나 이치에 사로잡히지 않고, 몸으로 배운다.

⑥ 교육훈련

STEP마다 그 목적에 따른 철저한 교육훈련을 행한다.

⑦ 실질적 효과

STEP마다 그 목적에 따른 구체적 테마나 목표를 주어 실질적 효과를 얻는다.

⑧ 지키는 일은 본인이 정한다

청소 · 점검 · 정리 · 정돈 등의 표준 · 기준은 서클활동을 통해 스스로 정하는 자주관리 능력을 몸에 익힌다.

⑨ 자주보전진단

자주보전 활동이 당초의 목적대로 잘 진행되고 있는지를 매 STEP별로 관리자 · STAFF층이 지도적 입장에서 진단하고, 현장실태 및 문제점을 밝혀 서클활동이 활성화될 수 있도록 지도 · 원조한다.

⑩ 모델의 선행 실시

모델설비, 또는 모델서클을 골라 한 STEP를 먼저 실시함으로써 관리자는 서클활동의 지도 · 원조포인트를 파악하고, 다른 서클은 모델의 실태를 보고 진행방법을 이해시킨다.

⑪ 신속한 일의 처리

자주보전 활동에 있어서 나타난 불합리점의 개선 항목의 실시는 신속하게 처리해야 한다.

대부분이 보전부문에 의뢰하는 일이지만 보전부문에서는 그 자체의 계획된 일 이외에, 이와 같은 자주보전으로부터 의뢰된 일도 신속히 처리해 주어야 한다. 그래서 보전부문에서는 일 처리의 효율화를 생각하여, 인원 편성이나 교대조를 재검토, 잔업, 외주의 활용등의 노력도 고려한다.

⑫ 철저하게 함

각 STEP의 활동은 철저히 시키는 것이 중요하다.

짧은 기간에 STEP을 추진해 가면 형식적일 뿐 능력이 몸에 익혀지지 않아 현장에는 아무것도 정착되지 않는다.

6 기업현장의 5S관리

6.1 5S란

5S란 정리 Seiri(Arrangement), 정돈 Seiton(In Order), 청소(Seisoh), 청결 Seiketsu(Neat), 습관화 Shitsuke(Wel－Bred)의 5가지를 말한다.

5S는 생산의 기초이며, 로스의 발생을 미연에 방지한다. 5S에는 여러 가지 5S가 있다.

① 통로의 5S

② 치장의 5S

㉠ 제품치장

㉡ 재료치장

㉢ 치공구치장

③ 설비의 5S

④ 작업의 5S 등을 들 수가 있다.

6.2 생산의 로스와 5S

1) 생산의 로스

생산로스를 사람의 로스, 설비의 로스, 재료의 로스로 구분하면 다음과 같다.

(1) 사람의 로스

사람의 생산효율

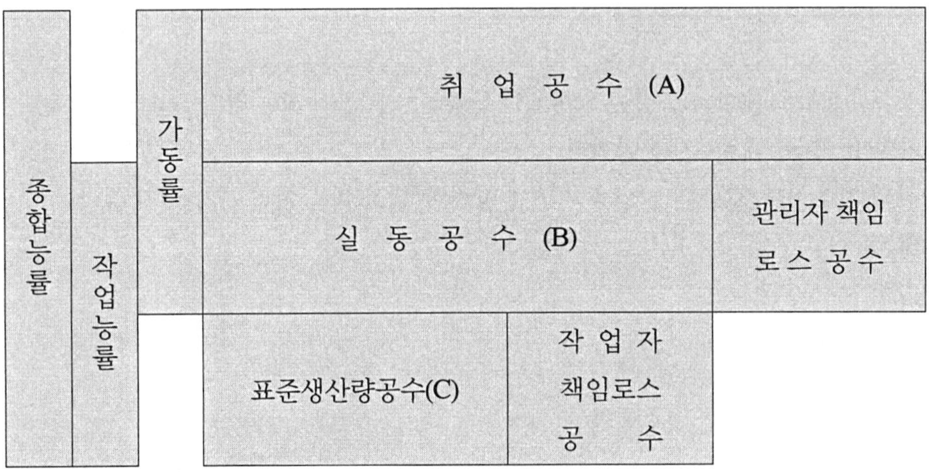

표준산출량공수 = $\sum$(표준시간 x 양품생산량)

생산효율 = $\frac{(C)}{(A)} \times 100$

(2) 설비의 로스

설비로스의 구조

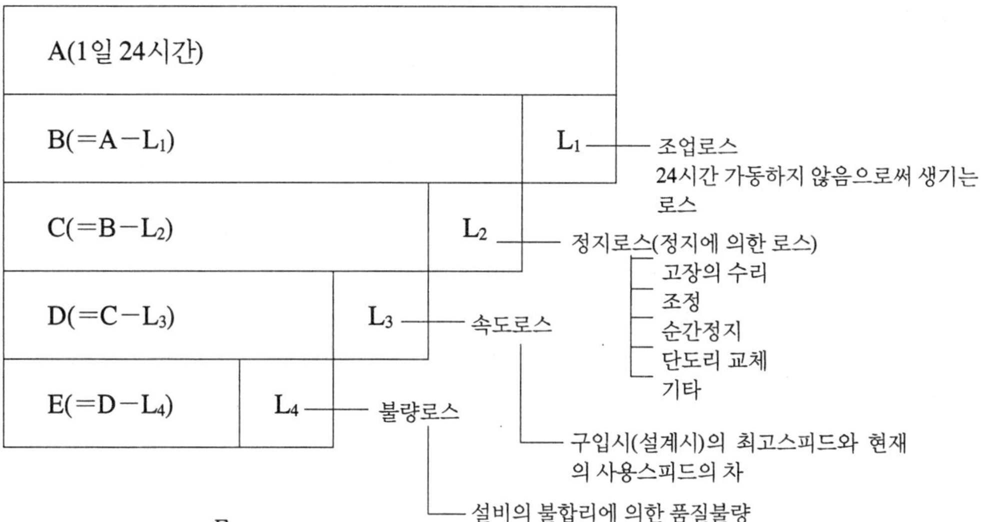

설비의 유효율은 $\frac{E}{A} \times 100\%$, 즉

$$\frac{24HR - (L_1 + L_2 + L_3 + L_4)}{24} \times 100\%$$

(3) 재료의 로스

재료로스의 구조

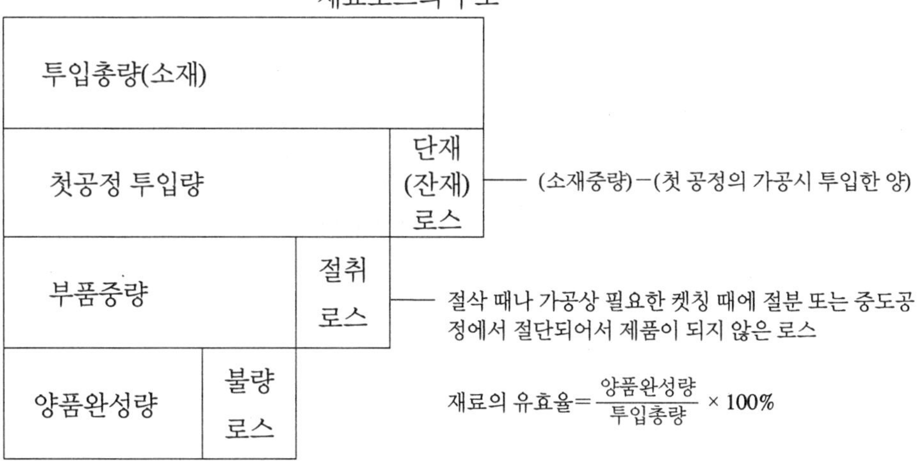

$$\text{재료의 유효율} = \frac{\text{양품완성량}}{\text{투입총량}} \times 100\%$$

2) 생산의 로스와 5S와의 관련성

사람의 로스와 5S와의 관련성에 대하여

〈사람의 로스〉 — 〈5S와의 관련(예)〉

- ① 가동로스
  - • 물건찾기
    - 불필요한 물건이 있기 때문
    - 물건을 놓는 장소가 정해져 있지 않다.
    - 정해져 있더라도 이것을 지키지 않고 있다.
  - • 부재
    (직장을 떠나 있다.)
    - 물건을 가지러 간다. — 필요한 것은 언제나 즉시 꺼낼 수 있도록 되어 있지 않다.
    - ……
  - • 운반
    - 대차를 가지러 간다. — 결정한 위치에 대차를 놓고 있지 않다.
    - ……
- ② 방법로스
  - 준비 작업 중의 치공구류의 손질 — 즉시 사용할 수 있는 상태로 되어 있지 않다.
  - 완성된 제품의 기름이나 먼지 등의 더러움 — 설비가 더러워지거나 기름이 새는 것을 방치
  - ……
- ③ 작업자의 로스
  - 하고 싶은 마음이 생기지 않는다.
    - 더러운 직장
    - 지저분한 설비
    - 조명이 어둡다.
    - ……
  - ……

6.3 5S의 목표

1) 로스의 방치와 5S

현장은 로스의 덩어리이다.

로스가 왜 방치되고 있는가

◎「로스」라는 의식이 없다.
◎ 알고 있어도 그다지 중요하게 생각하지 않는다.

↓

5S에 대한 인식부족
정리 · 정돈 · 청소 · 청결 · 습관화

「설비의 · 건물의 · 제품의 · 부품의 ……로스」
라는 견지에서 볼 때에, 5S가 잘 되어 있는 직장이 있는가?

↓

흔히 볼 수 있는 5S는

- 필요한 것
- 불필요한 것

정리 · 정돈의 정의의 영역을 벗어나지 못하고 있다. ←

- 물건은 직각평행으로
- 통로에 물건을 내어놓지 않는다.
- 표시를 정확히
- ……

↓

설비를 보면
- 유누
- 먼지가 말라붙어 있다.
- 급유부족
- 절분의 비산
- 볼트의 느슨함
- V벨트의 절단
- ………

부품을 보면
- 바리(BUR)가 나와 있다.
- 마루에 바로 놓고 있다.
- 이물의 부착
- ………

5S란

공장 내의

- 건물(천정 · 마루 ……)
- 설비(기재 · 치공구 · 측정구……)
- 부품 · 제품
- 운반구(포크리프트……)
- 사람(복장……)
- 작업(작업의 방법)
  - 작업 표준을 지킨다.
  - 돌아갈 때의 청소
  - 작업개시의 확인

에 걸쳐서 로스를 일소할 것

2) 5S의 목표(효율이 높은 직장 만들기)

(1) 5S의 목표는

단순히 직장을 보았을 때 깨끗할 뿐 아니라 보았을 때 「효율이 높은 직장」으로 만드는 것이다. 보았을 때 「효율이 높은 직장」이란,

① 물건을 놓는 방법
- 정해진 장소에 정해진 물건이 놓여 있다.
- 더욱이 양은 최소한의 것
- 즉시 사용할 수 있는 상태로 유지되어 있다.

② 직장 전체의 표시
- 무엇을 사용하는 장소인가
- 어떤 물건인가
- ……

③ 작업의 표시
- 지금 하고 있는 작업
  - 작업의 내용
  - 언제까지 끝낼 것인가
  - 다음 공정은 어디인가
  - 주의사항
- 다음의 작업은 무엇인가

④ 사람이 일하는 방법
- 활동적인 행동
- 낭비없는 동작
- ……

⑤ 설비의 표시
- 지금 무엇을 하고 있는가(EX설비중, 작업대기중)
- 필요한 급유장소
- ……

⑥ 직장 전체의 분위기
- 명랑하게
- 즐겁게

등을 말할 수 있다.

3) 5S의 목표(잠재결함의 현재화)

직장에는 여러 가지 로스가 만연하고 있다. 그리고 이들 로스는 알려져 있지 않다.

즉, 존재하고 있는 것을 알지 못하는 로스(잠재하고 있는 로스)를 표면에 노출하여 누구에게나 한눈에 로스라고 알 수 있도록 할 필요가 있다. 바로, 잠재결함의 현재화가 5S의 목표라고 할 수 있다.

(예를 들면)

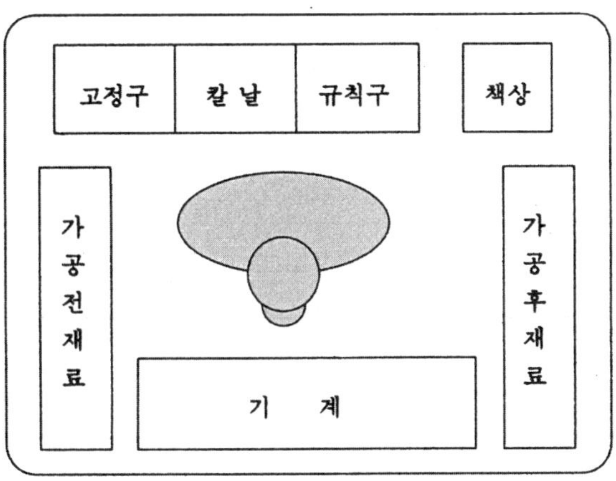

하루의 작업에 필요한 물건이 모두 이 작업역 내에 갖추어져 있으면

이 작업역 이외의 보행은
- 화장실 갈 때
- 휴식시

이외에는 해서 안 된다.

작업 중에 어디로 가는 것이 좋은가, 어디로 가는 것이 로스인가를 한눈에 알 수 있다.

4) 5S의 목표(오감으로 알 수 있는 결함의 적출개선)

오감이란 ① 시 – 안
② 청 – 이
③ 후 – 비
④ 미 – 설
⑤ 촉 – 피부

표 6-1 오감과 오감으로 알 수 있는 결함의 예

오 감	결함의 예
시	1. 통로에서 물건이 삐져 나와 있다. 2. 서랍 속에 물건이 난잡하고 표시가 없다. 3. 배관에서 기름이 뚝뚝 새고 있다.
청	1 . 컨베이어에서 삐걱삐걱 소리가 난다. 2. 모터에서 소리가 난다. 3. 체인이 카버에 부딪치고 있다.
후	1. 기름이 오래되서 냄새가 난다. 2. 모터가 탔다. 3. 가스가 샌다.
미	1. 너무 달다.
촉	1. 작동유탱크가 뜨겁다. 2. 진동이 있다. 3. 볼트가 느슨해져 있다. 4. 배관이 매끈하지 못하다. 5. 접동부에 흠이 있다.

6.4 정리 · 정돈

1) 정리의 정의

사전에 의하면 흩어진 상태를 정리하여 질서 있게 하는 것, 또는 불필요한 것을 제거하는 것이라고 되어 있다.

「5S」중에서의 정리란 다음의 세 가지 상태로 구분하는 것을 말한다.

① 불요품 : 쓸모없는 것

○ 구제품의 치구, 금형, 재료(재사용 안 한다.)

○ 불량부품, 재료

○ 사용하지 않는 구설비

○ 파손된 칼날, 공구류

○ 필요 이상의 물건

② 불급품 앞으로도 필요는 하지만 사용빈도가 적은 것(2～3일에 1회 정도 사용)

③ 필요품 사용빈도가 많은 것(1일 1회 사용)으로 5S에서 정리로 구분됨을 말한다.

2) 「정리」를 잘하는 포인트

① 불필요하게 되면 즉시 판단해서 처분한다. 몇일이나 몇개월씩 모았다가 필요, 불필요로 나누지 말 것

② 버리는 장소를 정한다. 무엇이나 한 장소로 모으지 말고 필요에 따라서 버리는 장소를 달리 한다.

③ 불요품 · 불급품 · 불필요의 판단을 관리자가 즉시 결정한다. 잘못된 정리는 언젠가는 쓸 것이라고 방치해 두는 것으로 관리자의 판단 잘못이 여기에 있다.

④ 정리가 잘못되면 어떤 로스가 발생하는가를 알게 된다.

⑤ 이상을 지킨다.

3)「정돈」의 정의

사전에 의하면 잘 정리된 상태로 하는 것 또는 깔끔히 정리하는 것이라고 되어 있다.

「5S」의 정돈이란 다음의 상태로 물건을 놓아두는 것을 말한다.

① 표시를 보기 쉽게 한다.

ㅇ무엇을 놓는 장소인가(장소의 표시)

ㅇ무엇이 놓여져 있는가(물건의 표시)

② 꺼내기 쉽게 한다.(챙겨넣기 쉽게 한다)

원하는 물건을 쉽게 꺼낼 수 있다.

③ 꺼낸 물건을 즉시 쓸 수 있다.(보관방법 및 보관 전의 처치의 방법)

ㅇ녹이 없다

ㅇ흠이 없다

4)「정돈」을 훌륭히 하는 포인트

① 정돈의 규칙을 정한다.

ㅇ표시의 방법

ㅇ보관의 방법

ㅇ보관 전의 처치의 방법

② 항상 관리자가 정돈에 대한 의식을 가지고 볼 것

③ 정돈이 잘못되면 어떤 로스가 발생하는가를 알도록 한다.

④ 이상을 지킨다.

5) 정리·정돈의 진행방법

(1) 정리 · 정돈의 필요성

정리 · 정돈의 필요성은 안전, 품질, 능률의 면에서 정리하면 다음과 같다.

표 6-2 정리 · 정돈의 필요성

항 목		왜 하지 않으면 안 되는가, 안 한다면……		
		안 전	품 질	능 률
정리	불필요한 부품, 재료, 치공구, 금형검사구, 재공품, 제품, 설비 서류, 유지 등	• 작업영역이 좁아진다. • 지저분한 환경 • 무너진다, 넘어진다, 걸린다, 채인다, 부딪친다, 만져진다, 끼인다, 미끄러진다 등	• 무너진다, 넘어진다 등에 의한 흠, 타흔 • 필요품이 녹이 난다. • 불요품이 혼입한다.	• space 낭비 • 필요품을 찾는다 • 꺼내는 데 시간이 걸린다. • 자금의 낭비 · 재고조사의 낭비
정돈	부품, 재료, 재공품, 제품	• 위험 • 비상시에 즉시 피난할 수 없다. • 지저분한 환경	• 이품혼입 • 선입, 선출, 불가결에 의한 열화 • 넘어진다, 떨어뜨린다, 부딪친다, 마찰 등의 열화 • 마루에 받침 없이 놓기 때문에 • 용기불비로 인한 열화 • 이품사용에 의한 불량	• 어디에 있는가, 어디에 놓는가를 찾는다. • 열화부품의 수리 • 꺼내는 데 시간이 걸린다. • 필요품을 찾는다. • 없기 때문에 기다린다.
	치공구, 금형검사구	• 위험 • 지저분한 환경	• 이품취착으로 인한 불량 • 변형, 변질에 의한 정도 저하 • 공구열화에 의한 불량	• 어디에 있는가, 어디에 놓는가를 찾는다. • 꺼내는 데 시간이 걸린다.
	유지류	• 위험	• 이종 유혼입에 의한 설비 부적합으로 인한 불량	• 어디에 있는가, 어디에 놓는가를 찾는다. • 꺼내는 데 시간이 걸린다.
	서류			• 어디에 있는가, 어디에 놓는가를 찾는다. • 꺼내는 데 시간이 걸린다.
	소화기	• 초기소화불비의 두려움		

6) 관리자와 작업자의 역할

(1) 관리자

① 정리 · 정돈의 완전실시를 위한 결정

② 정리 · 정돈계획의 승인
③ 스스로 현장을 보고, 필요품, 불급품, 불요품들의 방침작성과 결정
④ 정리 · 정돈의 시간의 확보와 결정
⑤ 최소한으로 필요한 서랍, 장소 등의 확보와 결정
⑥ 정리 · 정돈규칙의 승인 · 등록
⑦ 관련부서와의 조정

(2) 작업자

① 정리 · 정돈계획작성, 승인신청
② 정리 · 정돈의 실시, 보고
③ 정리 · 정돈의 규칙작성, 승인 · 등록신청

7) 정리 · 정돈의 순서

1. 대상범위를 정한다.

실시내용	실시상의 포인트
① 직장의 정리 · 정돈 지도를 만든다. • 필요하면 「정리 · 정돈」교육을 실시한다.	공정으로 구분한다. • 통로도 포함한다. • 빈틈을 만들지 않는다.
② 담당자를 정한다. • 실시계획을 세운다.	• 서두르지 말고 중점에서 조금씩 • 중점은 준비작업에 시간이 걸리는 공정, 불량이 나는 공정, 네크공정
③ 대상범위를 정한다 • 대상범위 내에 있어야 할 것을 정한다. 형, 치구, 공구, 규칙기구, 검사치구, 재료, 재공품, 완성품, 기계설비, 부대설비, 수리용부품, 기타	• 구분된 부분에서부터 착실하게
① 필요품, 불급품, 불요품의 정의를 명확히 한다.	

2. 필요품, 불급품, 불요품의 정의를 명확히 한다.

정의의 일 예

구 분		기 호	설 명
불요품	스크랩	ㅅ	스크랩 처리를 해도 좋은 것
	외부로 낸다.	외	스크랩 처리는 할 수 없으나, 그렇다고 장내에도 놓아둘 수 없는 것
	1회 월	○	월에 1회 정도 또는 그 이하
불급품	1회 6개월	△	반년에 1회 정도 또는 그 이하
	1회 년	×	1년에 1회 정도 또는 그 이하
보유품		보	판단할 수 없는 것 (후에 위원회 멤버가 판단한다.)

3. 불요품, 불급품, 필요품의 구분을 한다.

실시내용	실시상의 포인트
① 대상품 전량에 대해, 필요품 불급품, 불요품으로 명확하게 구분한다. • 명확하게 구분하는 방법 내용에 넣는다. 따로따로 장소에 놓는다. Tag를 붙인다. 리스트를 작성한다. • 필요품: 정기적이며 빈번하게 사용하는 것 • 불급품: 빈도는 적으나. 업무수행상 필요한 것 • 불요품: 분명히 불필요한 것 파손, 수명이 다한 것 수리불능한 것 타공정의 것 사용하지 않는 구제품의 설비 재료부품 등 필요이상의 수량	• 대상품 전량에 대해 현장에서 정한다. • 구체적인 사용목적에 따라 구분한다. • 필요량에 대해서도 확인한다. • 불분명한 것은 유보하고, 상부 또는 관계자가 정한다. • 있으면 편리, 버리기에는 아까운 것도 과감히 처분한다.

불 량 품 · 불 급 품

직장명		과장	멤 버				년 월 일
품 명 (개 별)	재 질	• • 중치 량수	구 분			최 종 판 단	비 고
			불요품	불급품	보유품		

	실시내용	실시상의 포인트
4. 불요품을 처분한다.	① 불요품, 필요품의 구분, 불명확한 것의 처치방법 • 공장간수가 최종판단을 한다. ② 불요품을 처분하다. • 명확한 불요품은 파계 또는 재료 • 타직장에서 사용가능한 것은 집적장으로 • 종분은 원위치로 돌린다. ex. 부품을 창고로	• 불요치구는 다음의 재료로 사용할 수 있는 것이 있다. • 불요품 집적장에서 일시보관, 기한경과분은 처분 • 집적장에서 활용하는 경우, 참으로 필요한가 체크

	실시내용	실시상의 포인트
5. 필요품, 불급품의 진장을 정해서 격납한다.	① 필요품. 불급품의 보관방법을 정하는 법 (1) 공용물건인가 (2) 보관상의 취급방법(보관방법) • 녹 발생의 우려 • 흠 발생의 우려 (3) 전체의 량(스페이스 계산) • 장소(스페이스) • 용기 • 장 ② 필요품, 불급품의 놓는 방법을 연구하여 실시한다.	• 필요품은 가까이에 놓고 꺼내기 쉽게 한다.

실시내용	실사상의 포인트
• 사용장소의 가까이에 격납한다. • 물건의 직장을 정한다. 제품별 기능별 • 놓는 방법을 연구한다. 방향, 종, 횡, 사방칸막이 바닥깔이 로울러컨베어(중량물) 비, 커버, 주머니 미끄럼막이, 낙하방지	• 정한 장소에 정한 물건을 놓도록 한다. • 안전하게, 상처없이, 헤아리기 쉽고, 운반하기 쉽고, 알기 쉽고, 즉시 꺼낼 수 있도록 놓는다.
• 물건과 치장에 표시한다. 품명표시 치장과 물건 주소표시 대첩 책임담당자 표시 • 「사용중」의 표시판(씨명)	• 알기 쉬운 표시 • 색별 컨트럴 • 표준항에 치장을 기입한다.

정돈 놓는 방법의 순서
1. 실시상의 포인트 • 필요품은 사용장소의 가까이에 놓을 것 • 손쉽게 꺼낼 수 있도록 할 것 • 놓는 장소를 정할 것 • 제품별, 기능별, 기계별 등으로 구분해서 놓을 것 • 헤아리기 쉽게 놓을 것 • 운반하기 쉽게 할 것 • 안전할 것 • 놓은 것이 상처가 없도록 할 것. 더러워지지 않도록 할 것 • 물건, 치장에 표시를 할 것 품명, 주기 등 • 눈으로 보는 관리의 하나로서. 색별 컨트롤을 생각할 것 • 표준제에 치장을 기입할 것 • 실존자표시 • 「사용중」 표시반 2. 놓는 법의 순서 ① 치구 • 격납, 꺼내기 쉬워야 한다. 중량물에는 운반용구를 사용하기 쉽게 해야 한다. • 낙하방비 스톱퍼 등 • 필요하면 밑에 깔개를 사용 • 더러워지지 않도록 문, 커버 등의 사용을 고려한다.

정돈 놓는 방법의 순서
② 공구 • 공구관은 얕은 것, 겹쳐넣기는 안 됨 • 종목, 사이즈별로 놓도록 한다. • 경화방식, 거는 방식 등, 꺼내기 쉽도록 ③ 도구 • 겹쳐놓기, 칸을 막는다. 접촉방식 • 녹 방지 • 필요하면 깔개 준비 • 숫돌을 세워서 놓을 것 • 서랍, 상자 등의 케이스에 넣는다. ④ 규칙구 • 겹쳐넣기 • 칸을 막는다. • 깔개 • 되도록 케이스에 넣어서 보관한다. • 녹 방지 • 낙하방지 ⑤ 재료, 재공품 • 직장명시 대치, 게시판 등 • 구획, 번지의 명확화 ⑥ 상비품 • 더블빈방식 등 관리를 하기 한다. • 집중식, 분산식

	실시내용	실시상의 포인트
6. 필요품, 불급품의 리스트업	① 필요품, 불급품의 대장작성 • 관리실재그룹별의 품명, 수량, 치장의 대장 • 치장은 변지제도	
7. 규칙을 만들어서 교육시키고 Follow-up 한다.	① 규칙을 만든다. • 불요품 처분의 규칙 • 필요품, 불급품의 놓는 방법 규칙 • 사용반납의 방법 규칙 • 관리의 규칙 ② 관측을 등록한다. ③ 관측을 교육한다. ④ 유지되어 있는 상태의 체크와 Follow-up	관측은 전원이 양가해서 만든다. 객성회를 갖는다.

8) 정리 · 정돈의 월차활동의 평가의 완성

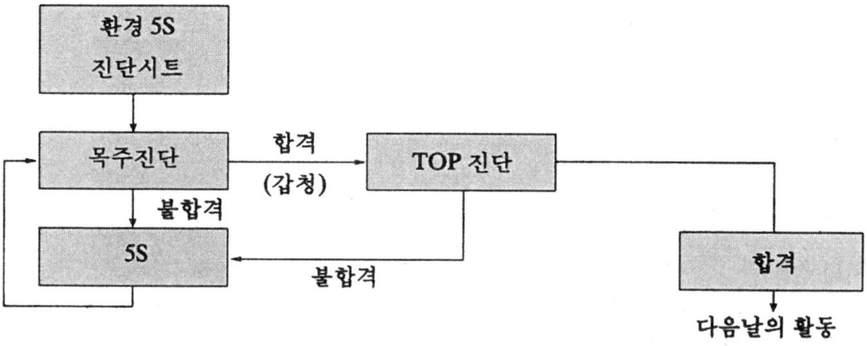

9) 정리 · 정돈의 첵크리스트

구 분	체 크 항 목	평가
정 리	1. 파손, 수명이 다한 것 등 사용할 수 없는 것이 놓여 있지 않은가 2. 공정에서 사용하지 않은 것이 놓여 있지 않은가 3. 필요 이상의 수가 놓여 있지 않은가 4. 사물이 놓여 있지 않은가 5. 구제품의 설비, 재료, 형, 치공구, 부품 등이 놓여 있지 않은가	
정 돈	1. 격납장소가 정해져 있는가 2. 사용장소에서 떨어져 있지 않은가 3. 치장의 표시가 있는곳에 놓여 있는가 4. 꺼내기 쉽게 놓여 있는가 5. 안정하게 놓여 있는가 6. 홈이 있거나 파손되지 않도록 놓여 있는가 7. 칸막이가 필요한 곳에 제대로 되여 있는가 8. 물건이 서로 닿지 않는가 9. 높이 쌓여 있지는 않는가 10. 앞에 있는 물건을 치우지 않고도 필요한 물건을 가져올 수 있는가 11. 문, 카버, 주머니는 달려 있는가 12. 깔개는 필요한 곳에 있는가	
규 칙	1. 규칙이 만들어져 있는가 2. 책임자가 정해져 있으며, 표시되고 있는가 3. 표시대로 물건이 놓여져 있는가 4. 정해진 수량의 물건이 놓여 있는가 5. 잘 정리되고 먼지, 얼룩은 없는가 6. 관계자는 규칙을 잘 알고 있는가 7. 「사용중」의 간판은 표시되어 있는가	

6.5 청소의 정의

1) 청소란 점검이다

사전에 의하면, 청소란 깨끗이 소제하는 것 또는 깨끗하게 제거하는 것으로 되어 있다. 따라서 「5S」에서의 청소란,

청소하여 보기 쉽게 하는 것, 먼지를 닦아내고 그 밑에 숨겨 있는 부분을 보기 쉽게 하는 것, 즉 현재화를 의미한다. 다시 말해 실제로 손으로 만져보고 이상이 없는가를 조사하는 것으로 「느슨함」「흠」 등을 조사한다.

또한 먼지 밑에 숨겨져 있는 곳을 미결함은 없는가, 정상적인 모습을 생각해 가며 비교해 보며 체크한다.

그림 6-1 설비의 경우

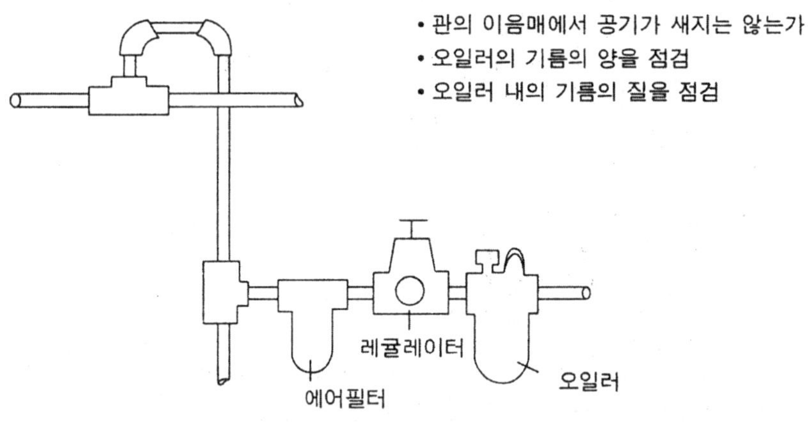

2) 청소 = 점검함으로써 불합리한 점을 발견하는 포인트

(예) 다음과 같은 "미결함"을 발견한다.(설비의 경우)

① 볼트 너트류의 느슨함은 없는가

② 볼트 너트류의 결낙은 없는가
③ 공기가 새거나 기름이 새는 것은 없는가
④ 탁동부에 흠은 없는가
⑤ 녹은 없는가
⑥ 제품의 경로상에 먼지 등은 없는가
⑦ 변형은 안 되었나

그림 6-2

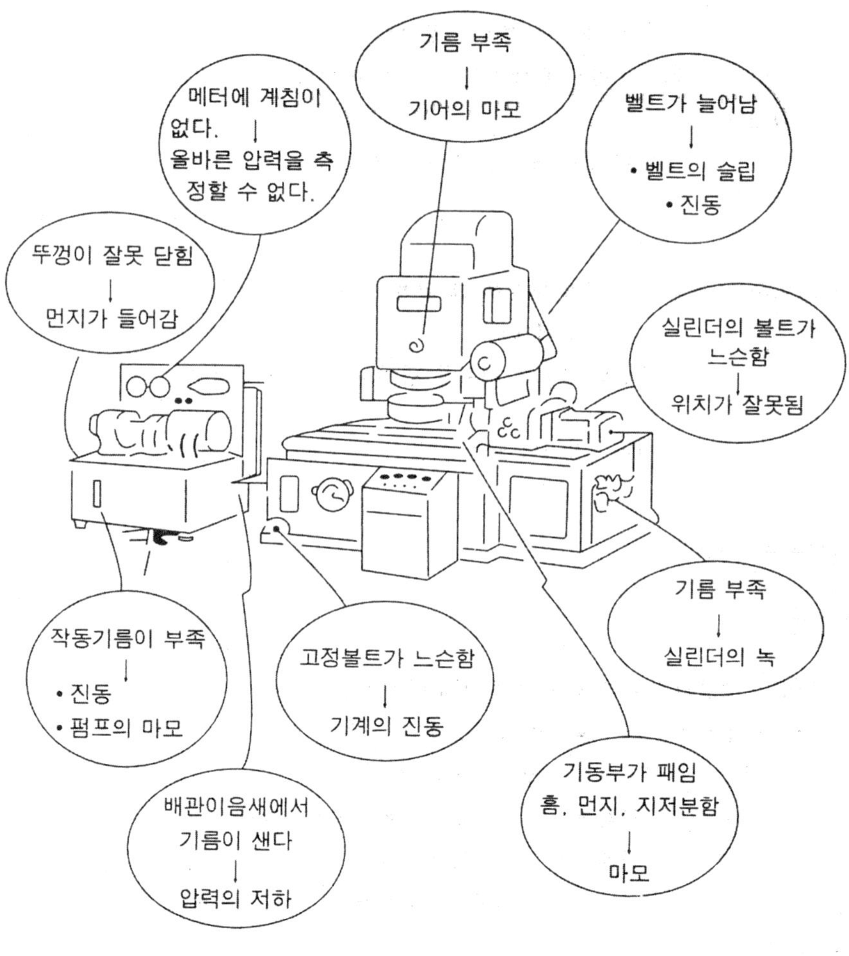

3) 청소 = 점검에서 발견한 불합리와 생산의 로스와의 관련

청소점검에서 발견한 불합리에 대해서는 반드시 생산로스와의 관련을 생각해 보면 흔히 볼 수 있는 공장 내부의 사소한 결함도 다음과 같은 로스의 발생과 관련된다.

(예) ① 창의 유리가 깨어져 있다. → 빗방울이 들어온다.
↓
놓여 있는 제품의 종이박스가 젖는다.
↓
속의 제품이 젖어서 불량이 된다.

② 물건이 통로에 나와 있다. → 운반시에 대차가 통과할 수 없다.
↓
나와 있는 물건을 바른 위치에 놓는다.
↓
그리고 운반한다.

③ 설비의 더러움 → 더럽기 때문에 그 밑을 볼 수가 없다.
↓ (예 : 압력계)
규정된 압력의 범위를 넘어도 알 수가 없다.
↓
설비고장이나 품질불량

4) 강제열화와 자연열화

(1) 강제열화

① 보전방법이 열화하기 때문에, 또 사람 때문에 생기는 열화
② 기본조건이나 사용조건의 불비로 발생된다.

- 청소 — 설비가 바르게 작동하는 조건
- 급유 — 유압계통 — 작동유의 온도 · 양 · 압력
- 증제 — 전기제어계 — 분위기의 온도 · 습도 · 먼지 · 진동
- 리미트 스위치 — 고정위치 — 고정방법 — 도구의 형태
- 설비의 조건 — 운전 · 조작 · 부하조건

③ 탁동부 · 유압계통 · 전기제어계통
↓
먼지 · 지저분함
↓
마모 · 막힘 · 샌다 · 작동불량
↓
통전불량 · 정도저하
↓
돌발고장 · 품질불량

} 먼지, 지저분한 이물에 의한 설비의 강제 열화

(2) 자연열화

① 고유의 수명

② 고유수명이 짧은 것
↓
설계에 문제(약점) 있다 ─┬─ 설비 전체로서의 강도나 정도의 밸런스를 복원
개량보전(신뢰성의 개선) └─ 구성부품의 재질 · 치수 · 형식의 변경

그림 6-2 기본적 활동(설비에서)

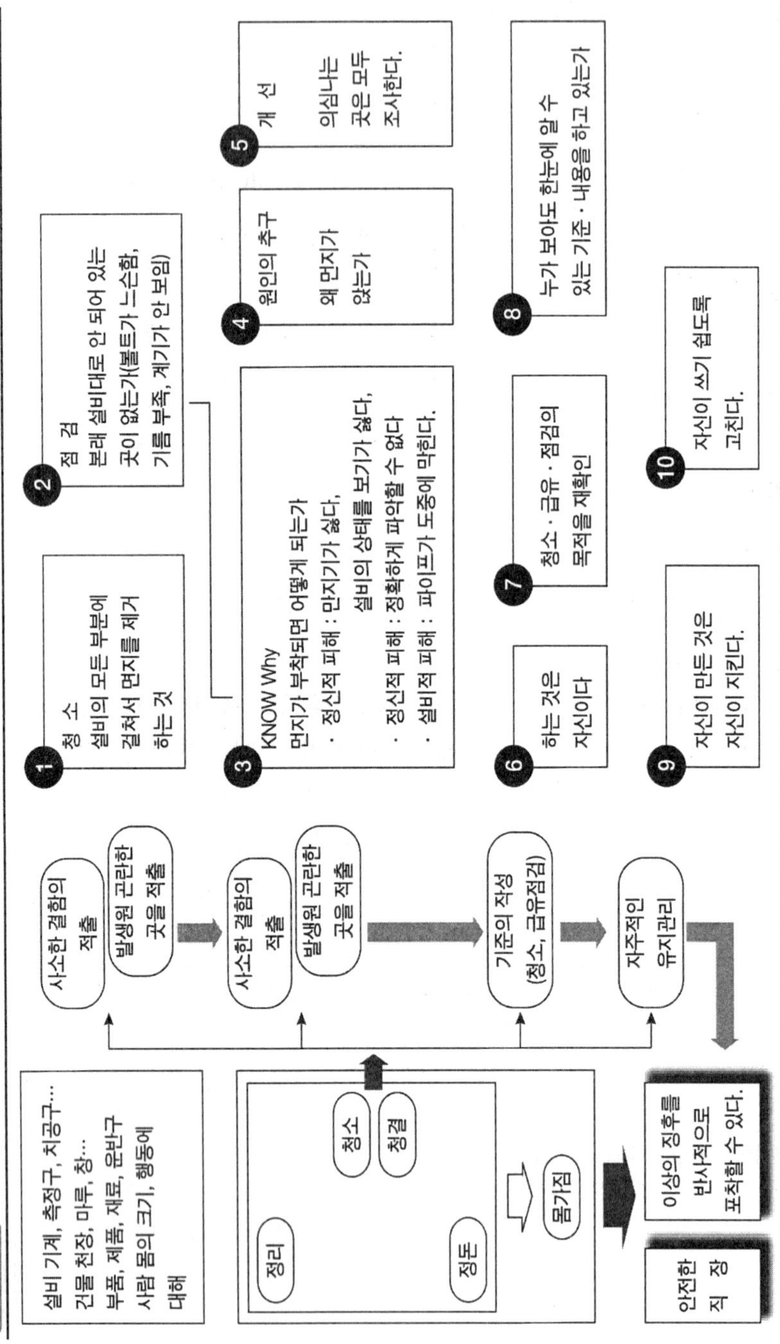

5) 청소 = 점점의 포인트와 Know why

(1) 공장 안을 자세히 둘러보자

① 운반통로나 보행통로에 대하여
　㉠ 폭은 몇 미터인가
　㉡ 급하게 돌아야 할 곳은 없는가
　㉢ 마룻바닥의 凹凸은 없는가
　㉣ 배선이나 배관이 마루 위에 그대로 깔려 있지 않은가
　㉤ 통로상에 물건이 놓여 있지 않은가, 또는 통로에 물건이 나와 있지 않은가
　㉥ 통로에 절분이 깔려 있지 않은가
② 물건의 치장에는 누가 보아도 알 수 있도록 표시가 있는가
③ 마룻바닥에는 백선이나 황선 등으로 표시되어 있는가
④ 물건의 쌓은 방법은 어떤가
　㉠ 무너지기 쉽도록 되어 있지 않은가
　㉡ 재료나 제품에 흠이 나기 쉽도록 놓여 있지 않은가
⑤ 먼지 때문에 재료・제품이 쓸모없게 되어 있지 않은가
⑥ 입구나 출구의 문은 제대로 닫혀 있는가
⑦ 벽이나 천정에 틈이나 구멍이 나있지 않은가
⑧ 유리창이 깨어져 있지는 않은가
⑨ 천정이나 대들보나 장에 먼지가 쌓여 있지 않은가
⑩ 철판이 벽에 세워져 있지 않은가
⑪ 사용하지 않는 설비가 먼지나 기름이 묻은 채로 방치되어 있지 않은가
⑫ 마루・지면 위에 직접 물건이 놓여 있지 않은가

(2) 「장소」 사용방법이 나쁘면 어떤 로스가 발생하는가

① 장소를 잘못 쓰면 찾는 로스가 발생한다.
　〈이런 경험은 없는가〉
　㉠ 이상하다. 여기에 다음 가공할 재료를 놓아두었는데 어디에 있을까
　㉡ 어제 돌아갈 때 도구를 정리해 두었는데 찾을 수가 없다.
　㉢ 그것 때문에 재료를 찾고 있다.
　㉣ 찾아낼 수가 없기 때문에 「누가 마음대로 물건을 옮겨 놓았지」하고 초조하다.

〈왜 발생하는가〉

㉠ 공장 안이 좁아서 NO

㉡ 공장의 스페이스를 잘못 사용함

㉢ 전원이 규칙을 지킨다.

「정해진 장소에 정해진 물건을 정해진 방법으로 놓는다」는 규칙

② 장소를 잘못 쓰면 운반로스가 발생한다.

㉠ 규칙을 지킨다.

소정의 장소 앞에 놓아서는 안 되는 재료를 놓으면 하나하나 이것들을 치워야 한다.

㉡ 공장의 스페이스를 훌륭히 사용한다.

ㅇ훌륭한 레이아웃 설비나 재료나 도구를 두는 장소나 통로를 알맞게 정한다.

ㅇ조심성 있게 운반한다.

㉢ 많은 물건을 한번에 요령있게 운반하면 개당 운반시간은 짧아진다.

㉣ 그러나 각 공정에 많은 재료가 쌓여 있으면

ㅇ생산기간이 길어진다.

ㅇ물건을 찾기 어렵다.

ㅇ통로가 좁아진다.

등의 로스가 늘어난다.

㉤ 정성껏 조금씩 운반하여

㉥ 공장 내의 스페이스를 잘 활용하고

㉦ 공장 내의 여러 가지 문제를 찾기 쉽게 한다.

③ 장소의 사용방법이 나쁘면 피로하게 된다.

의욕이 나지 않는 직장

ㅇ체력을 쓴다. 운반이나 보행이 많다

ㅇ기력을 쓴다.

ㅇ불안정 : 있어야 할 곳에 물건이 없어서 찾는다.

ㅇ마음을 쓴다. : 운반이나 보행 중에 통로에 놓인 물건에 부딪치지 않도록

ㅇ불쾌감 : 안전화의 바닥에 절분이 낀다.

ㅇ말다툼 : 자신의 재료나 도구를 딴사람이 제멋대로 사용한다.

⬇

ㅇ즐겁게 작업할 수 있는 직장 장소의 사용방법

ㅇ의욕을 가지고 작업을 할 수 있는 직장 훌륭한 직장

6) 「설비」에 관한 Point와 Know why

설비의 청소=점검의 포인트는 여러 가지가 있다. 여기서는 몇 가지의 대표적인 사례를 제시한다.

표 6-3 설비의 청소점검의 사례

청소점검의 대상	Point	어떻게 되어 있어야 하나	Know why
작동유	작동유의 온도가 높지 않은가	온도 38℃~54℃의 차이	· 온도가 높다 → 기름의 후화열화추진 → 점도저하 → 유루촉진 → 압력유량변화 → 사이클타임 악화 → 펌푸・변 등의 마모 촉진
	유량은 적정한가.	유면계의 상하한계선 내로 한다.	유량이 적다. → 개비테이션 → 액튜에이터의 이당 마모 → 작동불안전 → 품질불량 → 사이클타임 악화
에어 3점세트	오일러는 작동하고 있는가	올바른 적하량으로 조정한다.	적하량부족 → 유막절파 → 밸브, 실린더의 진동면의 →에어 →속도악화 →작동불안정
	레귤레이터의 압력의 표시는 있는가	사용압을 표시한다.	표시없음 → 에어압을 적정하게 보전유지할 수 없다. → 에어압이 낮으면 → 작동불량 → 에어압이 높으면 → 밸브・실린더의 마모추진
에어 실린더	에어실린더에 에어가 새지 않는가	에어가 새지 않도록 한다.	에어가 샌다. → 유량저하 → 사이클타임 악화
	고정부의 볼트너트가 느슨하지 않는가	고정	볼트가 느슨함 → 심지가 달아 } 실린더 각부의 이상마모 → 진동 } ← 작동불안정
볼트너트	볼트너트가 느슨하지 않는가	고정	느슨함 → 마모・덜거덕 거린다 → 탈락
리미트 스	리미트 스위치의 고	고정	느슨함

청소점검의 대상	Point	어떻게 되어 있어야 하나	Know why
위치	정 볼트가 느슨하지 않는가		→ 리미트 스위치의 위치 잘못 → 오작동 → 품질불량 → 작동 안함 → 고장
요동부 회전부	동부 회전부에 먼지 · 얼룩이 대치되어 있지 않는가	먼지 · 얼룩을 없앤다.	먼지 · 얼룩 → 요동부 · 회전부의 이상마모 → 품질불량 → 사이클타임 저하

7)「매일의 작업」에 관한 청소=점검의 Point와 Know why

제조현장에 있어서 매일의 작업을 거의 같은 일을 되풀이 하고 있다(사무도 같다). 그러나 이 매일의 작업이 잘 되어가는지 여부가 공장의 손익에 직결한다. 그래서 일상의 작업을 해나가는 데 있어서 우선 어떠한 행동을 해야만 로스의 발생을 미연에 방지할 수 있는가를 정확하게 이해하고, 그대로 행동을 하는 것이 중요하며, 또 그곳에서 일하는 우리의 업무(즉, 업무자체)라고 할 것이다.

그 내용은 다음과 같은 것이며 이것이「매일의 업무의 청소=점검」이라고 할 것이며 이와 같은 자연히 할 수 있는(무의식중에) 상태가「몸가짐」이라고 할 것이다.

(1) 아침에 작업을 시작할 때

① 오늘 하루 해야 할 작업에 대한 확인
② 작업의 내용
③ 작업에 필요한 것들이 갖추어져 있는가
(도면, 재료, 측정구 등의 유무)
④ 몇시까지 작업을 끝낼 것인가

(2) 매일의 작업의 개시 전

① 작업에 필요한 것들이 갖추어져 있는가
② 도면
③ 작업지시표
④ 치공구류
⑤ 재료
⑥ 파렛트
⑦ ······
⑧ 설비의 상태는 어떤가
⑨ 작업표준대로의 조건으로 운전가능한가
⑩ 몇시까지 완료해야 하는가

(3) 일일작업을 완료했을 때

① 규정된 질과 양은 확보되어 있는가
② 후공정에 특히 연결할 것은 없는가
③ 사용 후의 물건은 소정된 장소에 규정된 처치를 하고 보관했는가
④ 소모품이나 파손된 것으로 의뢰한 채로 두는 일은 없는가
(바이트의 연마의뢰, 구입의뢰 등)

(4) 종업시

① 작업지역의 청소는 되어 있는가
② 내일 사용할 물건은 갖추어져 있는가
③ 특히 수배해 두어야 할 물건은 없는가

6.6 청결과 습관화(몸가짐)

1) 청 결

사전에 의하면 청결이란 지저분하지 않고 깨끗한 것 또는 위생적인 것 또는 인격이나 품행이 고결하고 단정한 것을 말한다.

「5S」에서 청결이란 먼지, 쓰레기 등 더러움이 없고 언제나 눈으로 보아 결함이 발생되었을 때에 한눈에 이것을 발견할 수 있는 상태로 유지되어 있는 것, 즉 작업에 필요한 표시가 깨끗하게 한눈에 보아서 알 수 있도록 되어 있을 것을 의미한다.

① 치장
② 물건
③ 계기류의 사용범위
④ 급유장소, 사용유의 종류, 급유의 빈도
⑤ 깨끗하게 – 표시방법이 정해진 대로 되어 있다.
- 크기
- 색
- 위치

⑥ 한눈에 안다 – 정상인가 비정상인가 규칙을 지키고 있는가를 한눈에 알 수 있는 것
⑦ 종업원의 단정한 의복

그림 6-4 정상인가 비정상인가(예)

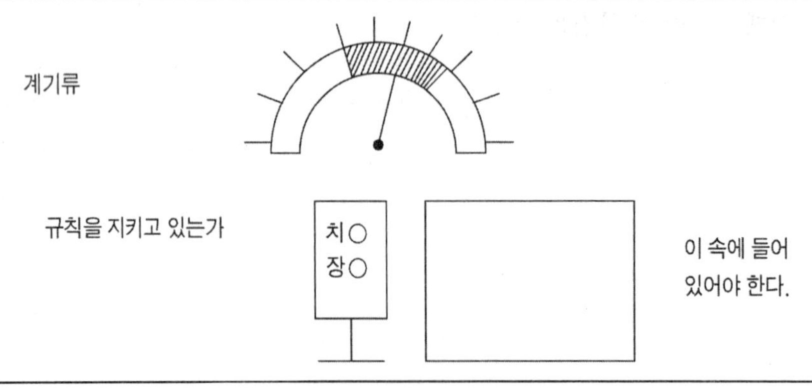

⑧ 위생상
⑨ 안전상
⑩ 품질상
⑪ 작업성상

2) 습관화(몸가짐)의 정의

사전에 의하면 습관화란 습관화를 몸에 익히는 것 또한 몸에 익은 습관화라고 되어 있다. 「5S」에서 습관화된 상태란 한 마디로 생산의 Rule을 무의식의 상태에서 지킬 수 있는 것를 의미한다.

생산의 Rule이란 다음과 같이 여러 가지가 있다.

① 정리정돈의 Rule
② 작업을 시작하기 전의 Rule
③ 작업 중의 Rule
④ 작업이 완료했을 때의 Rule
⑤ 이상이 발생했을 때의 Rule
⑥ 품질기준 등이다.

무의식의 상태란 지켜야 할 Rule이 몸에 익혀져 있어서(그때마다 생각해 내지 않아도 되는 상태)를 말하며, 또한 필요한 때에 필요한 행동이 저절로 되는 상태를 말한다.

그림 6-5

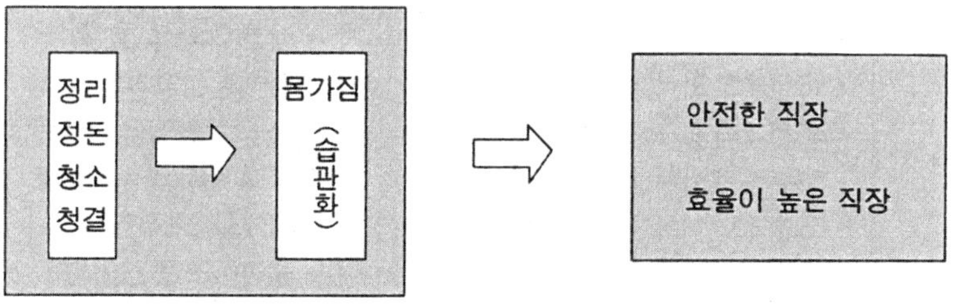

3) 관리자·제1선감독자와 작업자의 5S에 대한 역할

(1) 관리자 · 제1선감독자의 5S에 대한 역할

행동을 갖고 작업자를 가르친다. 예의범절을 가르치는 데 맞는 포인트는 다음과 같다.

① 뒤에서 예의범절을 가르친다. 즉「묵묵히 눈으로 보아서 알게 한다」라고 하는 것이다. 예의범절이라 하는 상대의 레벨을 끝까지 지켜보는 것이 중요하다.

뒤를 볼 수 있다. 즉, 보아서 이해되는 레벨이라면 그 하는 방법도 좋지만, 뒤를 보는 것도 되지 않는 레벨은 친절히 가르치고 이끌어 주도록 생각할 수밖에 없다.

② Rule을 지키지 않았을 때에는 그 자리에서 시킨다.

말하자면 한 작업 때에 사용한 치공구류의 치장 · 놓는 법이 정해 있으나, 이것을 지키지 않고 다음 작업을 시작할 때가 있다. 이럴 때는 다음 작업을 중단시키더라도 그 자리에서 정해진 대로 시키는 것이 중요하다.

(2) 작업자의 5S에 대한 역할

① 정해진 것은 반드시 지킬 것

② 왜 이것을 지켜야 하는가를 생산의 로스와 관련해서 이해시킬 것

③ 할 수 없을 때에는 즉시 상사에게 보고하여 지시를 받을 것

표 6-4 직장의 5S의 전개 12가지 STEP

No.	스텝명칭	목 적	내 용
1	계 획 작 성	•「5S의 준비」 • 5S전개의 기세를 다진다. • 5S전개의 필요성을 모두가 인식한다. • 5S부족의 실패를 인식한다. • 5S전개의 계획을 작성한다.	• 직장 내의 도면만들기 • 멤버의 분담역할 결정 • 5S의 문제점을 리스트업 • 5S의 실태의 사진촬영 • 전개실시계획작성 • 슬라이드 등 전달교육
2	정 리	•「불요품을 버린다」 • 불요품, 불급품, 필요품의 인식갖기 • 직장의 정리를 위한 장소만들기 • 직장을 깨끗히 한다. • 물건의 유효활용을 위한 장만들기	• 불요품, 불급품, 필요품의 구분 • 불요품의 철거 • 불요품의 전시, 창고에 반환, 처분 • 불요품의 기록 (리스트, 사진 등)

No.	스텝명칭	목 적	내 용
3	정 돈	• 「안전, 품질, 생산량에 맞는 물건의 놓는 방법」 • 안전확보 • 먼지, 녹, 흠 등 없음 • 꺼내고 놓기가 편하게 • 「찾는다」를 없앤다.	• 놓아 두어야 할 물건, 수량의 결정 • 치장, 놓는 방법의 결정 • 치장, 물건의 표시 • 관리책임자 결정 • 불량품, 수리품의 치장 결정 • 「사용 중」의 명시
4	정리정돈의 규 칙 성	• 「지킬 수 있는 규칙 만들기」 • 정리정돈의 필요성을 재인식 • 정리정돈을 실행하기 위한 재인식 • 우리가 규칙을 정하고 납득하고 지킨다.	• 정리정돈의 규칙작성-불요품의 처분의 방법, 물건의 놓는 방법, 표준공수, 공구의 쥐는 법, 돌려 주는 법, 관리의 방법 등 • 규칙의 등록
5	철저한 청소	• 「안전, 품질, 생산량을 방해하는 작은 불합리를 찾아내고 없앤다.」 • 「청소는 점검이다」 • 5371, 45074의 실현 • 불량고장 제거 • 강제열화방식 • 청소에 의한 불합리의 발견	• 직장 내의 철저한 청소-특히 설비 • 부적합점의 리스트와 대책 • 안전면의 고려－미스의 방지 • 청소방법, 용구의 준비
6	부적합점 개선	• 「청소를 방해하는 불합리의 개선」 • 불합리의 일소 • 먼지를 근절한다.	• 발생원, 곤란개소대책 • 기타 부적합대책－흠, 녹, 누설, 느슨함
7	청소의 규칙 작 성	• 「명확하게 정하고, 확실하게 지킨다」 • 청소의 의욕을 갖게 한다. • 우리가 규칙을 정하고 지킨다.	• 청소의 규칙 작성-대책의 방법, 곤란개소 청소의 방법 • 규칙의 등록
8	급 유 주 유	• 「부드러운 움직임의 실현」 • 강제열화방지 • 급유의 중요성을 인식	• 유종의 구분의 통일과 표시 • 오일수준의 표시 • 급유주유의 실시
9	단순한 점검	• 「우리의 직장은 우리가 지킨다」 • 현장에서 할 수 있는 점검의 이해와 필요성을 인식	• 볼트의 느슨함, 오일수준, 유기, 계기의 표시, 벨트, 배선의 흠, 필터가 막힘 • 눈으로 보는 관리 실현
10	급유주유 간단한 점검의 규 칙 작 성	• 「모두가 정하고 납득하고 확실히 지킨다」 • 우리의 직장을 지키는 의욕 부여	• 급유주유점검의 규칙 작성 • 점검주기, 분담결정 • 규칙의 등록 • 왜 하는가를 납득시킨다.
11	규칙의 조정	• 「규칙의 공통화」 • 규칙의 표준화, 통일화	• 타그룹의 규칙 연구 • 다른 규칙의 좋은 점을 본딴다.
12	5S의 일상 활 동	• 「자주관리 싹트기」 • 일상활동의 하나로서 인식	• 정리정돈 청소청결점검의 체크리스트 • 자주적 전개, 자주평가 • 결과의 보고

4) STEP식 5S전개의 특징

① STEP식 5S전개

한 STEP마다 체크리스트에 의해서 진단하고 기준 이상이 아니면 다음의 STEP으로 나가지 못하도록 되어 있기 때문에 착실한 전개가 필요하다. 하나씩 착실히 해야 하기 때문에 계획적으로 행하기가 쉽다.

② STEP 진단제도

중점적으로 실시해야 할 사항을 구체적으로 정하고, 진단항목으로 하고 있기 때문에 완성도가 높은 5S를 전개할 수 있다.

③ 전원참가에 의한 활동

QC 서클을 중심으로 5S활동을 진행한다. 사무부문도 포함한 전사적 전개

④ 시기에 맞는 교육의 실시

STEP에 따라서 시기에 맞도록 교육을 실시한다. 그룹리더 중심으로 열의를 가지고 교육을 실시하고 전달교육을 시킨다.

슬라이드 등 교육효과가 높은 것을 고려한다.

⑤ 역할분담의 명확화

서클멤버에게 책임담당사항을 명확히 한다.

⑥ 규칙 만들기 중시

정리, 정돈, 청소, 점검, 급유, 주유의 각 STEP에서 규칙을 만들고 이해를 하고 그 규칙을 지킨다.

⑦ 표준화는 후에

각 STEP의 단계에서는 아이디어를 내기 쉽게 하기 위해서 틀을 만들지 않는다. 정리해서 표준화하고, 자주적인 활동을 하기 쉽게 한다.

⑧ 표창제도

전개에 도움이 되도록 우수한 서클에는 표창한다.

⑨ 증진책

진행이 매우 늦는 그룹에는 중점적으로 사무국이 지도한다.

⑩ 모델그룹의 선행

모델그룹을 만들고 중점지도를 하며 다른 그룹보다 선행시켜서 하면 된다는 분위기를 만든다. 수평전개의 기초를 만든다.

⑪ 정기적으로 발표회를 개최

상호간에 발표를 하며 다른 그룹의 좋은 점, 아이디어, 진행상황 등은 도움이 된다.

⑫ 제안제도

5S에 관한 아이디어나 진행방법 등 적극적으로 제안시킨다.

5) 직장의 5S전개 제3 STEP 정돈

(1) POINT

① 안전, 품질, 생산량에 알맞는 물건의 놓는 방법을 실현한다.
② 먼지, 얼룩, 녹, 흠 등이 없이 안전하고 확실하게 물건을 잡을 수 있도록 한다.
③ 잡거나 놓기 편하게 한다.

(2) 정의

① 안전, 품질, 생산량에 알맞는 방법으로 물건을 격납한다.
② 필요한 물건을 필요한 때에 필요한 수만큼 눈으로 보아 즉시 안전하게 손상 없이 끄집어내어 쓸 수 있도록 물건을 놓는다.

(3) 필요성

왜 하지 않으면 안 되는가, 안 하면 이렇게 된다.

① 안전성

㉠ 무너진다, 넘어진다, 걸린다, 채인다, 부딪힌다, 방해가 된다, 끼인다, 긁힌다, 충동한다, 미끄러진다 등의 부상
㉡ 비상시에 즉시 피난할 수 없다.
㉢ 화재발생시에 소화의 어려움
㉣ 지저분한 환경

② 품질

㉠ 이품혼입

㉡ 선입, 선출을 할 수 없기 때문에 물건이 열화하거나 녹이 발생한다.

㉢ 넘어진다, 떨어뜨린다, 부딪친다, 긁힌다 등에 의한 물건의 열화

㉣ 용기의 불비로 인해 마루에 직접 놓음으로써 열화

㉤ 용기의 조잡으로 인한 열화

㉥ 이품 부착으로 열화

㉦ 치구, 금형, 검사구 등의 변형, 변질, 흠에 의한 정도 열화

㉧ 공구 열화로 인한 불량

㉨ 이종유의 혼입 때문에 설비부적합에서 오는 불량

③ 생산량

㉠ 어디에 있는가, 어디에 놓는가가 불분명하기 때문에 「찾는다」가 발생한다.

㉡ 물건을 꺼내는 데 시간이 걸린다.

㉢ 있어야 할 물건이 없기 때문에 흠품대기

㉣ 열화물의 손질에 시간이 걸린다.

(4) 정돈의 Point

① 필요품은 사용장소의 가까이에 놓을 것

② 손쉽게 꺼낼 수 있을 것

③ 제품별, 기능별, 기계별 등 구분하여 놓을 것

④ 놓는 장소를 정해둘 것

⑤ 헤아리기 쉽게 놓을 것

⑥ 운반하기 쉽게 놓을 것

⑦ 안전해야 할 것

⑧ 놓아둔 물건이 손상 없이, 녹 없이, 더러워지지 말 것

⑨ 물건과 치장의 양편에 표시할 것

⑩ 눈으로 보는 관리로서 색별관리를 사용할 것

⑪ 작업표준 등에 치장을 기입할 것

⑫ 사용 중에는 「사용 중」의 표찰을 붙일 것

⑬ 책임자 명을 표시할 것

⑭ 필요하면 관리대장을 사용할 것－번지, 치장의 명시

(5) 놓는 법의 원칙

① 치구, 형

㉠ 격납은 꺼내기 쉽도록 한다.－중량물은 운반하기 쉽게

㉡ 파손, 부적합 등은 수정하여 격납할 것－불필요한 시간이 걸린다.

㉢ 낙하방지 대책을 강대한다.－스톱퍼 등

㉣ 필요하면 깔개를 쓴다.－강제열화방지, 녹이 발생할 우려가 있다.

㉤ 더러워지지 않도록 문, 커버, 시트 등을 사용한다.

㉥ 중량물은 변형하지 않도록 놓을 것

② 공구

㉠ 공구적자는 춤이 얕은 것－쌓기 금지

㉡ 종류별, 사이즈별로 놓는다.

㉢ 영회방식, 매다는 방식 등 꺼내기 쉽게 한다.

③ 깔날구

㉠ 쌓기 엄금, 칸을 막는다.－접촉방지

㉡ 녹방지

㉢ 깔개

㉣ 설합, 상자 등의 케이스에 넣는다.

㉤ 그라인더는 세워놓는다.

④ 측정구

㉠ 쌓아놓기 엄금

㉡ 깔개

㉢ 되돌고 케이스에 넣는다. 커버를 한다.－손상시킨다.

㉣ 녹 방지

㉤ 낙하 방지

㉥ 정반의 흠은 그라인더 등으로 없앤다.

⑤ 재료, 재공품

㉠ 구획, 번지의 명확화

㉡ 치장의 명시－대장, 지시판 등에 기입(변경대책, 표준공수)

⑥ 예비품

㉠ 집중식, 분산식

㉡ 더불빈 방식 등 관리하기 쉽게

⑦ 유지

유종별로 Oil관, 작키, 급유구 등 색별관리한다.

6) 진행방법

순 서	실 시 내 용	실시상의 Point
1. 대상구역을 청소한다.	○ 마루, 천정, 기둥, 장, 케비넷, 기계 등의 먼지를 제거한다.	○ 먼지 등으로 지저분하면 정돈하기 어렵다.
2. 놓아둘 물건을 정한다.	○ 놓아둘 물건을 List up한다.-품명, 수 ○ 놓아둘 장소를 정한다. －제품별, 재질별, 기능별 List에 구분한다.	○ 필요품을 가까이에, 꺼내기 쉬운 곳에 놓는다. ○ 정해진 장소에 정해진 물건을 정해진 수만큼 놓는다.
3. 놓는 방법을 계획하고 놓아야 할 물건을 놓는다.	○ 격납용기 사이즈, 수 ○ 놓는 방법-방향-종, 횡, 사방 －구간 －깔개, 로울러 등 －문, 커버, 케이스, 주머니 －굄 목(미끄럼방지) 낙하방지	○ 안전하게, 알기 쉽게, 손상 없이 세기 쉽게, 운반하기 쉽게, 꺼내기 쉽게 놓는다.
4. 치장과 물건에 표시한다.	○ 품명표시-물건, 치장-명칭, 기호 ○ 주소표시 ○ 대장 ○ 책임자 표시 ○ 「사용중」의 표시	○ 알기 쉬운 표시 ○ 색별관리
5. STEP 진단을 받는다.	○ 자주진단과 상호진단을 한다. ○ 코멘트 내용의 개선을 한다. ○ 진단신청을 한다. 진단을 한다. ○ STEP 진단에 합격하면 다음 STEP으로 진행한다.	○ 엄격한 자주진단 ○ 코멘트의 내용을 착실히 고친다. ○ 합격 후, 힘차게 자신을 가지고 다음 STEP으로

7) 주요진단항목

① 통로, 소화설비, 배전반 등의 앞에 물건이 놓여 있지 않은가

② 통로, 치장 등의 마루에 선이 그어져 있으며, 지켜지고 있는가

③ 제어반, 조작반 등에 물건이 들어 있지 않은가
④ 쓰레기통은 가연 등으로 구분되어 있는가
⑤ 격납장소가 정해져 있으며 정한 대로 물건이 놓여 있는가
⑥ 놓는 장소는 사용장소와 떨어져 있지 않은가
⑦ 꺼내기 쉬우며 안전하게 놓여 있는가
⑧ 흠, 파손하지 않도록 놓여 있는가
⑨ 칸이 필요한 곳에 되어 있는가
⑩ 깔개가 되어 있는가
⑪ 놓는 방법이 정해진 대로 되어 있으며 정한 장소에 있는가
⑫ 문, 커버, 주머니, 케이스 등이 붙어 있는가
⑬ 물건이 서로 닿지 않는가
⑭ 물건 앞에 다른 물건이 놓여 있지 않은가
⑮ 물건과 치장에 표시가 있으며 꺼낼 때와 놓을 때에 「찾는다」가 발생하지 않는가
⑯ 「사용중」의 간판을 쓰고 있는가
⑰ 책임자가 정해져 있는가
⑱ 선입, 선출이 지켜지고 있는가
⑲ 불량품, 수리품의 치장이 정해 있으며 처리방법이 정해 있는가
⑳ 필요한 수가 정해 있으며 이상을 알 수 있도록 되어 있는가

〈S사 자주보전 STEP운영 (사례)〉

ㅇ배경 및 목적

-현행 자주보전추진 7STEP의 중복 및 모호성 배제

-당사 고유의 TPM추진스텝의 설정・운영으로 자주보전활동의 조기정착화 및 체질화를 유도코자 함

ㅇ개요

-기본방침을 '전원참여의 자주관리 활동체제 구현'으로 한다. 기존 7STEP의 통폐합을 통해 당사 고유의 활동체계를 정립하며 「전원참여」라는 TPM 본래의 의미를 구현함.

ㅇ적용대상 : TPM 중점관리 대상설비

-관리대상 설비의 선정기준은

- 주・야 2교대 및 3교대 운영설비
- 전자동 설비로 단독공정을 수행함으로써 C/T 산정이 가능한 설비

├ 해당부서 설비 중 NECK 설비
├ 구입가 기준 5천만 원 이상의 설비
└ 단독설비로 구성되어 형성된 LINE은 최종공정 1대로 관리

그림 6-6 STEP 재편 내용

TOP주도형 7STEP		BOTTOM 주동형 4STEP
1STEP : 초기대청소 2STEP : 발생원 · 곤란개소대책 3STEP : 청소 · 급유기준서 작성 4STEP : 총점검 5STEP : 자주점검 6STEP : 품질보증 및 표준화 7STEP : 자주보전	➡	1STEP : 초기대청소 2STEP : 발생원 · 곤란개소대책 3STEP : 청소 · 급유 · 점검 기준서 작성 4STEP : 자주관리 및 표준화

표 6-5 활동 STEP별 중점추진 내용

STEP	중 점 항 목	세 부 내 용
1STEP	초기대청소	설비 본체를 중심으로 먼지, 오염 일제히 제거한다. 먼지, 오염을 제거하여 잠재결함을 현재화시킨다. 점검 SHEET를 작성한다. 열화, 불합리를 발견하고 복원한다. 설비를 점검하기 쉽게 한다. "청소는 점검"의 중요성을 작업자 스스로 터득한다.
2STEP	발생원 · 곤란 개소대책	발생원 개선대책을 세운다. 발생 자체를 없앤다. 비산방지 실시 등 곤란개소 개선대책을 세운다. 설비의 청소상태를 확실히 유지하고 보전성을 높인다. 개선을 통해 청소시간을 단축한다. 설비의 동작원리/가공원리를 안다. 문제의 분석방법, 개선수법을 작업자가 알 수 있도록 한다. 개선내용을 설계부문에 feed back한다.
3STEP	청소 · 급유 · 점검 기준서 작성	윤활, 점검 기능교육을 한다. 정해진 시간, 정해진 방법에 의해 청소 · 윤활할 수 있는 기준을 만든다. "눈으로 보는 관리"를 실시한다. 또한, 관리수준을 향상시킨다. 열화 불합리를 복원 · 개선한다.

STEP	중 점 항 목	세 부 내 용
		불합리의 복원상태를 유지하여 설비의 보전성과 신뢰성을 높인다. 간단한 trouble조치법을 배운다. 자율관리조직을 구성하여 일상보전활동을 정착시킨다. 기준을 지킬 수 있는 체질을 배양한다.
4STEP	자주관리 및 표준화	자주보전기준・캘린더를 만들어 설비를 대상으로 한 활동의 기준을 지키고, 충실히 알상보전을 한다. 불량을 흘려 보내지 않는 활동을 한다. 개별개선의 성과를 재검토하고 유사설비에 적용시킨다. 이상을 알 수 있는 현장을 실현시킨다. 눈으로 보는 관리를 검토・안전화시킨다. 품질보증항목을 재검토한다. 양품조건을 재검토한다. 이상의 징후를 오감으로 감지하고, 고장을 예방할 수 있는 능력을 키운다. 설비에 강한 오퍼레이터를 육성한다. 자주관리활동을 정착시킨다. 기초적인 보전기능, 간이진단을 가르친다. 설비, 품질에 강한 오퍼레이터를 육성하여 엔지니어화를 실현한다. 오퍼레이터 1인 1인이 자주관리를 몸에 익힌다. 공정품질, 양품(가공) 조건을 가르친다. 지키기 쉬운 조건을 가르친다. 운전, 보전, 품질보증, 생산기술, 제품설계 부문이 분담하여 품질보증 및 trouble 방지에 전념한다. TPM 레벨들 유지・개선・계승하는 활동을 실시한다.

표 6-6 자주보전 STEP 재편 개요

현 행			재 편(안)	
1STEP	○ 초기대청소 –"청소는 점검이다" –전원참여의 설비 청소 –잠재결함의 현재화	➡	1STEP	○ 초기 대청소 –"청소는 점검이다" –전원참여의 설비 청소 –잠재결함의 현재화
2STEP	○ 발생원 · 곤란개소대책 –가시화된 발생원 및 곤란개소 근절을 통한 설비의 신뢰성 · 보전성 향상과 청소 · 점검시간의 단축	➡	2STEP	○ 발생원 · 곤란개소대책 –가시화된 발생원 및 곤란개소 근절을 통한 설비의 신뢰성 · 보전성 향상과 청소 · 점검시간의 단축
3STEP	○ 청소 · 급유기준서 작성 –총합적 청소 · 급유기준서 작성 –기준의 준수 및 열화 방지 활동 전개	➡	3STEP	○ 청소 · 급유 · 점검기준서 작성 –총합적 청소 · 급유기준서 작성 –기준의 준수 및 열화방지활동 전개 –개선에 따른 기준의 개정 및 확립
4STEP	○ 총점검 –TOP 주도의 점검/측정 –열화방지 → 열화측정으로의 활동 전이 –열화복원상태 일시점검	➡	4STEP	○ 자주관리 및 표준화 –자주보전 기준의 설정과 준수(작업자 주체) –설비개선 및 파급 적용 –"눈에 보이는 관리"의 정착 –가공기준, 보전에 근거한 설비운용 –operator 능력개발 (고장예지, trouble shooting)
5STEP	○ 자주점검 –작업자에 의한 점검 및 측정 –가시화 관리 (눈에 보이는 관리) –고장 zero화			
6STEP	○ 품질보증 및 표준화 –불량 zero의 신뢰성 높은 설비 구현			
7STEP	○ 자주보전 –고장 · 불량 zero설비 구현 –설비에 강한 operator			

표 6-7 자주보전 STEP 진단 Flow

항 목	내 용	일 정	비 고
계획수립	• 경영계획시 연간 자주보전 STEP-UP 계획 • 계획월 또는 부서의뢰서 진단실시	매년 말	관리대상설비
진단일정 및 대상설비통보	• 대상설비 : 당월계획+전월 불합격 설비 • 진단위원 선임	매월 첫주 수요일	E-MAIL 통보
예비진단	• 활동 없이 진단받는 형식진단 철저 배제 • 자주보전 본래의 의미인 평상시 활동점검 • 전원 지적사랑 조치내용 및 실질활동 여부 check	진단일 일주일 전	공장혁신팀 순회진단
내용통보	• 이전 불합격 설비 지적사항 • 대상부서, 설비 list 재통보	D-2일	심사위원용 자료
진단실시	• 대상설비의 최근 3개월간의 설비지표 심사전 검토 (해당부서 자료 준비) • check sheet에 의한 심사위원 평균 80점 이상 합격 • 불합격시 해당항목에 지적사항 기재	매월 끝주 수요일(D일)	
결과정리	• 결과 및 지적사항 부서통보 • 합격설비 전산입력 • 합격 sticker 및 전사합격누계 통보 • 불합격 설비 차월 진단	D+2일	E-Mail 통보문서 전달

〈당사 자주보전 추진 STEP운영〉

○ 자주보전의 필요성

생산의 자동화
(FA, FMS)

OPERATION	MAINTENANCE
⇩	⇩
자동화 설비가 제품을 만든	자동화되어 있지 않는 설비의 메인터넌스는 인간의 역할

경쟁사회에 발돋움하기 위한 활동

○ 자주보전 활동 전개방법

(점의 전개)			(선의 전개)			(면의 전개)	
모델전개	단위모델설비를 선정, STEP전개 수법의 학습을 목적으로 함	→	블록전개	모델전개에서 배운 수법을 활용하여 효율적 횡 전개를 도모, 동종 설비를 대상으로 활동함	→	에리어전개	AREA 내의 설비와 품질 등을 입체적으로 포착, 자주보전의 기반을 구축

○ 미결함에 대한 사고방식

무시·방치 ⇩

– 미결함이란 : 더이상 세분화될 수 없는 상태의 결함으로 일반적으로 고장, 불량에 영향이 적다고 생각되는 의심스러운 것을 말하며 결함으로 보일까 말까 하는 아주 작은 결함이다.

★ 성장(쌓인다) : 하인리히법칙(1:29:30)

상승 ⇩

– 타요인을 유발
– 타요인을 복합
– 타요인과 연쇄반응

★ 만성 LOSS : 만성 LOSS를 없애는 6가지 어프로치

① 열화의 복원
② 바람직한 모습 추구
③ 미결함의 박멸
④ 조정의 조절화
⑤ 기능향상
⑥ PM분석

○ 1STEP 초기 청소

〈제1STEP 청소점검의 목적〉

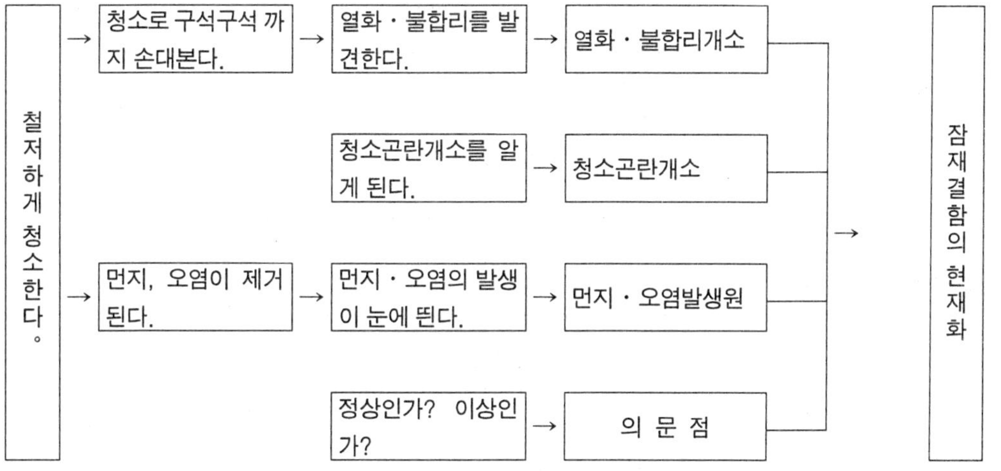

〈각 부문별 목적〉

활동내용	• 설비 본체를 중심으로 먼지, 오염을 일제히 제거한다. • 불요한 것을 철거한다. • 4가지의 LIST를 작성한다.
설비면의 목적	• 먼지, 오염을 제거하여 잠재결함을 현재화시킨다. • 열화, 불합리를 복원한다. • 설비를 점검하기 쉽게 한다.
인간면의 목적	• 청소가 하기 쉽도록 되어 서클활동에 익숙해진다. • 리더는 리더십을 배운다. • 눈으로 보고, 손으로 만지고, 설비를 중요시하는 마음을 높이고, 질문이나 호기심을 갖게 한다. • "청소는 점검이다"를 습득한다.
관리자 스테프의 목적	• 직제모델로 솔선수범하고 견본을 제기한다. • 먼지, 오염 설비의 열화란 무엇인가를 가르친다. • 청소중점개소와 청소, 급유, 더조이기의 중요함을 가르쳐 준다. ("청소는 점검이다"를 가르친다)

청소점검의 효과		
	물리적인 면	불량감소, 산포의 감소(품질면), 불합리점의 조기발견, 마모방지, 수명연장, 기능유지, 오동작방지, 정밀도유지(설비면)
	심리적인 면	불합리 발견의 양성, 애착심이 높아짐, 정해진 규율 준수, 대외 신뢰도 향상, 밝고 청결한 직장조성, 의욕향상

○ 2STEP 발생원 곤란개소 대책

−1STEP과의 연관성

STEP	추진 POINT	청소시간
1. 초기청소	점검개소, 급유개소, 먼지오염의 발생원개소 청소, 점검, 급유의 곤란개소를 찾는다.	100%
2. 발생원・곤란개소	발생원・곤란개소의 대책을 통해 청소, 점검, 급유 시간의 단축을 꾀한다.	80% 이하

−2STEP 추진방법

순 서		진 행 내 용	해 결 방 법
1. 문제점 취합		−발생원・곤란개소를 취합 정리한다.	불합리 적출카드 활용 1STEP 진행을 통해 정리
2. 발생원	발생방지	−먼지, 오염의 그 발생자체를 없앤다.	WHY-WHY분석을 통해 대책
	비상방지	−발생 자체를 없앨 수 없을시 비산방지 실시	개별개선&현장개선 실시
3. 곤란	청소방법 개선	−발생원 대책에 실패시 청소방법, 순서 개선	청소도구 개발
	설비의 개선	−점검, 청소, 급유하기가 편한 구조로 설비를 개선한다.	DISCO 운동 소, 중개선 실시
4. 가시화 관리		−청소, 점검, 급유부위를 쉽게 식별하여 단시간 내에 실시할 수 있도록 한다.	MAKE-UP 2단계 TPM 배포 STICKER 부착
5. 초기관리 (표준화&수평전개)		−추진된 개선사항을 표준화하여 향후 설비제작, 구매시 반영되도록 한다. −기술 및 COST의 제약에 의해 불가능한 경우, 설계에 FEED-BACK하여 차설비에 해결	설계 및 기술 PART에 FEED-BACK

−2STEP 진단 요점

〈개요〉

초기청소를 통해 발견한 발생원・곤란개소의 근절을 통해
Ⅰ Ⅱ
안전, 품질, 고장, 순간정지, 준비, 교체, 조정의 악영향을 해소시켜 청소시간을 단축함.
효과 Ⅲ. 목표

○ 진단 POINT

I. 발견함	청소는 점검이다. → 발생원 · 곤란개소 LIST-UP 유무
II. 근절방법	청소도구 개발 여부 누수, 누유, 비산 방지대책 실시 여부 가시화 관리 여부(MAKE-UP 2단계 및 STICKER 부착)
III. 청소시간단축	청소 가기준서, 점검항목 상태 설비개선 여부(DISCO실시 상태)

○ 설비의 DISCOVER 추진(DISCO 운동)

－DISCO(DISCOVER) 운동 추진배경

설비의 중요부위가 철판 COVER로 씌워져 있어 청소, 점검의 곤란은 물론 보이지 않는 부위의 무관심과 결함의 조기발견이 어려운 상태임. 이에 설비의 중요부위를 가시화시킴으로써 설비고장의 조기 발견은 물론 예방점검으로 수명을 연장함으로써 경영에 이바지하고자 함.

－목적 : ㉠ 신뢰성, 보전성, 조작성이 높은 설비로의 개선

㉡ 불합리개소의 조기 발견

㉢ 현장의 자주보전 활동에 기여하여, STEP 진행의 상승효과 도모

㉣ 사후보전 → 예방보전 체제 구축

－예상효과

항목	COVER시	DISCOVER시
O/P설비 고장 발견 시기	대결함, 대형고장 발생시 (미결함 → 중결함 → 대결함)	미결함단계에서 처치 (점검, 급유, 청소, 용이)
설비 동작원리의 이해력	중요 동작부위 보이지 않음	중요 동작부위가 가시화
청소, 점검, 급유의 현실화	설비 외관 청소 및 점검	중요부위 점검, 급유, 청소

○ COVER 제거 원칙

① COVER는 고장의 근본원인을 감춘다.

② 가능한 한 없애라!

○ COVER 제거시 기술적 검토 필요부위

① 소음 발생부위

② CHIP 또는 먼지 발생부위

③ 정밀회로 내장부위

④ 청정관리 필요부위

⑤ 항온, 항습 관리 부위

상기 항목 외 설비, 기술팀에서 필요부위 검토 및 대책수립

〈DIS-COVER 실시 STEP〉

추진 STEP	실시활동내용	담당
DISCOVER	• COVER를 벗긴다. • COVER 또는 DISCOVER 결정 → COVER 제거시 고려사항 참조	O/P, 설비, 기술협의 결정
청소실시	• 먼지 이물질 제거(청소기, 걸레) • 묵은때, 기름때 제거(세제사용)	O/P, 담당자 O/P, 담당자
위험 부위 파악	• 위험 부위를 파악한 후, O/P에게 안전교육실시	설비, 기술 담당자
국소 COVER 제작설비	• 투명 아크릴 국소 COVER 제작설치 (위험부위)	설비, 기술 담당자
부품파악 및 명판부착	• 부착된 부품의 부품명, 규격, 수량파악 • 명판 제작 후 부착(한글표기)	설비, 기술 담당자
문제점 2차 파악 및 대책	• 배선정리, 부품위치 이동 • 국소 COVER 제작	설비, 기술 담당자
가시화관리(청소, 점검 급유부위 명확화)	• 나사 일치선 표시 • 회전부 방향표시 • AIR, 유류, 물흐름 방향표시 • 점검, 급유 STICKER 부착	담당자
청소, 점검, 급유실시	• 설비의 의문점 제출→ONE POINT LESSON 실시 • 불합리 적출카드 실시	O/P, 담당자 O/P, 설비, 리더
청소, 점검, 급유 가기준서 작성	• 청소 • 점검 • 급유 기준서 작성	O/P, 설비, 기술

〈추진 기법상의 문제점 및 대책사항〉

현 상	문 제 점	대 책
1. 모든 COVER를 아크릴로 대체한다.	• COVER가 필요없는 부위에도 기존의 COVER가 있었으므로 아크릴로 대체하는 낭비 • 위험부위는 일부분인데 전체를 COVER하는 낭비	• 안전, 기능을 고려하여 필요부위만 국소 COVER화한다. (* COVER 제거시 기술적 검토 부위 참조)
2. 투명 아크릴 COVER를 나사로 체결한다.	• 청소하기가 어렵다. • 고장발생시 나사 체결시간 낭비 발생	• 원터치식으로 제조사용 －나사구멍을 변경 －장석과 자석을 사용 부착 • 손잡이를 사용, 탈착이 쉽게 함
3. BOLT&NUT 일치 선표시를 모든 나사에 표시한다.	• 점검할 부위가 많아 점검효율이 떨어진다. • 꼭 점검 필요부위를 간과한다.	• 중요부위만 일치선 표시한다. (모델활동 : 생산, 기술, 설비 참여 －표준안확정→수평전개)

중요부위란?

나사가 풀리면

1. 회전축이 움직여 진동이 발생하는
2. 수평, 수직도가 흐트러져 부품마모 및 오동작을
3. 상한선, 하한선 등 위치를 재조정해야 하는
4. 오일 및 AIR가 새는
5. 기타 중요부위가 흔들리는

하는 문제가 발생하여

1. 품질불량
2. 부품수명단축
3. 설비고장원인

을 유발시킬 수 있어 점검이 꼭 필요한 부위

○ 3STEP 청소 · 점검 · 급유 기준서 작성

－3STEP 개요

① 이전 STEP 활동의 경험과 자료를 토대로 체계적, 효율적인 기준서 작성

② 전문 · 자주 보전 담당별 기준서의 철저 시행

③ 설비의 기본조건(청소 · 급유)을 정비하는 활동의 총마무리

1, 2STEP과의 연관성

STEP	추진 PINT	비 고
1. 초기청소	• 청소는 "점검이다" • 잠재결함의 현재화	문제점 가시화 ↓
2. 발생원 · 곤란개소 대책	• 가시화된 발생원 · 곤란개소 대책 실시로 설비 신뢰성 향상 • 청소, 점검 시간의 단축	가시화된 문제점 해결 ↓
3. 청소 · 급유 기준서 작성	• 윤활관리 실시 • 효율적 청소 · 급유 기준서 작성 • 기준서 준수로 청소 · 급유기간 단축	설비 기본조건의 정비활동 체계수립

※ 1~3 STEP은 설비의 원상태를 복원하는 열화방지 활동임.

3STEP 진단요점

항 목	점검 POINT
PLAN	• 급유, 윤활점 LIST-UP 유무 • 열화, 불합리 · 곤란개소 LIST-UP 유무
DO	• 적출된 문제점 복원, 개선 실시 여부 • 눈에 보이는 관리 실시 상태 • 청소, 급유시간 단축활동 전반
CHECK ACTION	• 기존 기준서의 수정 · 보완 상태 • 기준서의 전문, 자주 담당별 철저 준수 상태

3STEP추진방법

순 서	진 행 내 용	비 고
1. 모델활동	• T/F 구성(생산, 기술, 담당) • 모델설비 선정	
2. 급유, 윤활점 LIST-UP	• 설비별 급유부위, 유종 LIST-UP • 급유방법, 도구, 소요시간, 주기 파악 • 보전의 역할 분담(자주보전, 전문보전) 파악	• 설비 MANUAL
3. 열화, 불합리 곤란개소 적출	• 열화, 불합리 부위, 유종 LIST-UP(급유점 막힘, 누유, 파손, 배관이음새 손상 등) • 곤란개소 LIST-UP(급유가 곤란, 유량점검이 곤란한 부위)	
4. 복원, 개선실시	• 적출된 문제점 T/F팀 중심 복원, 개선 실시 • 급유부위, 유량 LEVEL, 계기의 적정 한계표시 등 "눈에 보이는 관리" 실시	
5. 청소・급유	• 1, 2STEP 경험과 3STEP 연구자료를 통합한 청소・급유 기준서 작성 • 기준서에 의한 철저 시행	• 쉽고, 편리한 기준서 작성
6. 청소・급유시간 단축활동 실시	• 급유 방법의 개선 ① 발생원 대책 －급유점 축소 → 중앙집중 급유방식 －구동부위 NO GREASE 베어링 사용 ② 곤란개소대책 －MANUAL상의 주기 재검토 → 연장실시 －설비구조에 맞는 청소, 급유도구 개발 －최적 청소・급유 방법, 점검 ROUTE 설정	• 문제 해결은 ↓ ① 발생 그 자체를 없앤다 －급유점 축소 ↓ ② 실패시 －도구개발 －방법개선
7. 기준서 수정	• 기존 기준서를 개정된 내용으로 수정, 보완 • "눈에 보이는 관리" 수정보완	
8. 수평전개	• 추진사항을 표준화&수평전개 실시	
9. 미해결 부문	• 적출된 불합리・곤란개소 LIST 중 기술 및 COST 제약에 의해 해결치 못한 문제의 분석 • 설계 PART에 FEED-BACK→차세대 설비에 해결	

청소, 급유기준

소 재 공 장

No	청소개소 항목	청소기준	청소방법	청소도구	청소시간	청소주기 일	주	월
1	본체 및 주변	고무 등이 부착하지 않을 것	철주걱으로털고 비로 쓸어낸다.		15분		○	
2	본체 및 주변	고무 등이 비산하지 말 것	비로 쓸어낸다.		15분	○		
3	급유시창	항상 유량이 확인될 것	걸레로 닦는다.		3분		○	
4	급유펌프 분배밸브	기름이나 먼지가 없을 것	걸레로 닦는다.		10분		○	
5	롤핏트내	기름이나 오염이 없을것			30분			○
(청소점검)		1) 자동급유 펌프의 링 이음새의 볼트의 이완은 없는가					○	
		2) 급유분밸브 부착 볼트의 이완 기름누설은 없는가				○		
		3) 고무쪽의 부착볼트의 이완은 없는가						○
기호	급유개소 항목	급유기준	급유방법	급유도구	급유시간	급유주기 일	주	월
d	에어오일러	고무 등이 부착하지 않을 것 기름이 있을 것	오일 조기통		10분		○	
b	후리쿠숀기어	기어치장의 반 정도 기름이 있을 것	기름통으로 보급		5분			○
c	내기어	항상치차는 유기를 갖고 있을 것	급유창에서 적하		5분			○
d	(원축 및 롤메타) 자동급유펌프	오리게이지 기준 내에 기름이 있을 것	오일통		3분	○		
(급유시점검)		1) 큰 기어커버의 부착, 치우침은 없는가						○
		2) 자동급유 펌프의 부착볼트는 이완되어 있지 않은가					○	
		3) 에어 3점 SET 오일러의 적하량은 괜찮은가					○	

표 6-8 분야별 눈으로 보는 관리의 적용

① 윤활관계	• 급유구의 색별표시 • 유종 Label과 주기표시 • 상한 하한의 Level표시 • 단위시간당의 소비량표시 • 오일의 유종별 Label표시
② Bolt · Nut관계	• 점검완료 Mark와 합Mark • 보전측이 보는 Bolt의 색별표시 • Bolt hole 미사용분 색별표시
③ 공압관계	• 설정 압력표시 • Oiler의 적하량 표시 • Oiler의 상한 · 하한 표시 • Solenoid의 용도 명판 • 배관접속표시(In · Out)
④ 유압관계	• 설정압력의 표시 • 유민계의 표시 • 유종 표시 • 유압 Pump의 Thermolabel • Solenoid의 용도명판 • Relief유의 Locknut의 합 Mark
⑤ 구동관계	• V-belt, Chain 형식 표시 • V-beit, Chain의 회전방향 표시 • 점검창구 설치

표 6-8 설비의 눈으로 보는 관리

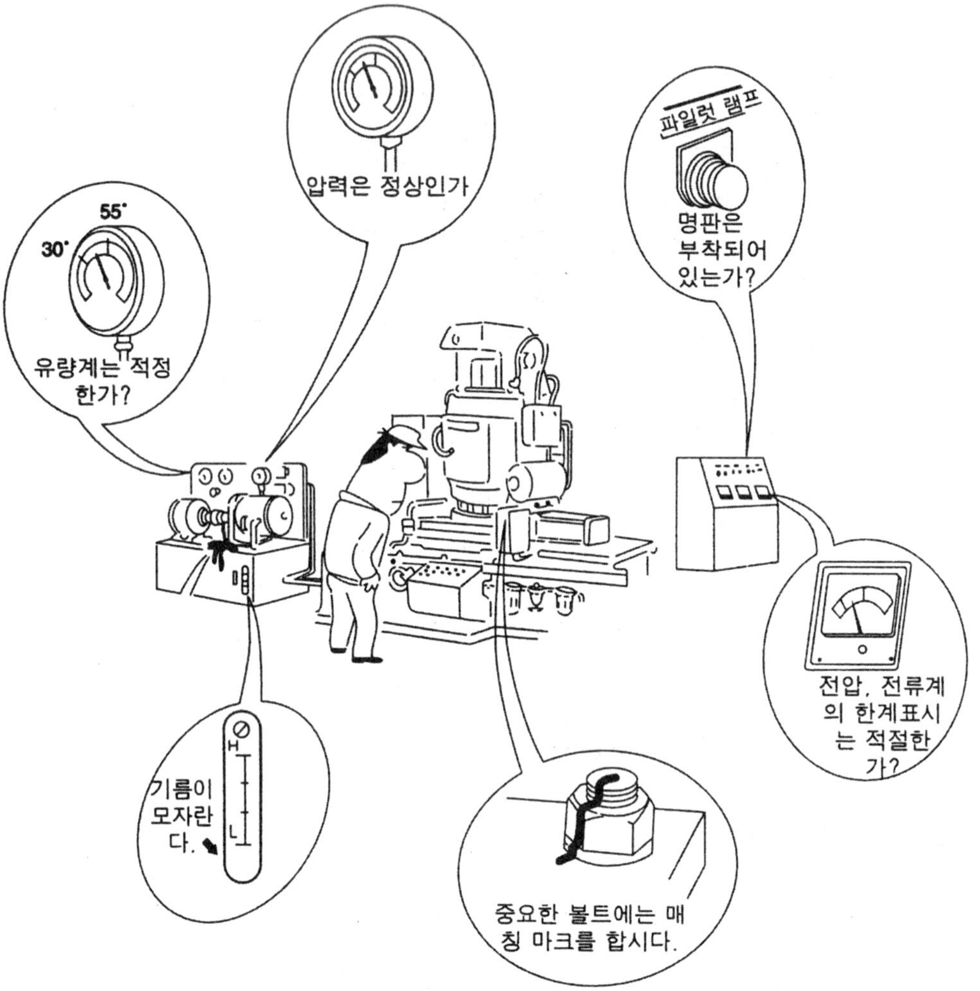

일일주유개소표시	내 용
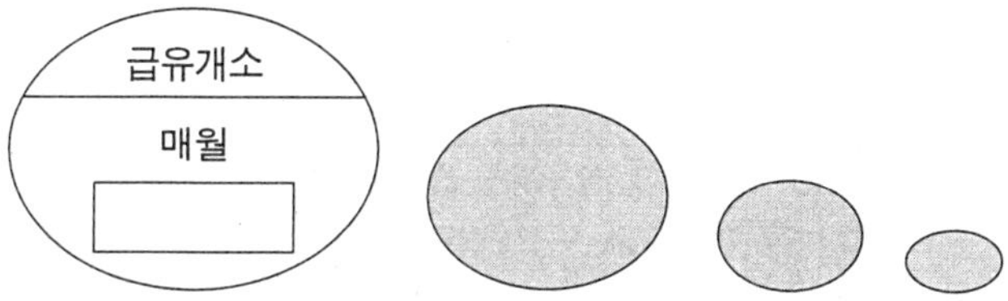	• 색상 : 황색(타원형) • 재질 : 형광스티커 • 규격 : 대 : 35ø×40ø 중 : 24ø 소 : 16ø 극소 : 8ø • 내용 : －일일 주유개소 표시 －유종기입
주간주유개소표시	**내 용**
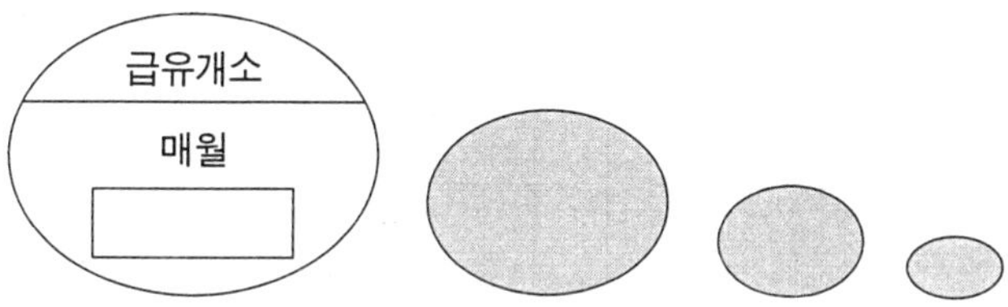	• 색상 : 녹생(타원형) • 재질 : 형광스티커 • 규격 : 대 : 35ø ×40ø 중 : 24ø 소 : 16ø 극소 : 8ø • 내용 : －주간 주유개소 표시 －주유일, 유종 기입
월간주유개소표시	**내 용**
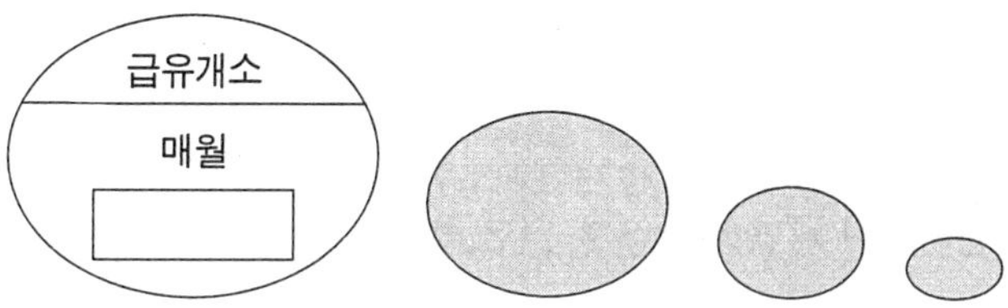	• 색상 : 주홍색(타원형) • 재질 : 형광스티커 • 규격 대 35ø ×40ø 중 : 24ø 소 : 16ø 극소 : 8ø • 내용 : －월간 주유개소 표시 －주유일, 유종 기입

일 일 점 검 개 소 표 시	내 용
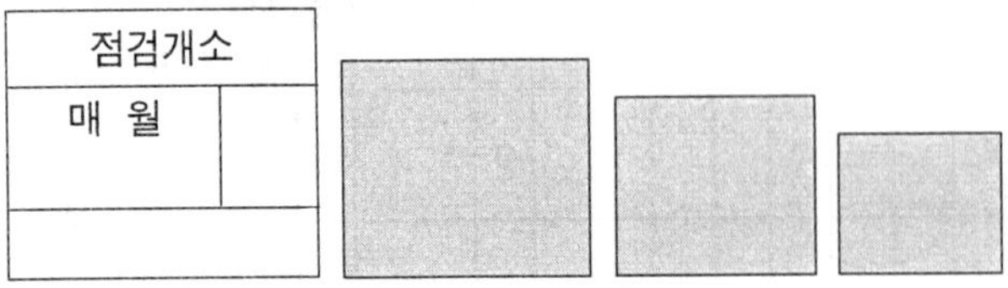	• 색상 : 황색(정사각형) • 재질 : 형광스티커 • 규격 : 대 : 3.5cm×3.5cm 중 : 2.4cm×2.4cm 소 : 1.6cm×1.6cm 극소 : 0.8cm×0.8cm • 내용 : –일일 점검개소 표시 –필히 점검자 기입

주 간 점 검 개 소 표 시	내 용
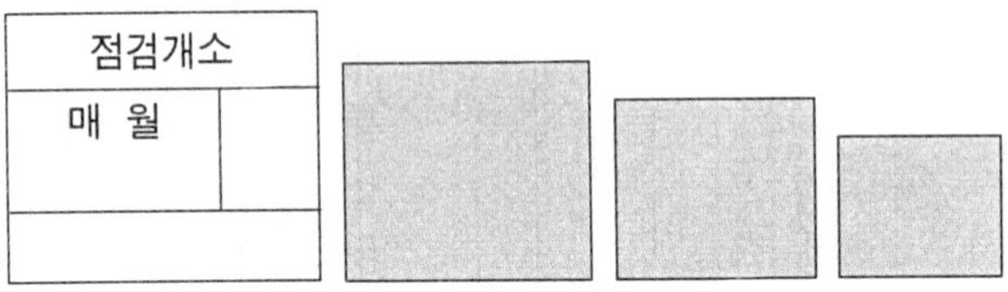	• 색상 : 녹색바탕(정사각형) • 재질 : 형광스티커 • 규격 : 대 : 3.5cm×3.5cm 중 : 2.4cm×2.4cm 소 : 1.6cm×1.6cm 극소 : 0.8cm×0.8cm • 내용 : –주간 점검개소 표시 –필히, 점검자 · 점검일자 기입

월 간 점 검 개 소 표 시	내 용
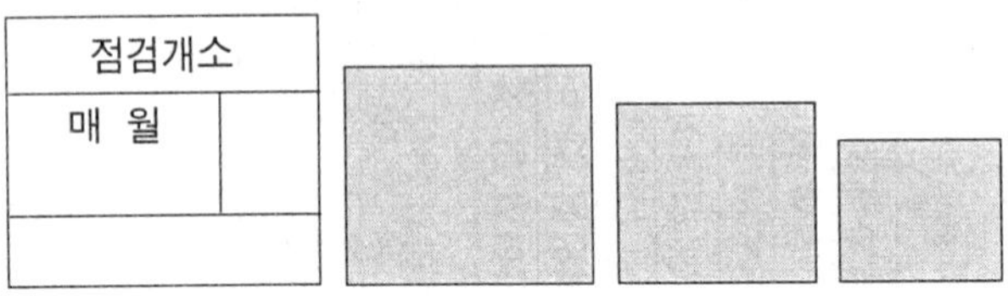	• 색상 : 주홍색(정사각형) • 재질 : 형광스티커 • 규격 : 대 : 3.5cm×3.5cm 중 : 2.4cm×2.4cm 소 : 1.6cm×1.6cm 극소 : 0.8cm×0.8cm • 내용 : –월간 점검개소 표시 –필히, 점검자 · 점검일자 기입

배관색상 · 방향(3)···GAS류	내 용
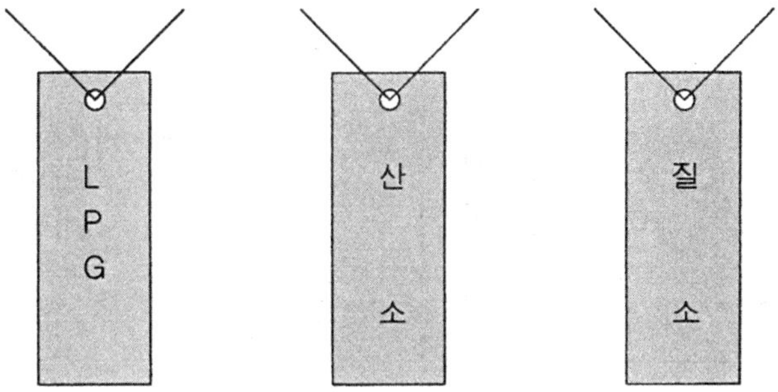	• 색상 : 흰색 바탕, 검정글씨 • 재질 : 아크릴 • 규격 : 대 : 2.5cm×5cm • 내용 : −GAS관련 배관에 아크릴 명패 부착 * 배관 전체 도색 (황색)

배관색상 · 방향(4)···OIL류	내 용
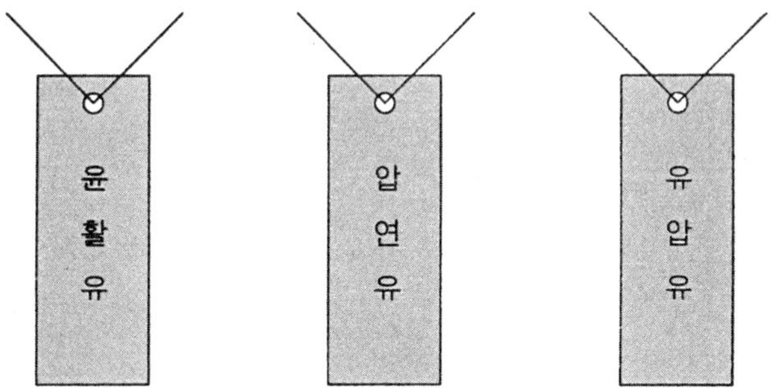	• 색상 : 흰색 바탕, 검정글씨 • 재질 : 아크릴 • 규격 : 대 : 2.5cm×5cm • 내용 : −OIL관련 배관에 아크릴 명패 부착 * 배관 전체 도색 (고동색)

배관색상 · 방향(5)…Air류	내 용
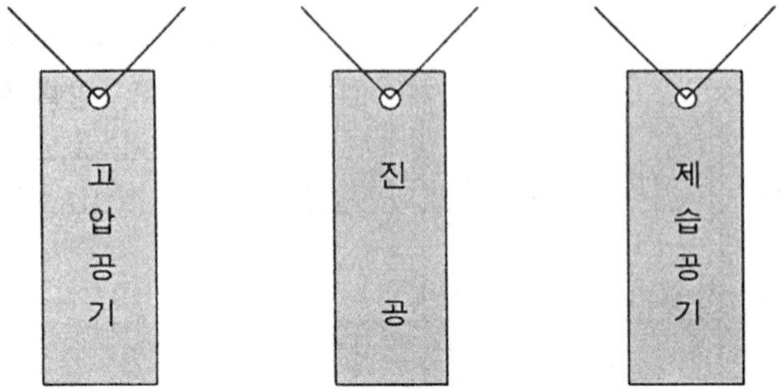	• 색상 : 흰색 바탕, 검정글씨 • 재질 : 아크릴 • 규격 : 대 : 2.5cm×5cm • 내용 : – AIR관련 배관에 아크릴 명패 부착 * 배관 전체 도색 (미색)

배관색상 · 방향(6)…전기류	내 용
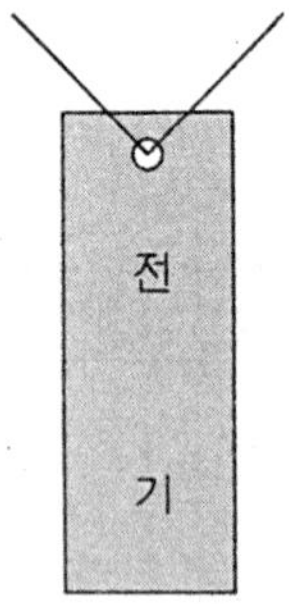	• 색상 : 흰색 바탕, 검정글씨 • 재질 : 아크릴 • 규격 : 대 : 2.5cm×5cm • 내용 : – 전기관련 배관에 아크릴 명패 부착 * 배관 전체 도색 (연주홍색)

배관색상・방향(6)…특수물질	내 용
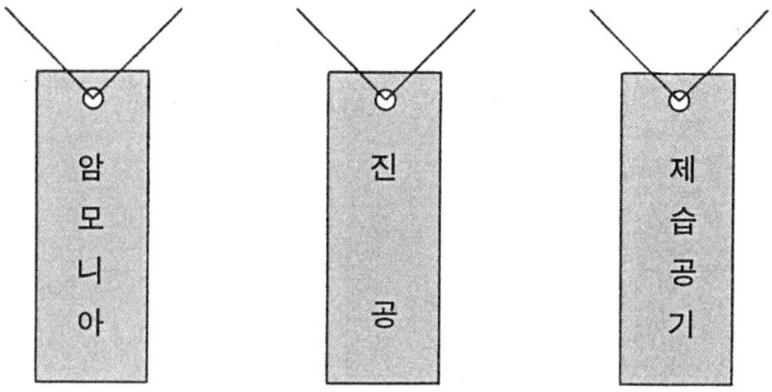 	• 색상 : 흰색 바탕, 검정글씨 • 재질 : 아크릴 • 규격 : 대 : 2.5cm×5cm • 내용 : − 특수물질 관련 배관에 아크릴 명패 부착 ＊배관 전체 도색 (연보라색)

회전체 방향표시(위험표시)	내 용
	• 색상 : 흰색 바탕, 검정글씨 • 재질 : 비닐(스티커) • 규격 : 대 : 2.5cm×13cm 중 : 2cm×10cm 소 : 1.5cm×7cm 극소 : 1cm×5cm • 내용 : −설비의 회전체 및 모타구동부 안전커버에 회전방향 표시 −노랑색 페인트를 위험부위 표시

<table>
<tr><td>부 서 명</td><td></td><td rowspan="4">자주보전진단
제1STEP
(초기청소)
〈　〉차</td><td rowspan="4">| 합격 | 불합격 |
1. D항복이 없을 것
2. 총점이 80점 이상일 것</td></tr>
<tr><td>설 비 명</td><td></td></tr>
<tr><td>진단일시</td><td></td></tr>
<tr><td>진 단 원</td><td></td></tr>
</table>

<table>
<tr><td>항목</td><td>POINT</td><td>A
10</td><td>B
8</td><td>C
6</td><td>D
4</td><td>지적사항</td></tr>
<tr><td>설비
청소
상태</td><td>• 먼지, 기름때, 누유, 누수, AIR 누축 및 녹은 없는가?
• 진동, 마모, 발열상태 및 덜거덕거림은 없는가? (BOLT, NUT, 치구부, 회전부, CHUTE, MOTOR, SOL 밸브, 각 S/W류, LAMP 등)</td><td></td><td></td><td></td><td></td><td></td></tr>
<tr><td>현장
상태</td><td>• 부품, 제품, 공구, 치공구의 정리 정돈 상태는 양호한가?
• 가시관리는 잘 되고 있는가?(3점 표시, 점검개소, 눈에 보이는 점검 PINT 등)</td><td></td><td></td><td></td><td></td><td></td></tr>
<tr><td>윤활
상태</td><td>• AIR SERVICE UNIT의 관리는 양호한가?
(GUAGE, 유량, 적하량, FILTER등)
• OIL은 더럽혀져 있지 않은가?(윤활유, 작동유, 구기스 등)</td><td></td><td></td><td></td><td></td><td></td></tr>
<tr><td>점검
및
역할
분담</td><td>• 청소하면서 점검하는 POINT가 설정되어 가시관리기 되고 있는가?
• 청소도구 개선 및 청소담당구역 설정은 잘되어 있는가?(설비, AREA 등)
• 불합리 적출은 몇 건 되었는가?</td><td></td><td></td><td></td><td></td><td></td></tr>
<tr><td>기타</td><td>• 해당 설비의 도면 및 자료관리는 잘 되고 있는가?</td><td></td><td></td><td></td><td></td><td></td></tr>
<tr><td>접수</td><td>합　　계</td><td></td><td></td><td></td><td></td><td>총 점　|　</td></tr>
</table>

<table>
<tr><td colspan="2"></td><td>A</td><td>B</td><td>C</td><td>D</td></tr>
<tr><td rowspan="2">진
단
기
준</td><td>사
람</td><td>명확한 역할 분담으로 규정을 잘 지키고 있다.</td><td>대부분의 O/P가 실시하고 있다.</td><td>일부 O/P, 보전원 및 감독자 정도만 하고 있다.</td><td>대부분 관심이 없다.</td></tr>
<tr><td>설
비</td><td>청소상태는 물론 불합리 개소까지 찾는다.</td><td>보이지 않는 부분도 실시하고 있다.</td><td>특정부분(보이는 부분)만 실시하고 있다.</td><td>대부분 실시하지 않는다.</td></tr>
</table>

부 서 명		자주보전진단	합격 / 불합격
설 비 명		제2STEP	1. D항복이 없을 것
진단일시		(　　　발생원 곤란개소)	2. 총점이 80점 이상일 것
진 단 원		〈　〉차	

항목	POINT	A 10	B 8	C 6	D 4	지적사항
유지 관리	• 제1STEP 합격 레벨을 유지 관리하고 있는가?					
오염 대책	• 누유 · 누수, AIR 누출 및 CHIP 비산은 없는가?					
청소 누유 시간 단축 활동	• 청소 도구는 개발되었는가?					
	• 주유 및 점검 라벨 부착 상태는 양호한가?					
	• DISCOVER 계획과 실시 정도는?					
실적 관리	• 발생원 곤란개소는 대책 후, 과점 및 실적관리는 하고 있는가?					
미해결 부문	• 청소곤란 부위는 LIST UP되어 있는가?					
	• 주유곤란 부위는 LIST UP되어 있는가?					
	• 점검곤란 부위는 LIST UP되어 있는가?					
기타	• 진동, 소음 및 먼지 등이 환경에 악영향을 미치지는 않는가?					
접수	합　　계					총점

부 서 명		자주보전진단 제3STEP (청소 · 급유기준서 작성) 〈 〉차	합격 / 불합격 1. D항목이 없을 것 2. 총점이 80점 이상일 것
설 비 명			
진단일시			
진 단 원			

항 목	POINT	A 10	B 8	C 6	D 4
유지관리	• 제1, 2STEP 합격 LEVEL을 유지 관리하고 있는가?				
활동전반	• 급유 곤란개소/열화 · 불합리 부위의 적축은 하고 있는가?(급유 또는 유량 점검 곤란/급유점 막힘, 누유, 파손 등)				
	• 청소 · 급유시간 단축활동을 체계적으로 전개하고 있는가?(방법개선, 도구개발, 부위축소, 기연장 활동)				
	• 급유부위 유량 LEVEL, 계기의 적정한계 표시 등 "눈에 보이는 관리"를 철저히 실시하고 있는가?				
기준서 작성&실시	• 청소 급유 기준을 입체, 총합적으로 통합하여 만들었는가?				
	• 기준서 내용은 충실한가?(청소, 급유 부위, 방법, 도구, 소요 시간, 주기, 역할분담)				
	• 기준의 실시상태는 양호한가?				
	• 시간단축 활동 후 기준서 개정은 하고 있는가?				
미해결부문	• 미해결부위에 대한 분석 및 향후 전망과 계획은 있는가?				
합 계					

참고문헌

국내문헌

姜金植,「生産・運營管理」, 博英社, 1987.
郭秀一,「生産管理論」, 英志文化社, 1986.
郭秀一,「品質管理」, 博英社, 1984.
金基永,「生産管理」, 法文社, 1981.
金潤詳,「生産運營管理」, 博英社, 1989.
金海天,「現代生産管理」, 博英社, 1980.
朴愚東,「生産・運營管理」, 世英社, 1986.
白邦善,「品質管理論」, 貿易經營社, 1988.
白綜鉉,「生産管理論」, 京音社, 1985.
李載實,「生産管理」, 石井, 1986.
李順龍,「生管理論論」, 法文社, 1982.
李順龍,「現代品質管理論」, 法文社, 1986.
李舜堯,「新工程管理論」, 博英社, 1989.
梁宗澤,「生産運營管理論」, 法文社, 1987.
鄭忠泳,「生産管理論」, 貿易經營社, 1985.
邢惺宇,「經營科學」, 螢雪出版社, 1989.
邢惺宇,「生産管理論」, 螢雪出版社, 1990.

외 국 문 헌

Adam, Everett E., and Ronald J. Ebert, *Production and Operations Management*, 2nd ed. Englewood Cliffs, N.J. : Prentice−Hall, Inc., 1986.

American Management Association. *Developing a product Strategy*. American Management Association.

American Management Association. *Modern Approaches to Production Planning and Control*. American Management Association.

Barnes, Ralph M., Motion and Time study : *Design Measurement of Work*, 7th ed. New York, N.Y. : John Wiley & Sons Inc., 1980.

Besterfield, Dale H., *Quality Control*. Englewood Cliffs. N.J. : Prentice Hall, Inc., 1979.

Battersby, A., *Network Analysis for Planning and Scheduling*. McGraw−Hill Book Co.

Bennett. F. L., *Some Approaches to the Critical Path Scheduling Resoure Allocation Problem*, thesis Presented to Cornell University, at Ithaca, N.Y.

Bowerman, B.L., and R.T. O'Connel, *Forecasting & Time Series*. North Scituate, Ma : Duxbury Press, 1979.

Brewer, G.M., *The Learning Curve in the Airframe Industry*. Airforce Institute of Technology

Broom, H.N., *Production Management*. Richard D Irwin, Inc.

Brown, R.G., *Statistical Forecasting for Inventory Control*. McGraw−Hill Book Co.

Brownlee, K.A., *Statistical Theory and Methodology in Science and Engineering*. John Wiley & Sons. Inc.

Buchan, J., : Koenigsberg, E., *Scientific Inventory Management*. Prentice−Hall Inc.

Buffa, E.S., *Modern Production Management*. John Wiley & Sons. Inc.

Buffa, E.S., *Models for Production and Operations Management*. John Wiley & Sons. Inc.

Buffa, E.S., *Production Inventory System, Planning and Control.*

Buffa, Elwood S., *Modern Production Operations Management*, 7th ed. New York, N.Y. : John Wiley & Sons Inc., 1983.

Buffa, Elwood S., and j. G., Miller, *Production Inventory System*. 3rd em. Homewood, Ill. : Richard D. Irwin, Inc., 1979.

Chambers, J.S., S.K. Mullich, and D.D. Smith, "How to Choose the right Forecastiog Techniques", *Harvard Business Review*. July−August 1971.

Chase, R.B., and N.J. Aquilano, *Production and Operations Management*, 4th ed. Homewood, Ill. : Richard D. Irwin, Inc., 1985.

Churchman, C.W. : Ackoff, R.L; Arnott, E.L., *Introduction to Operations Research*, Johm Wiley & Sons, Inc.

Cook, T.M., and R.A. Russel, *Contemporary Operations Management*, 2nd ed. Englewood Cliffs, N.J. : Prentice−Hall, Inc., 1985.

Darvitsiotis, K.N., *Operations Management*. New York. N.Y. a; McGraw−Hill Publishing Co., 1981.

Dean, B.V., *Operations Research in Research and Development*. John Wiley & Sons, Inc.

Dilworth, J.B., *Production and Operations Management*, 3rd ed. New York, N.Y. : Random House, 1986.

Dodge, H.F., and H.G. Roming, *Sampling Inspection*, 2nd ed. New York, N.Y. : John Wiley & Sons Inc., 1959.

Dooly, A.R., *Case-books in Production and Operations Planning and Control*. John Wiley & Sons, Inc.

Duncan, A.J., *Quality Control and Industrial Statistics*. Homewood, Ill. : Richard D. Irwin, Inc., 1974.

Federal Electric Corporation., *A Programmed Introduction to PERT*. John Wiley & Sons, Inc.

Feigenbaum, A.V., *Total Quality Control*, 3rd ed. New York, N.Y. : McGraw－Hill Publishing Co., 1983.

Francis, R., and J. White, *Facility Layout and Location : an Analytical Approach*. Englewood Cliffs, N.J. : Prentice－Hall Inc. 1974.

Fulkerson, D.R., *A Network Flow Computation for Project Cost Curve. Management Science*, 7, 1961, Math, Division, RABD Corp., 1960.

Fulkerson, D.R., *Expected Critical path Planning and Scheduling*. Mauchly Associates Inc., Ambler. Pa.

Garrett, Loenard J., and Milton Silver, Production Management Analysis, 2nd ed. New York, N.Y. : Harcourt Brace Jovanovich, 1983.

George, H.L., Learning Curves, *Aircraft and Missiles Manufacturing*.

Grant, E.L., : Ireson, G.W., *Hand Book of Industrial Engineering and Management*. Prentice－Hall, Inc.

Grant, E.L., : Ireson, G.W., *Principles of Engineering Economy*. The Ronald Press Co.

Grant Eugene, and Richard Leavenworth, *Statistical Quality Control*, 5th ed. New York. N.Y. : McGraw－Hill Publishing Co. 1980.

Groover, M.P, *Automation, Production Systems and Computer-Aided Manufact*. Englewood Cligffs, N.J. : Prentice－Hall, Inc., 1980.

Hall, Robert W., "The Toyota Kanban System", In Sang. M. Lee and Gary Schwendiman(eds.), *Management by Japanese Systems*. New York, N.Y. : Prager Publications. 1982.

Holt, C.C., et. al., *Planning Production, Inventories and Work Force*. Prentice－Hall, Inc.

Holt, C.C., F. Modigliani, J.F. Muth and H.A. Simon, "A Linear Decision Rule for Production and Employment Scheduling", *Management Science*. October 1955.

Hotgman, T.R., *Production : Management and manufacturing System*. Wadsworth Publishing Co., Inc.

Joseth, J.M. ; Cecil, R.P., *Project Management with CPM and PERT*. Reinhold Publishing Co.

Juran, J.M., and E.M. Gryna, Jr., *Quality Planning and Analysis*. New York, N.Y., : McGraw－Hill Publishing Co., 1980.

Kelly, J.E. Jr., *Critical Path Planning and Scheduling : Mathematical Basis*. JORSA, 7, 1959. & JORSA, 1961.

King, W.R. ; Wilson, T.A., *Subjective Time Estimates in Critical Path Planning－A Preliminary Analysis Management Science* Vol. 13, No.5.

Kirkpatrick, E.G., *Quality Control for Managers & Engineers*. New York, N.Y. : John Wiley & Sons Ins., 1970.)

Landy, T.M., P*roduction Planning and Control*. McGraw－Hill Book Co.

Levin, R.I. : Kiekpatrick. C.A., *Quantitative Approaches to Management*. McGraw－Hill Book co.

Levin, Richard I. and Charles A. Kirkpatrick, *Planning an Control with PERT/CPM*. New York, N.Y. : McGraw－Hill Publishing Co., 1966.

Markridakis, Spyros. S.C. Wheelwright. Forecasting : *Methods and Applications*. New York, N.Y. : John Wiley & Sons Inc., 1978.)

Mayer, Raymond R., *Production and Operations Management*. 3rd ed. New York. N.Y. : McGraw－Hill Publishing Co., 1975.

McClair, John, & L. Joseph Thoman, *Operations Management*. Englewood Cliffs, N.J. : Prentice－Hall., 1985.

Menipaz, Ehud, *Essentials of Production and Operations Management*. Englewood Cliffs, N.J. : Prentice－Hall. Inc., 1984.

Meredith, Jack R., and Tomas E. Gibbs, *The Management of Operations*. New York. N.Y. : John Wiley & Sons Inc., 1980.

Modigliani, J.F., Muth and H.A. Simon. *Planning Prodection, Inventories and Work Force*. Englewood Cliffs, N.J. : Prentice－Hall, Inc., 1960.

Monks, Jseph F., *Operations Management*, 3rd ed. New York, N.Y. : McGraw－Hill Publishing Co., 1987.

Montgomery, Douglas C., *Introduction to Statistical Quality Control*. New York, N.Y. : Johm Wiley & Sons Inc., 1985.

Moore, F.G., and T.E. Hendrick, Production Operations Management, 8th ed. Homewood, Ill. : Richard d. Irwin, Inc., 1980.

Moore, J.M., *Plant Layout and Design*. New York, N.Y. : MacMillan company, 1962.

Nakane, Jinichiro, "Japanese Production System", In Sang. M. Lee and Gary Schwendiman(eds.), *Management by Japanese Systems*. New York, N.Y. : Praeger Publications, 1982.

Nancy, L.H., and W. Urban, "Group Technology and Productivity", *Harvard Business Review*. July－August 1984.

Niebel, B.W., *Motion and Time Study*, 7th ed. Homeword. Ill. : Richiard D. Irwin. Inc., 1982.

Orlicky, joseph A., *Material Requirements Planning*. New York, N.Y. : McGraw－Hill Publishing Co., 1975.

Riggs, James L., *Production system : Planning Analysis and control*, 3rd ed. New York, N.Y. : John wiley & Sons Inc., 1981.

Schonberger, Richard J., *Operations Management*, 2nd ed. Plano. Texas : Business Publications, Inc., 1985.

Schroeder, Roger G., *Operations Management*, 2nd ed. New York, N.Y. : McGraw－Hill Publishing Co. 1973.

Silver, Edward, and Edward A. Silver, *Decision Systems for Inventory Management and production Planning*, 2nd ed. New York, N.Y. : John Wiley & Sons Inc., 1985.

Stevenson, W.J., *Productions/Operations Management*. 2nd ed. Homewood, Ill. : Richard D. Irwin Inc., 1986.

Taubert, W.H., "Search Decision Rule for the Aggregate scheduling Proble", *Managment* Science, 14, No. 6. February 1968.

Tersine, R.J., *Principles of Inventory and Material Management*. New York, N.Y. : Elsevier Science Publishing Co. Inc., 1983.

Wight, Oliver W., MRP II : *Unlocking America's Productivity Potential*, williston, Vt : Olver Wight Limited Publication, 1981.

■ 임 명 준

건국대학교 산업공학과 졸업
연세대학교 대학원 산업공학과 졸업(공업경영 전공)
한양대학교 대학원 경영학박사(생산관리 전공)
건국대학교 대학원 공학박사(경영과학 전공)
현, 안양과학대학 교수

삼성전기(주)출강(전)
금성통신(주)사내기술대학 교수(전)

생산관리 -현장을 중심으로-

2006년 1월 25일 초 판 1쇄 인쇄
2008년 8월 10일 제2판 1쇄 인쇄

저 자 임 명 준
발행인 류 재 식
발행처 도서출판 북 넷

서울시 용산구 효창동 5-3 대신빌딩 2층
등 록 2007. 11. 1 / 제203-90-00857
전 화 (02) 395-2341
팩 스 (02) 395-2303

정가 30,000원

ISBN 978-89-960730-4-8 93320 e-mail : book2341@naver.com